Harald Martin Wahl
Die Jakobserzählungen

Beihefte zur Zeitschrift für die alttestamentliche Wissenschaft

Herausgegeben von
Otto Kaiser

Band 258

Walter de Gruyter · Berlin · New York
1997

Harald Martin Wahl

Die Jakobserzählungen

Studien zu ihrer mündlichen Überlieferung,
Verschriftung und Historizität

Walter de Gruyter · Berlin · New York
1997

♾ Gedruckt auf säurefreiem Papier,
das die US-ANSI-Norm über Haltbarkeit erfüllt.

Die Deutsche Bibliothek – CIP-Einheitsaufnahme

[Zeitschrift für die alttestamentliche Wissenschaft / Beihefte]
Beihefte zur Zeitschrift für die alttestamentliche Wissenschaft. –
Berlin ; New York : de Gruyter.
 Früher Schriftenreihe
 Reihe Beihefte zu: Zeitschrift für die alttestamentliche Wissenschaft
 N.F., Bd. 258. Wahl, Harald-Martin: Die Jakobserzählungen. –
 1997
Wahl, Harald-Martin
Die Jakobserzählungen : Studien zu ihrer mündlichen Überlieferung,
Verschriftung und Historizität / Harald Martin Wahl. – Berlin ; New
York : de Gruyter, 1997
 (Zeitschrift für die alttestamentliche Wissenschaft : Beihefte ; N.F.,
 Bd. 258)
 Zugl.: Marburg, Univ., Habil.-Schr., 1994/95
 ISBN 3-11-015758-6

ISSN 0934-2575

© Copyright 1997 by Walter de Gruyter & Co., D-10785 Berlin

Printed in Germany
Textkonvertierung: Ready Made, Berlin
Druck: Arthur Collignon GmbH, Berlin
Buchbinderische Verarbeitung: Lüderitz & Bauer-GmbH, Berlin

„Tief ist der Brunnen der Vergangenheit
Sollte man ihn nicht unergründlich nennen?"

Thomas Mann, Joseph und seine Brüder,
Vorspiel, Höllenfahrt, 1.

Otto Kaiser

Vorwort

Die vorliegende Untersuchung ist vom *Fachbereich Evangelische Theologie der Philipps-Universität zu Marburg* im Wintersemester 1994/95 als Habilitationsschrift angenommen worden. Das Erstgutachten hat Herr Prof. Dr. Dres. h.c. Otto Kaiser, das Korreferat Herr Prof. Dr. Dr. h.c. Jörg Jeremias übernommen. Beiden Gutachtern verdanke ich wertvolle Hinweise, die für die Drucklegung berücksichtigt werden konnten. Der Marburger Äyptologe, Herr Prof. Dr. Günter Burkard, inzwischen München, hat ebenso wie Herr Dekan Prof. Dr. Hans Schneider zu einem reibungslosen Habilitationsverfahren beigetragen, beiden Herren sei gedankt.

Finanziell ermöglicht hat das ganze Unternehmen ein von der *Deutschen Forschungsgemeinschaft* gewährtes Stipendium. Die *Evangelische Kirche von Westfalen* – namentlich sei Herrn Oberlandeskirchenrat Dr. Martin Stiewe gedankt – hat mich etliche Jahre zunächst für die Promotion und später auch für die Habilitation freigestellt und mir die Übernahme in ihren Dienst offengehalten. Auch meinen Wechsel zur *Evangelischen Kirche von Kurhessen-Waldeck* – stellvertretend sei Herrn Oberlandeskirchenrat Dr. Werner Hassiepen gedankt – hat sie unterstützt. Beiden Kirchen bin ich verpflichtet. Beiden Kirchen danke ich außerdem für namhafte Druckkostenzuschüsse sowohl für meine Dissertation (Der gerechte Schöpfer, BZAW 207, 1993) als auch für die Habilitationsschrift. Dem Herausgeber der *Beihefte zur Zeitschrift für die alttestamentliche Wissenschaft* danke ich für die Aufnahme in die Reihe, den Herren Dr. Hasko v. Bassi und Klaus Otterburig vom Verlag *Walter de Gruyter & Co.* für die bewährte Zusammenarbeit.

Meine Kommilitonen – Herr stud. theol. Olaf Feuerhake, Herr stud. theol. Mario Fischer, Herr Dd. Achim Müller und Herr Dr. habild. Markus Witte – haben dankenswerterweise die Korrektur des Manuskriptes übernommen. Viele den Geist und das Gemüt erfrischende Fachgespräche verdanke ich neben den bereits genannten Personen Frau Dd. Martina Kepper, Herrn Privat-Dozent Dr. Uwe Becker und Herrn Prof. Dr. Jürgen van Oorschot. Frau Elisabeth Maaß und Herr Dipl. bibl. Klaus Wittrock und seine Mitarbeiterinnen haben mich in kleinen und großen Angelegenheiten in gewohnter Weise unterstützt. Meine liebe Frau, Frau Pfarrerin Henriette Quapp, hat mich täglich am Leben ihrer Gemeinde teilhaben lassen und so daran erinnert, daß wissenschaftliche Theologie in den Dienst der Verkündigung eingebunden ist.

Großen Dank schulde ich meinem Lehrer, Herrn Professor Dr. Dres. h.c. Otto Kaiser, der meinen Werdegang immer in der nötigen wissenschaftlichen Freiheit und der gebotenen Betreuung gefördert hat. Er hat mir gezeigt, was es bedeuten kann, in eine verstockte Zeit hinein verantwortlich vom „Gott des Alten Testaments" zu reden. Ihm ist dieses Buch von Herzen zugeeignet!

Frankenau und Mainz, Ostersamstag 1997   Harald Martin Wahl

Inhalt

I. Einleitung

1. Präposition

Unmittelbares Wissen über den Erzvater Jakob haben wir nicht. Was sich in den Texten der Genesis niedergeschlagen hat, stammt nicht etwa von Augenzeugen, die von Jakobs Erlebnissen mit seinem Zwillingsbruder Esau, mit seinem Schwiegervater Laban oder seinen Frauen Lea und Rahel berichtet hätten. Alle Nachrichten über Jakob wurden über viele Glieder einer langen Überlieferungskette mündlich übermittelt, ehe sie aufgeschrieben worden sind. Niedergeschlagen haben sich die Stoffe dann in den Texten der Genesis (25,19-35,29 [36,1-43]), denen wir unser ausschließliches Wissen über Jakob verdanken[1] – das ist die verbreitete Überzeugung der historischen Bibelkritik auch in diesem Jahrhundert.

Aus dieser gängigen Auffassung entsteht ein doppelt gelagertes Problem: Zwischen dem in der Mittelbronze II-Zeit (MB II) bzw. der Spätbronzezeit (SB) angesiedelten historischen Erzvater Jakob und den ältesten Texten der Jakobserzählungen, die je nach Datierung frühestens aus dem späten 10., jüngstenfalls aus dem 7. bzw. 6. Jahrhundert stammen, klafft eine Lücke von mindestens dreihundert bis zu elfhundert Jahren auf, die dem anfänglich noch nicht literarisch geprägtem Volk Israel nur die mündliche Überlieferung überbrücken kann. Mit dieser Kluft sind einige grundlegende Forschungsprobleme verbunden, die seit dem Beginn der historischen Bibelkritik diskutiert werden. Nehmen wir eine Kontinuität der Überlieferung von der Spätbronzezeit bis zu den Texten der Genesis an, stellt sich unausweichlich die Frage nach dem Prozeß der Überlieferung und Verschriftung: Wie sind die Erzählungen mündlich überliefert worden? Welche Veränderungen ergeben sich im Laufe dieser Überlieferung? Welche durch die Auswahl und Sammlung der Stoffe? Welche durch die Verschriftung? Von der Frage nach der Konstanz und Variabilität, Sammlung und Verschriftung von mündlichen Überlieferungen hängt dann ein weiteres Problem ab: Wie hängen die Jakobserzählungen mit den in ihnen dargestellten Personen und

---

[1]   Von dieser Jakobstradition wiederum hängen die Jakobserzählungen in Jub 19,13-38,24 ab, einem Pseudepigraphon aus der Mitte des 2. Jahrhunderts v. Chr. (vgl. H.M. Wahl, Die Jakobserzählungen der Genesis und der Jubiläen, 524-546).

Ereignissen zusammen? Anders gefragt, wie hängt die historische Wirklichkeit mit der erzählten Wirklichkeit zusammen? Das Problem gipfelt in der
schon von J. Wellhausen aufgeworfenen Frage, ob historisches Wissen über
die Texte und deren zeitgeschichtlichen Kontext ihrer Entstehung hinaus
überhaupt greifbar ist?

2. Das Problem

Daß die in der textlichen Endgestalt manifestierten Traditionen eine mündliche Vorgeschichte haben, ist ein kulturgeschichtliches Gesetz, das auch
für Israel gilt. Immer und überall geht das mündliche Wort dem schriftlichen voran. Niemals ist der Prozeß umgekehrt. Das ist auch das einmütige
Urteil aller, die sich um das Verständnis der Genesis und der mündlichen
Überlieferung verdient gemacht haben. Nur in welchem Verhältnis die
mündlichen Überlieferungen zu den Texten stehen, ob und wie lange sie
mündlich oder schriftlich überliefert worden sind, darüber herrscht große
Uneinigkeit. Exemplarisch lassen wir einige Stimmen zu Wort kommen.

A. Mazar schreibt an einer Stelle seiner 1990 erschienenen Archäologie:
„The patriarchal narratives known to us from the Book of Genesis must
have been very old traditions which were orally passed on from generation
to generation until they were written for the first time, perhaps during the
time of the United Kingdom of David and Solomon. To substantiate this
theory and identify the earliest nucleus of these traditions, we should note
the many details which do not correspond to the period of the Israelite
settlement and Monarchy. As is the nature of oral transmission, many
features have been added, yet the origin of the traditions might go back as
early as MB II"[2].

Nach Mazar schildern die Vätergeschichten der Genesis historische Ereignisse der Mittelbronze II-Zeit[3]. Durch einen kontinuierlichen Tra-
dierungsprozeß sind die archäologisch verifizierbaren Erzählungen bis zu
ihrer Verschriftung in der Königszeit mündlich übermittelt worden. Da die
Erzählungen ihren Ursprung in der ersten Hälfte des 2. Jahrtausends haben
und frühestens im 10. Jahrhundert verschriftet worden sind, folgt daraus,
daß im mündlichen Überlieferungsprozeß der Kern des Materials mindestens fünfhundert, ja sogar bis zu tausend Jahre lang ohne substantielle
Veränderungen weitergegeben worden ist.

---

[2]   A. Mazar, Archaeology, 225-226.
[3]   Die Epocheneinteilung erfolgt nach H. Weippert, Palästina, VI-X (vgl. auch S. 313).

Wirkungsgeschichtlich geht die von A. Mazar nicht weiter ausgeführte und auch nicht näher begründete Hypothese auf H. Gunkel zurück. Schon Gunkel hat angenommen, daß die Jakobserzählungen – wie die Vätererzählungen überhaupt – ursprünglich aus einzelnen Sagen bestanden, die dann im Laufe ihrer mündlichen Überlieferungen zu „Sagenkränzen" zusammengewachsen sind. Der Prozeß hat sich nach Gunkel noch im mündlichen Stadium der Überlieferung abgespielt. Etwa um 1200 v. Chr. lagen die Sagenkränze mündlich fast so vor, wie wir sie heute kennen. Wiederum dreihundert Jahre später entstanden aus den Sagenkränzen die vorliegenden Jakobserzählungen[4]. Um die Kompatibilität des überlieferungsgeschichtlichen Modells mit der zu seiner Zeit dominanten Quellenhypothese J. Wellhausens zu erreichen, mußte Gunkel annehmen, daß die Sagen bis zu ihrer ersten Verschriftung durch den Jahwisten um 900 v. Chr. mindestens dreihundert Jahre beständig mündlich überliefert und dann von „treuen Hütern" der Tradition nahezu unverändert aufgeschrieben worden sind[5]. Gunkel und Mazar gehen somit von einem hohen Alter der Jakobstradition und einer dauerhaften mündlichen Überlieferung aus.

Auf der anderen Seite steht dieser Position das bald zweihundert Jahre alte Votum von W.M.L. de Wette gegenüber, der noch ohne die Kenntnis der modernen Archäologie den ganzen Pentateuch für ein mythisches „Epos der hebräischen Theokratie"[6] hält. „Der Pentateuch", so schon de Wette 1807, „steht jetzt als ein Ganzes da, und zwar nicht bloß dadurch, daß ein Sammler ihn so zusammenstellte, sondern weil er das gemeinschaftliche Produkt einer in einer gewissen Periode herrschenden Dichtung und Behandlung der alten Geschichte ist; als Ganzes aber hat er lediglich mythische Bedeutung: gleichsam die Wurzeln desselben stehen im mythischen Boden; nirgends gewinnen wir einen festen geschichtlichen Punkt; Abraham, Jakob, Joseph, der Auszug aus Aegypten, die Gesetzgebung, alle die wichtigsten Momente sind, von der Mythe in Besitz genommen und ihren Gesetzen unterworfen"[7].

In den einleitenden geschichtstheoretischen Reflexionen der *Beiträge zur Einleitung in das Alte Testament* begründet de Wette, warum der Pentateuch keine historischen Ereignisse dokumentiert. Zunächst unterscheidet er zwischen erlebten und erzählten Begebenheiten. „Unsere eigene Geschichte,

---

[4] Vgl. H. Gunkel, Genesis, 292-293.
[5] Vgl. H. Gunkel, Genesis, LXXXIX-XCI.
[6] M.L. de Wette, Beiträge, 1807, Bd. 2, 31; vgl. S. III-VI.
[7] W.M.L. de Wette, Beiträge, 1807, Bd. 2, 397.

diejenigen Begebenheiten, die uns selbst berührt haben, wissen wir durch die sichere Gewähr unsrer eigenen Wahrnehmung; aber was wir nicht selbst gesehen und wahrgenommen haben, das können wir nur von andern erfahren, die es wahrgenommen haben und es uns berichten. In der Geschichte wissen wir also nicht die Begebenheiten an sich, wie sie waren, oder vielmehr wie sie erschienen, (denn auch bei unsern eignen Wahrnehmungen wissen wir nichts als die Erscheinungen); sondern wir wissen nur die Erzählungen von den Begebenheiten. Weiter kann alles historische Wissen nicht dringen, hier wird Glaube gefordert, und wer diesen nicht zu geben vermag, der thue Verzicht auf die Geschichte"[8].

Dann führt er einige Kriterien für die Historizität des Erzählten ein: „Ein Erzähler, der *bona fide* Dinge erzählt, die an sich nicht wahr seyn können, die durchaus unmöglich und undenkbar sind, die nicht allein die Erfahrung, sondern auch die natürlichen Gesetze überschreiten, und sie als Geschichte giebt, in der Reihe der geschichtlichen Fakten aufführt; ein solcher, wenn er gleich die Intention hat, Geschichte zu erzählen, als Geschichte, ist kein Geschichtserzähler, er steht nicht auf dem geschichtlichen Standpunkte, er ist poetischer Erzähler. [...] Denn wenn auch andere von ihm erzählte Fakta wahrscheinlich und natürlich aussehen, so sind sie doch in dieser Gesellschaft nicht dafür anzunehmen: es sind Dinge, aus einer anderen Welt; so wie jene, können sie auch erdichtet seyn"[9].

Unter diesen Voraussetzungen schließt de Wette aus, daß die mündliche Überlieferung eine zuverlässige Quelle für die Geschichtsschreibung sein kann, denn „die Tradition ist unkritisch und partheiisch, nicht historischer, sondern patriotisch-poetischer Tendenz, die patriotische Wißbegierde begnügt sich mit allem, was dem patriotischen Interesse schmeichelt, je schöner, wunderbarer, ehrenvoller, desto annehmlicher; und wo die Ueberlieferung Lücken gelassen hat, da tritt gleich die Phantasie mit ihren Ergänzungen ein, und willig nimmt das lauschende Ohr ihre Dichtungen auf"[10]. Da de Wette nicht, wie Gunkel und Mazar, mit einer ungebrochenen mündlichen Überlieferung rechnet, die in der Lage ist, ihren Stoff mühelos über etliche Jahrhunderte unverändert zu transportieren, ist für ihn die Rekonstruktion der Frühgeschichte Israels unmöglich[11]. An der Darstellung de Wettes sehen wir, wie zwei an sich zu unterscheidenden Probleme –

---

[8]   W.M.L. de Wette, Beiträge, 1807, Bd. 2, 2 (im Original teilweise gesperrt gedruckt).
[9]   W.M.L. de Wette, Beiträge, 1807, Bd. 2, 15-16.
[10] W.M.L. de Wette, Beiträge, 1807, Bd. 2, 16-17.
[11] Vgl. W.M.L. de Wette, Beiträge, 1807, Bd. 2, 14.

die Beurteilung der Zuverlässigkeit der mündlichen Überlieferung und die Historizität der Genesis – ineinander verwoben werden. Beide Probleme werden auch in der gegenwärtigen Forschung oft vermischt. Nach wie vor bewegt sich die Forschung zwischen diesen beiden exemplarisch mit den Namen H. Gunkel und A. Mazar auf der einen und W.M.L. de Wette auf der anderen Seite markierten Positionen. Eine weitere, die weitaus größte Gruppe von Gelehrten klammert *a priori* die Fragestellung nach der mündlichen Vorgeschichte des Textes völlig aus und wendet sich in der Tradition J. Wellhausens der Genesis vorrangig literargeschichtlich zu[12]. Da diese Arbeiten unser Problem nicht behandeln, können wir sie weitgehend ausklammern.

3. Die Aufgabe

Unsere Aufgabe besteht nun darin, am Beispiel der Jakobserzählungen zu überprüfen, ob, um mit de Wette zu reden, tatsächlich „der Anfang der Geschichte Israels für uns verloren sey"[13]. Dazu müssen wir zunächst den mündlichen Überlieferungsprozeß der Stoffe untersuchen. Den Ausgangspunkt hierfür bildet die seit H. Gunkel unumgängliche Gattungsbestimmung. Unterschiedliche Texte haben je nach Gattung eine unterschiedliche Trägerschaft. Außerdem sind sie unterschiedlich resistent gegen Veränderungen: Formelartiges Geheimwissen von Priestern ist für Veränderungen weniger anfällig und somit langlebiger als prosaische Erzählungen. Erst wenn die Gattungen der Texte angemessen bestimmt sind, können wir die aus der Altorientalistik, Altphilologie, Ethnologie und Erzählforschung gewonnenen Einsichten in das Verständnis der Überlieferungsprozesse für die Jakobserzählungen fruchtbar machen. Bei der Beschreibung von Überlieferungs- und Verschriftungsprozessen wird sich zeigen, wie sich narrative Stoffe in jedem Stadium ihrer Überlieferung – von der anfänglichen Erzählung, über ihre Sichtung und Sammlung bis zu ihrer Verschriftung – er-

---

[12] Vgl. schon vor Wellhausen K.H. Graf, Die geschichtlichen Bücher, 1-8, 112-113; H. Hupfeld, Die Quellen der Genesis, III-XIV, 1-6, 29-38; Th. Nöldeke, Die sogenannte Grundschrift des Pentateuchs, 1-6, 26-35, 141-144; und gegenwärtig K. Berge, Die Zeit des Jahwisten, 311-313; E. Blum, Komposition, 478-492; sowie ders., Studien, 333-360; Chr. Levin, Jahwist, 389-396, 414-415, 430-435; J. Van Seters, Prologue, 5-6, 277-280; L. Schmidt, Priesterschrift, 251-271.

[13] W.M.L. de Wette, Beiträge, 1807, Bd. 2, 403; vgl. S. 398-399.

heblich verändern und mit der Verschriftung als literarische Gattungen erst entstehen. Danach erst sind wir in der Lage, Konstanz und Varianz der mündlichen Überlieferung bis zur Verschriftung zu beurteilen.

Endlich wenden wir uns den Jakobserzählungen selbst zu. Nach einer Reliefbeschreibung legt eine literarhistorische Analyse ihre ältesten Sedimente frei. Aufgrund literarhistorischer, geistes- und religionsgeschichtlicher Gesichtspunkte fragen wir nach dem Alter der in ihnen festgehaltenen Traditionen. Das Problem der Historizität der Erzählungen kann dann aus der Sicht der Varianz der mündlichen Überlieferung und Verschriftung sowie aus der Sicht der in den Texten greifbaren ältesten Traditionen bedacht werden. Wir beginnen unsere Untersuchung mit einem Überblick über das besonders in der deutschen Forschung lange vernachlässigte Thema der mündlichen Überlieferung.

II. Das Problem der mündlichen Überlieferung
in der alttestamentlichen Forschung

1. Einleitung

Kulturgeschichtlich geht das mündliche Wort immer dem schriftlichen Wort voran. Für W.M.L. de Wette ist dieses „eherne Gesetz" schon ebenso selbstverständlich gewesen wie später für J. und W. Grimm. Nur, welche Bedeutung die mündliche Überlieferung für die Texte des Alten Testamtents im allgemeinen und für die Jakobserzählungen im besonderen hat, darüber hat schon im 19. Jahrhundert große Uneinigkeit geherrscht, daran hat sich bis in die gegenwärtige Forschung wenig geändert.

Nach wie vor muß sich jedes ernsthafte Nachdenken über die Entstehung des Pentateuchs mit den grundlegenden Ergebnissen der Forschung des 19. Jahrhunderts auseinandersetzen. Mit W.M.L. de Wette haben wir bereits einleitend eine sehr frühe kritische Position vernommen. Er behauptet, daß die mündliche Überlieferung eine unverzerrte Übermittlung von Ereignissen nicht leisten kann. Sie verfälscht und verdreht die Überlieferung aus ihrem jeweils eigenen Interesse, anderes vergißt sie oder schmückt es nach Gutdünken phantasievoll aus. So sind die Jakobserzählungen fiktive – de Wette spricht von mythologischen – Dichtungen, die keinen Anspruch auf historische Wahrheit erheben können[1]. Die Sichtweise de Wettes steht am Anfang des 19. Jahrhunderts im Schatten von J.G. Herder, der über die Brüder Grimm und H. Gunkel weit bis ins 20. Jahrhundert hinein gewirkt hat[2].

Herder bildet somit den natürlichen Einsatzpunkt für unseren Überblick. Der Schwerpunkt der Darstellung liegt auf den Fragen der mündlichen Überlieferung, Verschriftung und Historizität der Texte. Da diese Themen oftmals nur am Rande und ineinander verwoben behandelt werden, sind wir bemüht, die Frage nach den Prozessen der mündlichen Überlieferung und Verschriftung einerseits sowie nach der Historizität der Texte andererseits zu profilieren.

---

[1] Vgl. W.M.L. de Wette, Beiträge, 1807, Bd. 2, III-IV, 1-31, 396-408.
[2] Vgl. Th. Willi, Herders Beitrag zum Verstehen des Alten Testaments, 57-107.

2. J.G. Herder

Noch ohne die Kenntnis der das „alttestamentliche Weltbild" grundlegend wandelnden archäologischen Funde des ausgehenden 19. und 20. Jahrhunderts ging J.G. Herder in seiner berühmten Schrift *Vom Geist der ebräischen Poesie* von 1782 davon aus, daß die hebräische Literatur die älteste erhaltene Dichtung der Menschheit ist[3]. Ihrem Wesen nach ist diese Dichtung „Naturpoesie"[4]; sie ist Volksdichtung, die ihre Bilder unmittelbar aus der Anschauung der Welt entlehnt. Deshalb gehört ihre Rezeption auch „unter den Freien Himmel und wo möglich, vors Auge der Morgenröthe"[5]. Herders Studien verdanken wir die für Brüder Grimm und H. Gunkel[6] basale Erkenntnis, daß die Genres Lied, Gedicht, Märchen und Sage volkstümliche Gattungen sind, die einen, wie H. Gunkel später sagt, *Sitz im Leben* des Volkes haben[7].

Der moderne Ausleger kann die alten Texte über „Einfühlung" begreifen: „Um von einer Nation zu urtheilen, muß man in ihre Zeit, ihr Land, ihren Kreis der Denkart und Empfindung treten, sehen, wie sie lebt? wie sie erzogen wird? was für Gegenstände sie sieht? was für Dinge sie mit Leidenschaft liebt? wie ihre Luft, ihr Himmel, der Bau ihrer Organe, ihr Tanz, ihre Musik sei? Dies alles muß man nicht als Fremdling oder Feind, sondern als ihr Bruder und Mitgebohrner kennen lernen"[8]. Wie die ganze hebräische Dichtung so sind auch die Vätererzählungen der Genesis sehr alte Geschichten. Als Hirtensagen[9] gewähren sie Einsichten in die „Denkart und Lebensweise" einer „primitiven Kultur" in nomadischer Zeit[10].

Drei Einsichten Herders haben sich auf die alttestamentliche Forschung nachhaltig ausgewirkt: Herder erkennt das hohe Alter der Texte der Genesis. Er erkennt außerdem, daß die Erzählungen bis zu ihrer Verschriftung einen langen Prozeß der mündlichen Überlieferung von Mund zu Mund durchlaufen haben. Schließlich erkennt er, daß jede Literatur einen be-

---

[3] Vgl. J.G. Herder, Geist, Bd. 11, 229-230, 245-262; ders., Geist, Bd. 12, 4-23; sowie ders., Gabe, Bd. 19, 27-29.

[4] Vgl. J.G. Herder, Geist, Bd. 11, 106-119.

[5] J.G. Herder, Geist, Bd. 11, 241.

[6] Vgl. W. Klatt, Hermann Gunkel, 110-112, 265, zur Abhängigkeit Gunkels von Herder.

[7] Vgl. J.G. Herder, Gabe, Bd. 19, 4, 27-29, 33-34.

[8] J.G. Herder, Geist, Bd. 11, 226.

[9] Vgl. J.G. Herder, Geist, Bd. 1, 434: „Ein kriegerisches Volk hat Kriegslieder, ein Hirtenvolk hat Hirtengedichte."

[10] Vgl. J.G. Herder, Geist, Bd. 11, 245-255, 447-448.

stimmten soziologischen Ort und eine bestimmte Trägerschaft hat; damit vorformuliert er den später von H. Gunkel eingeführten Begriff des *Sitz im Leben* von mündlicher und auch schriftlicher Literatur. Die Vätererzählungen sind Geschichten, die von Hirten unter freiem Himmel erzählt wurden.

Mit seinen Anmerkungen zu den Vätergeschichten hat Herder[11] wichtige Impulse zunächst der mit dem Namen A. Eichhorn verbundenen Religionsgeschichtlichen Schule[12] und dann der von H. Gunkel begründeten Formgeschichte gegeben[13].

3. J. Wellhausen

Obwohl sich J. Wellhausens Forschen vornehmlich dem literarischen Problem des Hexateuchs widmet, hat er an einigen Stellen auch Fragen nach der mündlichen Überlieferung behandelt. Freilich sind diese Äußerungen sehr sporadisch und nicht selten widersprüchlich, aber dennoch sind seine erstmalig in der *Geschichte Israels I* von 1878, die seit der zweiten Auflage von 1883 unter dem Titel *Prolegomena zur Geschichte Israels* erschienen ist, gemachten Beobachtungen erwähnenswert.

Nach Wellhausen ist unser Bild der Vätererzählungen vom jehowistischen Geschichtswerk, also von den durch die jehowistische Redaktion vereinten Quellenschriften Jahwist und Elohist, geprägt. So, wie der Jehowist die beiden Quellen zusammengefügt hat, hören die Erzählungen der Genesis „die Kinder in der Schule und so können sie sie behalten"[14]. Dieses ursprünglich reine Geschichtsbuch[15] ist frühestens in davidischer Zeit entstanden. Wie aber verhält sich der im Jehowisten vorliegende Text der schriftlichen Redaktion zur mündlichen Überlieferung? Was ist sein historischer Wert? Nur am Rande streift Wellhausen das Thema. Grundsätzlich gilt für ihn: „Die Erzählungen über die Erzväter in der Genesis gehen von ethnologischen Verhältnissen und von Kultuseinrichtungen der Königszeit aus und leiten deren Ursprünge aus einer idealen Vorzeit her, auf die sie in Wahrheit nur abgespiegelt werden"[16].

---

[11] Vgl. L. Diestel, Geschichte, 722-742.
[12] Vgl. H.-J. Kraus, Geschichte, 315-340.
[13] Vgl. C. Houtmann, Der Pentateuch, 121-139; H.-J. Kraus, Geschichte, 341-367.
[14] J. Wellhausen, Prolegomena, 325.
[15] Vgl. J. Wellhausen, Prolegomena, 343.
[16] J. Wellhausen, Geschichte, 10.

Auf das Problem der Historizität der Erzählungen geht Wellhausen in den Prolegomena in der ihm eigenen unmißverständlichen Art ein: „Freilich über die Patriachen ist hier [in der Genesis] kein historisches Wissen zu gewinnen, sondern nur über die Zeit, in welcher die Erzählungen über sie im israelitischen Volke entstanden; diese spätere Zeit wird hier, nach ihren inneren und äußeren Grundzügen, absichtslos ins graue Altertum projicirt und spiegelt sich darin wie ein verklärtes Luftbild ab"[17].

Erst die Erzählungen, die in der Epoche Moses angesiedelt sind, haben etwas Altes konserviert, deshalb kann auch die Religionsgeschichte Israels frühestens mit Mose einsetzen. Noch einmal lassen wir Wellhausen selber zu Wort kommen: „Das unbestritten echte Deboralied reicht nahe an die mosaische Zeit heran. Ähnlich flößen andere sehr alte Stücke des Richterbuches, auch das schon erwähnte, gewiß nicht erkünstelte Verzeichnis der edomitischen Könige in der Genesis, Zutrauen ein zu der Möglichkeit einer allgemeinen Erinnerung an die Zeit, die der Einwanderung in das gelobte Land unmittelbar vorhergegangen ist"[18]. Einschränkend fährt er fort: „Die bestimmten und farbenreichen Einzelheiten, welche die Sage über die wunderbare Morgendämmerung der Geschichte Israels berichtet, können allerdings nicht als glaubwürdig gelten. Nur die großen Grundzüge der Vorgeschichte, die allgemeinsten Voraussetzungen aller einzelnen Erzählungen über dieselbe, lassen sich nicht als erdichtet begreifen"[19]. Für Wellhausen lassen sich den Vätererzählungen keine historischen Einzelheiten über die Frühzeit Israels entnehmen, weil sie erst in der Königszeit entstanden sind, deren kultische und religiöse Zustände sie widerspiegeln. Daher erlauben die Jakobserzählungen keine Rückschlüsse auf historische Details, wohl aber auf die allgemeinen Lebensverhältnisse der Zeit ihrer Verschriftung. Erst Texte, die einige Jahrhunderte nach den Patriarchen in der Zeit unmittelbar nach Mose entstanden sind – wie das Lied der Debora (Ri 5,1-31) oder das Verzeichnis der edomitischen Könige (Gen 36,31-39) –, hält Wellhausen für authentisch. Nur so weit reiche die allgemeine Erinnerung zurück[20].

Was Wellhausen unter „allgemeiner Erinnerung" versteht, erläutert er am Beispiel der Vätererzählungen. Es besteht für ihn die Möglichkeit, daß einzelne Erzählungen an von den Patriarchen eingerichteten Kultorten lange wachgeblieben sind. Gerade die mit den heiligen Stätten Hebron, Beersheba, Sichem und Bethel verbundenen Namen Abraham, Isaak und

---

[17] J. Wellhausen, Prolegomena, 316.
[18] J. Wellhausen, Geschichte, 10.
[19] J. Wellhausen, Geschichte, 10.
[20] Vgl. J. Wellhausen, Geschichte, 10.

Jakob können dort überdauern. Dasselbe Phänomen gilt nach Wellhausen auch für die von den Patriarchen angelegten Brunnen und Grabhöhlen, die noch nach Jahrhunderten mit den Namen der Ahnen verbunden werden können[21]. Weiter rechnet Wellhausen mit einem mündlichen Umlauf einzelner Sagen[22]. Der historische Kern der Erzählungen ist aber „überall und immer verkleidet von dem bunten Gewebe der Phantasie"[23]. Die Phantasie speist sich aus landläufigem Aberglauben (Gen 28,10-22), mythischem Stoff (Gen 32,23-33) und volkstümlichen Erzählungen wie der Brautwerbung am Brunnen (Gen 29,1-20) oder der Hirtenlist (Gen 30,25-43). Ausgangspunkt für die Erzählungen sind oft die Etymologie oder der Spruch (Gen 25,19-28)[24].

Wir halten fest: J. Wellhausen hält die Sagen für ursprünglich mündlich umlaufende Erzählungen, deren „historische und lokale Färbung"[25] auf einen verklärten Ursprung verweist. Es besteht die Möglichkeit, daß eine verwischte Erinnerung an Kultorten, Grabstätten oder Brunnen, an Stätten, an denen man zusammenkommt und sich austauscht, wachgeblieben ist. Allerdings äußert er sich nicht dazu, wie sich diese Erinnerungen erhalten haben können. Grundsätzlich besteht für Wellhausen eine unüberbrückbare Kluft zwischen der Erzväterzeit und dem Zeitalter des ältesten Schriftstellers, dem im späten 10. Jahrhundert tätigen Jahwisten. Den Prozeß der mündlichen Überlieferung reflektiert Wellhausen nicht, er liegt außerhalb seines Forschungsinteresses und ebenso außerhalb des Interesses der meisten Literarkritiker seiner und auch der nachfolgenden Generationen wie beispielsweise A. Dillmann[26], A. Kuenen[27], H. Holzinger[28], R. Smend sr.[29], C. Steuernagel[30], O. Procksch[31], O. Eißfeldt[32], J. Skinner[33] oder B. Jacob[34].

---

[21] Vgl. J. Wellhausen, Prolegomena, 28-32, 322-325.
[22] Vgl. J. Wellhausen, Prolegomena, 331.
[23] J. Wellhausen, Prolegomena, 324.
[24] Vgl. H . Weidmann, Die Patriarchen, 11-18.
[25] J. Wellhausen, Prolegomena, 332.
[26] Vgl. A. Dillmann, Die Genesis, [3]1875, [6]1892.
[27] Vgl. A. Kuenen, Historisch-kritische Einleitung in die Bücher des alten Testaments, I,1, 1887.
[28] Vgl. H. Holzinger, Einleitung in den Hexateuch, 1893; ders., Genesis, 1898.
[29] Vgl. R. Smend sr., Die Erzählungen des Hexateuch, 1912.
[30] Vgl. C. Steuernagel, Einleitung in das Alte Testament, 1912.
[31] Vgl. O. Procksch, Die Genesis, 1913.
[32] Vgl. O. Eißfeldt, Hexateuch-Synopse, 1922.
[33] Vgl. J. Skinner, Genesis, [2]1930.
[34] Vgl. B. Jacob, Das erste Buch der Tora, 1934.

Als Ganzes sind die Erzvätererzählungen das Produkt der Königszeit, deren Vorstellungswelt und Theologie sie auch widerspiegeln. Der „historische Wert" der Patriarchenerzählungen bestimmt Wellhausen eindeutig. Nach seinem berühmten Votum ist aus den Texten kein historisches Wissen über die Zeit der Erzväter, wohl aber über die Entstehungszeit der Texte zu entnehmen. Als Wellhausen in den siebziger Jahren seine wirkungsgeschichtlich so bedeutenden Studien zum Pentateuch geschrieben hat, ist H. Gunkel ein Gymnasiast[35], H. Greßmann gerade geboren[36].

4. H. Gunkel und H. Greßmann

„Die Genesis ist eine Sammlung von Sagen"[37]. Dieser berühmte Satz H. Gunkels ist die Überschrift des ersten Paragraphen der Einleitung seines großen Genesiskommentars von 1901, der auch bei der überarbeiteten dritten Auflage von 1910 unverändert geblieben ist. Der Satz impliziert, daß die Texte, wie sie die vorliegende Sammlung vereint, eine lange mündliche Vorgeschichte haben. Für Gunkel ist das vorliegende mehr oder weniger homogene Textcorpus der Genesis in einem langwierigen Sammlungsprozeß aus Einzelüberlieferungen zusammengewachsen.

Schon 1895, noch bevor der Kommentar zur Genesis erschienen ist, hat Gunkel in *Schöpfung und Chaos* kritisch zum Verhältnis von mündlicher Überlieferung und schriftlicher Fixierung Stellung bezogen. Ganz allgemein stellt er dort fest: Die Sagen der Genesis haben schon vor der ersten Aufzeichnung durch den Jahwisten eine lange mündliche Tradition durchlaufen, die sich in den Texten niederschlägt. Allerdings ist die Vorgeschichte keineswegs literarkritisch zu erhellen[38].

Da in der Genesis unterschiedliche Arten von Texten beieinander stehen, müssen sie nach Gattungen sortiert werden. H. Gunkel unterscheidet aufgrund formaler und inhaltlicher Kriterien im wesentlichen zwei Gattungen: „die Sagen von der Entstehung der Welt und den Urahnen der Menschheit [und] die Sagen von den Vätern Israels"[39]. Die Genesis besteht also aus

---

[35] Vgl. R. Smend jr., Alttestamentler, 160-172.

[36] Vgl. R. Smend jr., Alttestamentler, 173-181; sowie H. Weidmann, Die Patriarchen, 11-35, zur Wirkung Wellhausens.

[37] H. Gunkel, Genesis, VII.

[38] Vgl. H. Gunkel, Schöpfung und Chaos, 143-145.

[39] H. Gunkel, Genesis, XIII (im Original teilweise gesperrt gedruckt).

Ursagen und Vätersagen. Die Erzählungen von den Patriarchen klassifiziert er in „historische[ ] Sagen‘, wenn sie geschichtliche Ereignisse widerspiegeln" und in „ethnologische‘, wenn sie vorwiegend eine Schilderung der Zustände der Völker geben"[40].

Daneben enthalten die Vätersagen Erzählungen, die etwas erklären wollen. Diese Texte nennt Gunkel Ätiologien. Eine Ätiologie ist ein Text, der auf die Frage antwortet, warum etwas so ist und nicht anders. Ihrem Zweck entsprechend teilt Gunkel die Ätiologien in ethnologische, etymologische, kultische und geologische ein: Die ethnologische Ätiologie erklärt die bestehenden Verhältnisse zwischen den Völkern[41]; die etymologische Ätiologie erklärt Herkunft und Bedeutung wichtiger Namen[42]; die für Israel zentrale kultische Ätiologie erklärt die Stiftung von Kultorten und den Zweck von kultischen Handlungen[43]; die weniger bedeutende geologische Ätiologie erklärt eigenartige Erscheinungen der Natur, wie beispielsweise eine Salzsäule am Toten Meer[44].

Gunkel definiert die Sage als eine „volkstümliche, altüberlieferte, poetische Erzählung, die Personen oder Ereignisse der Vergangenheit behandelt"[45]. Die Sage ist also eine poetische Erzählung, sie ist Prosa. Auf gar keinen Fall ist sie unwirklich, sondern sie hat geschichtliche Züge. Im Gegensatz zur Geschichtsschreibung, die immer schriftlich ist und nach einem wissenschaftlichen Betrieb mit Schreibern, Lehrern, Schülern und den dazugehörigen Institutionen verlangt, ist das wesentliche Kennzeichen der Sage ihre Mündlichkeit[46]. Das heißt, die in der Genesis verschrifteten Sagen haben über einen langen Zeitraum zuerst nur in mündlicher Form bestanden. Somit ist „die Genesis die Niederschrift mündlicher volkstümlicher Überlieferung"[47]. Die Erzählungen der Genesis blicken auf ein Frühstadium der Entwicklungsgeschichte Israels zurück, denn die Sage „stammt aus Zeiten und Kreisen, die noch nicht die geistige Kraft haben, Dichtung und Wirklichkeit deutlich zu unterscheiden"[48].

---

[40] H. Gunkel, Genesis, XX.
[41] Vgl. H. Gunkel, Genesis, XXI.
[42] Vgl. H. Gunkel, Genesis, XXI-XXII.
[43] Vgl. H. Gunkel, Genesis, XXIII-XXIV.
[44] Vgl. H. Gunkel, Genesis, XXIV-XXV.
[45] H. Gunkel, Genesis, VIII.
[46] Vgl. H. Gunkel, Genesis, VIII; sowie ders., Geschichtsschreibung, 1348-1354.
[47] H. Gunkel, Genesis, XXX.
[48] H. Gunkel, Genesis, XXX; sowie ders., Jakob, 342-345.

Wer erzählt nun die alten Geschichten? Bei welcher Gelegenheit werden Sagen tradiert? Gunkel rechnet einerseits mit einem Stand von Geschichts- und Volkserzählern, die mit alten Liedern und Sagen über Land ziehen und ihren Schatz auch bei Festen mitteilen[49]. Ätiologische Sagen haften gewöhnlich an äußeren Erscheinungen, sie werden zur Erklärung etwa beim Anblick einer außergewöhnlichen Naturerscheinung erzählt. Oder der Vater oder die Mutter erklärt mit einer Ätiologie den fragenden Kindern ein unverständliches religiöses Symbol oder einen Brauch. Die Geschichten aber, die nicht die Neugier des Fragenden befriedigen, sondern die gleichermaßen unterhalten und erbauen wollen[50], haben nach Gunkel einen eigenen *Sitz im Leben*: „Die gewöhnliche Situation aber, die wir uns [für die Sage] zu denken haben, ist diese; am müßigen Winterabend sitzt die Familie am Herde; die Erwachsenen und besonders die Kinder lauschen gespannt auf die alten, schönen, so oft gehörten und immer wieder begehrten Geschichten aus der Urzeit. Wir treten hinzu und lauschen mit ihnen"[51]. Das ist die Situation, in der die alten Geschichten erzählt werden[52].

In ihrer individuellen Ausformulierung ist die Sage zwar das Produkt des Erzählers, aber als lebendig umlaufende Gattung ist sie ein Spiegel der volkstümlichen Tradition. „Die Sage [...] redet über die Dinge, die dem Volke am Herzen liegen, über das Persönliche und Private, und sie liebt es, auch die politischen Verhältnisse und Persönlichkeiten so aufzufassen, daß sich ein volkstümliches Interesse damit verbinden läßt"[53].

Was sind die Quellen der mündlichen Überlieferung? Und wie schätzt Gunkel den historischen Wert der Sage ein? Den Ausgangspunkt der Überlieferung bestimmt Gunkel deutlich. Auf gar keinen Fall reicht die Überlie-

---

[49] Vgl. H. Gunkel, Genesis, XXXI; sowie ders., Sagen und Legenden, 182-185.

[50] Vgl. H. Greßmann, Sagen und Legenden, 174-177.

[51] H. Gunkel, Genesis, XXXI.

[52] H. Gunkel, Grundprobleme, 33, über den *Sitz im Leben*: „Jede alte literarische Gattung hat ursprünglich ihren Sitz im Volksleben Israels an ganz bestimmter Stelle. Wie noch heute die Predigt auf die Kanzel gehört, das Märchen aber den Kindern erzählt wird, so singen im alten Israel die Mädchen das Siegeslied [...]. Wer die Gattungen verstehen will, muß sich jedesmal die ganze Situation deutlich machen und fragen: wer ist es, der redet? wer sind die Zuhörer? welche Stimmung beherrscht die Situation? welche Wirkung wird erstrebt? Oft wird die Gattung je durch einen Stand vertreten für den sie bezeichnend ist: wie heutzutage die Predigt durch den Geistlichen so damals die Tora durch den Priester, der Weisheitsspruch durch die ‚Weisen‘, die Lieder durch den Sänger usw. So mag es auch einen Stand der wandernden Volkserzähler gegeben haben."

[53] H. Gunkel, Genesis, IX.

ferung Israels in die Zeit der Ursprachen und Urvölker zurück, weil Israel
ein Spätgeborener unter den Orientalen ist; so sind auch die Sagen der
Urgeschichte unhistorisch[54]. Viele Stoffe aber sind alt. Israel hat sie besonders den über kanaanäischen Einfluß vermittelten babylonischen Vorbil-
dern entnommen[55]. Dagegen hat weder die Umwelt Israels noch Kanaan
auf die Vätererzählungen eingewirkt. Sie sind ein Eigengewächs Israels aus
vorstaatlicher Zeit[56]. Auf eine genaue Datierung ihrer Abstammung läßt
sich Gunkel freilich nicht ein. Allgemein formuliert er: „Die Sagen waren,
als sie aufgeschrieben wurden bereits uralt und hatten schon eine lange
Geschichte hinter sich. So liegt es in der Natur der Sache: der Ursprung der
Sage entzieht sich stets dem forschenden Blick und geht in vorgeschichtli-
che Zeit zurück"[57]. Präzisierend fährt er später fort: „Der Ursprung vieler
Sagen liegt in einer Zeit, die dem historischem Israel vorausgeht. Den
Grundstock der Sagen von Abraham, Isaaq und Jaqob muß Israel schon vor
seiner Einwanderung besessen haben"[58]. Schließlich gesteht er ein: „Wann
ist die Niederschrift der Sagen geschehen? Diese Frage ist besonders miß-
lich; denn wir haben für sie keine anderen als innere Entscheidungsgründe;
diese selber aber können wir nicht anders festlegen, als nach Ansetzung der
Quellen"[59].

Mit den Angaben Gunkels verfügen wir nun über ein Zeitgerüst für die
Entstehung der Sagen. In den ältesten Bestandteilen gehen die Sagen auf
die Epoche vor der Landnahme zurück. Aufgezeichnet sind die bis dahin
treu konservierten Erzählungen frühestens zur Zeit der ältesten Quellenschriften. Um 1200 sind die Vätererzählungen im wesentlichen abgeschlossen, mit der Niederschrift aber beginnt erst der Jahwist um 900. Somit
haben wir einen Zeitraum von mindestens dreihundert Jahren, den, so
Gunkel, nicht nur einzelne Erzählungen, sondern der ganze mündlich komponierte Sagenkranz unverändert (!) überdauert haben soll. Mit dieser langen Überlieferungsdauer muß Gunkel rechnen, weil er seine Ergebnisse auf
das von Wellhausen vorgelegte Quellenmodell abstimmt.

Damit ist aber noch nicht die Frage beantwortet, aus welchen Quellen
die Sage schöpft. Gelegentlich heißt es bei Gunkel, die Sage speist sich

---

54   Vgl H. Gunkel, Genesis, IX-X.
55   Vgl. H. Gunkel, Genesis, LXI; so schon ders., Schöpfung und Chaos, VI.
56   Vgl. H. Gunkel, Genesis, LXI.
57   H. Gunkel, Genesis, LVI.
58   H. Gunkel, Genesis, LXXXVIII (im Original teilweise gesperrt gedruckt).
59   H. Gunkel, Genesis, XC (im Original teilweise gesperrt gedruckt).

einerseits aus alten, mündlichen Überlieferungen, andererseits aus der Phantasie. Gunkel rechnet also mit einer zuverlässigen, auch über Jahrhunderte beständigen Übermittlung von Erzählstoffen. An diesem Punkt grenzt er sich scharf von J. Wellhausen ab, für den die Vätererzählungen keine Einsichten in die Vorgeschichte Israels gewähren[60]. Denn, obwohl die mündliche Überlieferung nicht jedes Detail gewissenhaft konservieren kann, und obwohl es ein Wesenszug der Sage ist, unglaubwürdige Dinge zu erzählen[61], hat sie dennoch einen wahren Gehalt. Das Verhältnis von Wahrheit und Dichtung in der Sage bestimmt Gunkel aber nie exakt. Doch hören wir ihn noch einmal: „Die Sage hat die geschichtlichen Erinnerungen poetisch umsponnen, so daß wir sie nur in ihren ungefähren Umrissen zu erkennen vermögen, wie einen vom Epheu umrankten alten Turm oder wie einen vom Nebel umzogenen Berg. Ja, in vielen Fällen mag man annehmen, daß der eigentliche Grundstock der überlieferten Erzählung nicht historischer Herkunft, sondern eine anderswoher stammende Geschichte ist, die auf historische Begebenheiten oder Verhältnisse erst nachträglich übertragen worden ist. [...] So bleibt nichts anderes übrig, als anzunehmen, daß die letztgenannten Gestalten [Abraham, Isaak und Jakob] von jeher nichts anderes als Erzeugnisse der Phantasie gewesen sind"[62].

Wie sich Gunkel die Entwicklung von einer allgemeinen zu einer bestimmten Sage vorstellt, können wir uns an der Erzählung von der Hirtenlist Jakobs (Gen 30,25-43) verdeutlichen: Ursprünglich war diese Geschichte wohl eine humorvolle Erzählung, die sich die Hirten bei ihrer mußevollen Arbeit zur Erheiterung erzählt haben. Als dann einzelne Sagen zu den Jakobserzählungen zusammengefaßt worden sind, konnte diese Geschichte mühelos auf Jakob übertragen werden. Ein anderes Phänomen der Übertragung entsteht bei lokalen Sagen, die an bestimmten Orten, wie Grab- oder Kultstätten, haften. Die dort erzählten Ahnen- oder Göttergeschichten können bei der Ansiedelung Israels dann leicht auf die Erzväter übertragen werden[63]. Folgerichtig sagt Gunkel über die Sage: „Sage ist [...] verschönte Geschichte"[64]. Nicht das historisch Konkrete ist das Geschichtliche an den alten Überlieferungen, sondern die in den Sagen geschilderten, allgemeinen Zustände. Ihr religiös-sittlicher Wert besteht im vermittelten Gedanken-

---

[60] Vgl. H. Gunkel, Genesis, XIX-XX.

[61] Vgl. H. Gunkel, Genesis, X.

[62] H. Gunkel, Sagen und Legenden, 185-186.

[63] Vgl. H. Gunkel, Genesis, LXXVII; ders., Jakob und Esau, 241-242; sowie ders., Jakob, 342-361.

[64] H. Gunkel, Sagen und Legenden, 182.

gut[65]. Allerdings gilt für den Erzähler und sein Publikum: Die Sagen schildern Begebenheiten, die für die Hörer glaubbar und damit „historisch wahr"
sind[66].

Die Genese der gesamten Jakobserzählungen geht nach Gunkel von den
jeweiligen Einzelsagen, den kleinsten Bausteinen eines größeren Erzähl-
zusammenhanges, aus. Als erstes sind die Jakob-Esau-Sagen zusammengestellt worden. Sie bildeten dann den Rahmen, in den die inzwischen
zusammengefügten Jakob-Laban-Sagen eingefügt werden konnten. Der so
entstandene „Jaqob-Esau-Laban-Sagenkranz ist demnach nicht eine lose
Zusammenstellung von Redaktorenhand, sondern eine künstlerische Komposition: [...] Die Bearbeitung ist indes nicht so gründlich gewesen, daß sie
die Geschichten vollständig gegeneinander ausgeglichen hätte"[67]. So entsteht also nach der Vorstellung Gunkels aus der Einzelsage der Sagenkranz.
Später sind in den Sagenkranz die Kultätiologien von Bethel, Mahanaim,
Pnuel und Sichem sowie die Geburtsgeschichte der Söhne Jakobs und einige andere Notizen eingetragen worden. Dieser Sagenkranz ist bereits, so
Gunkel, in „sehr alter Zeit"[68] entstanden; er hat schon dem Jahwisten in
mündlicher Form vorgelegen[69].

H. Greßmann folgt in seinen Ansichten über die mündliche Überlieferung und Geschichtlichkeit der Vätererzählungen dem um fünfzehn Jahre
älteren H. Gunkel, dessen Mitarbeiter und Freund er war. Die Übereinstimmung in diesen Fragen äußert sich auch in einigen gemeinsam verfaßten Artikeln der *RGG*[70].

---

[65] Vgl. H. Gunkel, Genesis, LXXX, 292-293.

[66] Vgl. H. Gunkel, Sagen und Legenden, 186; ders., Geschichtsschreibung, 1348-1354;
      ders., Jakob und Esau, 239-249.

[67] H. Gunkel, Genesis, 292.

[68] H. Gunkel, Genesis, 293.

[69] Vgl. H. Gunkel, Genesis, 292-293; ders., Sagen und Legenden, 184-186; ders., Jakob,
      339-362; sowie ders., Jakob und Esau, 239-242. – Wie W. Klatt, Hermann Gunkel,
      125-144, zeigt, hat Gunkel wechselnde Auffassungen vom Ursprung und Alter von der
      ersten bis zur dritten Auflage des Kommentares zur Genesis vertreten; vgl. ferner D.A.
      Knight, Traditions, 71-87; W. McKane, Studies in the Patriarchal Narratives, 17-66;
      J.W. Rogerson, Myth in Old Testament Interpretation, 57-65; H. Weidmann, Die
      Patriarchen, 105-109. – S.M. Warner, Primitive Saga Men, 325-335, wirft Gunkel
      vor, er sei bei der Beurteilung der mündlichen Überlieferung von falschen anthropolo-
      gischen Kriterien ausgegangen. Ferner habe er keine klaren ethnologischen und litera-
      turwissenschaftlichen Beurteilungsfaktoren angewandt.

[70] So z.B. H. Greßmann, Mythen I, 618-621; H. Gunkel, Mythen II, 621-632; oder H.
      Greßmann, Sagen I, 174-179; H. Gunkel, Sagen II, 179-198; sowie H. Greßmann,
      Geschichtsschreibung, XII-XVI.

Wie eng sich Greßmann an Gunkel anlehnt, demonstriert auch sein Aufsatz *Sage und Geschichte in den Patriarchenerzählungen* von 1910. In ihm setzt er sich kritisch mit J. Wellhausen, W. Wundt und E. Meyer auseinander. E. Meyers Auffassung, daß die Patriarchenfiguren der Mythologie entlehnt und die Vätererzählungen folglich uralte Mythen sind[71], verwirft Greßmann scharf[72]. Gattungs- und kulturgeschichtlich nimmt er mit W. Wundt eine Entwicklung der Sage aus dem Märchen an[73]. Auf der anderen Seite setzt sich Greßmann von der Position Wellhausens ab, nach der die Vätererzählungen erst in der Königszeit entstanden und somit weitgehend fiktiv sind[74].

Für Greßmann besteht wie für Gunkel die Genesis in ihren kleinsten Erzählelementen aus verschrifteten Einzelsagen, die auf eine lange, mündliche Vorgeschichte zurückblicken. Die unbestimmten Stoffe sowie die an markanten Orten und Kultstätten haftenden Einzelsagen sind, von Erzählern überliefert[75], auf die Vätergestalten übertragen worden[76]. Schon im mündlichen Stadium sind einzelne Sagen beispielsweise durch Wandermotive verbunden worden[77]. Spätestens mit der Zeit Sauls, wohl zwischen 1300-1100 v. Chr.[78], waren die Sagen der Genesis „im großen und ganzen fertig [...], wenn auch Einzelheiten später hinzugefügt sind"[79]. Geschichtliche Einzelheiten von der nomadischen Vorgeschichte Israels können die Vätererzählungen nicht vermitteln, aber sie entwerfen ein lebensvolles „Bild von den Zuständen in Palästina"[80].

5. Zwischenbilanz

Halten wir einen Moment inne und blicken auf die auch für die heutige Forschung nach wie vor grundlegenden Einsichten zurück. Nach J.G.

---

[71]   Vgl. E. Meyer, Israeliten, 1906, 263-269.

[72]   Vgl. H. Greßmann, Sage und Geschichte, 1910, 9.

[73]   Vgl. W. Wundt, Völkerpsychologie, 1908, Bd. III, 397-469; 1909, Bd. V/2, 31-50; 358-370.

[74]   Vgl. H. Greßmann, Sage und Geschichte, 31.

[75]   Vgl. H. Greßmann, Sage und Geschichte, 9, 27.

[76]   Vgl. H. Greßmann, Sage und Geschichte, 18-20.

[77]   Vgl. H. Greßmann, Sage und Geschichte, 9-10, 14-15.

[78]   Vgl. H. Greßmann, Sage und Geschichte, 34.

[79]   H. Greßmann, Sage und Geschichte, 31.

[80]   Vgl. H. Greßmann, Sage und Geschichte, 34; vgl. dazu H. Weidmann, Die Patriarchen, 95-113. – Erwähnt werden soll noch der kleine Aufsatz von O. Eißfeldt, Die Bedeutung der Märchenforschung, 1918, KS 1, 23-32.

Herder spiegeln die Vätererzählungen uralte Lebensverhältnisse der nomadischen Zeit wider. Bevor sie aufgezeichnet worden sind, kursierten sie
lange mündlich als Hirtensagen. Schon bei Herder finden wir drei für die
spätere Formgeschichte entscheidende Kriterien vorformuliert: die Bezeichnung der Gattung, ihren *Sitz im Leben* und die Art und Weise der Überlieferung. Die Frage, wie sich der Entwicklungsprozeß von der erzählten Sage
hin zum Pentateuch im einzelnen vollzieht, läßt Herder allerdings außer
acht[81]. Auch seine Auffassung von der Historizität der Texte kann nur
indirekt erschlossen werden. Da für Herder die mündliche Überlieferung
stabil ist, schimmert in den Patriarchenerzählungen der Genesis noch die
nomadische „Denkart und Lebensweise" hindurch.

J. Wellhausen dagegen schließt einen jahrhundertelangen Prozeß stabi-
ler mündlicher Überlieferung aus. Auch rechnet er nicht, wie später H.
Gunkel, mit ersten, bereits im mündlichen Stadium zusammengewachsenen
Sagenkränzen; diesen Begriff gebraucht Wellhausen überhaupt nicht.
Im Stadium mündlicher Überlieferung besteht jede Sage für sich allein,
darin folgt er Herder[82]. Den Prozeß der mündlichen Überlieferung reflektiert Wellhausen nicht ausdrücklich, dennoch ist er davon überzeugt, daß
die Kluft zwischen den alten Erzählungen und dem ersten Schriftsteller,
dem Jahwisten, die mündliche Überlieferung nicht überbrücken kann. Die
Vätererzählungen stammen nach Wellhausen in ihrer ältesten Schicht aus
der frühen Königszeit, der Zeit des Jahwisten. Der Jahwist, wie die nachfolgenden Schriftsteller der Quellenschriften, projizieren ihre Verhältnisse auf
die Frühgeschichte Israels zurück. Deshalb, so Wellhausen, ist aus den
Erzählungen auch kein historisches Wissen über die Vätergestalten zu entnehmen[83].

Zu Beginn des 20. Jahrhunderts ändert sich die Situation der Forschung
grundlegend. In Rückgriff auf J.G. Herder und die Brüder Grimm, vertreten H. Gunkel und H. Greßmann, daß die Vätererzählungen bis zu ihrer
Verschriftung mehrere Jahrhunderte mündlich tradiert worden sind. Bereits um 1200 v. Chr. hat ein mündlich vorgeformter und in sich ab-
geschlossener Erzählzyklus von den Jakob-Esau-Laban-Erzählungen vorgelegen, den der Jahwist um 900 v. Chr. als Sammler der mündlichen
Überlieferung und Hüter der Tradition nur noch aufzuschreiben brauchte.
Erst im weiteren schriftlichen Stadium ist er dann redigiert, ergänzt und

---

[81] Vgl. J.G. Herder, Geist, 1782, Bd. 11, 433-434, 448-453.
[82] Vgl. J. Wellhausen, Composition, 8.
[83] Vgl. L. Perlitt, Vatke und Wellhausen, 164-206.

novellistisch überarbeitet worden. Über das zentrale Problem der Überlieferung schweigen sich allerdings auch Gunkel und Greßmann aus. Und sie klären auch nicht, wie sich die Übertragung der allgemeinen Stoffe, der lokalen Sagen auf die Erzväter vollzogen haben soll.

Schon im mündlichen Stadium sollen nach Gunkel die Einzelsagen zu Sagenkränzen verbunden worden sein. Der Begriff *Sagenkranz*[84] verbreitet sich dann in verschiedenen Variationen über die erste Auflage des Genesiskommentars von 1901[85], den allgemein verständlichen Kommentar[86] und die Lexikonartikel in der *RGG*. Bald sind der Begriff und seine Abwandlungen Allgemeingut. H. Greßmann spricht vom Märchenkranz[87] und Mythenstrauß[88], W. Wundt von Märchenkranz[89], Märchenzyklus und Sagenzyklus[90]. Doch wie stellt sich Gunkel das Zusammenwachsen der einzelnen Stoffe vor? Wie sollen im mündlichen Stadium „redaktionelle Prozesse" stattgefunden haben? Widerspricht diese Vorstellung nicht einer konstanten mündlichen Überlieferung? Eine Antwort auf diese Fragen erhalten wir nicht. Den Nachweis für seine Annahme bleibt Gunkel schuldig.

Mahnend klingen die im Sinne W.M.L. de Wettes formulierten Worte J. Wellhausens aus den siebziger Jahren, die zur Zeit Gunkels vierzig Jahre später schon wirkungslos scheinen: „Die Überlieferung im Volksmund kennt nur einzelne Geschichten, die wol aus gleichem Vorstellungkreise erwachsen, aber doch nicht zum Plan eines Ganzen geordnet sind; erst wer die einzelnen Erzählungen aufschreibt, bringt auch Plan und Zusammenhang hinein – es ist nun denkbar, dass die einzelnen Stücke der Ordnung, in die sie gebracht werden, sich nicht alle auch innerlich fügen"[91].

Obwohl Gunkel und Greßmann von der Konstanz der Überlieferung überzeugt sind, beurteilen sie die Historizität der Vätererzählungen skeptisch. Zwar gewähren die Vätererzählungen allgemeine Einblicke in die Lebensverhältnisse der Frühgeschichte Israels, aber in den Einzelheiten sind die Vätersagen historisch wenig zuverlässig. Der historische Gehalt der Texte reicht etwa für eine Rekonstruktion der Vorgeschichte Israels nicht aus.

---

[84]   Vgl. zur Kritik des Begriffes S. 82-83.
[85]   Vgl. H. Gunkel, Genesis, 1901, XX-XXI.
[86]   Vgl. H. Gunkel, Urgeschichte, 24-25.
[87]   Vgl. H. Greßmann, Märchen, 14.
[88]   Vgl. H. Greßmann, Mythen I, 620.
[89]   Vgl. W. Wundt, Völkerpsychologie, Bd. III, 453.
[90]   Vgl. W. Wundt, Völkerpsychologie, Bd. V, 51-52.
[91]   J. Wellhausen, Composition, 8.

Auch die aufgeführten Namen haben nach Greßmann keinerlei historische Bedeutung, sie bedeuten soviel wie „Hinz und Kunz"[92].

6. A. Alt, G. v. Rad und M. Noth

Mit A. Alt setzt sich die forschungsgeschichtliche Linie von H. Gunkel über H. Greßmann fort[93]. In einer religionsgeschichtlichen Studie, dem grundlegenden Aufsatz *Der Gott der Väter* von 1929, berührt Alt auch das Problem der mündlichen Überlieferung[94]. Wie schon seine Studien zur Landnahme[95] so beschäftigt sich auch diese Arbeit mit den vorstaatlichen Verhältnissen Israels. An einem religionsgeschichtlichen Phänomen will er aus den in der Genesis verschrifteten Sagen Einsichten in das Werden Israels gewinnen. Hypothetisch setzt Alt ein konstantes Gottesverhältnis des Volkes voraus: „Wenn [...] überhaupt ein Rückschluß von dem späteren Schicksal des israelitischen Volkstums auf seine ersten Anfänge gewagt werden darf, so kann es nur der sein, daß der Zusammenschluß der Stämme in der Verehrung Jahwes das Ereignis war, auf dem sich alles Weitere aufbaute"[96].

In Anknüpfung an Gunkel rechnet Alt mit einer gleichermaßen langen wie treuen Überlieferung der Sagen in der Genesis[97]. Damit grenzt er sich von den Ergebnissen der literarkritischen Schule ab[98]. In den Sagen finden sich nun Spuren der ältesten Religiosität und der halbnomadischen Lebensverhältnisse der Ahnen Israels[99]. So gibt es „in der israelitischen Überlieferung tatsächlich noch ein Element besonderer Religion, das bisher in seiner Selbständigkeit noch nicht erkannt worden ist und das, wenn ich recht sehe, auf alten Sonderbesitz einzelner Stämme oder Gruppen zurückgeht. Das ist die Erinnerung an den Gott Abrahams, an den Schrecken Isaaks, an den Starken Jakobs, zusammengefaßt: an den Gott der Väter"[100]. Die „Re-

---

[92] Vgl. H. Greßmann, Sage und Geschichte, 9.
[93] Vgl. R. Smend jr., Alttestamentler, 182-207.
[94] Wir zitieren den Wiederabdruck nach KS I, 1-78.
[95] Vgl. A. Alt, Landnahme, 1925, 89-125; ders., Erwägungen, 1939, 126-175; ders., System, 1927, 193-202.
[96] A. Alt, Gott, 1.
[97] Vgl. A. Alt, Gott, 1, 4-5.
[98] Vgl. A. Alt, Gott, 3.
[99] Vgl. A. Alt, Gott, 8.
[100] A. Alt, Gott, 9.

ligion der Vätergötter"[101] ist ein eigenständiger Religionstypus, der in einem komplexen religionsgeschichtlicher Prozeß entstanden ist. Hinter den in den Vätererzählungen häufig auftretenden Bezeichnungen Gottes als „Gott Abrahams", „Schrecken Isaaks" und „Starken Jakobs" (Gen 31,42.54; 49,24) verbergen sich ursprünglich Numina[102], die das besondere Verhältnis des Ahnherrn als Offenbarungsempfänger zur Gottheit ausdrücken; deshalb verdanken Abraham, Isaak und Jakob „primär ihrer Funktion als Offenbarungsträger und Kultstifter"[103] ihre Stellung in der israelitischen Sagenüberlieferung. Später erst dienten die Bezeichnungen als Eigennamen zur individuellen Charakterisierung der einzelnen Patriarchen.

Anfänglich waren die Väterbezeichnungen als religiöser Sonderbesitz der Stämme Ausdruck der Religion des Clans. Standen die einzelnen Typen des Vätergottes bei den Stämmen unverbunden nebeneinander, so verschmolzen sie nach der Landnahme zu einer Figur des Gottes der Väter, der bald dem Gott Israels gleichgesetzt wurde. Nach der Landnahme fand der alte Religionstypus an den von den Stämmen vorgefundenen Kultstätten einen neuen Haftpunkt. Auf sie wurde der Name des Vätergottes, der nun als Kultstifter galt, übertragen. Hier verschmolz der jeweilige Gott der Väter mit den schon ansässigen El-Bezeichnungen (El Olam, El Bethel, El Schaddai usw.). Nach und nach verfielen die mit dem Vätergott verbundenen Kulte ganz[104]. So blieb nur die Bezeichnung der Götter der Väter wach. Erst nach der Seßhaftwerdung in Palästina entstanden die Vätererzählungen[105]. Die Verschmelzung der Vätergestalten wurde durch denselben Religionstypus mit einer ähnlichen Kultausübung ermöglicht. Nachträglich wurden dann die Erzväter Abraham, Isaak und Jakob in einem Stammbaum zusammengefaßt. So ist der Religionstypus der „Götter der Väter" älter als der Sagenstoff, der sich um die Patriarchen rankt[106]. Überlieferungsgeschichtlich betrachtet hat die mündliche Überlieferung ein religionsgeschichtliches Phänomen aus der halbnomadischen Epoche bis zur Verschriftung durch den Jahwisten und Elohisten erhalten, womit auch der historische Wert der Erzählungen erklärt ist[107].

---

[101] A. Alt, Gott, 64.
[102] Vgl. A. Alt, Gott, 7.
[103] A. Alt, Gott, 48.
[104] Vgl. A. Alt, Gott, 51.
[105] Vgl. A. Alt, Gott, 29-30, 49-50.
[106] Vgl. A. Alt, Gott, 49.
[107] Vgl. A. Alt, Gott, 22-24.

Wir halten fest: Vier Ergebnisse der religionsgeschichtlichen Untersuchung A. Alts heben wir hervor: Erstens ist nach Alt die Erinnerung an den Gott der Väter an den Kultus gebunden[108]. Der *Sitz im Leben* der Vätererzählungen verlagert sich vom Lagerfeuer bei H. Gunkel zum Heiligtum. Zweitens geschieht die Überlieferung dieses Religionstypus mündlich. Drittens ist für Alt die über Jahrhunderte dauernde mündliche Überlieferung zuverlässig und normativ. Schon dem Jahwisten hat deshalb eine autoritative Tradition über den Gott der Väter vorgelegen. Möglicherweise geht der Topos „Gott der Väter" sogar auf die in jüngeren Stadien der mündlichen Überlieferung vertretenen Schulmeinungen zurück[109]. Daraus folgt viertens, daß Alt die Erzväter für historische Personen als Offenbarungsempfänger der *numina* und Kultstifter hält, wovon wiederum die Texte abhängig sind[110].

Wichtige Fragen zum Prozeß der mündlichen Überlieferung bleiben jedoch ungeklärt: Wie sind die mündlichen Überlieferungen zusammengewachsen? Wann setzt die Verschriftung ein? Welchen Stoff finden die ersten Schriftsteller des Pentateuchs vor? Wie haben sie ihn verarbeitet? Welchen historischen Wert haben die Texte über den in ihnen greifbaren Religionstypus hinaus?

---

[108] Vgl. A. Alt, Gott, 21.

[109] Vgl. A. Alt, Gott, 22-24.

[110] Auch B. Jacob, Tora, 320, rechnet in seinem 1934 erschienenen Kommentar wie H. Gunkel mit einer stabilen mündlichen Überlieferung und wie A. Alt mit Institutionen, die diese Überlieferung stützen. Da er keine eigenständige Position in der Forschung bezieht und sich seine Auffassung auf wenige Bemerkungen beschränkt, seien diese am Rande erwähnt: „In der besonderen Lebensführung und Stellung der Erzväter ist vielleicht auch der Grund zu suchen, daß in der Genesis noch nicht geschrieben wird. Dies ist nicht eine Altertümelei, als wenn die Tora glaubte oder sich den Anschein gäbe, daß die Schrift noch nicht erfunden war. Tausend Jahre vor Abraham und noch früher wurde ringsum, in Ägypten, Babylonien, in den Reichen Cheta und Mitanni im amtlichen geschäftlichen Verkehr unendlich viel geschrieben. Die Tora hätte also mit einer solchen Fiktion bei ihren Zeitgenossen keinen Glauben finden können. Sondern als einzelne Personen ohne von Geschlecht zu Geschlecht vererbten Boden und immer wieder auf der Wanderung konnten sie weder Archive anlegen und bewahren, noch sicher sein, daß Dokumente erhalten blieben. Also mußte für die Überlieferung das Gedächtnis in Anspruch genommen werden. Zur Stütze des Gedächtnisses aber diente die Festlegung durch Institutionen, die mit den Menschen weiterlebten, oder die Benennung von Stätten, an denen die aufzubewahrenden Erlebnisse stattgefunden hatten". Über H. Gunkel hinaus pointiert Jacob die absolute Zuverlässigkeit der mündlichen Überlieferung, ohne dies näher zu begründen. Gestützt wird sie lediglich durch nicht beschriebene Institutionen oder Benennung von Stätten.

Mit seinen Forschungsbeiträgen hat Alt auf eine ganze Generation von Exegeten anregend gewirkt[111]. Als einer der bedeutendsten alttestamentlichen Lehrer des 20. Jahrhunderts[112] fanden seine Arbeiten ihre logische Fortsetzung in den Studien seiner beiden Schüler G. v. Rad und M. Noth[113].

Für G. v. Rad ist die Frage nach der mündlichen Überlieferung untrennbar mit der Entstehung des Hexateuchs verbunden, die wir deshalb mit einigen Sätzen umreißen müssen. Die wichtigste Voraussetzung, die v. Rad für das Verstehen des Hexateuchs macht, ist, daß es sich bei diesem ausgebauten Textcorpus in seiner Letztgestalt um Heilsgeschichte handelt, die im „kleinen geschichtlichen Credo" (Dt 26,5b-9) ihren greifbaren Ausgangspunkt hat[114]. Um dieses am Kultus verhaftete Gebet, das am Heiligtum bei der Ablieferung der Erstlingsfrüchte gesprochen wurde, ist in vielen Jahresringen bis in seine vorliegende Gestalt der Hexateuch ausformuliert worden. Der Kern des Hexateuchs ist ein bekenntnismäßig formulierter Glaubenssatz[115].

Ein wichtiger Baustein in der weiteren Entwicklung des Hexateuchs sind die Vätererzählungen. In seinem Verständnis dieser Geschichten versucht v. Rad die Erkenntnisse H. Gunkels und A. Alts zu verbinden[116]: Anfänglich kursierten die Sagen als mündliche Anekdoten und Erzählungen im Volksmund. Sie wurden auch von fahrenden Erzählern übermittelt. Schon zu dieser Zeit sind nach dem „Gesetz der erzählerischen Assoziation"[117] einige Erzählungen zusammengebunden worden. Nach der Landnahme verschmolzen die mitgebrachten Vätergestalten und die Reste ihres Kultes mit den kanaanäischen Kultstätten[118]. Gleichzeitig erfolgte eine Angleichung der unterschiedlichen Väterüberlieferungen dadurch, daß im Laufe der Zeit die Kultstätten für mehrere Stämme zu Wallfahrtsorten

---

[111] Ganz im Sinne Alts sieht A. Jepsen, Überlieferungsgeschichte, 1953/54, 139-155 [46-75], die Überlieferungsgeschichte. Die Väter sind zuerst Offenbarungsempfänger und dann Kultstifter; in der mündlichen Überlieferung der Stämme ist die Erinnerung an sie bis zur Verschriftung durch den Jahwisten im 8. Jahrhundert wach geblieben.

[112] Vgl. R. Smend jr., Alttestamentler, 182-207.

[113] Vgl. zur Kritik W. McKane, Studies, 195-224; H. Weidmann, Die Patriarchen, 126-134, 161-167; sowie W. Leineweber, Die Patriarchen, 167-199.

[114] Vgl. G. v. Rad, Problem, 1938, zitiert nach GS, 9-11.

[115] Vgl. G. v. Rad, Problem, 11-20.

[116] Vgl. G. v. Rad, Problem, 62-70.

[117] Vgl. G. v. Rad, Genesis, 1949, [10]1979, 255.

[118] Vgl. G. v. Rad, Problem, 65; ders., Genesis, 8.

wurden, an denen die Pilger nun bei ihren Besuchen die Überlieferungen ihrer Väter austauschen konnten. So kam es zu einer Verschmelzung der Stoffe[119]. Bei dem weiteren Wachstumsprozeß der Jakobserzählungen folgt v. Rad dem Schema H. Gunkels. Aus losen Einzelerzählungen entsteht zunächst der Jakob-Esau und dann der Jakob-Laban-Sagenkranz, beide Zyklen werden dann zusammengefaßt[120]. Erst im literarischen Stadium wird das mündliche Material der Vätergestalten komplett verbunden. Hören wir v. Rad: „Dieser Ausbau der Vätergeschichte zu einer so weitausladenden Erzählung ist das Produkt langer Sammelarbeit und mehr noch einer überlegenen Kunst theologischen Komponierens. Man soll ja nicht glauben, daß sich die vielen Einzelüberlieferungen, die von der Väterzeit umliefen, von selber zu so kunstreichen und theologisch überlegten Kompositionen zusammengeordnet haben"[121].

Es ist der Jahwist, der die losen Erzählungen einige hundert Jahre nach den Patriarchen zu einer theologischen Konzeption ausgebaut hat. „Der Jahwist ist es, der uns von den Widerfahrnissen der Ahnherren Israels erzählt. Er denkt ja auch nicht daran, die alten Überlieferungen (wie es ein moderner Historiker täte) ganz aus der altertümlichen Vorstellungswelt der damaligen ‚Väterreligion' zu interpretieren, vielmehr hat er sie ‚anachronistisch' ganz in die Vorstellungswelt hineingenommen, die er und seine Zeit sich von dem Handeln Jahwes am Menschen gemacht hatten, und hat sie damit fast zu seinen Zeitgenossen gemacht"[122]. Dem Jahwisten also verdankt die Genesis ihre theologische Konzeption. Er ist es, der sogar den ganzen Hexateuch auf die Formel „Verheißung und Erfüllung" bringt[123]. Das heißt, in der Letztgestalt beruhen die Vätererzählungen auf den „Glaubenserfahrungen der Gemeinde". Ihr Gegenstand ist nicht das Ergehen eines individuellen Patriarchen, sondern das Handeln Jahwes[124].

Indirekt ist damit auch schon einiges über die Historizität der Vätererzählungen gesagt: Obwohl die Erzväter als historische Gestalten angesehen werden müssen, ist kein konkretes Wissen über sie aus den Erzählungen abzuleiten; nur über allgemeine, nomadische Lebensverhältnisse und Grundelemente der Religiosität der Sippe geben die Texte Auskunft[125].

---

[119] Vgl. G. v. Rad, Problem, 65.

[120] Vgl. G. v. Rad, Genesis, 8.

[121] G. v. Rad, Genesis, 125.

[122] G. v. Rad, Genesis, 8.

[123] Vgl. G. v. Rad, Genesis, 9; sowie ders., Problem, 70.

[124] Vgl. G. v. Rad, Genesis, 23-26.

[125] Vgl. G. v. Rad, Genesis, 8.

Über H. Gunkel und seinen Lehrer A. Alt hinaus gibt v. Rad zu den Problemen der mündlichen Überlieferung und der Historizität der Sagen keine nennenswerten neuen Impulse. Bemerkenswert ist die von ihm bei der Entstehung der Genesis dem Jahwisten zugemessene Bedeutung: Er ist es, der als Sammler die teilweise schon verwobenen, teilweise noch losen Einzelüberlieferungen zusammengestellt hat[126]. Er ist es zudem, der die Überlieferungen in seiner theologischen Konzeption von Verheißung und Erfüllung zusammengefügt hat. So verlagert sich das Gewicht bei v. Rad im Unterschied zu Gunkel auf das Stadium, in dem die Vätererzählungen in einer übergeordneten Komposition zur Glaubensgeschichte werden. Nach dieser Auffassung läuft die überlieferungsgeschichtliche Forschung auf das Kerygma hinaus[127].

Nach dem Zweiten Weltkrieg erscheint 1948 M. Noths *Überlieferungsgeschichte des Pentateuch*, in der er sich die Aufgabe stellt, den Entstehungsprozeß des Pentateuchs von seinen Anfängen bis zur Endgestalt nachzuzeichnen[128]. In Abgrenzung von H. Gunkel ist für Noth diese Entwicklung nicht durch eine literarkritische Analyse zu rekonstruieren, die versucht, den Werdegang von den kleinsten Erzähleinheiten über Aneinanderreihungen und Ergänzungen bis hin zu Erzählzyklen nachzuzeichnen. Denn, so Noth, der Pentateuch ist als das Ergebnis der Ausformulierung von verschiedenen Grundthemen zu verstehen[129]. Anfänglich hatten diese Themen bekenntnisartigen Charakter; hier liegt der Schnittpunkt mit v. Rads *Credo*. In der weiteren Vorgeschichte sind dann diese für Israel existentiellen Themen weiter mündlich tradiert und ausgeschmückt worden. Entstanden sind sie in der Phase der „produktiven vorliterarischen Überlieferungsbildung"[130]. Weil die Themen Israel als Gemeinschaftsgröße voraussetzen, fällt diese Schaffensphase in die Zeit von der Landnahme bis zur Staatenbildung und der damit aufkommenden Geschichtsschreibung[131]. „Es ist nämlich", so Noth, „die Pentateuchüberlieferung im großen und ganzen eine ausgesprochene Sagenüberlieferung in dem Sinne, daß sie nicht einen einzelnen oder auch mehrere einzelne ‚Autoren' hatte, sondern innerhalb der anonymen Gesamtheit der Stämme und ihrer einzelnen Sippen bei

---

[126] Vgl. G. v. Rad, Genesis, 125.
[127] Vgl. ausführlich D. A. Knight, Traditions, 97-142.
[128] Vgl. M. Noth, Überlieferungsgeschichte, 1948, 1.
[129] Vgl. M. Noth, Überlieferungsgeschichte, 1-4.
[130] M. Noth, Überlieferungsgeschichte, 47.
[131] Vgl. M. Noth, Überlieferungsgeschichte, 46-48.

deren Zusammenkünften, und d.h. in erster Linie bei Gelegenheit kultischer Begehungen, im Munde von ‚Erzählern' entstand und wuchs und weitergegeben wurde"[132]. Bei kultischen Treffen wird so in vorstaatlicher Zeit die Frühgeschichte Israels in Sagen durch die einzelnen Glieder der Stämme als gemeinsames Erbe übermittelt und bewahrt, bevor dann die Überlieferung in der staatlichen Epoche niedergeschrieben wird[133].

Fünf Themen sind nach Noth für den Pentateuch konstitutiv: 1. Die „Herausführung aus Ägypten"[134], 2. die „Hineinführung in das palästinische Kulturland"[135], 3. die „Verheißung an die Erzväter"[136], 4. die „Führung in der Wüste"[137], 5. die „Offenbarung am Sinai"[138]. Das „Urelement"[139] dieser Themen ist die „Herausführung aus Ägypten", mit dem die Kinder Israels ihre Sonderstellung unter den Völkern begründen und zugleich die eigentliche Geschichte Israels beginnt[140]. Alte, festgeprägte Formeln, die den bekenntnisartigen Gehalt der Themen ausdrücken, ziehen sich durch den ganzen Pentateuch. In einem langen Wachstumsprozeß sind dann die Themen von Erzählergenerationen immer weiter ausformuliert worden, bis sie den Grundbestand einer ersten schriftlichen Sammlung bildeten.

Dieser Punkt an Noths Konstruktion ist beachtenswert. Er nimmt an, daß die an unterschiedlichen Orten überlieferten Themen ausformuliert und über den kultischen Verbund – der Amphiktyonie[141] – noch im mündlichen Stadium zusammengewachsen sind. Deshalb haben die ersten Schriftsteller weniger Anteil am Pentateuch als bislang angenommen worden ist. Sie haben die über Jahrhunderte gewachsenen, in festen Formen überlieferten mündlichen Stoffe vorgefunden. Diese machten weite Teile der fünf Bücher Mose aus[142]. Hierin sieht Noth die Grundlage (G) für J und E[143].

---

[132] M. Noth, Überlieferungsgeschichte, 47 (im Original teilweise gesperrt gedruckt).
[133] Vgl. M. Noth, Überlieferungsgeschichte, 47.
[134] Vgl. M. Noth, Überlieferungsgeschichte, 50-54.
[135] Vgl. M. Noth, Überlieferungsgeschichte, 54-58.
[136] Vgl. M. Noth, Überlieferungsgeschichte, 58-62.
[137] Vgl. M. Noth, Überlieferungsgeschichte, 62-63.
[138] Vgl. M. Noth, Überlieferungsgeschichte, 63-67.
[139] Vgl. M. Noth, Überlieferungsgeschichte, 49.
[140] Vgl. M. Noth, Überlieferungsgeschichte, 50.
[141] Vgl. M. Noth, Das System der zwölf Stämme, 1930, 109-121.
[142] Vgl. M. Noth, Überlieferungsgeschichte, 1-4, 45-48, 60-62, 67-69, 214-215.
[143] Der Gedanke einer schriftlichen Grundlage für J und E ist nicht neu. Bereits R. Kittel erwägt ab der zweiten Auflage seiner „Geschichte des Volkes Israels" in § 32 „Charakter

Ob G mündlich oder schriftlich fixiert war, ist für ihn unerheblich, da er auch bei einer nur mündlich vorliegenden Tradition mit einer solchen stabilen Form rechnet, die einer schriftlichen an Zuverlässigkeit in nichts nachsteht[144]. Doch hören wir auf Noths eigene Worte: „Jedes der Themen, aus denen das ansehnliche Werk der Pentateucherzählung aufgebaut worden ist, schloß [...] ein Mindestmaß an erzählendem Stoff ein [...]. Zu diesem unentbehrlichen Grundbestand der Themenerzählung trat dann jedoch leicht im Zuge des weitergehenden Erzählens und Sicherzählenlassens allerlei ausgestalteter Zuwachs auf Grund verschiedenster Einzelüberlieferungen und Überlieferungskomplexe [...]"[145].

Das Thema „Verheißung an die Erzväter" hat eine besondere Entstehungsgeschichte. Religionsgeschichtlich geht diesem Thema das Phänomen des Vätergottes voraus. Das Frühstadium der Entwicklung sieht Noth ganz im Sinne seines Lehrers A. Alt. Die alten Theologumena des Vätergottes haben bei der Landnahme an den kanaanäischen Heiligtümern neue Haftpunkte gefunden; dort wurden dann die Gottheiten „offenbar in der Form von S i p p e n kulten"[146] verehrt. „Die Einführung des Themas ‚Verheißung an die Erzväter' in die Pentateuchüberlieferung aber war in sich selbst ein komplizierter und in mehreren Stadien verlaufender Prozeß. Es ist sicher, daß das Thema zunächst nur in der Gestalt J a k o b s behandelt wurde. Dieser Stand des Pentateuchwerdens – mit nur Jakob als ‚Erzvater' – wird in der kultischen Bekenntnisformulierung von Dtn. 26,5-9 vorausgesetzt. Jakob allein unter den Erzvätern ist unmittelbar mit den älteren Pentateuchthemen verknüpft worden, indem er zum Vater der Zwölfstämmeahnherren wurde und mit seiner Familie nach Ägypten auswanderte, während die anderen Erzväter erst durch Jakob eine Verbindung

---

und Zeit der Überlieferung" eine schriftliche Grundlage der Quellenschriften (vgl. R. Kittel, Geschichte, [2]1912, 390-399). Möglicherweise sind diese Schriften poetisch verfaßte Epen gewesen, die einen „nicht unbeträchtlichen Bruchteil der heutigen Sagenbücher J und E" (R. Kittel, Geschichte, 391) ausmachen. Damit ist ein Bindeglied im Überlieferungsprozeß bestimmt. Der ursprünglichen mündlichen Überlieferung folgt eine erste schriftliche, die poetisch die Heldentaten der Väter besingt. Auf dieses Material können sich dann die Verfasser von J und E stützen. Noch vor der Landnahme sind die ältesten Aufzeichnungen entstanden (vgl. R. Kittel, Geschichte, 392-395). Daraus folgt, daß Israel weite Teile seiner eigenen Tradition mitgebracht hat, andere Stoffe, die an den Kultstätten hafteten, hat es nach der Landnahme von den Kanaanäern übernommen (vgl. R. Kittel, Geschichte, 396-399).

[144] Vgl. M. Noth, Überlieferungsgeschichte, 40-44.

[145] M. Noth, Überlieferungsgeschichte, 67 (im Original teilweise gesperrt gedruckt).

[146] M. Noth, Überlieferungsgeschichte, 58.

mit den anderen Pentateuchthemen gefunden haben"[147]. Später ist der
Pentateuch auf literarischer Ebene durch Verklammerungen, Genealogien
und Itinerare zusammengebunden worden. Als Brücke zwischen den Erzvätererzählungen und der Exodustradition ist dann die Josephsnovelle eingeschoben worden[148].

Aus der Enstehungsgeschichte des Pentateuchs ergibt sich, daß er kein
Geschichtswerk ist, das dem deuteronomistischen oder chronistischen Geschichtswerk vergleichbar wäre. Der Pentateuch geht im Kern nicht auf
einzelne Schriftsteller zurück, sondern auf Generationen von Erzählern;
seine Grundform ist mündlich, nicht schriftlich. Obwohl in den Schilderungen der allgemeinen Lebensverhältnisse historisch zuverlässig, ist er kein
primär geschichtlicher Entwurf, sondern seinem Wesen nach von den fünf
Glaubensgrundsätzen Israels aus entfaltet[149].

Wir konstatieren: Nach M. Noth ist der Pentateuch primär das Ergebnis
der Ausführung von fünf für Israel existentiellen Grundthemen, nicht also
von einzelnen Überlieferungen. Diese Themen stammen aus der „produktiven vorliterarischen Überlieferungsbildung"[150], aus der Epoche zwischen
Landnahme und Staatenbildung. Religionsgeschichtlich gesehen greift das
Thema „Verheißung an die Erzväter" in seiner Entstehung auf das Phänomen des Vätergottes zurück. Später wird das zunächst um die Gestalt Jakobs rankende Thema mit Erzählstoffen angefüllt. Der ganze Prozeß findet
ausschließlich im „vorliterarischen Stadium" statt. Am Ende des Prozesses
liegt eine mündlich überlieferte Grundform des Pentateuchs vor, die zu
ihrer jetzigen Form literarisch weiter ausgestaltet wird[151]. Bei der Reflexion
der allgemeinen Prozesse der mündlichen Überlieferung und Verschriftung
geht Noth nicht über die Auffassungen von H. Gunkel, A. Alt und G. v.
Rad hinaus: Den Prozeß der mündlichen Überlieferungen sowie ihre Sammlung reflektiert Noth nicht, er setzt ihn wie seine Vorgänger voraus und
rechnet unbegründet damit, daß die mündlichen Überlieferungen mehrere
Jahrhunderte alt und konstant tradiert sind, ehe sie verschriftet wurden.
Auch in der Beurteilung der Historizität unterscheidet sich Noth nicht von
seinen Vorgängern. Historisch Konkretes ist den Vätererzählungen nicht

---

[147] M. Noth, Überlieferungsgeschichte, 60.
[148] Vgl. M. Noth, Überlieferungsgeschichte, 216-246.
[149] Vgl. M. Noth, Überlieferungsgeschichte, 45-47; vgl. zur Kritik W. McKane, Studies,
160-167; H. Weidmann, Die Patriarchen, 134-145.
[150] M. Noth, Überlieferungsgeschichte, 47.
[151] Vgl. M. Noth, Überlieferungsgeschichte, 95-111.

abzugewinnen, weil sie sich als primär theologische Erzählungen um den Offenbarungsempfänger, den nur so geschichtlich greifbaren Erzvater, gebildet haben. Gleichwohl gewähren die Erzählungen Einblicke in die allgemeinen Lebensverhältnisse ihrer mündlichen Entstehungszeit, also in die späte vorstaatliche Epoche[152].

7. W.F. Albright

Einen neuen Aspekt bringt der große amerikanische Archäologe W.F. Albright in die Forschung ein. Wie kein anderer hat er versucht, die archäologischen Erkenntnisse des 20. Jahrhunderts in Beziehung zu den alttestamentlichen Texten zu setzen, ja die biblischen Schriften durch die „external evidence"[153] historisch zu verifizieren, worin für die Frühgeschichte gleichzeitig die methodische Aporie beschlossen ist[154]. Insbesondere gilt dies für die Stoffe der Genesis, deren Authentizität und hohes Alter Albright nachzuweisen bemüht ist. Für Albright stammen die Hebräer nicht aus Ur, sondern aus Padan-Aram[155]. Von dort brachten sie als Händler und Karawanenführer bei ihrer Migration zu Beginn des 2. Jahrtausends schon die meisten Erzählungen der Urgeschichte nach Kanaan mit, deshalb unterliegen die Stoffe nicht ägyptischen, sondern mesopotamischen Einflüssen[156]. Schon die aus dem 15. Jahrhundert stammenden Nuzitexte bestätigen das in der Genesis beschriebene Sittenrecht, „we shall doubtless find many sociolegal similarities to the narratives of Genesis"[157]. Wichtige biblische Eigennamen sind in den Texten aus Mari aus dem 19./18. Jahrhundert belegt, hier finden sich auch die Namen Benjamin und Jakob[158]. Schließlich können anhand des außerbiblischen Materials die in Kanaan gelandeten Hebräer mit den Hapiru – Eselführer oder Karawanenführer – identifiziert werden[159]. Mit diesen wenigen Andeutungen ist bereits wesentliches über

---

[152] Vgl. W. Thiel, Erzväter-Überlieferungen, 11-27; hinzuweisen ist auch auf den 1947 publizierten Beitrag von J. v. d. Ploeg, Le rôle de la traduction oracle, 5-41.

[153] Vgl. W.F. Albright, Israelite Conquest, 13.

[154] Vgl. zur Kritik M. Noth, Der Beitrag der Archäologie, 262-282 (vgl. S. 302-303).

[155] Vgl. W.F. Albright, Stone Age, 1940, ²1953, 236-237; ders., Abraham, 1961, 44-54.

[156] Vgl. W.F. Albright, Stone Age, 237-238.

[157] W.F. Albright, Stone Age, 238.

[158] Vgl. W.F. Albright, Stone Age, 238.

[159] Vgl. W.F. Albright, Stone Age, 239-241; ders., Archaeology, 36-67; sowie ders., Yahweh, 47-95; vgl. zur gegenwärtigen Forschung W. Leineweber, Die Patriarchen, 119-133; W. Thiel, Entwicklung, 10-87; Th.L. Thompson, Historicity, 315-330; und J. Van Seters, Abraham, 104-122.

die Methode und über die Ergebnisse von Albrights Beiträgen gesagt. Er
hält die Vätergeschichten der Genesis für authentische Erzählungen der
Mittelbronze II-Zeit (genauer 1900-1800 v. Chr.).

Das Bindeglied aber zwischen den historischen Ereignissen und ihrer
Verschriftung ist die mündliche Überlieferung. Es versteht sich beinahe
von selbst, daß Albright von einer beständigen wie zuverlässigen mündlichen Überlieferung überzeugt ist. Für Albright bietet das religionsgeschichtliche Vergleichsmaterial hinreichend Anschauung für eine stabile
mündliche Überlieferung. Analogien findet er – freilich ohne den Beweis
dafür zu erbringen – bei der Entstehung des Korans ebenso wie bei der des
Talmuds, bei der Rigveda ebenso wie bei den Isländischen Sagas[160]. An drei
Beispielen aus drei unterschiedlichen Epochen und drei verschiedenen
Kulturkreisen versucht Albright dann seine Vermutungen zu illustrieren:
an der Entstehung der Ilias, an etruskischen Inschriften und am König
Arthus Zyklus. Alle diese Texte haben für Albright eines gemeinsam: Sie
gehen auf eine verläßliche mündliche Überlieferung zurück, aus der sie für
ihre Berichte über längst vergangene Zeiten schöpfen können[161]. Auch die
alten orientalischen Texte transportieren zumindest immer einen wahren
historischen Kern[162].

Eine gesicherte Überlieferung ist nach Albright jedoch von mehreren
Faktoren abhängig: Einmal von den mnemotechnischen Fähigkeiten der
Erzähler, dann auch von der Form des Stoffes, denn Lyrik erhält und übermittelt sich leichter als Prosa. Drittens kommt das Kriterium der „didactic
quality"[163] hinzu. Nur als wichtig empfundene Texte werden beständig
überliefert. Damit steht nicht nur das Ergebnis für die Historizität der
Vätererzählungen, sondern auch das für die Religiosität der Patriarchen
fest[164]. In einer Vorlesung vom Mai 1965 resümiert der späte Albright: „I
formerly held that the religious traditions of Genesis were, in general,
retrojections from post-Mosaic times, but I have now changed my mind,
since there is no reason to single out religious traditions as relatively late
while accepting the antiquity of Patriarchal customary law and historical
tradition in general. [...] Early Hebrew religious traditions rest on pre-
Mosaic foundations, since the divine names and forms of cult are different

---

[160] Vgl. W.F. Albright, Stone Age, 64-67.
[161] Vgl. W.F. Albright, Stone Age, 72-76.
[162] Vgl. W.F. Albright, Stone Age, 70.
[163] W.F. Albright, Stone Age, 68.
[164] Vgl. W.F. Albright, Stone Age, 66-71.

from anything in the later theology and cultic legislation of the Pentateuch. We must, therefore, go back to Patriarchal times in order to understand the nature of specifically Israelite religious institutions once thought by most critical scholars to have developed only under the Monarchy"[165].

8. J. Pedersen, H.S. Nyberg, H. Birkeland, I. Engnell

Wenn wir uns nun einigen skandinavischen Gelehrten zuwenden, lernen wir eine von der deutschsprachigen Forschung weitgehend unabhängige Tradition kennen[166]. D.A. Knight betont die Heterogenität und Vielschichtigkeit der skandinavischen Beiträge, und er warnt davor, die sehr unterschiedlichen Ansätze nicht genügend zu differenzieren[167]. Seine Mahnung im Ohr, wollen wir exemplarisch einige Beiträge vorstellen[168]:

Es ist der Däne J. Pedersen, der aus Unzufriedenheit über das literarische Modell J. Wellhausens zuerst neue Wege eingeschlagen hat. Pedersen kritisiert in seinen Arbeiten aus den zwanziger und dreißiger Jahren an der Quellenhypothese – JE, D, P – vor allem die starre, chronologische Einordnung der Schriften. Den führenden Literarkritikern des 19. Jahrhunderts wirft er systemimmanente Fehleinschätzungen vor. Nach Pedersen hat es

---

[165] W.F. Albright, Yahweh, 95. – Auch auf die Arbeiten von R. de Vaux können wir am Rande eingehen, da sie methodisch und inhaltlich auf derselben Linie wie die von Albright liegen. Zeit seines Lebens hat der große, in Paris geborene Archäologe in immer neuen Werken versucht, die Historizität der Patriarchen, die er in die MB II (genauer zwischen 1900-1700 v. Chr.) ansiedelt (vgl. R. de Vaux, Patriarches hébreux, 1946, 329-336; ders., Patriarches hébreux, 1948, 326-337), nicht nur archäologisch (R. de Vaux, Patriarches hébreux, 1965, 5-28), sondern auch religionsgeschichtlich (R. de Vaux, Les institutions, Bd. 2, 115-122) und nach den aus den Texten ablesbaren Lebensformen als historisch greifbare Personen (R. de Vaux, Histoire, 172-179), nachzuweisen. Überlieferungsgeschichtlich geht er dabei von einer zuverlässigen Überlieferung der Orts- und Personennamen aus. Für weniger zuverlässig hält er die Ätiologien, die aber auch für die Überlieferung der Stoffe und Entstehung der Tradition keine besondere Rolle spielen. Dies hat allein der Kultus, an dem sich Erinnerungen halten und von dem aus sich die schriftlichen Traditionen formieren konnten (Vgl. R. de Vaux, Histoire, 176-179).

[166] Vgl. H.S. Nyberg, Die schwedischen Beiträge zur alttestamentlichen Forschung in diesem Jahrhundert, 1-10.

[167] Vgl. D.A. Knight, Traditions, 217-220.

[168] Vgl. D.A. Knight, Traditions, 215-382, zur Würdigung von S. Mowinckel, I. Hylander, J. Lindblom, A. Halder, auf die wir im Rahmen unserer exemplarischen Darstellung nicht eingehen können.

die von Wellhausen durchgesetzte Rang- und Reihenfolge der Quellenschriften so nie gegeben[169]. Die Quellenkritik des 19. Jahrhunderts setzt
voraus, „daß jedes Dokument zeitlich genau fixiert und sein Wert als Quelle genau abgegrenzt werden kann. Die quellenkritische Methode hat ihre
unzweifelhafte Bedeutung auch für das Altertum, wenn es sich darum handelt, Begebenheiten und äußere Tatsachen festzustellen; aber sie muß stark
begrenzt werden, wenn es gilt, die Kultur eines Volkes zu beschreiben"[170].

Für Pedersen haben die Quellenschriften bis zu ihrer Zusammenstellung nach dem Exil erst nebeneinander existiert. „Alle Quellen des Pentateuchs sind sowohl vorexilisch wie nachexilisch. Wenn wir mit ihnen und
den anderen Quellen arbeiten, haben wir keinen anderen Weg als den der
inneren Schätzung; in jedem einzelnen Fall muß der Charakter des Stoffes
geprüft und der durch ihn vorausgesetzte Hintergrund erschlossen werden.
Das ist eben die Aufgabe des Historikers"[171].

Zum ersten Mal wird hier das noch in den zwanziger Jahren als *ultima
ratio* angesehene Quellenmodell grundlegend in Frage gestellt. Die gegenwärtig so lebhaft diskutierte Frage nach dem eigentlichen Alter und Abschluß der Quellenschriften faßt Pedersen schon klar ins Auge: Den Prozeß
der mündlichen Überlieferung dehnt er bis in die exilisch-nachexilische
Zeit aus, da erst in dieser Epoche die Quellenschriften abgeschlossen werden und bis dahin für alle nur denkbaren Traditionen, auch mündliche
Überlieferungen, offen gewesen sind. Zum möglichen Alter des Penta-
teuchstoffes und auch zur Historizität bezieht Pedersen nur ungenau Stellung, da er zum entscheidenden Problem, der Zuverlässigkeit der mündlichen Überlieferung, schweigt. Da er jedoch vom hohen Alter der Stoffe der
Genesis überzeugt ist, setzt er implizit auch die Konstanz der Überlieferung
sowie eine getreue Verschriftung voraus[172]. Auf die skandinavische Forschung haben sich die Ideen Pedersens – besonders seine Kritik am herkömmlichen Quellenmodell und das Vertrauen in die mündliche Überlieferung – nachhaltig ausgewirkt[173].

Wenige Jahre nach Pedersen ist H.S. Nyberg, seit 1931 Ordinarius
für Altorientalische Philologie in Uppsala[174], durch seine Studien zum Is-

---

[169] Vgl. J. Pedersen, Israel. Its Life and Culture, 1926, Bd. 1, 27-29.
[170] J. Pedersen, Die Auffassung vom Alten Testament, 1931, 174-175.
[171] J. Pedersen, Auffassung, 179.
[172] Vgl. J. Pedersen, Israel, Bd. 1, 27-29.
[173] Vgl. D.A. Knight, Traditions, 224-227.
[174] Vgl. H.S. Nyberg, Beiträge, 1971, 6.

lam[175] auf das Problem der mündlichen Überlieferung gestoßen: „Die ganze Kompositionsweise, Form, Veränderung und Wachstum der [altiranischen] Texte, die tiefer liegenden sprachlichen Mängel in den späteren Texten finden ihre einfache und ungesuchte Erklärung, wenn wir eine ausschließlich mündliche Textbehandlung voraussetzen, während wir vor ein Rätsel nach dem anderen gestellt werden, wenn wir mit schreibenden Verfassern und einer ununterbrochenen schriftlichen Überlieferung der Texte rechnen. Diese ganze Religion baut übrigens in besonderem Maße auf dem *Wort* auf, worunter im Altertum überhaupt nur das lebende, mündliche Wort verstanden werden kann"[176]. Später dann fährt Nyberg fort: „Der Orientale hat in ganz andrer Weise als wir seine Freude und Lust am gesprochenen Wort und zieht es dem gelesenen vor. Die alte arabische Beduinenpoesie war ausschließlich mündlich"[177]. Diese Einsichten hat Nyberg dann, beeinflußt von Pedersens Idee der Dauerhaftigkeit der mündlichen Überlieferung, in einigen Studien auf das Alte Testament übertragen.

Da Nyberg als Lehrstuhlinhaber für orientalische Sprachen auch Hebräisch für Theologen zu lehren hatte, beschäftigte er sich immer wieder mit dem Alten Testament. So haben sich wechselseitige Übertragungen aus den verschiedenen Forschungsfeldern ganz organisch ergeben. Rückblickend sagt er: „Ich hatte durch meine Islamstudien mit einem wirklichen Traditionssystem Bekanntschaft gemacht und gelernt, wie mündliche Tradition funktioniert und wie sie sich zur schriftlichen Überlieferung verdichtet"[178].

In einem 1934 erschienenen Aufsatz zum Hoseabuch hat er sich erstmals grundsätzlich zum Alten Testament geäußert. Von analogen Verhältnissen im Vorderen Orient ausgehend, nimmt Nyberg auch für das Alte Testament einen vorwiegend mündlichen Überlieferungsprozeß an. „Fast jeder Niederschrift eines Werkes ging im Orient bis in die jüngste Vergangenheit hinein eine längere oder kürzere mündliche Überlieferung voraus, und auch nach der Niederschrift bleibt die mündliche Überlieferung die normale Form für die Fortdauer und die Benutzung eines Werkes"[179]. Daraus folgt, daß sowohl die Erzählungen als auch die Kultlegenden, ja sogar die Gesetze erzählt worden sein müssen. So wie es vorliegt, ist das Alte Testament erst nach dem Exil von der jüdischen Gemeinde geschaffen

---

[175] Vgl. H.S. Nyberg, Die Religionen des Alten Iran, 1938, 8-14.
[176] H.S. Nyberg, Religionen, 9.
[177] H.S. Nyberg, Religionen, 10.
[178] H.S. Nyberg, Beiträge, 9.
[179] H.S. Nyberg, Problem, 1934, 243.

worden. Bis zu dieser Zeit haben primär die mündlichen Überlieferungen gewirkt. Folglich ist die gesamte Vorgeschichte des alttestamentlichen Stoffes „überwiegend eine mündliche. Man hat mit Traditionskreisen bzw. -zentren zu rechnen, die den Stoff bewahrten und weitergaben. Es versteht sich von selbst, daß es bei dieser Überlieferungsweise nicht ohne Veränderungen des Stoffes abging, aber wir haben es dann mit lebendiger Umformung und nicht mit graphischen Verderbnissen zu tun"[180].

Bemerkenswert ist Nybergs Äußerung über die Zuverlässigkeit der mündlichen Überlieferung: „Ich möchte bei dieser Gelegenheit nicht versäumen, die Tatsache hervorzuheben, daß uns allem Anschein nach in dieser Weise die primitiven Stoffe viel besser bewahrt blieben, als wenn sie früh schriftlich fixiert worden wären. Auf primitiveren Kulturstufen ist die Schrift noch kein geeignetes Mittel, der Nachwelt Erzählungen und Gedichte zu vermitteln; das primitive Gedächtnis ist viel zuverlässiger"[181].

Nybergs Beitrag zum Problem der mündlichen Überlieferung ist gegenüber der deutschsprachigen Tradition von J. Wellhausen bis zu M. Noth ebenso originell wie eigensinnig. Er rechnet mit einer nachexilischen Verschriftung des Pentateuchs. Daraus folgt die von ihm keineswegs begründete Annahme, daß die mündliche Überlieferung die schriftliche prädominiert und in der Lage ist, Erzählungen über tausend (!) Jahre mit nur mäßigen „Umformungen" zu konservieren. Nicht näher bezeichnete „Kreise" oder „Zentren" haben die Stoffe gewissenhaft überliefert. Auf das Problem der Verschriftung und Historizität geht Nyberg nicht ein, aber er setzt voraus, daß die nachexilischen Schriftsteller mit derselben Treue die mündlichen Überlieferungen aufgeschrieben haben[182].

Am Beispiel der Prophetenforschung erläutert der Norweger H. Birkeland in seiner 1938 erschienenen Studie *Zum hebräischen Traditionswesen* den Prozeß der mündlichen Überlieferung. In dieser Monographie versucht H. Birkeland, die von seinem Lehrer H.S. Nyberg nur unzureichend abgesicherte These der Prädomination der mündlichen Überlieferung zu begründen[183].

Wie Nyberg bemüht er Ergebnisse der Religionswissenschaft, um sie analog auf das Alte Testament zu übertragen. Beispielhaft zieht er die Entstehung des Korans heran. Nach Mohammeds Tod existierte der Koran sowohl als schriftlich fixierte Sammlung, mit der schon zu den Lebzeiten

---

[180] H.S. Nyberg, Problem, 244.
[181] H.S. Nyberg, Problem, 244; vgl. ders., Studien, 1935, 8-10.
[182] Vgl. zur Kritik A.H.J. Gunneweg, Mündliche und schriftliche Tradition, 51-57.
[183] Vgl. H. Birkeland, Traditionswesen, 1938, 5-7.

des Propheten begonnen worden war, als auch als mündliche Überlieferung. Doch wie ein mittelalterlicher Beleg aus dem 12. Jahrhundert zeigt,
hatte die mündliche Überlieferung eine vorrangige Bedeutung. Sie sollte
den schriftlichen Text in Zweifelsfällen korrigieren. Bei Abu-l-Qāsin ibn
'Asākir heißt es: „Mein Freund! strebe eifrig [Traditionen] zu erlangen, und
empfange sie von den Männern selbst, [unmittelbar] ohne Unterlaß. Empfange sie nicht aus geschriebenen Aufzeichnungen, damit sie nicht von der
Krankheit der Textverderbnis getroffen werden"[184]. Dieses eine Zitat ist für
Birkeland Beweis genug, daß die mündliche Überlieferung der schriftlichen
vorgezogen worden ist und vor allem, daß sie gegenüber der schriftlichen als
zuverlässiger galt.

Auf den Überlieferungsprozeß der biblischen Prophetenbücher übertragen, bedeutet dieses Zitat für Birkeland: Weite Teile der Bücher sind ursprünglich keine Literatur, sondern mündliche Überlieferung, die von
Schülerkreisen bewahrt worden ist. Am Anfang des Überlieferungsprozesses
steht das individuelle prophetische Wort. Aber schon bald sind diese *ipsissima
verba* zu größeren Sammlungen zusammengefaßt worden, wobei einzelne
Worte auch ausgewählt worden sind[185]. Für den Pentateuch haben die
Einsichten Konsequenzen: Der Stoff des Jahwisten ist lange mündlich überliefert, und eine schriftliche Fassung des Elohisten hat es möglicherweise
nie gegeben. So hat der Elohist wohl als Quelle vorgelegen, die, ganz nach
der Mahnung von Abu-l-Qāsin, nur mündlich bestanden hat. Verschriftet
könnte sie dann zur Korrektur des Jahwisten herangezogen worden sein[186].
Doch hören wir noch einmal auf Birkelands eigene Worte: „Wir haben
gesehen, daß unter normalen Verhältnissen kein Gegensatz besteht zwischen schriftlicher Fixierung und mündlichem Vortrag. Normalerweise
gehen die beiden nebeneinander her. Dabei aber ist die mündliche Tradition die Tragende und die Formende. Die Aufgabe der Schrift ist es, das
mündliche Wort vor dem Verlust zu bewahren. Die schriftliche Fixierung
ist somit eben eine Fixierung des mündlich Vorgetragenen. [...] Zuerst soll
man daran denken, daß das hebräische Traditionswesen eine durchaus
mündliche Grundlage hat. Erst bei sicheren Indizien muß man mit Literatur rechnen. Nun hat man ja schon längst erkannt, daß die Traditions-

---

[184] Zitiert nach H. Birkeland, Traditionswesen, 11 (dort auch die Einfügungen).

[185] Vgl. H. Birkeland, Traditionswesen, 16-20; C. Houtmann, Inleiding, 134-138, wendet kritisch ein, daß es allerdings nicht gelungen sei, gerade diese *ipsissima vox prophetae*
von den Zusätzen zu unterscheiden, was schon aus dieser Sicht die ganze Hypothese in
Frage stellt.

[186] Vgl. H. Birkeland, Traditionswesen, 13, 20.

grundlage bei den pentateuchischen Hauptquellen J und E der mündliche Vortrag ist"[187].

Wie Nyberg ist auch Birkeland von der Konstanz der mündlichen Überlieferung überzeugt. Bei der Verschriftung rechnet auch er mit Schriftstellern, deren Aufgabe lediglich in der getreuen Aufzeichnung der Stoffe besteht. Auf die Konsequenzen für die Historizität der Texte geht er nicht ein[188].

Ganz in der Tradition der skandinavischen Forschung steht der Schwede I. Engnell. Wie schon J. Pedersen lehnt Engnell eine rein literarkritische Betrachtung des Pentateuchs als *interpretatio moderna* konsequent ab[189]: „I would like to state then, that the break with the literary-critical method must be radical; no compromise is possible: The old method must be replaced by a new one"[190]. Die einzig mögliche Alternative zur Quellenhypothese sieht er in einem überlieferungsgeschichtlichen Modell. „And the only possible alternative is, as far as I can see, what is in Scandinavia called the traditio-historical method"[191].

Engnell modifiziert die radikalen und unzureichend begründeten Annahmen seines Lehrers H.S. Nyberg[192]. Auch für Engnell ist die mündliche Überlieferung zuverlässig. Er spricht vom „principle of [...] confidence in the tradition"[193]. Immer wieder betont er die Beständigkeit der mündlichen Überlieferung[194], die er unter anderem mit dem Kultus als *Sitz im Leben* vieler alttestamentlicher Texte begründen will[195]. Gleichzeitig räumt er ein, daß der Prozeß der mündlichen Überlieferung je nach dem Wesen des Überlieferten unterschiedlich ist. Grundsätzlich differenziert er zwischen narrativen und lyrischen Texten. Erzählungen, wie die Jakobsgeschichten, sind länger mündlich überliefert worden als offizielle Gesetzestexte oder Listen; profane Lyrik ist länger mündlich überliefert worden als sakrale[196]. Generell rechnet er mit leichten Veränderungen im Traditionsprozeß[197].

---

[187] H. Birkeland, Traditionswesen, 13.
[188] Vgl. zur Kritik A.H.J. Gunneweg, Mündliche und schriftliche Tradition, 57-71.
[189] Vgl. I. Engnell, Aspects, 1960, 21-22; ders., Pentateuch, 1970, 51-57.
[190] I. Engnell, Aspects, 21.
[191] I. Engnell, Aspects, 21.
[192] Vgl. I. Engnell, Isiah, 1949, 20-24.
[193] I. Engnell, Method, 1970, 9.
[194] Vgl. I. Engnell, Aspects, 24.
[195] Vgl. I. Engnell, Method, 7.
[196] Vgl. I. Engnell, Aspects, 23; sowie ders., Pentateuch, 63.
[197] Vgl. I. Engnell, Pentateuch, 66.

Schon früh tritt der ausschließlich mündlichen Überlieferung gelegentlich die schriftliche an die Seite[198].

Wie nun ist der mündliche Traditionsprozeß verlaufen? Dazu sagt Engnell: „Not only the smaller units, but also larger complexes – partly, whole collections or tradition works – had already reached a fixed form in the oral tradition stage, so that the writing down implies nothing new or revolutionary. This means that [...] the process of combining this material and making it uniform had already taken place basically in the oral stage"[199].

Als Überlieferungsträger rechnet Engnell mit den spätestens seit H.S. Nyberg bekannten anonymen „Kreisen". Für den Pentateuch ist das der „P circle" und der „D circle"[200], die Existenz von durchgängigen Quellenschriften im herkömmlichen Sinne lehnt Engnell als absurd ab[201]. Den Überlieferungsprozeß faßt er dann folgendermaßen zusammen: „Priestly circles or scribes who were associated with the temple and other sanctuaries, who primarily are responsible for the legal material, and the story teller, who are responsible for the Patriarchal narratives and the stories of the Judges, are the most important groups in this earlier stage of transmission"[202]. Der gesamte Stoff der Jakobserzählungen, sogar die Genealogien, sind bis zur Niederschrift mündlich überliefert worden[203]. Gewirkt haben diese Kreise erst im oder nach dem Exil[204]. Das heißt, die Jakobserzählungen der Genesis sind bis zu ihrer Verschriftung im 6. Jahrhundert ausschließlich mündlich bewahrt worden. Ähnlich wie Birkeland setzt Engnell ferner Schriftsteller voraus, die die überlieferten Stoffe ohne größere Veränderungen aufgeschrieben haben[205].

---

[198] Vgl. I. Engnell, Aspects, 23-24; sowie ders., Pentateuch, 65.

[199] I. Engnell, Method, 6.

[200] I. Engnell, Pentateuch, 59.

[201] Vgl. I. Engnell, Pentateuch, 51-58.

[202] I. Engnell, Pentateuch, 66.

[203] Vgl. I. Engnell, Pentateuch, 66.

[204] Vgl. I. Engnell, Pentateuch, 61.

[205] Vgl. I. Engnell, Pentateuch, 66-67. – Auf E. Nielsens 1954 erschienene Monographie *Oral Tradition* reicht ein kurzer Hinweis, da die Studie die vorangehenden Arbeiten von J. Pedersen, H.S. Nyberg, H. Birkeland und I. Engnell bestätig und für unsere Aufgabenstellung keine nennenswerten neuen Einsichten liefert. Überzeugt von der Verläßlichkeit der mündlichen Überlieferung rechnet Nielsen wie seine Vorgänger damit, daß die altestamentliche Literatur erst in exilisch-nachexilischer Zeit wegen äußerer politischer Bedrohung entstanden ist. Bis in diese Epoche sind die Stoffe mündlich überliefert worden (vgl. E. Nielsen, Oral Tradition, 36-38, 60-62).

Auf eine ganze Reihe junger, skandinavischer Forscher hat Engnell anregend gewirkt. Auch wenn er selbst nach der Auskunft von H. Ringgren zu Lebzeiten bestritten hat, daß eine von ihm begründete „Uppsala School" je bestanden hat [206], zeigte sich bereits in den sechziger Jahren, daß Engnell einige skandinavische Exegeten nachhaltig beeinflußt hat. Drei ihrer wichtigsten Vertreter stellen wir nun vor.

9. G. Widengren, H. Ringgren und G.W. Ahlström

G. Widengren, Ordinarius für Religionsgeschichte zu Uppsala, hat in verschiedenen nach dem Zweiten Weltkrieg entstandenen Studien die besonders von H.S. Nyberg und I. Engnell[207] verfochtene Vorherrschaft der mündlichen Überlieferung heftig bestritten[208]. Wie schon Nyberg dienen Widengren Studien zur Arabistik als Ausgangspunkt, um in Analogie Rückschlüsse auf die Verhältnisse des Alten Testaments zu ziehen[209].

Widengren mißt der Schriftkultur Israels generell eine viel größere Bedeutung bei, als es Nyberg und Engnell getan haben. An einigen Beispielen, wie den Texten aus Lachish und Rash Shamra, erhärtet er seine Vermutung, daß die Schreibkunst in bedeutendem Ausmaß schon in der frühen Königszeit, in Ugarit und Mesopotamien sogar schon ab der Mitte des 2. Jahrtausends, in den Kultur- und Handelszentren Israels verbreitet gewesen ist. Schon früh hat nach Widengren die Schriftkultur die orale Kultur beeinflußt[210].

Für die Entstehung der Prophetenbücher schließt er daraus, daß die *ipsissima verba* viel früher als bisher angenommen verschriftet worden sind, denn gerade die Propheten sind in den kulturellen Zentren aufgetreten, wo es leichterdings zur Verschriftung kommen konnte. Ihre geistes- und kulturgeschichtliche Heimat ist nicht die mündliche Welt der Beduinen und Kleintiernomaden[211]. Dem entspricht auch, daß der Kreis der Tradenten,

---

[206] So Ringgren, S. IX, im Vorwort von Engnells Aufsatzband; vgl. auch A.L. Merrill/J.R. Spencer, Uppsala School, 13-26.

[207] Vgl. I. Engnell, Aspects, 1960, 13-30, zur Auseinandersetzung mit G. Widengren.

[208] Vgl. G. Widengren, Aspects of the Hebrew Prophets, 1948, 5-10; sowie ders., Oral Tradition and Written Literature, 1959, 215-231.

[209] Vgl. G. Widengren, Hochgottglaube im alten Iran, 1938.

[210] Vgl. G. Widengren, Aspects, 57-59; sowie ders., Tradition, 222-223, 226, 237-238.

[211] Vgl. G. Widengren, Aspects, 121-122.

der sich um die Bewahrung der prophetischen Worte gesorgt hat, im Alten Testament nicht erwähnt wird[212].

Auch sprechen gedächtnispsychologische Aspekte dafür, daß prophetische Visionen unmittelbar nach Empfang aufgeschrieben werden mußten, um nicht verloren zu gehen[213]. Eher ist bei den Patriarchenerzählungen der Genesis ein längerer, mündlicher Überlieferungsprozeß zu erwarten, der aber immer auch Veränderungen der Tradition bewirkt. „Only for such Hebrew literature as reflects the conditions of a nomadic or semi-nomadic people may we assume a more prolonged oral transmission of historical and poetical traditions and narratives"[214]. Eine gewisse Zeit lang wird die mündliche Überlieferung weiterhin neben der schriftlichen bestanden haben, was auch – hier klingt Nyberg an – einige Varianten im Text erklärt[215]. Insgesamt sind die Erzählungen viel früher niedergeschrieben worden, als es Nyberg und Engnell postulieren. Zudem weist Widengren sowohl die Prädomination als auch die Konstanz der mündlichen Überlieferung zurück.

Auch H. Ringgren führt die Auseinandersetzung mit seinem Vorgänger in Uppsala, I. Engnell, fort. Obwohl Ringgren sich schwerpunktmäßig mit der Religionsgeschichte Israels[216] im besonderen und der des Alten Orients[217] im allgemeinen beschäftigt, setzt er sich in kleineren Aufsätzen mit dem Poblem der mündlichen Überlieferung auseinander. Dabei verläßt er die von Engnell einseitig betriebene Überlieferungsgeschichte und spricht sich für eine komplementäre Anwendung der Methoden aus. Schon 1949 schreibt er: „firstly, that oral and written transmission should not be played off against another [...]; and secondly, that the question of the mode of transmission of the O.T. texts must be judged from case to case"[218]. Fast zwanzig Jahre später heißt es dann auf die Methoden bezogen: „Was wir heute brauchen, ist eine Synthese, in der alle Mittel und Methoden zusammenwirken dürfen, um das gemeinsame Ziel zu erreichen, nämlich die Erarbeitung des Milieus, das die Texte hervorgebracht hat, und der Funk-

---

[212] Vgl. G. Widengren, Aspects, 70-75, 117-120; sowie ders., Tradition, 229.

[213] Vgl. G.W. Widengren, Aspects, 116-119.

[214] G. Widengren, Aspects, 122.

[215] Vgl. G. Widengren, Tradition, 215, 238-242.

[216] Vgl. H. Ringgren, Israelitische Religion, 1963.

[217] Vgl. H. Ringgren, Die Religionen des Alten Orients, 1979.

[218] H. Ringgren, Transmission, 1949, 34.

tion, die sie in diesem Milieu gehabt haben, um dadurch ihren wirklichen Sinn festzustellen"[219].

Die Prozesse der mündlichen Überlieferung versucht Ringgren an einigen Textvergleichen (Ps 18 mit 2 Sam 22; Ps 14 mit Ps 3; Jes 2,2-4 mit Mi 4,1-3; Jes 16,6-12 mit Jer 48,29-36 u.a.) zu demonstrieren, an denen er die Variationsmöglichkeiten von verwandten Stoffen vorführt. Diese Varianten erklärt er mit Abweichungen in der mündlichen Überlieferung[220]. Woraus er folgert, „it is probable that there has existed an oral tradition along with the written one [...] and that this oral tradition has survived up to the time of the Masorets"[221].

Was Ringgren für den Psalter und die Prophetenbücher geltend macht, gilt dann gleichermaßen für die Vätererzählungen. Offensichtlich haben mündliche Überlieferungen noch lange Zeit neben den schriftliche Quellen, mit denen Ringgren rechnet, bestanden[222]. Aber diese mündlichen Überlieferungen sind nur bedingt zuverlässig. „Wenn auch die mündliche Traditition manchmal richtige Erinnerungen bewahrt haben mag, muß doch immer mit dem Umgestaltungsprozeß der Zeiten gerechnet werden: Anschauungen späterer Zeiten haben die Erzählungen beeinflussen können"[223]. Dennoch haben die Patriarchenerzählungen einen historischen Kern bewahrt.

Alles in allem ist Ringgren ein Vermittler: Bei der Beurteilung der mündlichen Überlieferung vermittelt er zwischen Engnell auf der einen und Widengren auf der anderen Seite; in Fragen der alttestamentlichen Methoden vermittelt er zwischen einer gelegentlich einseitig ausgerichteten Literarkritik deutscher Exegeten einerseits und einer gelegentlich überstrapazierten Überlieferungsgeschichte von einigen skandinavischen Gelehrten andererseits. Typisch für die Ausgewogenheit und das methodische Ziel Ringgrens ist der Titel seines Aufsatzes von 1966: *Literarkritik, Formgeschichte, Überlieferungsgeschichte*.

Es verwundert also nicht, wenn auch seine Meinung zur Bedeutung der mündlichen Überlieferung einen Mittelweg einschlägt. Danach hat die mündliche Überlieferung für die Literatur des Alten Testaments eine nicht unwesentliche Rolle gespielt, aber auf keinen Fall war sie bis in nachexilische

---

[219] H. Ringgren, Literarkritik, 1966, 647.
[220] Vgl. H. Ringgren, Transmission, 57.
[221] H. Ringgren, Transmission, 59.
[222] Vgl. H. Ringgren, Israelitische Religion, 4-13.
[223] H. Ringgren, Israelitische Religion, 6.

Zeit die primäre Quelle für den Pentateuch. Schon viel früher sind die Überlieferungen verschriftet worden. Der Überlieferungsprozeß selbst garantiert nicht für die unveränderte Übermittlung der Stoffe. Zur Historizität der Vätererzählungen bezieht er keine Stellung.

Als letzten Vertreter der skandinavischen Forschung wenden wir uns nun G.W. Ahlström zu, der von S. Mowinckel und besonders von I. Engnell geprägt worden ist. Ahlström rechnet mit zwei ursprünglichen Formen der mündlichen Überlieferung, die, je nach dem Kreis, von dem sie tradiert worden sind, verschieden beständig und zuverlässig sind; so hat es vermutlich gleichzeitig eine eher beständige und eine eher unbeständige Überlieferung gegeben[224]. Gegen Engnell rechnet Ahlström nicht mit einem Traditionsprozeß, der sich bis in die exilisch-nachexilische Zeit erstreckt hat. Schon bald nach Empfang haben die דברי יהוה nach einer schriftlichen Fixierung verlangt[225]. „The holy words do appear in cultic connections as revealed words given as laws, or as oracles, through priests and prophets. The temple traditions [...] have in this respect been preserved and carefully kept in each temple [...] we may conceive of some traditions as being written down without having had a stage of oral transmission, such as some laws"[226].

Am Beispiel von Jer 36 will Ahlström nun die Traditionsbildung und Traditionsübermittlung veranschaulichen. Für Ahlström sind die dem Baruch diktierten Worte Jeremias mit dessen Prophetie identisch (V 1-2). Zum Zeitpunkt des Diktats liegen seine *ipsissima verba* schon bis zu zwanzig Jahre zurück. Aber der Prophet weiß noch genau, was er vor Jahrzehnten gesagt hat, deshalb kann er, nachdem die erste Rolle vernichtet worden ist (V 22-26), mühelos Baruch noch einmal denselben Inhalt diktieren (V 32)[227]. „When circumstances required, the prophet could tell what he had prophesied at some time in the past"[228].

An diesem für Ahlström allgemein gültigen Beispiel ist der Ausgangspunkt der Traditionsbildung erkennbar. Nachdem Jahwe seinen Propheten berufen hat, beauftragt er ihn zu verkündigen. Literarisch wird der Auftrag mit der Wortereignisformel ausgedrückt. Auf die דברי יהוה folgt die Ausführung des Propheten[229]. Außerdem sagt dieses Beispiel auch etwas

---

[224] Vgl. G.W. Ahlström, Transmission, 1966, 69-70.

[225] Vgl. G.W. Ahlström, Transmission, 73.

[226] G.W. Ahlström, Transmission, 73.

[227] Vgl. G.W. Ahlström, Transmission, 78-79.

[228] G.W. Ahlström, Transmission, 79. – G. Widengren hat das genaue Gegenteil behauptet.

[229] Vgl. G.W. Ahlström, Transmission, 79-80.

über die Verläßlichkeit und Beständigkeit der Tradition aus: So sorgt das Selbstbewußtsein des Propheten als Übermittler der göttlichen Botschaft für die Zuverlässigkeit seiner Worte. Noch nach langer Zeit konnte der Prophet die göttliche Botschaft auswendig wiederholen. Es ist außerdem denkbar, daß einige Propheten Jünger gehabt haben, die diese Worte als göttliche Äußerungen erkannt und deshalb mündlich aufbewahrt haben. Später können auch eigene Interpretationen hinzugefügt worden sein. Die Worte einiger Propheten sind schon zu Lebzeiten aufgeschrieben worden. Eines steht nach Ahlström für den Überlieferungsprozeß fest, „the disciples of a prophet would not have allowed other utterances into the prophetic tradition which were not in accordance with the mind and the intention of their master"[230].

Im Sinne von H.S. Nyberg und I. Engnell rechnet Ahlström mit einer zuverlässigen mündlichen Tradition, die in einzelnen Punkten von Späteren umgeformt, aber nicht verformt worden ist. Allerdings – und das ist ein erheblicher Unterschied – ist für Ahlström die Überlieferung nur über einen kurzen Zeitraum von ungefähr einer Generation relativ beständig. Weiter nimmt er an, daß die mündliche und die schriftliche Tradition eine Zeit lang supplementär nebeneinander existiert haben. Als Träger der Tradition zieht Ahlström einen Kreis von Prophetenjüngern in Betracht. Wie sich der Überlieferungsvorgang in den Jakobserzählungen verhält und inwieweit die Texte historisch relevant sind, erfahren wir nicht, da sich Ahlström ausschließlich zu den Prophetenbüchern und zum Psalter[231] geäußert hat.

10. Die gegenwärtige Diskussion

Die gegenwärtige Auseinandersetzung um das Wesen mündlicher Überlieferung ist trotz der Vielzahl von Publikationen bald referiert, da sich die meisten Arbeiten, die in den letzten fünfundzwanzig Jahren zu den Patriarchenerzählungen erschienen sind, nur marginal mit den Prozessen der mündlichen Überlieferung und Verschriftung beschäftigen. Auch die zahlreichen Beiträge zur Genesis – von P. Weimar[232], E. Otto[233], R. Rend-

---

[230] G.W. Ahlström, Transmission, 81.

[231] Vgl. G.W. Ahlström, Psalm 89, 1959.

[232] Vgl. P. Weimar, Jakobsgeschichte, 1974; sowie ders., Untersuchungen zur Redaktionsgeschichte, 1977.

[233] Vgl. E. Otto, Stehen wir vor einem Umbruch in der Pentateuchkritik?, 1977, 82-97.

torff[234], H.H. Schmid[235], H. Vorländer[236], J. Van Seters[237] über E. Zenger[238], W.H. Schmidt[239] und A.H.J. Gunneweg[240], E. Blum[241], L. Ruppert[242] bis zu H.-Chr. Schmitt[243], L. Schmidt[244], M. Rose[245], K. Berge[246] und Chr. Levin[247] –, die seit Mitte der siebziger Jahre die „Krise“, den „Umbruch“ oder die „Neuorientierung“ der Pentateuchforschung dokumentieren, haben keine grundsätzliche Beschäftigung mit überlieferungsgeschichtlichen Problemen bewirkt. Neben Spezialuntersuchungen stand und steht vor allem die literarische und redaktionsgeschichtliche Betrachtung der Texte und die Erklärung ihrer historischen Genese im Mittelpunkt der Forschung. Das Thema der mündlichen Überlieferung – oder wie es bei G. v. Rad mit negativer Konnotation heißt, die vorliterarische Überlieferung – bleibt ausgeschlossen.

So überrascht es keineswegs, daß sich nur ein Aufsatz von R.C. Culley und die Monographie von P.G. Kirkpatrick dem Thema der mündlichen

---

[234] Vgl. R. Rendtorff, Das überlieferungsgeschichtliche Problem des Pentateuch, 1977; ders., The ‚Yahwist‘ as Theologian?, 1977, 2-10.

[235] Vgl. H.H. Schmid, In Search of New Approaches in Pentateuchal Research, 1977, 33-42; ders., Auf der Suche nach neuen Perspektiven für die Pentateuchforschung, 1981, 375-394.

[236] Vgl. H. Vorländer, Die Entstehungszeit des jehowistischen Geschichtswerkes, 1978.

[237] Vgl. J. Van Seters, Recent Studies on the Pentateuch: A Crisis in Method, 1979, 663-673; ders., The so-called Deuteronomistic Redaction of the Pentateuch, 1991, 58-77; sowie ders., Prologue to History, 1992.

[238] Vgl. E. Zenger, Wo steht die Pentateuchforschung heute?, 1980, 101-116.

[239] Vgl. W.H. Schmidt, Ein Theologe in salomonischer Zeit?, 1981, 82-102; ders., Plädoyer für die Quellenscheidung, 1988, 1-14; sowie ders., Elementare Erwägungen zur Quellenscheidung, 1991, 22-45.

[240] Vgl. A.H.J. Gunneweg, Anmerkungen und Anfragen zur neueren Pentateuchforschung, 1983, 227-253, und 1985, 107-131.

[241] Vgl. E. Blum, Die Komposition der Vätergeschichte, 1984; sowie ders., Studien zur Komposition des Pentateuch, 1990.

[242] Vgl. L. Ruppert, Die Aporie der gegenwärtigen Pentateuchdiskussion, 1985, 31-48.

[243] Vgl. H.-Chr. Schmitt, Die Hintergründe der „neuesten Pentateuchkritik“, 1985, 161-179.

[244] Vgl. L. Schmidt, Überlegungen zum Jahwisten, 1977, 230-247; ders., Der Kampf Jakobs am Jabbok, 1979, 125-143; ders., Jakob erschleicht sich den väterlichen Segen, 1988, 159-183; ders., Väterverheißungen und Pentateuchfrage, 1992, 1-27; sowie ders., Studien zur Priesterschrift, 1993.

[245] Vgl. M. Rose, Der Ausschließlichkeitsanspruch Jahwes, 1975; sowie ders., Deuteronomist und Jahwist, 1981.

[246] Vgl. K. Berge, Die Zeit des Jahwisten, 1990.

[247] Vgl. Chr. Levin, Der Jahwist, 1993.

Überlieferung widmen. Culley fragt in seinem programmatischen Artikel von 1963 grundlegend: „What is oral tradition?"[248] Seine Antwort ist komplex. Zunächst unterscheidet er zwei Grundformen der mündlichen Überlieferungen: „a fixed form in which strict memorization is used and a freer form in which there is no fixed text transmitted"[249]. Die erste Form findet sich hauptsächlich in Verbindung mit schriftlich fixierten Texten, bei den Studenten der Veden, des Talmuds und des Koran. Mnemotechnische Fähigkeiten haben ihnen bei dem allein auf Erinnerung der Texte ausgerichteten Lernen geholfen[250]. Außerdem besteht die Möglichkeit einer festgefügten mündlichen Überlieferung, wenn ein normativer mündlicher Text vorliegt. „Transmission in this case, as with the fixed written text, is the purely mechanical process of memorization"[251]. Diese Form der mündlichen Äußerung nennt Culley in Anlehnung an die anthropologische und ethnologische Terminologie „oral literature"[252]. Sie existiert sowohl in Prosa als auch in Poesie und kann Annalen, Genealogien, Lieder und Gebete enthalten[253].

Die mündliche Literatur ist nun gleichermaßen von dem Aufführenden und den Zuhörern abhängig. Trotz möglicher Improvisation ist der *performer* in seiner Aufführung an traditionelle Elemente und Motive gebunden. Im Übermittlungsprozeß selbst liegt die Gewähr für eine beständige Tradition. Nur die besten Aufführungen des begrenzten Repertoires eines performers werden von den talentiertesten Schülern aufgenommen und unverändert weitergegeben[254]. Auch die Zuhörerschaft wirkt an der performance mit. Sie bestimmt durch Aufmerksamkeit und Desinteresse, Applaus und Ablehnung die Dauer und sogar den Inhalt der Aufführung[255].

Den Überlieferungsprozeß vom mündlichen Wort zur schriftlichen Komposition gliedert Culley in drei große Phasen: In der ersten Phase variiert die mündliche Überlieferung. Sie festigt sich dann in der zweiten Phase, einiges Material kommt hinzu, so daß eine erweiterte Komposition

---

[248] R.C. Culley, Approach, 1963, 113.
[249] R.C. Culley, Approach, 117.
[250] Vgl. R.C. Culley, Approach, 117.
[251] R.C. Culley, Approach, 117.
[252] Schon 1913 hat P. Sébillot, Folk-lore, 6-7, den Begriff *littérature orale* in die Forschung eingeführt.
[253] Vgl. R.C. Culley, Approach, 118.
[254] Vgl. R.C. Culley, Approach, 121.
[255] Vgl. R.C. Culley, Approach, 120-122.

als „oral text" entsteht. Schließlich geht der oral text in der dritten Phase in den „written text" über[256].

Für die schriftlich vorliegende Literatur des Alten Testaments hat dieser Prozeß Auswirkungen. Man hat mit Autoren zu rechnen, die ihre Kompositionen schriftlich vorgelegt haben. Daneben wird es diktierte Texte gegeben haben, die von einem „oral performer" weitergegeben worden sind. Solche Texte müßten natürlich alle Kennzeichen mündlicher Literatur tragen. Außerdem wird es größere aus kleineren mündlichen Einheiten zusammengewachsene Kompositionen geben. Nach ihrer Verschriftung wird die mündliche Überlieferung noch redigiert[257].

Neben dem Aufsatz liegen von Culley keine weiteren, eigenständigen Beiträge zur Überlieferungsgeschichte vor. Rückschlüsse auf die Entstehung bestimmter alttestamentlicher Texte und ihre Historizität zieht er nicht. Es bleibt bei diesen allgemein gehaltenen, deskriptiven Ausführungen, die nicht über die Ergebnisse der Arbeiten von J. Pedersen, H.S. Nyberg und I. Engnell hinausgehen[258].

Nach den Arbeiten von R.C. Culley und den etwa zeitgleich erschienenen Studien von H. Ringgren wird es ruhig um die überlieferungsgeschichtliche Forschung. Die jüngeren Untersuchungen zu den Jakobserzählungen im speziellen sowie zu den Patriarchenerzählungen im allgemeinen berühren, von den späten sechziger Jahren an, das Problem der mündlichen Überlieferung nur noch am Rande. Nachfolger der einst so lebendigen skandinavischen überlieferungsgeschichten Forschung sind nicht in Sicht[259].

Die 1966 erschienene Habilitation von H. Seebaß *Der Erzvater Israel* liegt ganz auf der forschungsgeschichtlichen Linie von H. Gunkel, A. Alt, G. v. Rad und M. Noth. Seebaß untersucht, ob es einmal zwei unabhängige, später aufeinander bezogene Glaubensbekenntnisse Israels gegeben hat[260]. In diesem Kontext berührt er auch das Problem der mündlichen Überlieferung. Ohne ausdrückliche Begründung ist er von der Beständigkeit der mündlichen Überlieferung überzeugt.

---

[256] Vgl. R.C. Culley, Approach, 122-123.

[257] Vgl. R.C. Culley, Approach, 124-125.

[258] Der 1976 erschienene Forschungsbericht von R.C. Culley, Oral Tradition and the OT, Sem 5, 1-33, führt seine eigene Position nicht weiter.

[259] Bezeichnenderweise findet sich in der 1987 eigens vor allem für die skandinavische Forschung eingerichteten Fachzeitschrift *Scandinavian Journal of the Old Testament* bislang kein Beitrag zur Überlieferungsgeschichte.

[260] Vgl. H. Seebaß, Israel, 1966, 1-2.

Ein wesentliches Moment im Überlieferungsprozeß stellt für Seebaß der Gott der Väter dar. Auch wenn sich die Existenz eines Gottes Jakobs nicht nachweisen läßt[261], scheint es zumindest bei Abraham und Isaak ein solches Phänomen gegeben zu haben. Den Traditionsprozeß stellt Seebaß ganz im Sinne Alts dar. Ursprünglich waren die Vätergötter die namenlosen Götter einer Sippe. „Durch die Verknüpfung der Erzväter miteinander entstanden die Verbindungen Gott Abrahams, Gott Isaaks usw. Ihre Bedeutung erhielten sie dadurch, daß sie von den je zugeordneten Sippen einst mit dem El der Heiligtümer Sichem, Bethel und Beerseba identifiziert worden waren. Der alte Titel blieb so weiter verwendbar, und dem Wesen des Gottes El vermittelten sie ein Stück ihres gemeinsamen Wesens"[262].

Damit ist der religionsgeschichtliche Kern der Jakobserzählungen bestimmt. Insgesamt bestehen die Erzählungen aus unterschiedlichen Überlieferungen und Motiven, die teilweise an Heiligtümern, teilweise als Grabtraditionen oder Hirtenerzählungen übermittelt worden sind[263]. Wann genau die Verschriftung eingesetzt hat, und wie sie zu begreifen ist, liegt außerhalb des Frageinteresses der Studie. Erst mit den Quellenschriften wird die Überlieferung griffig. Im Anschluß an Noths Postulat einer J und E zugrunde liegenden Grundschrift (G) hält auch Seebaß die von beiden Quellenschriften dokumentierte Überlieferung im Kern für alt. Neue Einsichten in den Prozeß der Überlieferung und Verschriftung liefert die Studie nicht.

Auch die 1979 erschienene Monographie von E. Otto *Jakob in Sichem* behandelt nicht primär das Wesen der Überlieferungsgeschichte, sondern versucht die Seßhaftwerdung der Jakobssippe in Mittelpalästina nachzuzeichnen[264]. Methodisch verbindet Otto überlieferungsgeschichtliche, archäologische und territorialgeschichtliche Methoden, um Einsichten in die Vorgeschichte Israels zu gewinnen. In einer traditions- und literargeschichtlichen Analyse der Jakobserzählungen hebt Otto die ursprünglichen mündlichen Erzähleinheiten heraus[265]. Von den unterschiedlichen Traditionssträngen dominieren die Ätiologien von Bethel über die Wanderungsüberlieferungen. Diese sind nach Otto schon im Stadiun der vorliterarischen

---

[261] Vgl. H. Seebaß, Israel, 51. – Der El Elohe ist nach H. Seebaß, Israel, 25-31, die Gottheit der Sippe Israels.

[262] H. Seebaß, Israel, 53.

[263] Vgl. H. Seebaß, Israel, 41-49.

[264] Vgl. E. Otto, Jakob in Sichem, 1979, 11-14, 245-280.

[265] Vgl. E. Otto, Jakob in Sichem, 40, 43, 66-67, 70, 81.

Überlieferung zusammengefügt worden: „Werden also sowohl in der jahwistischen wie auch in der elohistischen Überlieferung die Wanderer-zählungen Jakobs durch Kultgründungsüberlieferungen des Heiligtums von Bethel redaktionell gerahmt, und deuten die Quellenüberlieferungen je schon in sich darauf, daß diese Rahmung den Quellenredaktionen vorgege-ben ist, so spricht dieser Befund insgesamt dafür, daß die Bethelredaktion des Jakobzyklus vorquellenschriftlich erfolgte"[266]. Auf die vorquellen-schriftliche Redaktion, welche die vorherrschende Stellung des Heiligtums von Bethel unterstreicht, gehen auch mehrere Einfügungen zurück[267].

In der Vorgeschichte Israels, Otto spricht von „(proto-)israelitischem Kontext"[268], haftete die Jakobsgestalt ursprünglich an dem von Manasse übernommenen Heiligtum zu Sichem. Eingebunden ist dieser Vorgang in die großen Umwälzungen der Spätbronzezeit (SB II A). Von Osten kom-mend, wurde die in die Leastämme inkorporierte Jakobssippe im Rahmen der aramäischen Wanderbewegung im Übergang vom 14. zum 13. Jahr-hundert bei Sichem seßhaft. Dort gründete sie das Heiligtum „El Elohe Israel", an dem die Jakobsgestalt haftete[269]. Mit steigender Bedeutung Mittelpalästinas gewann auch das Heiligtum von Bethel an Gewicht. Ob-wohl Sichem deutlich jünger ist als das im Zuge der Landnahme von Ephraim übernommene Bethel, ist es kultisch von Sichem abhängig gewe-sen[270]. Im Rahmen dieser kultischen Abhängigkeit wurde dann auch die Sichem eigene Jakobsgestalt auf Bethel, das fortan seine Vormachtstellung in Mittelpalästina ausbaute, übertragen[271].

Durch literarkritische und traditionsgeschichtliche Analysen findet Otto in den vorliterarisch redigierten Texten einen historischen Kern, der, von den Ergebnissen der archäologischen und territorialgeschichtlichen For-schung ergänzt, die Frühgeschichte der Jakobssippe, wie sie später von J und E aufgeschrieben worden ist, erkennen läßt. Über die Konstanz der mündlichen Überlieferung und Historizität der Erzählungen macht er nur implizit einige Aussagen: Die mündliche Überlieferung ist so stabil, daß sich Erinnerungen der Erzväterzeit in den Texten niederschlagen. Gestützt wird die mündliche Überlieferung dadurch, daß sie an Kultorten haftet.

---

[266] E. Otto, Jakob in Sichem, 83-84.

[267] Vgl. E. Otto, Jakob in Sichem, 85, Anm. 1.

[268] E. Otto, Jakob in Sichem, 258.

[269] Vgl. E. Otto, Jakob in Sichem, 108, 255-257.

[270] Vgl. E. Otto, Jakob in Sichem, 257-258.

[271] Vgl. E. Otto, Jakob in Sichem, 98-99, 148-149, 258-260; sowie ders., Jakob in Bethel, 165-190.

Nähere Fragen nach der Beständigkeit der mündlichen Überlieferung, die die Kluft zwischen dem Erzvater und den ersten Schriftstellern überbrückt, hat er aber nicht im Blick. Auch eine wesentliche Voraussetzung für seine Untersuchung, wie man sich die Komposition und wiederholte Redaktion eines mündlichen Erzählzyklus denken kann, bleibt ungeklärt.

Ausdrücklich mit den Problemen der Überlieferungsgeschichte befaßt sich der zwischen 1977 und 1981 erschienene zweite Band von C. Westermanns Kommtentar zur *Genesis*. Eingehend benennt er die Aufgabe: „Für die Erklärung der Vätergeschichte", so Westermann, „ist eine der schwierigsten Fragen, wie der Jahrhunderte umspannende Abstand zwischen dem Leben der Väter und der Niederschrift der Vätergeschichten, wie wir sie in der Genesis vorfinden, zu überbrücken ist"[272]. Er beschreibt auch das damit verbundene methodische Problem. Der Weg der Überlieferung „wird dadurch fast unerkennbar, daß es zu 80-90 % ein Weg mündlicher Tradition ist, von dem wir allein das schriftliche Endresultat kennen"[273].

Wenn wir nun nachfragen, wie eine mündliche Überlieferung über einen Zeitraum von mindestens fünfhundert bis zu vierzehnhundert Jahren wachgehalten werden kann, wie aus Einzelüberlieferungen schließlich Erzählzusammenhänge entstanden sein sollen, werden wir darauf verwiesen, daß die mündliche Überlieferung der Vätererzählungen durch das Erinnerungsinteresse der Familie – er spricht vom kollektiven Gedächtnis – in der Lage sei, auch über einen langen Zeitraum ihre Anfänge treu zu bewahren[274]. Da für Westermann eine im Sinne A. Alts verstandene Väterreligion unhaltbar geworden ist, kommt als Garant für die Überlieferung der Stoffe nur die Familie als *Sitz im Leben* in Betracht[275].

Obwohl Westermann einräumt, daß bestimmte mündliche Überlieferungen keine drei Generationen unbeschadet überdauern[276], ist er davon überzeugt, daß die Genesis alte, auf die Vätergestalten Abraham, Isaak und Jakob zurückgehende Traditionen widerspiegelt, die von ihrer Verschriftung im 10., 8. oder 6. Jahrhundert aus bis in die Zeit der Patriarchen (2000-1400) zurückreichen. Mit seiner nicht näher begründeten Hypothese der Konstanz der mündlichen Überlieferung versucht Westermann, in der Genesis greifbares Traditionsgut aus der Väterzeit zu retten[277].

---

[272] C. Westermann, Genesis II, 27.
[273] C. Westermann, Genesis II, 19.
[274] Vgl. C. Westermann, Genesis II, 31-32.
[275] Vgl. C. Westermann, Genesis II, 29.
[276] Vgl. C. Westermann, Genesis II, 29-30.
[277] Vgl. C. Westermann, Genesis II, 31-40, 116-128.

Gleichwohl handelt es sich für Westermann bei den Vätererzählungen nicht um historisches Wissen. Da die mündliche Überlieferung keine Geschichtsschreibung im Sinne Herodots oder Thukydides' ist, kann der Begriff der Historizität nicht auf die Vätererzählungen angewendet werden[278]. „Das Interesse an der mündlichen Tradition kann sehr vielseitig sein, es ist aber niemals ein historisches"[279]. Vielmehr haben sich allgemeine Erinnerungen über die Lebensverhältnisse in den Texten erhalten. Einen für die Überlieferungsgeschichte über H. Gunkel, A. Alt und M. Noth hinausgehenden Erkenntnisfortschritt bringen Westermanns Ausführungen nicht.

Neben der von H. Seebaß, E. Otto und C. Westermann repräsentierten Forschungslinie, die versucht, eine Kontinuität zwischen den historischen Erzvätern und den Texten nachzuweisen, hat es in der gegenwärtigen Diskussion Bemühungen gegeben, die von W.M.L. de Wette und später von J. Wellhausen behauptete, aber nicht weiter begründete These zu verfechten, daß die Erzvätererzählungen keine geschichtlichen Einsichten in die Frühgeschichte Israels gewähren.

Th.L. Thompson fragt in seiner 1974 erschienenen Monographie nach der *Historicity of the Patriarchal Narratives*. In Auseinandersetzung mit W.F. Albright, G.E. Wright, E.A. Speiser und R. de Vaux, die, von der Historizität der Patriarchenerzählungen überzeugt, archäologisch den biblischen Bericht als historisches Ereignis stützen wollten, versucht Th.L. Thompson im kulturgeschichtlichen Vergleich zu zeigen, daß die schriftlichen Dokumente aus der Mittelbronze II-Zeit (1900-1550 v. Chr.) keine eindeutige Beziehung zu den Vätererzählungen bieten. Seine Argumentation basiert auf kultur- und religionsgeschichtlichen Analogien. Thompson untersucht, ob es in den Dokumenten von Mari und von Nuzi Sitten und Rechtsausübungen gegeben hat, die denen der Vätererzählungen entsprechen[280]. Sein Ergebnis ist nicht nur bei den Texten aus Nuzi, die den Hauptteil des Materials ausmachen, eindeutig: „The value that the Nuzi texts have for the study of Genesis is extremely limited. Our survey has shown practices at Nuzi to be relatively different from those presupposed by Genesis. Certainly no historical connection can be drawn between Genesis and Nuzi"[281].

Folglich können, so Thompson, die Patriarchenerzählungen nicht nach den Sitten und Rechtsbräuchen, wie sie die Texte darstellen, in die Zeit der

---

[278] Vgl. C. Westermann, Genesis II, 28-30.

[279] C. Westermann, Genesis II, 29.

[280] Vgl. Th.L. Thompson, Historicity, 1974, 3-4.

[281] Th.L. Thompson, Historicity, 295.

Dokumente aus Nuzi und Mari datiert werden[282]; eine Ausnahme bildet
Gen 14, dem eine alte Überlieferung zugrunde liegt[283]. Das Ergebnis der
Untersuchung schließt aber nicht aus, daß der Jahwist auf ältere, ihm vorliegende Traditionen zurückgegriffen hat. Aber diese Überlieferungen sind
nicht hunderte von Jahren alt, sondern der Jahwist hat sie – hier klingen
W.M.L. de Wette und J. Wellhausen an – aus dem zeitgenössischen Umfeld aufgenommen und verarbeitet[284].

Den religionsphänomenologischen und religionsgeschichtlichen Problemen der Frühzeit Israels stellt sich die 1988 erschienene Studie von M.
Köckert, in der er das Verhältnis von *Vätergott und Väterverheißungen* untersucht. In Auseinandersetzung mit A. Alt und seinen Erben prüft er, ob
die Hypothese vom Gott der Väter zu halten ist und sich ein nomadischer
Religionstypus des frühen Israels wirklich rekonstruieren läßt. Erweitert
wird die Studie durch eine kritische Relektüre der Väterverheißungen, die
für Alt im Kern aus der nomadischen Lebenswelt stammten. Köckert versucht das Verhältnis und den historischen Ort des Religionstypus des Vätergottes und dessen Verhältnis zu den Väterverheißungen zu bestimmen[285].

Für Köckert ist das von den Vätererzählungen entworfene Bild keineswegs ein Spiegel nomadischer Lebensverhältnisse. Dementsprechend gehören die Väterverheißungen auch nicht zum Urgestein der mündlichen
Überlieferung. Einige von ihnen, wie die Zusagen vom Beistand und Weg-
geleit, haben schon im Rahmen der einzelnen Vätertraditionen eine Funktion. Die meisten Verheißungen jedoch, wie Landnahme-, Mehrungs- oder
Segensverheißung, sind literarische Produkte, die erst für die Komposition
der Vätergeschichten geschrieben wurden[286].

Auch für den nomadischen Religionstypus des Vätergottes gibt es keine
Anhaltspunkte, da die in der Genesis geschilderte Lebenswelt der Patriarchen keineswegs den Sitten und der Religion eines so differenzierten Phä-
nomens wie dem Nomadentum des 2. Jahrtausends entspricht[287]. So folgert Köckert: „Weder allmähliches Zusammenwachsen ehedem selbständiger
Numina aus grauer nomadischer Vorzeit noch nachträgliche Identifikation

---

[282] Vgl. Th.L. Thompson, Historicity, 294-297.
[283] Vgl. Th.L. Thompson, Historicity, 194-195, 325.
[284] Vgl. Th.L. Thompson, Historicity, 324-326; sowie ders., The Origin Tradition of
       Ancient Israel, 1987, 28-40, 191-198.
[285] Vgl. M. Köckert, Vätergott, 1988, 47-53.
[286] Vgl. M. Köckert, Vätergott, 319.
[287] Vgl. M. Köckert, Vätergott, 311-312.

unterschiedlicher Religionstypen [...], sondern die literarische Verbindung disparater Überlieferungen hat hier wie dort Gestalt gewonnen. In *dieser* Hinsicht kann gelten, was als religionsgeschichtliche Wirklichkeit bestritten werden mußte: Vätergott *und* Väterverheißung"[288].

Die Arbeit von Köckert ist, wie er selbst im Vorwort[289] eingesteht, in ihren Ergebnissen weitgehend destruktiv. Sie korrigiert das von A. Alt konstruierte Gebäude der Frühgeschichte Israels. Die Frage nach der Historizität der Erzählungen im Blick auf die Frühgeschichte Israels im Sinne Alts beantwortet er ausschließlich negativ[290]. Die Fragen nach der Möglichkeit mündlicher Überlieferungen klammert er aus. Für die überlieferungsgeschichtliche Forschung bieten damit die beiden Studien von Thompson und Köckert keinen Fortschritt; in religionsgeschichtlicher und literarhistorischer Hinsicht bestätigen sie die Vermutungen von W.M.L. de Wette und J. Wellhausen, daß die Texte der Vätererzählungen nur historische Rückschlüsse auf die Zeit ihrer Entstehung, nicht aber auf die Frühgeschichte Israels erlauben.

Ein Meilenstein der gegenwärtigen Pentateuchforschung ist die 1977 erschienene Studie *Das überlieferungsgeschichtliche Problem des Pentateuch* von R. Rendtorff. Schon im Titel nimmt er die beiden richtungsweisenden älteren Arbeiten von G. v. Rad *Das formgeschichtliche Problem des Hexateuchs* von 1938 und M. Noths *Überlieferungsgeschichte des Pentateuch* von 1948 auf[291].

Dabei läßt sich Rendtorff von H. Gunkels methodischem Ansatz leiten, die Überlieferungsgeschichte der Genesis (bzw. des Pentateuchs) von den kleinsten Einheiten bis zur Endgestalt zu verfolgen. Er plädiert also dafür, den Pentateuch *ab ovo* neu zu analysieren. Eine solche Analyse stellt auch die herkömmliche Quellentheorie, an der Gunkel ebenso wie v. Rad und Noth festgehalten haben, in Frage. Da aber, so Rendtorff, sich in dem überlieferungsgeschichtlichen Prozeß von den kleinsten Einheiten bis zum Endstadium des Textes die Quellenschriften nicht durchgängig nachweisen lassen[292] – weder die größeren literarischen Einheiten[293] noch die Ver-

---

[288] M. Köckert, Vätergott, 323.

[289] Vgl. M. Köckert, Vätergott, 10.

[290] Vgl. L. Schmidt, Väterverheißungen, 1-27, zur Auseinandersetzung mit H. Seebaß und M. Köckert.

[291] Vgl. R. Rendtorff, Problem, 1977, 2.

[292] Vgl. R. Rendtorff, Problem, 18, 146.

[293] Vgl. R. Rendtorff, Problem, 27-28.

heißungstexte[294] noch spätere Redaktionen[295] lassen sich den Quellenschriften zuordnen –, muß die Quellentheorie durch eine stringente Überlieferungsgeschichte ersetzt werden[296].

Wie aber verhalten sich die kleinsten Einheiten, die nach Rendtorff
auch die ältesten Texte sein müssen, zur vorangehenden mündlichen Überlieferung? Methodisch gesehen hat auch Rendtorff hauptsächlich den literarischen Prozeß im Blick; das heißt aber nicht, daß er eine mündliche
Vorgeschichte der Vätererzählungen ausschließt[297]. Zum Problem nimmt
auch er nur marginal Stellung: Anfänglich sind die Vätererzählungen mündlich weitergegeben worden, doch schon früh hat in Israel eine Verschriftung
eingesetzt. Doch ist der Traditionsprozeß nicht in dem ausschließlichen
Schema mündlich/schriftlich zu begreifen. Noch lange nach den ersten
schriftlichen Aufzeichnungen hat die mündliche Kultur weiter bestanden[298].
Erst im Stadium der Verschriftung kam es dann zu tiefgreifenden redaktionellen Eingriffen der Schriftsteller. Gerade an den Vätererzählungen läßt
sich die Überlieferungsgeschichte deutlich rekonstruieren. Lose, mündlich
überlieferte Einzelsagen sind von Bearbeitern, welche unterschiedliche Stoffe zusammengetragen haben, zu größeren Kompositionen zusammengeschlossen worden. Diese Bearbeiter fügten nach theologischen Kriterien
auch interpretierende und verbindende Text ein, wodurch eine noch um-
fangreichere Kompositon enstand[299].

Mit diesen Anmerkungen erschöpfen sich Rendtorffs Ausführungen zu
den Prozessen der mündlichen Überlieferung und Verschriftung. Schon aus
den wenigen Andeutungen wird ersichtlich, daß er sich die Beständigkeit
der Überlieferung der Erzählungen ganz im Sinne G. v. Rads und M. Noths
vorstellt. Er rechnet mit einer konstanten, mündlichen Überlieferung. Die
Frage nach den Trägern der Überlieferung und dem historischen Wert der
Vätererzählungen hat er nicht im Blick.

Die Ideen R. Rendtorffs hat sein Schüler E. Blum zunächst in der
Dissertationsschrift *Die Komposition der Vätergeschichte* von 1984 und dann
in der Habilitation *Studien zur Komposition des Pentateuch* von 1990 am
Text zu verifizieren versucht. Die Anlage des für die Pentateuchforschung
basalen Doppelwerkes folgt den von A. Alt, M. Noth und R. Rendtorff

---

[294] Vgl. R. Rendtorff, Problem, 64-65.
[295] Vgl. R. Rendtorff, Problem, 158-165.
[296] Vgl. R. Rendtorff, Problem, 148-150, 158-173.
[297] Vgl. R. Rendtorff, Problem, 152.
[298] Vgl. R. Rendtorff, Einführung, 1983, 80-83.
[299] Vgl. R. Rendtorff, Einführung, 131-134.

vorgezeichneten Linien. Blum versucht in Weiterführung von H. Gunkel, der im schriftlichen Stadium jedoch an der herkömmlichen Quellen-hypothese festhielt, eine durchgängige überlieferungsgeschichtliche Analy-se von den kleinsten Einzelüberlieferungen bis zur Endgestalt des Penta-teuchs. Als ältestes Sediment macht Blum, der von Kompositionsschichten (K-Schichten) redet, die Jakobserzählungen aus. Diese Komposition ist unter Aufnahme älterer Traditionen – Kultätiologie von Bethel (Gen 28), der Jakob-Laban-Erzählung (Gen 29-31), der Jakob-Esau-Erzählung (Gen 25; 27) und diversen Einzeltraditionen, wie dem Vertrag von Gilead (Gen 31,44-54) usw.[300] – in der Zeit Jerobeams I. (um 920-900) als „Groß-Erzählung" entstanden[301]. Im Laufe der Zeit ist der Grundstock immer wieder ergänzt und dann zur Jakobsgeschichte[302], Vätergeschichte 1[303], Vätergeschichte 2[304] und unter Vorschaltung der Urgeschichte zur vorlie-genden Genesis ausgebaut worden[305].

Konsequent führt Blum in der zweiten Studie von 1990 den über-lieferungsgeschichtlichen Weg bis zum Abschluß des Pentateuchs fort, der von der persischen Verwaltung im 6./5. Jahrhundert als gültiges Reichsrecht autorisiert worden ist[306]. Ganz wie Rendtorff schließt auch bei Blum die Methodik und Fragestellung das Thema nach der mündlichen Überliefe-rung und Verschriftung von Stoffen aus. Er erläutert aber, daß er, besonders nach der Arbeit Th.L. Thompsons – die zeitgleich geschriebene Untersu-chung von M. Köckert lag ihm noch nicht vor – diese Diskussion nicht erneut aufzunehmen braucht[307]. Bei den für uns maßgeblichen Fragen nach der Beständigkeit der Überlieferung und der geschichtlichen Relevanz der Vätererzählungen schließt er sich den Vertretern an, die eine Invariabilität der mündlichen Überlieferung und die Historizität der Erzählungen bestrei-ten[308].

Ein wichtiger Vertreter einer stark modifizierten Quellentheorie ist J. Van Seters. Der niederländisch-kanadische Gelehrte hat in immer neuen Anläufen verfochten, daß die Genesis das Werk eines im 6. Jahrhundert

---

[300] Vgl. E. Blum, Komposition, 1984, 168-175.
[301] Vgl. E. Blum, Komposition, 171, 202-203.
[302] Vgl. E. Blum, Komposition, 258-263.
[303] Vgl. E. Blum, Komposition, 297.
[304] Vgl. E. Blum, Komposition, 359-361.
[305] Vgl. E. Blum, Studien, 1990, 278-285.
[306] Vgl. E. Blum, Studien, 356-360.
[307] Vgl. E. Blum, Komposition, 491-492.
[308] Ausführlich bei O. Kaiser, Grundriß 1, 47-77.

arbeitenden Jahwisten ist[309]. Der Jahwist ist aber nicht bloß ein Sammler von alten mündlichen Überlieferungen, wie Volkserzählungen und Legenden, sondern ein eigenständiger Theologe, der, auch unter der Aufnahme älterer schriftlicher Quellen, wie Annalen und Königslisten, in exilischer Zeit eine Geschichte Israels von den Anfängen an entwirft; der Jahwist Van Seters' ist also nicht der Jahwist im Sinne der traditionellen Quellentheorie[310].

Über den Prozeß der mündlichen Überlieferung und das Verhältnis von Text und Tradition hat sich Van Seters zuerst im Schlußkapitel seiner Studie *Abraham in History and Tradition* von 1975 geäußert. Wenn der Leser hört, daß der als älteste Quelle angenommene Jahwist aus exilischer Zeit stammt, fragt er sich, über welche dem Schriftsteller vorliegenden Überlieferungen und Traditionen er verfügt. Den Quellenschriften – Van Seters rechnet neben dem exilischen J nur noch mit der nachexilischen P – liegen ältere, schriftliche Sammlungen zugrunde, die der Jahwist aufgenommen und redaktionell verändert hat. Zusätzlich hat er einzelne Geschichten erfunden und in die Komposition eingearbeitet. Gleichzeitig hat er aus älteren mündlichen Überlieferungen geschöpft, die aber, wie die ganze mündliche Überlieferung überhaupt, im Text nicht mehr ausgemacht werden können. Wann diese alten, mündlichen Erzählungen und Motive mit den Patriarchengestalten verbunden worden sind, kann nicht festgelegt werden. Möglicherweise war dies erst bei der Verschriftung der mündlichen Überlieferung durch den Jahwisten der Fall[311].

Gegen H. Gunkel und M. Noth schließt Van Seters eine kontinuierliche mündliche Überlieferung von der Frühgeschichte Israels bis zur Verschriftung der Stoffe durch den Jahwisten aus[312]. Da der Jahwist nicht nur Sammler und Chronist, sondern auch noch Redaktor und eigenständiger theologischer Schriftsteller ist, der auswählt, neu schreibt und redigiert, muß man schließen, daß er die ihm vorliegenden Überlieferungen und Traditionen erheblich verändert. Einen historischen gesicherten Blick in die Spätbronzezeit gewähren die exilisch-nachexilischen Texte des Jahwisten nicht[313].

Ausschließlich literarhistorisch ausgerichtet ist auch die 1993 erschienene Göttinger Habilitation *Der Jahwist* von Chr. Levin. Nach Levin ist es die

---

[309] Vgl. J. Van Seters, Abraham in History and Tradition, 1975; ders., In Search of History, 1983, 209-248; ders., Der Jahwist als Historiker, 1987, 29-30, 60-63; sowie ders., Prologue to History, 1992, 1-7.

[310] Vgl. J. Van Seters, History, 354-362; ders., Prologue, 328-333.

[311] Vgl. J. Van Seters, Abraham, 309-312.

[312] Vgl. J. Van Seters, Abraham, 309-310.

[313] Vgl. J. Van Seters, Prologue, 328-333.

Absicht des Jahwisten, mit seinem Geschichtswerk „die nationale Vorgeschichte Israels darzustellen"[314]. Entstanden ist diese offizielle Darstellung der Frühzeit Israels im 6. Jahrhundert nach dem Deuteronomium und noch vor Deuterojesaja[315]. Aus dieser Zeit stammt ebenfalls die Ausgestaltung der Patriarchenerzählung. Die schon bestehenden Erzählungen wurden erheblich verändert und Abraham, Isaak und Jakob nachträglich zu Erzvätern von nationaler Bedeutung stilisiert[316].

Der Jahwist ist „nicht Erzähler, sondern Redaktor gewesen"[317], der für seine Darstellung auf schriftliche Vorlagen (J^Q) zurückgreift. Er selbst hat die schriftlichen Quellen „ausgewählt, gegebenenfalls aus ihrem früheren Zusammenhang entnommen, in der vorliegenden Abfolge angeordnet, untereinander verbunden und im Sinne seiner eigenen Botschaft ergänzt"[318]. Neben den schriftlichen Quellen entnimmt der Dichter viele Stoffe und Motive der „gemeinorientalischen Geisteskultur"[319], andere entlehnt er den allgemeinen Lebensumständen der agrarischen Welt[320]. Das sind die zeitgemäßen Einflüsse, die auf den Dichter wirken. Im weiteren Verlauf ist das jahwistische Geschichtswerk dann noch mehrfach redaktionell ergänzt und überarbeitet worden[321].

Das Thema der mündlichen Überlieferung und die Vorgeschichte der exilisch-nachexilischen Texte (J^Q und J^R) klammert Levin aus. In der Tradition J. Wellhausens widmet er sich ausschließlich ihrer literarischen Genese. Befragt man die Studie auf einen möglichen Zusammenhang von „historischem" Jakob und den jahwistischen Jakobserzählungen, fällt das Ergebnis negativ aus. Auch für Levin steht dieses Problem außerhalb des Frageinteresses. Allerdings kann aus der Methode und den übrigen Ergebnissen abgeleitet werden, daß Levin in den Texten festgehaltene historische Erinnerungen an die Frühgeschichte Israels ausschließt. Eindeutig ist für ihn, daß schriftliche Quellen und allgemeines, aus der Lebenswelt der Dichter entnommenes Traditionsgut sowie eigenständige Zusätze die wichtigsten Bausteine des anfänglichen jahwistischen Geschichtswerkes, das wiederum verschiedene Ergänzungen und Redaktionen durchläuft, sind. Viele

---

[314] Chr. Levin, Der Jahwist, 1993, 434.
[315] Vgl. Chr. Levin, Der Jahwist, 430-435.
[316] Vgl. Chr. Levin, Der Jahwist, 395.
[317] Chr. Levin, Der Jahwist, 34.
[318] Chr. Levin, Der Jahwist, 389.
[319] Chr. Levin, Der Jahwist, 393.
[320] Vgl. Chr. Levin, Der Jahwist, 394-395.
[321] Vgl. Chr. Levin, Der Jahwist, 436-441.

Kennzeichen der Jakobserzählungen – so beispielsweise die Erhebung Jakobs zum nationalen Ahnherren oder die Kultätiologie von Bethel – gehören in das Stratum der literarischen Ausgestaltung des Geschichtswerkes[322].
Wenn man nun, wie Levin, der schriftlichen Quelle des Jahwisten einen
so erheblichen Wert für die Entstehung auch der Jakobserzählungen zu-
mißt, verlagert sich das Problem der mündlichen Überlieferung und
Verschriftung, beantwortet wird es nicht. Unausweichlich stellt sich die
Frage, wer die Quellen geschrieben hat, und welche Stoffe sie speisen. Die
Annahme schriftlicher Vorlagen befreit lediglich davon, ähnlich wie H.S.
Nyberg und H. Birkeland, mit einer etliche Jahrhunderte überbrückenden
mündlichen Überlieferung zu rechnen oder den ganzen Gehalt der Texte
allein der dichterischen Phantasie sowie der zeitgenössischen Anschauung
ihrer Autoren zuzusprechen. Das daraus entstehende Problem ist erstens,
die schriftlichen Vorlagen zu bestimmen und zweitens ihren geschichtlichen Ort und ihren geographischen Haftpunkt auszumachen. Das hat Levin
geleistet. Dann aber stehen wir erneut vor der Frage nach der Entstehung
der schriftlichen Quelle und ihrer mündlichen Vorgeschichte – dies Problem bleibt bei Levin offen.

Etwa zeitgleich mit den Arbeiten von E. Blum und M. Köckert ist die
in Harvard geschriebene Dissertation von R.S. Hendel *The Epic of the
Patriarch* entstanden. Die 1985 abgeschlossene und zwei Jahre später ver-
öffentlichte Studie ist demnach ohne die Kenntnis der für die gegenwärtige
Forschung bedeutenden Beiträge von Th.L. Thompson, E. Blum und M.
Köckert verfaßt worden. Hendels Untersuchung ist eine der wenigen Mo-
nographien, die sich gegenwärtig mit der vorliterarischen Entstehung der
Vätererzählungen beschäftigt.

In Anlehnung an die seit H. Gunkel wiederholt vertretene und auch von
seinem Lehrer F.M. Cross wiederaufgegriffene These[323] hält Hendel die
Jakobserzählungen für ursprünglich mündliche Kompositionen. Ausgangspunkt ist für ihn eine zentrale Behauptung von Cross: „No doubt the Epic
cycle was originally composed orally and was utilized in the cult of covenant-
renewal festivals of the league"[324]. Hendel benutzt die Aussage von Cross
wie ein Axiom. Für ihn sind die Jakobserzählungen eine literarische Produktion eines älteren epischen Zyklus, der schon in mündlicher Form vollkommen ausgestaltet gewesen ist[325]. Im Vergleich mit verschiedenen alt-

---

[322] Vgl. Chr. Levin, Der Jahwist, 393-398.
[323] Vgl. F.M. Cross, Canaanite Myth, 1973, 112-144.
[324] F.M. Cross, Canaanite Myth, 298; vgl. R.S. Hendel, Epic, 1987, 31.
[325] R.S. Hendel, Epic, 31-32.

orientalischen Epen – Dnil, Enkidu und Gilgamesch – versucht Hendel die
ursprüngliche Mündlichkeit und kultische Gebundenheit der Jakobserzählungen nachzuweisen[326]. „The basis for these relationships is the practice
of storytelling that existed in the ancient world: stories of renowned figures
that were passed along, in ever-changing form, from generation to generation, from village to village, from mouth to mouth. These stories preserved
the beliefs and dreams of a people, joined to the figures and events of a
distant past. The pastness of these events lent them an authority and an
immediacy that went beyond the life of the present. The stories of tradition
provided an orientation for their audience; they supplied the lenses through
which al culture perceived its world. Jacob, Rachel, Aqhat, Gilgamesh, and
the others are heroes of ancient epic traditions; as such they are also
expressions of ancient worlds"[327].

Die Jakobserzählungen, wie wir sie in der Genesis finden, sind für Hendel
demnach das Ergebnis mündlicher Überlieferung und Komposition. Über
Jahrhunderte werden sie zu kultischen Zwecken von Erzählern treu und
nahezu unverändert überliefert. Bei ihrer Verschriftung sind die Erzählungen von den Verfassern der Quellenschriften aus Achtung vor dem Alter der
Überlieferung unverändert aufgeschrieben worden. Folglich sind die Erzählungen ein getreues Abbild für die Lebensverhältnisse der Erzväter im 2.
Jahrtausend; theologisch betrachtet haben die Texte den Glauben und die
Träume der Vorfahren konserviert und damit den Nachfahren Orientierung geschaffen[328].

Die Begründung dafür, wie ein solcher Erzählzyklus mündlich komponiert und redigiert, ja wie und zu welchen kultischen Zwecken er über
Jahrhunderte tradiert und schließlich unverändert schriftlich fixiert werden
kann, bleibt Hendel ebenso wie namhafte Exegeten vor ihm allerdings schuldig. Die seit Gunkel beachtlich fortgeschrittene Erzählforschung und Ethnologie, um nur zwei fundamentale Disziplinen zu erwähnen, berücksichtigt er nicht. So besteht die Studie in ihren zentralen Thesen weitgehend aus
wenig begründeten Vermutungen. Der Erkenntnisgewinn der methodisch
wie sachlich bedenklichen Studie reicht nur begrenzt über H. Gunkel und
A. Alt hinaus.

Wie disparat die gegenwärtige Forschung ist, zeigt die 1984 abgeschlossene und 1988 veröffentlichte Dissertation *The Old Testament and Folklore*

---

[326] Vgl. R.S. Hendel, Epic, 79-81, 97-98, 162-165.
[327] R.S. Hendel, Epic, 167.
[328] Vgl. R.S. Hendel, Epic, 165.

Study von P.G. Kirkpatrick, deren Ergebnisse völlig denen der Arbeit von Hendel entgegengesetzt sind. Die in Oxford entstandene Untersuchung erfüllt ein echtes Desiderat der Forschung: Sie greift den seit H. Gunkel vernachlässigten Diskurs der alttestamentlichen Wissenschaft mit der Anthropologie, Ethnologie und Folkloreforschung auf und macht deren Ergebnisse für die Überlieferungsgeschichte der Vätererzählungen fruchtbar[329].

Nach einem ausführlichen Referat der Forschung[330] untersucht Kirkpatrick den Prozeß der mündlichen Überlieferung. Methodisch schlägt sie dabei einen anderen Weg als ihre Vorgänger ein. Aus der Folkloreforschung gewonnene Ergebnisse überträgt sie auf die Vätererzählungen: Mündliche Texte haben eigenständige Gattungen, die sich deutlich von denen schriftlicher Texte unterscheiden. Was zur Folge hat, daß aus schriftlichen Gattungen nicht auf mündliche „Vorformen" zurückzuschließen ist. Eine feste Grundform oder Urfassung gibt es bei mündlichen Erzählungen nicht. Jede Aufführung eines mündlichen Textes bringt ein Unikat hervor[331]. Die erzählten Stoffe werden dann durch Selektion und Adaption ständig variiert und stark beeinträchtigt. Da außerdem die Gedächtnisleistung der Sänger und Erzähler weniger ausgeprägt ist, als es bisher angenommen wurde, können Stoffe nicht unverändert über Jahrhunderte überliefert werden[332].

Die Vermutungen W.M.L. de Wettes und J. Wellhausens, daß die Texte historisch die Gegenwart ihrer Entstehung und nicht eine ferne Vergangenheit widerspiegeln, bestätigt Kirkpatrick schon für das Stadium der mündlichen Überlieferung. Ihrem Wesen nach sieht die mündliche Überlieferung die nach und nach verblassende Vergangenheit im Licht der Gegenwart: „[O]ral tradition, far from preserving the sources of its past (whether they be entertainment or historical recollection, or both) constantly reinterprets that past in the light of the present"[333].

So ist der historische Wert der Texte sehr begrenzt: „The likelihood that any tribal history, sacred or otherwise, could have been preserved at the oral stage for a period longer than two hundred years before being committed to writing cannot be substantiated on the basis of any recent fieldword in anthropology or folklore"[334]. Aus den verschiedenen Veränderungen eines

---

[329] Vgl. P.G. Kirkpatrick, Old Testament, 1988, 11, 49-50, 72, 112-115.

[330] Vgl. P.G. Kirkpatrick, Old Testament, 13-50.

[331] Vgl. P.G. Kirkpatrick, Old Testament, 51-65.

[332] Vgl. P.G. Kirkpatrick, Old Testament, 65-72.

[333] P.G. Kirkpatrick, Old Testament, 117.

[334] P.G. Kirkpatrick, Old Testament, 112.

mündlichen Stoffes folgt, daß eine blasse historische Erinnerung durch die mündliche Überlieferung maximal 150 Jahre bestehen kann[335].

11. Zusammenfassung

In nochmaliger Bündelung können wir nun die vorgetragenen Forschungsergebnisse extrahieren. Fünf Gruppen können wir profilieren, die wir nicht nach ihrem forschungsgeschichtlichen Ort, sondern exemplarisch nach ihrer Position einordnen:

Die erste Gruppe von Gelehrten, deren namhafteste Vertreter R. Kittel, W.F. Albright und R. de Vaux sind, verstehen und interpretieren die Vätererzählungen so, wie die Genesis sie berichtet. Mit archäologischen Indizien versuchen sie, die Lesart der Texte als historisch zu sichern. Ganz im Sinne J.G. Herders rechnen sie mit einer verläßlichen mündlichen Tradition, die garantiert, daß die Erzählungen beständig von Mund zu Mund laufen und seit dem ausgehenden 10. Jahrhundert, so wie sie erzählt wurden, aufgeschrieben wurden. Die Vätererzählungen reflektieren historische Ereignisse der Mittelbronze II-Zeit (2000-1550 v. Chr.). Neuerdings nimmt R.S. Hendel an, daß die Erzählungen schon in mündlicher Form geschlossene, teilweise redigierte Kompositionen waren, die dann von den ersten Schriftstellern nahezu unverändert aufgeschrieben worden sind. Historisch beurteilt auch er die Texte für zuverlässig.

Das genaue Gegenteil behaupten W.M.L. de Wette, J. Wellhausen und ihre Nachfolger. Beide Gelehrte haben das Problem der mündlichen Überlieferung nicht im Blick. Hinsichtlich der Historizität der Texte spiegeln die Erzvätererzählungen in ihren ältesten Strata vornehmlich genau die Zeit wider, in der die erste Quellenschrift, der Jahwist, entstanden ist. Auch wenn der im späten 10. Jahrhundert tätige Jahwist ältere Überlieferungen rezipiert hat, ist den Patriarchenerzählungen kein historisches Wissen über die Erzväter, wohl aber über die Entstehungszeit der Quellenschriften zu entnehmen. Die Vermutungen de Wettes und Wellhausens haben Th.L. Thompson und M. Köckert unlängst bestätigt. Von unterschiedlichen Forschungsintentionen aus sprechen beide den Vätererzählungen ab, daß sie Einsichten in die Religiösität sowie die historischen Verhältnisse der Frühgeschichte Israels gewähren.

Einen Mittelweg beschreibt die für die Forschung des 20. Jahrhunderts maßgebliche dritte Gruppe: H. Gunkel rechnet mit einem langen, beatän-

---

[335] Vgl. P.G. Kirkpatrick, Old Testament, 112-114.

digen Prozeß mündlicher Überlieferung, der sich in den ältesten Bestand-
teilen der Vätererzählungen, den losen Einzelsagen, erkennbar niederschlägt.
Über Jahrhunderte sind die alten Sagen erzählt und am Lagerfeuer und in
der Sippe unverändert tradiert worden. Auch wenn die Fülle der von den
Sagen referierten Einzelheiten nicht als historisch zuverlässig angesehen
werden kann, sind doch die allgemeinen Lebensverhältnisse, die Sitten und
Gebräuche, so wie die Patriarchenerzählungen sie berichten, glaubwürdig.
A. Alt ergänzt H. Gunkel dahingehend, daß er in den Patriarchenerzählungen einen den Erzvätern eigenen Religionstypus entdeckt, den Gott
der Väter. Dieses der Jahwe-Religion vorausgehende Phänomen gibt in
seinen noch nicht ganz verwischten Spuren wichtige Aufschlüsse über die
Religion der Erzväter als Offenbarungsempfänger. Durch die Arbeiten von
Alt verlagert sich die Auffassung von einem *Sitz im Leben* der Überlieferung
am Lagerfeuer zur Annahme eines Sitzes im Leben am Kultort, wie er
gegenwätig von R. S. Hendel wieder betont wird. Im Schatten dieser durch
ihre Gelehrsamkeit und Suggestivkraft bestechenden Arbeiten Gunkels und
Alts stehen die Beiträge zunächst von G. v. Rad, M. Noth und später von
H. Seebaß, E. Otto und A. Mazar. C. Westermann bezweifelt den von Alt
angenommenen *Sitz im Leben* der mündlichen Erzählungen am Kultus und
hält die Sippe, deren Interesse an den Erzählungen die Überlieferung der
Stoffe erst garantiert, für den Ort der Überlieferung.

Die vierte, in der deutschsprachigen Forschung nur stiefmütterlich be-
handelte Gruppe bilden einige skandinavische Gelehrte, allen voran J.
Pedersen, H. S. Nyberg, H. Birkeland und I. Engnell. Sie sprechen der
mündlichen Überlieferung eine bis dahin in der Forschungsgeschichte nicht
gekannte Bedeutung zu. Die mündliche Überlieferung hat die Stoffe über
viele Jahrhunderte bis in die exilische, ja teilweise sogar nachexilische Zeit
erhalten, ehe sie dann ohne größere Veränderungen aufgeschrieben worden
und so konserviert worden ist. Die Auffassung der Prädomination der
mündlichen Überlieferung wurde maßgeblich von G. Widengren und G. W.
Ahlström bestritten, später durch den um Ausgleich zwischen den For-
schungstraditionen und Methoden bemühten H. Ringgren modifiziert. In
der gegenwärtigen Forschung findet sich kein Gelehrter, der begründet
damit rechnet, daß sich mündliche Überlieferungen der Frühgeschichte
Israels bis ins 6. Jahrhundert erhalten haben und dann unverändert aufgeschrieben worden sind.

Die Vertreter der fünften Gruppe, die Mehrheit der Exegeten, klammern das Problem der mündlichen Überlieferung aus und untersuchen den
Stoff ausschließlich literarhistorisch: So faßt der Beitrag von R. Rendtorff,
ebenso wie die Arbeiten seines Schülers E. Blum, die Probleme der Über-

mittlung von mündlichen Überlieferungen und die Historizität der Texte konzeptionell nicht ins Auge. Auch bei den Untersuchungen von K. Berge, L. Schmidt und W.H. Schmidt steht die Frage nach der mündlichen Überlieferung, der Verschriftung und Historizität der Texte außerhalb der Aufgabenstellung. Dies gilt auch für die Studien von J. Van Seters und Chr. Levin, die sich nur marginal zu den Problemen äußern: Für beide ist der Jahwist, wenn auch mit unterschiedlicher Intention, maßgeblich für die Entstehung der Genesis verantwortlich. Beide Exegeten vertreten, daß der in exilischer Zeit arbeitende Jahwist unter Aufnahme älterer, teilweise auch schriftlicher Traditionen sein Werk verfaßt hat. Nach der Entstehung der älteren Quellentexte des Jahwisten und ihrem möglichen Verhältnis zu einer vorangehenden mündlichen Überlieferung fragt Levin ebensowenig wie Van Seters. Historisch betrachtet sind für beide Autoren die Vätererzählungen vorrangig ein Spiegelbild ihrer Entstehungszeit.

Allein die Studie von P.G. Kirkpatrick stellt sich in der gegenwärtigen Forschung dem Problem der Überlieferungsgeschichte. In Auseinandersetzung mit der Anthropologie, Ethnologie und Folkloreforschung kommt sie zu dem Ergebnis, daß die mündliche Überlieferung auf gar keinen Fall länger als 150 Jahre Erzählungen transportieren kann, ohne daß diese, von ihrem ursprünglichen Zustand aus gesehen, formal und inhaltlich massiv verändert werden. Das Urteil über den historischen Gehalt der Texte bestätigt aus überlieferungsgeschichtlicher Perspektive die Untersuchungen von Thompson, Köckert und Van Seters: Die Vätererzählungen weisen in die Zeit ihrer Entstehung, nicht aber in die Frühgeschichte Israels.

Gleichwohl die Studie wichtige Impulse für die Überlieferungsgeschichtliche Forschung bietet, läßt sie wesentliche Probleme offen: Zum einen bezieht sie nicht hinreichend die Gattung eines Textes auf die Konstanz der Überlieferung, was aber, wie wir noch sehen werden, für die Beurteilung der Historizität von Texten basal ist; zum anderen markiert sie nur sehr allgemein und negativ die Grenzen mündlicher Überlieferung, ohne die Ergebnisse an bestimmten Texten zu überprüfen. Auf die mit der Auswahl und Verschriftung von mündlichen Überlieferungen verbundenen Veränderungen und die sich anschließende Frage nach der Historizität der Texte geht sie nicht näher ein.

III. Grundformen der Erzählung

1. Einführung

a) Das Alte Testament

Von den Schriftstellern Israels wissen wir bis auf wenige Ausnahmen nichts. Wir wissen von ihnen nicht, was sie über bestimmte Texte gedacht haben, ja wir wissen nicht einmal etwas genaues über die Zeit, in der sie gewirkt haben. Alttestamentliche Literatur ist, wie auch die große Literatur der Nachbarn Israels, stets anonyme Literatur. Letztlich wissen wir nur das, was sich in den Texten niedergeschlagen hat. Eine Ausnahme scheinen die Prophetenbücher zu sein, in denen wir manches über den Herold Jahwes, an einer Stelle auch über seinen Gefährten erfahren (Jer 36-45).

Da der alttestamentlichen Erzählung jede Reflexion über ihre Gattungen[1] fehlt, kann es uns nicht verwundern, wenn die anonymen Texte selbst keine Auskunft über ihre Genres bieten. Doch an einigen Stellen wird die Textsorte benannt. Als erste Gattungsbezeichnung, gesehen von der kanonischen Anordnung der biblischen Bücher her, treten die תולדות, die Geschlechtsregister oder Genealogien auf. Über diese Texte ist die ganze Familien- und Sippengeschichte von Adam und Eva über Abraham, Isaak und Jakob bis zu Mose vertikal verknüpft. Als horizontale Verzeichnisse liefern die תולדות auch noch die Stammbäume einiger Nachbarvölker Israels[2].

In den Königsbüchern werden dann wiederholt verschiedene Quellen für die Geschichtsschreibung Israels angeführt: die Chronik der Könige Israels wird als N.N. ספר דברי bezeichnet (1 Kön 11,41; 14,19.29; 15,23; 16,14; 22,39-40; 2 Kön 1,18; 12,20; 14,28; 15,6 u.ö.). Bei diesen Werken handelt es sich wohl um Annalen und Tagebücher der Könige, also um Dokumente, die Anhaltspunkte für die Geschichtsschreibung Israels bieten. Leider sind sie uns nur indirekt aus den zahlreichen deuteronomistischen Anmerkungen bekannt[3], so daß ihr genauer Inhalt und ihre literarische Form nur vermutet werden können[4].

---

[1] Mit G. Damman, Genres, 207; M. Fubini, Enstehung, 24-81; sowie K.W. Hempfer, Gattungstheorie, 16-25, benutzen wir die Bezeichnungen *Gattung, Genre* und *Textsorte* gleichbedeutend.

[2] Vgl. R.R. Wilson, Genealogies, 137-391.

[3] Vgl. E. Würthwein, Das Buch der Könige, 146-149, 180; ders., Die Bücher der Könige, 262-265, 359.

[4] Vgl. H. Haag, כתב, 389-391.

Schon im Pentateuch hören wir von verschiedenen Büchern, auf deren Existenz nur diese Notizen hinweisen: Ex 24,7 berichtet vom ספר הברית, das Mose von Jahwe persönlich empfangen haben soll; Num 21,14 erwähnt ein ספר מלחמת יהוה, ein Buch, in dem die Kriege Jahwes dokumentiert sein sollen (Num 21,14-16); endlich erwähnt Jos 10,13 das ספר הישר, in dem der von Jahwe selbst befohlene Sonnenstillstand berichtet sein soll. Aber nicht nur die Wundertaten Jahwes enthält das Buch; wie seine zweite Erwähnung in 2 Sam 1,18 schildert, soll es auch ein Bogenlied enthalten. Gleichzeitig bietet der Text (2 Sam 1,17-27) ein anschauliches Beispiel für den *Sitz im Leben* der קינה, der Totenklage (Jer 7,29, 9,9.19; Ez 2,10; 19,1.14; 26,17 u.ö.). In 2 Chr 35,25 ist Jeremia als der „Vater der Klage" und Begründer des Brauches erwähnt. Wiederum heißt es, daß die Klagen in den קינות, den Klageliedern, aufgezeichnet worden sind, womit eine weitere Gattung genannt ist.

Eine weit verbreitete narrative Gattung sind die unterschiedlichen Briefe. Häufig wird in einer Erzählung der Anlaß für den Brief, der Empfänger und sogar der Inhalt des Briefes mitgeteilt (Dt 24,1-3; 2 Sam 11,14-15; 2 Kön 10,1.6; 2 Chr 30,1; 32,17; Jer 32,10).

Aus der Lyrik schließlich sind uns noch drei weitere Gattungen bekannt: שיר, מזמור und משל. שיר bezeichnet sowohl ein profanes (Gen 31,27), ein religiöses (Ps 39,1; 46,1; 92,1) als auch ein Liebeslied (Hld 1,1); מזמור ist ein religiöses Lied mit instrumentaler Begleitung (Ps 3; 4; 5; 6 u.ö.). Unter משל ist eine kurze Sentenz zu verstehen: ein Sprichwort (1 Sam 24,14), ein Gleichnis (Prov 1,6; Ez 24,3-14), ein Sinnspruch (1 Kön 5,12; Prov 1,1.6), ein Spottvers oder Spottlied (Ez 12,22-28; 18,2-4)[5]. מליצה als rätselhafter Lehrspruch ist nur in Prov 1,6, Hab 2,6 und Sir 47,17 belegt.

Wie die Beispiele zeigen, decken sich die alttestamentlichen Gattungsbezeichnungen, sofern sie überhaupt solche sind, nur in seltenen Fällen und zumeist bei lyrischen Texten mit denen der modernen Literaturwissenschaft. Da narrative Texte ihr Genre nicht reflektieren, können wir auch bei den Jakobserzählungen keine Bezeichnung der Textsorten erwarten, sondern müssen uns zu ihrer Kennzeichnung der von der Literaturwissenschaft und der Völkerkunde bereitgestellten Begriffe bedienen, nicht ohne sie kritisch auf ihre Angemessenheit hin zu überprüfen[6].

---

[5]   Vgl. O. Kaiser, Literaturgeschichte, 306-337; ausführlich C. Klein, Kohelet, 16-40 (Literatur).

[6]   Vgl. beispielsweise J. Jason/A. Kempinski, How Old are Folktales, 1-27, die einige Texte aus dem Alten Testament und dem Alten Orient zusammengestellt, datiert und nach Gattungen geordnet haben.

b) Ecksteine der Gattungsforschung

Die moderne Gattungsforschung beginnt mit der Wiederentdeckung der griechischen Antike. Es war der Ruf *ad fontes* der Humanisten und Reformatoren, der zu ihrer Renaissance führte. Eine Schrift des Aristoteles ist es, die, von den Scholastikern unbeachtet, wie keine zweite zuerst die italienische, dann die französische und endlich die deutsche Dichtung beeinflußt hat: *die Poetik*. Spätestens ab der Mitte des 18. Jahrhunderts wird die Poetik endlich auch Gegenstand deutscher Geistesbeschäftigung; besonders hat sie sich in der *Hamburgischen Dramaturgie* G.E. Lessings von 1769[7] wie in F. Schlegels *Gespräch über die Poesie*[8] niedergeschlagen[9].

Aristoteles verdanken wir die Einteilung in die fünf Arten der Dichtung: Epik, Tragödie, Komödie, Chordichtung und Flöten- bzw. Zitterspiel. Sie heben sich jeweils durch die künstlerischen Mittel, die Gegenstände sowie die Art der Darstellung und auch die Inszenierung und Dramaturgie voneinander ab[10].

In der Poetik[11] stoßen wir auch auf Aristoteles' Definition des Dramas: Das Drama ist ein aufgeführtes Dichtwerk, in dem „alle Figuren als handelnde und in Tätigkeit befindliche auftreten"[12]. Wenig später folgt dann die für die gesamte moderne Literatur des Abendlandes so bedeutende Definition der Tragödie: „Wir haben festgestellt, daß die Tragödie die Nachahmung einer in sich geschlossenen und ganzen Handlung ist, die eine bestimmte Größe hat; es gibt ja auch etwas Ganzes ohne nennenswerte Größe: Ein Ganzes ist, was *Anfang, Mitte* und *Ende* hat"[13]. Im weiteren Verlauf der Gattungsforschung ist das Formmerkmal von Anfang, Mitte und Ende auf die Poesie übertragen worden.

Wirkungsgeschichtlich ist für die Gattungskritik der Beitrag J.W. v. Goethes bedeutend. In seiner *Versammlung deutscher Gedichte mit stetem Bezug auf den ‚Divan' des persischen Sängers Mahomed Schemseddin*

---

7   Vgl. G.E. Lessing, Hamburgische Dramaturgie, Bd. 4.
8   Vgl. F. Schlegel, Gespräch über Poesie, 1967, 284-362.
9   Vgl. zur Wirkungsgeschichte M. Fuhrmann im Nachwort zur aristotelischen Poetik, 173-178.
10 Vgl. Aristoteles, Poetik, 1447a; vgl. auch I. Düring, Aristoteles, 161-168.
11 Nach M. Fuhrmann, Nachwort zur Poetik, 153-154, ist die Poetik um 335 v. Chr. von Aristoteles selbst geschrieben worden
12 Aristoteles, Poetik, 1448 a, 23-24.
13 Aristoteles, Poetik, 1450b, 24-25 (Hervorhebung vom Verf.); vgl. weiter Aristoteles, Poetik, 1455b-1459b; sowie I. Düring, Aristoteles, 172-179.

Hafis[14], später dann West-östlicher Divan genannt, finden wir nicht nur für die deutsche Literaturwissenschaft richtungsweisende Gedanken. Schon früh erkennt Goethe die Probleme der Klassifizierung von Gattungen: „Allegorie, Ballade, Cantate, Drama, Elegie, Epigramm, Epistel, Epopöe, Erzählung, Fabel, Heroide, Idylle, Lehrgedicht, Ode, Parodie, Roman, Romanze, Satire. Wenn man vorgemeldete Dichtarten, die wir alphabetisch zusammengestellt, und noch mehrere dergleichen methodisch zu ordnen versuchen wollte, so würde man auf große nicht leicht zu beseitigende Schwierigkeiten stoßen. Betrachtet man obige Rubriken genauer, so findet man, daß sie bald nach äußeren Kennzeichen, bald nach dem Inhalt, wenige aber einer wesentlichen Form nach benannt sind. Man bemerkt schnell, daß einige sich nebeneinander stellen, andere sich andern unterordnen lassen. Zu Vergnügen und Genuß möchte jede wohl für sich bestehen und wirken, wenn man aber zu didaktischen oder historischen Zwecken einer rationelleren Anordnung bedürfte, so ist es wohl der Mühe wert, sich nach einer solchen umzusehen"[15].

Goethe ist daran gelegen, die mit der herkömmlichen Anordnung von Gattungen verbundenen Aporien aufzuheben, indem er Grundformen der Dichtarten bestimmt. Berühmt ist seine Unterscheidung der drei basalen Arten der Dichtkunst: „Es gibt nur drei echte Naturformen der Poesie: die klar erzählende, die enthusiastisch aufgeregte und die persönlich handelnde: E p o s, L y r i k und D r a m a"[16]. Wenn Goethe von Naturformen der Dichtung redet, denkt er nicht an den später von J. Grimm konturierten Gegensatz von Naturpoesie und Kunstpoesie. Unter Naturformen – einem Begriff, den er aus der Botanik entlehnt hat[17] – versteht er Grundformen der Literatur, volkstümliche Dichtung assoziiert er nicht[18]. Bis heute hält die Literaturwissenschaft an den von Goethe unterschiedenen drei Grundarten der Dichtung fest; ihr gemeinsamer Oberbegriff ist Poesie[19].

Übertragen wir Goethes Klassifizierung auf die Jakobserzählungen, so lassen sich die Texte, von einigen Ausnahmen wie dem Geburtsorakel (Gen 25,23) oder dem Gebet Jakobs (Gen 32,10-13)[20] abgesehen, größtenteils

---

[14] Vgl. J.W. v. Goethe, West-östlicher Divan, HA 2, 550.

[15] J.W. v. Goethe, West-östlicher Divan, HA 2, 187, 12-27.

[16] Vgl. J.W. v. Goethe, West-östlicher Divan, HA 2, 187, 30-32.

[17] Vgl. J.W. v. Goethe, West-östlicher Divan, HA 2, 188, 35-189,8.

[18] Vgl. K. Ranke, Einfache Formen, 32.

[19] Vgl. G. Dammann, Genres, 207-220; K.W. Hempfer, Gattungstheorie, 18-29.

[20] Vgl. J. Schreiner, Das Gebet Jakobs, 287-303.

der Epik zuordnen. Wir haben es also durchweg mit der erzählenden Gattung zu tun. Aber Goethe hatte ein für die Erforschung der Jakobserzählungen wesentliches Merkmal nicht im Blick. Wie an der berühmten Passage im West-östlichen Divan zu entnehmen ist, behandelt er den Pentateuch wie moderne Literatur. Das verwundert keineswegs, ist er doch mit den Gelehrten seiner Zeit – Goethe hat das meiste über das Alte Testament von J.G. Eichhorn[21] und J. Herder[22] gelernt[23] – davon überzeugt, daß Mose den Pentateuch selbst geschrieben hat[24]. Daß es sich bei den Stoffen der Genesis um verschriftetes, volkstümliches Erzählgut handeln könnte, bedenkt er nicht.

Erst Jakob und Wilhelm Grimm haben über eine Generation später die Bedeutung des Mündlichen voll erkannt[25]. Die Gebrüder und die deutsche Romantik[26] allgemein waren es also, die der im 18. Jahrhundert noch weitgehend als minderwertig angesehenen *Volkspoesie* im Laufe des 19. Jahrhunderts zur Hochschätzung verhalfen[27]. Sie waren es auch, die durch ihre Editionen drei bislang sich teilweise überlappende Gattungen differenziert, ja die Gattung des Märchens eigentlich erst geschaffen haben: Durch die Sammlung und erstmalige Herausgabe der *Märchen* von 1812 bis 1815[28], der *Sagen* in der ersten Auflage von 1816[29] und der *Mythen* von 1835[30] haben Jakob und Wilhelm Grimm in Abgrenzung zu den rein literarischen Textsorten die verschrifteten Formen anonymer, mündlicher Dichtung fest etabliert und salonfähig gemacht. Das Echo auf die Editionen war unterschiedlich. Während die Kinder- und Hausmärchen in etlichen Ausgaben und dutzenden von Neuauflagen und Raubdrucken erschienen sind, haben die Sagen im 19. Jahrhundert nur drei weitere Auflagen erfahren. Dennoch gehörten schon bald nach dem ersten Erscheinen die Editionen der Brüder Grimm zum Kanon des Bildungsbürgertums[31].

---

[21] Vgl. J.G. Eichhorn, Einleitung ins Alte Testament, Bd. 1-3, 1780-83.

[22] Vgl. J. G. Herder, Vom Geist der ëbräischen Poesie, 1782-1783.

[23] So J.W. v. Goethe, West-östlicher Divan, HA 2, 128, 21-22.

[24] Vgl. J.W. v. Goethe, West-östlicher Divan, HA 2, 208, 26-209, 35.

[25] Vgl. S. 71, 133-134

[26] Vgl. A. Jolles, Formen, 221-226, zur Auseinandersetzung der Grimms mit A. v. Arnim.

[27] Vgl. R. Michaelis, Tradition, 265-275.

[28] Vgl. J./W. Grimm, Kinder- und Hausmärchen, 1812/1815, Bd. 1-2.

[29] Vgl. J./W. Grimm, Deutsche Sagen, 1816.

[30] Vgl. J. Grimm, Deutsche Mythologie, 1835.

[31] Vgl. beispielsweise A. Otrakul, Grimms Märchen in Thailand, 71-79.

Für die Folkloreforschung bahnbrechend wirkte der Artikel des Dänen A. Olrik *Epische Gesetze der Volksdichtung* von 1909. Ausgehend von der „gemeinsame[n] Geisteslage aller primitiven Völker"[32], legt Olrik für alle narrativen Gattungen der Volksdichtung unterschiedlicher Provenienz Grundregeln fest. Diese „gemeinsamen regeln für ihre composition können wir e p i s c h e   g e s e t z e   d e r   v o l k s d i c h t u n g nennen"[33].

Olrik stellt vierzehn Gesetze der Volksdichtung auf: 1. Nach dem *Eingangsgesetz* fängt die Sage mit bewegter Handlung an und bricht[34] 2. nach dem *Gesetz des Abschlußes* die Handlung nicht jäh ab[35]. 3. Nach dem *Gesetz der Wiederholung* wird das Gesagte durch Wiederholung hervorgehoben[36]. 4. Nach dem Gesetz der Dreizahl sind Steigerungen und Wiederholungen häufig mit der Dreizahl verbunden[37]. 5. Das *Gesetz der scenischen Zweiheit* besagt, daß in einer Szene höchstens zwei, niemals aber drei Personen auftreten können[38]. 6. Dem *Gesetz der Zweiheit* entspricht das *Gesetz des Gegensatzes*, da sich die volkstümlichen Stoffe immer auf zwei Personen konzentrieren und polarisieren[39]. 7. Will man zwei Personen dem Gesetz des Gegensatzes entheben, so treten sie als Zwillinge auf, folglich *Gesetz der Zwillinge* genannt[40]. 8. Nach dem *Gesetz des Toppgewichtes* wird der Vornehme auf den ersten Platz gesetzt; derjenige, der die besondere Gunst der Dichtung genießt, kommt auf die Endposition (*Gesetz des Achtergewichtes*)[41].

Nach den äußeren Kriterien der Volksdichtung nennt Olrik weitere, die Komposition betreffende Kennzeichen: 9. Während moderne Dichtung in vielschichtigen Fäden strickt, ist die Volkspoesie einsträngig – *Gesetz der Einsträngigkeit*[42]. 10. Sie schematisiert stark, so daß zwei Personen und Situationen derselben Art sich weitgehend entsprechen – *Gesetz der Schematisierung*[43]. 11. Die Volksdichtung schildert *plastisch*: „Diese plastischen

---

[32] A. Olrik, Gesetze, 1.

[33] A. Olrik, Gessetze, 2.

[34] Vgl. A. Olrik, Gesetze, 2-3.

[35] Vgl. A. Olrik, Gesetze, 2-3.

[36] Vgl. A. Olrik, Gesetze, 3.

[37] Vgl. A. Olrik, Gesetze, 4.

[38] Vgl. A. Olrik, Gesetze, 5.

[39] Vgl. A. Olrik, Gesetze, 6.

[40] Vgl. A. Olrik, Gesetze, 6-7.

[41] Vgl. A. Olrik, Gesetze, 7.

[42] Vgl. A. Olrik, Gesetze, 8.

[43] Vgl. A. Olrik, Gesetze, 8-9.

situationen fußen mehr in der phantasie als in der würklichkeit"[44]. 12. Nach dem *Gesetz der Logik* hat die Volksdichtung einen inneren Zusammenhang[45]. 13. Nach dem *Gesetz der einheitlichen Handlung* ist die Handlung der Volksdichtung in sich geschlossen[46]; sie konzentriert sich 14. auf die Hauptpersonen – *Gesetz der Konzentration*[47].

Olriks Aufsatz ist aus zwei Gründen für die Folkloristik des 20. Jahrhunderts grundlegend: Zum einen werden hier erstmals Kriterien für die Unterscheidung und Komposition mündlicher Texte[48] an mündlichen Traditionen entwickelt; zum anderen haben sich die Gesetze Olriks als wichtige Werkzeuge in der Folkloristik des frühen 20. Jahrhunderts bewährt[49].

Auch auf die alttestamentliche Wissenschaft haben sich Olriks Gesetze ausgewirkt. H. Gunkels Kommentar zur Genesis hat, wie ein Vergleich der ersten Auflage von 1901 mit der überarbeiteten dritten Auflage von 1910 zeigt, von den Studien A. Olriks und F. v. d. Leyens[50] profitiert. Undenkbar wäre die Arbeit des Vaters der alttestamentlichen Formkritik, wie K. Koch Gunkel respektvoll bezeichnet[51], und somit der modernen Gattungskritik, ja selbst der Literaturgeschichte[52], überhaupt, ohne die allgemeinen Grundlagen, wie sie von Aristoteles, Goethe und den Gebrüdern Grimm geschaffen worden sind.

Mit dieser Skizze sind wir bei den Grundfragen der Gattungsforschung angelangt: Worin unterscheiden sich Mythe, Sage, Märchen und Erzählung? Was ist das Proprium einer Gattung? Können die aus der Forschung des 19. Jahrhunderts stammenden Gattungsbezeichnungen auf die biblischen Texte übertragen werden?

c) Vom Nutzen der Gattungskritik

Die Gattungskritik hat für die Erforschung der mündlichen Überlieferungen und auch der Texte einen doppelten Nutzen: Einerseits erlaubt sie es,

---

44 A. Olrik, Gesetze, 9.
45 Vgl. A. Olrik, Gesetze, 9.
46 Vgl. A. Olrik, Gesetze, 9-10.
47 Vgl. A. Olrik, Gesetze, 10.
48 Der alttestamentliche Leser mag bei dieser Bezeichnung stutzen, aber die Bezeichnung mündliche Literatur (littérature orale, oral literature) ist seit P. Sébillot, Le Folk-lore, 1-13, ein Grundbegriff der Folkloristik.
49 Vgl. zur kritischen Auseinandersetzung S.M. Warner, Primitive Saga Men, 330-335.
50 Vgl. F.v.d. Leyen, Zur Entstehung des Märchens, 1904.
51 Vgl. K. Koch, Formgeschichte, 3.
52 Vgl. H. Gunkel, Literaturgeschichte, 29-38.

sowohl mündliche Stoffe als auch schriftliche Texte nach ihren Sorten angemessen zu unterscheiden; andererseits stellt sie somit die Voraussetzung dafür her, nach der einer Gattung eigenen Überlieferung von mündlichen Stoffen zu fragen.

Unterschiedliche Gattungen werden je verschieden überliefert; Formen und Inhalte haben eine nach Gattungen differenzierte Beständigkeit. Manche Gattungen und die transportierten Inhalte verändern sich im Verlauf der mündlichen Überlieferung wesentlich stärker als andere. Besonders deutlich wird dies, wenn wir den typischen *Sitz im Leben* einer Gattung bedenken. Ein liturgischer Text, eine Formel, mit der ein Medizinmann böse Geister austreibt, oder eine rituelle Bitte um Regen, mündliche Texte, die von auserwählten heiligen Männern einer Gemeinschaft in ritueller Einbindung zu bestimmten Jahreszeiten oder Festen gebraucht werden, Texte also, die von einem Hüter des Wortes, teilweise als Geheimwissen, dem Nachfolger erst nach langer Einübung anvertraut werden, solche Texte sind vor Veränderungen, bewußter oder unbewußter Natur, weit mehr geschützt als Erzählungen, die in der Regenzeit in der Großfamilie, am Lagerfeuer von den Alten, bei den Hausarbeiten von den Frauen, im Kaffeehaus von einem Hakawati[53], kurzum in den Mußestunden zur allgemeinen Unterhaltung von Müttern und Vätern, Freunden und Verwandten oder von herumziehenden Erzählkünstlern vorgetragen werden[54].

Wenn wir zunächst allgemein die narrativen Gattungen bestimmen, sehen wir, welche Gattungsbezeichnungen sich auf die Jakobserzählungen übertragen lassen und welche nicht. Erst dann können wir Aussagen über die Beständigkeit des mündlichen Überlieferungsprozesses machen. Dazu müssen wir das Gespräch mit den weit vorangeschrittenen Nachbardisziplinen aufnehmen. Schon H. Gunkel hat die wichtigsten Arbeiten zur Religionswissenschaft, Philologie und Ethnologie seiner Zeit wenig rezipiert[55], und auch C. Westermann[56] hat die Gattungsforschung textimmanent, ohne einen Seitenblick auf die Nachbardisziplinen betrieben. Auch die Beiträge in dem von G.W. Coats[57] herausgegebenen Sammelband beziehen sich immer wieder und immer nur auf H. Gunkel[58], nicht aber auf

---

[53] Vgl. R. Schami, Erzähler der Nacht, 62-63, 108, 139.
[54] Vgl. A.H. Bâ, Das Wort überbrückt Jahrhunderte, 29-39.
[55] So W. Klatt, Hermann Gunkel, 104-192.
[56] Vgl. C. Westermann, Arten der Erzählung, 1964, 9-91.
[57] Vgl. G.W. Coats (Hg.), Saga, Legend, Tale, Novella, Fable, 1985.
[58] Vgl. S. 12-17.

die gegenwärtige Folkloristik und Literaturwissenschaft. Scheinbar von der
alttestamentlichen Forschung unbemerkt, haben sich die übrigen Disziplinen entfaltet. Ihre wesentlichen Ergebnisse müssen berücksichtigt werden.
Vorarbeiten haben schon W. McKane[59], J.J. Sculion[60] und F. Ahuis[61] erbracht.

Die systematische Sammlung und Aufzeichnung der Mythen, Sagen
und Märchen hat nicht mit den Brüdern Grimm angefangen[62], aber sie
feierte mit ihren Editionen den Durchbruch. Ja, man kann sogar sagen, daß
die Gebrüder mit der Herausgabe der *Kinder- und Hausmärchen*, den *Deut-*
schen Sagen und der *Deutschen Mythologie* durch Abgrenzung die Gattungen Märchen, Sage und Mythe eigentlich erst geschaffen haben. Aber die
Gebrüder haben sich nicht mit der bloßen Aufzeichnung und Herausgabe
des Volksgutes begnügt. In den Vorreden und Anmerkungen ihrer Editionen, in der weitreichenden Korrespondenz und – besonders was J. Grimm
betrifft – in einzelnen Studien[63] legen sie den Grundstein der Märchen-
und Sagenforschung[64]. Deshalb greifen wir auf die basalen Einsichten der
Brüder zurück und lassen uns auch durch die von ihnen vorgenommene
Klassifikation der Gattungen leiten. Dabei kommt es uns lediglich auf die
Differenzierung narrativer Grundformen, nicht auf die schwierige Unterscheidung von Unterarten an[65]. Gleichzeitig hoffen wir, die gerade in den
die alttestamentliche Forschung dominierenden Sprachen englisch, franzö-
sisch und deutsch herrschende Verwirrung bei der Bezeichnung narrativer
Grundformen aufzuheben[66].

---

[59] Vgl. W. McKane, Studies, 17-66.

[60] Vgl. J.J. Sculion, Märchen, Sage, Legende, 321-336.

[61] Vgl. F. Ahuis, Das Märchen im Alten Testament, 455-476.

[62] Vgl. J./W. Grimm, Kinder- und Hausmärchen, Bd. 3, 285-335, zur Geschichte von
Märchen- und Sagensammlungen.

[63] Vgl. J. Grimm, Kleinere Schriften, Bd. 1-7, Berlin 1864-1884.

[64] Vgl. M. Lüthi, Märchen, 62-64.

[65] Wie beispielsweise Altweibermärchen, Ammenmärchen, Lügenmärchen, Zaubermärchen oder das eigenständige Genre der Kunstmärchen; vgl. J. Bolte/G. Polívka,
Anmerkungen zu den Kinder- und Hausmärchen, Bd. 4, 2-4; H. Gehrts, Das Zaubermärchen, 27-36; V.J. Propp, Zaubermärchen, 1987; sowie J. Tismar, Kunstmärchen,
1977.

[66] Vgl. J.J. Sculion, Märchen, Sage, Legende, 321-336; G.W. Coats, Genres, 7-15; R.W.
Neff, Saga, 17. – Als Anschauung für die Begriffs- und Sprachverwirrung mögen J.
Bolte/G. Polívka, Anmerkungen, Bd. 4, 1-2, dienen, die alle indogermanischen Bedeu-
tungen für Märchen zusammentragen.

2. Die Sage

a) Der Begriff

Das Wort *Sage* hat im Laufe seiner Geschichte von einer allgemeinen Grundbedeutung eine immer speziellere Bedeutung erlangt: Ahd. saga, altfries. sege, altn. saga heißt soviel wie dictio, fabula, rumor, historie, sermo, mære; Sage hat also in der Frühzeit eine universale Bedeutung[67]. Auch nach dem neuesten Wörterbuch von J. Splett hat ahd. sagên, nominal saga die weite Bedeutung von Aussage, Rede, Bericht, Darlegung, Auskunft, Rechenschaft, Kunde, Erzählung und Meinung[68]. Diese Bedeutungsbreite ist noch im mhd. sage, isl. sög erhalten[69]. Spätestens seit den Sagensammlungen des frühen 19. Jahrhunderts[70] versteht man aber unter Sage in Abgrenzung zur Mythe und zum Märchen einen auf mündlichem Wege verbreiteten, historisch wenig fundierten Bericht über ein bedeutendes, vergangenes Ereignis[71].

b) Paradigma, Form und Inhalt

Die Brüder Grimm haben in ihrer Sagensammlung von 1816 *Örtliche Sagen* (1-362) von *Geschichtlichen Sagen* (363-579) unterschieden[72]. Im Vorwort räumen sie ein, daß die Sagen auch nach geistes-, religionsgeschichtlichen oder geographischen Kriterien in weitere Unterarten eingeteilt werden könnten[73]. Allerdings haben sie die allgemeinen Einteilungen bevorzugt, nach der die einen Sagen eher örtlich, andere eher geschichtlich gebunden sind. Die meisten Sagen haben die Gebrüder nicht aus mündlichen Quellen selbst aufgezeichnet[74], sie stammen aus schriftlichen Vorlagen wie der Germania des Tacitus, dem Sachsenspiegel, aus mittelalterlichen Chroniken, Annalen, Liedern, Gedichten, aus Luthers Tischreden, aus Romanen,

---

[67]   Vgl. W. Müller/F. Zarncke, Sage, Bd. 2, 1866, 14-23.
[68]   Vgl. J. Splett, Wörterbuch, Bd. I/2, 782.
[69]   Vgl. J./W. Grimm, Sage, Sagenmær, Sagen, 1893, 1644-1660.
[70]   Vgl. J./W. Grimm, Deutsche Sagen, 1816, XV.
[71]   Vgl. J./W. Grimm, Sage, Sagenmær, Sage, 1646-1647.
[72]   Die Angaben in Klammern richten sich nach der Zählweise der DS.
[73]   Vgl. J./W. Grimm, Deutsche Sagen, XI-XII, XVII-XVIII.
[74]   Zu diesem Verfahren der Sagenaufzeichnung merkt H. Gerndt, Sagen, 4, an, daß man anstatt von Sagenaufzeichnung von Präsentation „historischer, fabelartiger oder beispielhafter Geschichten" sprechen sollte.

Viten, älteren Sageneditionen und zeitgenössischen Literaturanzeigern[75].
Wir haben aus den Grimmschen Sagen zwei Beispiele ausgewählt. Das erste
ist eine mündlich überlieferte, örtliche Sage, das zweite eine geschichtliche
Sage, die aus einer schriftlichen Quelle stammt:

235. Die Semmelschuhe

„Im Klatauer Kreis, eine Viertelstunde vom Dorf Oberkamenz, stand auf
dem Hradekberg ein Schloß, davon noch einige Trümmer bleiben. Vor
alter Zeit ließ der Burgherr eine Brücke bauen, die bis nach Stankau, welches eine Stunde Wegs weit ist, führte, und die Brücke war der Weg, den
sie zur Kirche gehen mußten. Dieser Burgherr hatte eine junge, hochmütige Tochter, die war so vom Stolz besessen, daß sie Semmeln aushöhlen
ließ und statt der Schuhe anzog. Als sie nun einmal auf jener Brücke mit
solchen Schuhen zur Kirche ging und eben auf die letzte Stufe trat, so soll
sie und das ganze Schloß versunken sein. Ihre Fußstapfe sieht man noch
jetzt in einem Stein, welcher eine Stufe dieser Brücke war, deutlich eingedruckt."

Im Zentrum steht eine besondere Requisite, die der Sage ihren Titel verlie-
hen hat, die Semmelschuhe. Unsere Sage ist mündlich aus dem deutschsprachigen Teil Böhmens überliefert. Dort ist sie lokal verankert. Präzise
schließt der Erzähler die unterschiedlichen Ortsangaben in seine Erzählung
ein: Er teilt die Lage des Schlosses und den exakten Ort des Geschehens, der
den Anlaß für die Geschichte bildet, mit. Neben der Hauptperson wird als
Nebenperson nur noch der Vater am Rande erwähnt. Der Erzähler selbst
bleibt anonym. Als das Fräulein mit ihren Schuhen – die Semmelschuhe
sind das Symbol ihres Hochmutes – auf die oberste Stufe der Brücke tritt,
da *soll* sie und mit ihr das väterliche Schloß versunken sein. Aber es gibt
keine Augenzeugen, die das eigenartige Schauspiel erlebt haben. Deshalb
heißt es im Text zurückhaltend „so *soll* sie und das ganze Schloß versunken
sein". Dennoch gibt es einige Indizien, die dem Leser das Ereignis glaub-
haft machen sollen. Vergewissernd fährt der Erzähler fort und sagt: „Ihre
Fußstapfe sieht man noch jetzt in einem Stein, welcher eine Stufe dieser
Brücke war, deutlich eingedruckt."
Zur Überraschung für den Leser wird die Reaktion der Hochmütigen
nicht mitgeteilt. Auch enthält sich der Erzähler einer Moral. Der Leser weiß
auch so, worum es geht, nicht etwa um die Semmelschuhe, sondern um den

---

[75] Vgl. die Quellenangabe im kritischen Anhang der Deutschen Sagen, 471-530.

Hochmut des Fräuleins. Möglicherweise bildet eine bekannte biblische
Weisheit (Prov 16,18) den theologischen Hintergrund für die Sage.

Wann sich das Ereignis zugetragen hat, bleibt ungewiß. Der neugierige
Leser erhält auch keine nähere Auskunft über die beiden Personen. Zweimal jedoch wird eine Epoche angedeutet: Der Erzähler nennt den Herr-
schaftssitz „Schloß"; das Wort bezeichnet eine wehrunfähige, repräsentative
Bauform, die es erst seit der Renaissance gibt. Aber mit dem Hinweis ist
nicht viel gewonnen. Eigenartig schwebt die Sage über der Zeit. Zwei weitere Beobachtungen sind für uns noch interessant: In der Sage heißt es, vom
zerfallenen Schloß seien noch heute einige Trümmer zu sehen, ebenso wie
der Fußabdruck auf der letzten Stufe der Brücke. Hier wird also ein Haftpunkt für die Sage mitgeteilt, der bis in die Gegenwart reicht und den
Leuten der Gegend zur Erinnerung dient.

Die zweite Sage ist nach der Grimmschen Einteilung eine geschichtliche
Sage. Sie geht auf eine alte Chronik zurück[76]; in ihr wird die Abstammung
der Bayern erklärt.

417. Abkunft der Bayern

„Das Geschlecht der Bayern soll aus Armenien eingewandert sein, in welchem Noah aus dem Schiffe landete, als ihm die Taube den grünen Zweig
gebracht hatte. In ihrem Wappen führen sie noch die Arche auf dem Berg
Ararat. Gegen Indien hin sollen noch deutschredende Völker wohnen.
Die Bayern waren je streitbar und tapfer und schmiedeten solche Schwerter,
daß keine andere besser bissen. ,Reginsburg die märe' heißt ihre Haupt-
stadt. Den Sieg, den Cäsar über B o e m u n d, ihren Herzog, und I n g r a m,
dessen Bruder, gewann, mußt' er mit Römerblute gelten."

Diese ätiologische Sage ist einer alten Quelle entnommen und für die Herausgabe in zeitgenössische Formen gegossen[77]. Sie ist straff durchkompo-
niert und trotz der einzelnen Fäden, aus der sie gesponnen ist, formal und
stilistisch homogen.

Inhaltlich sind einige Aussagen über die Bayern lose aneinandergereiht.
Nur der erste Satz handelt von deren Abstammung; der dritte Satz ist ohne
Zusammenhang angeheftet. Der Sage nach stammen die Bayern von den
Armeniern ab; sie kommen aus dem Land, in welchem Noah nach der
Sintflut landete. Eindeutig bezieht sich die Sage also auf eine ältere, schrift-

---

[76] Vgl. J./W. Grimm, Deutsche Sagen, 514.
[77] Vgl. J./W. Grimm, Deutsche Sagen, 514.

liche Quelle (Gen 6-9). An diesem Detail zeigt sich, daß eine Sage noch von älteren, schriftlichen Darstellungen beeinflußt werden kann. Mit der eingestreuten Notiz aus der Bibel wird das fremde Armenien identifiziert und so zu einem vertrauten Land. Die Bayern *sollen* aus Armenien eingewandert sein; und gegen Indien *sollen* noch deutschredende Völker wohnen. Das wiederholte *sollen* drückt den Unsicherheitsfaktor der Information aus, die sich aus einer nicht zu verifizierenden Quelle speist. Warum hier die Aussage über die im Osten wohnenden deutschredenden Völker angehängt ist, bleibt völlig offen; syntaktisch und thematisch sprengt sie den Rahmen der Sage.

Der zweite Abschnitt hat ein anderes Thema; allgemein preist er die bayerische Tapferkeit. Selbst Caesar habe ihre Führer Boemund und Ingram nur unter schwersten Verlusten bezwingen können. Das Motiv des Pyrrhussieges taucht in ähnlichen Sagen öfter auf, es scheint geläufig gewesen zu sein (409, 416). Eine etymologische Erklärung der Bezeichnung Bayern bietet die Sage nicht. Andere Sagen dagegen erläutern den Namen des Volksstammes etymologisch. So sind die Schwaben beispielsweise nach dem nicht näher bezeichneten Berg Suevo, an dem sie sich ursprünglich niedergelassen hatten, benannt (416).

c) Wesen, Trägerschaft und Historizität

Nach diesen beiden Beispielen nehmen wir nun die Sagen allgemein in den Blick. Wer die Welt der Sage kennenlernt, betritt eine dem von Pragmatismus und Rationalismus geprägten Menschen des 20. Jahrhunderts eigenartig fremde Sphäre zwischen Himmel und Erde, Erde und Unterwelt. Die Welt der Sage ist die Welt eigentümlicher Wesen: Es wimmelt von Nixen, Feen und Elfen, von Moorjungfern, Kobolden, bösen Geistern, Teufeln[78] und Zauberern (2, 9, 17, 20, 23, 29, 75, 119, 134, 187-210, 304 usw.). Ihr Zuhause ist der finstere Wald, das unwegsame Gebirge oder eine unbestimmte Unterwelt. Zum Guten oder Bösen greifen die numinosen Gestalten an markanten Stellen ins Leben der Menschen ein. „Der Sage kommt es", so F. Ranke, „auf Charakterzeichnung [des Menschen] gar nicht an; sie interessiert sich für den Menschen nur, soweit er Träger des erzählten Erlebnisses ist. [...] Die Menschen der Sage sind keine vollendeten Typen, ihr Handeln trägt das Zeichen der Unvollkommenheit, das allem Irdischen

---

[78] Die Teufelssage und das Teufelsmärchen sind eine eigene Gattung, vgl. L. Röhrich, Teufelsmärchen, 28-58.

anhaftet"[79]. Daneben gibt es aber Sagen, auf die, wie unsere Beispiele zeigen, die Charakterisierung gar nicht zutrifft; sie ähneln eher einem sagenartigen, historischen Bericht. Auch wenn einige Sagen gefüllt sind mit absonderlichem Aberglauben, gelegentlich von Motiven der jüdisch-christlichen Tradition durchsetzt, gilt grundsätzlich: Die Sage will geglaubt sein. Denn sie gibt vor, gewissenhaft über besondere Begebenheiten der Vergangenheit zu berichten[80].

Obwohl sich die Sage im Laufe der Zeit in einigen Einzelheiten wandelt, halten die Brüder Grimm sie für historisch wahr[81]. Die Sage sei historischer Natur, sie hafte, wie wir bei *Die Semmelschuhe* sahen, an „etwas Bekanntem und Bewußtem", „an einem Ort oder einem durch die Geschichte gesicherten Namen"[82]. Die Sage ist historisch und geographisch gebunden und deshalb nicht so leicht übertragbar wie das Märchen. In der Vorrede zur *Deutschen Mythologie* lesen wir: „Die sage hat eine halb historische beglaubigung"[83]. Das belegt auch die nordische Edda, „deren anlage, gestalt und gehalt entlegenste vorzeit athmet"[84]. Auch hier begründet J. Grimm die Beständigkeit und Historizität der Sage damit, daß das Volk Träger der Dichtung ist. „Die völker hängen und halten fest am hergebrachten. [...] Wenn im zwölften, dreizehnten jahrhundert die einheimische heldensage zum letztenmal aufleuchtete, muß sie doch lange vorher fortgesungen worden sein, wie das gerettete bruchstück von Hildebrand oder die lateinischen fassungen des Rudlieb und Waltharius klar machen"[85]. Dies gilt nach den Gebrüdern Grimm auch für die anderen volkstümlichen Gattungen: Mythe, Sage und Märchen sind *Volkspoesie*[86]. Denn das Volk ist, so die Gebrüder, der Urheber, Träger und Tradent der Poesie[87].

Erinnern wir uns an die von der Sage vermittelte schillernde Welt der Nixen und Kobolde auf der einen und an die Überlieferungen mit historischem Anstrich auf der anderen Seite, so können wir sagen, sie berichtet

---

[79] F. Ranke, Sage und Märchen, 197.

[80] Vgl. M. Lüthi, Gehalt und Erzählweise der Volkssage, 11-27.

[81] Vgl. J. Grimm, Deutsche Mythologie, VIII; XXVI; J./W. Grimm, Deutsche Sagen, VIII-IX.

[82] J./W. Grimm, Deutsche Sagen, V.

[83] J. Grimm, Deutsche Mythologie, XII.

[84] Vgl. J. Grimm, Deutsche Mythologie, V.

[85] J. Grimm, Deutsche Mythologie, VI.

[86] Vgl. J. Grimm, Deutsche Mythologie, XI.

[87] Vgl. J. Grimm, Deutsche Mythologie, XXVIII.

über Ereignisse, die den ursprünglichen Hörer/Leser gleichermaßen mit
Entsetzen und Erstaunen erfüllt haben dürften. Die in ihr geschilderten
Ereignisse der Vergangenheit sind glaubwürdig und zugleich unglaubwür-
dig. Würde die Sage die Wirklichkeit unverklärt abbilden, so wäre es keine
Sage, sondern eine nüchterne Geschichtsdarstellung oder ein Bericht; wäre
sie rein irreal, so wäre sie ein Lügenmärchen oder eine Phantasiegeschichte.
Die Sage versetzt ihren Hörer in einen eigenartigen Schwebezustand. „Sagen", so H. Gerndt, „konstituieren sich als spezifische Erzählgebilde erst
mit der Doppelheit von Wahrheitsanspruch und Zweifel"[88].

Jedoch ist das Fürwahrhalten oder die Glaubwürdigkeit der Sage nicht
mit ihrer historischen Zuverlässigkeit zu verwechseln. Die Grundpfeiler der
geschichtlichen Sage nimmt K. Graf in seinem Aufsatz *Thesen zur Verabschiedung des Begriffs ‚historische Sage'* ins Visier[89]. Nach Graf ist der von
den Brüdern Grimm eingeführte Begriff „Geschichtliche Sage" zur wissenschaftlichen Klassifikation unangemessen[90], alternativ schlägt er „historische Überlieferung" vor. Am Beispiel der *Gmündener Ringsage*, welche die
Überlieferung der Staufer erzählt, macht er einige Hauptprobleme der Sagenforschung fest[91]. Bei jeder an Leitfiguren orientierten Tradition (wie an
Karl dem Großen, Dietrich von Bern oder Wilhelm Tell) kann ein Zusammenhang zwischen gelehrter Überlieferung und einem geschichtlichen Nie-
derschlag in Riten, Bildern und in Texten nachgewiesen werden[92]. Häufig
sind die Sagen von schriftlichen Quellen in einer Weise abhängig, daß man
nicht mehr von unabhängig überlieferten Sagen sprechen kann[93]. Auch an
der Gmündener Ringsage ist zu erkennen, daß es sich bei der Überlieferung
nicht um eine bloße Traditionskette handelt. Der sehr fragile orale Überlieferungsprozeß ist stark durch Kombination und Mutation beeinflußt:
Einige Motive sind zusammengefügt, andere ausgesondert worden[94].

Als Begründer und Träger der Überlieferung kommt also nicht, wie die
Brüder Grimm angenommen haben, ausschließlich das Volk in Betracht.
Der Begriff des Volkes ist nach Graf ein Trugbild. Als Kategorie für die
Bezeichnung der Trägerschaft ist es eine viel zu undifferenzierte Größe:

---

[88] H. Gerndt, Sagen, 1.
[89] Vgl. K. Graf, Thesen, 21-47.
[90] Vgl. K. Graf, Thesen, 21-22.
[91] Vgl. K. Graf, Thesen, 25.
[92] Vgl. K. Graf, Thesen, 23, 33.
[93] Vgl. K. Graf, Thesen, 40.
[94] Vgl. K. Graf, Thesen, 32.

Volk, das kann alles bedeuten und damit gar nichts[95]. Geistesgeschichtlich drückt die Bezeichnung Volkspoesie die von der Romantik so verehrte ursprüngliche Form der menschlichen Äußerung aus. Weil sie als vollkommen natürlich gilt, heißt diese Dichtung auch *Naturpoesie*. Die Naturpoesie führt, so die Gebrüder in ihren Vorreden, den Gelehrten des 19. Jahrhunderts auf direktem Wege zur Wiege der Kultur. Ihre schon vorgestellte Auffassung, daß die Volkspoesie stabil überliefert und historisch zuverlässig ist, geht mit ihrer Hochschätzung als unverbildetem Ausdruck menschlicher Geistesregung überein. Deshalb unterscheiden die Brüder Grimm auch sorgfältig Volkspoesie von Kunstpoesie[96], wie beispielsweise von den zeitgenössischen Märchen von E.T.A. Hoffmann und W. Hauff. Diese drei Grundgedanken (Alter der Poesie, unverstellte Äußerung des Volkes, Volk als Träger) bilden in der Vorstellung der Gebrüder eine unauflösbare Einheit[97].

Die Frage nach der Historizität der Sage[98] wird dadurch erschwert, daß in den Eingangsformeln reale Orte und Personen nur vorgetäuscht werden[99], um der Sage einen Haftpunkt und eine Autorität zu verleihen. Auch bei der *Gmündener Ringsage* ist ein „historisch-identifizierbarer ‚Stammvater'"[100] ebenso wie eine Urform nicht auszumachen[101]. Auch einzelne Motive sind weit verbreitet. Das in der behandelten Sage Nr. 235 *Die Semmelschuhe* auftretende Motiv des „noch heute" in Stein abgebildeten

---

[95] Vgl. umfassend R. Schenda, Von Mund zu Ohr, 147-191.

[96] Den von den Grimms aufgestellten Gegensatz von Naturpoesie und Kunstpoesie – einer ihrer Grundgedanken – hat A. Jolles in seinem wirkungsgeschichtlich bedeutenden Beitrag *Einfache Formen* von 1930 aufzuheben versucht, indem er die Gestaltwerdung von Literatur als verdichtete Daseinsäußerungen begriff (vgl. A. Jolles, Einfache Formen, 8-9). Einfache Formen sind für Jolles Geistesbeschäftigungen, die sich im Laufe der Überlieferung zu Sprachgebärden verdichtet haben. Jolles geht es also um den Ursprung und die Genese von Literatur überhaupt. In Abgrenzung zum Geniebegriff des 19. Jahrhunderts, der Literatur als Produkt eines hochentwickelten Individuums versteht, entspringen die einfachen Formen – Mythe, Sage, Legende, Märchen usw. – der Grundbefindlichkeit der menschlichen Seele (vgl. A. Jolles, Einfache Formen, 1-22). Den alten, von den Grimms markierten Gegensatz zwischen Naturpoesie und Kunstpoesie hebt er aber damit nicht auf, sondern verwandelt ihn in einen neuen, den von Einfachen Formen und Naturformen (so K. Ranke, Einfache Formen, 32-46).

[97] Vgl. J./W. Grimm, Deutsche Sagen, V-VIII; J. Grimm, Deutsche Mythologie, XI-XIII, XXVII-XXVIII.

[98] Vgl. K. Graf, Thesen, 43.

[99] Vgl. K. Graf, Thesen, 36-37.

[100] K. Graf, Thesen, 44.

[101] Vgl. K. Graf, Thesen, 44.

Fußstapfens des Fräuleins, das die Glaubwürdigkeit der Geschichte unter-
streichen soll, ist eine landläufige Tradition, wovon auch W. Grimm Notiz
genommen hat[102].

Sieht man die historischen Sagen der Brüder Grimm auf die Anzahl der
direkt aus dem Mündlichen überlieferten Beispiele durch, so kommt man
zu einem verblüffenden Ergebnis. Von den zweihundertsiebzehn geschichtlichen Sagen haben die Gebrüder nur fünf direkt aus dem Mündlichen
übernommen (448*, 457, 482, 486, 565). Und auch diese fünf Sagen haben sich vermutlich aus fixierten Quellen gespeist, denn zum einen liegen
die Sagen in leicht variierten schriftlichen Fassungen vor (448*) oder aber,
die Sage handelt von Ereignissen und Personen, die historisch weitgehend
dokumentiert sind, wie die Ätiologie der Abtei Quedlinburg (482), die
berühmte Erzählung vom Hildesheimer Rosenstock (457) oder die Sagen
vom Grafen Hoyer von Mansfeld (486) und vom Landgraf Moritz von
Hessen (565). Allen anderen Sagen liegen schriftliche Quellen zugrunde,
von denen manche über tausend Jahre alt sind. Das schriftliche Basismate-
rial setzt sich aus sehr unterschiedlichen Texten in sehr unterschiedlichen
Gattungen zusammen. Neben Annalen und Chroniken haben die Brüder
Grimm auch Viten, Traktate und Exempel als Quellen benutzt[103].

Schon 1931 hat der Folklorist A. Wesselski den Begriff Volkspoesie
kritisiert: „Das Volk kommt", so Wesselski, „weder zubereitend noch erhal-
tend, noch als verbreitend in Betracht"[104]. Wie wir an unseren Paradigmen
zeigen konnten, liegen für viele Sagen schriftliche Quellen vor, von denen
sie nachweisbar abhängig sind. Das deutsche Sagengut, soviel können wir
schon jetzt feststellen, ist von schriftlichen Traditionen – wozu auch ältere
Sammlungen zählen[105] – erheblich beeinflußt worden. Folglich haben
schriftkundige und schriftgelehrte Einzelpersonen den Überlieferungsprozeß
maßgeblich mitbestimmt. Bei einer Durchmusterung derjenigen Sagen, die
unmittelbar aus dem Mündlichen aufgezeichnet worden sind, sticht, wie
wir schon gesehen haben, in Stil und Komposition ihre Schriftlichkeit ins
Auge. Auch fehlt es den Grimmschen Sagen an Ausdrücken in Mundart
und an lokalen Eigenheiten (9, 10, 17, 26, 73, 77, 95, 105, 121), Kennzeichen, die sie selbst als für die Sage typisch hervorgehoben haben[106]. Beson-

---

[102] Vgl. J./W. Grimm, Deutsche Sagen, 489.

[103] Vgl. weiterführend R. Schenda, Von Mund zu Ohr, 217-238.

[104] A. Wesselski, Versuch einer Theorie des Märchens, 178.

[105] Das gilt nachweisbar nicht nur für die Sage, sondern auch für das Märchen; vgl. L.
Röhrich, Volkspoesie, 49-65.

[106] Vgl. J./W. Grimm, Deutsche Sagen, V.

ders im Vergleich zu jüngeren Sammlungen, die mittels eines Tonträgers aufgenommen worden sind, wird der Unterschied deutlich: Bei der Grimmschen Sammlung ist der mündliche Charakter der Sagen verloren gegangen; denn bei der Verschriftung der mündlich überlieferten Sagen haben die Brüder selektiert, kanonisiert, geglättet, verschönt und stilistisch redigiert[107].

Dort, wo der Überlieferungsprozeß greifbar wird, verläuft er über individuelle Traditionsträger. Fraglich ist, inwieweit eine kollektive Größe, wie die Familie oder ein Volksstamm, prägend auf Überlieferungen einwirken kann. L. Röhrich zeigt in seinem Aufsatz *Volkspoesie ohne Volk* an einigen Sagen aus Kärnten, dem Schwarzwald, Elsaß, aus Graubünden und dem Alemannischen, daß nur sehr bedingt mit lang anhaltenden mündlichen Überlieferungen zu rechnen ist. Statt dessen weist er ihre Abhängigkeit von mündlichen, halbliterarischen und schriftlichen Traditionen nach[108]. Schon bei den Brüdern Grimm haben wir dafür ein Beispiel gefunden. Als Quelle der Sage Nr. 127 *Die Müllerin* geben sie an, daß sie mündlich *und* „nach einem fliegenden Blatt"[109] aufgezeichnet ist. Welche Tradition, die mündliche oder die schriftliche, für die so entstandene Sage vorherrschend gewesen ist, kann nicht mehr geklärt werden; sicherlich aber haben sich beide in der überlieferten Sage niedergeschlagen.

Mit diesen noch zu vervollständigenden Anmerkungen haben wir schon wichtige Ergebnisse gewonnen: Die Übermittlung der Sage als einer in sich geschlossenen Einzelüberlieferung geschieht individuell, in einem wechselseitigen Kommunikationsprozeß zwischen mündlicher und schriftlicher Kultur. Der alte, von der Romantik aufgestellte Grundsatz, daß die mündliche Erzählung über Jahrhunderte Volksgut transportiert und konserviert und somit Erinnerungen an eine ansonsten verdunkelte Vergangenheit bewahrt hat, ist widerlegt.

d) Beschreibende Definition

Eine Sage ist eine in sich geschlossene Erzählung, mit einem Anfang, einer Mitte und einem Schluß, die von einem besonderen, vergangenen Ereignis berichtet. Ursprünglich wird die Sage mündlich und in der Volkssprache erzählt; formal gehört sie zur Prosa. Von kurzen Dialogen durchzogen, erzählt sie bevorzugt in der Vergangenheitsform. Der Erzähler bleibt unbe-

---

[107] Vgl. ausführlich die Kennzeichen der mündlichen Überlieferung S. 126-133.
[108] Vgl. L. Röhrich, Volkspoesie, 56-57.
[109] Vgl. J./W. Grimm, Deutsche Sagen, 488.

kannt, eine Ich-Form kennt die Sage gewöhnlich nicht. Obwohl sie sich auf
ein Ereignis oder eine Person, ihren geographischen und historischen Haftpunkt, konzentriert, duldet sie die Handlung unterstützende Neben-
ereignisse oder Nebenpersonen. Gelegentlich, so beispielsweise in der Sieg-
fried-Sage, treten zwei, niemals aber drei gleichwertige Personen nebeneinander auf[110]. Die Welt der Sage ist teils von Numinosem und Über-
natürlichem erfüllt, teils wirkt sie wie ein schlichter, aber nur halbwegs
glaubwürdiger historischer Bericht.

Die Sage hat als narrative Erzählform einen mündlichen Ursprung[111].
In mündlicher Gestalt erscheint sie eine Einzelerzählung, doch ist es in der
Erzählsituation möglich, einzelne Sagen nacheinander über Motive oder
Themen zu verknüpfen. Die später aufgezeichneten Sagen sind so tief von
der Schriftkultur beeinflußt worden, daß in den Sammlungen des 19. Jahrhunderts nur schwerlich der Anteil an mündlichen oder schriftlichen Traditionen auszumachen ist.

Der ursprüngliche *Sitz im Leben* der Sage ist die Familie, der Clan oder
die Dorfgemeinschaft, ihr wesentliches Kennzeichen ist die Erinnerung[112].
Volkspoesie sind die Sagen in dem Sinne, daß viele Sagen als Erzählungen
in allen Teilen des Volkes kursierten. Anders als es der Grimmsche Gedanke
von der Sage als Volksprosa nahelegt, ist das Volk weder kollektiver Ursprung oder Übermittler noch kollektives Gedächtnis der Sage. Die Sage ist
von einzelnen Menschen, Gebildeten wie Ungebildeten, selektiert, tradiert
und assimiliert worden. Für die Sammlung und Aufzeichnung von Sagen,
bei denen die Stoffe wiederum maßgeblich verändert wurden, sind allein
gebildete Einzelpersonen verantwortlich[113].

Begrifflich ist die Sage von der eigenständigen Gattung saga zu unterscheiden. In der wissenschaftlichen Terminologie sollte deshalb auch der
Begriff *Sage* in Abgrenzung zu *Märchen* (fairy tale), *Mythe* (myth), *Legende*
(legend), *Saga* (saga), *Erzählung* (tale) und *Geschichte* (story) verwendet
werden[114].

---

[110] Vgl. A. Jolles, Einfache Formen, 64-65, 74-75; M. Lüthi, Gehalt und Erzählweise der
Volkssage, 11-27.

[111] Vgl. C.W. v. Sydow, Kategorien der Prosa-Volksdichtung, 66-89; M. Zender, Quellen
und Träger, 108-134.

[112] Vgl. A. Jolles, Einfache Formen, 71-75.

[113] Vgl. die Übersicht bei J./W. Grimm, Kinder- und Hausmärchen, Bd. 3, 285 [297]-
348 [360]; [559]-[574].

[114] Vgl. C.H. Tillhagen, Was ist eine Sage?, 307-318.

Exkurs: Sagenkranz

Eng verbunden mit dem Namen H. Gunkel und seinen Forschungen ist der Begriff des *Sagenkranzes*. Er taucht schon in der ersten Auflage der *Genesis* von 1901 als Bezeichnung für eine kompositorische Größe auf[115]. Ausgehend von der einzeln überlieferten Sage, die ein geschlossenes Ganzes in sich ist[116], sind im weiteren Traditionsprozeß Sagen zu größeren Einheiten zusammengeschlossen worden. So lag schon im mündlichen Stadium ein geschlossener Sagenkranz vor[117]. Rückblickend ist der Wachstumsprozeß noch erkennbar: „zuerst sind die Jaqob-Esau-Sagen zusammengetreten; ebenso, besonders nahe, die Jaqob-Laban-Geschichten. Dann ist aus beiden zusammen durch künstlerische Komposition eine Einheit gewoben worden. [...] Zuletzt mögen auch Sagen von einzelnen Söhnen Jaqobs hinzugekommen sein, deren Geburtsgeschichte in den Sagenkranz selber eingestellt worden ist. Diese Zusammenfügungen sind sicherlich nicht mit einem Male fertig gewesen und mögen in mancherlei Variationen bestanden haben"[118].

Nach Gunkel sind die einzelnen Sagen noch vorliterarisch zu einem Sagenkranz zusammengeschlossen und so in fester Form mündlich überliefert worden[119]. Wie weit die uns vorliegende Komposition der Jakobserzählungen das mündliche Vorstadium widerspiegelt, läßt Gunkel offen. Erinnern wir uns an die schon erwähnte, unpräzise Formulierung: „Diese Zusammenfügungen sind sicherlich nicht mit einem Male fertig gewesen und mögen in mancherlei Variationen bestanden haben"[120]. Ein Sagenkranz ist nach Gunkel also eine aus in sich geschlossenen Einzelsagen bestehende mündliche Gesamtkomposition[121].

In den ersten beiden Jahrzehnten des 20. Jahrhunderts hatte der Begriff eine gewisse Konjunktur. Gunkel gebraucht neben dem Begriff Sagenkranz auch den des Sagenkreises[122]; H. Greßmann spricht von Sagenkranz[123] und Mythenstrauß[124]; W. Wundt bezeichnet mit Märchenkranz[125] und Mär-

---

[115] Vgl. H. Gunkel, Genesis, 1901, XX-XXI, XXXVII, 266.

[116] Vgl. H. Gunkel, Genesis, XXXII.

[117] Vgl. H. Gunkel, Genesis, XXXIII.

[118] H. Gunkel, Genesis, 293. – So auch H. Gunkel, Jakob und Esau, 239-242.

[119] Vgl. H. Gunkel, Genesis, LI-LII; ders., Sagen, 192-194; sowie ders., Jakob, 351-356.

[120] H. Gunkel, Genesis, 293.

[121] Vgl. W. Klatt, H. Gunkel, 125-144.

[122] Vgl. H. Gunkel, Geschichtsschreibung, 1349.

[123] Vgl. H. Greßmann, Sagen, 177-178.

[124] Vgl. H. Greßmann, Mythen, 620.

[125] Vgl. W. Wundt, Völkerpsychologie, 1908, ³1919, Bd. III, 453.

chenzyklus[126] Kompositionen, die durch ein Thema oder einen Heroen verbunden sind; nur E. Meyer wählt die neutrale Bezeichnung „Jakobsgeschichten"[127]. Trotz der angedeuteten Kritik von R. Rendtorff[128] wird auch noch in der gegenwärtigen Forschung der Begriff Sagenkranz oder Zyklus von M. Fishbane[129], K. Koch[130], A. de Pury[131] und R.S. Hendel[132] unreflektiert von Gunkel übernommen. Angemessener ist für die Texte jedoch die Bezeichnung „Erzählung", die ihren literarischen Charakter unterstreicht, während „Sage" oder „Sagenkranz" die Mündlichkeit der Überlieferung betont[133].

3. Mythe, Legende und Saga

a) Einleitung

Um die Sage genauer zu beschreiben, müssen wir sie von der Mythe auf der einen und von Märchen, Fabel und Legende auf der anderen sowie der Historie auf der dritten Seite abgrenzen[134]. Kein Einstieg ist für die Beschreibung der Gattung besser geeignet als die Charakterisierung von Jakob und Wilhelm Grimm in der Vorrede zu den *Deutschen Sagen*: „Das Märchen ist poetischer, die Sage historischer; jenes stehet beinahe nur in sich selber fest, in seiner angeborenen Blüte und Vollendung; die Sage, von einer geringen Mannigfaltigkeit der Farbe, hat noch das Besondere, daß sie an etwas Bekanntem und Bewußtem hafte, an einem Ort oder einem durch die Geschichte gesicherten Namen. Aus dieser ihrer Gebundenheit folgt, daß sie nicht, gleich dem Märchen, überall zu Hause sein könne, sondern irgend eine Bedingung voraussetze, ohne welche sie bald gar nicht da, bald nur unvollkommener vorhanden sein würde. Kaum ein Flecken wird sich

---

[126] Vgl. W. Wundt, Völkerpsychologie, 1909, ²1914, Bd. V/2, 51.

[127] E. Meyer, Die Israeliten, 1906, 271-278.

[128] Vgl. R. Rendtorff, Überlieferungsgeschichtliches Problem, 29-31.

[129] Vgl. M. Fishbane, Composition, 15-38.

[130] Vgl. K. Koch, Formgeschichte, ⁵1989, 30.

[131] Vgl. A. de Pury, Le cycle de Jacob, 78-96.

[132] Vgl. R.S. Hendel, The Epic of the Patriarch, 31-34.

[133] So schon C. Westermann, Arten der Erzählung, 39-40, 87-91; worin ihm E. Blum, Komposition, 171, zustimmt.

[134] Diese Abgrenzung ist in der Märchen- und Sagenforschung durchweg anerkannt, vgl. H. Naumann, Sage und Märchen, 1922; F. Ranke, Sage und Märchen, 1971; M. Lüthi, Aspekte des Volksmärchens und der Volkssage, 1966.

in ganz Deutschland finden, wo es nicht ausführliche Märchen zu hören
gäbe, manche, an denen die Volkssagen bloß dünn und sparsam gesät zu
sein pflegen. [...] Der Geschichte stellen sich beide, das Märchen und die
Sage, gegenüber, insofern sie das sinnlich Natürliche und Begriffliche stets
mit dem Unbegreiflichen mischen, welches jene, wie sie unserer Bildung
angemessen scheint, nicht mehr in der Darstellung selbst verträgt, sondern
es auf ihre eigene Weise in der Betrachtung des Ganzen neu hervorzu-
suchen und zu ehren weiß. Die Kinder glauben an die Wirklichkeit der
Märchen, aber auch das Volk hat noch nicht ganz aufgehört, an seine Sagen
zu glauben"[135].

Aus dem Zitat, das wir wegen seiner Bedeutung ausführlich wiedergegeben haben, heben wir nun einige Bemerkungen hervor, die für die Mär-
chen- und Sagenforschung wegbereitend gewesen sind: Märchen, Sage und
Geschichte stehen nach J. und W. Grimm als eigenständige Gattungen
nebeneinander. Als nacheinander entwickelte Formen der Naturpoesie erschließen die Sagen dem Leser zuverlässig eine nicht näher gekennzeichnete
Vorzeit. Die Sage transportiert auch älteste Sprachgebärden und Bilder, das
Märchen übersetzt sie in die Gegenwart. Schon zwischen den Zeilen klingt
hier ein Entwicklungsgedanke der Textsorten an: Die Sage ist die älteste,
das Märchen die mittlere und die Geschichte die jüngste der drei im Volk
nebeneinander umlaufenden Gattungen. So gesehen ist das Märchen ver-
flüchtigte Sage, die Geschichte entspringt dem Schoß der Fabel[136].

Ergänzend nehmen wir ein zweites Zitat aus der Vorrede zur *Deutschen
Mythologie* J. Grimms von 1835 hinzu: „Von der volkssage werden mit
gutem grund die märchen abgesondert, obgleich sie wechselseitig in einander überstreifen. loser, ungebundener als die sage entbehrt das märchen
jenes örtlichen halts, der die sage begrenzt, aber desto vertraulicher macht.
das märchen fliegt, die sage wandert, klopft an; das märchen kann frei aus
der fülle der poesie schöpfen, die sage hat eine halb historische beglaubigung.
wie das märchen zur sage, steht die sage selbst zur geschichte, und, läßt sich
hinzufügen, die geschichte zu der wirklichkeit des lebens. im wirklichen
dasein sind alle umrisse scharf, hell und sicher, die sich im bild der geschichte
stufenweise erweichen und dunkler färben. der alte mythus aber vereinigt
gewissermaßen die eigenschaften des märchens und der sage, ungehemmt
im fluge vermag er zugleich örtlich sich niederzulassen"[137].

---

[135] J./W. Grimm, Deutsche Sagen, V-VI.

[136] Vgl. J. Grimm, Mythos, Epos und Geschichte, 1813, 74-75, 84-85; ders., Deutsche
Mythologie, XX.

[137] J. Grimm, Deutsche Mythologie, XII-XIII.

Komprimiert stellt das Zitat J. Grimms Verständnis des Verhältnisses
von Mythe, Sage, Märchen und Geschichte dar. Die Mythe ist eine prosa-
ische Göttergeschichte, ihr Kern ist die Gottheit selbst[138]. Eine tiefe Wand-
lung haben die germanischen Mythen nach der Christianisierung erfahren.
Seit dieser Zeit sind in den Mythen deutliche Spuren jüdisch-christlichen
Gedankengutes unverkennbar. Das wiederum heißt, die germanischen
Mythen sind nachweislich von einer Schriftkultur beeinflußt worden[139].
Das Märchen ist seinem Wesen nach leichter, wandelbarer als die Sage.
Einzelne Motive treten in den unterschiedlichsten Märchensammlungen
wieder auf; es gibt also Wandermotive[140]. Den Unterschied von saga und
Sage haben die Gebrüder nicht im Blick.

b) Mythe

Der Begriff der Mythe ist seit seiner Entstehung umstritten. Stellvertretend
lassen wir zwei jüngere, aber wirkungsgeschichtlich bedeutende Stimmen
zu Wort kommen: F. Schlegel schreibt in seiner *Geschichte der Europäischen
Literatur am Beispiel der griechischen Mythologie* von 1803/1804: „Der allgemeine Begriff der Mythologie, worüber alle einverstanden, ist ein Ge-
misch von Geschichte, mündlich fortgepflanzten Sagen, Sinnbildlichkeit
und willkürlich hinzugefügter Dichtung. Nur über den Ursprung der
Mythologie und die Art, sie zu erklären, ist man verschiedener Meinung.
Einige wollen sie ganz historisch, andere ganz allegorisch erklären"[141]. Aber
diese beiden Aspekte reichen Schlegel nicht aus. Ergänzend fährt er fort, „es
muß noch eine dritte, die philosophische [Ansicht der Mythologie] hinzukommen: die Mythologie muß auch aus der Wahrheit selbst, aus der wahr-
haften einfachen Religion, die wir bei den ältesten Menschen mit Sicherheit
annehmen können, erklärt werden"[142]. In jeder Mythe finden sich demnach Spuren wahrer Religiosität. Ihre Naivität erklärt F. Schlegel mit ihrem
relativ jungen Entwicklungsstadium innerhalb der Menschheitsgeschichte;

---

[138] Vgl. J. Grimm, Deutsche Mythologie, XIV.

[139] Vgl. J. Grimm, Deutsche Mythologie, XXVIII.

[140] Für L. Petzoldt, Der verkleidete Herrscher, 100, gibt es Wandermotive nicht nur in
den Sagen, sondern auch in den Erzählungen: „Auch Mythen wandern und werden in
der Alltagswelt des arbeitenden Menschen angesiedelt, in eben dem Hügel, an dessen
Fuße der Bauer ackert, und es ist charakteristisch für das mythische Denken, daß Inhalt
und Zeichen nicht deutlich geschieden werden. Die Helden sind auswechselbar".

[141] F. Schlegel, Geschichte der Europäischen Literatur, 1803-1804, Bd. 11, 23.

[142] F. Schlegel, Geschichte der Europäischen Literatur, Bd. 11, 24.

die Mythe ist noch kindlich unwissend[143]. Weil die Mythologie aber aus der Kinderstube der menschlichen Entwicklung stammt, enthält sie „so viele Spuren jener ältesten Offenbarung"[144].

Anders begreift A. Jolles in seinen *Einfachen Formen* von 1930 die Mythe. Nach seiner Auffassung entsteht die Mythe aus dem Dialog von Erscheinung und Mensch: „Der Mensch fordert von der Welt und ihren Erscheinungen, daß sie sich ihm bekannt geben sollen. Und er bekommt Antwort, das heißt, er bekommt ihr Widerwort, ihr Wort tritt ihm entgegen. Die Welt und ihre Erscheinungen geben sich ihm bekannt. Wo sich nun in dieser Weise aus Frage und Antwort die Welt dem Menschen erschafft – da setzt die Form ein, die wir M y t h e nennen"[145]. Die Mythe konstituiert in dem Gespräch von Mensch und Gegenüber die Welt. Sie antwortet als Schöpfung auf die Frage nach der Erscheinung[146].

Mythen, die in ihrer Darstellung *concreta pro abstractis* setzen, sind die Welt erschaffende und zugleich deutende Erzählungen[147]. Auch aus der Völkerkunde hören wir, daß Mythen in mündlichen Kulturen eine sinn-

---

[143] Vgl. F. Schlegel, Geschichte der Europäischen Literatur, Bd. 11, 24-25.

[144] F. Schlegel, Philosophische Vorlesungen, 1800-1807, Bd. 13, 33. –Nach G.W.F. Hegel ist die Mythe ein „Produkt der Phantasie, aber nicht der Willkür, diese hat auch ihren Sitz hier. Aber die Hauptsache der Mythologie ist Werk der phantasierenden Vernunft, die sich das Wesen zum Gegenstande macht, aber noch kein anderes Organ hat als die sinnliche Vorstellungsweise; so sind die Götter in menschlicher Gestalt" (G.W.F. Hegel, Geschichte der Philosophie, Bd. 17, 114). Ihre eigentliche Funktion ist die vorwissenschaftliche Erziehung des Menschengeschlechts (vgl. G.W.F. Hegel, Geschichte der Philosophie, Bd. 18, 189). In der Entwicklung des vernünftigen Menschen bedeutet die Mythologie ein Anfangsstadium: „Ist das Denken einmal so erstarkt, um sich selbst, in seinem Elemente sich sein Daseyn zu geben: so ist die Mythe ein überflüssiger Schmuck, wodurch die Philosophie nicht gefördert wird" (G.W.F. Hegel, Geschichte der Philosophie, Bd. 17, 121). Über hundert Jahre nach Schlegel und Hegel faßt E. Cassirer die Entstehung und das Wesen der Mythe neu: „Der echte Mythos beginnt erst dort, wo nicht nur die Anschauung des Universums und seiner einzelnen Teile und Kräfte sich zu bestimmten Bildern, zu den Gestalten von Dämonen und Göttern formt, sondern wo diesen Gestalten ein Hervorgehen, ein Werden, ein Leben in der Zeit zugesprochen wird. Erst dort, wo es nicht bei der ruhenden Betrachtung des Göttlichen bleibt, sondern wo das Göttliche sein Dasein und seine Natur in der Zeit expliziert, wo von der Göttergestalt zur Göttergeschichte und zur Göttererzählung fortgeschritten wird, haben wir es mit ‚Mythen' zu tun" (E. Cassirer, Symbolische Formen, 1929, 129).

[145] A. Jolles, Einfache Formen, 97 (im Original teilweise gesperrt gedruckt).

[146] Vgl. A. Jolles, Einfache Formen, 101.

[147] Vgl. H. Frankenberg, Mythos als narrative Kategorie, 250-261.

stiftende und deutende und somit verbindliche Funktion ausüben[148] . Das
subiectum regens der Mythe können Götter sein, wie J. Grimm[149] und später noch H. Gunkel meinte, aber sie müssen es nicht sein. So ist die Mythe
nicht ausschließlich eine Göttererzählung.

Die Mythe spielt in einem vorgeschichtlichen Dunkel. Der für die Sage
konstitutive geographische und geschichtliche Haftpunkt ist ihr unbekannt.
Mythe und Sage unterscheiden sich auch durch ihren Sitz im Leben. Ein
möglicher Sitz im Leben der Mythe ist das Ritual[150], aber er ist nicht der
einzige; der Sitz im Leben der Sage ist die Familie, der Clan oder die Dorfgemeinschaft[151]. Das Alte Testament kennt keine Mythen, sondern, wie
beispielsweise Gen 6,1-4 oder 25,19-26 und 32,23-33[152], nur mythische
Motive[153].

c) Legende

Der Begriff *Legende* leitet sich vom lateinischen Gerundivum von legere
legenda her, was soviel wie „das, was zu lesen ist" bedeutet. Als religiöser
und literarischer Begriff wird Legende zunächst als Heiligenlegende verstanden. Die Sammlungen, in denen Geschichten, Viten und Mirakel von
vorbildlichen Christenmenschen versammelt sind, heißen entsprechend

---

[148] Das hat beispielsweise M. Münzel an den paraguayanischen Mbyá-Guarani-Indianern
gezeigt (vgl. M. Münzel, Poesie oder Mythos?, 1987, 127-134; sowie B. Scharlau/M.
Münzel, Quellqay, 157-258).

[149] J. Grimm, Deutsche Mythologie, XIV: „Den kern aller mythologie bilden die gottheiten".

[150] Vgl. W. Harrelson, Myth and Ritual School, 282-285 (Literatur).

[151] Vgl. A. Jolles, Einfache Formen, 71-75.

[152] Vgl. S. 278-286.

[153] Vgl. A. Ohler, Mythologische Elemente im Alten Testament, 13-16, 204-219. – Vgl.
zur Mythosforschung H. Greßmann, Mythen und Mythologie, 618-621; H. Gunkel,
Mythen und Mythologie, 621-632; J.A. Frazer, Appollodorus, XXVII-XXVIII; B.
Malinowski, The Role of Myth in Life, 29-39; J. de Vries, Forschungsgeschichte der
Mythologie, 1961; C. Lévi-Strauss, Anthropologie Structurale, 1958; M. Eliade, Mythos und Wirklichkeit, 1988; A.B. Rooth, The Creation of the North American Indians,
166-181; W.H. Schmidt, Mythos im Alten Testament, 237-254; L. Petzoldt, Die
Geburt des Mythos 80-88; J.W. Rogerson, Myth in Old Testament Interpretation,
1974; J. Assmann/W. Burkert/F. Stolz, Funktionen und Leistungen des Mythos, 1982;
W. Burkert/A. Horstman, Mythos, 281-318; K. Hübner, Die Wahrheit des Mythos,
48-62; W.G. Doty, Mythography. The Study of Myths and Rituals, 1986; C. Petersen, Mythos im Alten Testament, 1982; H.H. Schmid (Hg.), Mythos und Rationalität, 1988.

Legenda. Vereinfachend wurde dann auch der einzelne Abschnitt einer Legendensammlung Legenda genannt, woraus sich schließlich die Bezeichnung Legende als einer einzelnen Erzählung von einem Heiligen bildete[154].

Gleichzeitig bezeichnet der Begriff Legende den ursprünglichen Sitz im Leben der literarischen Gattung. Am Jahrestag des Heiligen – gemeint ist der Todestag und nicht der Geburtstag – wurde, wie schon früh üblich, während der Mahlzeit im Kloster zur Erbauung, Mahnung und geistlichen Orientierung die Vita des Heiligen des betreffenden Tages vorgelesen. Neben dieser chronologischen Ordnung wurden Legenden von besonderen Heiligen auch außer der Reihe verlesen. Dieser Gebrauch der Legende deutet auf ihre „halb rituelle Tätigkeit"[155] hin.

Die Legende entspricht dem menschlichen Bedürfnis, sich über besondere, für das eigene Leben vorbildliche und deshalb verehrte Personen Geschichten zu erzählen. Schon bald nach dem ersten Osterfest hat sich die junge Gemeinde wundersame Geschichten von Jesu Auferstehung erzählt, andere Geschichten aus seinem Leben kamen hinzu. So entstanden erste Christuslegenden[156], die teilweise in die apokryphen Evangelien und Apostelgeschichten aufgenommen worden sind. Später erzählte man sich dann legendenartige Geschichten von den ersten christlichen Märtyrern, die schon bei den Kirchenvätern des 3. Jahrhunderts Tertullian, Hippolyt, Origenes und Cyprian ebenso wie von altchristlichen Grabinschriften bezeugt sind. Mit diesen Erzählungen geht eine religiöse Verehrung der Märtyrer einher, die sich auch kultisch niederschlägt. In Bedrohung und Not wurden die Märtyrer zusammen mit den Engeln und Aposteln angerufen[157].

---

[154] Vgl. H. Rosenfeld, Legende, 1-2 (Literatur).

[155] A. Jolles, Einfache Formen, 62.

[156] Vgl. R. Bultmann, Die Geschichte der synoptischen Tradition, 260-261, 335-346.

[157] Vgl. H. Rosenfeld, Legende, 23. – Schon zu Ende des 4. Jahrhunderts schlägt sich die Heiligenverehrung in der Liturgie und im Reliquienkult nieder. Ähnlich wie in der Märtyrerverehrung werden Heilige nun in persönlicher Not und in allgemeiner Bedrohung um Beistand angerufen, um stellvertretend für den Betenden bei Gott Fürbitte einzulegen oder um auch selbst zu helfen. Dieser Frömmigkeit entspricht das Bedürfnis des Gläubigen, Geschichten zu hören, die die Heiligkeit des verehrten Menschen erklären. Dabei geht es nicht primär um historische Informationen, sondern um die Vita des Verehrten, um seine Bewährung in Anfechtung und um die Wunder, die von ihm ausgehen. Auch gegenwärtig ist das im Namen des Seligen begangene Wunder ein Kriterium für die Heiligsprechung. Deshalb sind auch die in gleichnamigen Büchern zusammengefaßten Mirakelerzählungen wichtige Dokumente. In ihnen sind Wunder aufgezeichnet, die sich im Namen des Heiligen am Ort der Verehrung, vielfach sind es Wallfahrtsstätten, zugetragen haben. Diese Mirakelbücher haben dann ihrerseits die

Die Legende erzählt bildreich und konkret. Ihre Lektüre ist heilsam, sie will den Leser erbauen und stärken. Das alleinige Zentrum der Legende ist der vorbildliche Heilige, das Vorbild an Frömmigkeit und Gottvertrauen. Durch ihn tritt der Abglanz des Göttlichen in die Mitte der menschlichen Nöte. Formal ist die Legende Epik, im engeren Sinne Prosa. Die einzelne Legende ist eine in sich geschlossene Erzählung, die einzelne Ereignisse aus dem Leben eines Heiligen mitteilt. Konstitutiv für die Gattung ist das von Heiligen vollbrachte Wunder. Alle weiteren erzählten Begebenheiten sind eher sekundär. Nicht selten ist die historische Wirklichkeit, sofern sie überhaupt greifbar ist, umrankt von Begebenheiten, die der poetischen Phantasie oder dem Wunderglauben entspringen. Insofern ist die Legende eine historisch zwar nicht beglaubigte, aber geglaubte Erzählung[158]. Die Charakterisierung der Legende als Wundererzählung von einem Heiligen schließt von vornherein aus, daß in den Jakobserzählungen oder im Alten Testament überhaupt Texte aufbewahrt sind, die als Legenden zu bezeichnen wären. Gleichwohl klingen in einigen Erzählungen legendenartige Motive an (Ri 13-16; 1 Sam 17; Jud 9-16).

d) Saga und Sage

Schließlich müssen wir noch die Begriffe saga und Sage gegeneinander profilieren. Das begriffliche Problem besteht innerhalb der deutschsprachigen Erzählforschung und auch der alttestamentlichen Forschung nicht, da eindeutig zwischen saga und Sage unterschieden werden kann, aber in der englischsprachigen Literatur ist diese Unterscheidung aufgehoben.

Als erster hat J. Van Seters darauf aufmerksam gemacht. Das deutsche Wort Sage kann im Englischen nicht mit saga übersetzt werden, weil saga, so Van Seters, ein Fachbegriff der Mediävistik zur Kennzeichnung einer

---

Legenden über den betreffenden Heiligen beeinflußt. Die vielen Geschichten spiegeln das individuelle Profil des Heiligen wider; woraus sich dann die Praxis seiner Verehrung und seine Zuständigkeit für bestimmte Nöte entwickelt. Die ältesten Legendensammlungen stammen offenbar schon aus dem späten vierten Jahrhundert, erhalten ist davon aber nichts. Die ältesten greifbaren Handschriften gehen, wie beispielsweise das Legendar *Passiones et vitae Sanctorum*, ins 7. Jahrhundert zurück. Fortan erblüht das Legendenwesen, wovon die vielen mittelalterlichen Legendensammlungen ein beredtes Zeugnis ablegen. Eine der berühmtesten Sammlungen, das um 1300 entstandene *Passional*, wird in ausgewählten Ausgaben noch heute gedruckt. Schon 1643 hat J. Bolland damit begonnen, die vielen Sammlungen des Mittelalters in den *Acta Sanctorum* zusammenzufassen (vgl. H. Rosenfeld, Legende, 30-35).

[158] Vgl. A. Jolles, Einfache Formen, 38-62; F. Karlinger, Legendenforschung, 32-60.

eigenständigen Gattung, nämlich der Isländischen Sagas, ist[159]. Begriffsgeschichtlich ist der Einwand sinnvoll. Wenn wir uns an die Begriffsbe-
stimmung erinnern, geht das nhd. sagen/Sage auf das ahd. saga zurück.
Auch im altn. heißt es saga. Erst seit dem Hochmittelalter, dem mhd. sage,
erhalten saga und Sage semantisch unterschiedliche Bedeutungen, was vornehmlich mit der Sagaliteratur der Isländer zusammenhängt. Seitdem zwei
unterschiedliche Gattungen als saga bzw. Sage bezeichnet werden, ist die
saga ein Spezialfall der Sage. Deshalb ist auch der von J. Van Seters gemach-
te und von J.J. Sculion unterstützte Vorschlag[160], die Bezeichnungen saga
und Sage zu differenzieren, angemessen – auch wenn er in der englischsprachigen Welt nicht einmütig aufgenommen ist[161] –, denn die Sagas der
Isländer nehmen, wie R. Heller zeigt, in der Literatur des Hochmittelalters
eine Sonderstellung ein. Formal und inhaltlich bilden die vom 13. bis ins
14. Jahrhundert verfaßten Sagas eine eigenständige Gattung[162], der nur
Rechnung getragen werden kann, wenn diese Prosatexte von der als literarischen Gattung erst ein halbes Jahrtausend später benannten Sagen begrifflich unterschieden wird[163]. So sollte die Bezeichnung saga diesem besonderen Genre vorbehalten bleiben[164].

4. Das Märchen

a) Der Begriff

Schon im ahd. bedeutet das Verb *mâren* soviel wie verkündigen, rühmen.
Auch das Adjektiv des mhd. mære ist schon im ahd. mâri belegt; es heißt
soviel wie lieb, berühmt, wichtig, beachtlich, ehrvoll, der Rede wert und
gut sein. Lebende Wesen können ebenso wie Dinge mære sein, das Gegenteil wird mit unmære bezeichnet[165]. Als Substantiv hat mære noch im mhd.

---

[159] Vgl. J. Van Seters, Abraham, 131, Anm. 19.

[160] Vgl. J.J. Scullion, Märchen, 321-336.

[161] So faßt beispielsweise R.W. Neff, Saga, 32, zusammen: „Saga is indeed a fitting category
for the narrative material in Genesis. However, it should refer to what we have generally
called the ‚Sagenkranz‘ or saga cycle."

[162] Vgl. R. Heller, Isländer-Sagas, Einführung, Bd. 1, 23; K. Schier, Sagaliteratur, 1-9, 37-
41.

[163] Vgl. ausführlicher zur Isländischen Saga S. 182-187.

[164] Vgl. R. Heller, Isländer-Sagas, Einführung, Bd. 1, 29.

[165] Vgl. W. Müller/F. Zarncke, mære, 1863, Bd. 2, 68-69.

dieselbe Bedeutungsvielfalt wie Sage[166]. „mære, im weitesten sinne, bezeichnet alles was einer dem andern mittheilt, sei es mündlich oder schriftlich, unmittelbar oder durch einen dritten, einseitig oder im gespräche"[167].

Im spmhd. hat sich dann zunächst aus mære das Diminutiv märle, märlein für fabulosa narratio, fabella, fabellula gebildet. Aber spätestens seit dem 18. Jahrhundert hat das spmhd. merechyn das Wort märlein verdrängt[168]. Vom Aufkommen des Diminutivs an hat es eine negative Konnotation: märlein, merechyn ist nun eine kleine Erzählung, ein Erzeugnis der Einbildungskraft, die jeder Beglaubigung und Historizität entbehrt. Von Anfang an wird das Wort Märchen im Gegensatz zu Geschichte[169] gebraucht. Den tiefgreifendsten Bedeutungswandel erhält das Wort Märchen durch die Edition der Grimmschen *Kinder- und Hausmärchen* (1812/ 1815). Von nun an werden die Erzählungen, die einst weite Teile des Volkes erreicht hatten, in den Kanon bürgerlicher Literatur zur Erziehung und Unterhaltung von Kindern aufgenommen[170]. So erhält das Wort Märchen im 19. Jahrhundert seine noch heute vorherrschende Bedeutung, es gilt als eine unhistorische Kindererzählung[171].

b) Paradigma, Form und Inhalt

Die 1812 und 1815 erschienenen *Kinder- und Hausmärchen* von Jakob und Wilhelm Grimm sind zwar nicht die erste, aber die wirkungsgeschichtlich bedeutendste Märchenedition überhaupt. Unsere Textgrundlage bildet die siebte mit den Anmerkungen der Gebrüder versehene Auflage von 1857. Alle dazwischen liegenden Auflagen sind immer wieder verändert worden: Einige Fassungen sind durch bessere Quellen ersetzt oder ergänzt, andere Märchen aus Gegenden, die bislang nicht repräsentiert waren, neu aufge-

---

[166] Vgl. S. 89-90.

[167] W. Müller/F. Zarncke, mære, 1863, Bd. 2, 72.

[168] J./W. Grimm, Märchen, Bd. 6, 1618-1620; sowie dies., Märlein, Bd. 6, 1658-1659.

[169] Vgl. S. 105-106.

[170] Vgl. J. Bolte/G. Polívka, Anmerkungen, Bd. 4, 1-4.

[171] Vgl. M. Lüthi, Märchen, 1-5 (Literatur); sowie A. Jolles, Einfache Formen, 240-245; F. Kluge/E. Seebold, Wörterbuch, 461. – Aufschlußreich für die von den Gebrüdern intendierte und gedachte Leserschaft ist auch ein Ausschnitt aus einem Brief W. Grimms, den er im Frühjahr 1843 an Bettina von Arnim schreibt: „Ihre Kinder sind groß geworden und bedürfen der Märchen nicht mehr: Sie selbst haben schwerlich Veranlassung, sie wieder zu lesen [...]" (J.W. Grimm, KHM, Bd. 1, 11-12). So gilt schon für B. v. Arnim und W. Grimm, Märchen sind Geschichten für Kinder, Erwachsenen gelten sie nicht.

nommen worden. Den Hauptbestand bilden die Märchen aus dem Fürstentum Münster, der Paderborner Gegend und aus der Heimat der Gebrüder, aus Hessen-Darmstadt und Hessen-Kassel[172]. Mit dieser Sammlung haben die Brüder Grimm einer schon durch Ch. Perraults Märcheneditionen im 17. Jahrhundert[173] vorbereiteten Entwicklung den entscheidenden Impuls gegeben. Sie schufen mit ihren Sammlungen das Genre des Kindermärchens und des Buchmärchens und verhalfen so der Gattung zum Durchbruch. Deshalb spricht A. Jolles beim Märchen sogar von der „Gattung Grimm"[174].

Wer die Grimmsche Sammlung der *Kinder- und Hausmärchen* sorgfältig durchsieht, der erkennt die Vielfalt der dort vereinten Gattungen. Zunächst fällt die gesonderte Abteilung der Kinderlegenden[175] auf. Aber auch die zweihundert abgedruckten Märchen sind formal wie inhaltlich überaus verschieden. Die Vorstellung des Lesers ist oft von einer kleinen Auswahl Grimmscher Märchen bestimmt. Dabei handelt es sich bei den allgemein bekannten, über Auswahlausgaben, Lesebücher und Tonträger verbreiteten Märchen nur um etwa ein Drittel der Grimmschen Sammlung[176]. Die Selektion bestimmter Märchen schafft eine oberflächliche Typologie der Gattung, die aber bei der Vielfalt der Märchen nicht so leicht aufzustellen ist. Neben den „typischen" Märchen wie *Hans im Glück* (83), *Frau Holle* (24), den *Bremer Stadtmusikanten* (27), *Rumpelstilzchen* (55), *Dornröschen* (50) usw. bieten die Kinder- und Hausmärchen einiges mehr. So gehören auch einige Rätselmärchen (160) und Lügenmärchen (159, 187) in die Sammlung. Andere Texte stehen verwandten Gattungen näher als dem Märchen. Dazu zählen beispielsweise einige Tiergeschichten (5, 27, 72, 75, 86, 172), die den Fabeln Äsops mehr ähneln als den übrigen Märchen der

---

[172] Vgl. J./W. Grimm, KHM, Bd. 1, Vorreden, 16-27.

[173] Vgl. J./W. Grimm, KHM, Bd. 3, 311-314; sowie M. Lüthi, Märchen, 40-50.

[174] A. Jolles, Einfache Formen, 219.

[175] Vgl. J./W. Grimm, KHM, Bd. 2, 431-445.

[176] Vgl. zum Beispiel (Nummerierung nach KHM): Der Froschkönig oder der eiserne Heinrich (1), Der Wolf und die sieben jungen Geißlein (5), Brüderchen und Schwesterchen (11), Rapunzel (12), Hänsel und Gretel (15), Von dem Fischer un syner Fru (19), Das tapfere Schneiderlein (20), Aschenputtel (21), Frau Holle (24), Rotkäppchen (26), Die Bremer Stadtmusikanten (27), Der Teufel mit den drei goldenen Haaren (29), Tischchen deck dich, Goldesel und Knüppel aus dem Sack (36), Daumesdick (37), Die Wichtelmänner (39), Von dem Machandelboom (47), Dornröschen (50), König Drosselbart (52), Sneewittchen (53), Rumpelstilzchen (55), Jorinde und Joringel (69), Hans im Glück (83), Die Gänsemagd (89), Die sieben Schwaben (119), Die Sterntaler (153), Schneeweißchen und Rosenrot (161), Der Hase und der Igel (187).

Sammlung. Einige Texte ähneln mehr der Moral, dem Schwank, der Prahlgeschichte oder dem Scherz als dem Märchen (98, 151, 192).

Ein anderer Komplex sind die Märchen, die in ihrer eigenartigen Stimmung der Gattung nach zwischen Erbauungsgeschichte, Legende und Schauergeschichte anzusiedeln sind; Legenden sind es formal deshalb nicht, weil sie nicht die Wundertat und die vorbildliche Vita eines Heiligen schildern. Solche Erzählungen sind die Märchen vom *Marienkind* (3), vom *Schneider im Himmel* (35), vom *Armen und Reichen* (87), *Der alte Hildebrand* (95), das religionsgeschichtlich interessante und bewegende Märchen vom *Totenhemdchen* (109), das vom *Bürle im Himmel* (167), *Das eigensinnige Kind* (117), das von *Evas Kindern* (180) und die *Kornähre* (194). Schließlich läßt sich noch eine weitere Gruppe aussondern. Es sind die vielen Geschichten, die sich dem Gegensatz zwischen Arm und Reich verdanken (18, 27, 44, 195). Schon dieser Überblick zeigt, daß man eigentlich nicht von einer klar definierbaren Gattung des Märchens sprechen kann.

Als Paradigmen haben wir zwei kurze Märchen ausgewählt, die nicht zu den bekannten Erzählungen gehören. Jedes Märchen repräsentiert eine Gruppe: *Die Scholle* (172) läßt sich als Tiermärchen klassifizieren; das Märchen *Der alte Großvater und der Enkel* (78) ist eine Moral.

172. Die Scholle

„Die Fische waren schon lange unzufrieden, daß keine Ordnung in ihrem Reich herrschte. Keiner kehrte sich an den andern, schwamm rechts und links, wie es ihm einfiel, fuhr zwischen denen durch, die zusammenbleiben wollten, oder sperrte ihnen den Weg, und der stärkere gab dem schwächeren einen Schlag mit dem Schwanz, daß er weit wegfuhr, oder er verschlang ihn ohne weiteres. ,Wie schön wäre es, wenn wir einen König hätten, der Recht und Gerechtigkeit bei uns übte', sagten sie und vereinigten sich, den zu ihrem Herren zu wählen, der am schnellsten die Fluten durchstreichen und dem Schwachen Hilfe bringen könnte. Sie stellten sich also am Ufer in Reihe und Glied auf, und der Hecht gab mit dem Schwanz ein Zeichen, worauf sie alle zusammen aufbrachen. Wie ein Pfeil schoß der Hecht dahin und mit ihm der Hering, der Gründling, der Barsch, der Karpfen, und wie sie alle heißen. Auch die Scholle schwamm mit und hoffte, das Ziel zu erreichen. Auf einmal ertönte der Ruf: ,Der Hering ist vor! Der Hering ist vor.' ,Wen is vör?' schrie verdrießlich die platte, mißgünstige Scholle, die weit zurückgeblieben war. ,Wen is vör?', ,Der Hering, der Hering', war die Antwort. ,De nackte Hering?' rief die neidische, ,de nackte Hering?' Seit der Zeit steht der Scholle zur Strafe das Maul schief."

Die von Pastor Musäus mitgeteilte Erzählung ist der Gattung nach ein Tiermärchen, da die *dramatis personae* ausschließlich aus Tieren besteht[177]. Motiviert wird die Geschichte von der Unzufriedenheit der Fische über die Ungerechtigkeit im Reich der Wassertiere. Schuld allein ist die herrschende Anarchie. Mit der Wahl eines Königs soll dieser Mißstand beseitigt werden. Derjenige soll zum König ernannt werden, der als Bester einen Wettkampf besteht. Soweit folgt das Märchen ganz seiner Vorgabe, doch mit den verdrießlichen Fragen der Scholle nimmt es ein überraschendes Ende. Der Erzähler teilt nicht mit, wie nach dem geglückten Wettkampf zukünftig im Reich der Fische Ruhe, Frieden und Gerechtigkeit einkehrten, sondern der anonyme Dichter fügt der abrupt endenden Erzählung eine kurze Anmerkung hinzu: „Seit der Zeit steht der Scholle zur Strafe das Maul schief." Das Märchen schließt also mit einer Ätiologie. Gleichzeitig ist die Ätiologie eine Begründung für die Strafe, die die Scholle wegen ihres Neides erhalten hat. Solche Begründung sind keineswegs unüblich. Das Märchen von *Strohhalm, Kohle und Bohne* (18) erklärt am Ende, weshalb die Bohne eine schwarze Naht hat. Warum aber die Scholle bestraft wird, erzählt das Märchen nur nebenbei, es ist ihr Neid. So wirkt die angehängte Ätiologie völlig unmotiviert, weil der Anfang der Geschichte den Leser auf einen König warten läßt.

Zeitlich und räumlich ist das Märchen völlig ungebunden, darin unterscheidet es sich deutlich von der Sage. Doch lassen die Fischarten eine Ortsbestimmung zu: Barsch, Hecht, Karpfen und Gründling sind Süßwasserfische, die in Zentral- und Nordeuropa, teilweise sogar über ganz Nordeurasien verbreitet sind; Scholle und Hering kommen als Meeresfische nur in Ost- und Nordsee sowie im Atlantik vor. Das Gebiet, in dem alle aufgezählten Fische bekannt sind, ist Zentralnordeuropa. Tatsächlich stammt das Märchen auch aus Mecklenburg, dem geographischen Schnittpunkt der Verbreitungsgebiete der Fische[178].

Sieht man einmal von den der monarchischen Lebenswelt entlehnten Vorstellungen von „Reich" und „König" ab, enthält das Märchen dem Leser weitere historische, kulturgeschichtliche oder soziologische Informationen vor. An Requisiten fehlt es neben den Fischen völlig. Die Hauptfigur der Erzählung ist die Scholle, für den Hering als potentiellen König fällt nur eine Nebenrolle ab.

---

[177] Vgl. J./W. Grimm, KHM, Bd. 3, 258-259.
[178] Vgl. J./W. Grimm, KHM, Bd. 3, 259.

Motivgeschichtlich gibt es im übrigen eine für den Alttestamentler interessante Parallele. Der heitere Ausruf „Wie schön wäre es, wenn wir einen König hätten, der Recht und Gerechtigkeit bei uns übte" erinnert an den Beginn der Jotamfabel (Ri 9,7-15; auch 1 Sam 8,1-5). „Da gingen die Bäume hin, um über sich einen König zu salben. Und sie sprachen zum Ölbaum: ‚Werd' König über uns!'" (Ri 9,8). In vielen Einzelheiten, die schon bei der ersten vergleichenden Lektüre auffallen, unterscheiden sich die Erzählungen: Hier ist es die unbeseelte Natur, dort die beseelte; hier wird der König ausgewählt, dort durch Wettkampf ermittelt; hier ist der König der Niedrigste, dort der Schnellste und Stärkste. Trotz der Differenzen ist der Gehalt der Erzählung, wenn auch unter geänderten Vorzeichen, derselbe. Hier geht es um einen vermeintlichen Regenten[179], dort um einen wirklichen Herrscher[180]. Inwieweit die Jotamfabel das Märchen beeinflußt hat, ist nicht zu ermitteln. Sicherlich darf die biblische Geschichte jedoch als bekannt vorausgesetzt werden.

Unser zweites Beispiel ist eine Geschichte, die durch das fürsorgliche Handeln eines Kindes, durch seine intuitive, nicht aufgesetzte Moral und durch den mit der ruhigen Einsicht der Eltern verbundenen guten Ausgang das Herz des Lesers tief berührt:

78. Der alte Großvater und der Enkel

„Es war einmal ein steinalter Mann, dem waren die Augen trüb geworden, die Ohren taub, und die Knie zitterten ihm. Wenn er nun bei Tische saß und den Löffel kaum halten konnte, schüttete er Suppe auf das Tischtuch, und es floß ihm auch etwas wieder aus dem Mund. Sein Sohn und dessen Frau ekelten sich davor, und deswegen mußte sich der alte Großvater endlich hinter den Ofen in die Ecke setzen, und sie gaben ihm sein Essen in ein irdenes Schüsselchen und noch dazu nicht einmal satt; da sah er betrübt nach dem Tisch, und die Augen wurden ihm naß. Einmal auch konnten seine zitterigen Hände das Schüsselchen nicht festhalten, es fiel zur Erde und zerbrach. Die junge Frau schalt, er sagte aber nichts und seufzte nur. Da kaufte sie ihm ein hölzernes Schüsselchen für ein paar Heller, daraus mußte er nun essen. Wie sie da so sitzen, so trägt der kleine Enkel von vier Jahren auf der Erde kleine Brettlein zusammen. ‚Was machst du da?' fragte der Vater. ‚Ich mache ein Tröglein', antwortete das Kind, ‚daraus sollen Vater und Mutter essen, wenn ich groß bin.' Da sahen sich Mann und Frau

---

[179] Vgl. U. Becker, Richterzeit, 190-195.
[180] Vgl. zum Motiv S. Thompson, Motif-Index, A 731, A 2547, B 236, B 240 – 259, B 292.10, H 171.2, J 2131.5.6.

eine Weile an, fingen endlich an zu weinen, holten alsofort den alten Groß-vater an den Tisch und ließen ihn von nun an immer mitessen, sagten auch nichts, wenn er ein wenig verschüttete."

Mit der berühmten Eröffnungsformel *Es war einmal ...* leitet der Dichter ein. Doch die erste Person, die auftritt, ist weder ein glänzender König noch eine ungefreite Prinzessin. Es ist ein steinalter Mann. Schon die Exposition will durch das Motiv des hilfebedürftigen Alten das Mitgefühl des Lesers wecken. Schon mit dem dritten Satz schlägt die Stimmung um. Die eigenen Kinder ekelt die erbarmungswürdige Person an. Als sie, den Anblick nicht länger ertragend, den Mann hinter den Ofen in die Ecke, weg vom gemein-samen Tisch, verbannen, da schmerzt es den Alten so, daß er betrübt ist, und ihm die Augen feucht werden. Aber er entsetzt sich nicht, er klagt nicht, er herrscht seine eigenen Kinder nicht an. Geduldig folgt er der Weisung seiner Kinder. Selbst das schallende Gebrüll seiner Schwiegertoch-ter erträgt er gelassen. Langsam steigert sich die Stimmung. Neue Demü-tigungen muß der Alte ertragen. Auf dem Höhepunkt der Erzählung bricht die Stimmung um. Eine vierte Person tritt ins Rampenlicht. Das vierjähri-ge (!) Enkelkind macht eine den Eltern unverständliche Zeichenhandlung. Und wie die alttestamentlichen Propheten muß es diese erläutern. Ganz ruhig und gefaßt, der Erzähler schildert keine Gemütserregung, erklärt das Kind mit einem Satz, was es da macht. Stille kehrt ein, die Handlung und das Deutewort des Kindes ergreifen die elterlichen Seelen.

Der Umbruch bereitet sich vor. Das ungeschützte Weinen der Eheleute vor Vater und Kind ist das Zeichen aufrichtiger Reue. Wie gewaltig diese Einsicht ist, belegt ein einziges Wort: *immer*. Von nun an darf der Groß-vater für immer am Tische mitessen, niemals mehr soll er verstoßen werden. Das *immer* drückt die Unumkehrbarkeit der Entscheidung aus. Der Enkel ist es, der den Eltern die Generationenverpflichtung vor Augen gestellt hat.

Wie so oft kommt das Märchen mit nur wenigen Requisiten aus: Tisch, Löffel, zwei Schüsselchen und der Ofen. Nur diejenigen Dinge sind er-wähnt, die für die minimale Inszenierung unbedingt nötig sind. Der Leser stellt sich die karge Hütte, den liebenswerten Großvater, das anmutige Enkelkind und die Eltern vor. Beim aufmerksamen Lesen enthüllt sich ein unauffälliger Widerspruch. Anfangs wird erzählt, daß der Greis auch Suppe auf das Tischtuch verschüttet. Nun paßt ein solches Tischtuch gar nicht in die ansonsten ärmliche Szene. Es sprengt den Rahmen einer Familie, die unter der Woche nur einfache Speisen aus Schüsseln ist. Die erwähnte Requisite zeigt, daß der bürgerliche Dichter unbewußt seine Herkunft und Sitten in die Erzählung einbringt.

Keine einzige Information ist konkret. Wir erfahren weder einen Namen der vier gleichwertig handelnden Personen noch einen Ort oder eine Zeitangabe. Jedes Lokalkolorit fehlt dem Märchen. Die kurze, wörtliche Rede des Vierjährigen, ein syntaktisch einwandfreier Satz, ist überraschenderweise frei von Mundart. So ist auch dieses Märchen nicht an einen bestimmten Haftpunkt und an einen geschichtlichen Zeitpunkt gebunden. Wegen seines allgemeinen Charakters kann es jeder auf sich beziehen. Darin unterscheidet es sich wesentlich von der Sage.

Theologisch ist das Märchen beeindruckend, denn es erzählt, wie das Kind die eigenen Eltern mit seinen Mitteln zur Anerkennung des Vierten Gebotes führt. Der Impuls geht von dem mit vier Jahren katechetisch noch völlig ungebildeten Enkel aus. Es hat das Gebot im Herzen. Vielleicht haben die Eltern ihn gelegentlich, wenn es ungehörig war, mit den Worten des Vierten Gebotes ermahnt. Aber für die Erzählung ist es völlig unerheblich, ob das Kind mit oder ohne Kenntnis des Gebotes gehandelt hat. Möglich ist auch, daß der Erzähler das Alter des Kindes symbolisch festlegt: Vier Jahre alt ist das Kind, das Vierte Gebot ist das moralische Rückgrat der Erzählung.

c) Wesen, Trägerschaft und Historizität

„Jedes einzelne Märchen hat seinen Wert alleine in sich"[181]. Nach dieser Aussage F. Rankes ist das Märchen eine in sich geschlossene, einzelne Erzählung. Einen Zyklus oder Kranz kennt das Märchen nicht, wohl aber sind ähnliche Märchen in verschiedenen Variationen erzählt. Häufig werden Märchen mit verwandten Motiven in demselben kompositionellen Grundmuster erzählt. In einigen Fällen haben die Brüder Grimm die verschiedenen Märchen, die um eine Person oder um ein Thema ranken, herausgegeben. *Die Hochzeit der Frau Füchsin* (38) bietet zwei im Detail stark abweichende Fassungen desselben Themas. *Die Wichtelmänner* (39) bietet drei unterschiedliche Märchen, die thematisch durch die Hilfsdienste der Wichtelmänner zusammengebunden sind. Auch diese Märchen enthalten einzelne, in sich geschlossene Erzählungen.

Der Umfang der Märchen variiert erheblich. An unseren Beispielen mag dem Leser die Kürze aufgefallen sein. Das ist nicht typisch. Die ausgewählten Beispiele gehören zu den kürzesten Märchen, die in die Sammlung aufgenommen worden sind. Der Erzähler der Märchen bleibt immer an-

---

[181] F. Ranke, Sage und Märchen, 190.

onym, auch wenn es ein Beispiel dafür gibt, daß auf der literarischen Ebene ein Erzähler auftritt (187).

Der Handlungsverlauf des Märchens kann allgemein charakterisiert werden. Schon mit der Exposition deutet sich beim europäischen Märchen in der Regel eine Schwierigkeit, ein Mangel, eine scheinbar ausweglose, durch Armut oder Krankheit hervorgerufene Lage an, die dann im Verlauf der Erzählung bewältigt wird: Der verstoßene Großvater wird wieder in den Kreis seiner Familie aufgenommen; der böse Wolf ist tot, die kleinen Geißlein leben; das böse Rumpelstilzchen zerreißt sich selbst und schenkt so dem unschuldigen Kind das Leben; Dornröschen lebt mit ihrem Prinzen vergnügt bis an ihr Ende. „Kampf/Sieg, Aufgabe/Lösung sind", so M. Lüthi, „Kernvorgänge des Märchengeschehens. In diesem Schema, hinter dem das allgemeine menschliche Erwartung/Erfüllung steht, ist der gute Ausgang, den man als Charakteristik des Märchens zu nennen pflegt, eingeschlossen"[182]. Das gute Ende des Märchens schafft auch seine heitere, gelöste Stimmung. Aber nicht immer beugt sich das Märchen dem allgemeinen Schema. Der Hochmut der Frau des Fischers wird bestraft. Am Ende sitzt das Ehepaar wieder in seiner ärmlichen Hütte, „in'n Pißbutt", wie es in der Mundart heißt (19). Und auch unser erstes Beispiel fügt sich nicht so recht in das Schema. Anstatt über den stolzen Hering, den König der Fische zu jubilieren, gibt das Märchen eine Erklärung, warum der Scholle das Maul schief steht (172).

Der formalen Geschlossenheit entspricht die inhaltliche und thematische. Das Märchen berichtet mit einem unterschiedlichen Reichtum an Requisiten und Motiven ein erzählenswertes, unterhaltendes und zuweilen sogar dramatisches Ereignis. Selbstverständlich können ebenso, wie unterschiedliche Motive und Nebenpersonen vorkommen, auch Nebenhandlungen erzählt werden, diese dienen aber immer der primären Handlung und lenken nicht von ihr ab. Überhaupt schreitet das Märchen durch Handlung voran.

Sprachlich ist das Märchen eine narrative Gattung. Seine Form ist die gelegentlich von wörtlicher Rede und kurzen Dialogen durchzogene Prosa (47, 55, 59, 99, 104, 110, 119, 232). Gerne bedient sich das Märchen verschiedener lyrischer Kleingattungen: Kehrverse oder Reime können das Märchen strukturieren. Weit verbreitet ist der Zauberspruch, mit dem der Fischer den Butt (19), Gretel die Ente (15), Sneewittchens Stiefmutter ihren Spiegel (53), Ferenand die Riesen (126) und die Spinnerin die Spindel (188) beschwört. Dreimal fragt die nachts erscheinende Königin in

---

[182] Vgl. M. Lüthi, Märchen, 25.

einem geprägten Formular nach Reh und Kind und kündigt ihren endgültigen Weggang an (11). Mit einer Losung fordert die Pflegemutter Rapunzel auf, ihr Haar herunterzulassen (12). Rumpelstilzchen singt hüpfend seinen Reim (55). Das Mädchen von Brakel sagt inbrünstig sein Gebet (139), die faulen Spinnerinnen orakeln (128) und die Vögel singen Lieder (47). Bei Läuschen und Flöhchen (30) bildet der mit jeder Episode wachsende Reim das Gerüst für das Märchen.

Auch im Märchen treten numinose Gestalten wie Hexen, Feen und Elfen, diabolische Bösewichter, wie Dämonen und Kobolde, die auf das Leben der einfachen Leute übergreifen könnten, auf. Aber im Gegensatz zur Sage ist die Welt des Märchens durch den vielfach guten Ausgang der Erzählung heile. Das besondere Ereignis ist an den Träger der Handlung gebunden. Jede nur denkbare Person, jedes nur vorstellbare Tier, ja jeder Gegenstand kann zu solch einem Handlungsträger werden: Ob Fische, wie in unserem ersten Beispiel (172), Wölfe, Hühner, Vögel, Enten, Gänse, Frösche, Hasen, Igel und Esel (29, 50, 80, 86), sogar unbeseelte Gegenstände wie Bäume, Besen oder Bohnen (18, 30) können das Subjekt der Handlung sein. Verständlicherweise sind die bekanntesten Hauptdarsteller Könige, Prinzen und Prinzessinnen (6, 9, 50, 52, 133, 137), Riesen und Zwerge (20, 53, 90, 177, 183), Teufel und Zauberer (29, 100, 125, 134, 189), Geschwister und Liebespaare (11, 15, 69, 161), Arme und Reiche (18, 27, 42, 44, 195).

Die Sage ist schwer und ernst, das Märchen spielerisch und leicht. Insofern ist unser zweites Beispiel (78) nicht typisch für die Gattung. Daß, wie M. Lüthi behauptet, das Märchen keine Bindung an das kirchliche Dogma kennt, trifft in Abgrenzung zur Legende zu[183]. Aber ohne den Einfluß der christlichen Tradition ist es undenkbar. Etliche der Grimmschen Märchen behandeln dezidiert christliche Themen (3, 35, 87, 109, 139, 167, 194), andere sind, wie ebenfalls unser zweites Beispiel (78) gezeigt hat, in ihren Moralvorstellungen fest in der jüdisch-christlichen Tradition verwurzelt. An einer Stelle wird sogar ein Makarismus ausgesprochen (138).

Dem Märchen sind fiktive Züge eigen. Wenn Besen singen, Bohnen lachen und Bäume sogar rülpsen, dann ist dem Leser sofort der phantastische Charakter der Geschichten klar. So beansprucht das Märchen nicht, wie etwa die verschwisterte Gattung Sage, für wahr gehalten zu werden. Noch einmal bemühen wir den bedeutenden Satz der Gebrüder: „Die Kinder glauben an die Wirklichkeit der Mährchen, aber auch das Volk hat

---

[183] Vgl. M. Lüthi, Volksmärchen, 78-79.

noch nicht ganz aufgehört, an seine Sagen zu glauben"[184]. Diese Aussage ist folgenschwer. Sie hat weitreichende Implikationen für die Funktion, Trägerschaft und Historizität von Märchen und Sage.

Für die stark von der Romantik beeinflußten Gebrüder Grimm sind Märchen Erzählungen, die wegen ihrer Fiktivität und Irrealität nur den kindlichen Glauben gewinnen können. Denn das Märchen entbehrt den geschichtlichen Anhaltspunkt, das historische Ereignis, welches das Entstehungsmoment für die Sage ist[185]. Die Unterscheidung geht nicht erst auf die Gebrüder zurück, sie ist so alt, wie das Genre Märchen überhaupt[186].

Über die Glaubwürdigkeit der Erzählung gibt eines der Grimmschen Märchen in seiner Einleitung Aufschluß. Es ist *Der Hase und der Igel* (187): „Disse Geschicht is lögenhaft to vertellen, Jungens, aver wahr is sie doch, denn mien Grootvader, van den ick se hew, plegg jümmer, wenn he se mie vortüerde [mit Behaglichkeit vortrug], dabi to seggen: ‚Wahr mutt se doch sien, mien Söhn, anners kunn man se jo nich vertellen.‘ De Geschicht hett sick aber so todragen [...]". Die Exposition gibt uns ein Kennzeichen für die „Wirklichkeit" eines Märchens an die Hand. Es ist seine sowohl für den Erzähler als auch für den Hörer potentielle Glaubwürdigkeit. Für beide müssen die ihnen selbstverständlichen Anschauungs- und Denkvoraussetzungen erfüllt sein, damit ein Märchen glaubwürdig sein kann.

Von der Historizität des Märchens zu sprechen, ist unangemessen, da es nicht von historischen Begebenheiten berichtet. Konkrete Zeitangaben, Namen historischer Personen und geschichtliche Ereignisse kennt das Märchen nicht. Das ist ja ein wesentlicher Unterschied zur Sage. Insofern ist das Problem der Historizität eigentlich gegenstandslos, nicht aber die Frage nach dem Alter und Ursprung des Märchens. Die gegenwärtige Märchenforschung teilt nicht mehr den Optimismus der Brüder Grimm, daß das Märchen auf die Anfänge der Menschheitsgeschichte zurückgeht[187]. Setzt diese Ansicht doch die ununterbrochene und ungebrochene Überlieferung des Stoffes voraus, die aber gerade von der jüngeren Forschung widerlegt worden ist[188].

---

[184] J./W. Grimm, Deutsche Sagen, VI.
[185] Vgl. J. Bolte/G. Polívka, Anmerkungen, Bd. 4, 429.
[186] Vgl. J./W. Grimm, KHM, Bd. 3, 286-294.
[187] Vgl. J. Grimm, Gedanken über Mythos, Epos und Geschichte, KS 4, 74-85; sowie W. Wundt, Völkerpsychologie, Bd. III, 411-414; A. Aarne, Ursprung der Märchen, 1-22; J. d. Vries, Betrachtungen zum Märchen, 16-19, 163-179.
[188] Vgl. beispielsweise D. Fehling, Amor und Psyche, 7-10, 96-103; K. Ranke, Orale und literale Kontinuität, 47-60; L. Röhrich, Volkspoesie ohne Volk, 49-65; sowie ders., Wechselwirkungen zwischen oraler und literaler Tradierung, 51-70; J.-B. Swahn, Tradierungskonstanten, 36-50; R. Wehse, Uralt?, 10-27.

Die Probleme der Kontinuität und Permanenz schließen den Tra-
dierungsprozeß mit ein. In die Überlieferungskette gewährt die Exposition
von *Der Hase und der Igel* an einer Nahtstelle Einsicht. Auf der literarischen
Ebene erfahren wir, wer Märchen weitererzählt. Eine Person von nicht
näher bestimmtem Alter und Geschlecht erzählt nicht näher vorgestellten
„Jungens" eine Geschichte. Vermutlich ist der Erzähler ein Mann. Das
würde sich gut in die Überlieferungskette einfügen, denn sowohl sein Großvater, von dem er die Erzählung immer wieder gehört hat, als auch seine
Enkel sind ja männlich. Eventuell handelt es sich bei dem Erzähler um den
Vater der Jungen, es kann aber ebenso ihr Großvater sein. In diesem Fall
entspräche die erste Überlieferungsstufe genau der zweiten. Beide Male
ginge die Überlieferung vom Großvater direkt auf die Enkelgeneration über.
Daß dies eine durchaus übliche Überlieferungssituation ist, belegt auch ein
Beispiel von K. Ranke, dessen Gewährsmann für Märchen aus Schleswig-
Holstein, der Tagelöhner Hans Bensien, die meisten seiner Geschichten
von seiner Großmutter gelernt hat[189]. Ein anderes Beispiel aus der gegenwärtigen Feldforschung bietet H. Fischer mit den Erzählungen aus dem
Rhein-Sieg Raum. Nr. 1111 eröffnet der Erzähler: „Also, wat ech von
dengem Jrooßvatter weeß, dat ist, wat menge Vatter mir emmer verzallt hät
[...]"[190]. In diesem Fall geht das Wissen, das der Enkel von seinem Großvater hat, ausschließlich auf die Erzählungen des eigenen Vaters zurück.
Wenn die Großeltern früh verstorben sind oder aus anderen Gründen den
Enkeln als Erzähler nicht zur Verfügung stehen, dann treten andere Personen an deren Stelle. Manchmal bleibt auch der Platz der Großeltern leer.
    Wenn wir im Anmerkungsband der *Kinder- und Hausmärchen* die Li-
sten der Erzähler durchsehen[191], ergibt sich deutlich ein anderes Bild als bei
den Sagen, die vornehmlich schriftlichen Quellen entnommen sind[192]. Ei-
nige Märchen sind den Brüdern Grimm über die Romantiker Achim und
Friedmund v. Arnim, Jenny Droste-Hülshoff und Philipp Otto Runge
vermittelt. Das Gros des Stoffes geht auf namhafte Einzelpersonen wie
Dorothea Viehmann sowie Georg August Friedrich Goldmann, Amalie,
Jeanette und Marie Hassenpflug, August, Ludowine und Marianne von
Haxthausen und Ferdinand Siebert zurück[193].

---

[189] Vgl. K. Ranke, Schleswig-Holsteinische Volksmärchen, Bd. 2, 6.
[190] H. Fischer, Erzählgut, 239; vgl. A. Lehmann, Erzählen zwischen den Generationen, 2-
25.
[191] Vgl. J./W. Grimm, KHM, Bd. 3, 559-574.
[192] Vgl. S. 75-80.
[193] Besonders erzählfreudig war offensichtlich Familie Wild; ihren Mitgliedern (Dorothea

Aber es wäre voreilig aus dieser Trägerschaft den Schluß zu ziehen, daß Märchen nur von Gebildeten erzählt und tradiert worden seien. Sicherlich hat jeder Stand erzählt, aber die Gebrüder hatten zu den „einfachen Leuten" nicht immer Zugang. So beurteilen sie es ja selbst als einen „guten Zufall", daß sie die Bauersfrau D. Viehmann kennenlernten[194]. Die gebildeten Kreise erzählten so nur weiter, was ihnen über die Zofe, die Köchin, den Schneider, den Kutscher[195] oder den Gärtner[196] zu Ohren gekommen ist[197]. In katholischen Gegenden ist sicherlich auch dem Predigtmärlein entscheidende Bedeutung an der Erzählkultur zuzumessen. Predigtmärlein sind märchenartige Erzählungen, die zur Anschauung, Erheiterung und Belehrung in die Sonntagspredigt eingebaut worden sind[198].

Der Übermittlungsprozeß ist also außerordentlich komplex. Bis zur Verschriftung ging die mündliche Fassung durch verschiedene Hände. Seinen ursprünglichen Sitz im Leben hat das Märchen dann längst verlassen. Nur dort, wo es direkt vom eigentlichen Traditionsträger, wie D. Viehmann, zum Märchensammler gelangt, ist das Märchen nicht gefährdet, schon durch zu viele Zwischenglieder verändert zu werden.

Für den Gehalt des Märchens ist seine unveränderte Wiedergabe belanglos. Einzelne Motive oder Episoden können je nach Zuhörerschaft er-

---

Catharina, Dortchen, Gretchen, Lisette und Marie Elisabeth) verdanken wir gut drei Dutzend Märchen (vgl. G. Bolte, G. Polívka, Anmerkungen, Bd. 4, 431-446). Daneben sind einzelne Märchen von der Marburger Märchenfrau oder einem unbekannten Studenten aus Kiel erzählt worden. Nur verhältnismäßig wenige Märchen stammen aus schriftlichen Quellen, aus älteren Epen, Märchensammlungen, Chroniken, Romanen oder Fachzeitschriften. Damit unterscheidet sich die Quellenlage deutlich von der der Sage. Auffällig ist, wer die Märchen erzählt. Von D. Viehmann abgesehen, sind es nicht Bauern, Waldarbeiter, Hirten, Fischer und Handwerker, von denen die Gebrüder die Märchen haben, sondern einzelnen Gebildeten, Pfarrern, Juristen und Schriftstellern verdanken wir die Übermittlung der Stoffe (vgl. H. Rölleke, Neue Erkenntnisse zum Beiträgerkreis der Grimmschen Märchen, 83-91). Auffällig ist der hohe Anteil an gebildeten Frauen. Diese Trägerschaft des Märchens entspricht ganz dem Bild des Hochmittelalters (vgl. J. Bolte/G. Polívka, Anmerkungen, Bd. 4, 4; L. Dégh, Märchen, 69-70).

[194] Vgl. J./W. Grimm, KHM, Bd. 1, 19.

[195] Ein schönes Beispiel aus der gegenwärtigen Literatur für den erzählenden Kutscher, der Dank seiner Erzählkünste auch in schwierigen Zeiten Fahrgäste gewinnt, bietet R. Schami, Erzähler der Nacht, 5-15.

[196] Vgl. J./W. Grimm, KHM, Bd. 3, 559-574.

[197] R. Schenda, Von Mund zu Ohr, 188-191, berichtet daneben von zwei berühmten Erzählerpersönlichkeiten: dem Straßenkehrer Tobias Kern und der Bettdecken-Näherin Agatuzza Messia.

[198] Vgl. E. Moser-Rath, Predigtmärlein der Barockzeit, Berlin 1964.

gänzt oder weggelassen, ja es können sogar verschiedene Märchen miteinander kombiniert werden. Schließlich unterliegen auch Märchenstoffe dem zeitlichen Wandel, gerade in mündlichen Kulturen. So wird bei einigen Zigeunersippen in ihren Erzählungen des 20. Jahrhunderts das Lagerfeuer zum Elektroherd und das Zelt zum Wohnwagen. G.A. Rakelmann hat gezeigt, daß sich nicht nur die großen technischen, sondern auch die politischen, kulturellen und soziologischen Veränderungen der letzten Jahrzehnte in den Märchen niedergeschlagen haben: Eine Prinzessin kaut einen Kaugummi, und der Prinz reist mit der Eisenbahn[199]. Sogar aus Hollywood in alle Welt ausgestrahlte Filmmythen schlagen sich im Verhalten der Protagonisten von Zigeunermärchen nieder[200]. Solche Veränderungen bringt jede Zeit mit sich[201].

Schon bei der Weitergabe kommt es bei jedem Glied der Überlieferungskette zu Veränderungen. Auch die Übertragung der Märchen in die Situation der Hörer verlangt teilweise bewußte Eingriffe des Erzählers, der wiederum viele Einzelheiten vergessen und manches Landläufige hinzugefügt hat. Die Inszenierung von Märchen, wie sie bei Zigeunern und auch bei Nepali üblich ist, kann nicht verschriftet werden. Die akustischen und visuellen Gestaltungsmittel einer Aufführung ließen sich nicht einmal mit ausführlichen dramaturgischen Anmerkungen festhalten. Jede Performance ist ein einmaliger künstlerischer Akt, der von der Vitalität des Erzählers, der Wandelbarkeit der spontanen Äußerung und der Reaktion des Publikums lebt und so zu einer Variation der Überlieferung führt[202]. Diese Veränderungen des Stoffes entstehen durch die individuelle Aktualisierung und Überlieferung des Märchens[203].

d) Beschreibende Definition

Das Märchen ist eine fiktive, in sich geschlossene, ursprünglich mündliche Erzählung, die von einem besonderen Ereignis berichtet. J. Bolte und G. Polívka definieren: „Unter einem Märchen verstehen wir seit Herder und den Brüdern Grimm eine mit dichterischer Phantasie entworfene Erzäh-

---

[199] Vgl. G.A. Rakelmann, Orale Traditionen, 192-194.
[200] Vgl. G.A. Rakelmann, Orale Traditionen, 197-198.
[201] Vgl. R. Schenda, Von Mund zu Ohr, 217-238.
[202] Vgl. R. Schami, Malula, 13-14; sowie R. Schenda, Von Mund zu Ohr, 192-213.
[203] Vgl. H.R. Picard, Der Geist der Erzählung, 181-187, zur Dominanz der Erzählweise über den Inhalt.

lung besonders aus der Zauberwelt, eine nicht an die Bedingungen des wirklichen Lebens geknüpfte wunderbare Geschichte, die hoch und niedrig mit Vergnügen anhören, auch wenn sie diese unglaublich finden"[204].

Das Märchen will erzählt sein. Von Generation zu Generation wird es in der Regel von den Älteren weitergegeben. Auf diesem Weg wird es ständig verändert, der Situation angepaßt und auf den Hörer zugeschnitten. Es unterhält und beflügelt die Phantasie, ja es kann sogar trösten und aufrichten. Bevor die Grimmschen Märchen erschienen, erfreute das Märchen Hoch und Niedrig, Jung und Alt. Mit der Entstehung der „Gattung Grimm"[205] wurde die Bedeutung des Märchens eingeschränkt. Fortan galt das Märchen vornehmlich als eine historisch unglaubwürdige Erzählung für Kinder[206].

Während die Sage und die Novelle ein Ereignis berichten, entfaltet das Märchen ein ganzes Geschehen, das die Welt nach seinem gestaltenden Prinzip verwirklicht[207]. Der Handlungsablauf ist stereotyp. Am Anfang steht eine scheinbar ausweglose Situation, ein Mißgeschick, das im Verlauf der Erzählung gelöst wird. Stilistisch ist das Märchen eine verbale Erzählung, die syntaktisch einfach aufgebaut ist. Aufgelockert, unterbrochen und strukturiert wird das Märchen gelegentlich von Reimen, Versen, Sprüchen, Gebeten, Orakeln und Zauberworten. Kurze Dialoge machen das Märchen lebendig. Ein weiteres Kennzeichen des Märchens ist seine einlinige Handlung. Alles ist im Märchen konzentriert, Nebensächliches kennt es nicht. Nur wenige Hauptpersonen tragen die Handlung. Sparsam geht das Märchen mit Requisiten um, nur das für die Erzählung Nötige wird erwähnt.

Die Welt des Märchens ist phantasievoll: Besen, Bohnen und Bienen können ebenso seine Helden sein wie Reiche, Räuber und Riesen. Wie die Zahl der Requisiten so ist auch die der Motive streng begrenzt. Sein Gewicht legt das Märchen auf die Handlung, die durch das Tun der Protagonisten voranschreitet. Schilderungen der Seelenregungen der Helden, langatmige Reflexionen oder detaillierte Beschreibungen kennt das Märchen nicht. Obwohl sich das Märchen nicht nur mit jeder Generation, sondern mit jedem Erzählen verändert, sind gewisse Motive und die Form seiner Darstellung beständig.

---

[204] J. Bolte/G. Polívka, Anmerkungen, Bd. 4, 4.
[205] A. Jolles, Einfache Formen, 219.
[206] Das belegt schon der Brief von W. Grimm an B. v. Arnim (KHM, Bd. 1, 11-13).
[207] Vgl. A. Jolles, Einfache Formen, 231-233, 242-246.

In seiner mündlichen Form ist das Märchen eine landläufige Erzählung, das formal alle Züge der Folklore aufweist[208]. Da es erst durch die Sammlungen der Brüder Grimm an Kontur gewonnen hat, verwundert es nicht, wenn es verwandten Gattungen ähnelt. Besonders zur Moral, der Tierfabel und dem Schwank hat es eine große Nähe.

Seiner Form nach ist das Märchen eine in sich geschlossene Einzelerzählung, die nicht von historischen Begebenheiten berichtet. Die für die Sage konstitutiven geographischen und geschichtlichen Anhaltspunkte spielen für das Märchen keine Rolle, da es seine eigene Welt gestaltend entwirft. In Abgrenzung zur *Geschichte* (story), *Erzählung* (tale), *Sage* (Sage), *saga* (saga), *Mythe* (myth) und *Legende* (legend) wird das *Märchen* im Englischen mit fairy tale bezeichnet.

5. Geschichte, Historie und Erzählung

a) Der Begriff

Ahd. *gésciht* bedeutet casus, eventus, Schickung, Zufall, aber auch allgemein Ereignis, Geschehen, Begebenheit oder tatsächlicher Vorfall[209]. Ab dem spmhd. wird gésciht gleichbedeutend mit *historie* verwendet. Als Synonym gebraucht, spitzt sich Geschichte, Historie in Abgrenzung zu Fabel, Sage und Märchen auf die Bedeutung von Geschichtserzählung zu.

Das Wort *erzählen* hat sich aus dem ahd. zalon, zellan, asächs. talon über mhd. zellen, erzeln, erzellen zu fnhd. erzelen entwickelt. Schon das ahd. zalon, zellen ist in der breiten Bedeutung von zählen, rechnen, berechnen, aufzählen, erzählen, berichten und sagen belegt. Nahm man in der älteren Sprachforschung an, daß sich zählen von der rein numerischen Bedeutung über aufzählen, mitteilen entwickelt hat, so ist in der neueren Forschung schon früh die doppelte Grundbedeutung belegt: Ahd. irzellen heißt sowohl aufzählen, erwägen und ermessen als auch erzählen, berichten, überdenken und beschreiben.

Erstmals im Frühneuhochdeutschen ist das aus fnhd. erzelen gebildete Nomen Erzählung belegt. Zuerst wurde die Erzählung als kurze, mündliche Schilderung verstanden. Spätestens seit dem 19. Jahrhundert versteht man unter Erzählung eine einfache epische Dichtung[210].

---

[208] Vgl. W. Bascom, The Forms of Folklore, 3-20.

[209] Vgl. J./W. Grimm, Geschichte, Bd. 4, I, 2, 3857-3866.

[210] Vgl. J./W. Grimm, Erzählen/Erzählung, 1076-1078; J. Splett, zala, Bd. I,2, 1169-1170.

b) Wesen und Funktion

Eine ausführliche Definition von Geschichte, Historie haben wir in einem
verbreiteten Universallexikon des 18. Jahrhunderts gefunden: „Geschichte,
Historie, Historia, [ist] die schriftlich verfaßte nachricht wichtiger begebenheiten. [...] Die Geschichte sind ein spiegel der tugend und laster, darinnen
man auch fremde erfahrung lernen kan, was zu tun oder zu lassen sey; sie
sind ein denckmahl der boesen so wol als der loeblichen thaten, da einem
iedem sein lob oder seine schmach by der nachwelt behalten wird: sie sind
eine ansehnliche schaubuehne, da ein ieder in der person aufgeführet wird,
die er in seinem leben gespielet. wer die Geschichte mit nutzen lesen will,
muss die Chronologie, die Geographie und Genealogie, als hell-leuchtende
fackeln, die ihnen vorleuchten, zu hülfe nehmen, und im lesen eine gute
ordnung behalten"[211].

Begriffsgeschichtlich betrachtet, stammt das Zitat aus der Umbruchs-
phase der Bedeutung des Wortes *Geschichte*. Bis weit ins 18. Jahrhundert
hinein verstand man unter Geschichte sowohl die individuelle Erzählung
einer Begebenheit, die zu Propagandazwecken ebenso wie zur Unterhaltung
verbreitet worden ist, als auch den Tatsachenbericht. Gegenstand der Geschichte war alles, was wert war, erzählt zu werden. Selbst die Geschichtsschreibung des Spätmittelalters und der frühen Neuzeit wies der Geschichte
Aufgaben zu, die wir heute nur noch der Belletristik einräumen. Die Definition von J.Th. Jablonski von 1748 markiert einen Wendepunkt. Zwar
charakterisiert Geschichte, Historie noch der individuell, menschliche Zug,
aber Jablonskis Definition läuft schon auf den modernen Begriff der Geschichtsschreibung hinaus. Geschichte berichtet nach dieser Definition nicht
von einem beliebigen Geschehnis, es ist nicht eine Hirtenerzählung oder
ein Schwank aus dem Dorf, Geschichte ist ein Tatsachenbericht. Alles Fiktive ist der Geschichte genommen: Geschichte, Historie erzählt nicht von
unbedeutendem, vielmehr ist sie „die schriftlich verfaßte nachricht wichtiger begebenheiten"[212].

Geschichte, Historie wird so gleichbedeutend mit Geschichtsschreibung,
Historie. Um ein wirklichkeitsgetreues Bild von der Geschichte zu erlangen, empfiehlt Jablonski dem Leser zur Vervollständigung der Geschichts-
berichte die Lektüre der Chronologie, Geographie und Genealogie als Hilfs-

---

[211] J.Th. Jablonski, Allgemeines Lexicon der Kuenste und Wissenschaften, 1748, 386.
[212] J.Th. Jablonski, Geschichte, 1748, 386.

wissenschaften der Geschichte. Mit diesem Verständnis von Geschichte ist
also ein Zeitpunkt markiert, von dem ab die im Begriff eines kollektiven
Singulars gefaßte Geschichte das Ergebnis einer wissenschaftlichen Geschichtsschreibung ist. Eine solche Darstellung der Vergangenheit duldet
weder Anekdoten noch Schwänke.

So trat im Verlauf des 18. Jahrhunderts der allgemeinen Bedeutung des
Begriffes Geschichte eine besondere zur Seite: Geschichte war der von der
Geschichtswissenschaft beschriebene, der historischen Wirklichkeit entspre-
chende Bericht des Vergangenen; Geschichte war die aufeinanderfolgende
Summe der zurückliegenden Ereignisse[213].

Im Jahre 1930 beschreibt A. Jolles die Geschichte, er spricht von Historie, in Abgrenzung zur Sage: Die Geschichte „wirkt als Feind der Sage, sie
bedroht sie, sie stellt ihr nach, die verleumdet sie und verdreht ihr die Worte
im Munde. Von der einen Geistesbeschäftigung aus wird das, was in der
anderen Geistesbeschäftigung positiv war, negativ, was Wahrheit war, wird
Lüge. Die Tyrannei der ,Historie' bringt es sogar fertig, von der Sage zu
behaupten, sie existiere eigentlich gar nicht, sondern sie bilde nur eine Art
schüchterner Vorstufe zur ,Historie' selbst"[214]. In der modernen Literaturwissenschaft werden die Begriffe Geschichte und Erzählung häufig synonym verwendet. Nach Gattungskriterien handelt es sich um besondere

---

[213] Vgl. W. Seidenspinner, Sage und Geschichte, 20-25; P. Rossi (Hg.), Theorie der
modernen Geschichtsschreibung, 1987. – Dennoch ist die Bedeutung von *Geschichte*
als einer kurzen, in sich geschlossenen Erzählung, die teilweise auf wirkliche Gesche-
nisse zurückgeht, sich aber ebenso der Phantasie ihres Dichters verdankt, um die Wende
vom 18. zum 19. Jahrhundert wiedererstanden. Dies illustriert beispielsweise F. Schil-
lers *Der Verbrecher aus verlorener Ehre. Eine wahre Geschichte* und *Spiel des Schicksals.
Ein Bruchstück aus einer wahren Geschichte*. Ein besonderes Beispiel sind die Texte J.P.
Hebels, die zwischen 1804 und 1819 als Kalendergeschichten im *Rheinländischen
Hausfreund* erschienen. Was der Hausfreund bietet, ist ein Sammelsurium epischer
Gattungen: Anekdoten, astronomische Abhandlungen, Berichte, zeitgeschichtliche und
historische Darlegungen, Porträts, Naturkundliches, Lexikalisches wie Anleitungen zum
richtigen Gebrauch von Wörtern und sogar Kochrezepte. Kurzum, der Hausfreund
bietet allerlei Textsorten. Darunter ist auch die Kurzgeschichte, ein Genre, dem Hebel
mit seinem verbreiteten Hausfreund zur Geltung verhalf. Einige Beispiele für die Textsorte Erzählung bieten *Die Judenbuche* von A. v. Droste-Hülshoff, E. Mörikes *Mozart
auf der Reise nach Prag*, A. Stifters *Der Hagestolz*, R.M. Rilkes *Die Aufzeichnungen des
Malte Laurids Brigge*, H. Hesses *Kinderseele* oder H. Brochs *Der Tod des Vergil*. Diese
berühmten Exempel deutschsprachiger Erzählkunst stehen paradigmatisch für die epische Untergattung Erzählung.

[214] A. Jolles, Einfache Formen, 64; vgl. auch G. v. Rad, Genesis, 16-19.

Formen der Epik, die tektonisch straffer aufgebaut sind als das Epos oder der Roman. Außerdem schwingt in beiden Begriffen, die zwischen der allgemeinen Bedeutung und der speziellen Bezeichnung einer Untergattung hin- und herpendeln, konnotativ ihre Mündlichkeit mit.

Exkurs: Novelle

Von der Erzählung sondert sich in der deutschen Literatur im letzten Jahrzehnt des 18. Jahrhunderts als eigene Untergattung der Epik die Novella ab. Ihren Namen verdankt die Gattung der florentiner Sammlung *Il Novellino* aus dem ausgehenden 13. Jahrhundert. G. Boccaccios Novellenzyklus *Il Decamerone* aus dem 14. Jahhundert galt dann lange Zeit als verbindliches Vorbild für die Novelle[215]. Auch die Novellen von M. de Cervantes *Novelas ejemplares* aus dem frühen 17. Jahrhundert wirkten sich auf die nordeuropäische Literatur nachhaltig aus. Über Italien und Spanien gelangte die Gattung nach Weimar[216].

Goethe hatte spät Freude an der dichten, epischen Form gefunden, die vom Umfang weitaus kürzer ist als die Erzählung. Als er sich im Gespräch mit J.P. Eckermann vom Donnerstag Abend, den 29. Januar 1827, über seinen jüngsten Text unterhält, fällt die berühmte Definition der Novelle: „Es kam sodann zur Sprache, welchen Titel man der Novelle geben solle; wir taten manche Vorschläge, einige waren gut für den Anfang, andere gut für das Ende, doch fand sich keiner, der für das Ganze passend und also der rechte gewesen wäre. ‚Wissen Sie was, sagte Goethe, wir wollen es die *Novelle* nennen; denn was ist eine Novelle anders als eine sich ereignete unerhörte Begebenheit. Dies ist der eigentliche Begriff, und so Vieles was in Deutschland unter dem Titel Novelle geht, ist gar keine Novelle, sondern bloß Erzählung oder was Sie sonst wollen. In jenem urspünglichen Sinne einer unerhörten Begebenheit kommt auch die Novelle in den Wahlverwandtschaften vor"[217].

Die Novelle ist also ein prosaischer Text, der, um Goethes Wort aufzunehmen, „eine sich ereignete unerhörte Begebenheit" schildert. Im Unterschied zur Erzählung konzentriert sich die Novelle auf *ein* Ereignis. Sie verliert sich nicht in Nebensächlichem. Ein zweites Kriterium gibt das Eigenschaftswort preis: Die Novelle schildert eine *unerhörte* Begebenheit.

---

[215] Vgl. zur älteren deutschen Novelle J. Strasser, Vornovellistisches Erzählen, 1989; E. Stutz, Frühe deutsche Novellenkunst, 1991.

[216] Vgl. H. Aust, Novelle, 52-60 (Literatur).

[217] J.W. v. Goethe, Johann Peter Eckermann. Gespräche mit Goethe, MA 19, 203.

Die beiden inhaltlichen Kriterien der Novelle schlagen sich in der Form nieder. Weil sich die Novelle auf ein einzelnes, besonderes Ereignis konzentriert, ist sie gewöhnlich wesentlich kürzer als die Erzählung, die im Umfang dem Roman näher steht als der Novelle. Die Novelle ist dicht geschrieben. Auch darin liegt der Unterschied zur Erzählung. Nur das Außergewöhnliche ist ihr Thema. Alles Nebensächliche, jedes unnötige Detail spart die Novelle aus[218].

c) Beschreibende Definition

Der Begriff *Geschichte* hat sich von seiner Grundbedeutung als Erzählung eines allgemeinen Ereignisses, das unterhaltend ausgeschmückt werden kann, zu einem Tatsachenbericht über historische Ereignisse hin gewandelt. In dieser Konnotation wurde Geschichte erstmals ab Mitte des 18. Jahrhunderts als kollektiver Singular gebraucht. In der zweiten Grundbedeutung wurde mit Geschichte eine narrative Gattung, oft synonym mit Novelle oder Erzählung, bezeichnet. Neben dieser Gattungsbezeichnung hat der Begriff Geschichte noch eine weitere Bedeutung: Er bezeichnet auch mündlich vorgetragene Erzählungen.

Dagegen ist nicht alles Erzählte eine Erzählung. Der erst im Frühneuhochdeutschen aufkommende Begriff *Erzählung*, bezeichnet eine in sich geschlossene, dem Umfang nach kurze, epische Gattung. Abzugrenzen sind die literarischen Genres Geschichte und Erzählung von der seit dem frühen 19. Jahrhundert in der deutschsprachigen Literatur belegten prosaischen Textsorte *Novelle*. Die Novelle ist eine eigenständige Untergattung der Epik. Nach J.W. v. Goethe schildert sie eine einmalige, unerhörte Begebenheit. Sie konzentriert sich also ganz auf ein Ereignis oder eine Person und meidet im Gegensatz zur Erzählung Nebenrollen oder Nebenpersonen.

---

[218] Vgl. zu den weiteren Charakteristika H. Aust, Novelle, 8-19. – Das frühe 19. Jahrhundert bescherte der Novelle der deutschsprachigen Literatur ihre erste Blüte. Neben der *Novelle* Goethes haben namhafte Verteter wie A. v. Arnim mit dem *Wintergarten* (1809) und dem *Landhausleben* (1826) zwei Bände mit Novellen veröffentlicht (vgl. G. Schulz, Deutsche Literatur, Bd. VII/2, 394-396, 469-476, 493-501). Von C. v. Brentano erschienen 1806 die *Geschichte vom braven Kasperl und dem schönen Annerl* und 1818 die *Chronika eines fahrenden Schülers*. Von J. Freiherr v. Eichendorff sind vor allem *Das Marmorbild* von 1818 und *Aus dem Leben eines Taugenichts* von 1826 bekannt (H. Aust, Novelle, 52-174, bietet umfangreiche Listen mit Novellen vom Hochmittelalter bis zur Gegenwart; vgl. auch J. Kunz, Novelle, ²1973; J. Müller, Novelle und Erzählung, 97-107; B. v. d. Wiese, Die deutsche Novelle, 1959/1962, Bd. 1-2).

Die Gattungsbegriffe Geschichte, Erzählung und Novelle bezeichnen drei literarische Formen, die sich nicht, wie die Sage oder das Märchen, volkstümlicher, mündlich erzählter Überlieferung verdanken, sondern als schriftlich konzipierte Literatur von einem Dichter stammen.

6. Grundformen der Erzählung

Die volkstümliche Epik kann nach literaturwissenschaftlichen Gattungs-kriterien in *Mythe*, *Sage, saga* und *Märchen* unterschieden werden. Allen Gattungen ist gemein, daß sie nicht, wie von moderner Literatur gewohnt, aus der Feder eines bekannten Autors stammen, sondern zunächst als an-onyme, mündliche Einzelerzählungen gewachsen und überliefert worden sind. Die Enstehung einzelner Erzählungen bleibt im Dunkeln verborgen. Immer jedoch verdanken sie sich einer besonderen Person oder einem be-sonderen Ereignis. An der Entstehung und Überlieferung wirken viele Per-sonen mit, deshalb kann man bei diesen Texten nach wie vor mit einiger Berechtigung von Volkspoesie sprechen, auch wenn „das Volk" im Sinne der romantischen Auffassung der Brüder Grimm, die sich auch noch bei H. Gunkel niederschlägt, weder als kollektives Gedächtnis noch als kollektiver Dichter verstanden werden kann[219].

Zu einer Unterscheidung der anfänglich eng verwandten Textsorten[220] haben zwei parallele Entwicklungen geführt. Die Wiederentdeckung der griechischen Antike hat in der deutschen Dichtung des 18. Jahrhunderts zu einer an Aristoteles' *Poetik* orientierten, exakteren Bestimmung literarischer Gattungen geführt. Wie bei Aristoteles, der von der Tragödie und der Ko-mödie ausgegangen war[221], standen aber immer literarische Texte[222] im Vordergrund. Erst die Brüder Grimm haben mit ihren drei Sammlungen (den *Kinder- und Hausmärchen* von 1812/1815[223], den *Sagen* von 1816[224]

---

[219] So L. Röhrich, Volkspoesie ohne Volk, 49-65; D. Fehling, Amor und Psyche, 96-103.

[220] Daß und wie sich die Gattungen überlappt haben, zeigen beispielsweise die Studien von E. Stutz, Frühe deutsche Novellenkunst, 1991, und J. Strasser, Vornovellistisches Erzählen, 1989.

[221] Vgl. Aristoteles, Poetik, 1447a-1459b.

[222] In der Folkloristik wird nach P. Sébillot, Le Folklore, 1913, 1-13, zwischen „oraler" und „literaler" Literatur unterschieden. Unter oraler Literatur verstehen wir mündliche Texte, die eine vergleichbare Funktion in der mündlichen Gemeinschaft einnehmen wie schriftliche Texte in einer literalen Gemeinschaft.

[223] Vgl. J./W. Grimm, Kinder- und Hausmärchen, 1812/1815, Bd. 1-2.

[224] Vgl. J./W. Grimm, Deutsche Sagen, 1816.

und der *Deutschen Mythologie* von 1835[225]) drei wichtige Textsorten der Volkspoesie differenziert und damit die Paradigmen für die Gattungen Mythe, Sage und Märchen geschaffen.

Diese Genres werden auch in mündlichen Kulturen nach formalen, linguistischen sowie inhaltlichen Kennzeichen und vor allem nach ihrer Funktion differenziert[226]: Nach W. Bascom unterscheiden die Ifugao-Indianer auf den Philippinen ebenso wie die Kimbudus aus Angola zwischen wahren und fiktionalen Erzählungen[227]. Die auf einer zu Papua-Neuguinea gehörenden Inselgruppe beheimateten Trobriander kennen sogar drei erzählende Gattungen: Sie unterscheiden Märchen *Kukwanebu*, Sagen *Ligwogwo* und Mythen *Liliu*. Auch die kanadischen Nunviak Eskimos und einige andere Eskimostämme verfügen über diese drei Textsorten[228]. Nur in zwei Gattungen erzählen die nordamerikanischen Crees: Mit *ācimōwin* bezeichnen sie alle Arten von Erzählungen, aber die für den Stamm wichtigen Mythen heißen *ātayōkēwin*[229].

Die *Mythe* (engl. myth) ist eine die Welt erschaffende und deutende Erzählung; ihr Spezialfall ist die Göttererzählung. Der Völkerkunde verdanken wir den Hinweis darauf, daß Mythen für viele Stämme und Völker mündlicher Kulturen nach wie vor als wahre und verbindliche Geschichten gelten[230]. Der Sitz im Leben der Mythe hängt häufig mit dem Kultus zusammen. Das ist ein möglicher Ort, aber nicht der einzige, denn Mythen werden oftmals auch außerhalb des Kultus erzählt[231].

Die *Sage* (engl. Sage) ist eine in sich geschlossene Einzelerzählung, die von einem besonderen Ereignis oder einer herausragenden Person handelt; sie haftet an einem geographischen oder geschichtlichen Anhaltspunkt. Die Sage lenkt nicht durch viele Motive oder Nebenpersonen ab, ohne Zierde erzählt sie das Einmalige. Als Form der mündlichen Erinnerung wird sie in der Familie, im Clan und in der Dorfgemeinschaft erzählt[232].

---

[225] Vgl. J. Grimm, Deutsche Mythologie, 1835, Bd. 1-3.

[226] Vgl. G. Lademann-Priemer, Märchen und Mythen bei den Zulu, 53-64.

[227] Vgl. W. Bascom, The Forms of Folklore, 20-22.

[228] Vgl. W. Bascom, The Forms of Folklore, 14-16, sowie F. Boas, The Folk-Lore of the Eskimo, 1-13.

[229] Vgl. H.Chr. Wolfart, Empirische Untersuchungen, 78-80.

[230] Vgl. neben W. Bascom und H.Chr. Wolfhart auch M. Münzel, Poesie oder Mythos, 127-134.

[231] Vgl. W. Harrelson, Myth and Ritual School, 282-285; E.M. Zuesse, Ritual, 405-422.

[232] Vgl. A. Jolles, Einfache Formen, 63-65, 71-75.

Das *Märchen* (engl. fairy tale) entwirft ein Geschehen. In spielerischem Ernst schreitet die in sich geschlossene, prosaische Gattung von einer scheinbar ausweglosen Situation zu einem glücklichen Ausgang voran. Das erfreuliche Ende, in dem gewöhnlich das Gute zu seinem Recht kommt, verschafft dem Märchen seinen anmutigen und befriedenden Charakter. Das Märchen hebt die Tragik auf. Moralisch ist es naiv. Sein phantasievoller Stoff entzieht sich jeglicher geographischer und historischer Konkretion. Als Quelle geschichtlicher Ereignisse kommt es deshalb nicht in Betracht[233]. Märchen und Sagen werden von Alt und Jung in den Mußestunden zur Unterhaltung erzählt[234].

Begriffsgeschichtlich haben μῦθος, fabula[235], saga, Sage, Märchen, Geschichte, Historie und Erzählung ursprünglich dieselbe Grundbedeutung. Sie bezeichnen die mündliche Schilderung eines erzählenswerten Ereignisses. Auch ihre Funktion und ihre Trägerschaft sind weitgehend identisch. Erst im weiteren Verlauf der Geschichte bekommt jeder Begriff in Abgrenzung seine eigene Konnotation, die sich mit der Verschriftung und Gattungsbildung verfestigt und so die Textsorten klar konturiert. Die Begriffe *Geschichte* (engl. story) und *Erzählung*[236] (engl. tale) sind als Bezeichnungen für literarische Prosa neutral belegt. Um die von Jakob handelnden Texte nicht präsumptiv einzuordnen, sprechen wir von Erzählungen. Unter Erzählung verstehen wir einen Text, der ein besonderes Geschehen schildert, das in aller Regel von einer Spannung zu einer Lösung fortschreitet[237].

---

[233] Vgl. A. Jolles, Einfache Formen, 242-246.

[234] Vgl. ausführlich S. 77-80, 102-104, 116-126.

[235] Vgl. M. Wissemann, Fabel, 1-13, zur Entstehung und Entwicklung der Gattung Fabel.

[236] Vgl. W. Seidenspinner, Sage und Geschichte, 14-38, zur Kritik des Grimmschen Verständnisses der Begriffe.

[237] So schon C. Westermann, Arten der Erzählung, 40. – Vgl. allgemein O. Kaiser, Literaturgeschichte, 306-337; sowie R. Smend jr., Die altisraelitische Literatur, 273-323.

IV. Mündliche Überlieferung

1. Einleitung

Die mündliche Überlieferung der alttestamentlichen Stoffe liegt weitgehend im Dunkeln. Dennoch ist es möglich, aus den spärlichen Angaben, die das Alte Testament selbst macht, und in Analogie zu den Ergebnissen der Ethnologie und Literaturwissenschaft den Prozeß der mündlichen Überlieferung und ihrer Verschriftung zu erhellen. Schon J.W. v. Goethe äußerte sich dazu im *West-östlichen Divan*: „Wenn der Mensch daran denken soll, von Ereignissen, die ihn zunächst betreffen, künftigen Geschlechtern Nachricht zu hinterlassen, so gehört dazu ein gewisses Behagen an der Gegenwart, ein Gefühl von dem hohen Werte derselben. Zuerst also befestigt er im Gedächtnis, was er von Vätern vernommen, und überliefert solches in fabelhaften Umhüllungen; denn mündliche Überlieferung wird immer märchenhaft wachsen. Ist aber die Schrift erfunden, ergreift die Schreibseligkeit ein Volk vor dem andern, so entstehen alsdann Chroniken, welche den poetischen Rhythmus behalten, wenn die Poesie der Einbildungskraft und des Gefühls längst verschwunden ist. Die späteste Zeit versorgt uns mit ausführlichen Denkschriften, Selbstbiographien unter mancherlei Gestalten"[1].

Für besonders zuverlässig hält Goethe die mündliche Überlieferung nicht, da der Tradent das, was er von den Vätern vernommen hat, nur in „fabelhaften Umhüllungen" weitergibt. So verklärt die Überlieferung den Stoff. Mit der Erfindung der Schreibkunst restituiert die Schrift die mündliche Tradition. Wie aus der mündlichen Überlieferung ein Text entsteht, verrät uns der Dichter nicht. Nur eines ist auch Goethe klar, kulturgeschichtlich geht das mündliche Wort dem schriftlichen voran.

Aber gerade die Erhellung der Entwicklung, die das mündliche Wort bis zu seiner Verschriftung und Kanonisierung durchmacht, ist für die Beurteilung der Konstanz und Variabilität des Tradierten nötig. So fragen wir allgemein nach dem Überlieferungsprozeß: Wie werden mündliche Erzählungen überliefert? Was sind die Kennzeichen der mündlichen Überlieferung? Wie wird der mündliche Stoff überliefert? Wie wird er verändert?

---

[1] J.W. v. Goethe, West-östlicher Divan, HA 2, 151-152.

Später fragen wir dann nach dem Verhältnis der mündlichen Überlieferung zum schriftlichen[2] Text[3]: Wie verändert sich der mündliche Stoff, wenn er aufgeschrieben wird?

2. Die mündliche Überlieferung

a) Das Alte Testament

Die vielen Belege der Verba דבר, אמר und כתב bezeugen, daß im Alten Testament oft vom Erzählen, Berichten und Schreiben die Rede ist. אמר ist im Alten Testament weit über fünftausendmal belegt, oftmals steht das durchweg im Qal auftretende Verb zur Einleitung der direkten Rede[4]. Häufig wird אמר auch synonym mit דבר verwendet[5]. דבר kommt im Alten Testament als Verb ungefähr elfhundertmal vor. Wesentlich seltener, nur 222 mal, zählen wir das Verb כתב[6]. Schon das häufige Vorkommen der Verba אמר und דבר gegenüber כתב müßte vordergründig zu dem Schluß führen, daß die Israeliten sehr viel geredet, aber wenig geschrieben haben. So folgert auch H. Haag, „daß in Israel das gesprochene Wort sowohl als Medium menschlicher Kommunikation wie göttlicher Offenbarung eine unvergleichlich wichtigere Rolle spielt als das geschriebene"[7]. Nur eingeschränkt ist dieser Schlußfolgerung zuzustimmen, denn es ist fraglich, ob die Kreise, denen wir gerade das geschriebene Wort verdanken, tatsächlich unumschränkt die Vorherrschaft des Mündlichen akzeptierten, oder ob gerade für diese Beamten, Schreiber und Priester das Geschriebene Vorrang hatte.

Der erste Israelit, der auf der Erzählebene schreiben können muß, ist Mose. Er wird von Jahwe beauftragt, כתב, einen Kriegsbericht aufzuzeichnen (Ex 17,14). Wenig später schreibt er dann die von Gott an ihn ergan-

---

[2] Der Begriff *schriftlicher Text* oder *oraler Text* ist keineswegs eine Tautologie: Paul Sébillot, Le Folk-lore, 1-13 (besonders S. 6-7), hat ihn 1913 in die Folkloristik eingeführt. Er bezeichnet eine relativ festgelegte Größe mündlicher Überlieferung, die in oralen Kulturen eine verbindliche Bedeutung hat und deshalb den schriftlichen Texten literaler Kulturen entspricht.

[3] Vgl. zum Begriff *Text* J.M. Lotmann, Die Struktur literarischer Texte, 81-91.

[4] Vgl. S.A. Meier, Speaking of Speaking, 25-30, 59-94, 141-183, 327-337.

[5] Vgl. S. Wagner, אמר, 353-354.

[6] Vgl. H. Haag, כתב, 387-388.

[7] H. Haag, כתב, 388.

genen Weisungen auf (Ex 24,4.12). Den Dichter interessiert es nicht, dem neugierigen Leser mitzuteilen, wie und wo Mose die Schreibkunst erlernt hat. So erfahren wir aus dem Buch Exodus über den *Sitz im Leben* der Literatur gar nichts.

Überraschenderweise ist כתב in der Genesis nicht ein einziges Mal belegt; ספר in der Bedeutung von Schreiber/Schriftkunst kommt nur im ספר תולדות (Gen 5,1) vor. Ansonsten taucht es in der Bedeutung von zählen, messen, zahlreich (Gen 15,5; 16,10; 32,13; 34,30; 49,49) und in der Bedeutung von erzählen (Gen 24,66; 29,13; 37,10; 40,8.9; 41,8.12) auf. Die Begründung ist einfach: Es gibt in der Genesis nichts, was auf der Handlungsebene der Erzählungen aufgeschrieben werden müßte. Kulturgeschichtlich betrachtet ist ja die Welt der Jakobserzählungen eine mündliche Welt von Halbnomaden, insofern hat das Schreiben hier keinen Platz. Wem auch, denken wir an die in den Erzählungen intendierte Leserschaft der Texte, hätte das Geschriebene mitgeteilt werden sollen, der Bericht von der Urgeschichte wäre bereits mit der Sintflut vernichtet worden. Und selbst zu Lebzeiten Jakobs gab es noch niemanden, der schriftliche Nachrichten oder Erzählungen verstanden hätte. Die Vätererzählungen schildern eine Welt von halbnomadischen Kleintierzüchtern[8], die keine Schrift erfordert.

Über die Situationen, den *Sitz im Leben*, in denen zur Erzväterzeit erzählt wurde, erfahren wir aus der Genesis wenig. Gewöhnlich leitet אמר die direkte Rede ein. An einigen Stellen durchbricht der Dichter den Dialog oder die Erzählung mit einer kurzen Notiz, in der er berichtet, daß auch einem Dritten die Geschehnisse mitgeteilt worden sind. Auf diese Weise wird Rebekka erzählt, daß Esau böse Pläne gegen seinen Bruder Jakob hegt (Gen 27,42); Rahel berichtet Laban von der Ankunft Jakobs (Gen 29,12); Jakob wiederum erzählt, ספר, Laban alles, was ihm widerfahren ist (Gen 29,13); Labans Söhne teilen so ihrem Vater die Hirtenlist Jakobs mit (Gen 31,1-2); die Boten Jakobs berichten Esau von der Ankunft Jakobs (Gen 32,4-21); und Hamor und Sichem reden mit den Bürgern der Stadt im Tor (Gen 34,20-24)[9]. Das sind die in den Jakobserzählungen geschilderten Erzählsituationen. Es handelt sich um den kurzen Bericht über ein besonderes Ereignis oder um ein Gespräch im Tor. Von Erzählabenden am Lagerfeuer, im Zelt, auf Reisen, auf dem Markt, bei der Hausarbeit oder beim

---

[8] Vgl. Th. Staubli, Das Image der Nomaden im Alten Israel, 116-173, 207-238; sowie E.A. Knauf, Midian, 9-15; W. Thiel, Entwicklung, 17-47.

[9] Vgl. B. Scharlau/M. Münzel, Quellqay, 29-55, die am Beispiel lateinamerikanischer Indianer verschiedene Formen der Kommunikation wie das gesungene und das getanzte Wort vorführen.

Hüten der Herde, also von den alltäglichen Erzählsituationen hören wir nichts. Der *Sitz im Leben* von Erzählungen, die zurückreichende und für die Gemeinschaft bedeutende Ereignisse berichten, bleibt nach den Jakobserzählungen im Dunkel.

Auch das übrige Alte Testament bringt kein brauchbares Beispiel für eine konkrete Situation, in der Erzählungen in der Familie oder der Sippe vorgetragen werden. Das verwundert keineswegs, kommt es doch dem Alten Testament nicht darauf an, authentische Erzählsituationen der Spätbronze- oder Eisenzeit zu schildern. Erzählsituationen werden im Alten Testament nicht um ihrer selbst willen erwähnt, sondern nur dort mitgeteilt, wo sie zum Kontext gehören (so Ri 4-5; 2 Sam 12,1-8; 14,1-20; Jer 36,1-32)[10].

b) Die mündliche Erzählung

Da wir aus dem Alten Testament nur spärliche Nachrichten über die Erzählsituation und auch die Träger der Überlieferung entnehen, wird ein Blick auf die Ergebnisse der Ethnologie und Literaturwissenschaft nötig. In Analogie zu den Jakobserzählungen nehmen wir nun den Überlieferungsprozeß von narrativen Gattungen in den Blick. Das Geheimwissen (Orakel, rituell-magische Formeln, Visionen, Gebete, Opfersprüche, ekstatische Äußerungen und Initiationsformeln) von Eingeweihten (Medizinmännern, Schamanen, Sehern oder Derwischen) können wir nur am Rande berücksichtigen[11].

Warum aber wird überhaupt erzählt? Erzählen stiftet Sinn und schafft Identität, es unterhält und belehrt. Eine mündliche Erzählung ist eine mehr oder weniger geschlossene Einheit, auf die auch die aristotelischen Kriterien[12] zutreffen: Sie hat einen Anfang, eine Mitte und einen Schluß. Das Erzählte ist in sich konsistent und bietet einen logischen Handlungszusammenhang. Es deutet die Phänomene der Welt und leitet den Hörer durch die bei ihm geweckten Stimmungen, wie Schauer und Entsetzen, Staunen und Neugier, Abscheu und Ekel, Zustimmung und Ablehnung, Freude und Trauer. Darüber hinaus stiftet das Erzählen auch eine Gemeinschaft, denn mindestens zwei Menschen, häufig aber mehr, sind um ihre

---

[10]   Vgl. zum Deboralied A. Weiser, Das Deboralied, 67-97; sowie U. Becker, Richterzeit, 138-139.

[11]   Vgl. M. Eliade, Schamanismus, 1957; M. Münzel, Poesie, 127-134.

[12]   Vgl. S. 65.

Erzählungen vereint. Schon für Sokrates ist Erzählen als lebendige Rede ein Akt des seelischen Austausches in einer Gemeinschaft[13].

Der Prozeß der mündlichen Überlieferung ist im wesentlichen von vier, sich gegenseitig bedingenden Faktoren abhängig: Dem Erzähler, seiner Zuhörerschaft, dem Anlaß und Inhalt des Erzählten sowie der Übermittlung an den nächsten Erzähler. Das gesprochene Wort ist die Mitte menschlicher Gemeinschaft, deshalb kann es nicht verwundern, wenn an jedem Ort, an dem sich Menschen begegnen, erzählt wird. Folglich heißt der anthropologische Grundsatz, alle erzählen, aber er lautet nicht, alle erzählen alles. Wer wem was wann und wie erzählt, wollen wir an einigen Beispielen vorführen.

Wenn der anthropologische Grundsatz eines *homo narrans* zutrifft, dann folgt daraus, daß jeder, der in der Lage ist zu erzählen, auch erzählt. Das landläufige Erzählen ist nicht an Ausbildung, Stand oder Amt gebunden. Anders ist es mit der gezielten Sammlung und Verschriftung des Erzählgutes. Hier konnten wir sowohl bei den *Deutschen Sagen* als auch bei den *Kinder- und Hausmärchen* sehen, daß die systematische Sammlung und Verschriftung auf einzelne Gebildete und weitere Angehörige gebildeter Kreise zurückgeht[14]. Bei den Erzählern gibt es zunächst nur ein eindeutiges Kennzeichen: In der Regel erzählen die Älteren den Jüngeren. Dies ist ein weiterer anthropologischer und auch kulturgeschichtlicher Grundsatz: Die jüngeren Menschen hören anfänglich eher zu[15].

Aber nicht nur das Kind freut sich am Erzählten, der Erwachsene hat ebenso Freude daran. Schon für das alte Ägypten[16] und die griechische Antike ist ein blühendes Erzählwesen belegt[17]. Auch die *Scheherazade* hat auf der Ebene der erzählten Welt einen ähnlichen *Sitz im Leben*. Aus der

---

[13] Vgl. S. 191-192.

[14] Vgl. S. 70-80, 102-104.

[15] Diese Regel läßt sich für die Erzählsituation der Guarani-Indianer Paraguays, der Hopis Nordamerikas, verschiedene Zigeunervölker des Balkans – wie Sintis, Roma, Kalderasch oder Manondus – ebenso aufstellen wie für die nepalesischen Newars und Sherpas, kanadische Eskimos, die afrikanischen Bantus, die nigerianischen Yorubas, die Szekler aus der Bukowina oder die zwischen Rhein und Sieg ansässigen Menschen (vgl. B. Scharlau/M. Münzel, Quellqay, 1986; L. Dégh, Märchen, Erzähler, Erzählgemeinschaft, 1962; H. Courlander, Tales of Yoruba, 1973; K. Schlosser, Die Bantubibel, 1977; H. Fischer, Erzählgut der Gegenwart, 1978; A.H. Bâ, Das Wort, 1987, 29-39; G.A. Rakelmann, Orale Traditionen im Wandel, 1990, 185-198; F. Boas, The Folk-Lore of the Eskimo, 1904, 1-13).

[16] Vgl. E. Brunner-Traut, Erzählsituation, 74-78.

[17] Vgl. J. Bolte/G. Polívka, Anmerkungen, Bd. 4, 4-8.

mittelalterlichen Literatur ist bekannt, daß eine Erzählkultur über ganz
Europa verbreitet war. Häufig unterhielt zur Abendzeit ein weitgereister
fabulator mit seinen Geschichten die Gesellschaft[18]. Der Erzähler bei Hofe
war ein bestellter Künstler, der für seine Dienste Lohn empfangen hat.
Nach wie vor ist im Vorderen Orient ein bezahlter Hakawati, ein Kaffee-
hauserzähler, bekannt[19]; Beduinenstämme kennen einen Stammesdichter[20].
Auch der Siebenbürgener Zigeuner Gheorge Lungu hat nach eigenen Aussagen um Lohn auf Hochzeiten, ja sogar zur Belehrung von Schülern im
Gymnasium erzählt[21]. Tritt ein professioneller Erzähler auf, so ist die Erzählsituation völlig von der Persönlichkeit des Erzählers bestimmt. In diesem Fall kann man auch nicht von Erzählgemeinschaft reden. Hier müßte
schon eher von Aufführung und Inszenierung des Erzählten gesprochen
werden. Eine solche Situation unterscheidet sich aber in Anlaß und Form
völlig vom spontanen Erzählen[22].

Den *Sitz im Leben* der Erzählung belegen J. Bolte und G. Polívka mit
einer beeindruckenden Vielfalt von Beispielen, von der antiken über die
mittelalterliche bis zur modernen Literatur. Gewöhnlich wird das Märchen
in den Mußestunden an Winterabenden, beim Sticken, Stopfen, Spinnen
und Schnitzen von den Alten für die ganze Sippe erzählt. In den Kinder-
stuben sind es vor allem die Großmütter, die ihre nach ihnen benannten
fabulae aniles, Altweibermärchen, aber auch Sagen und eigene Erlebnisse
erzählen; Ammen, daher Ammenmärchen, und Kinderfräuleins erzählen
den Kindern tagsüber und besonders abends Märchen. Aber auch die Erwachsenen hören gerne Märchen. Nachgewiesen sind Märchenerzähler an
Bord eines Schiffes, die bei einer Flaute die Matrosen unterhalten; während
der Ernte erzählen Schnitter und Erntehelfer in der Mittagsruhe, Eismeer-
fischer nach dem Fang[23].

Die vornehmlich auf schriftlichen Quellen basierenden Angaben werden nun von den Ergebnissen der Folkloristik unterstützt: A. Heunemann
berichtet von nepalesischen Newars und Sherpas, von Reisbauern, den älteren Frauen der Großfamilie, die in den Mußestunden Geschichten erzählen. *Bhanne bela* nennen die Nepali die Zeit des Erzählens. Besonders die

[18] Vgl. H.R. Picard, Der Geist der Erzählung, 43-48.
[19] Vgl. R. Schami, Erzähler der Nacht, 62-63, 108, 139.
[20] Vgl. S. Alafenisch, Der Weihrauchhändler, 20; sowie A.H. Bâ, Das Wort, 29-39.
[21] Vgl. G.A. Rakelmann, Orale Traditionen, 190-191.
[22] Vgl. R. Schenda, Von Mund zu Ohr, 192-216.
[23] Vgl. J. Bolte/G. Polívka, Anmerkungen, Bd. 4, 4-8; sowie R. Schenda, Von Mund zu
      Ohr, 147-191.

Altgereiften, *budhāpākhā* genannt, bilden mit ihren Erzählungen die Mitte der Gemeinschaft. Wie in allen bäuerlichen Kulturen, so hat auch das Beisammensein und Erzählen in Nepal seine vom Zyklus der Natur bedingte Saison. Eine Newarfrau erklärt: „In der kalten Zeit, wenn es nicht soviel Arbeit, aber auch nicht viel zu essen gibt, wenn abends die Kinder quengeln und unleidlich sind, dann wird in einem kleinen Behälter Holzkohle entfacht, und so lange die Glut wärmt, werden Geschichten erzählt. Dann rollt sich jeder in seine Decke und schläft ...“[24].

Erzählen bedeutet Muße. Folglich wird in jeder Situation erzählt, die Muße bietet. Der Alltag gibt den *Sitz im Leben* des Erzählens vor: Die Bäuerin erzählt nicht, wenn sie melkt, auch nicht der Bauer, wenn er den Pflug führt, aber wenn bei der Ernte in den Mittagsstunden die Gemeinschaft ruht, dann kann erzählt werden. Oder wenn die Bauern an der Mühle zusammenstehen und darauf warten, daß der Müller das Korn mahlt, oder wenn einige beim Schmied darauf warten, daß ein Pferd beschlagen wird, dann ist die Zeit zum Erzählen gekommen. Diese Erzählsituationen sind alters- und geschlechtsspezifisch. Männer eines Alters mit ähnlichen Aufgaben, vergleichbarer Herkunft und Bildung, kurzum Männer, die dem gleichen soziokulturellen Kontext angehören, erzählen sich untereinander. Eine vergleichbare Situation ergibt sich, wenn Frauen bei einer Hausarbeit zusammenhocken, die das Erzählen erlaubt[25].

Zigeuner erzählen die Märchen zur allgemeinen Unterhaltung im Winter, Kindern werden sie zu jeder Jahreszeit erzählt, auf Hochzeiten und anderen Familienfesten werden Märchen aufgeführt; aber es kommt auch vor, daß lyrische Märchen bei der Arbeit als Taktangabe vorgetragen werden, oder daß ein Erzähler auf dem oft stundenlangen Weg zur Arbeit Märchen auf dem Wagen erzählt. Selbst während der Totenwache erzählen einige Zigeuner tröstende Märchen[26].

---

[24] A. Heunemann, Märchenerzählen in Nepal, 65; vgl. weiterführend R. Schenda, Von Mund zu Ohr, 147-191.

[25] Vgl. H. Fischer, Erzählgut, 18-33; sowie R. Schenda, Von Mund zu Ohr, 83-130.

[26] Vgl. G.A. Rakelman, Orale Traditionen, 190-191; das bestätigt R. Schenda, Von Mund zu Ohr, 125-130. – G.A. Rakelman berichtet von der Bedeutung des Märchenerzählens bei einigen Zigeunervölkern. Während bei den deutschsprachigen Zigeunern Märchenerzähler in Quellen und Chroniken nicht auftauchen, sind sie auf dem Balkan und in Südosteuropa weit verbreitet. Johan Dimitri Taikon, ein Kalderasch Zigeuner, ist ein solcher Märchenerzähler. Der Schwede K.H. Tillhagen hat in den vierziger Jahren Taikons Märchen soweit wie möglich aufgezeichnet. Taikon erzählt seine Märchen nicht nur, er spielt und inszeniert sie: Einmal verwandelt er sich in eine Hexe, ein anderes Mal einen Frosch oder einen schönen Prinzen. Bei diesen Aufführungen der

Das von der Philologie und Völkerkunde entworfene Bild vom Erzähler und dem *Sitz im Leben*[27] der Märchen wird von einer beachtenswerten Studie aus der jüngeren Feldforschung unterstützt und ergänzt. H. Fischer hat von 1974 bis 1977 im Rhein-Sieg-Raum systematisch die Erzählungen der dort ansässigen Bevölkerung untersucht[28]. Besonders aufschlußreich sind seine Ergebnisse deshalb, weil sie mit drei älteren Untersuchungen von 1897/1905, 1929/1939 und 1936/1939, die von drei verschiedenen Feldforschern durchgeführt worden sind, verglichen werden können. Die Ergebnisse verblüffen. Zunächst ist es auffällig, daß H. Fischer entgegen allen Unkenrufen schon der Feldforscher des ausgehenden 19. Jahrhunderts, die das Verschwinden der mündlichen Erzählung prophezeiten, nach wie vor eine reiche und lebendige Erzählkultur vorgefunden hat. 1414 gesammelte Erzählungen sind ein beredtes Beispiel dafür.

Der *Sitz im Leben* und Funktion des Erzählten stimmt nach der Studie Fischers ganz mit den bisherigen Ergebnissen überein. Erzählt wurde, wenn Männer an der Mühle oder Schmiede zusammenstanden und auf die Erledigung ihrer Aufträge warteten. Vor dem Einzug des Fernsehgerätes wurde abends von den Alten der Familien in den Wohnstuben erzählt. Dort haben viele der Erzähler erstmals die sie tief beeindruckenden Erzählungen gehört. Am Sonntag Nachmittag kam Alt und Jung des Dorfes zusammen und erzählte[29]. Ereignisse, die der Erzähler mündlich überliefert bekommen hat – Informationen aus zweiter Hand – werden, so Fischer, emotional zurückhaltender erzählt als Geschichten, die auf eigenen Erlebnissen beruhen. Verständlicherweise erlebt der Erzähler zu den Geschichten aus zweiter Hand einen größeren Abstand. Beim Erzählen gehen viele Details verloren, oder die Geschichten werden stereotyp erzählt. Zeitlich spielen die meisten selbst erlebten Erzählungen zwischen den beiden Kriegen, räumlich sind sie in der Heimat der Erzähler, im Bergischen Land angesiedelt[30].

Märchen bedient sich der Erzähler auch der unterschiedlichsten sprachlichen Gattungen. In seinen Erzählfluß baut er Reime, Lieder und Sprüche ein. Auch die Zuhörer nehmen aktiv an der Aufführung der Märchen teil. Erzählt Taikon von einer Hochzeit, so klatschen, musizieren oder tanzen die Zuhörer vor Freude. Ein anderer Märchenerzähler ist der rumänische Zigeuner Gheorge Lungu. Er hat die Märchen vom Vater und anderen Alten der Familie erlernt. Hauptberuflich als Kesselflicker tätig, verdient sich Lungu einen Teil seines Unterhaltes durch das Erzählen von Märchen (vgl. G. A. Rakelmann, Orale Traditionen, 188-191; R. Schenda, Von Mund zu Ohr, 192-216).

[27]   Vgl. zum Begriff H. Gunkels, S. 14.
[28]   Vgl. H. Fischer, Erzählgut der Gegenwart, 24.
[29]   Vgl. H. Fischer, Erzählgut, 80 (Nr. 250).
[30]   Vgl. H. Fischer, Erzählgut, 22; vgl. weiterführend R. Schenda, Von Mund zu Ohr, 83-130.

Neben der Feldstudie von H. Fischer ist besonders die Arbeit von L. Dégh für das Erzählverhalten aufschlußreich. Während sich die Untersuchung Fischers auf einen geographisch und soziokulturell abgrenzbaren Bereich zwischen Rhein und Sieg konzentriert, hat Dégh eine bestimmte Volksgruppe im Blick. Es sind die heute im südlichen Siebenbürgen ansässigen Szekler[31]. Der Gegenstand beider Untersuchungen ist also denkbar verschieden. H. Fischers Studie beschäftigt sich mit Menschen, die durch Beruf, Dialekt, Religion und geographische und ethnische Abstammung eine relativ geschlossene, seit Jahrhunderten dort ansässige Volksgruppe bilden. Die Szekler dagegen verstehen sich als eine verpflanzte Volksgemeinschaft, die in ihrer neuen Heimat nur eine Minderheit darstellen. Früher lebten die Szekler als halbnomadische Viehzüchter mit gemeinsamem Grundeigentum in einer Gentilordnung. Erst im 19. Jahrhundert ist die Stammesordnung und der gemeinsame Grundbesitz aufgehoben worden, wodurch viele Szekler zu Leibeigenen wurden. Gerade ihre mehrfache Umsiedlung, die andauernden Auseinandersetzungen mit dem Hause Habsburg, die Zugehörigkeit einiger Teile der Volksgruppe zu Rumänien, anderer Teile zu Ungarn, hat ein starkes Traditionsbewußtsein ausgeprägt.

Im allgemeinen Forschungsteil ihrer Studie gibt L. Dégh eine Übersicht über Erzählgemeinschaften, die sich für bestimmte Zwecke zusammengeschlossen haben. Es handelt sich um konkrete Gemeinschaftsarbeiten, die verschiedene Menschen zusammenbringt, wie beispielsweise die Ernte, der Bau einer Scheune, Holzfällerarbeiten, Erdarbeiten und auch der Krieg. Überall dort, wo Menschen in Arbeitsgemeinschaften zusammenkommen, wird erzählt. Soziologisch unterscheidet L. Dégh drei Arten von Gemeinschaften: 1. Die wandernde Arbeitsgemeinschaft außerhalb des Dorfes von Handwerkern, Schiffern, Landarbeitern, Soldaten, Tagelöhnern, Knechten, Holzfällern und Hirten. Der Bedarf an Hilfskräften bei saisonal anfallender Arbeit verbindet die verschiedenen Personen unterschiedlicher Herkunft zu einer Gemeinschaft. 2. Die zweite Gruppe besteht aus den Bewohnern des Dorfes oder benachbarter Höfe, die sich zu aufwendigen Gemeinschaftsarbeiten zusammenfinden, wenn beispielsweise ein Dach repariert oder eine Scheune errichtet werden muß. 3. Schließlich gibt es auch Gemeinschaften, die unfreiwillig während eines begrenzten Zeitraumes bestehen wie etwa im Krankenhaus, im Gefängnis oder beim Militär[32]. Allen diesen Erzählgemeinschaften ist gemeinsam, daß die Menschen von

---

[31] Vgl. L. Dégh, Märchen, 7-13.
[32] Vgl. L. Dégh, Märchen, 71-80.

einem äußeren Anlaß zusammengeführt werden, der ihnen die Möglichkeit
zum Erzählen bietet. Der äußere Anlaß schafft die Erzählsituation[33].

Die Szekler aus Kaskat kennen zwei grundsätzliche Erzählformen. Entweder eine Person erzählt den ganzen Abend, oder es erzählen mehrere.
Aber nur selten kommt der erste Fall vor, er ist an eine außergewöhnlichen
Erzählerperson gebunden. Erzählen erhält dann den Charakter einer Aufführung. Ein außergewöhnlicher Erzähler läßt „andere nicht zur Geltung
kommen, er teilt den Ruhm nicht, er beansprucht die ungeteilte Zuneigung
seiner Zuhörer"[34]. Ein solcher Erzähler muß die seltene Fähigkeit besitzen,
auf die Wünsche seiner Zuhöhrer einzugehen, den Stoff phantasievoll auszudehnen, um einen ganzen Abend ausfüllen zu können. Viel häufiger
kommt es jedoch vor, daß verschiedene Erzähler der Gemeinschaft nacheinander und voneinander angeregt abwechselnd erzählen[35].

Ein weiteres Beispiel sind die finnischen Volkslieder, die zu Beginn des
19. Jahrhunderts von dem Arzt Elias Lönnrot gesammelt und zu einem
Epos von 50 Gesängen mit 22795 Versen, dem *Kalevala*, zusammengefaßt
worden sind[36]. Im ersten Gesang gibt das Kalevala selbst Auskunft darüber,
bei welchen Gelegenheiten die Einzelgesänge vorgetragen, wie und von
wem sie erlernt worden sind:

> „Laß uns Hand in Hand nun legen, Finger zwischen Finger fügen,
> Daß wir guten Sang nun singen, unsre besten Weisen bieten;
> Lauschen sollen ihm die Lieben, wissen sollen, die sichs wünschen,
> In der Jugend, die emporsteigt, in dem Volke, das heranwächst,
> Jene Worte, die gewonnen, Lieder, die ans Licht gekommen,
> Aus dem Gürtel Väinämoinens, unter Ilmarinens Esse,
> Aus der Klinge Kaukomielis, Joukahainens Bogenflugbahn,
> Von den Fernsten Nordlandfeldern, Kalevalas kargen Fluren.

---

[33]   In den Ruhepausen zwischen der Arbeit wird ebenso erzählt wie in den Mußestunden
nach der Arbeit. Erzählt wird, wenn der Feldzug Ruhe gönnt oder eine Verletzung den
Soldaten ins Lazarett zwingt. Bei vielen Erzählgemeinschaften vermischen sich so geographische und kulturell unterschiedliche Traditionen. Wenn umherziehende Landarbeiter bei der Ernte helfen, oder wenn Handwerksburschen oder Wandergesellen beim
Bauern aushelfen, dann tauschen sie unterschiedliche Traditionen und Erzählformen
aus (vgl. R. Schenda, Von Mund zu Ohr, 52-82, 131-146). Gerade die Ernte, bei der
Frauen und Männer, Alte und Junge, Heimische und Fremde gleichermaßen eingespannt sind, sorgt für einen lebendigen Austausch von Traditionen unter den Geschlechtern, den Generationen und den Regionen (vgl. R. Schenda, Von Mund zu
Ohr, 147-191).

[34]   L. Dégh, Märchen, 88.

[35]   Vgl. L. Dégh, Märchen, 87-88.

[36]   Vgl. L./H. Fromm im Nachwort zu E. Lönnrot, Kalevala, Bd. 1, 343-347.

Diese sang mein Vater früher, wenn am Schaft des Beils er schnitzte,
Diese lehrte mich die Mutter, wenn sie ihre Spindel spulte,
Ich als kleines Kind am Boden krabbelte vor ihren Knieen
Als ein kümmerlicher Milchbart, als ein kleingewachsnes Milchmaul.
[...]"[37].

L. und H. Fromm, die das Kalevala übersetzt und kommentiert haben, fassen den *Sitz im Leben* und die Art der Übermittlung der landläufigen Stoffe so zusammen: „Es waren Männer und Frauen, welche [...] den Liedgesang nicht als Beruf ausübten. Sie waren im sozialen Gefüge der Dorfgemeinschaft verankert, fischten und jagten, schwendeten und säten mit den Ihren, besaßen freilich häufig darüber hinaus noch das Ansehen eines ‚Wissers‘, das heißt: eines Menschen, der im Besitze magischer Kräfte und einer das übliche Maß an inneren und äußeren Erfahrungen weit überschreitenden Kenntnis und Begabung ist. Die Anforderungen, die an den epischen Sänger gestellt wurden, die Zeit, die es dauerte, bis sein Repertoire an Umfang und Qualität ihm Ansehen einbrachte, all das erklärt, daß es alte oder jedenfalls ältere Männer waren, die den alten epischen Liedgesang und magisches Liedwissen vortrugen. Die lyrischen Lieder wurden auch von den Jüngeren gesungen. Die junge Hirtin sang ihre Lieder schon zum zweiten Austrieb, und der größten ingermanländischen Sängerin, Larin Paraske, lauschten die Angehörigen des Dorfes, als sie noch kaum erwachsen war. Die Sänger und Sängerinnen erlernten die Lieder von ihren Vätern oder Müttern oder auch dadurch, daß sie von Jugend auf an den gemeinschaftlichen Unternehmungen, der Jagd, der Schwendung, dem Fischfang teilnahmen, zu denen die Älteren sich hören ließen"[38].

Überall dort, wo Menschen Muße haben, kann erzählt werden: Beim Wasserschöpfen am Brunnen, abends unter der Dorflinde, beim Hüten der Tiere[39], beim Rasten der Karawanen[40], im Beduinenzelt[41], auf langen Bootsfahrten auf dem Amazonas, beim Ausruhen von der Feldarbeit, in einer spärlichen Behausung nach Holzfällerarbeiten im Wald, auf dem Viehwagen, der zum Markt in die Stadt fährt, nach dem Kirchgang auf dem Kirchhof, im Gasthaus, bei Ruhepausen auf der Poststation, bei langen Reisen, am Herd, an langen Winterabenden in den Stuben, in der Hütte des Häuptlings, auf Pilgerreisen ebenso wie auf endlosen Bootsfahrten. Doch nicht

---

37   E. Lönnert, Kalevala, Bd. 1, 5 (I, 21–42).
38   L./H. Fromm im Nachwort zu E. Lönnert, Kalevala, Bd. 1, 366.
39   Vgl. S. Alafenisch, Der Weihrauchhändler, 56.
40   Vgl. S. Alafenisch, Der Weihrauchhändler, 14.
41   Vgl. S. Alafenisch, Der Weihrauchhändler, 18, 83–86, 87–88, 104.

nur in der agrarischen Gemeinschaft wird erzählt. Erzählt wird auch in der
Stadt. Alle Arten von Messen und Märkten bringen viel fremdes Erzählgut,
das sich mischt. Die Handwerker erzählen in den Ruhepausen, die Kaufleute beim Geschäft und alle auf den Festen und in den Schänken. Jede vor-
industrielle Kultur bietet zum Erzählen auch während der Arbeit reichlich
Gelegenheit[42].

Oft ergibt sich die Erzählsituation spontan. Dort, wo Menschen freiwillig oder aus Pflicht zusammenkommen, erzählen sie. Auf der Poststation,
auf der Wanderschaft der Handwerksgesellen, im Lazarett oder im Krieg
treffen Menschen fremder Herkunft aufeinander, die mit den Geschichten
aus der Heimat, Reiseabenteuern oder sonstigen Eigentümlichkeiten den
Horizont ihrer Hörer erweitern. Da in der Regel eine Erzählgemeinschaft
aus verschiedenen Erzählern und Hörern besteht, bietet die Erzählsituation
ein einziger Austausch von Informationen und Traditionen. Daneben gibt
es die schon erwähnte natürliche Erzählsituation in der Kinderstube oder in
der Küche, wenn die Hausgemeinschaft zusammen sitzt. Diesen *Sitz im
Leben* gibt der Anlaß vor: Bevor die Kinder zu Bett gehen, bitten sie um
eine Geschichte; und auch die Großen hören sie vor der Nachtruhe gern[43].
Ist ein Gast zu Besuch, bereichert er mit seinen Erlebnisberichten und
landläufigen Neuigkeiten die Runde. Gewöhnlich dient die Erzählung der
Kurzweil, sie erbaut oder gruselt, mahnt oder bringt den Hörer zum Lachen. So ist der *Sitz im Leben* der mündlichen Erzählung weder die
Gelehrtenschule noch die Akademie, weder die Talmudschule noch die
Koranschule, sondern jeder beliebige Ort, wo zwei oder mehrere Menschen
in Muße beisammen sind. In diesem Sinne kann die mündliche Überlieferung zurecht *Volkspoesie* genannt werden.

So vielseitig die Erzählsituationen und so verschieden die Erzähler sind,
so unterschiedlich sind auch die Gattungen und der Inhalt des Erzählten:
Anekdoten, Lügengeschichten, Legenden, Schwänke, Witze, Rätsel, Schau-
ergeschichten, Märchen und Sagen. Alle nur denkbaren Textsorten und
deren Unterarten und Mischformen finden sich in der mündlichen Erzählung. Wegen ihrer Vielfalt und Offenheit für spontane Äußerungen ist die
mündliche Erzählung im Gegensatz zur schriftlichen Erzählung nur schwer
in eindeutige Genres einzuordnen[44].

---

[42]　Vgl. R. Schenda, Von Mund zu Ohr, 83-130.

[43]　Vgl. J. Bolte/G. Polívka, Anmerkungen, Bd. 4, 7.

[44]　Vgl. H. Fischer, Erzählgut, 26-27; W. Bascom, Prose Narratives, 3-21; H. Jason,
Genre, 167-194. Vgl. zum Verhältnis der Erzählsituation zur Gattung H.U. Gumbrecht, Narration, 202-217.

Der Erzählstoff verdankt sich sehr unterschiedlichen Personen und Ereignissen. Laduma Madela, ein Schmied und Blitzzauberer von den afrikanischen Zulus, hat nach eigenen Angaben seit 1951 in regelmäßigen Abständen Auditionen und Visionen empfangen. Im Alter von 43 Jahren hat ihn Mvelinquangi, der Schöpfergott der Zulus, zu seinem ersten Propheten berufen, durch den er sich nun mitteilt. Die Offenbarungen des von Madela vermittelten Mvelinquangi sind von dem Missionsarzt W. Bodenstein, dem Völkerkunkler O.F. Raum und der Kieler Ethnologin K. Schlosser aufgezeichnet werden[45]. Auf diese Weise wurde Madela, der weder schreiben noch lesen kann, zu einem Schriftpropheten.

Auch G.A. Rakelmann berichtet von einem traditionsstiftenden Vorfall. Verschiedene Sippen der Sinti erzählen Geschichten von der *Tänzerin von Auschwitz*. Als diese sonst unbekannte Zigeunerin nach der Ankunft im Lager zur Selektion aufgerufen wurde, forderte ein Wachmann sie auf, für ihn zu tanzen. Im Tanz näherte sich die Zigeunerin dem Soldaten, zog seine Waffe und tötete ihn. Darauf wurde sie von den umherstehenden Aufsehern sofort erschlagen. Für die Kriegsgeneration der Sintis hat diese Geschichte einen starken Symbolwert. An einer Stelle gelang es ihnen, der Verfolgung und Unterdrückung zu entfliehen[46]. Inwieweit die Geschichte einen historischen Ursprung hat, ist für die Zigeuner deshalb unwesentlich; ob sie auch von den Jungen, die die Verfolgungen der Kriegszeit nicht erlebt haben, weitererzählt wird, ist fraglich. Auch besondere Naturkatastrophen wie eine Flut, eine Dürre oder ein Lawinenunglück können der Anlaß für Erzählungen sein[47].

Andere Stoffe verdanken sich auch nur dem Hörensagen. In solchen Fällen ist der überlieferte Stoff sekundär, er geht nicht direkt auf eigene Erlebnisse oder einen Augenzeugen zurück. Wenn die Erzählung für die Hörerschaft eine große Bedeutung hat, wird sie von ihr bewahrt. So wissen die Szekler von Kaskad etliche sagenartige Geschichten zu erzählen, die ihre historisch völlig unbekannte Herkunft erklären[48]. Traditionsbildend sind aber immer nur Vorfälle und Erzählungen, die als außergewöhnlich erlebt werden. Ganz nach ihrem Charakter bilden sie sich zur Sage, zum Märchen, Witz, Anekdote oder Abenteuergeschichte aus. Ein nicht zu unterschätzender Faktor für den Anlaß des Erzählten ist die Phantasie. Märchenmotive werden frei kombiniert, Requisiten je nach Bedarf ausgetauscht,

---

[45] Vgl. K. Schlosser, Die Bantubibel, 1-7.
[46] Vgl. G.A. Rakelmann, Orale Traditionen, 196-197.
[47] Vgl. U. Brunold-Bigler, Steuerungs- und Ausblendungsprozesse, 503-504.
[48] Vgl. L. Dégh, Märchen, 41-42.

Sagen werden frei ausgeschmückt; selbst Personen, Orte und Begebenheiten werden ausgelassen oder dazugestellt, wenn es nur der Erzählung dient.

Für die Jakobserzählungen lassen diese Ergebnisse einige Rückschlüsse zu: Sofern einigen ihrer Texte mündliche Einzelüberlieferungen vorausgegangen sein sollen, verdanken sie sich einem besonderen Ereignis oder einer besonderen Person. Nur was für die Tradenten Bedeutung hatte, wurde weitererzählt. Schon im mündlichen Überlieferungsprozeß sind die Erzählungen permanent durch Selektion und Adaption redigiert worden.

c) Kennzeichen der Mündlichkeit

Die mündliche Erzählung trägt einige Kennzeichen, die sie deutlich von schriftlichen Erzählungen unterscheidet. Diese Merkmale variieren nach Gattung und Thema, nach Anlaß und Erzähler. Aus drei unterschiedlichen Kulturen bieten wir drei unterschiedliche Beispiele. Sie sind von Feldforschern magnetisch aufgezeichnet und dann aufgeschrieben worden. Während früher die folkloristischen Stoffe in groben Zügen mitgeschrieben oder teilweise sogar aus dem Gedächtnis aufgezeichnet worden sind, stellt dieses Verfahren die unverfälschte Wiedergabe der Erzählung sicher[49].

Das erste Beispiel ist eine Genealogie, die B.K. Halpern 1968 in einem von Christen bewohnten Dorf in Serbien aufgezeichnet hat[50]. Wir geben den 105 Personen umfassenden Stammbaum, den Mileta Stojanović, einer der Dorfältesten, mündlich vorgetragen hat, in Auszügen wieder:

> „Grandpa's dear, you will sit there! Sit down so I can relate everything to you. Long ago came they our ancestors; Came Stojan even before Uprising. [...]
>
> Ej! Old Stojan had three sons: These were Petar, Miloje, Mihailo. Of sons had Petar four: Miloš, Uroš, Nikola and Stefan. Know you, daughter, Nikola my grandfather? [...] Then Uroš had sons three: Tanasija, Vladimir, Djordje. Like so, daughter, the eldest is Djordje, And the youngest did not remain living. [...] My Nikolo had he four: Antonija, Svetozar and Miloš, And the third, Ljubomir my father (May God forgive his soul). [...]
>
> Ej, Radovan, that one from the third brother Had Petar, Miloje, Radomir. Now Radoje: Dragomir only one; Radivoje: Velimir and Branko. Pay attention now, I'm counting my brothers! Well, a trio had

---

[49] Vgl. H. Fischer, Erzählgut, 24-26.
[50] Vgl. B.K. Halpern, Genealogy as Oral Genre, 301-321.

Uncle Milutin: Živomir, Pavle and Velimir. There are no descendants
from them! Now Andrija: Svetozar, Velisav. And by Djordje and
Tanasija Only Veljko remained as a mature man. Dragoljub, Svetislav,
and Dragoslav, All were killed in the war. By Svetozar also there is no
luck; Nor Živomir, nor Miloš, nor Vitomir; By them in general there
are no male children. But Dragiša, thank God, has. Come now, here
am I, Mileta! Then my brother, Milosav. [...]

And I, as the old man, drink a little brandy
And slowly, so, wait for death [...]"[51].

Die Funktion dieser und ähnlicher Genealogien ist es, die Herkunft und
das Verwandtschaftsverhältnis der Hörer aufzuklären. Um die Beziehung
des Erzählers zu seinen Hörern herzustellen, spricht Mileta ihn im Eröffnungsformular mit „Grandpa's dear" an. Diese vertrauenerweckende
Anrede zieht das Gegenüber direkt ins Redegescheinen mit ein. Der Fortgang der Formel macht die Absicht der Erzählung deutlich. Die Genealogie
soll zum einzelnen Hörer in Beziehung gesetzt werden: „You will sit there!
Sit down so I can relate everything to you." Der zweite Abschnitt der Ein-
gangsformel bildet das zeitliche Gerüst für den Stammbaum: „Long ago
came they our ancestors; came Stojan even before the Uprising." Die zeitliche Angabe bleibt ungenau, der Name des legendären Urahnen ist fiktiv.
Es ist der Urahn des Stammes, von dem aus sich die Genealogie entfaltet.
Was vor ihm war, wird nicht gefragt.

Mit einer Emphase und der Wiederholung des Namens des Urahnen
beginnt der eigentliche Stammbaum, der schematisch immer ein Glied
vertikal und dann horizontal voranschreitet; dabei ist die Genealogie konsequent patrilinear ausgerichtet[52]. An einigen Stellen wird die monotone
Namensliste durch kurze Einfügungen unterbrochen. Beim eigenen Vater
fügt Mileta den Bittruf hinzu: „May God forgive his soul!" Als er zu seinen
Brüdern kommt, ruft er dem Hörer zu: „Pay attention now, I'm counting
my brothers!" Einige Verwandte ohne Nachkommen werden hervorgehoben: „There are no descendants from them!" Auch die traurige Notiz vom
Tod dreier Söhne wird aufgeführt. Diese Einsprengsel geben der Liste ihren
individuellen Charakter, es sind nicht beliebige Namen, die Mileta aufzählt, sondern bestimmte Personen. Dies wird durch einen weiteren Kunstgriff unterstützt: Seine direkten Verwandten hebt Mileta mit dem Possesiv-
pronomen hervor: „Ljubomir my father".

---

[51]   B.K. Halpern, Genealogy, 305-306 (serbische Fassung S. 304-305).
[52]   B.K. Halpern, Genealogy, 307-312, illustriert die Stammbäume.

Die Genealogie endet wiederum mit einer Formel, in der Mileta von sich selbst in der Ich-Form redet. So ist der Stammbaum Miletas von einer Eingangs- und einer Abschlußformel gerahmt, die einen ihrer Funktion gemäßen unterschiedlichen Inhalt haben. Metrisch besteht jede Zeile gewöhnlich aus zehn Silben, jede Zeile ist syntaktisch geschlossen. Einzelne Strophen sind nicht zu erkennen[53].

Das zweite Beispiel stammt von dem kanadischen Indianervolk der Cree. Es ist ein historischer Bericht, den ein 78 Lebensjahre zählender Ältester des Stammes vorträgt. Die Erzählung gehört zu einer Reihe von Texten, die derselbe Erzähler innerhalb eines Winters zyklisch erzählt[54]:

> „Noch eine andere [Geschichte]. Geschichten aus alter Zeit nur sind es, die ich erzählen will. Ich habe sie noch gekannt, die alten Männer, die längst tot sind, und auch ich selbst bin jetzt alt. ,Einmal, als man loszog, war ich dabei', sprach Watôwâpoy, so wurde er genannt.
>
> ,Man ging auf den Kriegspfad, und es waren zwölf. Während man dahinzog, da sah man am Horizont hin und wieder Köpfe von Menschen auftauchen, oh, Blackfoot, so sprachen sie: ,Auf, bereitet euch vor, bereitet euch vor, laßt uns fliehen; dort der Abhang in der Ferne, den laßt uns zu erreichen suchen', so sprachen sie. Eine Frau war auch dabei. [...]
>
> Als ich im Laufen dort ankam, wo sie [die Frau] dahinlief, war sie atemlos und sprang an einer Stelle auf und ab, denkend, ,Ich laufe'. Also biß ich ein wenig von der Medizin ab, die ich im Munde hatte, ,Kau' dies, Schwiegermutter!' sprach ich zu ihr. Also kaute sie es. Oh, dann sprach sie zu mir: ,Schwiegersohn', und erfrischt lief sie wieder dahin. Ja, wahrhaftig, sie lief mir vollkommen davon, diese meine Schwiegermutter.
>
> Oh, endlich lief ich den Abhang hinauf. Als ich im Laufen ankam, saßen sie schon aufgereiht; ich setzte mich am Ende nieder. Da erhob sich meine Schwiegermutter und kam her; ,Nun, Schwiegermutter', ,Nun, Schwiegersohn, ich will bei dir bleiben, denn deinetwegen bin ich noch am Leben', sprach sie zu mir, während sie sich neben mich hinsetzte.
>
> Wir waren überhaupt nicht verfolgt worden. Indianer aus dem Osten waren diese Krieger, Cree, die uns überrascht hatten und vor denen wir geflohen waren. Nun habe ich auch diese [Geschichte] zu Ende erzählt. So ist es.'"[55]

---

[53] Vgl. B.K. Halpern, Genealogy, 302-304.

[54] Vgl. H.Chr. Wolfart, Empirische Untersuchungen, 78-80.

[55] H.Chr. Wolfart, Empirische Untersuchungen, 82.

Formal und inhaltlich ist die Erzählung ein in sich geschlossener Erlebnis-
bericht, der von der Errettung einer Frau erzählt. In der Ich-Form läßt der
alte Cree eine namentlich bekannte dritte Person, Watôwâpoy, als Erzähler
auftreten. Syntaktisch ist die Erzählung schlicht aufgebaut. Kurze, aneinan-
der gereihte Verbalsätze werden von wörtlicher Rede unterbrochen. Wiederum wird die Erzählung von zwei Formeln gerahmt: Mit „kotak êkwa
und noch eine [Erzählung]" beginnt sie. Sie endet mit „êkosi nikîs-âcimon
wîy êkako. êkosi. *Nun habe ich auch diese* [Geschichte] *zu Ende erzählt. So
ist es*". Diese Formeln sind stereotyp, sie gehören zu jeder Erzählgattung,
nicht aber zu den Mythen, hinzu. Nach dem Eröffnungsformular folgt eine
komplexe Einleitung. In ihr stellt sich der Erzähler in Ich-Form vor, sagt,
was er erzählen will, und gibt die Quelle der mündlichen Überlieferung
bekannt. Die Männer, von denen der Erzähler die Geschichte gehört hat,
haben das Ereignis selbst erlebt. Durch den Verweis auf die Augenzeugen
und die direkte Traditionsübermittlung gewinnt der historische Bericht
Authentizität. Unterstrichen wird diese Authentizität durch die Schlußformel „So [und nicht anders] ist es [gewesen]". Wie ein Vergleich mit anderen
Erzählungen der Cree zeigt, hebt sich die Sprache des Textes deutlich von
der Alltagssprache der Cree ab. Neben stilistischen Eigenheiten des Erzählers stoßen wir auf sprachliche Besonderheiten, die durch die Stammesspra-
che der Cree bedingt sind[56]. Auffällig sind auch die vielen Verbalformen,
aus dem semantischen Wortfeld „Bewegung", die H.Chr. Wolfart aufgelistet hat[57]. Syntaktisch bilden einfache Verbalsätze, die von wörtlicher Rede
und Emphasen unterbrochen werden, die Struktur der Erzählung. Beschreibungen und Gemütsregungen fehlen ganz; Angst, die in dieser lebensbe-
drohlichen Situation nur zu verständlich wäre, wird mit keinem Wort geschildert, nur die Freude über die Errettung wird angedeutet.

Das dritte Beispiel ist eine der 1414 Erzählungen, die H. Fischer in der
Mitte der siebziger Jahre zwischen Rhein und Sieg gesammelt und ausgewertet hat[58]:

> „Do war en Frau, die hatte etwas versprochen on wat se net jehalten
> hatt. On do hät die dann ... es die emmer wedderjekommen, janz en
> nem weißen Jewand, in däm Haus, ja. Die hät allein jewohnt. On do
> es die äver ... sen die Lök dann nachher doch dohen jejange, wie se dat
> jehüert han, dat die emmer en weiße Jestalt do maach. On do es die
> emmer wedderkommen. On do han die das Jelübde später einjezooren.

---

[56] Vgl. H.Chr. Wolfart, Empirische Untersuchungen, 84.
[57] Vgl. H.Chr. Wolfart, Empirische Untersuchungen, 85.
[58] Vgl. H. Fischer, Erzählgut der Gegenwart, 1978.

Et moß jo ... Ech moß et Anna mool frooren, dat weeß dat och noch.
Me han letztens noch dovon ... hamer noch jesprochen. On die moßen
ens met heröverkommen, dat me dat dann he ... On do es die äver ...
nachher es se net mer jekommen, wie dat dann einjelös war"[59].

Inhaltlich berichtet die kurze Erzählung von einem erst *post mortem* erfüllten Gelübde einer unbekannten Frau. Weil sie das Versprechen zu Lebzeiten nicht eingelöst hatte, ist sie nach ihrem Tod „en nem weißen Jewand"
so lange „emmer wedderjekommen", bis das Gelübde endlich eingelöst
wurde. Erst danach fand die Totenseele Ruhe. Der Erzähler bleibt anonym,
er tritt hinter den Stoff zurück, auch wenn er einmal die Ich-Form gebraucht. Bei den von H. Fischer gesammelten Texten variiert die Erzählform: Einige Erzählungen berichten ausschließlich, manche teilweise in der
Ich-Form, andere wechseln die Erzählform.

Formal leitet der erste Satz gleich das Thema ein. Eine Eingangs- oder
Abschlußformel fehlt also. Einige Erzählungen beginnen mit einem Verweis auf die Erzählsitte, der etwa lautet „Früher sagten die emmer ..." (Nr.
94, 950, 1385, 1406). Andere Erzählungen wiederum geben einleitend die
Person, den Ort oder den Gegenstand an, um den es geht (Nr. 92, 100,
298, 629, 733). Stammt der Stoff nicht aus einem eigenen Erlebnis, so wird
zuerst die Gewährsperson, von der die Erzählung übermittelt worden ist,
genannt (Nr. 98, 212, 953, 1189). Erzählt eine Person mehrere Geschichten, so kann sie, nachdem die erste abgeschlossen ist, die zweite mit den
Worten „On dann woer ene andre Fall ..." (Nr. 1403) einleiten. Stereotype
Eingangsformeln treten bei diesen ungeübten Erzählern nicht auf; Abschluß-
formulare, wie wir sie bei den ersten beiden Beispielen kennengelernt haben, fehlen auffälligerweise ganz.

Die Sprache des Erzählers ist in diesem wie in den anderen Texten der
Sammlung überaus einfach. Als erstes fällt die typische Mundart auf. Syntaktisch ist die Erzählung einfach aufgebaut. Vollständige Verbalsätze –
mit Subjekt und Prädikat – mit maximal einem kurzen Nebensatz sind in
unserem Beispiel aneinandergereiht. Sechs von zehn Sätzen sind mit „on
do" oder „on die" aneinandergereiht. Dieser einfachen Syntax entspricht
der sehr reduzierte Wortschatz. Auffällig sind die emphatischen Partikel
und die vielen Erzählpausen[60]. Mehrmals unterbricht sich der Erzähler und
setzt neu an.

---

[59] H. Fischer, Erzählgut, 171 (Nr. 731).
[60] Mit ... gekennzeichnet.

Wörtliche Wiederholungen sind durchaus nicht unüblich, manchmal werden, ohne daß ein Anlaß zwingend wäre, emphatisch halbe Sätze wiederholt (Nr. 114). Auf wörtliche Rede verzichtet der Erzähler unseres Beispieles ganz, was auch der üblichen Praxis entspricht. Wenn wörtliche Rede vorkommt, wird sie meistens als indirekte Rede wiedergegeben. Offensichtlich ist dies auch ein markanter Unterschied zwischen einem geübten und weniger geübten Erzähler. Der Narrator setzt wörtliche Rede gezielt als rhetorischen Kunstgriff ein, der ungeübte Erzähler läßt sie eher aus oder verwandelt sie in indirekte Rede.

Einige Besonderheiten des Erzählens erklären die soziobiographischen Daten der 132 Erzähler: Nach Fischers Klassifizierung in Schichten gehören 20 Männer und Frauen der „Unteren Unterschicht", 53 der „Oberen Unterschicht", 47 der „Unteren Mittelschicht" und nur 10 der „Oberen Mittelschicht" an. Nicht ins Gewicht fallen die beiden Erzähler aus der „Oberschicht". Neun von zehn Erzählern stammen also aus der Unterschicht bzw. der Unteren Mittelschicht, sie gehören also zu den „gesellschaftlichen Gruppen, die nicht auf Grund von Bildung und Ausbildung zur Auseinandersetzung mit Literatur angeregt werden"[61]. Auffällig ist auch das Alter der Erzähler: 44 Personen sind zwischen einundsechzig und siebzig Jahre und 40 zwischen einundsiebzig und achtzig Jahre alt. Rechnen wir noch die 22 Personen aus der Gruppe der über achtzigjährigen hinzu, so sind vier von fünf Erzählern über sechzig Jahre alt[62]. Ebenso ist die Analyse der Erzählsprache für uns erhellend: 108 von 132 Personen erzählen in Mundart. Viele der Erzähler, die anfänglich in Hochdeutsch berichten, wechseln im Verlauf des Gespräches mit wachsendem Vertrauen dem Feldforscher gegenüber zur Mundart[63]. Um die Schönheit der Sprache, stilistische Feinheiten oder minderwertigen Ausdruck kümmern sich die Erzähler nicht. „Vor allem der sozioverbale Aktionsradius der älteren Erzähler erlaubt die Reduktion der sprachlichen Reichweite auf die Mundart"[64].

Vom Umfang ist diese wie die anderen Erzählungen der Sammlung äußerst knapp. Die kürzesten umfassen im Druck nur wenige Zeilen, die längsten etwa eine Druckseite, so daß sie zwischen einer und zehn Minuten zu erzählen sind. Inhaltlich berichten die Geschichten jeweils von einem besonderen Ereignis. Manche Erzähler haben mehrere Erzählungen mit

---

[61] H. Fischer, Erzählgut, 19.
[62] Vgl. H. Fischer, Erzählgut, 18-19, die persönlichen Daten aller Erzähler sind S. 371-382 aufgeführt.
[63] Vgl. H. Fischer, Erzählgut, 19-20.
[64] H. Fischer, Erzählgut, 20.

denselben Themen in ihrem Repertoire. Das gilt besonders bei einschneidenden Erlebnissen wie sie sich in den Kriegserzählungen widerspiegeln.
Alle Geschichten berichten von einem singulären Erlebnis, meistens aus der
Jugend des Erzählers; insofern sind die Erzählungen immer biographisch
gebunden. Die Erzählung hat eine formal und inhaltlich in sich geschlossene Gestalt, ihrem Wesen nach ist sie eine Einzelerzählung. Nicht nur im
Ausdruck, auch in bezug auf die Requisiten und Motive sind die Erzählungen von lokalen Eigenheiten durchzogen. Der Gattung nach sind die Texte
Erinnerungserzählungen, Sagen, Schwänke und Anekdoten[65].

Fassen wir zusammen: Eine mündliche Erzählung ist eine in sich ge-
schlossene Einzelüberlieferung mit einem Anfang, einer Mitte und einem
Schluß. Sie berichtet von einem besonderen, erzählenswerten Ereignis.
Wörtliche Wiederholungen halber Sätze können als Verstärkung dienen.
Die *dramatis personae* sind gewöhnlich auf wenige, ein bis vier Personen
beschränkt, die Requisiten und das Inventar stehen völlig im Hintergrund.

Syntaktisch setzt sich die Erzählung aus einfach gebauten Sätzen mit
maximal einer Apposition oder einem kurzen Nebensatz zusammen. Manchmal führt der Erzähler einen Satz nicht zu Ende, oder es entstehen längere
Pausen. Erzählt wird in einem aktiven Verbalstil, Nominalsätze kennt die
mündliche Erzählung nicht; Emphasen sind ihr dagegen nicht fremd, je
nach Erzähler werden sie sogar häufig eingesetzt. Den Konjunktiv oder das
Passiv als durchgängigen Modus vermeidet die mündliche Erzählung strikt.
Der Wortschatz ist eng begrenzt. Nur sehr geläufige Wörter aus der Alltagssprache und der Welt der Erzähler, Wörter, die Jung und Alt gleichermaßen
geläufig sind, kommen vor.

Mundart und Lokalkolorit charakterisieren die mündliche Erzählung,
eine geschliffene Hochsprache ist ihr fremd. Von versierten Erzählern wissen wir, daß sie sich sprachlich auf ihre unterschiedlichen Hörer einstellen
konnten[66]. Der bewußte Wechsel der Sprache und des Ausdrucks verlangt
einen sprachkundigen Erzähler. Nur der geübte Erzähler bedient sich ein-
prägsamer Formeln, mit denen er seine Stoffe rahmt, den Hörer mitein-
bezieht, sich Autorität verschafft und Authentizität erwirbt. Erkennbare
epische Schablonen können ebenso wie bekannte Motive die Erzählung
strukturieren. Erfahrene Erzähler setzen diese Kunstgriffe stärker ein als
ungeübte. Der geübtere Erzähler trägt auch eher Stoffe vor, die er nur vom

---

[65] Vgl. H. Fischer, Erzählgut, 26-27.
[66] Vgl. G.A. Rakelmann, Orale Traditionen im Wandel, 185-198.

Hörensagen oder von Dritten kennt, der ungeübtere fast ausschließlich eigene Erlebnisse[67].

Für die Jakobserzählungen haben diese Ergebnisse einige Konsequenzen: Wie schon H. Gunkel erkannt hat, ist die Grundform der mündlichen Überlieferung die Einzelerzählung. Wesentliche Merkmale des Mündlichen (Emphase, Gesten, Mimik, Wiederholungen, verbaler Ausdruck, Lokalkolorit, Dialekt und Redeformeln) entfallen mit der Verschriftung. Dennoch können im schriftlichen Text zunächst einige Kennzeichen seiner vormaligen Mündlichkeit (einfache Syntax, logisch aufgebaute Handlung, Konzentration auf die Hauptpersonen) erhalten bleiben.

d) Konstanz der Überlieferung

Ebenso wie das Alte Testament keine Erzählsituationen beschreibt, hält es sich auch in seinen Äußerungen über die Übermittlung der Erzählungen völlig bedeckt. Dieses Schweigen entbindet den Exegeten nicht davon zu fragen, mit welcher Kontinuität bei der mündlichen Überlieferung alttestamentlicher Erzählungen zu rechnen ist.

Je nach dem, wann man die Erzväterzeit ansetzt, ob mit R. Kittel, R. de Vaux, W.F. Albright[68] oder C. Westermann[69] schon in der Mittelbronze II-Zeit (2000-1550 v. Chr.) oder mit G. v. Rad und M. Noth[70] in der Spätbronzezeit (1550-1150 v. Chr.), liegen zwischen den erzählten Ereignissen und der frühesten Verschriftung maximal tausend, minimal aber drei- bis vierhundert Jahre[71]. Diese Zeitspanne kann aber in einer mündlichen Kultur wie dem vorstaatlichen Israel nur die mündliche Überlieferung überbrücken. Aber die Jakobserzählungen selbst geben über den Vollzug der Überlieferung keine Auskunft[72], noch beziehen sie sich, wie wir es beispielsweise von den Isländischen Sagas wissen[73], ausdrücklich auf mündliche Überlieferungen.

Doch wie zuverlässig ist eine mündliche Überlieferung? Dem Gelehrten vom ausgehenden 18. Jahrhundert bis ins frühe 20. Jahrhundert stellt sich die Frage nach der Kontinuität und Invariabilität der Überlieferung nicht.

---

[67] Vgl. außerdem J. Vansina, Oral Tradition, 63-83.
[68] Vgl. S. 30-32.
[69] Vgl. C. Westermann, Genesis II, 19-21, 52-90.
[70] Vgl. S. 24-30.
[71] Vgl. W. Leineweber, Die Patriarchen, 11-32.
[72] Vgl. S. 113-116.
[73] Vgl. W. Baetke, Über die Entstehung der Isländersagas, 29.

Das mündliche Wort allein war für sie der Garant für die Gewißheit des
Überlieferten. So haben es A. und F.W. Schlegel, J. und W. Grimm gesehen, auch W. Wundt, H. Gunkel und H. Greßmann haben das vorausgesetzt. Noch in der Mitte des 20. Jahrhunderts halten H.S. Nyberg, H.
Birkeland und W.F. Albright uneingeschränkt an der Zuverlässigkeit des
mündlich tradierten Wortes fest. Diese Auffassung geht auf J.G. Herder
und die Brüder Grimm zurück.

Beeindruckt von der Fähigkeit D. Viehmanns, waren die Gebrüder von
der Dauerhaftigkeit der mündlichen Überlieferung fest überzeugt. „Wer an
leichte Verfälschung der Überlieferung, Nachlässigkeit bei Aufbewahrung
und daher an Unmöglichkeit langer Dauer als Regel glaubt, der hätte hören
müssen, wie genau sie [D. Viehmann] immer bei der Erzählung blieb und
auf ihre Richtigkeit eifrig war; sie änderte niemals bei einer Wiederholung
etwas in der Sache ab und besserte ein Versehen, sobald sie es bemerkte,
mitten in der Rede gleich selber"[74]. Diese Überzeugung der Gebrüder hat
die Völkerkunde inzwischen gründlich widerlegt. Bedenken wir nur, durch
welche Einflüsse die Unveränderlichkeit des Stoffes gefährdet ist, so muß
man eine unveränderte mündliche Überlieferung in Frage stellen. Selbst die
Brüder Grimm gestehen ja ein, daß eine so besonders begabte Erzählerin
wie D. Viehmann sich mehrfach versieht und nachträglich korrigiert. Ihre
wirkliche Gedächtnisleistung hätten die Gebrüder erst überprüfen können,
wenn sie wörtliche Aufzeichnungen der Märchen gemacht und diese bei
späteren Treffen mit dem neuerlich Erzählten verglichen hätten. Eine solche Überprüfung lag aber nicht im Interesse der Gebrüder. Sie waren primär an der Sammlung der Märchen interessiert. Untersuchungen, die genau diese Gedächtnisleistungen überprüfen, zeigen aber, daß es nicht einmal
bei zwei kurz hintereinander erzählten Texten ein und dieselbe Version
gibt. Schon nach wenigen Minuten kommt es zu erheblichen Abweichungen, nach mehreren Jahren ist nur noch ein grobes Raster von dem aufgezeichneten „Original" übrig geblieben; Verdrängungs- und Ausblendungs-
mechanismen sorgen außerdem dafür, daß nur ausgewählte und ausgelegte
Ereignisse im Gedächtnis haften bleiben[75].

Was aber sorgt dann für eine gewisse Konstanz der mündlichen Überlieferung? Es sind vor allem zwei in den Jakobserzählungen erwähnte Haftpunkte, an denen sich die mündliche Überlieferung gehalten haben könnte.

---

[74] Vgl. J./W. Grimm, KHM, Bd. 1, 19-20.
[75] Vgl. aus der uferlosen Literatur beispielsweise R. Baumann, Story, 112-115; L. Dégh,
      Märchen, 137-144; E. Oring, Transmission and Degeneration, 193-210; S. Scribner/
      M. Cole, Literacy, 221-233.

Schon J. Wellhausen sieht, daß die Quellenschriften nicht frei „in der Luft schweben", sondern „irgendwie in der Geschichte wurzeln"[76]. Einige Erzählungen sind fest mit einem Kultort wie Bethel oder Sichem verbunden, andere mit Brunnen, dritte mit den Grabstätten der Patriarchen[77]. Es sind gerade die Orte – der Brunnen von Beerscheba (Gen 26,33), die Kultstätten von Bethel (Gen 28,10-22; 35,1-15) und Sichem (Gen 33,18-20) und die Grabhöhle von Machpela (Gen 23,13-20; 25,9-10; 49,29-32; 50,13) sowie das Grab Rahels zu Bethlehem (Gen 35,19; 48,7) –, an denen nach Wellhausen eine schwache Erinnerung an Jakob wach gehalten worden sein könnte. Über diese Andeutungen hinaus geht Wellhausen nicht näher auf die Religion der Patriarchen ein, da die literarischen Quellen frühestens in die Mosezeit zurückreichen und kein Urteil ermöglichen[78].

Seit A. Alts *Gott der Väter* ist immer wieder mit einem besonderen Religionstypus der nomadischen Stämme Israels gerechnet worden, durch den die Erinnerung an die Erzväter wach geblieben ist[79]. M. Köckert hat die Voraussetzungen der Hypothese Alts überprüft und Punkt für Punkt widerlegt[80]. Er weist nach, daß das Theologumenon vom Gott der Väter kein „nomadisches Urgestein" ist, sondern aus dem geistesgeschichtlichen Umfeld der Dichter stammt, welche unter Aufnahme von altem Gut die Väterüberlieferungen ausgestaltet haben. Die Verheißungen stammen ja aus den Schichten, die A. Alt selbst schon als redaktionelle Verbindungstexte erkannt hat[81]. Zwei Fragen liegen jedoch außerhalb des von Köckert behandelten Themas: Wie haben die verarbeiteten Überlieferungen ausgesehen? Und wie sind die Väterüberlieferungen ausgestaltet worden?[82]

Schließlich ist auf die von O. Loretz[83] vertretene Hypothese der Vätergötter als Quellpunkt der Vätergeschichte hinzuweisen. Die Toten- und Ahnenverehrung sei im Alten Testament nur negativ in dem Verbot der Totenbeschwörung (Dt 18,11-12) und in dem Gebot der Elternverehrung (Ex 20,12; Lev 19,3; Dt 5,16) greifbar. Traditionsgeschichtlich sei sie aus

---

[76] J. Wellhausen, Prolegomena, 28.

[77] Vgl. J. Wellhausen, Prolegomena, 322-323.

[78] Vgl. H. Weidmann, Die Patriarchen, 13-14 (vgl. ausführlich S. 9-12).

[79] Vgl. A. Alt, Der Gott der Väter, 1929 (vgl. ausführlich S. 21-23).

[80] Vgl. M. Köckert, Vätergott, 134-161.

[81] Vgl. so schon O. Kaiser, Altes Testament. Vorexilische Literatur, 241-268; sowie M. Köckert, Vätergott, 309-311.

[82] Vgl. auch R. Albertz, Frömmigkeit, 77-96; ders., Religionsgeschichte, 45-68; H. Vorländer, Mein Gott, 302-307.

[83] Vgl. O. Loretz, Totenkult, 149-199.

dem Totenkult hervorgegangen[84]. Da sie in den Texten nur in Negation
und archäologisch gar nicht zu bezeugen sei, könne nur ein religionsgeschichtlicher Vergleich Hinweise auf eine mögliche Praxis in Israel bringen. Das notwendige Material für die Rekonstruktion des kanaanäischen
Ahnenkultes böten die Texte aus Ugarit[85]. Der religionsgeschichtliche Prozeß stellt sich Loretz so dar: Anfänglich übte Israel wie seine Nachbarn[86] die
Ahnenverehrung aus. Im Laufe der Zeit bewirkte der Totenkult eine
Vergöttlichung der Ahnen[87]. Mit dem Verbot der Ahnenverehrung komme
schließlich die Verehrung der als Gründer Israels angesehenen Patriarchen
auf. Diese Koinzidenz des Verbotes der Ahnenverehrung – und somit der
Totenbeschwörung (1 Sam 28,3-25) – und des Aufkommens der Verehrung der Patriarchen bilde einen zeitlichen Anhaltspunkt. Äußere Haftpunkte für die Verehrung der Erzväter bilde die Grabhöhle von Machpela
(Gen 23,13-20)[88]. Religionsgeschichtlich sei das Verbot der Totenverehrung
mit dem aufkommenden Ausschließlichkeitsanspruch Jahwes verbunden,
der eine Verehrung göttlicher Ahnen nicht geduldet habe. Schon in der
Spätbronzezeit (1550-1150 v. Chr.) komme die Verehrung der Patriarchen
auf[89].

„Die Verehrung der vergöttlichten Ahnen wird verdrängt, und an ihre
Stelle tritt jetzt die Verehrung der Väter, die als Gründer des jüdischen
Volkes angesehen werden"[90]. In der Folge führe das Verbot des Totenkultes,
der in exilisch-nachexilischer Zeit ein fester Bestandteil des Jahwismus ge-
worden sei, über die Elternverehrung zur Ausbildung der Vätererzählungen.
So verdankten die Vätererzählungen der kultischen Ahnenverehrung ihre
Entstehung und unverfälschte Überlieferung[91].

Mit dieser nicht unumstrittenen Hypothese versucht Loretz die Theorie
vom Vätergott nach Alt zu retten. Wichtige Probleme bleiben dabei unge-
löst: Für Loretz ist Machpela der Ort der Ahnenverehrung und damit auch
der Haftpunkt der mündlichen Überlieferung[92]. Aber er übersieht, daß sich

---

[84] Vgl. O. Loretz, Totenkult, 174-176.
[85] Vgl. O. Loretz, Ugarit, 125-143.
[86] Vgl. E. Bethe, Ahnenbild, 1935, zur Ahnenverehrung bei Griechen und Römern.
[87] Vgl. O. Loretz, Totenkult, 157-158.
[88] Vgl. O. Loretz, Totenkult, 185-186.
[89] Vgl. O. Loretz, Totenkult, 189-190, 191-195.
[90] O. Loretz, Totenkult, 185.
[91] Vgl. O. Loretz, Totenkult, 190-197.
[92] Vgl. O. Loretz, Totenkult, 186; vgl. auch E. Bloch-Smith, Judahite Burial Practise,
      126-132.

die Machpelatradition erst der sekundären Verbindung der Abraham-, Isaak-
und Jakobüberlieferung verdankt. Eine mögliche mittelpalästinische oder
ostjordanische Überlieferung kann Loretz nicht erklären. Außerdem können, wie wir im nächsten Abschnitt zeigen werden, mündliche Erzählungen
selbst an Kultorten nicht achthundert Jahre bis zu ihrer exilisch-nachexilischen Verschriftung unverändert überdauert haben[93].

e) Varianz der Überlieferung

Die mündliche Erzählung wird im Prozeß der Tradierung auf unterschiedliche Weise beeinflußt. Grundsätzlich können wir drei Momente erkennen,
in denen die Überlieferung maßgeblich verändert wird: Das erste Moment
ist mit dem individuellen Träger der Tradition verbunden. Er ist es, der bei
verschiedenen Anlässen, gestützt und beeinträchtigt von der Erzählsituation
und der Erzählgemeinschaft, eine ihm vertraute Überlieferung aktualisiert.
Diese von einer Person reproduzierte Tradition variiert mit jeder Aufführung. Das zweite Moment ist mit dem ersten eng verbunden. Bei der Übermittlung der Tradition von den Älteren an die Jüngeren kommt es zu
erheblichen Veränderungen[94]. Die nächste Generation erzählt nicht mehr
dasselbe. Das dritte Moment, auf das wir später ausführlich zu sprechen
kommen, hängt eng mit der Verschriftung zusammen. Wie wir bei den
Deutschen Sagen zeigen konnten[95], wird in die vorgefundene mündliche
Tradition bewußt und unbewußt eingegriffen. So werden beispielsweise
Stoffe und Motive verändert, sprachliche Unebenheiten geglättet, Dialekt
und Anstößiges wird gestrichen.

Schon W.M.L. de Wette hat sich bereits 1807 kritisch über die Glaubwürdigkeit und Geschichtlichkeit der mündlichen Erzählung geäußert. Zwei
Arten von Erzählern unterscheidet de Wette: Den poetischen und den historischen Erzähler. „Ein Erzähler, der *bona fide* Dinge erzählt, die an sich
nicht wahr seyn können, die durchaus unmöglich und undenkbar sind, die
nicht allein die Erfahrung, sondern auch die natürlichen Gesetze überschreiten, und sie als Geschichte giebt, in der Reihe der geschichtlichen
Fakten aufführt; ein solcher, wenn er gleich die Intention hat, Geschichte
zu erzählen, als Geschichte, ist kein Geschichtserzähler, er steht nicht auf

---

93   Vgl. allgemein K. Spronk, Beatific Afterlife, 234-250; J. Tropper, Nekromantie, 159-
     169; A. Tsukimoto, Totenpflege, 137-139, 228-242.
94   Vgl. S. 75-80, 97-104, 116-126.
95   Vgl. S. 75-80.

dem geschichtlichen Standpunkte, er ist poetischer Erzähler (objektiv genommen, er ist in der Poesie begriffen). Und ein solcher Erzähler verdient
auch durchaus keinen Glauben"[96]. Der poetische Erzähler kann also nach
de Wette keine geschichtlichen Fakten vermitteln, das kann nur ein Augen-
zeuge. „Glaubwürdig im eigentlichen Sinne ist nur die Relation eines A u-
g e n z e u g e n, denn nur ein solcher kann die Begebenheiten eigentlich
wissen und in ihrer wahren Gestalt überliefern"[97].

W.M.L. de Wettes aus der allgemeinen Erfahrung abgeleiteten Einsichten lassen sich nun mit den Ergebnissen der anthropologischen, ethnologischen, soziologischen und literaturwissenschaftlichen Forschung erhärten.
Die erste Variable ist der Erzähler selbst. Die schon erwähnte[98] Studie G.A.
Rakelmanns zeigt, wie sich der Erzählstoff mit jeder Aufführung ganz nach
dem *Sitz im Leben* wandelt. Sowohl der Kalderasch J.D. Taikon als auch
der Siebenbürgener Gh. Lungu passen ihre Erzählungen der Erzählsituation
an: Themen, Motive und Stoffe werden bei jeder Aufführung beliebig kombiniert, dramaturgische Mittel der Darstellung – Stimme, Mimik, Gestik –
wechseln. Bei den Zigeunern beherrschen die Erzähler oftmals viele verschiedene Sprachen. So kommt es vor, daß manche Stoffe je nach den
Bedürfnissen der Zuhörer in eine andere Sprache übersetzt werden. Dabei
gehen Details oder kulturgeschichtliche Eigenheiten verloren. Andere Geschichten werden nur in einer bestimmten Sprache aufgeführt. So erzählt
Gh. Lungu die Märchen der Zigeuner nur in Romanes, volkstümliche
Märchen dagegen trägt er ausschließlich in Rumänisch vor[99].

Schon derselbe Erzähler variiert im Laufe seines Lebens denselben Stoff.
Jede Aufführung eines Stoffes bringt ein Unikat hervor. Nur wichtige, die
für die Erzählung basalen Begebenheiten bleiben konstant. L. Dégh hat
1949 und 1954 zweimal von derselben Erzählerin, Zsuzsanna Palkó, dieselbe Geschichte aufgenommen. Die Erzählung handelt von einer Begebenheit, die ihr Vater selbst erlebt und immer wieder erzählt hat. Als ihr Vater
und sein Schwager zum Fischen an den nahegelegenen See gehen, treffen sie
auf eine alte Einsiedlerin, eine unheimliche Frau, die in der Gegend als
Hexe bezeichnet wird. Nahe am Ufer lebt sie in einer schäbigen Hütte. Mit
einem benachbarten Mann vereinbart sie, daß er sie nach ihrem Tod begraben und dafür ihr Häuschen als Lohn erhalten soll. Das grobe Handlungs-
gerüst bleibt in beiden erzählten Versionen erhalten, aber die meisten De-

---

[96]   M.L. de Wette, Beiträge zur Einleitung, Bd. 2, 15.
[97]   M.L. de Wette, Beiträge zur Einleitung, Bd. 2, 14.
[98]   Vgl. S. 118-119.
[99]   Vgl. G.A. Rakelmann, Orale Tradition, 190.

tails ändern sich oder werden in der fünf Jahre jüngeren Erzählung gar nicht erst berichtet. Deshalb ist die zweite Fassung auch wesentlich kürzer. Wichtige Motive entfallen oder werden verdreht. In der zweiten Fassung fehlt beispielsweise der Name des Rumänen, auch viele Requisiten läßt Z. Palkó weg. Die Zuverlässigkeit der historischen Information verblaßt sogar bei ein und demselben Erzähler im Laufe seines Lebens[100].

Bei Erzählern, die zur Unterhaltung auftreten, mischen sich in die Stoffe fiktive Elemente. A.H. Bâ berichtet von Männern, die in der Sprache der afrikanischen Bambara Doma, Soma oder Doníkeba und in der Sprache der Fulbe je nach Gegend Silatigui, Gando oder Tchiorinke, was soviel wie Wissende oder Wissendmacher bedeutet, heißen. Diese Männer sind rituell initiierte Meister und Hüter des Wortes, die über Generationen ihre Riten und Formeln treu überliefern[101]. Von diesen Männern sind wiederum die umherziehenden Sänger und Erzähler, die zur Kaste der Dieli oder Woloso, der Hauseigenen, gehören, streng zu unterscheiden. Während die Vertreter der ersten Gruppe als Hüter des Wortes Garanten der treuen Überlieferung ihres formelartigen Geheimwissens und ihrer Tradition sind, verkleiden und verwandeln die wandernden Erzähler die Stoffe bis zur Unkenntlichkeit. Ihre Aufgabe besteht nicht darin, eine Tradition treu zu Überliefern, sie sollen in ihren Aufführungen allein ihr Publikum erheitern[102].

Mit der Übermittlung der Stoffe an die nächste Generation ist dann eine erhebliche Degeneration, Redaktion und Adaption verbunden. Schon bei der Aufnahme wird der Stoff beeinträchtigt. E. Oring hat in zahlreichen Versuchen nachgewiesen, daß es einem Hörer unmöglich ist, eine Geschichte mitsamt den Einzelheiten exakt nachzuerzählen. Als Erzählung hat Oring eine amüsante Geschichte von einem Bräutigam ausgewählt, der eine Amerikanerin polnischer Provenienz heiraten möchte, aber die Einwilligung ihrer Eltern nicht erhält, weil er selbst kein Pole ist[103]. In einem vielfach mit Studenten wiederholten Experiment hat er diese Geschichte nacherzählen lassen. Die Ergebnisse wurden schriftlich festgehalten und dann mit der Originalversion verglichen. Das Ergebnis verblüfft. Schon auf der ersten Übermittlungsstufe kommt es zu erheblichen Veränderungen der Erzählung. Manche erzählen die lustige Geschichte nur noch rudimentär, andere tragen ethnische Interpretamente ein, aus dem Polen wird ein Jude, aus dem Farbigen ein Lateinamerikaner. Viele Details gehen bei der Über-

---

[100] Vgl. L. Dégh, Märchen, 137-144.
[101] Vgl. A.H. Bâ, Wort, 33-35.
[102] Vgl. A.H. Bâ, Wort, 36.
[103] Vgl. E. Oring, Transmission, 195-196.

mittlung verloren. Ein maßgeblicher Faktor ist der Hörer selbst. Je nach
Hörer variiert die in der ersten Überlieferungsstufe wiedergegebene Erzählung erheblich. Insgesamt läßt sich eine deutliche Degeneration der Vorgabe feststellen. Bereits im fünften Überlieferungsglied ist der Stoff dermaßen
verfälscht, daß er nicht mehr als die ursprüngliche lustige Erzählung erkennbar ist[104]. Aber die Umwandlung des Stoffes entsteht nicht nur durch
Abänderung und Weglassen. Häufig verändert die phantasievolle Ausschmückung des Erzählers den überlieferten Text so, daß eine völlig neue
Erzählung entsteht[105].

Ein aufschlußreiches Beispiel trägt A.B. Lord in seiner berühmten Dissertation *The Singer of Tales* vor. 1935 wurde nacheinander und voneinander unabhängig das Volkslied *Cevljaniu Rade and the Captain of Spuž* in der
Version des siebzigjährigen Vaters Antonije Cetković und seines zwei-
undzwanzigjährigen Sohnes Milan Cetković aufgenommen. Beide Sänger
stammen aus Kolašin in Montenegro. Schon als kleiner Junge hat der Sohn
das Lied von seinem Vater erlernt. Ein Vergleich der beiden Versionen soll
den Prozeß der Transmission und Komposition beleuchten. Schon äußerlich überrascht das Ergebnis. Während das Lied des Vaters 445 Zeilen
umfaßt, ist das des Sohnes beinahe nur halb so lang. Es umfaßt 249 Zeilen.
Nur die für den Verlauf des Liedes wichtige Einleitung ist in der Version
des Sohnes unwesentlich kürzer. Im übrigen Lied fehlen viele Ausschmük-
kungen. Ganze Themen und Motive läßt der Sohn aus. Nach Lord ist
dieser Schwund weder mit einer besonderen geistigen Verfassung der Sänger während der Aufführung des Liedes noch mit einer grundsätzlich unterschiedlichen Fähigkeit zu begründen, sondern allein mit dem Prozeß der
Übermittlung, bei dem weite Teile des vorgegebenen Stoffes entfallen[106].
Mangelnde Erinnerungen auf der einen und Spontaneität sowie Kreativität
auf der anderen Seite verändern mit jeder Aufführung den Stoff. Das ist
auch das Ergebnis der Untersuchung des *Song of Bagdad*, der einmal von
Salih Ugljaniu und das andere mal von Sulto Fortić in verschiedenen Versionen vorgetragen worden ist[107].

Auch die finnischen Volkslieder, die dem *Kalevala* zugrunde liegen,
haben nach der Einschätzung von L. und H. Fromm von Sänger zu Sänger
und Aufführung zu Aufführung variiert. Lassen wir sie selbst zu Wort kom-

---

[104] Vgl. E. Oring, Transmission, 196, 202-205.
[105] Vgl. E. Oring, Transmission, 206-210; und allgemein V. Hobi, Gedächtnispsychologie,
9-31.
[106] Vgl. A.B. Lord, The Singer of Tales, 109-113.
[107] Vgl. A.B. Lord, Memory, Fixity and Genre, 451-461.

men: „Die ostseefinnischen Sänger besaßen [...] nicht in ihrem Gedächtnis einen Schatz von in allen Einzelheiten festliegenden, auswendig gelernten Liedern, sondern eine feste Vorstellung von der Fabel und dem Liedrahmen und dazu einen großen Vorrat an formelhaften Versen, Versgruppen und Motiven, welche sie je nach den Erfordernissen der Handlung kombinierten. Der bessere Sänger erwies dabei nicht nur durch einen größeren Textbestand seinen Rang, sondern mehr noch durch seine Fähigkeit, die spezifische Technik einer freien Adaption und Assoziation formelhaften Versguts in den Dienst einer festen Vorstellung der jeweiligen Liedganzheit und ihrer integrierenden Bestandteile zu stellen"[108].

A. Lehmann hat am Beispiel der Kriegsflüchtlinge aus den ehemaligen Ostgebieten des Deutschen Reiches (Pommern, Ostpreußen und Schlesien) das *Erzählen zwischen den Generationen* untersucht[109]. Bei diesen Erzählungen handelt es sich ausschließlich um die Gattung der Erinnerungserzählung. Besonders aufschlußreich ist es, wie heute die Welt von damals erzählt wird, die viele der späteren Flüchtlinge nur noch als Kinder erlebt haben, und wie die erst nach der Flucht im Westen geborenen Jüngeren diese ihnen allein durch die Erzählungen der Älteren bekannte Welt sehen. Vergleicht man nun zuerst die von den Flüchtlingen erzählte Welt mit der wirklichen, so ist das Ergebnis häufig frappierend. Ihre Erzählungen verschönen und schmücken aus, die als verloren empfundene Heimat wird idealisiert: Die Hütte wird zum Haus, die Landschaft wird malerisch durch Seen, Wälder und Flüsse gezeichnet, die Härten des agrarischen Alltags werden verklärt.

Und auch die Sittlichkeit erhält einen idealisierten Anstrich: Die Menschen waren in der Erinnerung fleißig und redlich, treu und gut. Dieses erzählend entworfene Idealbild paart sich dann mit den völlig irrealen geographischen, historischen und sozio- kulturellen Vorstellungen der Enkelgeneration, welche die erzählte Welt nur aus den idealtypischen Darstellungen kennen: Niederschlesien wird mit der Niederlausitz verwechselt, das Sudetenland mit Siebenbürgen[110]. Verallgemeinern wir die Degeneration und Ausschmückung der mündlichen Überlieferung, so gehen schon beim ersten Erzählen wichtige geographische und historische Einzelheiten verloren, vieles wird romantisch verklärt. Da den Jüngeren das unmittelbare Wissen über die versunkene Welt fehlt, haben sie nur noch sehr verschwommene Vorstellungen von der Heimat ihrer Eltern.

---

[108] L./H. Fromm im Nachwort von E. Lönnert, Kalevala, Bd. 1, 366.
[109] Vgl. A. Lehmann, Erzählen zwischen den Generationen, 1-25.
[110] Vgl. A. Lehmann, Erzählen, 15-22.

Bei dieser Form der Erinnerungserzählung fehlt den Nachkommen die in der Erzählung mitgeteilte Erfahrung und die Anschauung, die sich zur Erinnerungserzählung verdichtet. Existentiell sind sie nur mittelbar über ihre Eltern betroffen, Erinnerungserzählungen, die jedoch auf Erfahrungen zurückgreifen, die der Erzähler selbst nicht gemacht hat, werden häufig nicht weiter tradiert. An ihre Stelle treten eigene Erlebniserzählungen.

Die Untersuchung Lehmanns bietet auch ein wichtiges Beispiel dafür, daß kollektive Ereignisse wie Kriege, religiöse Konflikte, Eroberung und Vertreibung den Anlaß für neuen Erzählstoff schaffen und die Erzähltradition eines Stammes oder Volkes durch neu hinzutretende Stoffe, die ältere ergänzen und verdrängen, verändern[111]. Gerade für die Jakobserzählungen hat dieser Hinweis Konsequenzen, wenn wir bedenken, welche kollektiven Katastrophen und Umbrüche Israel erlebt hat, bis die mündlichen Überlieferungen aufgeschrieben worden sind. Zwischen der Patriarchenzeit und den ersten theologischen Schriftstellern liegen der Exodus, die Landnahme, die Wanderbewegungen der Seevölker und der Aramäer, die politischen und religiösen Auseinandersetzung mit den Kanaanäern, die Wirren um die Entstehung des Königtums und der Untergang der vereinten Monarchie. Selbst wenn wir den Jahwisten als ältesten Schriftsteller ins ausgehende 10. Jahrhundert datieren[112], liegen zwischen den Geschehen und ihrer Aufzeichnung mehrere hundert Jahre. Alle diese Ereignisse kann ein Volk nicht als parallel laufende mündliche Überlieferung konservieren.

Wie mündlich umlaufende Stoffe einen Haftpunkt und ebenso eine Ruine ihre erdichtete, geschichtliche Erklärung erhalten, erläutert ein Beispiel, das W. Seidenspinner vorträgt[113]: 1930 hat A. Allmann aus Güttersbach, einem Dorf im hessischen Odenwald, Sammlern mehrere Sagen erzählt. Eine davon berichtet von einem Goldschatz, den die Nonnen eines nahegelegenen Klosters noch vor der Schleifung der Klosteranlage im Dreißigjährigen Krieg vergraben haben sollen. Mauerreste auf einer im Wald gelegenen Lichtung dienen der Sage als Haftpunkt. Bei der Freilegung der Stätte stieß man auf nicht unbeträchtliche, zweischalige Mauerzüge, die von vier quadratischen Ecktürmen verstärkt wurden. Archäologisch ist nun nachgewiesen, daß es sich bei dieser Anlage nicht, wie die Sage vorgibt, um ein Kloster, sondern um eine im 13. Jahrhundert erbaute Tiefburg handelt, die vermutlich von Pfalzgraf Rudolf schon im frühen 14. Jahrhundert zer-

---

[111] Vgl. A. Lehmann, Erzählen, 1-3.
[112] Vgl. zuletzt K. Berge, Jahwist, 310-313.
[113] Vgl. W. Seidenspinner, Sagen als Gedächtnis des Volkes, 525-534 (Literatur).

stört worden ist. Im 15. Jahrhundert ist die Ruine dann als Steinbruch verwendet und so bis auf die Grundmauern abgetragen worden. Von diesen historischen Vorgängen weiß die Sage nichts. Vielmehr verlangte die in der Umgebung bekannte Burgruine nach einer Erklärung. So kam es, daß umlaufende Motive, die mit der Anlage ursprünglich in keinem Verhältnis standen, aufgenommen und zu einer Lokalsage ausgeschmückt wurden. „Als man sich dann später nach dem Zweck oder der Geschichte der Mauerreste fragte, fand bzw. erfand jemand die Erklärung mit dem Nonnenkloster, brachte ein durchaus landläufiges Motiv mit den Resten in Verbindung"[114].

Daß es sich hierbei keineswegs um einen kulturell und geographisch bedingten Einzelfall handelt, belegt der Bericht von P. Schmidt. Dieser hat in Buhaya, Tansania, eine Grabung an einem Ort durchgeführt, wo nach einer lokalen mündlichen Überlieferung der Turm von Babel gestanden haben soll. Tatsächlich fand er dort Spuren einer alten Eisengießerei aus dem 5. Jahrhundert v. Chr., die Überreste haben der von schriftlichen Quellen gespeisten mündlichen Tradition den Haftpunkt gesichert. Aber die in der Sage gegebene Erklärung des Ortes widerspricht dem archäologischen Befund. Gleichzeitig ist der Fall ein gutes Beispiel für die Interdependenz von mündlicher und schriftlicher Tradition, da sich die Sage der biblischen Erzählung verdankt[115].

3. Zusammenfassung

Die mündliche Erzählung ist eine syntaktisch einfach gebaute, verbal geprägte, von Wiederholungen, Mundart und Lokalkolorit gekennzeichnete Einzelüberlieferung. Der Stoff ist erheblichen Veränderungen ausgesetzt, die sowohl von der Gedächtnisleistung[116] und Phantasie des Erzählers als auch von der Rezeption und der Adaption der nächsten Generation bedingt ist. Schon im Laufe seines Lebens verändert ein einziger Erzähler die von ihm weitergegebene Überlieferung beträchtlich: Einige Details werden vergessen, der Stoff wird ausgeschmückt, neue Motive und Themen kommen hinzu, unterschiedliche Traditionen werden verwischt und/oder kombiniert.

---

[114] W. Seidenspinner, Sagen, 527.
[115] P. Schmidt, Cultural Meaning and History in African Myth, 167-183. – Vgl. auch J. Vansina, Oral Tradition, 48-63.
[116] Vgl. V. Hobi, Grundlagen der Gedächtnispsychologie, 9-31.

Erheblich beeinträchtigt wird der Stoff bei der Übermittlung an die nächste Generation. Weil das Erzählen eine weltdeutende und sinnstiftende Funktion hat, wird die Erzählung immer den gegenwärtigen Bedürfnissen der Erzähler und Hörer angepaßt. Was die Hörer nicht betrifft, wird schon bald vergessen. Die Orte, Namen und Requisiten, Sitten und Bräuche werden der eigenen Lebenswelt angepaßt. Die bewußte Veränderung der Stoffe können wir als mündliche Redaktion bezeichnen.

Einschneidende Erlebnisse in der individuellen Lebensgeschichte sowie in der kollektiven Geschichte eines Stammes oder Volkes verdichten sich zu neuen Erzählungen. Die erzählend verarbeiteten Erlebnisse verdrängen dann älteres Überlieferungsgut. Erzählt wird gewöhnlich nur von der letzten großen Naturkatastrophe oder dem letzten Krieg.

Jede geschichtliche Erinnerung geht, wenn sie nicht ständig durch schriftliche Quellen (wie Urkunden oder Chronologien) oder Baudenkmäler (wie Grabmale, Tempel, Klöster oder Kirchen) korrigiert wird, spätestens mit der dritten Generation verloren. Lediglich Grundmuster (epische Schablonen) der Erzählung bleiben länger als zwei Generationen erhalten[117]. Ganz wie J. Assmann mit einem Hinweis auf Herodot und Tacitus formuliert: „Das kommunikative Gedächtnis kennt keine Fixpunkte, die es an eine sich mit fortschreitender Gegenwart immer weiter ausdehnende Vergangenheit binden würden. So etwas ist nur durch kulturelle Formung zu erreichen und fällt daher aus dem informellen Alltagsgedächtnis heraus. [...] Sein wichtigstes Merkmal ist der beschränkte Zeithorizont. Es reicht in der Regel – alle Untersuchungen der Oral History scheinen das zu bestätigen – nicht weiter zurück als 80 bis (allerhöchstens) 100 Jahre, also die biblischen 3-4 Generationen und das lateinische saeculum"[118].

---

[117] Das hat auch J.C. Miller, Kings and Kinsmen, 13-27, beispielhaft an narrativen Texten, sogenannten Malunda, der angolanischen Imbangala gezeigt.
[118] J. Assmann, Kollektives Gedächtnis, 11.

V. Überlieferung und Verschriftung

1. Einleitung

Für die Verschriftung werden mündliche Einzelüberlieferungen kompiliert, andere selektiert und bei ihrer Fixierung dann stilistisch, syntaktisch, semantisch, kompositorisch und sogar inhaltlich redigiert. Um diesen Prozeß zu beleuchten, führen wir aus fünf kulturgeschichtlich unterschiedlicher Provenienz markante Beispiele vor, aus denen ersichtlich wird, wie aus mündlichen Stoffen schriftliche Texte entstehen, und die Stoffe bei ihrer Aufzeichnung umgebildet werden. Wir wählen gerade solche Beispiele aus, die immer wieder als Paradigmen für die alttestamentliche Forschung herangezogen werden.

Bei der Darstellung beschäftigen uns drei Fragen: Zunächst fragen wir nach den Quellen und Traditionen der Dichter. Aus welchen Stoffen schöpfen die ersten Schriftsteller? Daneben fassen wir wiederholt die Variabilität und Permanenz oraler Traditionen ins Auge. Nur wenn sie hinreichend geklärt ist, können wir beurteilen, auf welche Ereignisse eine mündliche Überlieferung bei ihrer Verschriftung potentiell zurückblicken kann. So lautet die zweite Frage: Wie historisch zuverlässig sind die verschrifteten Überlieferungen? Die dritte Frage betrifft den Prozeß der mündlichen Überlieferung und Verschriftung allgemein. Bei den verschiedenen Beispielen werden wir darauf zu achten haben, ob eine wechselseitige Beeinflussung von mündlicher und schriftlicher Tradition vorliegt. Besonders in der alttestamentlichen Forschung ist der Überlieferungsprozeß oft in einer starren, exklusiven Abfolge verstanden worden: Nach der seit H. Gunkel vertretenen *opinio communis* folgt auf eine rein mündliche Überlieferungsphase nach der Verschriftung der Tradition eine rein literarische[1]. Es ist zweifelhaft, ob dieses schematische Nacheinander so je existiert hat. Deshalb prüfen wir, ob es bei der Entstehung der vorgestellten Literaturwerke auch diese starre Abfolge gegeben hat. So lautet unsere dritte Frage: Beeinflussen mündliche Stoffe auch nach der Entstehung prosaischer Texte weiterhin die schriftliche Literatur?[2]

---

[1] Vgl. O. Kaiser, Literaturgeschichte, 306-307.
[2] Vgl. zum Begriff P. Sébillot, Le Folk-lore, 6-7.

2. Überlieferung und Verschriftung

a) Die Genealogien

Der Gebrauch von Genealogien ist in vielen Gemeinschaftsformen verbreitet. Allgemein erfüllen sie eine doppelte Funktion: Sie geben Auskunft über die Abstammung eines Volkes und erklären die verwandtschaftlichen Verhältnisse sowohl innerhalb des Clans als auch unter den Nachbarn. Neben diesen basalen Einsichten hat die Ethnologie deutliche Unterschiede im Gebrauch und in der Funktion von Genealogien herausgearbeitet. J. Vansina unterscheidet grundsätzlich zwischen einer „centralized" und einer „uncentralized society". Die unterschiedliche Gesellschaftsformen, wir können auch von Stammesorganisationen reden, schlagen sich in der Form und der Funktion der Genealogien nieder.

Bei den ghanesischen Abutia Ewe haben die von den Stammesmitgliedern in der Jugend erlernten Genealogien den Sinn, die verwandtschaftlichen Verhältnisse zu klären. Mit dem Tod der Älteren werden dann die genealogischen Verbindungen völlig neu bestimmt. Die Funktion einer Chronologie haben sie nicht[3]. In manchen Fällen dienen die Genealogien zur Ordnung von Landbesitz, Erbangelegenheiten oder dem sozialen Gefüge des Stammes[4]. Bei den senegalesischen Wogol wird in Zweifelsfällen die Geneaologie durch Abstimmung hergestellt, um so Streit zu schlichten[5].

Ein aufschlußreiches Beispiel für mündliche Genealogien hat B.K. Halpern in ihrem Aufsatz *Genealogy as oral genre in a Serbian village* vorgetragen[6]. Die Daten hat sie 1954 und 1968 in einem Dorf im serbischen Sumadija erhoben. Ihr Gewährsmann ist der Dorfbewohner Mileta Stojanović; nähere biographische Informationen über den Erzähler teilt Halpern nicht mit. Nur das Alter des Erzählers können wir schätzen: Da Mileta bereits Großvater von mehreren Enkelkindern und Dorfältester ist, muß er mindestens fünfundvierzig Jahre alt sein.

Seine von der Ethnologin aufgezeichnete Genealogie ist vertikal aufgebaut. Sie beginnt mit dem Stammvater Stojan, seinem Ururgroßvater, und entfaltet sich dann patrilinear über dessen drei Söhne Petar, Miloje und

---

[3]   Vgl. J. Vansina, Oral Tradition, 182-190; sowie R.R. Wilson, Genealogy and History, 11-55.

[4]   Vgl. L. Bohannan, A Genealogical Charter, 301-315.

[5]   Vgl. J. Vansina, Oral Tradition, 182.

[6]   Vgl. B.K. Halpern, Genealogy as Oral Genre, 301-321.

Mihajlo; Petar ist der Urgroßvater des Erzählers Mileta. Die weitere Genealogie ist schematisch gegliedert: Zuerst nennt er die Söhne des ersten Sohnes, dann die des zweiten und schließlich die des dritten. Erst nachdem die horizontale Filiation einer Generation berichtet ist, geht er vertikal zur nächsten über. Wiederum führt Mileta schematisch zunächst die Söhne des ersten, dann des zweiten bis zum letzten auf. Insgesamt umfaßt die Genealogie sieben Generationen. Da der Erzähler selbst bereits Großvater ist, blickt er auf vier Generationen – einen heroenhaften Stammvater, den Urgroßvater, die Generation der Großväter und der Väter – zurück. Sehen wir einmal vom Urahnen ab, so erfaßt Mileta drei Generationen vor sich selbst[7]. Nach unten geht die Genealogie zwei Generationen bis zu den Kindeskindern, den eigenen Enkeln, weiter. Von den 105 aufgeführten Personen gehören weit über zwei Dritttel der Generation des Erzählers an, die somit numerisch völlig überrepräsentiert ist[8].

Von besonderem Interesse ist der vorangestellte Prolog. In ihm wird die Beziehung vom Hörer selbst bis zu seinen Ahnherren hergestellt. Dabei wird bei jeder Sippe die als Urahne geltende Person eingesetzt. Zusätzlich fällt auf, daß Mileta seine nächsten Verwandten, wie Großvater, Vater, Onkel und Söhne mit einem Possessivpronomen hervorhebt. So heißt es in der Genealogie „Nikola, mein Großvater" oder „Ljubomir, mein Vater"[9].

Gelegentlich streut Mileta in die nach einem genauen Muster rezitierte Genealogie auch kurze Informationen über einzelne Personen ein. Er erwähnt etwa, daß von den drei Söhnen seines Großvaters Uroš, der Jüngste, früh verstorben ist[10]. Gerade diese Angaben variieren aber, so B.K. Halpern, in den wiederholten Rezitationen desselben Stammbaumes erheblich[11]. Abgesehen davon kann Mileta auch nach längerer Zeit seinen Stammbaum exakt wiedergeben[12]. Bedenkt man allerdings, daß es sich „nur" um 3 Personen der Generation der Urgroßväter, um 10 Personen der eigenen Großväter und Großonkel und um 19 Personen der Vätergeneration handelt, der Ururgroßvater Stojan ist ja als Urahn eine fiktive Gestalt, relativiert sich die mnemotechnische Fähigkeit des Erzählers erheblich, da er insgesamt nur 32 von insgesamt 105 Personen memorieren muß.

---

[7] Vgl. B.K. Halpern, Genealogy, 304-309.
[8] Vgl. B.K. Halpern, Genealogy, 304-307.
[9] B.K. Halpern, Genealogy, 313.
[10] Vgl. B.K. Halpern, Genealogy, 306.
[11] Vgl. B.K. Halpern, Genealogy, 317.
[12] Vgl. B.K. Halpern, Genealogy, 302

Zudem bergen die Genealogien Miletas weitere Probleme: Daß die aufgezählten Namen, nicht jedoch die eingeschobenen Charakterisierungen,
konstant sind, ist durch den Vergleich verschiedener Rezitationen leicht
festzustellen. Damit ist jedoch nichts über die Historizität der Genealogien
und über das individuelle Gedächtnis ausgesagt. Denn für eine Überprüfung der Angaben Miletas fehlen entsprechende schriftliche Chroniken oder
Eintragungen in Kirchenbüchern. Erst ein solcher Vergleich könnte beweisen, ob im Stammbaum möglicherweise fiktive Personen erwähnt sind.
Außerdem zeigt die Feldstudie, daß sich über epische Muster leicht mündliche Genealogien über mehrere Generationen entwerfen lassen. Die Erinnerung, die auf die Namen beschränkt ist, stützt nur die häufige Rezitation.
Wie wir gesehen haben, ist die Erinnerung Miletas vollkommen unpräzise,
wenn es um individuelle Informationen über einzelne Vorfahren geht. So
lassen sich über epische Muster leichter Filiationsketten konstruieren, persönliche Nachrichten und historische Erinnerungen gehen dagegen trotz
der Muster verloren.

Schließlich klammert die Untersuchung den entscheidenen Schritt der
Übermittlung aus: Wie würde wohl die Genealogie aussehen, wenn sie
einer der Söhne Miletas nach dessen Tod aufsagen müßte? Vermutlich
veränderten sich dann die einzelnen Angaben in der Generation der Urgroßväter und bei der entfernten Verwandtschaft erheblich. J.A. Barnes hat
diesen Prozeß des Vergessens als „strukturelle Amnesie"[13] bezeichnet.

Aus einem völlig anderen Kulturkreis beleuchtet das nächste Beispiel die
historisch sehr eingeschränkte Bedeutung von Genealogien. L. Bohannan
hat von 1949 bis 1952 bei den im Norden Nigerias ansässigen Tiv Feldforschungen betrieben. Der damals etwa 800 000 Menschen starke Volksstamm ist dezentral organisiert. Er ist in einzelne Gruppen von 200 bis
1300 Menschen unterteilt. Für die Organisation des Volkes hat die vierzehn bis siebzehn Generationen umfassende Genealogie der Tiv eine wichtige Aufgabe. Alle Sippen des Stammes leiten sich von ihrem gemeinsamen
Urahnen Tiv ab, dem das Volk seinen Namen verdankt. Über die Genealogien regeln sich alle wichtigen Entscheidungen des täglichen Lebens. Da
jedem Ahnen und seinen Nachfahren ein geographisch mehr oder weniger
festgelegtes Territorium zugesprochen ist, hängt von der Genealogie zuerst
der Landbesitz ab. Aber auch Heirat, die Autorität ritueller Gebräuche,
politische Entscheidungen, ja selbst die Reisewege werden von der Genealogie geregelt[14]. Kommt es nun im Todesfall zu Fragen der Abstammung

---

[13] Vgl. J. Goody/I. Watt, Konsequenzen der Literalität, 71.
[14] Vgl. L. Bohannan, Charter, 306.

oder beim Landbesitz zu Streitigkeiten, tritt der Ältestenrat zusammen, um nach der genealogischen Ordnung der einzelnen Sippe die Auseinandersetzung zu regeln. Auch bei Streitigkeiten zwischen den einzelnen Sippen hilft die Genealogie, Rechtsansprüche zu klären.

Ein repräsentatives Beispiel, das L. Bohannan aufführt, greifen wir heraus: Ein namentlich nicht benannter Sohn ruft den Ältestenrat in folgendem Streitfall zusammen. Sein Vater Apebo ist von dessen Halbbruder Torgindi bei zwei Eheschließungen um den dabei üblicherweise zugesprochenen Landbesitz betrogen worden. Nach dem Tod des Vaters weigert sich Torgindi aber, für das seinem Neffen verwehrte Land einen Ausgleich zu bezahlen. Da Torgindi der einzige noch lebende Zeuge seiner Sippe ist, muß der Ältestenrat für die Klärung des Streites die genealogischen Verhältnisse ermitteln. Schnell stellt der Ältestenrat fest, daß die Verhandlungen über Ausgleichsleistungen unter den Nachfahren Amenas zur Zeit Nyianshimas stattgefunden haben müssen. Wer aber war dieser Amena? Von den vierzig Ältesten können nur drei Amena genealogisch einordnen, obwohl er nur zwei, maximal drei Generationen zuvor gelebt hat. Dabei kommen alle drei Ältesten zu widersprüchlichen Aussagen: Der erste hält Amena für den Vater Nyianshimas, der wiederum der Vater Apebos und Torgindis sei. Der zweite Älteste hält Amena gar für eine mit Adoga verheiratete Frau, die Großmutter von Apebo und Torgindi. Der dritte meint, Adoga und Amena seien zwei Namen für ein und dieselbe Person – die genealogische Komplexität soll uns nicht verwirren, sie deutet nur auf die Schwierigkeit hin, aus dem Gedächtnis die verwandtschaftlichen Verhältnisse einer großen Sippe zu rekonstruieren, die mehr als dreißig Jahre zurückliegen.

In der weiteren Beratung wird der zweite Vorschlag, Amena sei eine Frau, verworfen, da Landbesitz nur einem Mann zugesprochen werden kann. Nun bringt die Verhandlung den Ältestenrat in Schwierigkeiten. Wenn Adoga/Amena eine Person war, stand Apebo eine Ausgleichsleistung zu, waren es aber zwei Personen, so wäre der Ausgleich vermutlich erstattet. Trotz großer Unstimmigkeiten über die genealogischen Verhältnisse und vielfacher Unklarheit beschließt der weise Ältestenrat, der Beschwerde von Apebos Sohn stattzugeben. Torgindi muß ein genau bezeichnetes Stück Land an den Sohn abtreten.

Dieser zwar spezielle, aber nicht unübliche Fall aus dem Leben der nigerianischen Tiv vermittelt einen Einblick in eine lebendige, mündliche Kultur. Für uns ist weniger der Beschluß als das Vorgehen des Ältestenrates interessant. Vierzig Älteste sind nicht in der Lage, exakt die genealogischen Verhältnisse ihres Stammes zu bestimmen, die nur zwei Generationen zu-

rückliegen. Nur drei von vierzig Ältesten können sich überhaupt an die ge-
suchte Person erinnern. Bei einer genauen Bestimmung der Person divergieren diese drei in ihren Äußerungen erheblich, zu einer eindeutigen Bestimmung der genealogischen Verhältnisse kommen sie nicht. So zeigt sich, daß
selbst in einer mündlichen Gesellschaft, deren Rückgrat die genealogische
Orientierung ist, die Erinnerung nur verschwommen zwei bis drei Generationen zurückreicht. Und noch etwas zeigt der Fall. Die Genealogie dient
nicht zur Rekonstruktion der Vergangenheit um ihrer selbst willen, sondern
allein der Bewältigung der Gegenwart, wofür sie in einer Art genealogischem
case law aus dem Erinnerungsvermögen der Ältesten aktiviert wird.

Wenden wir uns nun einigen schriftlichen Genealogien zu: Unser ältestes literarisches Beispiel stammt aus dem Vorderen Orient. In einem umfangreichen Aufsatz überprüft der Assyrologe C. Wilcke die erzählte Vergangenheit der *Sumerischen Königsliste*[15]. Wer Ansprüche auf etwas erhebt,
muß sie zumeist mit einem Hinweis auf Vergangenes legitimieren. So ist es
heute, so war es früher und so war es auch schon vor viertausend Jahren.
Um die Mitte des 3. Jahrtausends beriefen sich „die Herrscher von Lagaš
auf eine lange zuvor in göttlichem Auftrag gezogene Grenze zum Nachbar-
staat Umma, und König Urukagina von Lagaš stellte seine Veränderungen
bestehender Rechtsverhältnisse vor allem in der staatlichen Verwaltung der
Tempelgüter als Wiederherstellung alter, ursprünglicher Zustände dar, von
denen wir nicht wissen, ob sie je herrschten. Im 1. Jt. v. Chr. meißelte man
recht geschickt, aber doch nicht geschickt genug, um die Gelehrten an der
Wende vom 2. zum 3. Jt. n. Chr. zu täuschen, eine Urkunde in Stein, in der
König Maništusu von Akkad (2269-2255 v. Chr.) dem Šamaš-Tempel von
Sippar besondere Privilegien gewährte"[16].

Ähnlich wie bei den nigerianischen Tiv rief das Verlangen nach eindeutigen Rechtsverhältnissen auch im Vorderen Orient die genealogische Chronik auf den Plan. Listen von Herrschern und Jahresnamen wurden erstellt
und über Jahrhunderte in der Schule tradiert. Literarisch schlug sich die
Tradition dann in der *Sumerischen Königsliste* nieder, die in Abschriften aus
dem 19./18. Jahrhundert v. Chr. vorliegt[17]. Diese Liste versucht, „eine lük-
kenlose Reihe von Herrschern von dem Moment an, ‚als das Königtum vom
Himmel herabgekommen ist', bis zur Gegenwart des jeweiligen Redaktors

---

[15]   Vgl. C. Wilcke, Die Sumerische Königsliste und erzählte Vergangenheit, 113-140
   (zahlreiche Belege, Literatur und Tafeln); Übersetzung in TUAT I, 328-337 (Literatur).
[16]   C. Wilcke, Sumerische Königsliste, 113-114.
[17]   Vgl. C. Wilcke, Sumerische Königsliste, 114.

zusammenzustellen, gegliedert als einzelnen Städten zugeordnete Herrscherreihen. Für jeden Herrscher und für jede der Herrscherreihen, die in der
Literatur etwas unscharf als ‚Dynastien' bezeichnet werden, wird die Regierungszeit notiert. Angaben zur Filiation erscheinen unregelmäßig. Am Schluß
des Textes ist zusammengestellt, wie oft und wie viele Jahre jede der Städte
mit wieviel Herrschern insgesamt das Königtum ausgeübt hat; dann wird die
Gesamtzahl der Städte, der Könige und der Regierungsjahre festgehalten"[18].

Ihrer Funktion nach ist die unter Šugli entstandene Sumerische Königsliste eine „Anspruchsgenealogie", die vom ersten mythischen Träger bis hin
zu König Šugli eine Sukzession der Herrschaft entwirft und darin den Anspruch der Herrscher von Ur III auf das Nord- und Südbabylonien einende
Königreich erhebt[19]. So tritt die genealogische Legitimation an die Stelle
der göttlichen Anerkennung (I,1-4). Gleichzeitig wird die Königsliste aber
auch fortgeführt. Auch dies hat eine Funktion. Ein geschickter Wechsel der
eigentlichen Dynastie legitimiert nun das Herrschergeschlecht von Isin als
rechtmäßigem Nachfolger von Ur III und dokumentiert die Einheit des
Königtums[20]; in dieser Zeit, in der Mitte der 3. Dynastie von Ur, ist die
Königsliste auch entstanden[21].

Schon die Abfolge und die Anlage der Herrscherreihen ist fiktiv. So
reichen die Listen in die mythische Vorzeit zurück; die Namen der Könige
sind jedoch aus der mythisch-epischen Überlieferung bekannt. Auch die
angegebene Regierungszeit der Könige erreicht mythische Dimensionen.
Sie schwankt zwischen 43200 Jahren (I,12) vor der Sintflut (I,40) bis zu
1560 Jahren (II,15) danach[22]. Die Quellen der Königsliste sind von sehr
unterschiedlichem Wert. Auf gar keinen Fall ist das verwendete Material
einheitlich. Schon Th. Jacobsen sagt über die Königsliste: „Historical and
legendary dynasties are mixed. A dynasty will begin with legendary reigns,
grow historical, and be followed by another historical dynasty. After that,
however, will come a third dynasty which is again purely legendary. Such
obvious inconsistency can mean only one thing: the King List is not a single
tradition but has been compiled from several independent ones"[23].

---

[18] C. Wilcke, Sumerische Königsliste, 114-115.
[19] Vgl. C. Wilcke, Sumerische Königsliste, 119 (schematische Darstellung).
[20] Vgl. C. Wilcke, Die Sumerische Königsliste, 120-121 (vgl. die schematische Darstel-
      lung S. 129).
[21] Vgl. Th. Jacobsen, Sumerian King List, 140-141; C. Wilcke, Sumerische Königsliste,
      116-121.
[22] Vgl. C. Wilcke, Sumerische Königsliste, 115.
[23] Th. Jacobsen, Sumerian King List, 153.

Weitere Details zeigen, wie die Dichter die Genealogien aus ihrer Gegenwart heraus komponiert haben. Aktuelle horizontale Verwandtschaftsverhältnisse werden in vertikale Herrscherreihen umgewandelt. So leihen beispielsweise auf der horizontalen Ebene die vier Großonkel oder fünf Söhne eines Königs auf der vertikalen Linie drei oder vier Generationen ihre Namen. Dies ist eine nicht nur im Vorderen Orient verbreitete Technik. Wie wir noch sehen werden, ist sie bei den Genealogisten Athens ebenso beliebt wie im frühen Islam und im europäischen Mittelalter.

Von ihrer Gesamtkomposition setzt die Sumerische Königsliste in einem mythischen Zeitalter ein, überbrückt dann mit einer „Reihe von Namen, über deren Träger keinerlei Nachrichten überkommen sind"[24], viele Jahrtausende und mündet schließlich an der Wende vom 3. zum 2. Jahrtausend in eine Periode, die nicht nur heute dokumentiert ist, sondern auch schon damals war. Die schwarzen Löcher in der Überlieferung werden mit mythischem, legendenartigem und phantasievoll erfundenem Material ausgefüllt[25].

Immer wieder wird die Königsliste von kurzen Notizen unterbrochen. Dabei handelt es sich um nähere Angaben zum Vater, den Beruf oder die Heimatstadt des Königs; auch besondere Feldzüge oder die Konsolidierung einer Stadt werden berichtet (II,45-47; III,12.18-19.35-38; IV,5-7.36-37.40-42; V,35-43; VI,40-44; VII,1-3). An einer Stelle wird sogar die Himmelfahrt von König Etana erwähnt (II,16-17). Wilcke sieht nun einen Zusammenhang zwischen diesen Einsprengseln und den sogenannten „historischen Omina". „Solche historische Omina sind Verknüpfungen [...] eines bestimmten ominösen Befundes, etwa aus der Opferschau, aus der Beobachtung von Sternen oder Neugeborenen, mit einem Ereignis der Vergangenheit. Erscheint derselbe Befund wieder in späterer Zeit, so ist mit dem Eintreten analoger Geschehnisse zu rechnen"[26].

Die Königsliste gewährt uns Einblicke, wie die anonymen Verfasser eine altorientalische Genealogie komponiert haben, um einen Herrscher zu legitimieren: Einiges Material ist der älteren epischen Tradition und den älteren Königslisten, also schriftlichen Quellen, entlehnt; manche Notizen mögen den Omina entnommen sein. Dieses überkommene Material haben Dichter und Redakteure ausgewählt und geordnet. Lücken in der Überlie-

---

[24] C. Wilcke, Sumerische Königsliste, 115.

[25] Vgl. Th. Jacobsen, Sumerian King List, 128-164; C. Wilcke, Sumerische Königsliste, 115.

[26] C. Wilcke, Sumerische Königsliste, 124.

ferung haben sie phantasievoll ausgeschmückt, Filiationen nach eigenem
Interesse umgeschrieben oder sogar erst nach eigener Anschauung, die ihnen ihre Gegenwart geboten hat, entworfen[27]. Auf diese Weise haben sie
nach den Bedürfnissen ihrer Zeit mit der Königsliste – die von der Gegenwart der Dichter bis in eine vorsintflutliche, mythische Zeit (I,40), in der
das Königtum vom Himmel herabgestiegen ist (I,1), zurückreicht – die
Herrscher der 3. Dynastie von Ur legitimert[28].

Auch aus der griechischen Klassik (5.-4. Jahrhundert) sind einige markante Genealogien bekannt. Ein schönes Beispiel ist die *Genealogie der
Philaiden*, die mit Miltiades, einem bedeutenden General der Perserkriege,
endet. Die nach ihrem Urahnen Philaios benannte Genealogie umfaßt wiederum dreizehn Generationen. Philaios selbst stammt nach dem Stammbaum direkt von Ajax ab. Diese lineare Genealogie kann nun durch Aufzeichnungen Herodots und durch städtische Annalen überprüft werden.
Ein Vergleich entlarvt die von Pherecydos geschriebene Genealogie der
Philaiden als eine weitgehend literarische Konstruktion: Pherecydos erstellt
die Genealogie, indem er die horizontalen Verwandtschaftsverhältnisse von
Miltiades in eine lineare Geschlechterfolge umfunktioniert. Außerdem greift
er massiv in die Abfolge der Genealogie ein. Ein Glied der Genealogie
streicht er ganz und ersetzt es durch eine weitere Person namens Miltiades,
der nun als der Großvater des legendären Feldherrn erscheint. Dies ist ein
geschickter Kunstgriff, da in den aristokratischen Familien häufig die Enkel
nach ihrem Großvater benannt werden. Damit steht die Genealogie im
Widerspruch zu den Angaben Herodots (Herodot, Historien, VI, 35)[29].
Auch weitere Beispiele belegen, daß sich die Genealogien neben den Erinnerungen der Zeitgenossen auch erheblich aus dem Einfallsreichtum des
Genealogisten speisen. Sie entspringen dem Bedürfnis der aristokratischen
Familie, durch eine besondere Herkunft ihre Stellung in der Polis zu legitimieren. Als historische Quellen haben die Genealogien daher nur einen
geringen Wert[30].

Ein wichtiges Exempel aus der arabischen Welt liefert W. Caskel 1966
in seinem zweibändigen, mit einer Einführung, vielen kritischen Anmerkungen, Tafeln und einem Register versehenen Werk über die *Ǧamharat*

---

[27] Vgl. C. Wilcke, Sumerische Königsliste, 123-130.
[28] Vgl. allgemein J. Krecher, Sumerische Literatur, 100-150; sowie T. Longman III.,
Fictional Akkadian Autobiography, 199-212 (Literatur).
[29] Vgl. R. Thomas, Oral Tradition and Written Record in Classical Athens, 161-168.
[30] Vgl. R. Thomas, Oral Tradition, 190-195.

an-nasab, die Sammlung der Genealogie[31]. Diese von Muḥammad ibn as-Sā'ib ibn Bišr al-Kalbī (gest. 763 n. Chr.) verfaßte Genealogie gilt nach Caskel als die erste und bedeutendste allgemeine Genealogie der arabischen Völker im frühen Islam[32]. Bis dahin hatte es nur die Genealogien der einzelnen Stämme und Verbände gegeben[33]. Auch vom Umfang übertrifft das genealogische Material alles, was aus der arabischen Literatur bekannt ist[34].

Die Überlieferungs- und Textgeschichte des Werkes ist äußerst kompliziert. Vereinfacht läßt sie sich so darstellen[35]: Im wesentlichen geht die Sammlung auf Muḥammat ibn al-Kalbī zurück. Verbessert und weitergeführt hatte sie sein Sohn Abu'l-Mundir Hišām ibn Muḥammad al-Kalbī (gest. um 819 n. Chr.). Aber auch von ihm sind die Genealogien noch nicht veröffentlicht worden. Caskel vermutet, Hišām ibn Muḥammad al-Kalbī hatte die Ǧamharat aus Ehrfurcht vor seinem Vater nicht veröffentlicht, weil er die Genealogien nach seinem eigenen, dem des Vaters widersprechenden Verständnis verändert und korrigiert hatte[36]. So erfolgte die Herausgabe der Genealogien erst nach dem Tod von Hišām ibn Muḥammad al-Kalbī durch Muḥammad ibn Ḥabīb (gest. 860 n. Chr.)[37]. Da bislang nur zwei, für eine kritische Textausgabe nicht ausreichende Handschriften der Genealogien bekannt sind, hat Caskel die Genealogien in Form von Tafeln[38] und Registern[39] zugänglich gemacht.

Das Wesen der arabischen Genealogien skizziert Caskel treffend: „Die Genealogie bei den Arabern unterscheidet sich insofern von der bei anderen Völkern, als sie nicht nur Ahnenreihen einzelner Personen und berühmter Geschlechter darstellt wie bei den Griechen, Persern und dem europäischen Adel, sondern auch die Stämme und deren Gliederung sowie ihre Verwandtschaft untereinander. Das beruht erstens auf einem wirtschaftlichen Grunde, dem Nomadentum und dessen gesellschaftlich-politischer Form, dem Stammeswesen, zweitens auf der Übernahme des letzteren durch die Bewohner der Oasen, Städte und Dörfer – Mekka war keine Oase – und

---

[31] Vgl. W. Caskel, Ǧamharat an-nasab, Bd. 1-2, 1966.
[32] Vgl. W. Caskel, Ǧamharat, Bd. 1, 72-81.
[33] Vgl. W. Caskel, Ǧamharat, Bd. 1, 23-47.
[34] Vgl. W. Caskel, Ǧamharat, Bd. 1, 21-22.
[35] Vgl. W. Caskel, Ǧamharat, Bd. 1, 82-123.
[36] Vgl. W. Caskel, Ǧamharat, Bd. 1, 122.
[37] Vgl. W. Caskel, Ǧamharat, Bd. 1, 119-123 (Tafeln); Bd. 2, 284, 424.
[38] Vgl. W. Caskel, Ǧamharat, Bd. 1, Tafel 1-334; Bd. 2, 1-93 (Erläuterung der Tafeln).
[39] Vgl. W. Caskel, Ǧamharat, Bd. 2, 101-606.

drittens auf dem Fortwirken dieser Kräfte im Islam trotz einer völlig veränderten Lebensweise. Diese wurde durch die Verwandlung der arabischen Krieger in eine besoldete Miliz und die Beschränkung der Nicht- und Neumuslime auf Handel und Gewerbe geschaffen"[40].

Eine Stammeszugehörigkeit war für die von Moḥammed begründete religiöse Gemeinschaft von arabischen Brüdern nach und nach bedeutungslos geworden, weil der Islam eine übergeordnete Struktur geschaffen hat, in der die einzelnen Stämme aufgehen konnten. Aber noch lange Zeit dienten die Blutsbande des einzelnen Stammes als kleinste Einheit, in der sich der einzelne Araber aufgehoben wußte. Caskel definiert den Stamm als eine „Gemeinschaft, die kleinere und grössere Verwandtschaftskreise in einem Ahnen zusammenfasst, also einen Gesamtnamen trägt. Sie muss unabhängig sein, sich solidarisch fühlen, Nutzen und Schaden miteinander teilen und ein gemeinsames Oberhaupt haben"[41]. Dieses vorislamische Stämmewesen schlägt sich in stark modifizierter Form auch in der frühislamischen Genealogie nieder.

Nachhaltig wirkten sich auch die Zusammenschlüsse der verwandten Stämme auf die Genealogien aus. „Das erste Ereignis dieser Art war die Vereinigung der Bakr mit verwandten und benachbarten Stämmen, die einst in der Yamāna und in Ostarabien, und nun zum größten Teil im Iraq und in Chorasan wohnten, unter dem Namen Rabīʿa"[42]. Diese Vereinigung fand um 658 n. Chr. im südarabischen Basra statt. Auch die Vereinigungen anderer Stämme sind belegt. Durch die Zusammenschlüsse haben sich in der frühen Umaiyadenzeit (661-705 n. Chr.) die ursprünglichen genealogischen Verhältnisse aus frühislamischer Zeit erheblich verändert. Daraus resultiert die Beeinträchtigung der historischen Wirklichkeit in den Ğamharat. Dargestellt werden nicht die historischen Verhältnisse, wie sie vor der Vereinigung vieler Stämme gewesen sind, sondern das neu entstandene Stammessystem wurde auf die literarisch entworfene Vergangenheit übertragen[43].

Zeitgleich mit diesen politischen Umbrüchen erblühte die arabische Literatur und Wissenschaft. Auch das Interesse an der vorislamischen Dichtung wuchs. Mit dem Aufschwung ist auch die Entwicklung der Genealogien verbunden: Einerseits wurden vorgefundene Berichte über Ahnen und

---

[40] W. Caskel, Ğamharat, Bd. 1, 19.
[41] W. Caskel, Ğamharat, Bd. 1, 23.
[42] W. Caskel, Ğamharat, Bd. 1, 31.
[43] Vgl. W. Caskel, Ğamharat, Bd. 1, 31-35.

Heroen gesammelt, sprachlich überarbeitet, erweitert und ebenso wie umlaufendes sagenartiges Material in die Ǧamharat eingearbeitet; andererseits regte auch die Lektüre der biblischen Stammbäume zum literarischen Ausbau der eigenen Genealogien an[44]. Besonders bedeutend war Ismael, der Sohn Abrahams, als von den Nordarabern proklamierter Stammvater[45].

Für uns ist nun interessant, wie Caskel die Historizität des genealogischen Materials beurteilt. Dafür wird ein Blick auf die Entstehung der Ǧamharat nötig: Die Entwicklung der Genealogie hängt untrennbar mit der Geschichte des frühen Islam zusammen. Zu Beginn des 7. Jahrhunderts waren einzelne Stämme in Nord- und Zentralarabien untereinander nur lose verbunden. Im Süden der arabischen Halbinsel lebten verschiedene Völker, auch Beduinen, fast unabhängig[46]. Mit der kriegerischen Ausbreitung des Islam über seine Grenzen hinaus wuchsen die unterschiedlichen Stämme zu einer übergeordneten Gemeinschaft zusammen. Solange die einzelnen Völker in ihren angestammten Gebieten siedelten, vereitelten ständige Auseinandersetzungen über Weideplätze oder Wasserrechte übergeordnete Stammesverbände. Erst durch den gemeinsamen Heiligen Krieg wurde alles anders. In den neuen Militärkolonien schlossen sich nun enge und entfernte Verwandte zusammen. Der Ausbau des Milizsystems und die zentrale Finanzverwaltung, an dessen Spitze der Dīwān stand, führten zu einer politischen Einheit. So erhielten alle Soldaten aus einer Zentralkasse nach dem Feldzug ihren Sold[47]. Dafür wurden „Militärstammrollen" angefertigt, in der die Soldaten nach Stämmen und Orten registriert wurden. Diese Stammrollen dienten bald auch als „Zivilstandsregister; denn wie die Araber nach Stämmen, Unterstämmen und Geschlechtern ins Feld zogen, so wohnten sie auch in Quartieren, Straßen und Gehöften zusammen"[48]. Manche genealogische Entscheidung, die beispielsweise bei Fragen der Besoldung nötig wurde, ist von den Beamten auch gegen die wirklichen verwandtschaftlichen Verhältnisse getroffen worden. In Zweifelsfällen entschieden diese Beamten selbst, zu welchem Stamm eine Person gehörte; anderes hat sich durch Geld und gute Worte so geregelt, daß es zum Vorteil für den Einzelnen war, aber nicht unbedingt der Wirklichkeit entsprach[49].

---

[44] Vgl. F.V. Winnet, The Arabian Genealogies in the Book of Genesis, 171-196.

[45] Vgl. W. Caskel, Ǧamharat, Bd. 1, 35-44.

[46] Vgl. W. Caskel, Ǧamharat, Bd. 1, 19-24.

[47] Vgl. W. Caskel, Ǧamharat, Bd. 1, 23-35.

[48] W. Caskel, Ǧamharat, Bd. 1, 30.

[49] Vgl. W. Caskel, Ǧamharat, Bd. 1, 30-31; Bd. 2, 44.

Aber diese ersten genealogischen Register sind nicht nur durch die Entscheidungen von Beamten willkürlich verändert worden. Während einzelne Glieder der Genealogie auf einigermaßen zuverlässige Überlieferungen zurückgehen, ist der Oberbau immer fiktiv konstruiert[50]. Genealogische Schemata wurden gerade im Oberbau der Genealogie, also dort, wo es um den Stammvater und die ersten Ahnen geht, nach den jeweiligen Bedürfnissen geschrieben. Caskel verdeutlicht dies am Beispiel der Nordaraber. Vormals galt Nizār und eine Zeit lang Maʿadd als Stammvater der Nordaraber, ʿAdnān dagegen ist bei den Südarabern eine Gestalt aus der vorislamischen Epoche. Vom Volke war er nie anerkannt. Bei der Konstruktion der Genealogien um 800 n. Chr. lehnten sich die Ahnenreihen jedoch eng an die südarabischen Genealogien an, in die ʿAdnān aufgenommen war. So ist auch das Schema des Stammbaums, an deren Spitze nun ʿAdnān als Ahne steht, gefolgt von Maʿadd und Nizār, eine fiktive Konstruktion. Und noch ein Detail entlarvt die Genealogie als Produkt der dichterischen Phantasie: Nizār ist der Tradition nach gar kein Name einer individuellen Person, in älteren Quellen ist er nur als Stammesname bekannt. In der konstruierten Genealogie wird er jedoch als Einzelname benutzt[51].

Schließlich sind die Genealogien auf verschiedene Weise von Muḥammad ibn as-Sāʾib ibn Bišr al-Kalbī und seinem Sohn Abuʾl-Mundir Hišām ibn Muḥammad al-Kalbī beeinträchtigt worden: Sie haben in den Genealogien nach eigenem Interesse nur eine Auswahl der zur Zeit der Aufnahme vorhandenen Bevölkerung dargestellt. Aber die Kalbī's haben auch noch durch andere Eingriffe die Genealogien verändert. Wie Caskel exemplarisch an Tafel 50, der Ahnenreihe von Asad b. Ḫuzaima, vorführt, sind die Genealogien nicht nur nach historischen oder ethnischen, sondern auch nach ästhetischen Kriterien komponiert: „dreimal wird von drei Brüdern nur einer und dieser zweimal nur mit einem Sohne fortgesetzt, ebenso bei vier Brüdern"[52]. So werden Stammbäume nach ästhetischem Empfinden geschaffen; alles, was nicht in die Form paßt, wird ausgeblendet.

Doch ist dies bei weitem nicht die einzige Veränderung. Noch einmal übergeben wir Caskel das Wort: „Es gibt aber viele Zeichen dafür, dass die beiden Kalbī's sich bewusst auf die wesentlichen Personen, ihre Ahnen und ihre Nachkommen beschränkt haben. Hier sei nur eins erläutert: Mütter werden häufig mit ihrer Ahnenreihe angegeben. Dabei fehlen öfters ihr

---

[50] Vgl. W. Caskel, Ǧamharat, Bd. 1, 63-66, 117-119.
[51] Vgl. W. Caskel, Ǧamharat, Bd. 2, 379, 448.
[52] W. Caskel, Ǧamharat, Bd. 1, 64.

Vater oder auch ihr Grossvater in der Genealogie ihres Stammes"[53]. Schließlich haben die beiden Kalbī's fehlende Glieder in der Genealogie eigenmächtig ergänzt[54]. Auch viele der Mütter der ältesten Genealogien sind entweder erfunden, oder ihre Position in der Ahnenreihe ist konstruiert. Dadurch ist künstlich eine genealogische Solidarität zwischen den Stämmen über die Ahnfrauen hergestellt worden. Gleichzeitig sind auch fiktive, prosaische Texte, märchen- und sagenartige Stoffe in die Ğamharat eingeflossen[55].

Über die literarische Tätigkeit urteilt Caskel allgemein: „Die Väter- und Wandersagen, welche die Handlung in Gang halten, sind nur zu einem kleinen Teile vorislamisch, die übrigen Geschöpfe später Phantasie. Um dem Ganzen den Schein des Wirklichen zu geben, hat man Dokumente beigebracht; zeitlose Reime und Sprichwörter, falsch gedeutete Verse, neu eingeschobene, um alten den gewünschten Sinn zu verleihen. Vor allem wurden Gedichte der islamischen Zeit als vorislamische aufgefaßt, ob stets in gutem Glauben, bleibe dahingestellt. – Dieser Vorgeschichte wurden bei einigen Stämmen, für die sich der Erzähler oder der Redaktor besonders interessieren, geschichtliche Notizen zugefügt"[56]. Das Endergebnis der genealogischen Tätigkeit der Dichter und Redaktoren war, daß in der zweiten Hälfte des 7. Jahrhunderts n. Chr. alle arabischen Stämme, ja jede einzelne Person einen genauen Platz im genealogischen System hatte, auch wenn dieser zumeist nicht der historischen Abstammung entsprach.

Schon dieser flüchtige Blick auf die Ğamharat läßt einige Rückschlüsse auf die Historizität der früharabischen Genealogien zu. Die frühislamischen Genealogien spiegeln – wie auch viele der neuzeitlichen Genealogien der Beduinen[57] – nicht die wirklichen historischen und verwandtschaftlichen Verhältnisse, sondern das Interesse und die Machtansprüche der politischen Gruppierungen wider[58].

Beeinträchtigt sind die Genealogien von verschiedenen Faktoren: Zunächst sind durch den wirtschaftlichen und politischen Zusammenschluß im Islam neue verwandtschaftliche Verhältnisse entstanden, die künstliche Genealogien mit gemeinsamen Ahnen erforderlich machen. Abhängig sind diese Genealogien auch von biblischem Material, so sind die früharabischen

---

[53] W. Caskel, Ğamharat, Bd. 1, 65.
[54] Vgl. W. Caskel, Ğamharat, Bd. 1, 69.
[55] Vgl. W. Caskel, Ğamharat, Bd. 1, 52-53.
[56] W. Caskel, Ğamharat, Bd. 1, 41.
[57] Vgl. J. Henninger, Genealogien und Geschichtsbewußtsein, 245-261.
[58] W. Caskel, Ğamharat, Bd. 1, 69.

Genealogien ein gutes Beispiel für die literarische Dependenz neugeschaffener Texte.

Ausgeschmückt sind die Genealogien durch fiktive Stoffe, durch heroische Berichte und durch sagenartige Überlieferungen. Bei allen drei Elementen handelt es sich aber nicht um historisch gesicherte Stoffe, sondern um phantasievolle Ausgestaltungen der Dichter. Insgesamt muß die Ǧamharat also als ein literarisches Kunstwerk angesehen werden, das nur geringen Anhalt an der historischen Wirklichkeit hat. Ihre Intention ist nicht die wirklichkeitsgetreue Abbildung der Geschichte, sondern ein verklärter, idealtypischer Entwurf der Vergangenheit um der Gegenwart willen[59].

Ein anderes Beispiel für die Bedeutung und die Funktion von Genealogien trägt V. Karbusicky in seiner Studie über die *Anfänge der historischen Überlieferung in Böhmen* vor. Als Cosmas von Prag (1045-1125) als erster Chronist versuchte, eine Geschichte Böhmens zu schreiben, konnte er auf einige mündliche sowie schriftliche epische Stoffe zurückgreifen. Für das Fürstenregister fehlten Cosmas jedoch zuverlässige Quellen, weil, so Karbusicky, sowohl die Volksüberlieferung als auch der epische Stoff Namen nur überlieferte, wenn mit ihnen eine erzählenswerte Begebenheit verbunden waren. So wurde das Namensverzeichnis der Fürsten von Bořivoj des 8.-10. Jahrhunderts erst gegen das Ende des 11. Jahrhunderts „ohne Benutzung des bestehenden Fonds von Personennamen"[60] künstlich und ohne geschichtlichen Anhaltspunkt zusammengesetzt. Es ist also weitgehend erfunden. Cosmas aber brauchte die Genealogie für seine Chronologie, mit der er wiederum die völkische Identität Böhmens legitimierte[61]. Historiographische, linguistische und archäologische Anhaltspunkte konnten inzwischen erhärten, daß weite Teile der Cosmaschen Genealogie *ex post* entstanden und weitgehend fiktiv sind[62]. In diesem Fall schafft das Bedürfnis die Literatur: Ganz anders als bei den nigerianischen Tiv geht es nicht um den zu regelnden Landbesitz – aber auch das wäre nicht abwegig, wenn wir nur an die *Donatio Constantini* denken –, sondern um die historische Identität des Volkes, die durch die Genealogie gestiftet werden soll[63].

---

[59] Vgl. J. Henninger, Altarabische Genealogie, 49-82 (Literatur).

[60] V. Karbusicky, Anfänge der historischen Überlieferung in Böhmen, 227.

[61] Vgl. V. Karbusicky, Überlieferung, 218-249.

[62] Vgl. V. Karbusicky, Überlieferung, 225-226.

[63] So auch G.P. Marchal, Memoria, 289-320, und L. Röhrich, Orale Traditionen, 79-99, die reichlich Anschauungsmaterial aus dem Mittelalter und der Frühen Neuzeit bieten. – Vgl. grundlegend N. Voorwinden/M. de Haan, Oral Poetry. Das Problem der Mündlichkeit mittelalterlicher Epischer Dichtung, 1979.

Daß auch die Genealogien der Genesis die Gegenwart entwerfen und
mehr über die Zeit aussagen, in der sie abgefaßt worden sind, als über eine
ferne Vergangenheit, hat R.R. Wilson 1977 in seiner umfassenden Studie
Genealogy and History nachgewiesen. Die Untersuchung der mündlichen
Genealogien oraler Kulturen und der schriftlichen Stammbäume des Alten
Orients führt zu folgendem Ergebnis: „As was also the case with oral
genealogies in anthropological sources, ancient Near Eastern genealogies
usually reflect the domestic, political, and religious perspectives of the people
who used the genealogies"[64]. Der Vergleich mit den Genealogien des Alten
Testaments ergibt, daß die alttestamentlichen Stammbäume dieselben
Charakteristika wie das altorientalische und ethnologische Vergleichsmaterial aufweisen[65]. Für die Genealogien oraler Kulturen zieht Wilson
unter anderem Studien über die nigerianischen Yoruba, die äthiopischen
Nuer und die sudanesischen Ḥumr heran[66]. Im altorientalischen Bereich
stützt er sich hauptsächlich auf assyrische und babylonische Königslisten,
Genealogien aus Ugarit und priesterliche Genealogien aus Ägypten[67]. Die
so unterschiedliche Quellenlage schlägt sich auch in der Form der Genealogien nieder. Das altorientalische Material besteht größtenteils aus linea-
ren Genealogien, die nicht auf den Stammbaum ausgerichtet sind. Dagegen finden sich bei den Genealogien in oralen Kulturen viel häufiger
horizontale Genealogien, die mehr in die Breite als in die Tiefe gehen. R.R.
Wilson erklärt dies mit den unterschiedlichen Gesellschaftsformen. Während sich viele afrikanische Stämme dezentral ordnen, sind die Völker der
Phönizier, Babylonier, Ugariter und Ägypter hierarchisch organisiert.

Neben diesem wesentlichen Unterschied ist die Übereinstimmung der
Genealogie hinsichtlich ihrer Form, Beständigkeit und Historizität verblüf-
fend. Die allermeisten der mündlichen wie der schriftlichen Genealogien
reichen nicht weiter als drei Generationen zurück. Dabei sollte man gerade
bei den schriftlichen Genealogien erwarten, daß sie eine größere Generationenfolge dokumentieren. Ebenso hat der Vergleich von mehreren
schriftlichen Genealogien, die in unterschiedlichen Fassungen vorliegen,
ergeben, daß sie teilweise fiktive Elemente beinhalten und immer nach den
genealogischen und politischen Verhältnissen der Gegenwart ausgerichtet
sind. Das heißt, wie in den mündlichen Kulturen sind die Genealogien

---

[64] R.R. Wilson, Genealogy and History, 133.

[65] Vgl. R.R. Wilson, Genealogy and History, 199-202; sowie ders., Azel, 18-19.

[66] Vgl. R.R. Wilson, Genealogy, 11-55.

[67] Vgl. R.R. Wilson, Genealogy, 56-132; sowie ders., Old Testament Genealogies, 169-
189.

auch in den schriftlichen Kulturen immer im Fluß. Doch während sich die mündliche Genealogie nahezu mit jeder Aktualisierung ändert, ist die schriftliche Genealogie gegen Veränderungen resistenter. Sie wird nur durch redaktionelle Eingriffe oder durch eine neue Abfassung verändert. Für die Funktion der mündlichen wie der schriftlichen Genealogien gilt gleichermaßen: Sie werden für die Gegenwart rezitiert und produziert. Die in ihnen festgehaltenen Erinnerungen reichen in mündlichen Kulturen maximal 50 bis 75 Jahre zurück; stützen sich Genealogien auf schriftliche Texte, wird diese Zeitspanne den Quellen entsprechend verlängert[68].

Über den Ursprung der alttestamentlichen Genealogien kann, so Wilson, auch nach dem Vergleich mit dem außerbiblischen Material wenig gesagt werden. Eventuell hat besonders die Zwölf-Stämme-Genealogie ursprünglich eine politische Funktion gehabt, ehe sie im Verlauf der Königszeit als Ausdruck des idealen Israels auch eine theologische Bedeutung erhielt[69]. Aussagen über die historischen Informationen der Genealogien sind nur schwer und im Einzelfall zu machen. Primär spiegeln die alttestamentlichen Genealogien die sozialen und politischen Verhältnisse der Zeit wider, in der sie entstanden sind. Sicherlich sind sie auch formalen und inhaltlichen Veränderungen ausgesetzt gewesen, die auch bei den außerbiblischen Genealogien üblich gewesen sind. Namen und verwandschaftliche Beziehungen werden je nach Bedarf verändert. So sind die Genealogien nur eingeschränkt historisch wertvoll[70].

Auf einen wichtigen Aspekt der biblischen Genealogie hat M. Oeming hingewiesen. Am Beispiel der Genealogien von 1 Chr 1-9 kann er zeigen, daß die Genealogien der 1 Chronik literarisch von denen der Genesis abhängig sind. Sie folgen dem groben Aufbau ihrer literarischen Vorlage und halten am *ordo temporum* fest. Gleichzeitig sind die Ahnenreihen der Chronik ein wichtiges Beispiel für die literarische Abhängigkeit und Veränderbarkeit von Stoffen. Hier zeigt sich, wie ein Text, der schon ein kanonisiertes Ansehen genossen hat – wie die Genesis zur Abfassungszeit der Chronik–, noch verändert werden konnte. Trotz der keineswegs zu leugnenden Abhängigkeit weichen die Genealogien in vielen Details und besonders in der Gesamtkomposition erheblich von denen der Genesis ab[71]. In der vorlie-

---

[68] Vgl. R.R. Wilson, Genealogy, 132-135.

[69] Vgl. R.R. Wilson, Genealogy, 194-195; ausführlich informiert C.H.J. Geus, The Tribes of Israel, 210-213.

[70] Vgl. R.R. Wilson, Genealogy, 193-202; sowie ders., Old Testament Genealogies, 188-189.

[71] Vgl. M. Oeming, Das wahre Israel, 73-89, 129-130.

genden Komposition besitzen die lange für unbedeutend gehaltenen Texte
eine theologische Relevanz. So sind die Genealogien der Chronik nach
Oeming vor allem wegen ihres kerygmatischen Charakters bedeutend. 1 Chr
1-9 ist eine theologische Komposition, die von Schriftgelehrten für Schriftgelehrte geschaffen worden ist[72]. Auch die von ihrem Sitz im Buch, ihrem
Aufbau und den genealogischen Gliedern her so unterschiedlichen Stammbäume Jesu (Mt 1,1-17; Lk 3,23-38) zeigen, wie individuell und subjektiv
Genealogien auch bei vorliegenden normativen, schriftlichen Quellen von
den Autoren gestaltet werden können.

Wir halten fest: Genealogien sind Legitimationstexte, die durch ihren
Rückblick in mündlichen wie in schriftlichen Kulturen die Gegenwart gestalten. Die meisten mündlich vorgetragenen Genealogien reichen vom
Erzähler maximal bis in die dritte Generation zurück. Spätestens der
Ururgroßvater stammt dann von einem mythischen Urahnen, zumindest
aber von einem heroenartig verehrten Ahnen ab. Erstaunlicherweise bilden
auch viele schriftliche Genealogien in der historisch belegten Filiation nicht
mehr als drei Generationen ab. Damit ist der geschichtlich reflektierte Rahmen eng begrenzt. Je nach Generationenfolge blickt eine solche Genealogie
kaum auf Personen, die vor mehr als 75 Jahren gelebt haben, zurück. Mit
den möglicherweise treu überlieferten Namen der mündlichen Genealogie
sind noch lange keine historischen Ereignisse tradiert. Wie wir an der Genealogie der zwölf Stämme Israels sehen können, ist der Ursprung der
Namen und der Zwölf Stämme völlig ungesichert. An der Genealogie des
Serben Mileta konnten wir zeigen, daß die persönlichen Angaben zu einer
Person, die einige Jahrzehnte zuvor gelebt hat, in der Erinnerung des Erzählers schon verblaßt ist. Wie veränderbar die Genealogie in der mündlichen
Tradition ist, hat das Beispiel der nigerianischen Tivs dokumentiert. Jeder
der befragten Stammesältesten hat eine völlig andere Vorstellung über die
genealogischen Verhältnisse, die nur zwei bis drei Generationen zurückflie-
gen.

Auch die literarische Genealogie wird schon bei der Verschriftung nach
politischen und/oder persönlichen Interessen geschrieben, Lücken in der
Überlieferung werden durch phantasievolle Ausgestaltungen überbrückt.
Namen aus horizontalen Verwandschaftsverhältnissen werden in der Ge-

---

[72] Vgl. M. Oeming, Das wahre Israel, 206-218; sowie R.R. Wilson, Genealogy, 177-183.
   – Unabhängig von Oeming haben auch K.F. Plum, Genealogy as Theology, 66-92,
   und B. Renaud, Les généalogies, 5-30, den kerygmatischen und theologischen Charakter der Genealogien der Genesis herausgearbeitet; anders G.A. Rendsburg, The International Consistency and Historical Reliability of Biblical Genealogies, 185-206, der
   die Genealogien für durchaus zuverlässig hält.

nealogie in vertikale Beziehungen umgesetzt, so dient dem Genealogisten der bekannte Name des Bruders als Anschauung für den verlorengegangenen Namen des Urgroßvaters. Nachträglich wird die Ahnenreihe oder die Königsliste noch durch redaktionelle Eingriffe, Ergänzungen, Streichungen und Umstellungen massiv beeinträchtigt. Erfordern veränderte Verhältnisse eine andere Abstammung, so wird die überlieferte Genealogie der neuen Situation angepaßt oder kurzerhand durch eine aktuelle ersetzt. Das gilt für die Sumerische Königsliste, die griechischen und altarabischen Genealogien ebenso wie für den mittelalterlichen Historiographen Cosmas von Prag. Und das gilt, wie ein Vergleich des genealogischen Materials der Genesis zeigt, auch für das Alte Testament. Genealogien dienen zur Bewältigung und Legitimierung der Gegenwart. Die Genealogie ist also ein Zeugnis der Gegenwart für die Gegenwart. Sie spiegelt primär die Verhältnisse wider, in der sie abgefaßt und/oder ausgestaltet worden ist. Von dieser Zeit aus blickt die mündliche Genealogie historisch zuverläßig auf maximal drei Generationen oder 75 Jahre zurück. Als historische Quelle ist sie mithin nur für die nähere Vergangenheit und vor allem für die Zeit zu verwerten, in der sie geschrieben worden ist.

b) Homer

Von den Verfechtern einer unwandelbaren und treuen mündlichen Überlieferung ist immer auch die Entstehung der *Ilias und Odyssee* herangezogen worden. Schon A. Schlegel ist in seiner Rezension von Goethes *Hermann und Dorothea* von 1798 vom mündlichen Ursprung des homerischen Gesanges überzeugt. „Homers Rhapsodien waren ursprünglich bestimmt, gesungen, und zwar aus dem Gedächtnisse gesungen zu werden; in einer Sprache, welche in weit höherem Grade als die unsrige die Eigenschaften besitzt, derentwegen Homer die Worte überhaupt geflügelt nennt. Die häufige Wiederkehr einzelner Zeilen, die Wiederholung ganzer, kurz vorher da gewesener, Reden, und manche kleine Weitläufigkeiten konnten daher vor dem Ohr des sinnlichen Hörers, das sie tönend füllten, leichter vorüberwallen: dem heutigen Leser (der nur allzu selten der Poesie Stimme zu geben, oder sie auch nur zu hören versteht) möchten sie einförmig und ein unwillkommener Aufenthalt dünken"[73].

---

[73] A. Schlegel, Rezension: Hermann und Dorothea, 1798, Bd. 11, 210-211. – F. Schiller kommentiert die zuerst von F. Au. Wolf 1795 vorgetragene Auffassung (vgl. S. Seidel (Hg.), Briefwechsel, Bd. 3, 334-335), daß die Epen allmählich aus dem Mündlichen gewachsen und von verschiedenen Autoren aufgeschrieben worden sind, in seinem Brief vom 27. April 1798 an Goethe: „Dafür lese ich in diesen Tagen den Homer mit

Für die weitere Forschungsgeschichte sind einige Bemerkungen aus diesem Zitat besonders wichtig: Nach Schlegel sind die Gesänge mündlich überliefert worden, ehe sie Homer aufgeschrieben hat. Schon Schlegel erkennt, daß die Gesänge durch vielfach wiederholte Worte und ganze Zeilen strukturiert sind. Gerade diese auffälligen Strukturmerkmale haben noch eineinhalb Jahrhunderte nach den Worten Schlegels nicht nur die Homer-Forschung beeinflußt.

Auch J.G. Herder hat schon 1779 in Homer den Volksdichter gesehen, der nicht am Schreibtisch sitzt und nach metrischen Regeln ein Epos schreibt, „sondern sang was er gehöret"[74]. Schließlich schrieb Homer die Volksdichtung nieder, von der Herder sagt: „Sie lebte im Ohr des Volks, auf den Lippen und der Harfe lebendiger Sänger: sie sang Geschichte, Begebenheit, Geheimniß, Wunder und Zeichen: sie war die Blume der Eigenheit eines Volks, seiner Sprache und seines Landes, seiner Geschäfte und Vorurtheile, seiner Leidenschaften und Anmaassungen, seiner Musik und Seele"[75]. Die Dichtung Homers stammt also aus dem Volk und lebt auch nach der Verschriftung im Volk weiter; „seine Rhapsodien blieben nicht in Buchläden und auf den Lumpen unsres Papiers, sondern im Ohr und im Herzen lebendiger Sänger und Hörer, aus denen sie spät gesammelt wurden und zuletzt, überhäuft mit Glossen und Vorurtheilen, zu uns kamen"[76].

Einiges an den Beobachtungen J.G. Herders ist bemerkenswert: Herder nimmt einen langen mündlichen Überlieferungsprozeß an, in dem von den Aoiden Geschichte und Sage konstant tradiert worden sei. Homer tritt nicht als dichterischer Genius, sondern als „größter Sänger der Griechen" hervor. Träger der Dichtung ist also allein das Volk, aus dem sie auch stammt und für das Homer sie niedergeschrieben hat. Auch die Verschriftung verändert die mündliche Überlieferung nicht. Auf einige der grundlegenden Einsichten A. Schlegels und J.G. Herders stoßen wir in der Homer-Forschung des 20. Jahrhunderts.

Maßgeblichen Einfluß auf die Forschung der letzten Jahrzehnte haben die um die Mitte des Jahrhunderts erschienenen Arbeiten von M. Parry und

---

einem ganz neuen Vergnügen [...]. Übrigens muß einem, wenn man sich in einige Gesänge hineingelesen hat, der Gedanke an eine rhapsodische Aneinanderreihung und an einen verschiedenen Ursprung notwendig barbarisch vorkommen, denn die herrliche Kontinuität und Reziprozität des Ganzen und seiner Teile ist eine seiner wirksamsten Schönheiten" (S. Seidel (Hg.), Briefwechsel, 82).

[74] J.G. Herder, Volkslieder, 1779, Bd. 25, 314.
[75] J.G. Herder, Volkslieder, Bd. 25, 313-314.
[76] J.G. Herder, Volkslieder, Bd. 25, 314.

seinem Schüler A.B. Lord. Parry ist der erste, der sowohl die literarisch-philologische als auch die ethnologische Seite der homerischen Dichtung bedacht und aus den fragmentarischen Anmerkungen seiner Vorgänger ein Entstehungsmodell der homerischen Epen entwickelt hat. Schon seine literarischen Studien[77] führten ihn zur Annahme, daß die Epen auf mündlichen Kompositionen fußen. Der mündliche Charakter der Komposition sei an der Formel – hier klingt A. Schlegel an –, dem wichtigsten formalen Element der Dichtung, erkennbar[78]. Parry definiert die Formel, formula, „[as] a group of words in which is regularly employed under the same metrical conditions to express a given essential idea"[79]. Diese festgefügten Wortgruppen hätten dem Sänger bei seinem Vortrag als grundlegende Bausteine der Komposition gedient. Nach Parry kämen entsprechende Epitheta über das ganze homerische Opus verstreut vor. Im mündlichen Vortrag habe der Sänger dann die Formeln als Katalysator für die Komposition benutzt; anhand der Epitheta könnte er seine Lieder strukturieren und variieren. Außerdem habe er angesichts ihres zahlreichen Vorkommens über eine unbegrenzte Kombinationsmöglichkeit der Epitheta verfügt[80].

Diese aufgrund literarischer Studien entwickelte Theorie versuchte Parry nun durch folkloristisches Material zu stützen. Ein passendes Paradigma fand er bei den serbischen und kroatischen Heldensängern. Die Guslaren, nach ihrem einsaitigen Streichinstrument Gusle benannt, leben in den abgelegenen Dörfern Herzegowinas, Serbiens und Kroatiens. Dort war M. Parry in den 30er Jahren auf eine sehr lebendige Tradition des Heldengesangs gestoßen[81]. Besonders im Ramadan – die meisten Guslaren sind Muslime – trafen sich die männlichen Dorfbewohner am Abend in den Kaffeehäusern, um beieinander zu sitzen und Heldenlieder zu hören. Nur wenige Guslaren sind berufsmäßige Sänger, die meisten sind Bauern und Handwerker. Das Epos trägt der Sänger in einem näselnden Singsang zur Gusle vor. Strukturiert wird das Lied von festen Formeln und Themen, doch sind weite Teile des Epos' improvisiert. Inhaltlich erzählen die Lieder vom Krieg, von Reiseabenteuern oder Brautwerbungen. Bei seinen Feldforschungen sammelte M. Parry von 1933 bis 1935 über 12000 Texte, die in den fünfziger Jahren partiell publiziert worden sind[82].

---

[77] Vgl. M. Parry, Studies in Epic Technique, 73-147.
[78] Vgl. M. Parry, The Homeric Language als Language of an Oral Poetry, 1-50.
[79] Vgl. M. Parry, Studies in the Epic Technique, 81.
[80] Vgl. auch A.B. Lord, Memory, Fixity, Genre, 451-461.
[81] Vgl. A.B. Lord, The Singer of Tales, 113.
[82] Vgl. M. Parry (Hg.), Serbocroatien Heroic Songs, 1953-1954.

Mit seiner erst 1960 erschienenen Dissertation *The Singer of Tales* errichtet A.B. Lord einen Markstein der Homer-Forschung und der oral theory[83]. Zunächst beschreibt er aufgrund der Ergebnisse der Feldforschung den Prozeß der *oral poetry*. In Abgrenzung zur literarischen Dichtung legt Lord besonderes Gewicht auf die Mündlichkeit des Epos und die Person des Sängers. Anders als in Schriftkulturen meint der Begriff oral poetry eine eigenständige, von aller Literatur unabhängige Größe. Das mündliche Epos der Sänger sei nicht von einem fixierten Text abhängig, der, auswendig gelernt und rezitiert wird. Mündlichkeit heißt für Lord die freie, weitgehend improvisierte Präsentation eines Liedes[84].

Der Vortrag wird nach Lord durch zwei Gestaltungsmittel bestimmt: Erstens durch die formula und zweitens von wiederkehrenden Themen[85]. Während einzelne Formeln und ganze Formelsysteme das Gerüst für das Epos bilden, füllen es die Themen inhaltlich aus. Aber auch die Themen sind traditionell bedingt. Schon die logische Abfolge der Erzählung fordert eine stringente Anordnung der Themen. Zusätzlich gibt die „habitual association"[86] eine geordnete Themenfolge vor, worunter er versteht, daß ein angesprochenes Thema nicht frei assoziativ, sondern nur von festgelegten Themen fortgeführt werden kann.

Schon von früher Jugend an lernen die Sänger die epischen Formulare, und auch die Themen sind streng von der Tradition vorgegeben. Da nur einige Formulare zum festen Bestandteil einer Ballade oder eines Heldenliedes gehören und viele im Rahmen der Tradition frei hinzugefügt werden, ist jede aufgeführte Fassung eine originale Version. Die Frage nach der ursprünglichen Fassung eines Heldenliedes trifft nicht das Wesen des mündlichen Epos, weil es, in Analogie zur Literatur, von einer schriftlichen „Urfassung" her gedacht ist. Gerade diese Urfassung gibt es aber nicht, denn jede Aufführung eines Heldenliedes ist ein Original. Deshalb kann man bei zwei zu einem unterschiedlichen Zeitpunkt aufgezeichneten Liedern mit demselben Thema auch nicht von Original und Duplikat sprechen. Auch der Begriff Autor ist nach Lord unangemessen, da zwar der individuelle Sänger der Volksepik[87], nicht aber die Tradition, aus der er schöpft, eindeutig greifbar ist[88].

---

[83] Vgl. J.M. Foley (Hg.), Oral Traditional Literature. *A Festschrift* For Albert Bates Lord, 1981.

[84] Vgl. A.B. Lord, Singer, 5-7.

[85] Vgl. A.B. Lord, Singer, 30-67.

[86] A.B. Lord, Singer, 96.

[87] Wie Avdo Mededević, der Sänger verschiedener Hochzeitslieder (vgl. A.B. Lord, Singer, 99-123).

Die Ergebnisse, die Lord an den aus Herzegowina, Serbien und Kroatien stammenden mündlichen Texten gewonnen hat, überträgt er nun auf die homerischen Epen. Aus stilistischen und kompositionstechnischen Erwägungen folgert er: „There is now no doubt that the composer of the Homeric poems was an oral poet"[89]. Wichtigstes Kriterium für die Mündlichkeit der Ilias und Odyssee ist nach Lord die Dichte der Formulare. „So far, I believe, we can conclude that a pattern of 50 to 60 percent formula or formulaic, with 10 to perhaps 25 percent straight formula, indicates clearly literary or written composition"[90].

Homer habe einem Kreis von Hörern sowohl die Ilias als auch die Odyssee vorgesungen. Diese insgesamt 27000 Hexameter habe er dann nicht selber aufgeschrieben, sondern einem seiner Hörer diktiert. In dieser unveränderten Form lägen die beiden Epen nun als Literaturwerke vor[91]. Warum er die „Lieder" aufgeschrieben habe, kann Lord nicht beantworten. Wahrscheinlich habe ihn der Einfluß aus dem Vorderen Orient, wo schon lange Mythen und Epen verschriftet wurden, dazu veranlaßt[92]. Da nach Lord der Überlieferungsprozeß instabil und der mündliche Text in seiner Ausgestaltung von der Kompositionsfähigkeit des Sängers abhängig ist[93], spiegeln die homerischen Epen die schriftlich eingefrorenen Zeugnisse seiner Zeit, nur bedingt aber die einer fernen Vergangenheit wider.

In letzter Zeit haben sich vermehrt Stimmen gegen die von M. Parry und A.B. Lord entwickelte Theorie erhoben[94], daß die Ilias und die Odyssee niedergeschriebene, mündliche Gesänge Homers seien. W. Schadewaldt hat 1971 in einem Aufsatz am Beispiel der Ilias zehn Kriterien aufgeführt, mit denen man schriftliche Literatur von oral poetry unterscheiden kann. Von den aufgeführten Merkmalen greifen wir nun die wichtigsten heraus: 1. Die Ilias ist ein 16000 Verse umfassendes Epos. Ein solches Großepos überfordere die menschliche Gedächtnisfähigkeit und vereitele damit jede

---

[88] Vgl. A.B. Lord, Singer, 100-102.

[89] A.B. Lord, Singer, 141.

[90] A.B. Lord, Homer as Oral Poet, 24.

[91] Vgl. A.B. Lord, Singer, 154-157; sowie ders., Homers Originality: Oral Dictated Texts, 124-134.

[92] Vgl. A.B. Lord, Singer, 154-157. – Vgl. auch R.C. Culley, Oral Tradition, 1-33; E.R. Haymes, Das mündliche Epos, 6-34.

[93] Vgl. A.B. Lord, Singer, 99-138; sowie ders., Memory, Fixity, Genre, 451-461.

[94] Aufgenommen sind die Ideen Lords von K.T. Aitken, Oral Formulaic Composition, 1-16; und von F.H. Polak, Epic Formulas in Biblical Narrative, 435-488; sowie ders., The Daniel Tales, 250-260 (Literatur).

mündliche Komposition in dem Umfang der Ilias. 2. Kompositionstechnisch und stilistisch fielen die Gesänge der Guslaren weit hinter die Ilias
zurück, weshalb sie nicht vergleichbar seien. 3. Die Bedeutung der Formeln
werde von Parry und Lord weit überschätzt. Tatsächlich sei das Vorkommen formelhafter Sprache, die nicht durch den Wortschatz oder die epische
Tradition bedingt ist, sehr gering[95]. 4. Ein die Ilias durchziehendes enges
Netz von Vor- und Rückverweisen über entlegene Teile des Epos kenn-
zeichnete es als schriftliche Literatur. 5. Schließlich gebe die Ilias sich durch
eine thematische und konzeptionelle Einheit zu erkennen, die einer mündlichen Komposition fehlt. Aus diesen Gründen sei die Ilias ursprünglich das
schriftliche Produkt eines großen Dichters. Nach W. Schadewaldt sind die
Epen Homers also literarische Werke[96].

Auch der Baseler Philologe J. Latacz hält die Ilias und die Odyssee für
schriftliche Dichtungen. Den Einwand, daß es im 8. Jahrhundert v. Chr.
noch nicht möglich gewesen sein soll, Epen von diesem Umfang aufzuschreiben, widerlegt er mit einem Hinweis auf den Ischia-Becher, auf dem,
offensichtlich in Serienproduktion, zwei Hexameter geschrieben stehen. Da
es sich dabei nicht um ein Graffito, sondern um einen lyrischen Vers handelt, setze die Inschrift voraus, daß bereits im 8. Jahrhundert v. Chr. ausgereifte Dichtungen existiert haben[97]. Nach Latacz waren die Epen keine
für den Privatgebrauch des Dichters, sondern für die aufstrebende Adels-
schicht des kleinasiatischen Ioniens bestimmte Werke, die ihrem Bedürfnis
nach Repräsentation und Identifikation während der wirtschaftlichen und
kulturellen Umbrüche des 8. Jahrhunderts dienten[98]. Die Ilias und die
Odyssee „führten die Griechen – anders als die regional begrenzte individuelle frühe Lyrik – durch die Erkenntnis gemeinsamer Geschichte, gemeinsamen Glaubens, gemeinsamer Wertvorstellungen und gemeinsamen Taten-
ruhms in einem neuen, beflügelnden Identitätsbewußtsein zusammen"[99].
Mit diesen beiden „Weltdeutung[en]"[100], so bezeichnet Latacz die Epen,

---

[95] Vgl. ausführlich K. Usener, Beobachtungen zum Verhältnis von *Odyssee* zur *Ilias*, 208-
214 (Literatur).
[96] Vgl. W. Schadewaldt, Die epische Tradition, 532-535; sowie die weiterführende Kritik
von T. Krischer, Mündlichkeit und epischer Sänger, 51-63; H. Schwabl, Was lehrt
mündliche Epik für Homer?, 65-109; K. Usener, Beobachtungen zum Verhältnis der
Odyssee zur *Ilias*, 204-214.
[97] Vgl. A. Heubeck, Schrift, 70-73, 109-126; J. Latacz, Homer, 82-85.
[98] Vgl. J. Latacz, Homer, 52-73; 85-86.
[99] J. Latacz, Homer, 89.
[100] J. Latacz, Homer, 90.

habe Homer die abendländiche Textualität begründet[101] und damit den Übergang von der mündlichen zur schriftlichen Kultur, vom Aoiden zum Rhapsoden besiegelt[102].

Für beide Werke konnte Homer auf verschiedene Traditionen zurückgreifen. Vermutlich sei er schon als Knabe mit trojanischen Ruhmesliedern und anderen Heldenliedern erzogen worden, ehe er selbst zum erfahrenen Aoiden heranwuchs. Auf diese mündlich vermittelte Tradition konnte Homer bei der Abfassung der Epen zurückgreifen[103]. Außerdem sind die Epen von fiktiven Stoffen durchzogen: Manche der eingeschobenen Legenden sind erdichtet, viele Formulare dienen allein der literarischen Ausgestaltung. In verschiedenen Studien hat Latacz nachgewiesen, daß die Ilias nicht die anthropologische und kulturgeschichtliche Situation des 12. Jahrhunderts, sondern gerade die Gegenwart Homers reflektiert. Dies zeigt sich sowohl am Menschenbild Homers[104] als auch an der epischen Kampfszenerie, den Kampfschilderungen und der Kampfparänese in der Ilias. Gerade bei der Beschreibung der militärischen Techniken und dem Verlauf des Kampfes kann Latacz zeigen, daß Homer keine vierhundert Jahre alten Kampftechniken vor Augen hat. Vergleichende Interpretationen auch mit Kampfdarstellungen der bildenden Kunst beweisen, daß Homers Darstellungen zeitgenössische Techniken widerspiegeln. So greift Homer für die Ilias auf die militärische Praxis seiner Zeit zurück, der er die Kampftechniken abschaut[105].

Übergeben wir A. Heubeck das Wort: „Nun hat aber J. Latacz in einer der wichtigsten Arbeiten, die in letzter Zeit über die Ilias geschrieben worden sind, schlagend nachgewiesen, daß dieses Mißbehagen an der angeblichen Systemlosigkeit und Unordnung homerischer Kampfschilderung völlig unbegründet ist, und daß vielmehr hinter der mythischen Verbrämung eine durchaus einheitliche und widerspruchslose Konzeption von Kampfwirklichkeit steht. Es ist eine Kampfwirklichkeit, die mit den historischen Realitäten der vergangenen dunklen Jahrhunderte wohl wenig und mit denen der mykenischen Zeit sicherlich überhaupt nichts zu tun hat, sondern in ihrer poetischen Widerspiegelung so echt und realitätsnahe ist, daß sie eigentlich nur aus der persönlichen Erfahrung und Anschauung des

---

[101] Vgl. J. Latacz, Homer, 26-29.
[102] Vgl. J. Latacz, Homer, 88.
[103] Vgl. J. Latacz, Homer, 108-109, 173.
[104] Vgl. J. Latacz, Das Menschenbild Homers, 15-39.
[105] Vgl. J. Latacz, Kampfparänese, Kampfdarstellung und Kampfwirklichkeit, 224-245.

Dichters selbst sinnvoll verstehbar und erklärbar ist. Diese aus der internen
Interpretation des Textes gewonnene Erkenntnis wird bestätigt durch einen
Blick auf die Kampfparänesen des Kallinos und Tyrtaios, die deutlich erkennen lassen, daß die Kampfesweisen, die taktischen Manöver und
Verhaltensformen der iliadischen Helden in der Feldschlacht einer Realität
abgelauscht sein müssen, die im 8. und 7. Jahrhundert der Taktik kämp-
fender Truppenverbände ihr Gepräge gegeben hat"[106]. Die Darstellungen
Homers sind also insofern unhistorisch als sie nicht die Kampfwirklichkeit
des Trojanischen Krieges widergeben, aber sie sind insofern historisch als
sie Einblicke in die Kampftechniken des 8. Jahrhunderts gewähren[107].

Trotz dieser Einschränkungen hat die Ilias nach Latacz einen geschichtlichen Gehalt. Auch wenn das Epos Einzelheiten verwischt und es der Dichtung an fiktiver Ausgestaltung nicht fehlt, so ist es doch unter der Voraussetzung geschrieben worden, daß der Trojanische Krieg wirklich stattgefunden hat. Nur so kann auch Homer sein Publikum erreichen[108]. Auf
literarischer Ebene ist „speziell die Historizität des Trojanischen Krieges
[...] weder zu beweisen noch zu widerlegen"[109]. Dabei gesteht Latacz ein,
daß der mündliche Sagenstoff immer wieder von und für die Gegenwart
ausgestaltet wird. Sicherlich verändert sie sich in diesem kontinuierlichen
Prozeß zunehmend. Ungeachtet dessen bleibt ein gewisser Gehalt der Sage
erhalten[110]. Endgültig kann nur archäologische Evidenz, die dem literarischen Entwurf Homers gegenübergestellt wird, genauen Aufschluß über
die Historizität der Ilias geben[111]. Entschiedener beurteilt A. Heubeck die
Historizität der Ilias: „All unsere Beobachtungen, in denen besonders die
Aussagen der verstehbar gewordenen Urkunden mykenischer Zeit eine
wesentliche Rolle gespielt haben, drängen immer wieder in die gleiche Rich-
tung: Wenn nicht alles trügt, lassen sie erkennen, daß von der mykenischen
Epoche Griechenlands kein kontinuierlicher Weg zu den homerischen
Gedichten führt, daß die homerischen Epen alles andere darstellen als eine
durch die jahrhundertelange Tradition mehr oder weniger entstellte Wider-

---

[106] A. Heubeck, Homer und Mykene, 12-13.
[107] Vgl. J. Latacz, Kampfparänese, 224-245.
[108] Vgl. J. Latacz, Homer, 43-47, 94, 105-113.
[109] J. Latacz, Homer, 112.
[110] Vgl. J. Latacz, Homer, 108-109.
[111] Vgl. J. Latacz, Homer, 113 (Petit); vgl. außerdem J. Latacz (Hg.), Homer, 1991; sowie
ders. (Hg.), Zweihundert Jahre Homerforschung, 1991; ders., Vergangenheitsbewäl-
tigung, 153-183.

spiegelung mykenischer Realitäten, und daß die Ilias [...] alles andere ist als ein ‚Geschichtsbuch'"[112].

Wir halten fest: Schon in den Äußerungen J.G. Herders und A. Schlegels sind Vorstellungen von der Entstehung und Bedeutung der homerischen Epen angedeutet, die von der jüngeren Forschung entweder rezipiert, modifiziert oder einfach übersehen werden. Über diese Einsichten hinaus hat A.B. Lord die Bedeutung des einzelnen Sängers bei der Aufführung des Liedes, dessen Gestaltung, Form und Inhalt unterstrichen. Nach M. Parry und A.B. Lord sind die Epen Homers allein „aus dem Gedächtnis gesungene" Lieder, die dann aufgeschrieben worden sind. Gegen diese Auffassung haben sich unlängst die Stimmen W. Schadewaldts, J. Lataczs und A. Heubecks erhoben. Sie konnten literarisch nachweisen, daß die Epen Homers eben keine gesungenen Lieder, sondern literarische Kompositionen aus dem 8. Jahrhundert v. Chr. sind. Gerade die häufige Repetition einzelner Formeln und Themen, die schon A. Schlegel erkannt und Parry und Lord dann als Indiz für die ursprüngliche Mündlichkeit angesehen haben, sind Hinweise auf die Schriftlichkeit der Epen.

Die vergleichenden Studien von Parry und Lord haben die Variabilität des Traditionsprozesses nachgewiesen. Selbst bei der Übermittlung der Lieder vom Vater auf den Sohn kommt es schon zu erheblichen Abweichungen. Im Prozeß der mündlichen Überlieferung wird ein Stoff niemals konserviert, immer wird er für eine bestimmte Gegenwart adaptiert, assimiliert und existentiell präsentiert. Homers Ilias ist eine bewußte Rückprojektion in die mykenische Zeit[113]. Neben der dichterischen Fiktion hat Homer aus zeitgenössischen Anschauungen geschöpft: Einzelne Kampftechniken und auch das Menschenbild hat er seiner Zeit abgeschaut[114].

c) Die griechische Klassik

Grundlegend ändert sich die Quellenlage in der griechischen Klassik (5.-4. Jahrhundert v. Chr.). Gerade das 5. Jahrhundert bringt die Kunst und Literatur der Polis zu voller Blüte. Es ist die Zeit der Dramatiker Aischylos (gest. 456), Sophokles (gest. 406), Euripides (gest. 406) und später Aristophanes (gest. 385) wie der ersten Historiker Herodot (gest. um 425)

---

[112] A. Heubeck, Homer und Mykene, 14. – U. Hölscher, Die Odyssee – Epos zwischen Märchen und Literatur, 94-108; und ausführlich ders., Die Odyssee – Epos zwischen Märchen und Roman, 35-48, 159-169, 210-234, kommt bei der Analyse der Odyssee tendenziell zu ähnlichen Ergebnissen.

[113] Vgl. J. Latacz, Homer, 49.

[114] Vgl. allgemein A. Lesky, Epos, Epyllion und Lehrgedicht, 19-72.

und Thukydides (gest. um 400). Es ist auch die Epoche des Sokrates (gest. 399). Im vierten Jahrhundert kommen noch Xenophon (gest. 355), Platon (gest. 347) und Aristoteles (gest. 322) als Autoren hinzu. Neben den Schriften ist die Epoche auch durch Annalen, Chroniken und Grabreden aus staatlichen Archiven gut dokumentiert.

Diese reiche Quellenlage ist die Basis für die 1989 erschienene Monographie *Oral Tradition and Written Record in Classical Athens* von R. Thomas, in der sie das Wesen der mündlichen Überlieferung im Klassischen Athen untersucht. Methodisch unterscheidet Thomas die oral tradition der Familie[115] von der offiziellen oral tradition der Polis, womit gleichzeitig die unterschiedliche Trägerschaft – Familie und offizielle Repräsentanten der Polis – und die unterschiedliche Bedeutung der Tradition für diese Gruppen – persönliche Erinnerung und Legitimierung sowie offizielle Dokumentation – ausgemacht ist[116]. Vor allem archäologische Befunde, die Geschichtsdarstellungen von Herodot[117] und Thukydides, Grabreden und städtische Annalen, dienen Thomas dazu, den Prozeß der mündlichen Überlieferung zu rekonstruieren. Weiterhin zieht sie geistesgeschichtliche Entwicklungen – wie etwa den Wandel des Ideals der Ehre oder die Legitimation der Familie durch die Ahnen – hinzu, um so den Hintergrund der geschichtlichen Situation zu erhellen.

Die Ergebnisse der Untersuchung erlauben wichtige Einsichten in den Überlieferungsprozeß und die Geschichtlichkeit der klassischen griechischen Literatur. Sowohl die Familienchronik[118] als auch die offizielle Historiographie[119] speist sich zu einem erheblichen Maß aus mündlichen Überlieferungen. Das Verlangen der aristokratischen Familien, ihre Position innerhalb der demokratisch verfaßten Polis durch eine archaische Herkunft hervorzuheben und zu legitimieren, führt dazu, daß die persönlichen Erinnerungen mit legendenartigen Ornamenten verziert werden. So wird die eigene Familiengeschichte in den öffentlichen Reden und in den Grabreden zum Nutzen für die eigene Gegenwart verklärt; die Abstammung wird gezielt gefälscht[120]. Deshalb ist aus den Genealogien nur wenig zu erfahren, was über Thukydides hinausgeht[121].

---

[115] Vgl. R. Thomas, Oral Tradition, 95-195.
[116] Vgl. R. Thomas, Oral Tradition, 196-282.
[117] Vgl. J. Cobet, Herodot und mündliche Überlieferung, 226-233.
[118] Vgl. R. Thomas, Oral Tradition, 153-154, 194-195.
[119] Vgl. R. Thomas, Oral Tradition, 236-237.
[120] Vgl. R. Thomas, Oral Tradition, 161-168.
[121] Vgl. R. Thomas, Oral Tradition, 131, 144, 153-154.

Während besonders Thukydides dank einiger Berichte von Augenzeugen die zeitgenössischen Ereignisse des Peloponnesischen Krieges (431-404 v. Chr.) detailliert und relativ zuverlässig schildert, fällt seine Darstellung der Zeit von 480 bis 465 v. Chr. erheblich ab[122]. Die Schilderung der nur etwa fünfzig Jahre zurückliegenden Ereignisse gestaltet Thukydides dramatisch in der sonst nur von Herodot bekannten Art aus[123]. Offensichtlich war die ihm vorliegende mündliche Überlieferung schon so verwischt, daß sie einen präzisen Bericht vereitelte[124].

Wir halten fest: Wie R. Thomas zeigen konnte, haben im 5. bis 4. Jahrhundert v. Chr. sowohl die aristokratischen Familien als auch die offiziellen Vertreter der Polis damit begonnen, wichtige Ereignisse schriftlich zu dokumentieren. Die so entstandenen Gedichte, Grabreden, Genealogien, Chroniken und Historien verdanken ihre Informationen weitgehend oralen Traditionen. Mündlich vorgetragene Erinnerungen an den Verstorbenen gehen ebenso in die Grabreden wie in die Genealogien mit ein; Berichte von Kriegsteilnehmern und Veteranen bilden die Grundlage für die erwachende Gattung der Geschichtsschreibung des Thukydides. Insgesamt belegen beide Traditionsbereiche, die Familie und die offiziellen Organe der Polis, die Instabilität und Beliebigkeit der mündlichen Überlieferung. Solange sich ein Text auf die Mitteilungen eines Augenzeugen verlassen kann, ist er, von Verschönerungen und anderen kosmetischen Veränderungen abgesehen, einigermaßen zuverlässig. Sobald aber die Traditionskette mehrere Glieder umfaßt, ist die Darstellung, soweit es sich durch archäologische und historiographische Belege überprüfen läßt, stark beeinträchtigt. Gerade die Genealogien und die Schilderungen weit zurückliegender Ereignisse, die zur Legitimation der eigenen Herkunft oder der Glorifizierung der eigenen

---

[122] Vgl. K.A. Raaflaub, Athenische Geschichte und mündliche Überlieferung, 197-225.

[123] Vgl. O. Lendle, Griechische Geschichtsschreibung, 36-63, 73-109, zu Herodot und Thukydides (Literatur).

[124] Vgl. R. Thomas, Oral Tradition, 219-237; sowie J. Cobet, Herodot und mündliche Überlieferung, 226-233. – Insgesamt resümiert R. Thomas: „Oral tradition in Athens was of the most fluid kind, its transmission casual, and its lifespan usually short. Apart from much earlier oral poetry, the strict mechanisms for accurate transmission found by anthropologists are absent. The same is probably true of the rest of Greece. This means that memory and oral traditon were peculiarly prone to change and selection according to later beliefs and ideals. In evaluating the reliability of oral tradition as evidence, one must therefore ascertain above all the means of transmission and the length of time since the incidents referred to took place. Large vacuums of ignorance and dramatic telescoping of chronology occur only three or four generations back" (R. Thomas, Oral Tradition, 283).

Vergangenheit dienen, sind maßgeblich von fiktiven Elementen geprägt. Aus dem Interesse der Familie, ihr Ansehen in der Polis zu stärken, ist es leicht zu erklären, daß sie dafür gerne die historische Wirklichkeit ihrer Familiengeschichte preisgibt. So entwerfen die Genealogien eher die gewünschte als die historische Wirklichkeit einer Familiengeschichte[125].

d) Der Koran

„Kein muhammedanischer Gelehrter schlägt je eine Stelle in seinem Koranexemplar nach; das Buch muss auswendig gelernt werden und wird nur auswendig benutzt und zitiert"[126]. Dieses Dictum H.S. Nybergs vertritt eine ganze Forschungsrichtung. Mit dem Hinweis auf die für den gewöhnlichen Abendländer unvorstellbaren mnemotechnischen Fertigkeiten muslimischer Gelehrter soll die Vorherrschaft der Mündlichkeit bewiesen werden[127]. In einem zweiten Schritt wird dann die Gedächtnisfähigkeit auf die Enstehung des Koran übertragen. Aus diesem keineswegs belegten Axiom schloß Nyberg auf die unverfälschte mündliche Überlieferung des Koran bis zu dessen Niederschrift, die er dann auch auf die Enstehung des Alten Testaments übertragen hat[128].

Die Entstehungsverhältnisse des Koran sind aber völlig andere als die des Alten Testaments im allgemeinen und auch als die der Genesis im besonderen. Zwischen dem Tod Muḥammads (gest. 632 in Medina) und den ältesten Textzeugnissen aus dem frühen 9. Jahrhundert liegen gerade zweihundert Jahre. Viele Texte stammen aus einer Sammmlung, die Othman (gest. 656), der dritte Kalif, schon bald nach Muḥammads Tod in Auftrag gegeben hatte[129]. Das heißt, die Entstehungszeit des Koran ist durch das Auftreten des Propheten auf der einen und die Textzeugnisse aus dem 9. Jahrhundert auf der anderen Seite klar und eng begrenzt[130].

---

[125] Vgl. allgemein T. Hölscher, Tradition und Geschichte, 115-149; W. Kullmann, Frühgriechische Epik, 184-196; K.A. Raaflaub, Athenische Geschichte und mündliche Überlieferung, 197-225 (Literatur); sowie A. Momigliano, Geschichtsschreibung, 305-336.

[126] H.S. Nyberg, Studien zum Hoseabuche, 7.

[127] Vgl. S. 33-35.

[128] Vgl. H.S. Nyberg, Studien, 8; sowie H. Birkeland, Traditionswesen, 10-11; oder W.F. Albright, Stone Age, 64-68.

[129] Vgl. J. Burton, Collection, 138-159; A.T. Welch, Al-Ḳurān, 400-429; J. Wansbrough, Quranic Studies, 44-45, 56-58.

[130] Vgl. ausführlich R. Paret, Mohammed, 36-46, 166-171; sowie ders., Der Koran als Geschichtsquelle, 137-164; K. Rudolph, Die Anfänge Mohammeds, 298-376; W.M. Watt, Muḥammad, 30-56; ders., Early Islam, 24-33.

Religionsgeschichtlich ist der Koran durch die strenge Abgrenzung zum Judentum, Christentum und den Sabäern viel deutlicher konturiert als der Jahwismus der Genesis. Dies hat sowohl mit den Entstehungsverhältnissen des Koran als auch mit dem dogmatischen Selbstverständnis des Islam zu tun. Durch ihn wird die Urreligion Abrahams, dem Gründer der Kaʿaba, restituiert. Alle anderen Propheten wie Moses und Jesus haben die Botschaft der Urreligion nur wiederholt und sie somit der Vergessenheit entrissen (2,58-60; 3,65-68; 15,51-77). Aus diesem Selbstverständnis folgt eine deutliche Abgrenzung zu und Auseinandersetzung mit dem Judentum und Christentum (2,62; 2,80-86; 2,116-141; 2,258-261; 3,33-80; 4,153-173; 5,17; 5,73-77; 5,82-85; 5,116 u. ö.)[131]. Traditionsgeschichtlich folgt daraus, daß der verhältnismäßig junge Koran reichlich angefüllt ist mit Stoffen beider Testamente sowie der jeweiligen apokryphen und pseudepigraphen Literatur. Dieses im Koran rezipierte Gut ist wesentlich leichter auszumachen als entsprechende Vorgaben, die in die Genesis eingegangen sind, weil sie schriftlich vorliegen[132].

So ist der Koran kein homogenes Gebilde. Liest man einige, vor allem der längeren Suren hintereinander weg, so kann man sich dem Eindruck nicht entziehen, daß der Koran ein buntes Gewebe von Textsorten, Erzählungen und Legenden, eschatologischen Lehrstücken und Rechtssätzen ist. Dieses Webstück ist deutlich erkennbar redigiert und dogmatisch korrigiert worden. Zusätzlich springen schon quantitativ die häufigen theologischen Auseinandersetzungen mit dem Judentum und dem Christentum ins Auge. Unterstützt wird dieser äußere Eindruck von der komplexen Entstehungsgeschichte des Koran. Jedoch ist die Genese und die literarische Unausgewogenheit dieser Schrift nachträglich verklärt worden, was einen literarhistorischen Zugang zum Koran erschwert hat. Nach dem dogmatischen Verständnis ist der Koran das Wort Gottes selbst, nicht etwa das über das Medium des Propheten indirekt übermittelte Wort Allahs. Aus unerklärlicher Gnade hat sich Allah Muḥammad zum Boten erwählt. Die später im Koran zusammengefaßten Visionen und Vorschriften sind als Offenbarungen übernatürlich. Durch diese Offenbarungen tritt nun im verbal inspirierten Koran Gott dem Menschen direkt gegenüber; folgerichtig ist der Koran auch als eine einzige direkte Ansprache Allahs ausgestaltet (1,1-7; 2,1-7; 2,21; 114,1-6).

---

[131] Vgl. W. Rudolph, Die Abhängigkeit des Qorans von Judentum und Christentum, 1922.

[132] Vgl. R. Paret, Mohammed, 12-35; sowie J. Wansbrough, Quranic Studies, 12-21.

Spätestens seit dem 9. Jahrhundert wird der Koran dann – ähnlich wie die rabbinische Vorstellung von einer präexistente Tora – als ungeschaffenes Wort Allahs verstanden. Die inhaltlichen und linguistischen Spannungen der Schrift erklärt die dogmatische Lehre von der Unnachahmlichkeit des Koran, wonach keine andere heilige Schrift dem Koran auch nur ähnelt und deshalb auch nicht mit ihm verglichen werden kann. Durch dieses Dogma entzieht sich der Koran einer literarhistorischen Betrachtung[133]. Gestützt wird das Dogma von der Lehre der *lingua sacra*, wonach die Sprache des Koran, der ja Allahs eigenes Wort an die Gläubigen ist, auch eine vollkommene und heilige Sprache sein muß (96,1-5). Diese Sprache ist aber weder hebräisch noch griechisch, es ist allein arabisch. Wiederum ist es, so das Dogma des 9. Jahrhunderts, der göttliche Wille, der sich das Arabische als Medium seiner Äußerung wählt. Tatsächlich ist jedoch das Arabische des Koran nachträglich archaisiert worden. Da nach der Lehre Allah über seine Propheten nur „klassisches Arabisch" geredet hat, darf sich im Koran weder eine vom klassischen Arabisch abweichende Sprachstufe noch ein Dialekt finden. Diesem Dogma wurde die Exegese und die literarhistorische Betrachtung des Koran untergeordnet[134].

Für den Traditions- und Redaktionsprozeß des Koran hat diese Lehre wichtige Konsequenzen. Rückblickend wird nun die wirkliche Genese des Koran verklärt und eine dem Dogma entsprechende Entstehungsgeschichte entworfen. Weil der Koran als vollendetes Wort Allahs gilt und jegliche Veränderung dieses Werk korrumpieren muß – menschliche Eingriffe in ein als vollendet Gedachtes bewirken notwendigerweise Verschlechterungen –, wird der über zwei Jahrhunderte entstandene Koran nachträglich dogmatisch zu einer verbal inspirierten Urkunde erklärt[135].

Der genaue Entstehungsprozeß des Koran ist in der gegenwärtigen Forschung nach wie vor umstritten, doch herrscht, was die Beeinträchtigung der Überlieferung angeht, in wichtigen Punkten ein Konsens[136]. Nach J. Burton, der die Entstehung des Koran an den rechtlichen Texten des Islam, dem *fiqh*, untersuchte[137], gehen zumindest einige der beim Gebet rezitierten Texte des Koran auf Muḥammad selbst zurück. Dieser *muṣḥaf* genannte Text ist von Muḥammad gesammelt, nicht aber von ihm selbst aufgeschrieben worden. Da selbst der Prophet einzelne Verse vergißt, die

---

[133] Vgl. J. Wansbrough, Quranic Studies, 78-84.

[134] Vgl. J. Wansbrough, Quranic Studies, 80-84, 104-108.

[135] Vgl. J. Wansbrough, Quranic Studies, 92-106.

[136] Vgl. A.T. Welch, Al-Ḳurān, 404-409.

[137] Vgl. J. Burton, Collection, 3-7.

Überlieferung vom *fiqh* durch Verdrängung und Redaktion beeinträchtigt ist[138], und es zu mehreren schriftlichen Sammlungen, namentlich die der Kalifen Abu Bakr und Othman, kommt[139], ist die von Burton nachgezeichnete Entstehung des Koran vom Auftreten des Propheten bis zu seinem relativen Abschluß überaus verwickelt; und auch der historische Wert der Texte ist wegen ihrer erheblichen Beeinträchtigung bei ihrer Überlieferung und Verschriftung sehr eingeschränkt.

Auch für J. Wansbrough ist der Koran das Ergebnis einer organischen Entwicklung, an deren Anfang die prophetischen *logia* stehen. Diese *ipsissima verba* Muhammads haben allein einen homiletischen Zweck in den verschiedenen Gemeinden. Im Vergleich einiger Su'aib Texte (7,85-93; 11,84-95; 26,176-190; 29,36-37) beweist Wansbrough, daß weder mit einem schriftlich vorliegenden „Urkoran" noch mit literarischen Vorlagen gerechnet werden darf. Niemals, so Wansbrough, hat eine mündliche und schriftliche Überlieferung gleichberechtigt nebeneinander gestanden[140]. Insgesamt ist der Koran das Produkt eines fast zweihundert Jahre dauernden Traditions- und Redaktionsprozesses, der auf sehr verschiedene geographisch und theologisch geprägte Gemeinden zurückgeht. Erst gegen Ende des 8. Jahrhunderts kam es, vermutlich in Mesopotamien, zur Kanonisierung des Koran[141].

Trotz ihrer unterschiedlichen Auffassung bieten die beiden Studien von Burton und Wansbrough im Blick auf die Beurteilung der Entstehungsgeschichte einen Konsens[142]. Für beide geht der Koran im Kern auf die Prophetie Muhammads zurück. So sind die Worte des Propheten nicht erst längere Zeit mündlich überliefert, sondern schon bald, vielleicht sogar noch zu Lebzeiten Muhammads, aufgeschrieben worden. In einem komplexen Überlieferungs-, Sammlungs- und Redaktionsprozeß, der sich über zweihundert Jahre erstreckt hat, ist dieser Nukleus zum Koran ausgebaut worden. In der vorliegenden Gestalt ist der Koran also ein primär literarisches Produkt[143].

---

[138] Vgl. J. Burton, Collection, 117-131.

[139] Vgl. J. Burton, Collection, 138-159.

[140] Vgl. J. Wansbrough, Quranic Studies, 20-25.

[141] Vgl. J. Wansbrough, Quranic Studies, 49-52.

[142] Vgl. K. Rudolph, Neue Wege der Qoranforschung?, 1-19, zu den Arbeiten von J. Burton und J. Wansbrough.

[143] Vgl. Th. Nöldeke/F. Schwally, Geschichte des Qorāns, 1938, Bd. 3; sowie T. Nagel, Geschichte der islamischen Theologie, 13-35.

Die so skizzierte Entstehungsgeschichte des Koran läßt auch Rückschlüsse auf seine Historizität zu. Der Garant für eine gewisse Historizität des Koran ist eine vom Propheten bis zur Kanonisierung ungebrochene Traditionskette. Einige Informationen, die der Koran über Muḥammad enthält, werden auf historische Ereignisse zurückgehen. Da auch der Koran tendenziös darstellt, legendenartig ausschmückt und den Protagonisten verherrlicht, wird die historische Wirklichkeit nicht nur verschleiert, sondern auch erheblich beeinflußt.

Ein wesentlicher Unterschied zur Genesis ist die literarische Abhängigkeit des Koran von schriftlichen Quellen. Wie auch immer der Koran entstanden ist, Verfasser und Redakteure, die im Laufe der ersten drei Jahrhunderte am Koran gearbeitet haben[144], kannten die biblische Überlieferung. Die zahllosen Anspielungen und Paraphrasen (70,1-44; 71,1-28) aus den Testamenten bezeugen eine gute Kenntnis der Quellen. Gelegentlich sprechen die Dichter sogar wörtlich von Tora und Evangelium (3,48). Aber sie kannten nicht nur die biblischen Schriften, sondern auch die Apokryphen und Pseudepigraphen. So nimmt beispielsweise K 3,49-50 ein aus dem Thomasevangelium bekanntes Motiv auf (ThEv 2,2-4) und deutet es eschatologisch[145]: Jesus, der Gesandte Gottes, macht vor den Kindern Israels einige Zeichenhandlungen, um die Verstockten zum Glauben zu führen. Unter anderem kündigt er an, aus Lehm eine Taube zu formen und dieser dann in der Vollmacht Gottes Leben einzuhauchen[146].

Mit diesen Anmerkungen zur Entstehungsgeschichte und Historizität des Koran haben wir aber noch nicht die eingangs erwähnte Behauptung H.S. Nybergs widerlegt, daß ein muslimischer Gelehrter über den Koran nach Belieben auswendig verfügt. Dafür dienen uns die Ergebnisse einer anthropologischen und ethnologischen Studie[147]. Zwischen 1973 und 1978 wurden mit den liberianischen Vai verschiedene Untersuchungen durchgeführt. Besondere Aufmerksamkeit galt der gleichnamigen Silbenschrift und der Gedächtnisleistung des afrikanischen Stammes[148].

Kulturell wirken sich bei der Erziehung besonders drei Einflüsse aus: Viele Kinder lernen in den abgelegenen Dörfern die traditionelle Silbensprache der Vai. Auch das übrige traditionelle Wissen wird dort vielfach mündlich vermittelt. Eine Minderheit besucht die Missionsschulen, wo die

---

[144] Vgl. A.T. Welch, Al-Ḳurān, 404-409; J. Wansbrough, Quranic Studies, 49-52.

[145] Vgl. W. Rudolph, Die Abhängigkeit des Qorans, 81.

[146] Vgl. H. Speyer, Die biblischen Erzählungen im Qoran, 462-492.

[147] Vgl. S. Scribner/M. Cole, The Psychology of Literacy, 1981.

[148] Vgl. S. Scribner/M. Cole, Literacy, 263-270, zur Geschichte des Vai.

Kinder in englischer Sprache erzogen werden. Die meisten Kinder jedoch stehen unter strengem islamischen Einfluß; der dorfansässige Imam unterrichtet allmorgentlich hauptsächlich die Jungen im Gebet und Gesang. Zur späteren Lektüre des Koran lernen die Schüler hier auch schreiben und lesen. Da viele Kinder nur unregelmäßig und in der Ernte gar nicht die Ausbildungsstätten besuchen, ist der prozentuale Anteil der Schreibkundigen sehr gering. Aus diesen unterschiedlichen Einflüssen auf die Vai ergibt sich ein buntes Gesamtbild. Die meisten Vai können weder schreiben noch lesen. Einige beherrschen eine Sprache in Wort und Schrift, entweder Vai oder Arabisch oder Englisch, manche beherrschen Vai und Arabisch, nur sehr wenige können alle drei Sprachen[149].

Von verschiedenen Feldforschern sind nun repräsentative Untersuchungen zur Lern- und Gedächtnisfähigkeit mit einzelnen Vai durchgeführt worden. Die Voraussetzung für die allgemeine Gültigkeit der Ergebnisse dieser Untersuchung, ja der Gedächtnispsychologie[150] überhaupt, ist, daß die *memoria hominum* über Jahrtausende über die verschiedenen Kulturen hinweg im wesentlichen vergleichbar ist[151]. M. Cole und S. Scribner greifen auf verschiedene Untersuchungen und ihre eigenen Feldforschungen zurück: Repräsentanten jeder Gruppe – Analphabeten, Monolinguale, Ein-, Zwei- und Dreisprachige – sind in die Erhebungen einbezogen worden. Es soll überprüft werden, ob die Koranschüler, die Texte ihrer heiligen Schrift auswendig lernen, über eine besondere Gedächtnisfähigkeit verfügen. Dazu sind vier grundlegend verschiedene Experimente durchgeführt worden.

Beim ersten Versuch wurden drei kurze, thematisch verbundene Aussagesätze nach folgendem Muster vorgetragen:

1. Der Affe ist im Käfig.
2. Der Käfig steht unter dem Tisch.
3. Der Affe ist freundlich.

Die Wiederholung der Sätze durch die Versuchsperson erbrachte zwei Ergebnisse. Erstens haben die Probanden in ihren Wiederholungen unbewußt Informationen eingebaut, die sie nicht erhalten hatten. Zweitens war das Ergebnis aller am Versuch beteiligten Personen relativ gleich. Einen signifikanten Unterschied in der Gedächtnisleistung gab es zwischen Analphabeten, Koranschülern und Mehrsprachigen nicht[152].

---

149 Vgl. S. Scribner/M. Cole, Literacy, 23-34 (mit Abbildungen und Karten).
150 Vgl. V. Hobi, Grundlagen der Gedächtnispsychologie, 9-31 (Experimente, Literatur).
151 Das zeigt auch G.P. Marchal, Memoria, 289-230, an mittelalterlichen Beispielen (Literatur).
152 Vgl. S. Scribner/M. Cole, Literacy, 221-222.

Beim zweiten Versuch sollten die Personen vorgegebene Wortketten wiederholen. Mit diesem Versuch sollte geprüft werden, ob die darin geübten Koranschüler besser abschnitten als die übrigen Vai. Zu diesem Zweck wurde sogar die Versuchsanordnung der geläufigen Praxis des Auswendiglernens in den Koranschulen angepaßt. Das Ergebnis zeigt keine deutlich bessere Gedächtnisleistung der Koranschüler. Zwar erbrachten sowohl die Koranschüler als auch die Schüler der englischen Missionsschulen eine höhere Gedächtnisleistung als die Vaikundigen und Analphabeten, aber diese ist statistisch nicht signifikant[153].

Der dritte Test ist oral und visuell ausgerichtet: Einer Bildkarte ist ein bestimmter Name zugeordnet. Von diesen Bildkarten wurde den Probanden eine festgelegte Anzahl vorgelegt. Ihre Aufgabe war es nun, soviele Bilder und Namen wie möglich in der richtigen Reihenfolge aus dem Gedächtnis aufzusagen. Wiederum war der Versuch auf die Lernmethoden der Koranschüler ausgerichtet. An dem Versuch nahmen fünf Gruppen teil: Analphabeten, die schriftkundigen Vertreter je einer Sprache (Vai, Arabisch und Englisch) und auch Zweisprachige. Wiederum verblüfft das Ergebnis: Alle Schriftkundigen erzielten deutlich bessere Werte als die Analphabeten. Aber innerhalb der Gruppe der Schriftkundigen fallen die Koranschüler keineswegs durch besondere Gedächtnisleistungen auf. Allein die zweisprachigen Probanden hoben sich von den übrigen Teilnehmern ab[154].

Das vierte Experiment ist für uns besonders interessant: Zwei Geschichten wurden den Probanden vorgelesen. Die erste ist eine kurze, syntaktisch einfach gebaute mythische Ätiologie über die Entstehung eines Flusses. Die zweite, etwas längere, syntaktisch ebenfalls einfach strukturierte Geschichte erzählt von den Abenteuern eines Jungen. Beide Erzählungen stammen aus dem Kulturkreis der Probanden, die mit den Inhalten, Motiven und Requisiten wohl vertraut sind. An dem Versuch nahmen die üblichen Personenkreise teil. Die Erzählungen sind den einzelnen Personen vorgelesen worden. Ihre Wiedergabe wurde magnetisch aufgezeichnet, ins Englische übersetzt und ausgewertet. Das Ergebnis entspricht tendenziell den ersten Versuchen. Ein deutlicher Unterschied in der Gedächtnisleistung zeigt sich nur zwischen den Analphabeten und den Schreibkundigen. Wiederum haben die Koranschüler keine höhere Gedächtnisleistung als die übrigen Schüler erbracht. Mit den Jahren der Schulbildung nimmt keineswegs die Gedächtnisleistung zu[155].

---

[153] Vgl. S. Scribner/M. Cole, Literacy, 222-224.
[154] Vgl. S. Scribner/M. Cole, Literacy, 224-230.
[155] Vgl. S. Scribner/M. Cole, Literacy, 231-233.

Die umfangreichen, auf die Lernfähigkeiten der Koranschüler der Vai ausgerichteten Versuche haben gezeigt, daß die Koranschüler nicht über mnemotechnische Fähigkeiten verfügen, die sie von anderen Stammesgenossen mit Schulbildung unterscheidet. Ihre Gedächtnisleistung ragt keineswegs über die der anderen Schriftkundigen hinaus. In einzelnen Fällen liegt sie sogar noch unter der der zweisprachigen Probanden. Daß einige Koranschüler Lieder und auch zentrale Abschnitte des Koran auswendig beherrschen, ist nach jahrelanger Schulung kaum verwunderlich. Doch weite Teile des Koran beherrschen weder diese Schüler noch ihr Imam. Methodisch machen die Feldforschungen eine Voraussetzung, die bei der mündlichen Überlieferung der Vätererzählungen nicht gelten: Sie setzt einen kanonisierten und autoritativen Text voraus, an dem sich der Lernende über Jahrzehnte immer wieder orientieren kann. Das so auswendig Gelernte basiert also auf einer permanent verfügbaren Vorlage, dessen sich die Schüler vergewissern können. Eine solche normative Größe kennt aber die mündliche Überlieferung der Vätererzählungen nicht.

Die von M. Cole und S. Scribner referierten und teilweise von ihnen selbst durchgeführten Untersuchungen haben bewiesen, daß eine exakte Wiedergabe selbst einfacher Stoffe auch das geübte Gedächtnis überfordert. Schon eine einzige Sure würde die mündliche Weitergabe nicht ohne einschneidende Veränderungen überstehen, wenn sie nicht schriftlich als *norma normans* vorläge. Verändert würde sie durch unbewußt hinzugefügtes Wissen, durch Vergessen und durch interpretierende Zusätze. Die gesicherte, orale Überlieferung des Koran aus dem Munde Muḥammads über nur ein oder zwei Glieder, ist ein Dogma des Islam, das jeder anthropologischen und ethnologischen Grundlage entbehrt.

Wir halten fest: Der Entstehungsprozeß des Koran ist nur bedingt mit dem der Jakobserzählungen der Genesis vergleichbar. Weder geht dem Koran eine ähnlich lange Phase der mündlichen Überlieferung voran, noch dehnt sich der Sammlungs- und Redaktionsprozeß wie bei der Genesis über etliche Jahrhunderte aus. Von dem Auftreten des Propheten bis zur Kanonisierung der Texte vergehen kaum zweihundert Jahre. Trotz des verhältnismäßig kurzen Entstehungsprozesses weist der Koran linguistische, formale und inhaltliche Spannungen auf, die deutlich Sedimente erkennen lassen; so spiegelt auch der Koran ein literarisches Wachstum wider. In seiner Entstehung wurde der Text legendenartig ausgeschmückt und immer wieder redigiert, theologisch korrigiert und damit aktualisiert, was den Koran als historische Quelle erheblich beeinträchtigt. Dennoch ist den geschichtlichen Stoffen ein historischer Gehalt beizumessen. Dank einer ununterbrochenen Überlieferungskette, die schon zu Lebzeiten Muḥam-

mads oder kurz nach dem Tod des Propheten mit der Verschriftung eingesetzt hat, sind einige Angaben von historischem Wert. Außerdem, auch das
ist eine Besonderheit, ist die traditionsgeschichtliche Abhängigkeit des Koran
von jüdischen und christlichen Quellen gut dokumentierbar. Das heißt,
insgesamt haben wir es bei der Entstehung des Koran mit einem Prozeß zu
tun, der von mündlichen und schriftlichen Vorgaben abhängig ist.

Die Ergebnisse der Feldforschung haben gezeigt, daß ein langer, mündlicher Überlieferungsprozeß, der das Alte unangetastet konserviert, völlig
unrealistisch ist. Auch wenn die Schüler theologisch zentrale Stücke des
Koran auswendig können, setzt dieses auswendige Wissen eine schriftliche,
normative Größe voraus, an dem das Gelernte immer wieder überprüft und
korrigiert werden kann. Über eine solche autoritative Norm verfügt aber
eine orale Kultur wie das frühe Israel nicht. Ohne schriftliche Vorlage würde
nicht eine einzige Sure die mündliche Überlieferung auch nur eine Generation unbeschadet überstehen.

e) Isländische Sagas

Aus der zwischen dem frühen 12. und 14. Jahrhundert entstandenen,
umfangreichen Sagaliteratur Islands (Königssagas, Vorzeitsagas, Sturlungen-
saga, Bischofssagas, Rittersagas und Lügensagas[156]) – ragen die Isländersagas
heraus. Das hat nach K. Schier seine Berechtigung: „Als Kunstwerke über-
treffen die Isländersagas die übrigen Gruppen von Sagas bei weitem, wenn
man von einigen *Konungasögur* absieht; sie gehören zu den bedeutendsten
literarischen Leistungen Europas im Mittelalter und heben sich so stark von
anderen mittelalterlichen Prosagattungen ab, daß man sie häufig als eine
völlig selbständige, von der zeitgenössischen europäischen Literatur unbe-
einflußte Schöpfung Islands auffaßte. Die Forschung hat sich deshalb mit
den *Islendingasögur* lange Zeit hindurch intensiver als mit anderen Arten
des Sagaliteratur beschäftigt, und gelegentlich führte das so weit, daß ‚Saga‘
und ‚Isländersage‘ als Synonyme verwendet wurden"[157].

Diese besondere von der mittelalterlichen, höfischen Epik des Konti-
nents so verschiedene Literatur verdankt ihre Eigenart den besonderen
Enstehungsverhältnissen des „Freistaates" Island. Die Isländer stammen
von einem an der südnorwegischen Küste beheimateten Wikingerstamm

---

[156] Vgl. K. Schier, Sagaliteratur, 5-6, 22-33, 50-59, 112-115, 119-120, 128-129, zur
Klassifikation der Gattungen, Datierung der Sagas und der Handschriften (Literatur).

[157] K. Schier, Sagaliteratur, 34.

ab. Die kargen Fjordlandschaften Südwestnorwegens mit geringen land-
wirtschaftlichen Nutzflächen ließen schon zu Beginn des 9. Jahrhunderts
die Wikinger zu weiten Beutezügen über die Nordsee aufbrechen. Ausgefeilte Schiffbautechniken ermöglichten, daß sie bis zu den Schottland vor-
gelagerten Westinseln, den Hebriden, vordringen konnten. Zunächst be-
nutzten sie diese Inselgruppe als saisonale Stützpunkte für ihre Raubzüge.
Bald schon nahmen sie die Inseln fest in Besitz. Erste Siedler ließen sich
nieder. Nachrichten von einem begrünten Land zogen um 870 n. Chr. die
ersten Wikinger aus ihrer kargen Heimat sogar bis nach Island, das nur von
wenigen irischen Mönchen im Küstengebiet bewohnt war. Im Laufe der
nächsten sechzig Jahre folgten immer mehr Wikinger sowohl aus Süd-
norwegen als auch von den Westinseln. Politische Ereignisse haben zu einer
Auswanderungswelle aus Südschweden geführt. Als es um 900 dem im
Süden Norwegens ansässigen König Harald Halfdanssohn gelang, mehrere
Kleinkönigtümer niederzuzwingen und nominell alleiniger Herrscher über
Norwegen zu werden, traf er auf den erbitterten Widerstand mächtiger
Wikingerfürsten. Diese kontrollierten von ihren Stammessitzen aus die an
den Küsten entlangführenden Schiffahrtswege. Als König Harald die
Wikingerverbände bei der entscheidenen Schlacht bei Hafrsfjord besiegte,
flohen viele der Unterlegenen nach Island, weil sie sich nicht dem Macht-
anspruch des Königs beugen wollten.

Durch Kauf, Tausch oder Geschenk mußten die nachfolgenden An-
kömmlinge das schon bald aufgeteilte Land erwerben. Diese Epoche der
Besiedlung Islands durch die Wikinger (870-930 n. Chr.) heißt deshalb
auch Landnahmezeit; sie ist in dem um 1120 von Ari Thorgilssohn geschriebenen *Isländerbuch* und in dem anonym überlieferten *Landnahmebuch*, das ungefähr aus derselben Epoche stammt, dokumentiert.

Als immer mehr Wikinger ins Land kamen, die als freie Bauern arbeite-
ten, mußten wirtschaftliche Fragen – wie Weide-, Fischerei- und Strand-
rechte – gemeinschaftlich geregelt werden. Dazu wurde eine lokale Versammlung, das Thing, einberufen. Auch eine übergeordnete Versammlung
für das ganze Land wurde schon gegen Ende der Landnahmezeit eingerichtet, folgerichtig heißt sie das Allthing. Auf dieser erstmals um 930 tagenden
Versammlung trugen die freien Bauern ihre mündlich vereinbarten Gesetze
vor und schufen so die Grundlage für die künftige Rechtssprechung. Dieser
Rechtsakt war die Geburt des „Freistaates Island". Island war damit ein von
freien Bauern repräsentiertes Gesellschaftsgefüge, das ohne jede Zentralgewalt nur mit regionalen Räten und einer Landesversammlung auskam. Als
Vorsitzender des Allthings fungierte ein auf Zeit gewählter Vertreter, der
aber außerhalb des Gremiums kein allgemeines Mandat besaß.

Ein wichtiger Einschnitt in der weiteren Geschichte Islands ist die vom
Allthing freiwillig, wenn auch unter Druck des norwegischen Königs Olaf
Tryggvissohn beschlossene Einführung des Christentums um 1000. Dieser
Beschluß des obersten Rates ist durch die schon bei der ersten Besiedlung
der Insel ansässigen Mönche, die inzwischen missionarisch tätig gewesen
waren, vorbereitet worden. Außerdem war den Isländern das Christentum
durch ihren Handel mit christlichen Seevölkern schon lange vertraut[158].

Diese Ereignisse, von der Landnahme (870-930 n. Chr.) über die steti-
gen kriegerischen Auseinandersetzungen mit Norwegen bis zur Christianisierung (1030), bilden den Stoff der Isländersagas. In archaischer Prosa
schildern die etwa drei dutzend umfangreichen Werke am Beispiel des Protagonisten oder einer ganzen Sippe das Ergehen der auswandernden Wikinger und ihrer Nachfahren in der neuen Welt. Ohne Schnörkel schildern die
Prosatexte eine heroisch stilisierte Vergangenheit, zu der aber ebenso der
bäuerliche Alltag wie die Raub- und Beutezüge gehören. Dabei kommt
auch die Freiheitsliebe der unbeugsamen Wikinger zum Ausdruck. So malen
die Sagas in schillernden Farben die kämpferische Natur der Isländer aus:
Ehrenbeleidigung fordert Rache, drohende Unterdrückung bedeutet Krieg,
nötigenfalls Flucht, niemals aber freiwillig gewählte Gefangenschaft; mit
Vorliebe schildern die Isländersagas auch heroische Kämpfe, todesmutige
Heldentaten und erfolgreiche Beute- oder Kriegszüge.

Die Grundhaltung der Erzählungen ist äußerst realistisch. Auch dadurch nehmen die Sagas, denken wir nur an die zeitgleiche höfische Epik,
in der mittelalterlichen Literatur eine Sonderstellung ein. Ihre Verfasser
erwecken den Anschein, die bäuerlich kriegerische Welt ihrer Heroen wirk-
lichkeitsgetreu darzustellen. Kompositionstechnisch sind die Sagas am äußeren Verlauf der Handlung aufgehängt. Nur durch die Handlung der
Person schreitet die Saga voran. Der Dichter schildert ausschließlich den
Rahmen der Handlung, die inneren Triebkräfte und Seelenzustände der
Protagonisten müssen erschlossen werden. Gern und häufig bedienen sich
die Dichter des Dialogs, in Rede und Gegenrede entfaltet sich dann das
Geschehen. Der Charakter der Personen drückt sich nur in der Handlung
aus. Reflexive Momente, wie wir sie aus dem modernen Roman kennen,
sind den Sagas völlig fremd. Der einfache, syntaktische Ductus und eine
klare Verbalsprache zeigen eine große Nähe zur mündlichen Erzählung.

Aus dem Gesagten ist leicht verständlich, daß die Isländersagas als nationale Volksliteratur für die Isländer eine ähnliche Funktion erhielten wie das

---

[158] Vgl. W. Baetke, Isländersagas, 100-108; R. Heller, Isländer-Sagas, Bd. 1, 5-33.

Alte Testament für Israel. Wie sein literarisches Vorbild dokumentiert und
legitimiert es eine im Dunkeln liegende Vergangenheit, aus der ein neu
konstituiertes Volk hervorgeht. Die Isländersagas bilden die Wiege Islands
ab. Bis ins 19. Jahrhundert hinein blieb die Historizität der Texte unangetastet. Als 1872 der dänische Historiker E. Jessen als erster in einem Artikel
die historische Glaubwürdigkeit einiger Isländersagas anzuzweifeln wagte,
wurde es ihm verwehrt, seinen Aufsatz in einer skandinavischen Fachzeitschrift unterzubringen. Notgedrungen mußte er auf eine deutsche Reihe
ausweichen[159]. Diese Anekdote zeigt, daß bereits im 19. Jahrhundert das
Problem der Entstehung und Historizität der Sagas erkannt, aber wegen
seiner Brisanz verdrängt wurde.

Wie wir sahen, berichten die Isländersagas von Ereignissen, die zwischen 870 bis 1030 n. Chr. stattgefunden haben. Die ältesten Handschriften stammen aus der Mitte des 13. Jahrhunderts, allerdings handelt es sich
dabei um vereinzelte, spärliche Fragmente. Die meisten Sagas sind erst in
Handschriften des 14. Jahrhunderts greifbar. Nun sagt das Alter der Handschriften noch nichts über die Zeit der Verschriftung aus. Hierfür ergeben
sich weitere Hinweise. Bis zur Christianisierung um 1000 stand für schriftliche Aufzeichnungen nur die Runenschrift zur Verfügung. Damit konnten
aber längere Texte nicht hergestellt werden, weil die Runen hauptsächlich
in Knochen, Holz oder Stein geritzt wurden. Erst nachdem im 11. Jahrhundert von Mönchen lateinische Zeichen, das Pergament und die Tinte
eingeführt wurden, waren die materiellen Voraussetzungen zur Abfassung
längerer Texte geschaffen. Auf die ersten profanen Texte Islands stoßen wir
um 1100: Es ist das schon erwähnte *Landnahmebuch* und das *Isländerbuch*.
R. Heller spricht ihnen kulturgeschichtlich besondere Bedeutung zu: „Mit
den [religiösen] Werken des 12. Jahrhunderts hatten die Isländer gelernt, in
erzählender Grundhaltung Vergangenheit lebendig werden zu lassen. Was
lag näher als der Gedanke, diese Kunst auch auf die Vergangenheit des
eigenen Volkes anzuwenden und isländische Personen und Ereignisse als
literarisches Thema zu behandeln. Um 1200 war der Gedanke herangereift,
und es entstanden die ersten ‚Isländersagas‘. Mit ihnen schufen die Isländer
während des gesamten 13. Jahrhunderts und bis in das 14. Jahrhundert
hinein ihren wertvollsten Beitrag zur mittelalterlichen europäischen Literatur"[160]. Kompositionstechnische, lexikalische, stilistische, motiv- und
traditionsgeschichtliche Untersuchungen erhärten, daß die Isländersagas

---

[159] Das berichtet W. Baetke, Isländersagas, 8-9.
[160] R. Heller, Isländer-Sagas, Bd. 1, 23.

über einen Zeitraum von hundert Jahren zwischen 1200 und 1300 entstanden sind[161].

Sind diese Eckdaten erst einmal gewonnen, schließt sich sofort die Frage an, wie die Stoffe mindestens zweihundert, maximal sogar vierhundert Jahre von dem Ereignis bis zur Verschriftung unverändert überliefert worden sein sollen, um als historische Quellen für das 9. und 10. Jahrhundert angesehen werden zu können. Anfänglich hat der lebhafte und mündliche Erzählstil der Isländersagas zur Annahme geführt, die Sagas seien schon früh in eine feste mündliche Form gebracht und dann über die Jahrhunderte bis zu ihrer Verschriftung unbeschadet überliefert worden[162]. Inzwischen haben aber Untersuchungen einzelner Sagas ergeben, daß der wohlbedachte Aufbau, die szenische Komposition, die zeitgeschichtlichen Anspielungen, lexikalische, stilistische und traditionsgeschichtliche Indizien zur Annahme einer literarischen Komposition zwingen. Die Isländersagas sind nicht, wie anfänglich geglaubt, das Produkt volkstümlicher Überlieferung, sondern komplexe, literarische Schöpfungen anonymer Dichter. Freilich greifen die Dichter der Sagas auf die beiden älteren Quellen – das Landnahmebuch mit seinen Genealogien und das chronikartige Isländerbuch – aus dem frühen 12. Jahrhundert zurück. Sicherlich werden sie auch mündlich umlaufendes Gut aufgenommen haben. Inwieweit sie dieses verarbeiten konnten, kann nachträglich nur schwerlich ermittelt werden[163]. Insgesamt legen die „Einblicke in die Schaffensweise der Verfasser [...] vielmehr den Schluß nahe, daß die Sagas nicht beschreiben, wie es im 9., 10. und 11. Jahrhundert war, sondern, wie es nach Auffassung von Isländern des 13. Jahrhunderts gewesen sein könnte, wie sie sich die Zeit vor und kurz nach der Annahme des Christentums durch ihre Vorfahren vorstellten. Aus Gedanken und Erfahrungen des 13. Jahrhunderts heraus ließen sie die frühe Zeit des Freistaates erstehen und suchten dabei ihrem Publikum Gegenwärtiges im Spiegel des Vergangenen verständlich zu machen"[164].

Wir halten fest: Die Isländersagas können nicht als Beispiele für eine über Jahrhunderte unveränderte Überlieferung herangezogen werden. Statt dessen hat die jüngere Forschung nachgewiesen, daß es sich bei den Texten um gezielte literarische Schöpfungen einzelner Dichter des 13. Jahrhun-

---

[161] Vgl. W. Baetke, Isländersagas, 12-13, 82-98; R. Heller, Die Laxdœla Saga, 15-49, 150-152; K. Schier, Sagaliteratur, 37-41.

[162] Vgl. W. Baetke, Isländersagas, 9-14, 20-28.

[163] Vgl. W. Baetke, Isländersagas, 28-54.

[164] R. Heller, Isländersagas, Bd. 1, 29; sowie ders., Die Laxdœla Saga, 150-152; vgl. weiterführend R.F. Allen, Fire and Iron, 1971.

derts handelt, die gerade in der Zeit, da Island erstmals seine Unabhängigkeit an Norwegen verliert, in einem großangelegten Rückblick die Genese des freien Inselstaates wiedererstehen lassen. Gestützt haben sich die Dichter bei ihrem Geschichtsentwurf auf ältere, historisch unzuverlässige Chroniken und Genealogien. Über diese wiederum etwa hundert Jahre älteren Angaben hinaus übermitteln die Isländersagas keine historischen Informationen über die Zeit, die sie auf der literarischen Ebene beschreiben (870-1030), sondern vornehmlich über die Zeit, in der sie abgefaßt worden sind (1200-1300). So sind die Isländischen Sagas keine mündlich tradierten und dann niedergeschriebenen volkstümlichen Überlieferungen, die von den Anfängen des Volkes berichten, es sind in Prosa gehaltene Dichtungen, verklärende Entwürfe der eigenen Vergangenheit. Für eine verwirrte Gegenwart erschaffen die Sagas zur Orientierung und zur Stärkung der nationalen Identität in schillernden Farben eine heroische Vorzeit. An einer historischen Rekonstruktion der Vergangenheit nach heutigem Geschichtsverständnis sind die Dichter nicht interessiert.

3. Zusammenfassung

Zu allen Zeiten dominiert in dem, was sich zu Literatur verdichtet, die Gegenwart über die Vergangenheit[165]. In dem Moment, da die Überlieferung verschriftet wird, greift eine Gegenwart nach ihr, um sich ihrer zu bemächtigen. Dies geschieht in unterschiedlichem Maße, abhängig von der Art der Literatur, die entsteht, ihrem Stoff und ihrem Zweck. Mit jeder Präsentation einer Erzählung, eines Liedes oder einer Genealogie wird der vorgegebene Stoff aktualisiert. Nur was den Hörer betrifft, behält er. Erzählungen aus zweiter Hand sind gegen Veränderungen längst nicht so resistent wie eigene Erfahrungen. Auf die Lebenszeit eines Tradenten betrachtet, ist eine gewisse Stabilität der Inhalte zu erkennen, aber schon bei der nächsten Generation werden die Stoffe erheblich verändert. Viele Details und sogar ganze Erzählungen werden vergessen. Innerhalb von nur einer Generation wird aus dem Planwagen der Großeltern ein Wohnmobil und der habsburgische Kaiser zum österreichischen Staatspräsidenten. So wirken sich auch die Veränderungen der Welt auf die Geschichten aus[166]. Gleichzeitig werden Lieder, Erzählungen und Genealogien durch die eigenen Erlebnisse der nachgeborenen Erzähler ausgeschmückt[167].

---

[165] Vgl. T. Hölscher, Tradition und Geschichte, 115-149.
[166] Vgl. G.A. Rakelmann, Orale Traditionen im Wandel, 185-198.
[167] Vgl. E. Oring, Transmission and Degeneration, 193-210.

Erheblich wird die Konstanz der Überlieferung auch durch kollektive und individuelle Katastrophen – wie Pest, Dürre und Flut, politische sowie religiöse Umbrüche, Krieg und Vertreibung – beeinträchtigt. Solche Einschnitte in der Geschichte eines Stammes oder Volkes führen zur Bildung neuer Stoffe. Gleichzeitig verändern sie die bisherige Überlieferung, denn die aus der Verarbeitung der Erlebnisse neu entstandenen Erzählungen verdrängen ältere, teilweise nur mittelbar überkommene Überlieferungen: Erzählt wird immer vom letzten Krieg eines Stammes, Volkes oder einer Nation, auch wenn ältere Menschen noch von dem vorangehenden Krieg berichten könnten[168].

Die mündliche Überlieferung ist nicht in der Lage, historische Ereignisse unverändert auch nur über zwei Generationen zu übermitteln. Die mnemotechnischen Fertigkeiten der Aoiden, Rhapsoden, der Talmud- und Koranschüler, der Guslaren und Erzähler wurden von der älteren Forschung weit überschätzt. Auch in oralen Kulturen tragen geübte Erzähler ihre Stoffe über einen längeren Zeitraum nur stark variiert vor. Aus der Feldforschung wissen wir, daß selbst begabte Koranschüler keineswegs über ein signifikant besseres Gedächtnis verfügen als vergleichbare Personen. Außerdem verfügt der Koranschüler über einen schriftlichen, kanonisierten Text. Mit dem Text liegt dem Schüler eine Erinnerungsstütze und autoritative Größe vor, die von vornherein eine permanente Kontrolle des Gelernten erlaubt. Aber gerade diese unveränderbare Norm, kennt ja die mündliche Überlieferung nicht. Ihr fehlt die normative Vorlage, an der sie sich immer wieder orientieren und korrigieren kann.

An den Isländischen Sagas haben wir zeigen können, daß die Überlieferungen nicht in mündlich festgefügter Form zwei- bis dreihundert Jahre übermittelt worden sind, ehe sie allmählich verschriftet wurden. Vielmehr sind auch die Sagas literarische Kompositionen von einzelnen Schriftstellern, die neben mündlichen Überlieferungen teilweise auf ältere Genealogien und Chroniken zurückgreifen konnten. Ausgeschmückt sind diese prosaischen Erzählungen reichlich mit fiktivem Material. Die meisten in den Sagas erzählten Stoffe spiegeln nicht die Ereignisse einer längst vergangenen Zeit, sondern die Gegenwart wider, in der sie entstanden sind. Aus der Gegewart wird die verschollene Vergangenheit neu entworfen. In einer Zeit des politischen Niedergangs entwerfen die Sagas rückprojizierend eine heroische Vergangenheit und schaffen so eine nationale Identität.

Wie wir sahen, ist dieses Prinzip keineswegs auf die Isländischen Sagas begrenzt. Ebenso hat der erste böhmische Historiograph, Cosmas von Prag,

---

[168] Vgl. A. Lehmann, Erzählen zwischen den Generationen, 1-29.

um 1200 n. Chr. gearbeitet; nach denselben Kriterien hat schon im 8. Jahrhundert v. Chr. Homer seine Ilias verfaßt. Gerade Homers Epen geben sich nicht als gesungene Heldenlieder zu erkennen, die dann zur schriftlichen Aufzeichnung diktiert worden sind. Nach literarischen und kompositionstechnischen Analysen handelt es sich bei den Epen um vollendete Dichtung, die ihresgleichen selbst im Vorderen Orient des 8. Jahrhunderts sucht. Das hat schon 1796 F. Schlegel so gesehen, daran haben auch die vielen Textfunde aus dem Alten Orient nichts geändert: „Die *homerische Poesie* ist nicht der unvollendete Entwurf höherer Schönheit, der bloße Keim einer künftigen Vollendung: sondern die reife Frucht eines frühen Zeitalters, der höchste Gipfel einer minder vollkommenen Dichtart in der ersten Bildungsstufe der schönen Kunst. Homer bildete, nach Demokrit, kraft seiner gottbegeisterten Natur, mannigfache Gesänge kunstmäßig zu einer reizenden Ordnung. Homer ist, nach dem Ausdruck des Polemon, *ein epischer Sophokles*"[169].

Auch die untersuchte Sumerische Herrscherliste, griechische Ahnenreihen und früharabische Genealogien geben sich partiell als gezielte Rückprojektionen, als von fiktiven Elementen durchzogene, literarische Kompositionen zu erkennen. Zur Legitimation einer Dynastie, Sippe, einer Familie, eines Stammes oder eines Volkes entwerfen die Genealogisten Listen und Stammbäume. Dazu tragen sie bei Bedarf erfundene oder aus der Gegenwart entlehnte Namen in den Stammbaum ein, übertragen die verwandtschaftlichen Verhältnisse ihrer Zeit auf die Vergangenheit und füllen Überlieferungslücken phantasievoll aus. Angereichert werden diese Genealogien mit Material aus mythischen Erzählungen, älteren Epen, umlaufenden Legenden und Omina.

An den zeitgenössischen Genealogien der nigerianischen Tiv und der Serben konnten wir sehen, daß die von der mündlichen Überlieferung gespeicherten genealogischen Daten maximal auf zwei bis drei Generationen vom Erzähler aus zurückblicken. Aber auch dieses mündliche Erinnerungsvermögen ist stark eingeschränkt. Einerseits sind mit dem bloßen Namen eines aufgelisteten Ahnen keine geschichtlichen Ereignisse verbunden, andererseits sind in der Erinnerung des Erzählers schon die Personen der Generation der Großeltern nicht eindeutig identifizierbar.

Schließlich konnten wir an der Entstehung des Koran und der Isländischen Sagas zeigen, daß es auch nach der ersten Aufzeichnung der Stoffe immer wieder zu Veränderungen der verschrifteten Tradition gekommen

---

[169] F. Schlegel, Homerische Poesie, 1796, Bd. 1, 129. – Ähnlich F. Schiller in seinem Brief an J.W. v. Goethe vom 27. April 1798 (vgl. S. Seidel (Hg.), Briefwechsel, Bd. 2, 82).

ist. Diese Veränderungen gehen auf Schreibfehler bei der Niederschrift der mündlichen Stoffe und beim Abschreiben, aber auch auf gezielte Redaktionen zurück. „Dogmatische Korrekturen" sind bei profanen Texten ebenso üblich wie bei religiöser Literatur.

So verändert sich die mündliche Überlieferung permanent durch Spontaneität und Kreativität, durch Adaption und Selektion, durch Amnesie und Redaktion innerhalb einer Generation so erheblich, daß historische Ereignisse nur noch von Ferne und in dichten Nebel gehüllt zu erahnen sind. Mit der Verschriftung ist die Veränderung des Überlieferungsgutes längst noch nicht abgeschlossen. Aus ihrer Gegenwart ergänzen die Schriftsteller umlaufende Namen und Stoffe, gelegentlich interpretieren sie die überkommenen Traditionen nach dem Verständnis und Bedürfnis der Zeit. Durch sorgfältige Auswahl, phantasievolle Ausschmückung und tiefgreifende Redaktionen greifen die Schriftsteller und Redaktoren solange in das Überkommene ein, bis den Text eine allgemein anerkannte Autorität und Dignität vor weiteren Veränderungen schützt.

VI. Verschriftung, Kanonisierung und Interpretation

1. Einleitung

H. Gunkel rechnete fest damit, daß die ersten Schriftsteller Israels als „Hüter der Tradition" die mündlichen Überlieferung aus Achtung vor ihrem hohen Alter und ihrer Dignität nahezu unverändert, so wie sie die Stoffe vorfanden, niedergeschrieben haben[1]. Doch wie wir schon bei der Entstehung verschiedener Genealogien, des Korans, den Isländischen Sagas sowie den Grimmschen Märchen und Sagen andeuten konnten[2], sind die mit der schriftlichen Aufzeichnung von Traditionen verbundenen Prozesse wesentlich komplizierter. Um diese Prozesse zu erfassen, müssen wir unser Augenmerk auf ihre Nahtstellen richten. Die entsprechenden Fragen lauten: Wie wird eine mündliche Überlieferung bei ihrer Verschriftung verändert? Was sind die Kennzeichen eines schriftlichen Textes? Und, wie wird ein Text weiter bearbeitet? Mit einigen Anmerkungen zur Schrift setzen wir ein.

2. Schrift und Schriftgelehrte

Die aufkommende Schrift verändert die Gemeinschaft, in der das neue Medium kultiviert wird, ganz gleich, ob es sich um vorderorientalische Stadtstaaten oder um einen politisch, ökonomisch und kulturell homogenen Flächenstaat wie Ägypten handelt[3]. Besonders die Vereinfachung der

---

[1] Vgl. S. 12-17.

[2] Vgl. S. 162-163, 173-174, 181-182, 186-187.

[3] Vgl. J. Assmann, Schrift und Identität, 64-93; J. Goody, The Domestication of the Savage Mind, 36-51. – Was das Aufkommen der Schriftkunst kulturgeschichtlich bedeutet, hat bereits Sokrates im Gespräch mit Phaidros thematisiert. Am Beispiel der Epen Homers, der Gesetzgebung Solons und der schriftlich verfaßten Reden des Lysias reflektiert Sokrates die Bedeutung der Schriftkunst (vgl. Platon, Phaidros, 274b-277c). Den Dialog leitet die Frage nach der bestmöglichen Form der Rede: Phaidros trifft die Unterscheidung zwischen beseeltem und geschriebenem Wort (276a). Geschriebene Worte hält Sokrates für ἐν ὕδατι γράψει (276c), sie sind sinnlos, denn Geschriebenes kann den Schüler nicht zur Wahrheit leiten. Auch kann nach Sokrates das Geschriebene – und dieser Punkt ist für uns besonders interessant – dem Vergeßlichen nur als

Schrift durch die Reduktion von Silben auf Konsonanten hat zur Entfaltung der Schriftkultur beigetragen, ja in manchen Fällen prosaische Literatur erst ermöglicht[4].

Erinnerungsstütze dienen (276d; 277e-278a). An dieser Stelle gesteht Sokrates ein, daß das geschriebene Wort konserviert. Das setzt übrigens auch der Einwand von König Thamos voraus, die Schreibkunst führe zur Vernachlässigung und schließlich zur Schwächung des Gedächtnisses (274e-275b). Auf diesen Aspekt will Sokrates aber nicht hinaus. Ihn drängt die Frage, was die Rede, in mündlicher oder schriftlicher Form, eigentlich Unterschiedliches bewirkt. Sein Urteil über das geschriebene Wort fällt klar aus: Zur Wahrheitsfindung dient es nicht, weil es nicht dialogfähig ist und sich somit gegen die Mäeutik sträubt. Dazu ist allein das gesprochene Wort geeignet, die lebendige und beseelte Rede, ζῶντα καὶ ἔμψυχον (276a), sofern dies nach den Regeln der dialektischen Redekunst verwendet wird. Mit dem schönen Bild vom Säen und Ernten erläutert er den Prozeß der Übermittlung. Nur das gesprochene Wort ergreift eine verwandte Seele, λαβὼν ψυχὴν προσήκουσαν, wird in sie eingepflanzt, gedeiht dort und trägt eine eigenartige Frucht (276e-277a; 277e-278a). In diesem Prozeß wird das Wort des Lehrers nur von den Schülern mit einer ähnlichen Seelenstimmung aufgenommen, aufbewahrt und individuell weitergetragen. Im Hintergrund steht der Zweck aller Rede und Lehre, ja aller Philosophie, die εὐδαιμονία (277a). Nur der Verstehende kann diesen vollkommenen Zustand erlangen. Das Geschriebene kann weder die Unsterblichkeit der Seele noch die Eudaimonia des Schülers bewirken, dies vermag allein das gesprochene Wort (277e-278b). Im weiteren Gespräch mit Phaidros wägt Sokrates die Bedeutung des gesprochenen und geschriebenen Wortes ab. Für die Erziehung des Schülers zur Eudaimonia ist das Geschriebene als unbeseelte Rede untauglich. Nur das gesprochene Wort kann den Schüler zur Eudaimonia führen. Das ist die zentrale Aussage des Gesprächs. Am Rande des Dialogs fallen auch für unser Frageinteresse wichtige Bemerkungen: Sokrates gesteht ein, daß die Schrift Ereignisse konservieren kann. Gleichwohl schränkt er ihre Bedeutung ein, denn die so entstandenen Texte sind eindimensional; das heißt, sie geben nur über ein Thema in einer Weise Auskunft, während der Lehrer im mündlichen Vortrag durch Frage und Antwort, Rede und Gegenrede viel variabler ist. Das Geschriebene zwingt den Leser in den Monolog, die lebendige Rede befreit den Menschen zum Dialog. Ein fremder Text bleibt immer mißverständlich und letztlich sogar unverständlich; dem Schreiber selbst dient er lediglich als Erinnerungsstütze (275c-d). Die Frage, mit welcher Beständigkeit historische Einzelheiten übermittelt werden, thematisiert Sokrates nicht. Aus dem Dialog im Phaidros darf man schließen, daß Sokrates ein Verfechter der mündlichen Lehre ist. Sicherlich wird man ihm nicht gerecht, wenn man ihm eine einfältige Sehnsucht nach den mündlichen Gesetzen oder Mythen der Vorfahren unterstellt (277b-278d; vgl. I. Goody/I. Watt, Konsequenzen der Literalität, 95-103; W. Kullmann, Hintergründe und Motive der platonischen Schriftkritik, 317-334; sowie die ausführliche Darstellung von W. Wieland, Platon und die Formen des Wissens, 13-50, 280-309).

[4] Noch bis ins 11. Jahrhundert n. Chr. haben die Isländer in herkömmlicher Weise die im germanischen Raum verbreiteten Runen benutzt, und die liberianischen Vai schreiben noch heute in ihrer traditionellen Silbenschrift. Aber der Gebrauch solcher Zeichensysteme ist gegenüber dem Alphabet sehr eingeschränkt. Die in Holz, Knochen und Stein geritzten Runen sind lediglich zur Aufzeichnung kurzer Texte wie magischer

Das bequeme, nur aus zweiundzwanzig Zeichen bestehende Konso-
nantenalphabet vereinfacht die Literalität erheblich. So ist damit zu rechnen, daß schon bald nach der Einführung eines institutionalisierten Schriftwesens, das sich auf das einfach zu handhabende Alphabet gründet, sich
auch die Literatur entfaltet[5]. Vermutlich ist innerhalb nur eines Jahrhunderts die Entwicklung der Schriftkultur so weit vorangeschritten, daß neben
den Listen und Rechtssätzen auch die Produktion poetischer und liturgischer Texte erheblich zunimmt. Wann genau die Verschriftung der mündlichen Überlieferungen stattgefunden und wie schnell sie sich vollzogen hat,
ist nur schwer zu sagen[6]. Wohl aber wird man damit rechnen müssen, daß
spätestens drei bis vier Generationen nach Salomo in Israel mit einem relativ ausgebauten Schriftwesen an Hof und Tempel zu rechnen ist. Spätestens
im 8. Jahrhundert wird Israel auch zur Produktion umfangreicher Prosa in
der Lage gewesen sein[7], was kulturgeschichtlich derselben Entwicklung bei
den benachbarten Griechen entspricht[8].
Eine normative Buchstabenschrift mit zweiundzwanzig Konsonanten-
zeichen liegt in Syrien und Palästina erstmals wohl im 10. Jahrhundert vor[9].
Das älteste, vollständig erhaltene Alphabet in phönizischer Schrift bietet
eine Inschrift auf dem Deckel des Aḥiram-Sarkophags aus dem 10. Jahrhundert[10]. Ebenfalls aus dem 10. Jahrhundert stammt die Weihinschrift
des Königs Sipitbaal[11]. Die meisten Bau-, Votiv- und Sarginschriften stammen allerdings frühestens aus dem 6. Jahrhundert[12].

Sprüche, Beschwörungsformeln, Gedichte und Erinnerungstafeln geeignet. Aus technischen Gründen können längere Texte nicht hergestellt werden. Erst die Einführung
des lateinischen Alphabetes durch die Missionare im weiteren 11. Jahrhundert mit den
dazugehörigen Schreibmaterialien Pergament, Feder und Tinte ermöglichte es den
Isländern, längere Texte zu schreiben. Innerhalb von hundert Jahren erblühte eine
Literatur, die erste Chroniken und Genealogien hervorbrachte. Schon im zweiten Jahrhundert nach der Einführung des neuen Schriftwesens brach in Island die Zeit der
großen, prosaischen Sagas an, einer Literatur, die im zeitgenössischen Abendland ihresgleichen sucht (vgl. R. Heller, Isländer-Sagas, Bd. 1, 20-23).

[5] Vgl. auch J. Goody/I. Watt, Konsequenzen der Literalität, 120-122; K. Gough, Impli-
    kationen der Literalität, 143-145.

[6] Vgl. O. Kaiser, Literaturgeschichte, 310-311.

[7] So auch B. Lang, Schule, 186-201.

[8] Vgl. J. Latacz, Homer, 26-29, 89-90.

[9] Vgl. J. Goody/I. Watt, Konsequenzen der Literalität, 103-122; H. Haarmann, Univer-
    salgeschichte der Schrift, 114-149, 267-281, 299-331.

[10] Vgl. TUAT II, 582-583 (Literatur).

[11] Vgl. TUAT II, 584-585 (Literatur).

[12] Vgl. TUAT II, 585-605.

Von den Texten in aramäischer Sprache stammen die Verträge des Königs Bar-Ga'yah von Ktk aus dem späten 8. Jahrhundert[13]. Nur zwei Grabinschriften aus Nērab sind aus dem 7. Jahrhundert[14], die Weihinschrift des Yaqim aus dem syrischen Dorf El-Māl aus dem 7./6. Jahrhundert[15]. Alle übrigen Inschriften sind deutlich jünger[16]. Die ältesten Briefe, wie der Osterbrief des Dareios II., stammen erst aus dem 5. Jahrhundert[17].

An Texten in hebräischer Sprache begegnen uns nur einige Grab-[18] und Votivinschriften[19], sowie einige Graffiti[20]. Auch die verschiedenen Siegel-inschriften stammen frühestens aus dem 8., in der überwiegenden Zahl jedoch erst aus dem 7. Jahrhundert[21]. Ebenso sind die Textfragmente der Ostraka aus Samaria, Jabne-Yam und Arad nicht alt, sie stammen aus dem 8. bis 6. Jahrhundert[22]. Nur der Gezer Kalender, der die üblichen Haupt-arbeiten der Landwirtschaft in ihrem Jahreszyklus aufzählt, ist älter, er wird in der zweiten Hälfte des 10. Jahrhunderts enstanden sein[23]. Aber noch immer ist die Inschrift vom Siloa-Tunnel aus den letzten beiden Jahrzehn-ten des 8. Jahrhunderts der älteste längere Text in hebräischer Sprache außerhalb des Alten Testaments[24].

In Israel wird der Ausbau des Schriftwesens gewöhnlich mit der Einrich-tung der Hofämter durch David (2 Sam 8,16-18; 20,23-26) und den Aus-bau der Verwaltung durch Salomo (1 Kön 4,1-19; 9,10-28) in Verbindung

---

13   Vgl. TUAT I, 178-189 (Literatur).
14   Vgl. TUAT II, 573-574 (Literatur).
15   Vgl. TUAT II, 581.
16   Vgl. TUAT II, 574-581.
17   Vgl. TUAT I, 253-263.
18   Vgl. TUAT II, 556-559.
19   Vgl. TUAT II, 561-564.
20   Vgl. TUAT II, 559-560.
21   Vgl. TUAT II, 565-572.
22   Vgl. TUAT I, 248-252.
23   Vgl. TUAT I, 247-248.
24   Vgl. TGI, 66-67; und TUAT II, 555-556 (Literatur). – An diesem Befund ändert auch die fragmentarisch erkennbare priesterliche Segensbenediktion der zwei Silberplaketten aus Ketef Hinnom bei Jerusalem nichts. Die erste ist ca. 2 cm breit und umfaßt ausgerollt 19 Zeilen, die zweite ist ca. 1 cm breit und umfaßt 18 Zeilen. Ihr fragmen-tarischer Charakter erschwert die Lesart. Dennoch ist der auf den Plaketten eingravier-te Text als Segensbenediktion zu erkennen. Da eine exakte Datierung nicht möglich ist, werden die Plaketten allgemein in die Zeit des 1. Tempels datiert (vgl. ausführlich G. Barkay, The Priestly Benediction, 139-192).

gebracht. Obwohl wir aus der Königszeit weder eindeutige literarische noch archäologische Hinweise auf einen eingerichteten Schreib- und Schulbetrieb haben[25], ist aus sachlichen und literatursoziologischen Gründen in Israel frühestens im ausgehenden 10., spätestens aber um die Wende vom 9. zum 8. Jahrhundert mit einem Schulbetrieb zu rechen, der am Hof und am Tempel in Jerusalem eingerichtet gewesen ist[26].

Trotz mangelnder Textfunde in hebräischer oder aramäischer Sprache, die genaue Auskunft über den Schulbetrieb geben, lassen auch die zahlreichen Belege aus der Umwelt Israels, vor allem aus Mesopotamien[27] und Ägypten[28], die Annahme eines fest etablierten Schreibwesens vermuten[29]. H.-J. Hermisson faßt zusammen: „Demzufolge muß man auch für Israel die Einrichtung von Beamten- und Schreiberschulen annehmen, die z.T. zugleich Ausbildungsstätten für die Söhne der Vornehmen sind. Wie der Unterricht im einzelnen organisiert war, ist nicht zu sagen, und wenn hier der Begriff ‚Schule' gebraucht wurde, so ist er natürlich nicht in einem modernen Sinn aufzufassen. Jedenfalls sind die Lehrer und Schüler aus diesem Bereich die Träger der Bildungsweisheit, wie sie sich auch in den Proverbiensammlungen darstellt. [...] Literarische Werke wie der Jahwist und die Thronfolgegeschichte sind im Umkreis der Schule entstanden und für gebildete Leser geschrieben, in den gleichen Kreisen auch tradiert worden. [...] Als zweite große Institution, an der die schriftliche Tradition zu Hause ist, ist der Tempel (bzw. die Tempel) zu nennen, der wiederum eine

---

25 D.W. Jamieson-Drake, Scribes and Schools, 136-159, versucht sozio-archäologisch nachzuweisen, daß die Schriftkultur in Juda schon ab dem 10. Jahrhundert weit verbreitet ist.

26 Vgl. M. Haran, On the Diffusion of Literacy, 81-95; H.-J. Hermisson, Studien, 117-136; O. Kaiser, Literaturgeschichte, 306-337; B. Lang, Schule, 186-201; A. Lemaire, Les écoles, 34-71; ders., Sagesse et écoles, 270-281; O. Loretz, Ugarit und die Bibel, 7-28; H.M. Niemann, Herrschaft, Königtum und Staat, 273-282. – A. Heubeck, Schrift, 109-126, führt die ältesten griechischen Schriftfunde auf.

27 Das zeigen beispielsweise die sumerischen Schultexte (TUAT III, 68-77, Literatur), die Schulstreitgespräche (TUAT III, 91-109, Literatur) oder das Lob der Schreibkunst (TUAT III, 46-48), der Rat des Schuruppag (TUAT III, 48-67, Literatur) und auch das möglicherweise für den Schulbetrieb vorgesehene Epos Lugalbanda II (TUAT III, 507-539, Literatur).

28 Vgl. die Spruchsammlung des Anch-Scheschonki (TUAT III, 251-277, Literatur; sowie H. Brunner, Altägyptische Weisheit, 257-291), die Lehre des Papyrus Insinger (TUAT III, 280-319, Literatur; sowie H. Brunner, Altägyptische Weisheit, 295-349) oder die Schultafel (H. Brunner, Altägyptische Weisheit, 398).

29 Vgl. N. Shupak, Sitz im Leben, 98-119, sowie H. Haag, כתב, 388-389.

eigene Literatur, die sich von der weisheitlichen klar abhebt, hervorgebracht hat"[30].

Aufgeschrieben ist in der Praxis schon bald nach dem Ausbau des Schriftwesens wohl alles worden, was aus ökonomischen, rechtlichen, historio-
graphischen und religiösen Gründen für nötig und wichtig erachtet wurde[31]. Nach und nach werden an beiden Höfen in Israel und Juda „außer
sapientiellen Schriften auch Geschichtserzählungen entstanden und rezipiert worden sein"[32]. Später haben beamtete Schreiber Annalen und grundlegende Rechtsbestimmungen aufgeschrieben, Priester und Tempelsänger
„die rituelle Psalmendichtung verschriftet, bewahrt und fortgebildet"[33]. Der
Art der niedergeschriebenen Texte korrespondiert ihre Trägerschaft. So

---

[30] H.-J. Hermisson, Studien, 133-134.

[31] Was geschrieben worden ist, teilt das Alte Testament an vielen Stellen mit. Geschrieben wurden Briefe zu geschäftlichen, rechtlichen, politischen und militärischen Zwek-
ken (Dt 24,1-3; 1 Sam 10,25; 2 Sam 11,14-15; 1 Kön 21,8-11; 2 Kön 10,1-6; Hi
31,35-37; Jer 32,10; 2 Chr 30,1; 2 Chr 32,17). Auch königliche Erlasse und Verfügun-
gen wurden schriftlich verfaßt (Esth 1,19; 3,9-12; 8,5-10; 9,20-32). Es wurden Listen
und Verzeichnisse mit Heimkehrern, Priestern, Bürgern und Wegeverzeichnissen an-
gelegt (Num 17,16-18; 33,1-49; Jos 18,11-19,46; Ri 8,14; Neh 12,22-25; Jer 22,30;
Ez 37,16.20; 1 Chr 4,34-37; 24,6-19). Geschichtliche Ereignisse werden in Annalen
und Chroniken festgehalten (Ex 17,14; Jos 10,13; 1 Kön 11,41; 14,19.29; 15,7.23.31;
16,5.14.20.27; 22,26.39; 2 Kön 1,18; 8,23; 12,20; 13,8.12; 14,15.18.28;
15,6.11.15.21.26.36; 16,19; 20,20; 21,17.25; 23,28; 24,5; 1 Chr 9,1; 2 Chr 16,11;
20,34; 24,27; 25,26; 27,7; 28,26; 32,32; 33,18; 35,27; 36,8). Historiographische
Tätigkeiten schreibt der Chronist Samuel, Nathan, Gad, Ahia von Silo und Jedo zu (1
Chr 29,29; 2 Chr 9,29). Auch Arbeits-, Klage-, Sieges- und Liebeslieder werden aufgezeichnet (Gen 4,23-24; Ex 15,21; Num 21,17-18; Ri 5; 2 Sam 1,17-27; Jes 22,13;
56,12; Jer 9,16; 2 Chr 35,25). An einigen Stellen wird sogar die Verschriftung von
Gesetzen und himmlischen Büchern berichtet (Ex 24,12; 31,18; 32,32; 34,28; Dt 4,2;
9,10; 31,9; Jos 8,32-34; 2 Kön 17,37; Neh 8,14; Ps 69,29; Jes 10,1; Jer 31,33). Für
die Aufzeichnung einzelner Erzählungen liegen dagegen keine Belege vor (vgl. H. Haag,
כתב, 385-397).

[32] O. Kaiser, Literaturgeschichte, 310.

[33] O. Kaiser, Literaturgeschichte, 310. – Unlängst hat Sh. Talmon, Did There Exist a
Biblical National Epic?, 41-61 (Literatur), noch einmal gezeigt, daß es in Israel kein
episches Nationalgedicht gegeben hat, auf das die ersten Pentateuchschriftsteller zurückgreifen konnten. Auch in Ägypten sind viele Texte sehr spät in eine homogene
schriftliche Fassung gebracht worden: J. Assmann hat das am Beispiel verschiedener
Mythen vorgeführt. Erst im Laufe der Staatenbildung entwickeln sich in Ägypten
überhaupt Mythen, deren mündliche Vorformen er „Ikon" (J. Assmann, Ägypten,
135) nennt. Aus den verschiedenen Einzelstoffen, die für die wichtigsten Traditionen
nachweisbar sind, ist dann erst sehr spät eine zusammenhängende Mythe entstanden.
So schafft beispielsweise erst Plutarch unter Rückgriff auf ältere Vorlagen eine zusammenhängende Osirismythe (vgl. S. 117-124, 135-138, 149-177, Literatur).

haben wir „als Träger der alttestamentlichen Literatur [...] die Schreiber, die Priester und Tempelsänger und eine vermutlich relativ schmale gebildete Oberschicht anzusehen"[34].

3. Verschriftung und Veränderung

Das Alte Testament selbst deutet gelegentlich an, wie sich die mündliche Überlieferung und Verschriftung seiner Erzählstoffe vollzogen haben könnte. An einigen Stellen gewährt es literarisch stilisierte Einblicke in die Entstehung der Texte. Die bedeutendste und folgenreichste Verschriftung berichtet Ex 24,4.12. Mose erhält am Sinai לחת האבן *steinerne Tafeln* mit den Geboten: Einmal schreibt er die göttlichen Weisungen selbst auf (Ex 24,4), ein anderes Mal erhält er die Tafeln direkt von Jahwe (Ex 24,12). Von diesen Tafeln, die er wenig später aus Zorn über die Gottlosigkeit Israels zerbricht (Ex 32,19), heißt es nach einer anderen Tradition, daß Jahwe sie selbst geschrieben habe, um sein Volk zu unterweisen. Hier geht also die Verschriftung auf den Gott Israels selbst zurück.

Doch der in Ex 24,4.12 gegebene Auftrag zur Verschriftung ist nicht der erste. In Ex 17,14 fordert Jahwe nach der nur mit seinem Segen und der List Aarons und Hurs gewonnenen Schlacht gegen die Amalekiter (Ex 17,8-15) Mose auf: כתב זאת זכרון בספר. Dieser Befehl Jahwes ist nach der kanonischen Ordnung und dem überlieferten Text des Alten Testaments der erste Auftrag zu einer Verschriftung[35].

Bei den Propheten finden wir einige Beispiele dafür, daß die Verschriftung mit dem an den Propheten ergangenen Auftrag zusammenhängt. Das Paradigma dafür ist Jer 36. Unabhängig davon, ob Jer 36 ein Text aus dem ausgehenden 7. Jahrhundert oder eine „fromme, protorabbinische Legende" aus dem 5. Jahrhundert ist[36], erhalten wir hier an einem Beispiel eine Illustration für die Verschriftung von Prophetenworten. Jer 36,2 berichtet nun einen entscheidenden Impuls von der ersten Aufzeichnung der prophetischen Worte. Jahwe fordert seinen Propheten auf – vorangestellt ist in V 1 die Einleitung mit der Wortereignisformel – alle Worte, die er in der Zeit von Josia bis zum heutigen Tag, einem Zeitraum von über zwanzig

---

[34] O. Kaiser, Literaturgeschichte, 310; sowie M. Haran, On the Diffusion of Literacy, 81-95; E. Puech, Les écoles dans l'Israël préexilique, 189-203.

[35] Vgl. H. Haag, כתב, 387-389.

[36] Vgl. Chr. Levin, Die Verheißung des neuen Bundes, 147-149; K.-F. Pohlmann, Die Ferne Gottes, 116-127.

Jahren, selbst zu Jeremia gesagt hat, aufzuschreiben. Dann geht der Prophet nicht etwa in seine Gelehrtenstube und beginnt, sondern er ruft Baruch, seinen Schreiber, und diktiert ihm Wort für Wort die *Verba Dei* (V 18). Baruch ist es auch, der die Rolle vor Schreibern, Weisen, Priestern und dem ganzen Volk vorliest (V 10-12). Als die Rolle von König Jojakim wegen des ihn empörenden Inhalts vernichtet wird (V 23-27), ist es Jeremia, der Baruch auf einer zweiten Rolle seine ganze Prophetie erneut diktiert (V 32). Die zweite Rolle wird nicht noch einmal vernichtet.

So geht die Verschriftung der Prophetie Jeremias auf die äußere Bedrohung durch König Jojakim zurück: Das vom Propheten übermittelte Gotteswort muß nach dessen Vernichtung durch den König erneut aufgeschrieben werden, um die göttliche Botschaft festzuhalten und die Gerichtsprophetie König und Volk vorzuhalten. Die Sicherung des mündlichen, prophetischen Wortes vor dem vernichtenden Zugriff der weltlichen Macht ist nach Jer 36 das zentrale Motiv für den Beginn der Verschriftung prophetischer Traditionen. Bei äußerer Bedrohung werden prophetische Überlieferungen aufgeschrieben. Dem äußeren Anlaß korrespondiert ein innerer: Jer 36 impliziert, daß nur das geschriebene Wort seine unveränderte Erhaltung garantiert[37].

Ein weiteres, aber längst nicht so aussagekräftiges Beispiel für die Entstehung von Texten steht vermutlich hinter Jes 8,1. Auf Geheiß Jahwes soll sich der Prophet eine Tafel nehmen und darauf zum Zeichen des Gerichts eine kurze Unheilsbotschaft schreiben. Näheres erfahren wir weder aus dieser noch aus der ähnlich gelagerten Notiz in Hab 2,2.

Wie man mit einer verschrifteten Tradition später umgegangen ist, illustrieren zwei andere Beispiele aus dem Jesajabuch. Enigmatisch heißt es in Jes 8,16: „Verschnüren will ich das Zeugnis, versiegeln die Weisung im Beisein meiner Jünger"[38]. Nach O. Kaiser handelt es sich bei diesem Akt nicht um eine Metapher für die Traditionsübergabe, sondern um einen wirklichen Rechtsakt, bei dem die Denkschrift (Jes 6,1-9,6) versiegelt worden ist. Als Zeugen sind die Jünger Jesajas dabei[39]. Doch Jes 8,16-18 ist weder als Bericht noch als Bezeugungsurkunde zu verstehen, sondern als „Apell an den Leser, es dem Propheten gleich zu tun und wie er in einer scheinbar aussichtslosen Lage auf Jahwe zu hoffen"[40].

---

[37] Vgl. H.M. Wahl, Die Entstehung der Schriftprophetie, 1998.
[38] Übersetzung nach O. Kaiser, Jesaja 1-12, 188.
[39] Vgl. O. Kaiser, Jesaja 1-12, 189-190.
[40] O. Kaiser, Jesaja 1-12, 190.

Auch das zweite Beispiel stammt aus dem Jesajabuch. In Jes 30,8 heißt
es: „Jetzt komm, schreibe es auf, und zeichne es ein in ein Buch, Damit es
für künftige Tage ‚als Zeuge‘ diene für immer"[41]. Wie schwierig der Text
ist, zeigt eine zweite Übersetzung von H. Wildberger, die wir vergleichsweise bieten: „Geh jetzt, schreib es auf eine Tafel [bei ihnen] und grabe es ein
in Erz, damit es für künftige Zeiten, für immer, ‚Zeuge‘ sei"[42]. Die Übersetzung hängt an den beiden Wörtern חקק und ספר. חקק bedeutet eigentlich einritzen, eingravieren oder sogar einmeißeln (Hi 19,23); ספר kann
neben Buch, Schrift auch Inschrift bedeuten. Wozu der Prophet nun genau
aufgefordert wird, ist Auslegungssache. Für Wildberger soll Jesaja seine
Prophetie auf einer Tafel schriftlich festhalten, weil Israel nicht hören will[43].
Dagegen interpretiert Kaiser den Vers so, daß es sich nur um die Aufzeichnung einer kurzen Notiz, nicht aber um die Prophetie von Jes 28,1-
30,17 oder 30,8-31,9 gehandelt habe[44]. Ganz gleich, wozu der Prophet hier
aufgefordert wird, für uns ist wichtig, daß damit ein weiterer Beleg für die
Verschriftung mündlicher Traditionen vorliegt. Darin sind sich beide
Exegeten einig.

Auf weitere Beispiele für die Verschriftung von profanen Texten stoßen
wir in den historischen Büchern. Zwei folgenreiche Exempel greifen wir
heraus: 2 Sam 11,14 erzählt, daß König David eigenhändig einen Brief an
Uria geschrieben habe. Der anschließende Vers teilt dem Leser sogar den
wörtlichen Inhalt des Briefes mit. Uria soll an vorderster Front eingesetzt
werden, damit er in der Schlacht falle und David sich dessen Frau, der
schönen Batseba, bemächtigen könne. Ein anderes Beispiel ist Jehu, der
etliche Briefe an die Obersten und Ältesten Samarias sowie an die Erzieher
der Söhne Ahabs schreibt. Auch hier teilt der Erzähler dem Leser den
Wortlaut der Briefe mit (2 Kön 10,1-3.6).

Obwohl es sich bei den Beispielen vermutlich um literarische Fiktionen
und nicht um wirkliche Urkunden oder Briefe handelt, geben sie Aufschluß
über die Entstehung von Schriftstücken. Über die Entstehung von alttestamentlichen Erzählungen erfahren wir jedoch nichts. Auch die mit der Entstehung der Texte verbundenen selektiven und redaktionellen Vorgänge
reflektiert das Alte Testament, sie können nur in Analogie annäherungswei-
se erklärt werden.

---

[41] Übersetzung nach O. Kaiser, Jesaja 13-39, 231.
[42] Übersetzung nach H. Wildberger, Jesaja 28-39, 1166.
[43] Vgl. H. Wildberger, Jesaja 28-39, 1169-1170.
[44] Vgl. O. Kaiser, Jesaja 13-39, 234.

Ein besonderes Beispiel für die Entstehung von Literatur liegt mit Homers Ilias und der in ihrem Gefolge entstandenen Odyssee vor. Mit diesen Werken hat Homer die abendländische Dichtung begründet. Damit ist eine neue Stufe der Textualität erreicht. Für den Marburger Philologen W. Wimmel[45] ist der Wille zur Erinnerung durch Sammlung und Bewahrung[46] die Voraussetzung dafür, daß mit der Ilias der erste „Großtext"[47] des Abendlandes entstanden ist. Die dichterische Qualität Homers, seine historischen und theologischen Wertvorstellungen beeinflussen das ganze spätere Griechentum[48].

Auch die Sage und das Märchen werden während der mündlichen Überlieferung und mit der Verschriftung tiefgreifend verändert. Schon die Brüder Grimm – vor allem W. Grimm ist für die Ausarbeitung der Märchen verantwortlich, während sich J. Grimm um die organisatorischen Aufgaben der Sammler kümmert – haben bei der Verschriftung das Märchen wesentlich verändert. H. Rölleke schreibt dazu im Nachwort zu den *Kinder- und Hausmärchen*: „Wilhelm Grimm hat mit seinen Umarbeitungen und Erweiterungen unter bevorzugter und oft zugegebener Beachtung volksläufiger Wendungen und Metaphern einen Märchenton gefunden und zu stilistischer Vollendung geführt, der allein schon durch seinen Erfolg gerechtfertigt ist"[49]. Die Bemerkung Röllekes bezieht sich auf die stilistische Kompositionsweise; W. Grimm hat den ihm angetragenen Stoff stilistisch gefeilt und zu einem homogenen Ganzen gestaltet.

J. Bolte und G. Polívka betonen überdies auch noch die schwerwiegenden inhaltlichen Eingriffe W. Grimms. Obwohl vom Grundsatz der treuen Überlieferung geleitet, hat er dennoch massiv in die mündlichen Überlieferungen eingegriffen: Er hat verschiedene Fragmente zusammengesetzt, Fehlendes ergänzt, grobe und anstößige Ausdrücke geschönt und bei einem ihm unerfreulichen oder verwerflichen Ausgang der Erzählung das Märchen moralisch abgerundet. Erst durch die stilistischen *und* inhaltlichen Eingriffe W. Grimms sind die Märchen zu ausgereiften, in sich geschlossenen Kompositionen geworden.

Aber die Eingriffe W. Grimms gehen sogar noch weiter. Etliche Märchen sind regelrecht komponiert. Einige haben die Gebrüder aus zwei (11, 13, 16, 20, 21, 31, 64, 65, 111), andere aus mehreren unterschiedlichen

---

[45] Vgl. W. Wimmel, Kultur, 22-24.

[46] Ähnlich O. Lendle, Griechische Geschichtsschreibung, 3-9.

[47] W. Wimmel, Die Kultur, 23.

[48] Vgl. J. Latacz, Homer, 26-29, 88-90.

[49] J./W. Grimm, KHM, Bd. 3, Nachwort, 607.

Traditionen zusammengesetzt (15, 81). Manche Märchen gehen zwar im Grundbestand auf nur eine Überlieferung zurück, sind dann aber durch einzelne Motive aus ihr fremden Überlieferungen ergänzt worden (59). Alles das merkt der Leser nicht, da der Erzähler bei der Verschriftung gestrafft, eingeebnet und verschönt hat. Kurzum, es ist erst der Dichter, der die stilistisch ausgereifte, homogene Komposition von großer Sittlichkeit schafft. Das fällt besonders auf, wenn man neben den Grimmschen Märchen einmal von Feldforschern aufgezeichnete Geschichten liest, die abgedruckt sind, wie sie aus dem Munde der Erzähler kommen. Ein solcher Vergleich zeigt, daß J. und vor allem W. Grimm die landläufigen Stoffe zu formschöner Literatur erhoben haben[50]. So ist bei näherer Betrachtung das von H. Gunkel entworfene Bild vom biblischen Schriftsteller als einem getreuen Diener des Stoffes, der alles wohlgestaltet vorfindet und „nur" noch aufschreiben muß, in Frage zu stellen[51].

Der Übergang zur Verschriftung markiert den langsamen Umbruch vom „kollektiven Gedächtnis" des mündlichen Stoffes zum zeitresistenten Schriftdokument. Dieser Übergang ist durch zwei wichtige Momente, durch Selektion und Kanonisierung, charakterisiert. Aus der Vielzahl der mündlich umlaufenden Stoffe – wie Kriegsberichten, Sagen, Legenden oder Erzählungen – werden nur bestimmte ausgewählt. Nur das Interesse des Chronisten, Historiographen oder Dichters (oder deren Auftraggeber) bestimmt, was schriftlich festgehalten werden soll (Selektion). Daneben müssen wir damit rechnen, daß ältere mündliche Traditionen aus der Gegenwart interpretiert und den Bedürfnissen angepaßt wurden (Adaption). Durch die gezielte Auswahl der umlaufenden Erzählungen entsteht mit der Verschriftung ein erster literarischer Kanon, der durch gewollte oder gezielte Vernichtung (Jer 36,22-24) oder durch redaktionelle Eingriffe verändert werden kann. Nur die Texte, die von der Gemeinschaft als für die jeweilige Gegenwart bedeutend anerkannt werden, sind vor dem Vergessen, vor Verdrängung und Veränderung geschützt. Das gilt für Annalen und Chroniken ebenso wie für eine Erzählung oder ein Heldenlied. A. und J. Assmann betonen, daß die Permanenz und Zeitresistenz, die materialiter der Schrift zukommt, sich nicht von selbst herstellt, sondern den „Wächtern der Überlieferung", der Zensur, der Textpflege und der Sinnpflege unterworfen sind[52].

---

[50] Vgl. J. Bolte/G. Polívka, Anmerkungen, Bd. 4, 447-452.
[51] Vgl. H. Gunkel, Genesis, LXXXV.
[52] A./J. Assmann, Kanon und Zensur, 11-15.

4. Kennzeichen der Schriftlichkeit

Die schriftliche Erzählung unterscheidet sich, auch wenn sie auf orale Traditionen zurückgeht, deutlich von der mündlichen Erzählung. Unverkennbar trägt sie die Handschrift derer, die sie in eine ansprechende Form gegossen haben. An zwei schon vorgetragenen Texten – einer Sage und einem Märchen – wollen wir die Kennzeichen der schriftlichen Erzählung herausstellen: Das erste Beispiel ist ein aus der Sagensammlung der Brüder Grimm entnommener Text. Seinem äußeren Charakter nach handelt es sich um einen historisierenden Bericht, doch gleichzeitig hat er Züge einer Moral, deren Thema ganz nach Prov 16,18 *Hochmut kommt vor dem Fall* lauten könnte[53].

235. Die Semmelschuhe

„Im Klatauer Kreis, eine Viertelstunde vom Dorf Oberkamenz, stand auf dem Hradekberg ein Schloß, davon noch einige Trümmer bleiben. Vor alter Zeit ließ der Burgherr eine Brücke bauen, die bis nach Stankau, welches eine Stunde Wegs weit ist, führte, und die Brücke war der Weg, den sie zur Kirche gehen mußten. Dieser Burgherr hatte eine junge, hochmütige Tochter, die war so vom Stolz besessen, daß sie Semmeln aushöhlen ließ und statt der Schuhe anzog. Als sie nun einmal auf jener Brücke mit solchen Schuhen zur Kirche ging und eben auf die letzte Stufe trat, so soll sie und das ganze Schloß versunken sein. Ihre Fußstapfe sieht man noch jetzt in einem Stein, welcher eine Stufe dieser Brücke war, deutlich eingedruckt."

Inhaltlich konzentriert sich die Erzählung ganz auf den Hochmut ihrer Protagonistin, das junge Burgfräulein; die angefertigten Semmelschuhe sind das Symbol ihres Hochmutes. So ist das Thema mit der zentralen Requisite identisch. Die kurze Sage ist formal in sich geschlossen. Ohne Schnörkel ist sie schlicht verfaßt; stilistisch geschliffen, mit Appositionen versehen, ist sie syntaktisch komplex ausformuliert. Die einfachen, lose aneinadergereihten Verbalsätze, ein so typisches Merkmal für die mündliche Erzählung, werden durch komplexe Satzstrukturen mit mehreren Nebensätzen und Appositionen ersetzt, was ein Indiz für die Aufbereitung des Stoffes bei seiner Verschriftung ist. Typische Merkmale für die mündliche Erzählung – wie die Emphase, Erzählpausen, Mundart, Lokalkolorit und Ich-Form – feh-

---

[53] Vgl. S. 73-74.

len. So trägt die Sage keine Kennzeichen der Mündlichkeit an sich. Viele
Sagen sind im Sprachgebrauch der Brüder Grimm ediert, denn entweder
haben die Brüder die mündlich mitgeteilten Stoffe in eine einheitliche
schriftliche Fassung gebracht, oder die Sagen gehen auf alte lateinische
Quellen zurück, welche die Gebrüder dann bei der Übertragung redigiert
haben. In allen Fällen haben die Gebrüder die Sagen stilistisch und sprachlich aufgearbeitet, inhaltlich gestrafft, unnötige Wiederholungen und Anstößiges gestrichen, harmonisiert und durch ihre Sammlung kanonisiert.
Das zweite Beispiel kennen wir auch schon[54]. Es stammt aus der Märchensammlung der Gebrüder:

78. Der alte Großvater und der Enkel

„Es war einmal ein steinalter Mann, dem waren die Augen trüb geworden,
die Ohren taub, und die Knie zitterten ihm. Wenn er nun bei Tische saß
und den Löffel kaum halten konnte, schüttete er Suppe auf das Tischtuch,
und es floß ihm auch etwas wieder aus dem Mund. Sein Sohn und dessen
Frau ekelten sich davor, und deswegen mußte sich der alte Großvater endlich hinter den Ofen in die Ecke setzen, und sie gaben ihm sein Essen in ein
irdenes Schüsselchen und noch dazu nicht einmal satt; da sah er betrübt
nach dem Tisch, und die Augen wurden ihm naß. Einmal auch konnten
seine zitterigen Hände das Schüsselchen nicht festhalten, es fiel zur Erde
und zerbrach. Die junge Frau schalt, er sagte aber nichts und seufzte nur.
Da kaufte sie ihm ein hölzernes Schüsselchen für ein paar Heller, daraus
mußte er nun essen. Wie sie da so sitzen, so trägt der kleine Enkel von vier
Jahren auf der Erde kleine Brettlein zusammen. ‚Was machst du da?' fragte
der Vater. ‚Ich mache ein Tröglein', antwortete das Kind, ‚daraus sollen
Vater und Mutter essen, wenn ich groß bin.' Da sahen sich Mann und Frau
eine Weile an, fingen endlich an zu weinen, holten alsofort den alten Großvater an den Tisch und ließen ihn von nun an immer mitessen, sagten auch
nichts, wenn er ein wenig verschüttete."

Formal ist das Märchen straff komponiert. Jeder Satz ist nötig. Frei von
jedem Tand wird vom unbekannten Erzähler nur ein Thema aufgeführt,
nichts Überflüssiges wird berichtet. Von Brüchen, Spannungen, retardierenden Elementen, überraschenden Wendungen und Emphasen, typischen Merkmalen der mündlichen Erzählung[55], fehlt jede Spur. Auch die

---

[54] Vgl. S. 95-97.
[55] Vgl. S. 126-133.

komplexe syntaktische Struktur einiger Sätze zeichnet das Märchen als eine schriftliche Komposition aus. Die Eröffnungsformel *Es war einmal ...* ist nicht mit den Formeln vergleichbar, derer sich der Erzähler beim mündlichen Vortrag bedient[56]. Sie hat allein eine literarische Funktion: Unmittelbar leitet sie in das Geschehen ein. Eine der Einleitungsformel entsprechende Schlußformel fehlt. Insgesamt ist das Märchen ein kunstvoll geschliffener Diamant. Seine Vollendung erhält es durch die Abstimmung von Form und Inhalt[57].

Hand in Hand mit einer inhaltlichen Aufarbeitung der Vorlage geht oftmals auch eine sprachliche. Deftige Ausdrücke werden entweder ganz gestrichen oder durch gefälligere ersetzt, ausgefallene Wörter der Mundart werden durch geläufigere ausgetauscht; moralisch Anstößiges wird gestrichen. Sollte die mündliche Vorlage ein böses Ende genommen haben, so haben es die Brüder Grimm gestrichen und ein gutes Ende angefügt.

Fassen wir zusammen: Die schriftliche Erzählung trägt einige Kennzeichen, die sie von der mündlichen Erzählung unterscheiden. Beide sind ihrem Wesen nach kurze, in sich geschlossene Formen, Einzelüberlieferungen, die von einem besonderen Ereignis berichten; beide konzentrieren sich auf das für die Darstellung des Inhalts Wesentliche; beide gehen sparsam mit Requisiten um; in beiden treten nur wenige Personen auf. Trotz dieser Gemeinsamkeiten gibt es je unverwechselbare Merkmale. Der Erzähler tritt bei der schriftlichen Erzählung völlig in den Hintergrund, gewöhnlich bleibt er anonym. Folglich ist der schriftlichen Erzählung der Ich-Erzähler völlig unbekannt. Auch fehlen ihr die für die mündliche Erzählung so charakteristischen Eingangs- und Schlußformeln, mit denen der Erzähler seinen Vortrag einrahmt und sich selbst in Beziehung zum Stoff und seinem Hörer setzt[58].

Kompositorisch ist die schriftliche Erzählung wesentlich straffer und harmonischer geformt als ihr mündliches Pendant. Das schlägt sich auch in der stilistischen und rhetorischen Eigenart nieder: Retardierende Momente, Gefühlsausdrücke, Emphasen und wörtliche Wiederholungen spart die schriftliche Erzählung ebenso gezielt wie unverständliche Mundart, anstö-

---

[56] Vgl. S. 96.

[57] Daß das Märchen stilistisch vollendet komponiert ist, verwundert uns kaum, wenn wir hören, daß es von J.-H. Jung-Stilling – von 1787 bis 1803 Professor für Finanz- und Kameralwissenschaften in Marburg – nach einer alten, mündlichen Vorlage verfaßt und in den autobiographischen Roman *Heinrich Stillings Jünglings-Jahre* aufgenommen worden ist (vgl. J./W. Grimm, KHM, Bd. 3, 139-140, 476).

[58] Vgl. S. 126-132.

ßige Wörter und unzugängliches Lokalkolorit aus. Formeln, Phrasen und
dramaturgische Mittel, die ein Narrator einsetzt, kennt die schriftliche Erzählung nicht[59], wohl aber sind ihr wiederholte Redewendungen oder Kehrverse bekannt (vgl. Koh 1,2.14; 2,21.23.26; 3,19; 4,16; 6,9)[60]. Während
die Erzählebene der schriftlichen Komposition eindimensional ist, wird sie
dagegen in der mündlichen Erzählung oft durch einleitende Reflexionen
oder durch die eingeflochtene Anrede des Narrators aufgebrochen[61]. Syntaktisch ist die schriftliche Erzählung wesentlich komplexer als die mündliche. Ein Satz mit zwei Relativsätzen und mehreren Appositionen, wie er
in den schriftlichen Erzählungen durchaus anzutreffen ist, würde den
Narrator und den Zuhörer gleichermaßen überfordern. Beide könnten leicht
den Erzählfaden verlieren.

Trotz der inhaltlichen und stilistischen Transformation, die der mündliche Stoff bei seiner Verschriftung erfährt, kennzeichnet ihn in seinen epischen Strukturen eine Kontinuität, die im Text erkennbar bleibt. Deshalb
erweisen sich die „Gesetze Olriks"[62] als hilfreiche Kriterien für die formale
Beschreibung von Texten. Ein Grundproblem bei der Anwendung der
Gesetze auf die biblischen Erzählungen ist die Textabgrenzung. Während
die Gesetze an in sich abgeschlossenen, schriftlichen Texten erhoben worden sind, handelt es sich bei den Jakobserzählungen der Genesis um redaktionell fortgeschriebene und kompositionstechnisch verklammerte Erzählungen, bei denen das Einzelne dem Ganzen untergeordnet ist. Einige der
Gesetze Olriks (wie das *Eingangsgesetz* oder das *Gesetz des Abschlusses*) sind
deshalb partiell, außer bei den in sich abgeschlossenen Erzählungen wie
Bethel (Gen 28,10-22) oder dem Kampf am Jabbok (Gen 32,23-33), nicht
anwendbar.

Die meisten Gesetze aber sind zur Kennzeichnung der Struktur folklo-
ristischer und biblischer Literatur gleichermaßen geeignet: Durch Wiederholung (*Gesetz der Wiederholung*) wird das Gesagte hervorgehoben und
betont (Gen 29,10-14; 30,25-31,10); in einer Szene treten häufig zwei,
niemals aber mehr als drei Hauptpersonen auf (*Gesetz der szenischen
Zweiheit, Gesetz der Konzentration*), was für die gesamten Jakobserzählungen
zutrifft (Gen 27,1-40; 34,1-31); treten zwei Personen auf, handeln sie häufig antithetisch (*Gesetz des Gegensatzes*), wie in Gen 25,19-26.27-34; 26,1-
33; 29,31-30,24; 32,23-33; 33,1-16 34,1-31. Insgesamt ist die Darstellung

---

[59] Vgl. L. Röhrich, Volkspoesie, 49-65.
[60] Vgl. F.H. Polak, Epic Formulas in Biblical Narrative, 437-488 (Listen und Literatur).
[61] Vgl. S. 126-132.
[62] Vgl. A. Olrik, Gesetze, 1-12, (vgl. S. 68-69).

schlüssig (*Gesetz der Logik*), plastisch (*Gesetz der Anschaulichkeit*), einlinig und ohne nennenswerte Nebenhandlungen (*Gesetz der Einsträngigkeit*), und die Handlung ist einheitlich (*Gesetz der Einheitlichkeit*). Auch diese Gesetze lassen sich auf die Jakobserzählungen übertragen[63].

5. Kanonisierung

Jede Verschriftung von mündlichen Stoffen schafft eine relativ festgefügte, aber noch nicht normative Sammlung von Texten. Der Kanon entsteht durch die Auswahl von bestimmten mündlichen Überlieferungen; andere, den Sammlern und Dichtern vorliegende Stoffe, werden nach ihren eigenen Kriterien aussortiert. Die Kanonizität der Textsammlungen bleibt solange im Fluß, wie der Kanon auf der einen Seite durch neue Stoffe immer wieder ergänzt und auf der anderen Seite durch die Ausscheidung von Texten immer wieder reduziert wird. Tendenziell wächst dabei die Sammlung an, da mehr neue Stoffe hinzukommen als alte gestrichen werden.

Vorzüglich können wir die Entstehung einer Sammlung an den Märchen der Brüder Grimm darstellen, da sie bis ins Detail dokumentiert ist. Im Anhang des dritten Bandes der *Kinder- und Hausmärchen* ist eine synoptische Übersicht des Bestandes der Editionen von der ersten (Bd. 1, 1812; Bd. 2, 1815) bis zur siebten Auflage (1857) abgedruckt[64]. Bei den fünf dazwischen liegenden Auflagen wurden immer wieder einzelne Texte der Sammlung hinzugefügt, andere wieder herausgenommen. Besonders viele Eingriffe haben die Brüder in der zweiten und in der siebten Auflage vorgenommen. In die zweite Ausgabe wurden auch erstmals neun der späteren zehn Kinderlegenden aufgenommen; einige Fragmente kamen in der zweiten und in der dritten Auflage hinzu[65]. Grundsätzlich ist die Sammlung mit jeder Veränderung gewachsen, es kamen mehr Texte hinzu als gestrichen worden sind. Erst mit der letzten Auflage von 1857 hat die Edition ihre unveränderte Gestalt mit zweihundert Märchen, zehn Kinderlegenden und einigen Fragmenten erhalten. Nun lag ein Kanon vor, der bis heute unverändert geblieben ist. In mehr als vierzig Jahren ist so nach den Kriterien der Gebrüder eine repräsentative Auswahlsammlung mittel- und norddeutscher Erzählungen entstanden.

---

[63] Vgl. dagegen J. van Seters, Abraham, 158-166.
[64] Vgl. KHM, Bd. 3, 545-558.
[65] Vgl. KHM, Bd. 3, 557-558.

Auf zweifache Weise haben die Brüder Grimm die auf sie gekommene Überlieferung „kanonisiert": Sie haben die vorgefundenen Stoffe stilistisch und inhaltlich abgeändert. Aus sehr heterogenen Vorgaben haben sie in sich geschlossene, moralisch integre Texte geschaffen. So sind die sprachlich ausgereiften, aufeinander abgestimmten Märchen und Sagen nach den Vorstellungen der Gebrüder gestaltet[66]. Außerdem haben sie nur bestimmte Stoffe ausgewählt, andere haben sie außer Acht gelassen oder sogar noch später aus der Sammlung entfernt; diese Texte werden nun nicht mehr tradiert und vergessen. Vergleichbare Prozesse durchläuft jedes Textcorpus bis es eine normative und autoritative Geltung erlangt: Das, was anstößig ist oder den Leser nach Meinung der Redaktoren nicht angeht, wird entweder überarbeitet oder aussortiert; das, was gefällt, wird bewußt bewahrt.

6. Redaktion und Interpretation

Eine ausgereifte Komposition, wie die Jakobserzählungen, setzt einen umfassenden Literaturbetrieb mit Schreibern und Priestern bei Hofe und am Tempel, in den angeschlossenen Schulen, ausgestattet mit den entsprechenden Bibliotheken und Archiven, voraus. Aber ein solcher Literaturbetrieb stellt nicht nur Kaufverträge, Gesetze, Listen und Annalen, sondern auch Prosa und Lyrik her. Dies wiederum bedeutet, daß die Jakobserzählungen ihrerseits schon immer im Kontext von anderer Literatur und anderen Erzählungen entstanden sind. Was das für die Auswahl und Kanonisierung von Texten und die damit verbundene Wirkungsgeschichte bedeutet, haben wir gesehen. Doch auch in anderer Hinsicht lassen sich Rückschlüsse ziehen.

Paradigmatisch nehmen wir uns die Jakobserzählungen der Jubiläen (Jub 19,10-38,24) vor. Bei diesem Buch, das seiner Intention entsprechend anfänglich auch „Kleine Genesis"[67] genannt worden ist, handelt es sich um ein Pseudepigraph aus der Mitte des zweiten vorchristlichen Jahrhunderts[68]. Diese Schrift benutzt die Genesis als Vorlage für eine eigenständige Nach- und Neudichtung, durch die die Stoffe der Genesis aktualisiert, für die Zeit pointiert und gleichzeitig interpretiert werden.

Schon im Aufbau kann man den freien Umgang des Autors mit seiner Vorlage ablesen: Einerseits hält er so weit wie nötig an der Vorlage fest,

---

66 Vgl. W. Seidenspinner, Sage und Geschichte, 18.
67 Vgl. A. Dillmann, Das Buch der Jubiläen oder die kleine Genesis, 230.
68 Vgl. J.C. VanderKam, Jubilees, V-VI.

andererseits interpretiert er so frei wie möglich: Die in der Genesis streng getrennte Abrahams- und Jakobserzählungen verwebt er miteinander. Einige Texte, wie die Hirtenlist Jakobs (Gen 30,25-43) oder den Kampf am Jabbok (Gen 32,23-33), die ihm nicht relevant oder anstößig erscheinen, streicht er ganz[69]. Auf der anderen Seite gehören auch midraschartige Erweiterungen zu den Mitteln des Autors: An drei Stellen unterbricht er den Gang der Erzählung der Genesis und schiebt lange Erläuterungen über Abrahams Tod (Jub 23) und über Levis Erwählung (Jub 30,11-26) ein. Die einversige Notiz von der Schandtat Rubens (Gen 35,22) schmückt er zu einer breiten Erzählung aus (Jub 33,1-9)[70].

Wie der Dichter mit Dubletten der Genesis umgeht, ist am doppelt motivierten Weggang Jakobs zu Laban (Gen 27,41-45; 27,46-28,5) abzulesen. Zunächst verbindet er die beiden Traditionen geschickt durch das von ihm eingeführte Motiv der Verweigerung des Sohnes. Nach der ersten Aufforderung der Mutter, der Rache Esaus zu entfliehen, weigert sich Jakob zu gehen. Dann holt die Mutter erneut aus und begründet ihren Wunsch, daß Jakob nach Laban ziehen soll, mit dem zweiten Motiv – der sippengemäßen Heirat. Theologisch erhält dieser Wunsch einen überpersönlichen Charakter, da ihr Gott dies im Traum offenbart hat (Jub 27,1-12)[71]. Ein anderes Beispiel für den Umgang mit Doppelüberlieferungen ist die wiederholte Umbenennung Jakobs in Israel nach dem Kampf am Jabbok (Gen 32,29) und nach dem zweiten Besuch Bethels (Gen 35,10). Der Dichter der Jubiläen streicht die Erzählung vom Jabbok ganz und löst damit auch das Problem der doppelten Umbenennung. Es kann nur vermutet werden, was den Anlaß dafür bildet. Möglicherweise ist ihm die Erzählung zu dunkel, das Gottesbild nicht passend[72].

Zeitgeschichtliche Konflikte Israels arbeitet der Autor geschickt in das Gewand des Bruderkonfliktes zwischen Jakob und Esau ein. Während sich die Brüder in der Genesis nach der Rückkehr Jakobs von Laban gütlich versöhnen und friedlich in Nachbarschaft siedeln, endet die Beziehung in den Jubiläen mit einem verheerenden Bruderkrieg. Die Vorlage der Genesis legt eine solche Interpretation nicht nahe. Für J.C. VanderKam bilden die militärischen Auseinadersetzungen von Judas Makkabäus mit den Nachbarvölkern 163 v. Chr. den historischen Anlaß für diese Darstellung. Den

---

[69]   Vgl. H.M. Wahl, Die Jakobserzählungen der Genesis und der Jubiläen, 528, 536.

[70]   Vgl. H.M. Wahl, Die Jakobserzählungen der Genesis und der Jubiläen, 526-529.

[71]   Vgl. H.M. Wahl, Die Jakobserzählungen der Genesis und der Jubiläen, 533-534.

[72]   Vgl. H.M. Wahl, Die Jakobserzählungen der Genesis und der Jubiläen, 536-537, 539-540.

eingestreuten Bericht vom Krieg Jakobs gegen die Amoriter (Jub 34,2-9)
bringt VanderKam mit dem Sieg Judas Makkabäus' über Nikanor 161 v.
Chr. in Verbindung[73].

Neben den kompositorischen und redaktionellen Eingriffen können die
Jakobserzählungen auch nicht die Theologie ihrer Zeit verbergen: Etliche
theologische Vorstellungen übernimmt der Dichter fast wörtlich aus der
Genesis, doch es fehlt nicht an massiven Eingriffen, mit denen der Autor
die Theologie seiner Zeit ausdrückt. Die in der Genesis anklingenden Vorstellungen vom „Gott der Väter" (Jub 22,24; 27,22-24), dem „Mitziehen-
den Gott" (Jub 27,27), dem „Gott Abrahams, Isaaks und Jakobs" (Jub 1,7)
sind dem Dichter der Jubiläen geläufig. Doch tritt eine in den Jakobserzählungen nur marginal vertretene Schöpfungstheologie in den Vordergrund (Jub 1; 11,17; 12,4; 22,4.10; 31,3-4.29). Außerdem ist die Offen-
barungsform verändert: Gott vermittelt sich verstärkt über Träume und
direkt im Geiste, auch in Situationen, in denen davon in der Genesis nicht
die Rede ist; ausgeprägt ist die Angelologie (Jub 1,27; 25,14; 27,2-3; 29,3;
31,12-14; 32,1)[74].

Doch diese erheblichen Unterschiede fallen nicht gegen die levitischen
Kultordnungen, die in Form von midraschartigen Erweiterungen einge-
streut werden, ins Gewicht. Über die eingestreuten Midraschim nimmt der
Dichter zu aktuellen rituell-kultischen und theologischen Problemen Stellung und macht so das Buch der Jubiläen zu einer unentbehrlichen Lektüre
für Beamte und Priester, für Schreiber und Schriftgelehrte. Wir lesen
Midraschim über den Götzendienst (Jub 11,16-17; 12,3-5; 21,3-4; 22,16-
22), den Sabbat, über Fest-, Ehe- und Reinheitsvorschriften (Jub 27,22-23;
30,9-17). Meistens plaziert der Autor einen solchen Midrasch im Anschluß
an eine passende Erzählung der Genesis. „So folgt beispielsweise auf die
Erzählung vom Betrug Labans, der Jakob die ältere Lea anstatt der verspro-
chenen Rahel zur Frau gibt (Gen. xxix 22-30), in den Jubiläen ein Midrasch
über die himmlische (!) Vorschrift, daß die älteste Tochter immer als erste
verheiratet werden soll (Jub xxviii 1-8)"[75].

Aus der Arbeitsweise des Autors der Jubiläen lassen sich nun Rückschlüsse auf die der Schriftsteller und Redaktoren ziehen, denen wir die
Jakobserzählungen zu verdanken haben: Die Autoren der Jakobserzählungen
haben autoritative Überlieferungen und schriftliche Traditionen nach ihren

---

[73] Vgl. J.C. VanderKam, Studies, 217-238; sowie zu Bethel H.M. Wahl, Die Jakobserzählungen der Genesis und der Jubiläen, 537.

[74] Vgl. H.M. Wahl, Die Jakobserzählungen der Genesis und der Jubiläen, 539-540.

[75] H.M. Wahl, Die Jakobserzählungen der Genesis und der Jubiläen, 540.

Interessen ausgewählt, dabei ist einiges bewußt ausgeschieden oder verdrängt, anderes wirkungsgeschichtlich fruchtbar gemacht worden. Handelt es sich um mündliche Überlieferungen, so sind die Schriftsteller damit ebenso verfahren wie der Autor der Jubiläen mit der ihm vorliegenden Genesis. Bestimmte mündliche wie schriftliche Texte haben die Autoren ohne größere Eingriffe übernommen, die meisten Stoffe mußten sich aber, sollten sie in einen größeren Textzusammenhang gestellt werden, einer historischen und theologischen Aktualisierung unterziehen. Dabei müssen wir bei den Schriftstellern der Genesis noch mit größeren Eingriffen als beim Dichter der Jubiläen rechnen, weil diese nicht an eine autoritative Vorlage gebunden waren. Die Niederschrift der mündlichen Stoffe und die Rezeption schriftlicher Vorlagen geht also immer einher mit der Redaktion und Interpretation, die eine erhebliche Veränderung der mündlichen und schriftlichen Texte auch im Stadium der Kompilation und Verschriftung bedeutet[76].

Überblicken wir nun den ganzen Prozeß der Verschriftung, Kanonisierung und Interpretation: Im Gefolge der Vereinfachung der Schrift auf ein System von zweiundzwanzig Konsonanten entfaltet sich vom Vorderen Orient aus ab dem 10. Jahrhundert eine Literalität, die im Laufe der Zeit über einfache Inschriften hinaus auch größere poetische Werke ermöglicht. Über die Jahrhunderte bewirkt die vereinfachte Handhabung der Schrift in Israel den Wandel von einer mündlich geprägten zu einer literalen Kultur. Dieser Prozeß vollzieht sich nur langsam. Er setzt unter Salomo noch im 10. Jahrhundert ein. Schon nach wenigen Generationen wird man in Israel/Juda mit einem etablierten Schreib- und Schulbetrieb zu rechnen haben.

Diese Veränderung zur literalen Kultur erreicht den Hof, den Tempel und die gebildete Oberschicht. Der mündlichen Überlieferung tritt nun das schriftliche Dokument zur Seite. Mit der Verschriftung von Annalen, Chroniken, Gebeten, kultischen Texten, Liedern und Erzählungen verändert sich das Wesen der mündlichen Überlieferung, sie erhält eine bis dahin ungekannte festgefügte Form. Bei der Verschriftung werden Traditionen selektiert, Stoffe adaptiert, frei nach den Bedürfnissen der Zeit komponiert und die so entstandenen Texte ständig redigiert[77]. Nur ausgewählte Traditionen, die für bestimmte Tradenten von Interesse sind, werden aufgeschrieben. Andere Traditionen werden verdrängt oder einfach vergessen. Die zu einem bestimmten Zweck aufgezeichneten Texte werden nach den

---

[76] Vgl. H.M. Wahl, Die Jakobserzählungen der Genesis und der Jubiläen, 541-546.
[77] Vgl. O. Kaiser, Literaturgeschichte, 306-310.

Bedürfnissen der Gemeinschaft, für die sie aufgezeichnet werden, adaptiert. Ohne einen Bezug zu den Zeitgenossen werden solche Texte nicht rezipiert, denn was den Hörer nicht betrifft, vergißt er schon bald. Aus verschiedenen Stoffen und Motiven, aus dazugetretenen mündlichen Überlieferungen und phantasievollen Zusätzen werden Texte komponiert.

Mit der Verschriftung der mündlichen Überlieferung verändert sich auch die Form des Stoffes. Während die mündliche Rede in Frage und Antwort, Rede und Gegenrede, durchzogen von Emphasen auf die Hörer eingehen kann, bleibt der Text stumm. Er ist auf Einleitungen, Reflexionen und rhetorische Fragen angewiesen, um in den Dialog mit seinem Leser zu treten. Der schriftliche Text ist vergleichsweise frei von Emphasen, von Mundart und Lokalkolorit; er ist syntaktisch komplexer, stilistisch ausgefeilter, elaborierter in der Wortwahl. Die Veränderungen, die ein Stoff bei der Verschriftung und Redaktion erfährt, macht es bei prosaischen Texten nahezu unmöglich, aus dem Text auf eine mündliche Vorform zurückzuschließen.

Der verschriftete Text, obgleich seinem Wesen nach wesentlich zeitresistenter als die mündliche Überlieferung, ist nicht vor Veränderungen geschützt. Auch er unterliegt nachhaltigen Einflüssen: Der im Vergleich eingefrorene Zustand eines Textes ruft Generationen von Redaktoren auf den Plan, die durch ihre Kommentare und Nachträge, Streichungen und Umformulierungen den überlieferten Text aktualisieren und ihm somit immer wieder eine Berechtigung in der Gegenwart verschaffen. Jede Gegenwart entscheidet neu, welche Texte sie bewahrt, welche vergessen und vernichtet werden. Nur diese Anpassungen garantieren den Texten, daß sie in den geschichtlichen und religiösen Verhältnissen der sie tradierenden Gemeinschaft anerkannt werden.

7. Beständigkeit und Wandel der Überlieferung

Greifen wir nun auf die Ergebnisse der beiden vorangehenden Kapitel zurück und ergänzen sie um die nun gewonnen Einsichten über die Verschriftung, Kanonisierung und Interpretation: Die mündliche Überlieferung sowie die schriftliche Tradition sind dauerhaften Veränderungen ausgesetzt. Ging die ältere alttestamentliche, ethnologische, philologische, religions- und literaturwissenschaftliche Forschung angefangen mit J.G. Herder über A. Schlegel, J. und W. Grimm, H. Gunkel, F. v. d. Leyen, J.G. Frazer, H. Greßmann, A. Alt, W.F. Albright, M. Parry, A.B. Lord bis in die fünfziger Jahre des 20. Jahrhunderts zu H.S. Nyberg und I. Engnell von

einer mündlichen Überlieferung aus, die unbeschadet und unverändert
Ereignisse über mehrere Jahrhunderte mündlich tradieren kann[78], so haben
sich inzwischen namhafte Stimmen gegen diese Auffassung erhoben. Etwa
seit der Mitte der siebziger Jahre ist ein großer Auf- und Umbruch zu
notieren, wovon die Arbeiten von W. Caskel, L. Dégh, J. Vansina, J.
Assmann, J. Goody, V. Karbusicky, R. Heller, R. Thomas, J. Latacz, W.
Seidenspinner, W.J. Ong, L. Petzold, L. Röhrich, P. Kirkpatrick ein beredtes Zeugnis ablegen[79]. Allen Untersuchungen ist gemeinsam, daß das alte,
bis dahin unangezweifelte Paradigma der Permanenz und Konstanz der
mündlichen Überlieferung angefochten und durch das ihrer Variabilität
und Instabilität ersetzt wird[80].

Auf allen Ebenen wird die mündliche Überlieferung verändert. Wie wir
gesehen haben, verändern sich die mündlichen Stoffe schon bei derselben
Person von einer Präsentation zur nächsten. Bei Erzählern, die gerne und
oft zur Unterhaltung erzählen, ähneln die Vorträge freien Kompositionen.
Themen und Motive werden assoziativ der augenblicklichen Stimmung
angepaßt. So ist die mündliche Erzählung, die ihrem Wesen nach als Einzelüberlieferung besteht, immer spontan, kreativ und vor allem einmalig. Eine
Urfassung oder ein Original gibt es nicht. Über die Jahre gehen viele Einzelheiten verloren, die individuelle Erinnerung verblaßt. Das belegen auch
mehrfache Aufzeichnungen eines Stoffes, der von derselben Person über
einen längeren Zeitraum wiederholt erzählt worden ist.

Die Erzählungen speisen sich hauptsächlich aus zwei Quellen: Erstens
aus den Stoffen, mit denen die Erzähler schon von früher Kindheit an
aufgewachsen sind, zweitens aus eigenen, einschneidenden persönlichen
und vor allem kollektiven Erlebnissen. Die in Erzählungen verarbeiteten
Erlebnisse wirken einerseits traditionsstiftend, wodurch sie andererseits älteres Traditionsgut verdrängen.

Die Übermittlung der mündlichen Überlieferung verläuft gewöhnlich
von den Alten zu den Jungen, aber auch Altersgenossen erzählen untereinander[81]. Dieser Prozeß der vertikalen und horizontalen Transmission geht
immer mit der Veränderung und Verdrängung des überlieferten Stoffes
einher. Epische Schablonen bleiben relativ unverändert, aber Motive und
Requisiten, Namen und Orte, Themen und Inhalte, ja der ganze Rahmen

---

[78] Vgl. S. 18-21, 29-30, 60.
[79] Vgl. S. 58-60, 143-145, 187-190.
[80] Vgl. beispielsweise S. Scribner/M. Cole, Literacy, 221-233.
[81] Vgl. R. Schenda, Von Mund zu Ohr, 52-82, 147-191.

einer Erzählung verändert sich von einer Generation zur nächsten. So wird die mündliche Überlieferung von fortdauernder Selektion und Adaption beherrscht.

Bei der Verschriftung wird die mündliche Überlieferung nach dem Können und der Intention des Dichters aufgeschrieben. Dabei werden die Stoffe stilistisch, syntaktisch, inhaltlich und sogar „moralisch" redigiert. Die mündlichen Vorlagen bringen die Brüder Grimm in eine homogene Form, übersetzen die Mundart ins Hochdeutsche, streichen das nach ihren Moralvorstellungen Anstößige und fügen, wenn nötig, ein gutes Ende hinzu[82]. Wesentliche Kennzeichen der mündlichen Überlieferung gehen durch die Eingriffe bei dem entstehenden schriftlichen Text verloren[83]; die dann noch fortgesetze stilistische, syntaktische und redaktionelle Umarbeitung kann soweit reichen, daß die ursprüngliche Gattung der mündlichen Erzählung aus dem Text später nicht mehr deutlich abzulesen ist.

Nur zuerst kompilierte und dann selektierte Stoffe werden verschriftet. An der Arbeitsweise der Brüder Grimm können wir sehen, wie nur bestimmte Märchen und Sagen in ihre Sammlungen aufgenommen worden sind. Von den vorliegenden Schweizer Sagen wählen sie nach ihrem Geschmack nur wenige aus, andere berücksichtigen sie nicht. Ähnlich sind auch die Dichter der Antike mit ihren Vorgaben umgegangen: An der Sumerischen Königsliste, den Genealogien des Alten Testaments, an Homer, Herodot, dem Buch der Jubiläen, der griechischen Klassik, des frühen Islam, der nigerianischen Tivs, Cosmas von Prag und den Isländischen Sagas können wir sehen, daß bei der Verschriftung die mündliche Überlieferung immer verändert und nach dem stilistischen Geschmack und den persönlichen, politischen und religiösen Vorstellungen der Zeit ausgestaltet wird. Größere Lücken in der Überlieferung, von J. Vansina als „floating gaps" bezeichnet[84], werden durch fiktive Stoffe phantasievoll überbrückt[85].

Mit der schriftlichen Fixierung sind die Traditionen noch längst nicht konserviert. Sicherlich ist der Text gegen Veränderungen resistenter als das gesprochene Wort, aber auch auf schriftlicher Ebene bleibt die Tradition der kollektiven Amnesie, der Selektion, Adaption und Redaktion ausge-

---

[82] Vgl. E. Schade, Mehr als ‚nur' Transkription, 241-259.

[83] Vgl. S. 126-133, 197-201.

[84] Vgl. J. Vansina, Oral Tradition, 23-24, 168-169; so schon 1807 W.M.L. de Wette, Beiträge, Bd. 2, 16-17.

[85] Vgl. S. 143-144, 187-190.

setzt. Fehler beim Abschreiben bringen die alltäglichen Beeinträchtigungen. Gezielte Verdrängung und Vernichtung von Texten (Jer 36,22-24) gehört ebenso zum Traditionsprozeß wie bewußte Bearbeitung und Interpretation[86].

Jede Gegenwart schafft sich ihre eigene Vergangenheit. Aus der Tradition entsteht unter dem Eindruck der eigenen Zeit das Neue. Gemäß den Vorstellungen, Werten und dem Glauben der jeweiligen Epoche wird das Überkommene verstanden und für die eigene Gegenwart interpretiert. Das ist in Grönland nicht anders als in Neu Guinea, in Afrika nicht anders als im Vorderen Orient, in Griechenlands klassischer Epoche nicht anders als im frühen Islam und in der Frühzeit Israels. Daher können auch die Jakobserzählungen im wesentlichen nur die Zeit widerspiegeln, in der und für die sie geschrieben worden sind[87].

---

[86] Vgl. H.M. Wahl, Die Entstehung der Schriftprophetie, 1998.
[87] Vgl. P. Kirkpatrick, Old Testament, 112-117.

VII. Form und Gattung der Jakobserzählungen

1. Einleitung

Nachdem wir die Grundformen der mündlichen und schriftlichen Überlieferung herausgearbeitet haben, soll nun eine Reliefbeschreibung der Jakobserzählungen die größten, in sich geschlossenen Texte kennzeichnen[1]. Dabei geht es uns um eine synchrone Beschreibung der Endgestalt, die weder präsumptiv Quellenschriften[2] oder permanente Redaktionen und Fortschreibungen[3] voraussetzt noch von überlieferungsgeschichtlichen Strata ausgeht[4]. Erst wenn die kleinsten Texteinheiten der Jakobserzählungen herausgelöst, ihre Gattung bestimmt und jeder einzelne Baustein in seiner Eigenheit beschrieben ist, können die Ergebnisse der Anthropologie, Ethnologie und Literaturwissenschaft übertragen und so Rückschlüsse auf den Überlieferungsprozeß gezogen werden, denn von der Form und dem Inhalt eines Textes hängt maßgeblich die Dauer und Beständigkeit der Überlieferung und insofern auch die Beurteilung einer möglichen Historizität ab.

Die Kriterien für die Abgrenzung eines Textes sind vielfältig: Der Szenenwechsel leitet eine neue Episode ein, gleichzeitig schließt er das Vorangehende ab. Mit dem Szenenwechsel ist häufig ein Wechsel des Ortes und der handelnden Personen verbunden. Auch ein Wechsel des Themas markiert einen Umbruch in der Erzählung. Vielfach kündigen Formeln oder Notizen vom Aufbruch ein neues Ereignis an. Dementsprechend schließen einige Notizen, wie die Erwähnung vom Weggang Jakobs oder seiner überstürzten Flucht, eine Szene ab. Gelegentlich unterbrechen andere Textsorten, besonders die Genealogien, den Gang der prosaischen Narration. Stilistisch können auch Redeeinleitungsformeln, Repetitionen, Leitbegriffe und Wortfelder auf einen kohärenten Text hinweisen. Kleingattungen

---

[1] Ein symmetrischer Aufbau der Jakobserzählungen, wie ihn M. Fishbane konstruiert, wird den thematisch linear entfalteten Texten, die von der Geburt der Zwillinge bis zu dem in zwölf Stämmen konstituierten Israel erzählen, nicht gerecht (vgl. M. Fishbane, Composition, 1538).

[2] Vgl. H. Gunkel, Genesis, LXXX-C; O. Eißfeldt, Stammessage, 1923, 84-104; ders., Hexateuchsynopse, 45-76; C. Westermann, Genesis II, 680-693.

[3] Vgl. Chr. Levin, Der Jahwist, 34-35.

[4] Vgl. E. Blum, Komposition, 1-3.

(Orakel, Gebete und Visionen) lösen wir, sofern sie fest mit dem Text verwoben sind und nur zur Unterstützung der Erzählung dienen, nicht aus ihrem Zusammenhang heraus[5].

2. Reliefbeschreibung

Da die Vätererzählungen dem mittels der priesterlichen Toledotformel auf-gebauten genealogischen Gerüst[6] ein- und untergeordnet sind, fällt die Abgrenzung der Jakobserzählungen nicht schwer. Ein ואלה תולדות יצחק leitet als Überschrift die Jakobserzählungen ein (Gen 25,19), und ein ואלה תולדות יעקב kündigt das Neue an (Gen 37,2). „Solange der Vater lebt, steht die Geschichte der Söhne in seinem Schatten, ist sie seine Geschich-te"[7]. Deshalb leitet die Toledotformel in Gen 25,19 eigentlich die Isaak-erzählungen ein. Da der Erzvater aber, von Gen 26,1-33 abgesehen, sofort und völlig in den Hintergrund tritt, erzählen die Geschichten ausschließ-lich von ihrem Protagonisten Jakob. Ähnlich verhält es sich mit den Josephs-erzählungen, die mit der Toledot Jakobs eingeleitet werden (Gen 37,2). In beiden Erzählungen treten die Väter hinter die eigentlichen Hauptpersonen zurück. Nur bei der Segenshandlung, durch die sie ihre Söhne legitimieren, rücken sie noch einmal in den Vordergrund (Gen 27,1-40; 48-49). So können wir zu Recht von den Jakobs- bzw. Josephserzählungen reden[8].

Gen 36-37,1 berichtet nach den eigentlichen Jakobserzählungen vom weiteren Ergehen Esaus. Nach „Isaaks Tode trennen sich seine Söhne, und da künftig nur von Jakob die Rede ist, so ist eine Orientirung darüber, was aus Esau geworden sei, zum Schluss durchaus am Platze"[9]. So umfaßt

---

[5]   Vgl. grundlegend R. Alter, The Art of Biblical Narrative, 47-87, 178-189; Sh. Bar-Efrat, Narrative Art in the Bible, 86-140, 184-196; P. Cotterell/M. Turner, Linguistics, 230-256; D.M. Gunn/D.N. Fewell, Narrative Art in the Bible, 46-89, 101-112; W. Kayser, Das sprachliche Kunstwerk, 55-81, 135-155, 182-186; C. Kuhl, Die Wieder-aufnahme, 1-11; W. Schneider, Und es begab sich ..., 62-87; M. Sternberg, The Poetics of Biblical Narrative, 164-165, 242-245, 349-354; Th.L. Thompson, Conflict Themes in the Jacob Narrative, 5-26; L.A. Turner, Announcements of Plot in Genesis, 115-141; M. Weiß, Bauformen des Erzählens, 456-475; H.C. White, Narration and Discourse, 3-91, 204-231.

[6]   Vgl. E. Blum, Komposition, 432-458.

[7]   O. Kaiser, „Und das sind die Geschlechter ...", 34.

[8]   Vgl. zur Abgrenzung auch I. Fischer, Die Erzeltern Israels, 40-56; H.Chr. Schmitt, Die nichtpriesterliche Josephsgeschichte, 13-20; sowie C. Westermann, Genesis III, 816.

[9]   J. Wellhausen, Composition, 48.

Gen 25,19-35,29 die Jakobserzählungen im engeren Sinne. Gen 36; 47,1-
50,14 klammern wir aus der primären Überlieferung aus. Mit nur unwe-
sentlichen Abweichungen nehmen die meisten Exegeten diese Abgrenzung
vor[10], einige fügen den Stammbaum Esaus (Gen 36,1-43) noch hinzu[11].

Gen 25,19-34

Die Jakobserzählungen beginnen in Gen 25,19 mit der priesterlichen
Toledot Isaaks[12]. Der erste Text erzählt davon, wie Isaak für seine unfrucht-
bare Frau Rebekka bittet, und als Zeichen der Erhöhrung des Gebetes die
Zwillinge Esau und Jakob geboren werden. Das von Rebekka eingeholte
Orakel Jahwes (25,23), eine Kleingattung[13], präludiert thematisch die
Jakobserzählungen, ohne aber auf den Gang der Erzählungen sichtbare
Auswirkungen zu haben[14]. Die Erzählung schließt mit der Angabe, wie alt
Isaak bei Geburt der Söhne gewesen ist (25,26)[15].
Der nächste Abschnitt (25,27-34) erzählt den Verkauf der בכרה Esaus
an seinen jüngeren Zwillingsbruder Jakob. V 27a fungiert als Überleitung
und Einleitung; die Söhne sind inzwischen zu jungen Männern herange-
wachsen. Syntaktisch ist der Text von aufeinanderfolgenden Imperfecta
consecutiva strukturiert, an die ein kurzer Dialog, jeweils mit ויאמר eingeleitet (V 30.31.32.33), angehängt ist. Die wertende Notiz in V 34b von
Esaus Geringschätzung der בכרה schließt die Geschichte inhaltlich und
szenisch ab. C. Westermann hält das Genre des Textes für eine Anekdote
„im Sinn des Schwankes", in dem der „schlaue Hirte gegen den groben
Jäger ausgespielt wird"[16]. Aber der kurze Text ist weder eine Anekdote noch
ein Schwank. Beides sind Gattungsbezeichnungen für epische Kleinformen,
deren typisierendes Merkmal der Witz oder die Pointe ist, auf die sie hin-

---

[10] Vgl. F. Delitzsch, Genesis, 1887, 355-426; M. Fishbane, Composition, 1975, 15-38;
       J.P. Fokkelmann, Narrative Art in Genesis, 1975, 238-241; A. v. Selms, Genesis II,
       1986, 59-167.
[11] Vgl. H. Holzinger, Genesis, 1898, 183-219; H. Gunkel, Genesis, [3]1910, 389-395; G.
       v. Rad, Genesis, [10]1976, 211-280; E.A. Speiser, Genesis, 1964, 276-283; C. Wester-
       mann, Genesis II, 1981, 680-693; J. Scharbert, Genesis II, 1986, 182-237; G.W.
       Coats, Genesis, 1983, 183-257; H.J. Boecker, 1. Mose, 1992, 132-140.
[12] Vgl. E. Blum, Komposition, 432-452; B. Renaud, Les généalogies, 5-30.
[13] Vgl. S. Wagner, דרש, 313-329.
[14] Vgl. S. Thompson, Motif Index, M 331.4; M 395.
[15] Vgl. I. Fischer, Die Erzeltern Israels, 24-26.
[16] C. Westermann, Arten der Erzählung, 78.

auslaufen. Als Kleingattungen werden die Anekdote und der Schwank gerne in Viten, Memoiren oder Romanen eingebaut. Das erzählerische Ziel dieser Textsorten ist es, durch Witz oder überspitzte Typisierung dem Leser eine wahre oder fiktive Begebenheit, die keine *res publica* ist, mitzuteilen[17]. Diesen Gattungskriterien aber entspricht der Text von der בכרה nicht. Er zielt auf die keineswegs witzige Bemerkung in V 34b, die für Esau fatale Konsequenzen vorausahnen läßt. Er, so der Erzähler, habe das Erstgeburtsrecht so wenig beachtet, daß er es um ein Linsengericht billig verkaufte. Folglich, so assoziiert der Leser, hat er es auch nicht verdient. Das ist der Schluß und der folgenreiche Höhepunkt der Erzählung. Eine Anekdote oder ein Schwank ist der Text nicht[18].

Gen 26

Mit dem anschließenden Vers (26,1) wechseln Szene, Thema und Personen. Etwas Neues beginnt. Unvermittelt geht die Komposition zur רעב, zu Isaak und Abimelech über. Schon J. Wellhausen hat bemerkt, daß Gen 26 mit dem Bericht über das Ergehen Isaaks den Zusammenhang zwischen Gen 25 und Gen 27 sprengt[19]. Vordergründig thematisiert die Erzählung die Widerfahrnisse Isaaks (und Rebekkas) bei den Philistern[20]. Jedoch ist das eigentliche, übergreifende Thema der Segen Jahwes: Primär geht es in Gen 26 weder um den Hunger noch um die Gefährdung Rebekkas noch um die Brunnenrechte, sondern um die Übertragung des Segens von Abraham auf Isaak. Trotz der Gefährdung – Hungersnot, Gefährdung der Ahnfrau, Brunnen – erweist sich im Geschick der Sippe Jakobs Jahwes Zuspruch. Das ist das theologische Zentrum (26,2-5.12-13.24.28-30) der drei Szenen von Gen 26 (1. V 1-11; 2. V 12-22; 3. V 23-33).

Von der Hungersnot als äußerem Anlaß motiviert, handelt die erste Szene (26,1-11) von Isaaks Zug nach Gerar, der Gefährdung Rebekkas und der Behütung der Ahnfrau durch Jahwe. Von gestilltem Hunger ist vorläufig nichts zu hören. Erst nach dem abrupten Abschluß der ersten Szene (V 11) ist aus dem Segensbericht (V 12-14) über den gewonnenen Reichtum Isaaks abzuleiten, daß sie nicht mehr hungern müssen.

Die Exposition der zweiten Szene (V 12-22) bringt gleichzeitig das für die weitere Erzählung zentrale Motiv: Der Segen Jahwes, der Isaak zu einem

---

[17] Vgl. E. Straßner, Schwank, 1-18, 20-22.
[18] Vgl. J.P. Fokkelmann, Narrative Art, 94-97.
[19] Vgl. J. Wellhausen, Composition, 28.
[20] Vgl. Sh. Nomoto, Gefährdung der Ahnfrau, 3-27.

wohlhabenden Fremdling werden läßt, ruft den Neid der Philister hervor (V 14). Der Neid motiviert zuerst den Weggang Isaaks von Abimelech und dann die fortwährenden Auseinandersetzungen mit den Hirten um die Brunnenrechte.

Die Notiz vom erneuten Fortgang Isaaks (V 23) eröffnet die dritte Szene (V 23-33): In dieser schwierigen Situation erscheint Jahwe dem Isaak nachts, um ihm seinen Beistand und seinen Segen zuzusprechen und Nachkommen zu verheißen. Als sich Isaaks Leute schließlich an einem vierten Ort niederlassen und einen Brunnen graben, können sie endlich bleiben. Abimelech beugt sich und schließt mit Isaak wegen des Segens, der auf ihm liegt (V 29), einen Bund. Er garantiert Isaak Bleiberecht und Frieden. Die Etymologie des Brunnens schließt die Szene ab (V 33).

Bei der zweiten und dritten Szene handelt es sich nicht, wie G.W. Coats meint, um ein Itinerar[21]. Denn es geht hier nicht um ein Wegeverzeichnis im strengeren Sinne, das mit dem Beispiel in Num 34 vergleichbar wäre. Die einzige konkrete Ortsangabe ist Gerar (V 17.20); wohin Isaak von dort aus zieht, nachdem ihn die Hirten vertrieben haben, läßt die Erzählung offen. Der Itinerarsatz ist nur dreimal angedeutet (V 17.22.23), aber es fehlen die dazugehörigen Ortsangaben, ohne die eine Wegeliste nicht vollständig ist. Es kommt dem Erzähler gerade nicht auf das Itinerar, sondern auf das mit dem Streit verbundene Weiterziehen Isaaks an. Deshalb interpretieren auch die Etymologien der Brunnennotizen die Orte theologisch (V 20.21.22.33). Sie symbolisieren den Stand und den Gang der Erzählung.

Insgesamt ist Gen 26 eine theologische Erzählung von dem Segen Jahwes für Isaak. Der Segen manifestiert sich als Beistand, Mehrung und Bewahrung. Unter Aufnahme von Theophanien (V 2-5; 24), verstümmelten, itinerarischen Notizen (V 20-22) und Etymologien (V 20-22.33) schafft ein Erzähler eine theologisch, stilistisch und literarisch geschlossene Erzählung[22]. Angehängt ist in V 34-35 die kommentierte Notiz über Esaus Frauen[23].

Gen 27,1-45

Wiederum wechseln das Thema und die Szene schlagartig. Inhaltlich beginnt mit Gen 27,1 der zweite Teil des Konfliktes der Zwillingsbrüder, der sich am väterlichen Segen festmacht. Der Einsatz der Erzählung ist ebenso

---

[21] Vgl. G.W. Coats, Genesis, 192-195.

[22] Vgl. R. Martin-Achard, Genèse 26, 22-46; W. Thiel, Genesis 26, 251-263; E. Blum, Komposition, 301-307.

[23] Vgl. ausführlich H. Schmid, Die Gestalt des Isaak, 37-51.

deutlich wie ihr Abschluß mit dem Schicksalswort Isaaks über Esau (27,39b-40) gegeben. Dazwischen unterscheiden drei Zäsuren vier weitere Szenen. Die erste Szene (V 1-4) bringt die Exposition des Konfliktes. Der alt gewordene Isaak will seinen Erstgeborenen noch vor seinem Tod segnen. Von einem kurzem Dialog unterbrochen, treten in der Szene nur Esau und Jakob auf. Mit der zweiten Szene (V 5-17) wechselt die Erzählung direkt auf die intrigante Rebekka und Isaak über (V 5). Sie plant, ihren Gatten zu betrügen. Den Einwand Jakobs (V 11-12), Isaak könne ihn, wenn er seine wahre Identität erkenne, verfluchen, anstatt ihn zu segnen, wendet sie geschickt mit den Worten ab, der Fluch möge sie selbst treffen (V 13). Beschwörend fordert die Mutter ihren Sohn auf, ihr zu gehorchen. Dann schildert die Szene noch die weiteren Vorbereitungen für den Betrug. Als diese abgeschlossen sind, wechselt die Handlung direkt auf die dritte Szene (V 18-29), die Begegnung Isaaks und Jakobs, über (V 18). Die kurzen Dialoge, die den eigentlichen Fortgang der Handlung bringen, sind erzählerisch gerahmt. Am Ende der dritten Szene steht klimaktisch die Erfüllung und der Sinn des Betruges: Isaak segnet irrtümlich und unwiderruflich seinen zweitgeborenen Sohn Jakob (V 27-29). V 30 leitet zur vierten Szene (V 30-40) über. Esau kommt zu Jakob. Formal läuft die Erzählung in den vorgegebenen Bahnen: Narrative Elemente wechseln mit knappen Dialogen. Analog zur dritten Szene endet die vierte mit einem Schicksalswort[24] Isaaks über Esau (V 39b-40). Mit dem Spruch erreicht die in vier Szenen komponierte (Familien-)[25] Erzählung ihren Höhepunkt.

Gen 27,41-45 erzählt nun von dem Gram und den Rachegedanken, die Esau gegen Jakob hegt. Damit liefert der Vers den Anlaß für den weiteren Gang der Komposition. Wiederum spielt sich die einszenige Erzählung zwischen Jakob und seiner Mutter Rebekka ab. Als Rebekka von Esaus Rachegelüsten hört, ermahnt sie ihren Lieblingssohn Jakob und gebietet ihm die Flucht nach Haran. Klimaktisch endet der kurze Bericht mit einer Frage der besorgten Mutter, die fürchtet, bei einem Streit ihrer Söhne beide zu verlieren (V 45)[26].

---

[24]   C. Westermann, Genesis II, 539-540, möchte die Verse als Segen verstehen, die Esau Leben zusprechen, aber das ist eine Überinterpretation. Tatsächlich bleibt für Esau nur noch die Aussicht auf unfruchtbare, widrige Lebensverhältnisse bestehen, die im Verhältnis zu den an Jakob ergangenen segensreichen Verheißungen nur als Fluch bezeichnet werden können (vgl. H. Gunkel, Genesis, 314; J. Skinner, Genesis, 373-374).

[25]   So C. Westermann, Genesis II, 530, der aber die Gattungsbezeichnung unter der Voraussetzung verwendet, daß die Segensworte Isaaks nachgetragen sind.

[26]   Vgl. H. Eising, Jakobserzählung, 44-45; sowie L. Schmidt, Jakob, 159-183, zur Literar- und Redaktionskritik von Gen 27,1-45.

Gen 27,46-28,22

Danach lesen wir die zweite Version vom Weggang Jakobs (27,46-28,5). Völlig unvermittelt geht die Erzählung in Gen 27,46 auf ein Gespräch zwischen den Eheleuten Isaak und Rebekka über (27,46). Auch das Motiv wechselt. Rebekka sorgt sich nicht mehr um den möglicherweise tödlichen Streit ihrer Söhne, sondern um die rechte Braut Jakobs. Ihre Sorge, Jakob könnte wie Esau an einer Hethiterin Gefallen finden, läßt sie sich mit ihrem Gatten beraten. Das Motiv der endogenen Heirat ist es auch, das Isaak seinen Sohn Jakob zur Brautwerbung zu Laban nach Mesopotamien schicken läßt. Kein Wort fällt über den Konflikt der Brüder, keines von dem betrogenen Vater bei der ersten Begegnung mit seinem Sohn. Jakob, der folgsame Sohn, gehorcht dem Willen der Eltern und zieht fort. Damit ist die Szene abgeschlossen (V 5).

Esau dagegen widersetzt sich dem elterlichen Willen. So schließt sich die erzählerisch ausgestaltete Notiz von Esaus Fehlverhalten wie eine wiederholte Bestätigung des Orakels an den Komplex an (28,6-9).

Unverbunden geht der Erzählfaden nun von Esau auf Jakob über. Eine doppelte Notiz vom Aufbruch Jakobs (28,10) leitet die nächste Erzählung ein (28,10-22), in deren Zentrum die Begegnung Jakobs mit Gott steht: Jahwe erscheint dem von der Reise ermüdeten Jakob im Traum und erneuert seine Verheißungen (V 12-15). Jakob erkennt den Traum als Offenbarung, errichtet eine Mazzebe, nennt den Ort der Offenbarung Bethel, leistet ein Gelübde und verspricht Jahwe den Zehnten. Völlig abrupt – wie wir schon mehrfach gesehen haben (26,11; 27,45) – bricht die Erzählung mit einem Gelübde ab (V 20-22)[27]. Selbst eine kommentierende Anmerkung fehlt. Das abrupte Ende und der unverbundene Übergang (29,1) enthüllt wiederum den gewachsenen Charakter der Gesamterzählung.

Was aber ist der Sinn der Erzählung? Wie können wir die Textsorte bezeichnen? Bleiben wir bei der Reliefbeschreibung stehen, so steht thematisch weder Jakobs Reise noch die Begründung eines Kultortes im Vordergrund, denn die Bezeichnung des Ortes als בֵּית־אֵל ist bei genauer Betrachtung nur eine Umbenennung des alten לוּז (V 19). Das eindeutige Strukturmerkmal sind die Erscheinung Gottes im Traum und die Folgen dieser Offenbarung in den Taten (Steinmal, Gelübde und Zehnter) Jakobs. Im Gang der Jakobserzählungen ist dies eine Nahtstelle. Jetzt ergehen der Segen und die Verheißungen, die bislang seinem Vater Isaak galten, auch an ihn (V 13-15). Mit dieser im Traum vermittelten Theophanie tritt die

---

[27] Vgl. O. Kaiser, נדר, 261-274.

Bedeutung Isaaks, der ja noch vor seinem Weggang die Segensübergabe antizipiert hatte (28,1.3-4), völlig zurück. Schon vor dem Tod Isaaks ist Jakob in den beiden Erzählungen von der Aussendung des Sohnes (27,46-28,5) und der Gottesbegegnung in Bethel (28,10-22) als der rechtmäßige Nachfolger eingesetzt. Deshalb erwähnt die Erzählung auch nicht das Vermächtnis Isaaks, bevor dieser stirbt, wie es von Abraham (25,5-11) und später auch von Jakob (Gen 49) ausdrücklich berichtet wird. Weil diese theologische Ausgestaltung die Erzählung dominiert, ist Gen 28,10-22 in der Endgestalt weder ein ausgeschmücktes Itinerar noch eine Kultgründungssage[28], sondern eine theologische Erzählung, die berichtet, wie der Segen und die Verheißungen nun auf Jakob als den prätendierten Stammvater Israel übergehen[29]. Äußerlich nutzt die Erzählung die vorangehende doppelte Notiz vom Aufbruch und die Umbenennung des Ortes, um das Geschehen in die Reise Jakobs einzubinden und die Szene lokal zu verankern[30].

Gen 29,1-30

Die nächste Szene beginnt mit einem erneuten Ortswechsel des Protagonisten (29,1). Jakob zieht von einem nicht näher bezeichneten Ort zu den בני־קדם. Das ist die Einleitung zu den Erzählungen, die sich um Jakob und Laban ranken. Die erste Erzählung ist in drei Szenen (1. V [1]2-8; 2. V 9-14a; 3. V 14b-30) aufgebaut. Gleich nach der narrativen Exposition (29,1), die auch als Überleitung vom Vorangehenden fungiert, wird die erste Szene (V 1-8) eröffnet. Sie beschreibt Jakobs Ankunft bei den am Brunnen versammelten Hirten und Jakobs Gespräch mit ihnen. Die Hirten treten nicht in den Vordergrund. Als Nebenpersonen bleiben sie anonym. Erzählerisch dienen sie nur dazu, den Auftritt der zweiten Hauptperson, Laban, vorzubereiten. Das ist auch der Inhalt des kurzen Dialogs zwischen Jakob und den Hirten (29,2-8).

Noch vor der Begegnung Jakobs mit Laban, tritt, zur Überraschung des Lesers, in der zweiten Szene (V 9-14a) dessen Tochter Rahel auf. Nun teilt der Erzähler mit, wie Jakob die Hirtin Rahel sieht und als seine eigene Base erkennt, ihr hilft, das Vieh zu tränken, sie erst dann herzlich begrüßt und

---

[28] So H. Gunkel, Genesis, 321-322; E. Blum, Komposition, 25-35.

[29] Vgl. W. Gross, Jakob, 321-344.

[30] Vgl. C. Westermann, Arten der Erzählung, 83-85; ders., Genesis II, 550-552; A. de Pury, Promesse divine, 201-207, 448-449, 611-614; G.W. Coats, Genesis, 208; E. Otto, Jakob in Bethel, 165-190; Chr. Levin, Der Jahwist, 216-220.

sich als ihr Verwandter zu erkennen gibt (V 9-12). Rahel läuft, ihren Vater zu holen. Somit leitet V 12b zum nächsten Bild über, in dem sich nun Onkel Laban und Neffe Jakob zur Begrüßung gegenüberstehen (V 13-14a). Mit der Identitätsformel אך עצמי ובשׂרי אתה in V 14a wird Jakob als gleichwertiger Blutsverwandter in die Sippe Labans aufgenommen.

V 14b leitet mit einem Imperfectum consecutivum das neue Thema, die dritte Szene ein (V 14b-30). Was in der Zwischenzeit geschehen ist, interessiert den Erzähler nicht. Die Frage Labans nach dem angemessenen Lohn für Jakob (V 15) bringt das Motiv für die weitere Erzählung. An dieser Stelle muß der Erzähler nachtragen, was der Leser nicht wissen kann: Laban hat zwei ungleiche Töchter. An der jüngeren hat Jakob inzwischen Gefallen gefunden (V 16-17). Als Brautpreis will er sieben Jahre um Rahel dienen (V 18). Mit der Einwilligung Labans, die gegen die Tradition verstößt – was Jakob aber offensichtlich nicht weiß, obwohl er es eigentlich wissen müßte (V 26) –, ist die Konstellation für die weitere Erzählung gegeben. Ihr Spannungsbogen reicht vom Ausgangspunkt (V 14b-20), über die vom Betrug Labans hervorgerufene Komplikation (V 23-27) bis zum glücklichen Ausgang der Erzählung (V 28-30). Die Töchter Labans sind also der Anlaß für die Vereinbarungen zwischen Laban und Jakob.

Im Gang der Komposition hat die Erzählung eine doppelte Funktion: Einerseits bereitet sie den nun folgenden Gebärwettstreit zwischen Jakobs Frauen (und deren Leibmägden) vor (29,31-30,24), der wiederum zur Mehrung der Sippe Jakobs führt; äußerlich ist dieser Reichtum nichts anderes als der Ausdruck des Segens Jahwes und der partiell erfüllten Mehrungsverheißung (12,2; 15,5). Andererseits schafft die Erzählung beim Leser Verständnis für die nachfolgende Geschichte vom betrogenen Betrüger, aber auch der racheartige Betrug kann nur dank des göttlichen Segens gelingen (30,25-43).

Gen 29,31-30,24

Eine erneute Komplikation bildet den Auftakt der Erzählung (29,31-30,24): Nach einem Gottesurteil bleibt der Schoß von Jakobs geliebter Frau Rahel geschlossen, die ungeliebte Lea dagegen ist fruchtbar (29,31). Daraus entspinnt sich die Rivalität zwischen den Frauen Jakobs (30,1.8). Nur die Geburt möglichst vieler Söhne bringt der Frau Ehre in der Sippe ein (so Hi 42,13-17).

Der ganze Text hat durch seine starke Strukturierung den Charakter einer genealogischen Erzählung, die durch das Motiv des doppelten Gegensatzes zwischen der geliebten, aber unfruchtbaren Rahel und der ungeliebten, aber fruchtbaren Lea ausgeschmückt ist. Auffällig ist, daß die Namen der

Söhne etymologisch gedeutet werden, der des einzigen Mädchens Dina dagegen nicht. Aber die Notiz von der Geburt Dinas ist nur deshalb mitaufgenommen (30,21), um die Erzählung von Gen 34 vorzubereiten.

Dem kunstvollen Aufbau der Erzählung mit der Exposition des Konfliktes (29,31), der Steigerung (30,1), der vorläufigen Entspannung (30,6) und der endgültigen Lösung des Konflikts (30,22-24) entspricht ihre sachliche wie historische Fiktivität. Sachlich ist es beispielsweise sehr verwunderlich, daß bei zwölf Geburten von vier Frauen weder ein einziges Kind noch eine Mutter als Wöchnerin stirbt. Nicht einmal von Komplikationen bei der Geburt wird berichtet, was aber unter den hygienischen und medizinischen Verhältnissen im 2. Jahrtausend v. Chr. unrealistisch ist. Außerdem ist es höchst verwunderlich, daß elf der zwölf Kinder männlich sind, und mit Dina nur ein Mädchen geboren wird, wovon zudem nur deshalb erzählt wird, weil sie den Anlaß für den novellenartigen Text vom Konflikt mit den Sichemitern (Gen 34) bietet[31].

Inhaltlich betrachtet berichtet die Erzählung vom Gebärwettstreit vom reichen Nachwuchs Jakobs. Doch der Ahnherr Jakob tritt in den Hintergrund. Alleinige Hauptdarsteller sind Lea, Rahel und deren Leibmägde Silpa und Bilha. Theologisch betrachtet erweist sich Jahwe als gerechter Gott: Er bevorzugt die ungeliebte und setzt die geliebte Ehefrau zunächst zurück, wendet sich ihr aber am Ende gnädig zu (30,6.22). Damit erfüllt sich partiell die an Jakob in Bethel ergangene Mehrungsverheißung. Alles in allem ist der Text eine von genealogischen und etymologischen Elementen strukturierte theologische Erzählung, die jeder zeitlichen und räumlichen Bindung entbehren[32].

Gen 30,25-32,1

Gen 30,25 leitet zu den Auseinandersetzungen zwischen Laban und Jakob (30,25-32,1) über. Die Erzählung gliedert sich in sechs Szenen. Die Frage nach dem Fortgang Jakobs wirft wiederum (29,15) das Thema des Lohnes, das die erste Szene (30,25-34) bestimmt, auf. Die zweite Szene (30,35-43) schildert die Hirtenlist Jakobs. Klimaktisch schließt die Notiz von der geschickten List die Erzählung ab (30,43).

Gleichzeitig ist diese Notiz der zweite Teil einer Motivkette, mit der die einzelnen Szenen der Erzählung zusammengehalten werden: Laban ist nur deshalb bereit, Jakob ziehen zu lassen, weil er erkannt hat, daß auf Jakob

---

[31] Vgl. I. Fischer, Die Erzeltern Israels, 26-29.
[32] Vgl. K. Engelken, Frauen, 137-139.

der Segen Gottes liegt. Dieses Motiv verknüpft auch die erste und die fünfte Szene (30,27; 31,42). Darin präludiert die Erzählung schon ein wichtiges Nebenthema, das später erst an Bedeutung gewinnt. Jahwe, der Gott Jakobs, erweist sich als der dem unbekannten Gott Labans überlegene und wahre Gott (31,3.24.29.42). Dieses theologische Motiv zieht sich also durch die ganze Erzählung. Auch in der Notiz von Jakobs Reichtum (30,43), welche die zweite Szene abschließt, ist der göttliche Segen implizit präsent (vgl. Gen 47,7-10), der Reichtum nämlich ist ein Verweis auf den Segen Jahwes. Jakob rächt sich mit einer List für den Betrug Labans, so wird Laban am Ende zum betrogenen Betrüger. Zuvor schon ist der Betrug Labans durch den Kinderreichtum der dem Jakob „untergeschobenen" ersten Ehefrau aufgehoben worden. Daß Jakob die List gelingt, ist ein Ordal, in dem sich erneut die segensvolle Zuwendung Jahwes erweist (30,41-43; 31,12-13)[33].

Die dritte Szene (31,1-18) ist verschachtelt. Sie legitimiert die Hirtenlist Jakobs als Ordal (31,12-13) und weist somit die von den Söhnen Labans erhobenen Vorwürfe (31,2-3) zurück. Gleichzeitig bestätigt sie zweimal mit einer Beistandsverheißung Jahwes (31,3.13) die Absicht Jakobs, nach Kanaan zurückzuziehen. Abgeschlossen wird die von zwei Theophaniereden pointierte dritte Szene durch die Mitteilung, daß sich Jakob mitsamt seiner Sippe und seiner Habe zu Isaak nach Kanaan aufmacht (31,17-18).

Der Bericht von Rahels Diebstahl leitet die kurze vierte Szene (31,19-24) ein. Sie erzählt, daß Rahel den תרפים ihres Vaters stiehlt, Jakob mit aller seiner Habe heimlich flieht – die zweite Fluchtnotiz (1. V 17-18, 2. V 21), Laban ihn einholt und Gott in einer Offenbarung Laban gemahnt, freundlich gegen Jakob zu sein.

Drei Motive dominieren die fünfte Szene (31,25-42): Erstens die heimliche Flucht Jakobs, die eine traditionsgemäße Verabschiedung der Sippen vereitelt (31,26-29), zweitens der Diebstahl des תרפים (31,30-37) und drittens der listig, aber doch rechtmäßig erworbene Reichtum Jakobs (31,38-41). Diese drei Motive bilden das thematische Gerüst für die wegen der Mahnung Gottes, אלהים nicht יהוה (31,24), insgesamt freundliche Auseinandersetzung zwischen Vater und Schwiegersohn. Sie beide sind die Hauptpersonen, auf die sich der Dialog und die Handlung konzentrieren. Ein kurzer Monolog Jakobs faßt dann das Geschehen zusammen. Jakob wirft ein, daß er das Geschick allein dem Beistand seines Gottes verdankt (31,42).

---

[33] Vgl. G.W. Coats, Genesis, 209-223.

Die letzte, sechste Szene (31,43-32,1) ist sehr brüchig[34]. Das Ziel der Szene ist der durch die מצבה und den גל symbolisierte ברית, der Nichtangriffspakt, zwischen Laban und Jakob. Die Notiz von der friedlichen Verabschiedung Labans von seinen Töchtern und Kindeskindern schließt die Szene ab (32,1). Nun tritt auch der Schwiegervater Laban endgültig von der Bühne ab. In der weiteren Erzählung spielt er keine Rolle mehr.

Gen 32

Die unvollständig ausgebildete Wegenotiz in Gen 32,2a leitet einen neuen Teil der Jakobserzählungen ein (V 2-22). Kaum aber hat sich Jakob auf den Weg gemacht, wird die Erzählung von einer kurzen Episode unterbrochen. Eingeschoben ist als Fragment die Benennung Maḥanajims (32,2b-3). Ob es sich um die Rudimente eines alten *Hieros logos* handelt, ist überaus fraglich. Als Interpolation stört der Text sichtlich den Gang der Geschichte[35].

Mit V 4 geht die Erzählung (32,2-22) unmittelbar zum eigentlichen Thema über: Zu Jakobs Vorbereitung der Begegnung mit seinem Zwillingsbruder Esau, den er seit seinem listigen Betrug (27,1-45) nicht mehr gesehen hat. Auf der Erzählebene muß der Vorfall mindestens zwanzig Jahre zurückgelegen haben (31,38). Die erste Szene (32,4-13) berichtet von der Aussendung der Boten zu Esau. Aus Furcht vor seinem Bruder teilt Jakob seine Sippe und seine Habe vorsorglich in zwei Gruppen auf, damit er bei einem Sieg Esaus nicht alles verliert. Abgeschlossen wird die erste Szene von einem eindringlichen Gebet Jakobs (32,10-13), in dem er Jahwe um den erneuten Beistand Gottes und die Erfüllung seiner Mehrungsverheißung bittet[36].

V 14 leitet die zweite Szene (32,14-22) ein. Jakob bleibt über Nacht allein. Am darauffolgenden Tag bereitet er, taktisch und diplomatisch geschickt, die Begegnung mit Esau vor. Der Bericht von der Ausführung der Vorbereitungen (V 22) schließt die Erzählung ab.

---

[34] Nach wie vor gilt das Urteil A. Dillmanns, Genesis, 355, von 1875: Die „Erzählung über die Bundesschließung V. 45-54, in sich und zusammenhängend u. voll von Doppelangaben, ist sicher das Ergebnis einer Zusammenarbeitung mehrerer Berichte, [... die] auch [...] mehrere Glossen in sich" hat. So spiegelt die Uneinheitlichkeit der sechsten Szene mit der doppelten Benennung (V 47; 48-49) und der doppelten Zeugenschaft (V 50.52) die komplizierte Genese des Textes wider, der nachträglich selbst von geschickten Redaktorenhänden nicht mehr geglättet werden konnte.

[35] Vgl. J. Wellhausen, Composition, 43-45.

[36] Vgl. J. Schreiner, Das Gebet Jakobs, 287-303.

Ohne Überleitung folgt ein Szenenwechsel, mit dem wir uns mitten in der in sich geschlossenen Erzählung vom Kampf am Jabbok (32,23-33) befinden. Formal und thematisch ist die berühmte Erzählung nicht frei von Brüchen. Die Exposition (V 23-25a) führt den Leser in die neue Situation ein. Jakob bricht mit seinem engsten Familienkreis auf. Erwähnt werden nur die Personen, die bislang bekannt sind: Lea und Rahel, deren Leibmägde und die Söhne, Diener erwähnt der Erzähler nicht. Während die Sippe weiterzieht, bleibt Jakob allein zurück. Als die Morgenröte anbricht, ringt mit ihm ein numinoses Wesen, ein Flußdämon, das ihm die Hüfte verrenkt (V 26-27), ihn in Israel umbenennt (V 29) und ihn schließlich segnet (V 30). Danach gibt Jakob dem nicht näher bezeichneten Ort den Namen Pnuel (V 31). Nach der angehängten Ätiologie (V 33) bricht die Erzählung ebenso unvorbereitet ab, wie die Geschichte von Bethel, die auf das Versprechen, ein בית אלהים zu bauen und den Zehnten zu entrichten, hinausläuft (28,22).

Gen 33

Ohne Überleitung schreitet die Erzählung direkt zur Begegnung der Zwillingsbrüder fort (33,1-17). Der rituellen Unterwerfung Jakobs (V 3), folgt unmittelbar die herzliche Begrüßung der Brüder (V 4). Danach lernt Esau Jakobs Frauen, die Leibmägde und die Kinder kennen. Die von kurzen Dialogen der Brüder – alle übrigen Personen bleiben stumm – geprägte weitere Erzählung berichtet dann davon, was die Brüder beratschlagen. Der kohärente Text schließt mit der Notiz, daß sich Jakob und Esau wieder trennen (V 16-17)[37].

Ein Itinerar (V 18) leitet den kurzen Bericht der Ansiedlung Jakobs in Sichem ein, der mit der Errichtung eines Altars (V 20) abschließt[38]. Innerhalb der Komposition ist die Notiz eine Nahtstelle: Sie schließt die Erzählung der Reise Jakobs von Mesopotamien nach Kanaan ab und schafft die Voraussetzung für die nun geschilderten Zwischenfälle in Sichem (Gen 34).

Gen 34

Wiederum wechseln sowohl die Szene als auch das Thema. Ohne Überleitung geht der Text von der Notiz über Jakobs Ansiedlung unmittelbar auf

---

[37] Vgl. J.P. Fokkelmann, Narrative Art, 230-231; G.W. Coats, Genesis, 224-228; E. Blum, Komposition, 140-151.

[38] Vgl. E.A. Speiser, Genesis, 260-261, hält V 18 für eine Glosse von P, V 19-20 für einen Anhang von E; nach Chr. Levin, Der Jahwist, 261-262, ist 33,18-20 eine nichtjahwistische, späte Ergänzung.

Dina über. Die erste Szene (34,1-3) ist die Exposition. Sie bildet den Aus-gangspunkt für die ganze weitere, in vier Szenen gegliederte Erzählung. Knapp schildert der Dichter, daß Dina, Leas Tochter, spazieren geht und dabei vom Hiwiter Sichem vergewaltigt wird. Dies ist der Anlaß für die folgenden Auseinandersetzungen zwischen Israel und den Hiwitern. Ein unbeschnittener Nichtisraelit, ein Angehöriger einer fremden Volksgruppe, einer fremden Religionsgemeinschaft überwältigt die Tochter Israels. Die mit diesem Grundmotiv verbundenen Implikationen sind der Leitfaden für die Erzählung. Weil Sichem aber aufrichtiges Gefallen an Dina gefunden hat (V 3), möchte er sie heiraten. Damit ist das Thema der zweiten Szene präludiert.

Die zweite Szene (V 4-19) schildert nun den vergeblichen Versuch Hamors, Sichems Vater, den Heiratshandel zwischen Sichem und Dina erfolgreich durchzuführen. Am Ende der Verhandlungen ist der Hiwiter Sichem sogar bereit, sich der radikalen Forderung der Israeliten zu beugen und sich beschneiden zu lassen (V 19).

Aber nicht nur die Beschneidung des Bräutigams ist gefordert, sondern sogar die aller männlichen Hiwiter. So wird die Angelegenheit in der dritten Szene (V 20-24) zu einer *res publica* (V 20). Hamor und Sichem reden mit den Männern von Sichem im Tor. Geschickt malen sie den Sichemitern die Vorteile der Beschneidung als Akt der Verschwisterung der beiden Völker aus. Ohne Zögern erklären sich die Sichemiter bereit, sich beschneiden zu lassen (V 24). Damit ist die dritte Szene abgeschlossen.

Eine Zeitangabe und der Wechsel der Person markieren den Anfang der vierten Szene (V 25-31). Eigentlich sind die von Jakob und seinen Söhnen gestellten Bedingungen nun erfüllt, im Rahmen der Hochzeitsfeierlichkei-ten könnte die Verbrüderung vollzogen werden. Aber der Gang der Erzäh-lung nimmt eine jähe Wendung, die in V 7b.14 schon angeklungen ist. Die Brüder finden sich mit der נבלה (V 7), der חרפה (V 14) nicht ab. Sie üben Rache. So ist die Vergeltung der Brüder Simeon und Levi das Thema der vierten Szene (34,25-31). Die rhetorische Frage am Ende (V 31) rundet die novellenartige Erzählung klimaktisch ab. Auf diese unbeantwortete Frage muß sich der Leser die Antwort selbst geben[39].

---

[39] Vgl. ausführlich I. Fischer, Die Erzeltern Israels, 231-233; A. Kuenen, Dina und Sichem, 255-276; A. de Pury, Genèse XXXIV, 5-49; M. Sternberg, The Poetics of Biblical Narrative, 444-481.

Gen 35

Eine Aufforderung Jahwes (35,1), die in keinerlei Beziehung zur vorangehenden Geschichte steht, leitet die nächste Erzählung ein (35,1-15): Jahwe
fordert Jakob auf, nach Bethel zu ziehen und dort einen Altar zu bauen
(V 1). Mit dieser Aufforderung ist das Thema der Erzählung vorgegeben.
Die erste Szene (35,1-5) berichtet davon, wie sich die Sippe Jakobs auf
die Pilgerreise nach Bethel vorbereitet. In der zweiten Szene (V 6-7) werden
ihre Ankunft und Altarbau in Bethel erzählt (V 6-7). Eingeschoben ist ein
kurzer Bericht vom Tode Rebekkas (V 8). Er wirkt wie ein Implantat, das
den Gang der Erzählung empfindlich stört. Mit der Theophanierede Jahwes
(V 9) beginnt die dritte Szene (V 9-15), die dann von der Installation des
Kultes erzählt. Die erneute (28,19) Benennung des Kultortes in Bethel
schließt die Erzählung ab (V 15).

Das für ein Itinerar typische ויסעו leitet den folgenden Abschnitt (V 16-
20) ein. Jakob und die Seinen ziehen von Bethel fort (35,16a). Bei der
Geburt ihres Sohnes Benjamin stirbt Rahel und wird in Efrata begraben
(V 16b-20). Eine zweite Wegenotiz, wiederum mit ויסע eingeleitet, berichtet davon, daß Jakob nun bei Migdal Eder siedelt (V 21). Ohne erkenn-
baren Zusammenhang ist eine Notiz von der Schandtat Rubens angehängt
(V 22a)[40].

V 22b leitet die vom Kontext isolierte Liste von den zwölf Söhnen Jakobs ein. Aus zwei Gründen hat die Liste in der Komposition hier ihren
Platz: Weiter vorne konnte sie nicht eingefügt werden, weil die Geburt des
jüngsten Sohnes Benjamin erst jetzt (35,18) berichtet worden ist; dahinter
folgt nur noch der kurze Bericht von Isaaks Tod. Die Liste unterscheidet
sich von den תלדות dadurch, daß sie eine an den Müttern (und deren
Leibmägden) orientierte horizontale Aufzählung der Söhne ist und nicht,

---

[40] G.W. Coats, Genesis, 242-243, zieht die Wegenotiz und den Bericht von der Schandtat Rubens (V 21-22a) als einen Abschnitt zusammen, dessen Gattung er Anekdote
nennt. Dagegen sprechen aber verschiedene Gründe: Erstens stehen die Texte weder in
einem syntaktischen noch in einem inhaltlichen Zusammenhang. V 21 ist ein Itinerar
und V 22a ein eigenständiger Bericht. Beide Verse haben ein unterschiedliches Subjekt. Das alleinige Subjekt von V 21 ist Israel, das von V 22a Ruben. Sicherlich ist der
angehängte V 22a auf die Wegenotiz abgestimmt. V 22aα versucht auf den Bericht von
der Schandtat Rubens überzuleiten. Keinesfalls ist die Textsorte als Anekdote zu bestimmen, dafür fehlen ihr alle notwendigen Charakteristika. Alleiniger Zweck der Erzählung ist es, das Vergehen Rubens gegen den Vater zu berichten, um so die Degra-
dierung des Erstgeborenen (Gen 49,3-4) zu begründen. Und hier, vor dem Ende der
Jakobserzählungen, die nur noch die Liste der Söhne und den Bericht von Isaaks Tod
beinhalteten, war der beste Ort, die Notiz einzuschieben.

wie die תלדות, ein an den Vätern ausgerichteter vertikaler Stammbaum der
Söhne[41].

Ohne Zierrat berichtet der letzte Abschnitt der Jakobserzählungen von
der Heimkehr Jakobs zu seinem Vater Isaak und von dessen Tod und
Begräbnis (35,27-29). Die Notiz vom ordnungsgemäßen Begräbnis des
Patriarchen ist die erste Szene, in der die drei Protagonisten – Isaak, Esau
und Jakob gemeinsam auftreten (V 29b). Damit sind die Zwillinge aus der
Sohnespflicht entlassen. Nach hinten ist der kurze Bericht von den תלדות
Esaus (Gen 36,1) begrenzt. Hier enden die Erzählungen vom Geschick
Jakobs, der allerdings erst aus dem Geschehen abtritt, nachdem sich trotz
mancher Bedrohung der Segen Jahwes auch an seinen Söhnen erwiesen hat
(Gen 48; 49; 50,20-21).

3. Die Komposition der Jakobserzählungen

a) Vorbemerkung

Die Jakobserzählungen setzen sich aus verschiedenen Gattungen zusammen, die keine einheitliche Textgestalt ergeben. Das Ziel der vorgelegten
Analyse ist es, die Struktur der Gesamterzählung in ihren disparaten Se-
quenzen zu beschreiben. Es geht darum, nach formalen und inhaltlichen
Kriterien möglichst große kohärente Textabschnitte zu markieren, um an-
schließend nach ihrer angemessenen Bezeichnung zu fragen. Bis auf die
kurze Liste der Söhne Jakobs in Gen 35,22b-26 und einige Kleingattungen
beinhalten die Jakobserzählungen nur epische Gattungen. Obwohl das Alte
Testament selbst einige Texte mit Gattungsbezeichnungen versieht[42], hält
es sich bei der Bezeichnung seiner erzählenden Prosa völlig bedeckt. Deshalb ist die alttestamentliche Wissenschaft darauf angewiesen, prosaische
Texte mit dem ihrem Wesen entsprechenden Begriffen zu kennzeichnen,
um sie so sinnvoll voneinander unterscheiden und mit anderen Texten
vergleichen zu können.

b) Einzeltext und Gattung

Die *Mythe*, die wir als sinnstiftende, die Welt erschaffende und deutende
Erzählung definiert haben[43], kommt als Gattung in den Jakobserzählungen

---

[41] Vgl. I. Fischer, Die Erzeltern Israels, 48-49; H. Utzschneider, Patrilinearität, 60-97.
[42] Vgl. S. 63-64.
[43] Vgl. S. 85-87.

nicht vor. Aber in einigen Erzählungen klingen mythische Motive an. Schon
die Geburtsgeschichte der Zwillinge und deren durch das im Orakel prälu-
dierter Werdegang haben mythische Züge (Gen 25,19-26). Das Motiv der
im Mutterleib streitenden Zwillinge, das vom Orakel gedeutet wird, ist in
griechischen und indianischen Mythen ebenso bekannt wie in den Isländer
Sagas[44]. Ebenso hat die Erzählung von Jakob in Pnuel (Gen 32,23-33)
deutlich mythische Züge. Der Ringkampf Jakobs mit dem numinosen
Wesen, einem (Fluß)Dämon, der ihn beim Überschreiten des Jabbok hin-
dern will, ist ein mythisches Motiv, für das es im animistischen Dämonen-
glauben Parallelen gibt. Ein Ringkampf zwischen einem Menschen und
einem gottähnlichen Wesen ist uns auch aus der griechischen Mythologie
bekannt[45]. Neben diesen mythischen Motiven einzelner Texte kommt die
Mythe als ungebrochene literarische Gattung in den Jakobserzählungen
nicht vor. Sie verträgt sich nicht mit dem monotheistischen Bekenntnis zu
Jahwe. Deshalb kann sie, selbst wenn Israel Mythen gekannt und erzählt
hat, nicht in die Heilige Schrift des Judentums aufgenommen worden sein.
Übrig bleiben nur mythische Reste einer vielleicht einmal ausgeprägten
Gattung[46].

Eine phantasiereiche Erzählung, die ein räumlichzeitlich ungebundenes
Geschehen entfaltet, das von einer ausweglosen Situation bis zu einem glücklichen Ende führt, eine solche Gattung, die wir *Märchen* genannt haben,
kennt das Alte Testament nicht[47]. Das ist auch das Ergebnis H. Gunkels
gewesen[48], der, nachdem er im Alten Testament etliche Spuren des Märchens entdeckt hat, nüchtern resümiert: *„die Bibel* [enthält] *allerdings kaum
irgenwo ein Märchen"*[49]. Für die Jakobserzählungen können wir das „kaum
irgendwo" Gunkels präzisieren. Sie enthalten kein einziges Märchen, ja
nicht einmal Kennzeichen (Wesensmerkmale, Motive, Requisiten oder Stoffe) des Märchens, wohl aber Elemente der Mythe und, wie wir noch sehen
werden, der Sage. Gunkel begründet auch, warum das Alte Testament kei-

---

[44] Vgl. S. Thompson, Motif-Index, A 1610.2, F 601.5, N 255, T 575.1.3, T 587; J.
Frazer, Folklore, 172-179.

[45] Vgl. H. Gunkel, Genesis, 359-363.

[46] Vgl. A. Butterweck, Jakobs Ringkampf am Jabbok, 1981, zur jüdischen Auslegung von
Josephus, Philo, über die Targume, den Talmud bis ins Hochmittelalter.

[47] Vgl. M. Lüthi, Das europäische Volksmärchen, 5-12, 98-114, hat darauf hingewiesen,
daß forschungsgeschichtlich die Gattung am europäischen Volksmärchen entwickelt
worden ist und nur unzureichend auf andere fiktive, eindimensionale Erzählungen
übertragen werden kann.

[48] Vgl. H. Gunkel, Das Märchen im Alten Testament, 179-188.

[49] H. Gunkel, Das Märchen im Alten Testament, 23.

ne Märchen kennt: „Der hohe und strenge Geist der biblischen Religion hat das Märchen *als solches* fast an keinem Punkte ertragen, und diese seine beinahe *vollständige Ausrottung* aus der heiligen Überlieferung *gehört mit zu den großen Taten der biblischen Religion*"[50].

Die *Sage* haben wir eine Erzählung genannt, die von einem besonderen Ereignis oder einer besonderen Person berichtet. Sie haftet an einem geographischen oder geschichtlichen Anhaltspunkt. Die in sich geschlossene, prosaische Form lenkt nicht durch viele Personen, Requisiten oder Nebenhandlungen von dem ab, was sie erzählen will; sie konzentriert sich auf das Wesentliche. Als mündliche Erinnerung wird die Sage in der Familie oder im Clan überliefert. Wenden wir diese Kriterien auf die Jakobserzählungen an, so sehen wir, daß sie keine „Sammlung von Sagen"[51] sind. An einigen Beispielen wollen wir diese Behauptung belegen:

Gen 34

Als erstes Beispiel wählen wir die Zwischenfälle in Sichem (Gen 34,1-31)[52]. Wie schon J. Wellhausen erkannt hat[53], handelt es sich bei dem Text auf der Folie des Familienkonfliktes um eine völkerrechtliche Auseinandersetzung zwischen den Israeliten und Hiwitern. Wenn wir uns nun den Aufbau, die Szenenfolge, die Motive, Requisiten und das Thema der Erzählung vergegenwärtigen, wird sehr bald deutlich, daß es sich nicht um eine Sage, sondern um eine literarische Erzählung handelt: Zunächst gliedert sich der Text in mehrere Szenen, die inhaltlich miteinander verknüpft sind. Die Vergewaltigung Dinas bietet den Anlaß für die Auseinandersetzung der Israeliten mit den Hiwitern. Anders als die Sage ist diese theologische Komposition in mehreren Szenen aufgebaut, in der jeweils unterschiedliche Personen auftreten (1. Dina – Sichem, V 1-3; 2. Hamor, Jakob, Söhne, V 4-19; 3. Hamor, Sichem, Bürger von Sichem, V 20-24; 4. Simeon, Levi und die Sichemiter, V 25-31). An jedem einzelnen Ereignis, das in diesen Szenen berichtet wird, hätte die Sage schon genug, da sie nur von einem Ereignis erzählt. Die Vergewaltigung Dinas oder die Vergeltung der Brüder wären schon reichlich Stoff für zwei Sagen.

---

[50]   H. Gunkel, Das Märchen im Alten Testament, 23. – Vgl. F. Ahuis, Märchen, 455-476; H.-J. Hermisson, Altes Testament und Märchen, 299-322.

[51]   H. Gunkel, Genesis, VII.

[52]   Vgl. S. 227-228.

[53]   J. Wellhausen, Composition, 45-48. – Vgl. A. Kuenen, Dina und Sichem, 255-276, zur Kritik an Wellhausen und Dillmann.

Die Eindimensionalität, in der sich die Sage auf ein Ereignis konzentriert, kennt diese Erzählung nicht. Die äußere Dimension sind die Vergewaltigung Dinas und die Vergeltung durch ihre Brüder, eine mögliche historische sind politische Streitigkeiten Israels mit Sichem. Eine dritte theologische Dimension tritt dann in der Endgestalt der Erzählung deutlich hervor: Es geht um die Überlegenheit des monotheistischen Jahweglaubens gegenüber der nicht näher beschriebenen Religion der Sichemiter. In der Auseinandersetzung zwischen Jakob und Hamor, zwischen Israel und Sichem spiegelt sich der Konflikt um die wahre Religion wider. Das vorläufige Ergebnis ist, daß sich die unbeschnittenen Sichemiter den beschnittenen Israeliten beugen (Gen 34,24); das endgültige Ergebnis ist, daß sich Israel nicht mit den Sichemitern verbrüdert und sich in der aus Israels Sicht gelungenen Vernichtung der Sichemiter Jahwes Macht manifestiert (Gen 34,25-31). So entspricht die Erzählung auf der theologischen Ebene genau den Forderungen des Abrahambundes; alles Männliche soll beschnitten oder, wenn nicht beschnitten, dann getötet werden (Gen 17,10-14). Diese Vieldimensionalität und zudem theologische Intention der Erzählung sind der Sage fremd.

Aber auch andere formale und inhaltliche Kriterien zeigen, daß es sich nicht um eine Sage handelt. Wie wir bereits sagten, ist eine Sage, die in etwa den Umfang von Gen 34 hat, nicht in verschiedenen Szenen komponiert. Gen 34 aber setzt sich aus vielen Szenen zusammen, die sogar an verschiedenen Orten – im Freien (V 1), in der Siedlung (V 6), im Tor (V 20) und in der Stadt Sichem (V 25) – spielen, derartige Ortswechsel kennt die einzelne Sage nicht. Außerdem treten in ihr nicht so viele gleichwertige Personen auf. Größtenteils besteht die Erzählung aus Dialogen, die mit kurzen, narrativen Elementen verwoben sind, was einen wesentlichen stilistischen Unterschied zur mündlichen Erzählung darstellt[54].

Einige Motive der Erzählung sind durchaus sagenartig, beispielsweise der eingestreute Bericht von Dinas Vergewaltigung oder die Darstellung der ausgeübten Vergeltung, andere Elemente sind dagegen völlig untypisch. Die langen Verhandlungen der Israeliten mit den Sichemitern und die anschließende Schilderung der Szene im Tor passen in ihrem langatmigen Ductus nicht für die Sage. Aus der Sicht der Dichter erzählt Gen 34 für den Leser kein erfundenes oder unglaubwürdiges Geschehen, sondern eine hi-

---

[54] Offensichtlich liegt in Gen 34 ein doppelter Erzählfaden vor, der einerseits einen Familienkonflikt und andererseits eine völkerrechtliche Auseinandersetzung zwischen den Söhnen Israels und Hamors schildert (so schon J. Wellhausen, Composition, 45-48; sowie C. Westermann, Genesis II, 651-654).

storische Begebenheit. Rückt man den paradigmatischen Charakter des Textes in den Vordergrund, so können wir Gen 34 als spöttischen Ausdruck der Abgrenzung von den Kanaanäern verstehen, die gleichzeitig die vorrangige Stellung Israels (und seines Gottes, so dann Jub 30,23) dokumentiert[55]. Daß sich die Erzählung überlieferungsgeschichtlich aus den Stammessprüchen (Gen 49,5) speist, ist bei der späten Abfassung von Gen 49 überaus fragwürdig[56].

Gen 35,1-15

Ein weiteres Beispiel ist die zweite Erzählung von Bethel (Gen 35,1-15), die sich in drei, von einer eingeschobenen Notiz (V 8) unterbrochene Szenen (1. V 1-5; 2. V 6-7; 3. V 9-15) gliedert. Bei genauer Lektüre des Textes bemerkt der Leser, daß der oberflächig kohärente Text eigenartige Spannungen und Wiederholungen, ja bei einer kritischen Lektüre sogar Widersprüche in sich birgt. Wenn wir wiederum von der Sage als einem geschlossenen Typus ausgehen, so fällt sofort auf, wie viele kleine Szenen und Überlieferungen, Motive und Textsorten hier miteinander verwoben sind. Nacheinander stehen: Theophanierede, Beseitigung der Götzen, Aufforderung zum Aufbruch, Altarbau, Umbenennung des Kultortes, eingeschobene Notiz von Deboras Tod und Begräbnis, Gotteserscheinungen, Umbenennung Jakobs in Israel, Verheißungen Jahwes, Errichtung der Mazzebe und Benennung von Bethel. Eine derartige Vielfalt einzelner, teilweise unabhängiger Szenen und Gattungen kennt die Sage, die ja das Besondere liebt, nicht. So ist die Erzählung von Bethel sowohl nach stofflichen als auch nach szenischen Kriterien schon formal keine Sage. Auch die zweifache Institutionalisierung eines Heiligtums, mit der die Benennung des Kultortes einhergeht, ist weder additiv noch supplementär zu erklären (V 14a.b). Außerdem kennt die Sage die für diese Erzählung so markanten Theophaniereden mit der Beauftragung Jakobs und den widerholten Verheißungen nicht. Allein solche Zusätze sprengen schon das Genre. Konnten wir bei unseren bisherigen Betrachtungen die Folgen der genetischen Tiefe der Texte ignorieren, so zeigt sich nun, daß sie an einigen Stellen unübersehbar ist.

An einem Text wie Gen 35,1-15 zeigt sich, daß wir es nicht mit mündlicher Überlieferung zu tun haben, die unverändert verschriftet worden ist. Vielmehr tragen die Erzählungen deutliche Spuren eines permanenten lite-

---

[55] Vgl. I. Fischer, Die Erzeltern Israels, 231-233.
[56] Vgl. E. Blum, Komposition, 260-263.

rarischen Prozesses, der durch Verschriftung, Redaktion und Fortschreibung bestimmt ist. Daraus folgt für die literarische Gattung: Sagen können als mündliche Einzelüberlieferungen in der überlieferten Endgestalt nicht auftauchen. Jetzt erst wird deutlich, warum, analog zu Mythe und zum Märchen, die Jakobserzählungen keine wirklichen Sagen enthalten können. Ihre literarische Genese erlaubt diese Form nicht, denn die Jakobserzählungen bestehen in ihrer Endgestalt nur als Komposition aus einzelnen Erzählstücken, die von verschiedenen Redaktionen zu einer Gesamtkomposition ausgestaltet worden sind. So können in den Jakobserzählungen maximal sagenartige Motive konserviert worden sein.

Hinzu kommt die theologische Dimension der Erzählung. Es ist eine von Theophaniereden und Etymologien durchzogene theologische Erzählung, die in ihrer finalen Form vier Motive in Beziehung zueinander setzt: Erstens erzählt sie, wie Israel sich von den fremden Göttern befreit (V 2-4), zweitens berichtet sie von der Umbenennung des Stammvaters in Israel (V 10), drittens von der erneuerten Mehrungs- und Landverheißung (V 11-12) und viertens von der Institutionalisierung des Kultes in Bethel (V 7.14-15). Alle vier Motive, welche die zentralen Themen in der Geschichte Israels mit Jahwe ansprechen, haben einen ausschließlich theologischen Charakter: die Monolatrie Jahwes, die Erhebung Jahwes zum Volksgott, der Segen Jahwes und der Kultus. Gleichwertig stehen diese Grundpfeiler der israelitischen Religion in der Erzählung nebeneinander, auch wenn die zweite Notiz vom eingerichteten Kultus dadurch ein besonderes Gewicht erhält, daß die Erzählung klimaktisch auf sie hinausläuft.

Nach G.W. Coats ist Gen 35,1-7 ein *Hieros Logos* des Jahwisten[57] und Gen 35,9-15 ein *Hieros Logos* der Priesterschrift[58]. Eine solche Heiligtumslegende erzählt von der Entstehung eines Kultortes. Gerade das aber ist, wie wir gesehen haben, nur eines der vielen Motive der Bethelerzählung(en). In seiner Endgestalt ist Gen 35,1-15 eine allein nach theologischen Kriterien ausgestaltete Erzählung mit mehr als einem Skopus, was wiederum nur mit seinem literarischen Wachstum zu erklären ist[59]. Eine Kultgründungserzählung oder Heiligtumslegende ist der Text in der vorliegenden Fassung nicht.

---

57 Vgl. G.W. Coats, Genesis, 236-238.
58 Vgl. G.W. Coats, Genesis, 239-240.
59 Vgl. E. Blum, Komposition, 61-65, 204-209, 265-268; Chr. Levin, Der Jahwist, 259-264.

Gen 26,12-33

Schließlich müssen wir noch zwei prosaische Gatttungen behandeln, die besondere Kennzeichen aufweisen: Die *Genealogie* und das *Itinerar*. Gen 26 erzählt von Jakobs Auseinandersetzungen mit den Philistern. Die zweite und dritte Szene (2. V 12-22; 3. V 23-33) ist deutlich von einigen Brunnennotizen und Wegenotizen durchzogen. Die urspünglich zu einem Itinerar gehörenden Brunnennotizen hält C. Westermann für den Kern der Erzählung, der dann später noch ausgestaltet worden sei[60]. Auf der Textoberfläche sind die Notizen deutliche Strukturmerkmale. Die Erzählung schreitet von einem, meistens unvollständig ausgeprägten Itinerar zum nächsten und von dort zur Brunnennotiz voran. Die der Brunnennotiz angehängte Etymologie ist wiederum ein theologisches Interpretament. So setzt sich die zweite und die dritte Szene der Erzählung aus fünf kompositionellen Elementen zusammen: Eine Grobstruktur geben die Itinerare vor, die Brunnennotizen erläutern den Konflikt, den die angehängte Etymologie des Brunnennamens theologisch deutet. Ausgestaltet ist dieses Gerüst von narrativen Elementen, die auch kurze Dialoge beinhalten. Gekrönt wird die Erzählung schließlich von der theologischen Interpretation: Nur weil Jahwe Isaak beisteht, und die Philister dessen Macht anerkennen, kommt es zu einem Bund zwischen den Fremdlingen und den Philistern, der ihnen den Zugang zum lebensnotwendigen Wasser garantiert (V 28-33). In der vorliegenden Gestalt handelt es sich also um eine narrativ und theologisch ausgefeilte Erzählung. Gen 26,12[17]-33 ist nicht, wie G.W. Coats meint[61], ein Itinerar, sondern eine theologische Erzählung. Bei den Wegenotizen greift der Dichter wohl auf ihm (und dem Leser) bekannte Ortschaften zurück. Ob dies auch für die Brunnennotizen gilt, oder ob diese rein deutende Namen enthalten, kann nicht geklärt werden. Für die Gattung der Erzählung sind diese Elemente jedoch nicht konstitutiv.

Gen 29,31-30,24

Der Gebärwettstreit (Gen 29,31-30,24) unterscheidet sich wesentlich von den *Genealogien* der Genesis. Einleitend fehlt die das Geschlecht der Ahnen kennzeichnende Toledotformel ebenso wie die sonst üblichen Angaben zu den Eltern. Schon deshalb ist der Text keine Genealogie, weil er nur die Söhne einer einzigen Generation umfaßt; die für eine Genealogie so typische Filiation der Söhne wird nicht berichtet. Schon diese Unterschiede des

---

[60] Vgl. C. Westermann, Genesis II, 516.
[61] Vgl. G.W. Coats, Genesis, 192-195.

Textes zu den Genealogien der Genesis verdeutlichen, daß die Erzählung von Gen 29,31-30,24 in ihrer Endgestalt keine Genealogie im strengen Sinne ist, sondern eine „genealogical narrative"[62]. Über den Konflikt zwischen der von Jakob geliebten, aber von Jahwe zurückgesetzten Rahel und der ungeliebten, aber von Jahwe gesegneten Lea (Gen 29,31) entwickelt sich die Erzählung, an deren Ende elf der zwölf Söhne Jakobs geboren sind und auch der Streit der Frauen beigelegt ist (Gen 30,23-24).

Notiz, Bericht und Liste

An einigen Stellen sind in die Komposition kurze, in sich geschlossene Texte eingeflochten, die wir je nach Länge entweder *Notiz* oder *Bericht* genannt haben. Wir haben sie deshalb so bezeichnet, weil sie schon ihrem Umfang nach keine vollständigen Erzählungen mit einem Anfang, einer Mitte und einem Schluß sein können. Solche Notizen berichten beispielsweise von Esaus Frauen (Gen 26,34-35; 28,6-9), Deboras Tod und Begräbnis (Gen 35,8) oder von der Schandtat Rubens (Gen 35,22a). Kurze Berichte erzählen, daß sich Jakob bei Sichem ansiedelt (Gen 33,18-20) oder daß Isaak stirbt und *rite* von seinen Söhnen begraben wird (Gen 35,27-29). In beiden Fällen – in Notiz und Bericht – teilen die Texte dem Leser einige für den weiteren Verlauf der Komposition folgenreiche Informationen mit. Außerdem stoßen wir in den Jakobserzählungen auf eine einmalige Textsorte: Gen 35,22b-26 bietet eine *Liste* der zwölf Söhne Jakobs.

c) Kleingattungen

Die narrativen Textsorten sind von unterschiedlichen Kleingattungen durchzogen. Als unterscheidbare Genres bilden die kurzen Texte die kleinsten Bausteine der epischen Kurzform. Im Märchen und der Sage sind Sprüche, Etymologien, Reime, Orakel und Gebete ebenso zu Hause wie in den Jakobserzählungen. Gerade diesen Gattungen gilt unser besonderes Interesse, weil sie formal dafür vorzüglich geeignet sind, lange Zeit relativ unverändert zu überdauern. Auch untersuchen wir, ob es sich um ursprünglich selbständige Gattungen handelt, oder ob diese Texte erst auf ihren Kontext hin geschrieben worden sind. Um die vielen Kleingattungen systematisch besprechen zu können, haben wir sie in drei Gruppen gebündelt: 1. diejenigen, deren Subjekt Gott ist, 2. diejenigen, deren Subjekt der Mensch ist und 3. die vermischten Kleingattungen.

---

[62] Vgl. R.R. Wilson, Genealogy, 184.

Gottesreden

Als erste Gruppe können wir die Texte herauslösen, in denen Jahwe redet: An einigen entscheidenden Stellen greift er unmittelbar ins Geschehen ein. Zuerst erscheint er Rebekka, dann offenbart er sich wiederholt Isaak und später Jakob, einmal sogar Laban. Wenn sich Jahwe zeigt, hat er etwas Wichtiges mitzuteilen. Für die Erzählung ist die göttliche Nachricht immer richtungsweisend. Die Textsorten der Gottesreden, um die es hier vornehmlich geht, sind sehr unterschiedlich. Die an Rebekka gerichtete Gottesrede (Gen 25,22-23) wird gewöhnlich als Orakel bezeichnet. Auffällig ist jedoch, daß die ganze Situation keine Spuren der Gottesbefragung, auf die ein Orakel folgen könnte, mehr aufweist. Nüchtern heißt es im von allen Einzelheiten bereinigten Text וַתֵּלֶךְ לִדְרֹשׁ אֶת־יְהוָה (V 22b). Einzig der *terminus technicus* für die Befragung des Orakels, דרשׁ, gibt einen spärlichen Hinweis auf Rebekkas Vorhaben[63]. Religionsgeschichtliche Details bleiben dem neugierigen Leser vorenthalten. Wo geht Rebekka hin, um das Orakel einzuholen? Wie bringt sie Jahwe zum Reden? Wir erfahren weder die Stätte noch etwas über die Art und Weise, wie sie das Orakel einholt. Somit ist der Sitz im Leben des Orakels, anders als bei der berühmten Szene in 1 Sam 28,3-25, ohne Haftpunkt. Die Geschichte hängt ganz in der Luft. Formal ist das Orakel rhythmisch gebaut, darin ähnelt es dem Segens- und Schicksalsspruch Isaaks (Gen 27,27-29.39-40). In der Sprache des Orakels richtet sich die Gottesrede in der 2. Person Singular direkt an Rebekka, ohne sie jedoch namentlich anzureden. Vorausdeutend nimmt das allgemein gehaltene Orakel den weiteren Verlauf der Jakobserzählungen vorweg. Inhaltlich setzt das Orakel also die Erzählungen voraus. Es ist sehr zweifelhaft, ob das Orakel jemals empfangen wurde, und von ihm dann später erzählt worden ist. Die allgemein formulierte Form des Textes, seine Nähe zum Segens- und Schicksalsspruch in Gen 27,27-29.39-40 und jede fehlende Spur eines konkreten Haftpunktes legen nahe, daß es sich nicht um ein wirkliches, von Rebekka eingeholtes Orakel, sondern um eine nachträglich konstruierte, den Jakobserzählungen vorangestellte literarische Deutung handelt[64].

In Gen 31,24 erscheint Jahwe, um Laban zum freundlichen Umgang mit Jakob zu ermahnen (Gen 31,29). Der Eingriff Jahwes in die Auseinandersetzungen zwischen Laban und Jakob garantiert dem Stammvater und seiner Sippe einen friedlichen Abzug. Gen 31,24b ist eine einfach formu-

---

[63] Vgl. S. Wagner, דרשׁ, 313-329.
[64] Vgl. J. Fokkelmann, Narrative Art, 86-89.

lierte Mahnung. C. Westermann nennt sie einen „theologisierende[n] Zusatz"[65]. Von einer Kleingattung kann hier nicht die Rede sein.

Ebenso fällt die *Gottesrede* in Gen 35,1 aus dem Rahmen. Es ist eine an Jakob gerichtete Aufforderung, nach Bethel zu ziehen und dort einen Altar zu errichten. Auch dieser Text ist keine besondere Kleingattung, sondern eine in den Kontext eingepaßte Gottesrede, welche die Erzählung(en) von Bethel motiviert. Eine Sonderform ist die Erscheinung der Engel Gottes in Gen 31,11-13. Zuerst erscheinen Jakob die Engel Gottes im Traum, dann gibt sich der האל בית־אל zu erkennen, der ihn beauftragt, nach Kanaan zurückzukehren.

Alle übrigen Gottesreden sind an Isaak und Jakob gerichtete *Verheißungen* in situativ angepaßter Ausformung. Je nach Bedarf setzt sich der Text aus der Land- und/oder Mehrungsverheißung zusammen, die dann wiederum mit der Beistandsformel ergänzt wird (Gen 28,13-15); oder ein konkreter Auftrag wird mit diesen beiden Verheißungstypen kombiniert (Gen 26,2-5). Einmal ist die Segens- und Nachkommensverheißung mit der Beruhigungsformel verbunden (Gen 26,24), ein anderes Mal wird den Verheißungen noch eine Weissagung angehängt (Gen 28,13-15). In einer Situation, da Jakob nicht mehr auf den Beistand Jahwes angewiesen ist, wird ihm „nur" die Mehrungs- und Landverheißung zugesprochen. Auffälligerweise geht hier den Verheißungen die Umbenennung Jakobs in Israel voran (Gen 35,9-12). C. Westermann hat als erster herausgearbeitet, daß mit diesen eingeschobenen Verheißungen die Jakobserzählungen nachträglich theologisch ausgestaltet worden sind[66]. Während Westermann noch meinte, daß die Verheißungen auf altes Gut zurückgreifen, haben die Arbeiten von E. Blum[67] und M. Köckert[68] von unterschiedlichen methodischen Voraussetzungen her nachgewiesen, daß die Verheißungen theologische Kompositionen einer Redaktion des 6. Jahrhunderts sind[69]. So erweisen sich die Typen von Verheißungen formal als zusammengesetzte theologische Kompositionen, die je nach Situation ausformuliert und in einen bestimmten Textzusammenhang eingesetzt worden sind[70].

---

[65] C. Westermann, Genesis II, 602.

[66] Vgl. C. Westermann, Arten der Erzählung, 32-34.

[67] Vgl. E. Blum, Komposition, 279-301, 339-361.

[68] Vgl. M. Köckert, Vätergott, 313-323.

[69] Vgl. zur Kritik L. Schmidt, Väterverheißungen, 1-27, der die Verheißungen für alt hält.

[70] Vgl. J. Van Seters, Prologue, 215-245.

Insgesamt sind die Gottesreden keine lyrischen Kleingattungen, die einem Orakel oder einem magischem Spruch vergleichbar wären. Als kultische oder religiöse Gebrauchstexte des Alltags sind sie nicht zu erkennen. Es sind literarische Stilisierungen, die für den Kontext der Komposition geschrieben worden sind[71].

Reden von Menschen

Als zweite Gruppe führen wir Kleingattungen an, in denen der Mensch das handelnde Subjekt ist; dabei haben wir zwei Texte Isaaks und zwei Texte Jakobs im Blick: Aus Isaaks Munde hören wir den *Segen* über Jakob (Gen 27,27-29) und später das *Schicksalswort* über Esau (Gen 27,39-40). Für beide Texte gilt, was zuvor schon über das Orakel (Gen 25,23) gesagt worden ist. Es sind keine uralten, womöglich am Kultus überlieferten mündlichen Traditionen, auf die wir hier in verschrifteter Form stoßen, sondern theologische Kompositionen, die gezielt für genau diesen literarischen Ort verfaßt worden sind, an dem sie nun stehen[72].

Zwei weitere bemerkenswerte Kleingattungen stammmen aus dem Munde Jakobs. Beide richten sich an seinen Gott. In Gen 28,20-22 stoßen wir auf das längste *Gelübde* im Alten Testament. Es erzählt die Selbstverpflichtung Jakobs, Gott als den Seinen anzuerkennen, ihm zu dienen und den Zehnten zu entrichten, wenn er ihm auf seiner Reise Beistand gewährt. Da zwei wesentliche Kennzeichen eines Gelübdes (Gebet und Opfer am Heiligtum) fehlen, ist Gen 28,20-22 kein wirkliches Gelübde, sondern eine *Gelübdeerzählung*, der die kultische Legitimation des Zehnten angehängt ist (V 22)[73].

Ganz anders liest sich das *Gebet* Jakobs (Gen 32,10-13). Es enthält in seinem Zentrum eine Niedrigkeitsformel, die eine Bitte Jakobs vorbereitet. Gerahmt ist das Gebet von zwei Anspielungen auf die Land- und Mehrungsverheißung. Aber auch dieser Text ist kein Gebet, das auf eine mündliche Vorform zurückblickt. Es ist eine literarisch brüchige Komposition, die für die konkrete Situation der vermeintlichen Bedrohung der Sippe Jakobs durch Esau geschaffen worden ist[74].

Weitere Gattungen

Die Gattungen der dritten Gruppe sind nicht, wie die der ersten beiden, in direkter, sondern in indirekter Rede verfaßt. Schon das ist ein wesentlicher

---

[71] Vgl. allgemein S.A. Meier, Speaking of Speaking, 19-32.

[72] Vgl. Chr. Levin, Der Jahwist, 213-215, zur literarischen Beurteilung der Texte.

[73] Vgl. O. Kaiser, נדר, 261-274; W. Richter, Gelübde, 21-52.

[74] Vgl. J. Schreiner, Das Gebet Jakobs, 287-303.

formaler Unterschied. Die erste Textsorte besteht aus den *Wegenotizen*. An einigen Stellen sind sie eingeschoben, um die äußere Bewegung der Handlung anzuzeigen. Wenn wir von dem Paradigma des Itinerars (Num 33,3-49) ausgehen, so setzt sich eine vollständige Wegenotiz in der Grundform aus zwei aktiven Verba der Bewegung und den dazugehörigen zwei Ortsangaben zusammen. Das ganze sieht dann so aus: Ort + ויחנו und Ort + ויסעו. Vergleichen wir die Wegenotizen der Jakobserzählungen mit diesem Paradigma, so kommen wir zu dem Ergebnis, daß kein einziges Itinerar vollständig vorliegt. In Gen 26,1 heißt es nur וילך יצחק אל־אבמלך. Diese Notiz benutzt weder das vorgegebene נסע noch ist die Ortsangabe der Angabe von Abimelech nachgestellt; der zweite Teil des Itinerars fehlt ganz. Insofern liegt in Gen 26,1 nicht einmal eine rudimentäre Wegenotiz vor. Der Text berichtet lediglich vom Zug Isaaks zu Abimelech.

Ganz anders klingt Gen 26,17. Dort heißt es וילך משם יצחק ויחן בנחל־גרר. Obwohl der Autor wiederum הלך anstatt נסע gebraucht, ist die zweigliedrige, von den Verben strukturierte Grundform einer Wegenotiz erkennbar. Aber im ersten Glied fehlt die konkrete Ortsangabe, allgemein heißt es משם. Schließlich ist die Form noch durch ein drittes Glied, das direkt zum Vers gehört, aufgelößt. So ist auch Gen 26,17 im strengen Sinne kein Itinerar mehr, es ist lediglich eine unvollständige, erzählerisch ausgestaltete Wegenotiz.

Ähnlich verhält es sich mit den übrigen Wegenotizen der Jakobserzählungen. Nach formalen Kriterien sind es keine Itinerare: Entweder wird nur allgemein der Ortswechsel angezeigt (Gen 26,22 ohne Ortsangabe ויעתק; Gen 26,23 ויעל), oder zwei Verben der Bewegung markieren wiederholt den Aufbruch, aber nicht das Ansiedeln Jakobs (Gen 28,10 ויצא – וילך; Gen 29,1 וישא יעקב רגלו – וילך). In Gen 29,1 fehlen zudem die konkreten Aufenthaltsangaben. In Gen 33,17a erscheint נסע nicht im Imperfectum consecutivum, die Ortsangabe fehlt, und die zweite Hälfte des Itinerars ist wiederum ausgestaltet. Wie wir sehen, kommt das Itinerar in den Jakobserzählungen in vollständiger Form nicht vor, sondern nur literarisch ausgestaltete Aufbruchs- oder Reisenotizen. Folglich können wir keine mündlich vorgeformten Itineraren feststellen, womit sich die Hoffnung auf historische und geographische Anhaltspunkte zerschlagen hat.

Eine weitere Kleingattung bilden die in Gen 26 häufig auftauchenden *Brunnennotizen* (V 15.18.19 20.21.22.25.32). Zwar kennen diese Notizen kein eigenständiges Formular, doch tritt in ihnen wiederholt die Wendung חפר באר auf. Je nach Bedarf ist die Notiz, der immer die Ortsangabe fehlt, durch verschiedene Elemente ausgestaltet. Die Brunnennotizen strukturieren die Erzählung, die von den angehängten Etymologien gedeutet wird

(V 20.21.22.33). Der Zusatz in V 33b עד היום הזה zur Etymologie von Beersheba erhärtet auf dem Höhepunkt der Erzählung die unumstößliche Gültigkeit der biblischen Tradition.

Damit haben wir bereits zwei wichtige Kleingattungen der Jakobserzählungen erwähnt: die der *Etymologie* und der *Ätiologie*. Die Ätiologie begründet, warum etwas so ist, wie es ist[75]. Eine ätiologische Erzählung im strengen Sinne gibt es, wie C. Westermann[76] und B.O. Long[77] richtig erkannt haben, nicht. Aber das hatte selbst H. Gunkel niemals behauptet, zurückhaltend hatte er von ätiologischen Motiven, an einer Stelle von „ätiologischer Sagenart"[78] gesprochen[79].

Nach Gunkel ist die Etymologie ein Sonderfall der Ätiologie. Etymologien sind an vielen Stellen in den epischen Fluß eingeschoben. Gewöhnlich erklären sie Namen (Gen 25,25-26; 26,20.21.22.33; 28,19; 29,32.33.34.35; 30,6.8.11.13.18.20.24; 31,47-49; 32,3.31; 35,18). Einige der Ätiologien deuten darüber hinaus die völkischen Verhältnisse Israels. Zu den Kleingattungen kann man diese ethnologischen Ätiologien nicht zählen, da die Begründung im Kontext der Erzählung gegeben wird (Gen 26,25-33; 31,52)[80]. Geologische Ätiologien im Sinne Gunkels kommen in den Jakobserzählungen nicht vor.

Für die kultische Ätiologie gibt es in den Jakobserzählungen zwei wichtige Beispiele: Am Ende seines Gelübdes (Gen 28,20-22) verspricht Jakob Jahwe, ihm unter bestimmten Voraussetzungen den Zehnten zu opfern. Von einer Institutionalisierung einer geregelten Kultabgabe hören wir nichts. Der Glossator, auf den die Notiz zurückgeht, setzt also voraus, daß der Leser die Zehntpflicht kennt, so daß er Jakobs Verhalten als fromm zu würdigen weiß. Das zweite Beispiel in Gen 32,33 erklärt, warum die Israeliten einen bestimmten Teil der Hüftpartie nicht essen. Auch diese Ätiologie setzt bei den Lesern die Kenntnis des Speisetabus (Muskelstrang oder *nervus ischiaticus*) voraus[81].

Eine nähere Betrachtung der in den Jakobserzählungen vorkommenden Kleingattungen ergibt ein vielschichtiges Bild: Nach formalen Kriterien

---

[75] Vgl. F.W. Golka, Aetiologies, 1976, 410-428; 1977, 36-47.

[76] Vgl. C. Westermann, Arten der Erzählung, 41.

[77] Vgl. B.O. Long, The Problem of Etiological Narrative, 87-94.

[78] H. Gunkel, Genesis, XXII.

[79] Abgesehen davon teilte er die Ätiologien in ethnologische, etymologische, kultische und geologische ein (vgl. H. Gunkel, Genesis, XX-XXV).

[80] Vgl. H. Gunkel, Genesis, XXI.

[81] Vgl. H. Gunkel, Genesis, XXIII.

lassen sich einige lyrische (so Orakel und Segen) und narrative (Reise- und
Aufbruchsnotizen, Gebet, Gelübde, Etymologie und Ätiologie) Kleingattungen unterscheiden. Die Gottesreden setzen sich aus unterschiedlichen Formelementen zusammen, die je nach Anlaß als Land-, Mehrungs-
oder Segensverheißungen mit einer Beistandsformel kombiniert und je nach
Bedarf erzählerisch ausgestaltet werden. Allen Gattungen ist gemeinsam,
daß sie nicht auf mündliche Vorformen zurückgehen, sondern erst auf ihren literarischen Kontext hin verfaßt worden sind.

Einen *Sitz im Leben* geben nur das Segenswort und das Schicksalswort
Isaaks (Gen 27,27-29.39-40) zu erkennen. Obwohl das Gelübde und das
Gebet auf keine kultische Praxis schließen lassen, setzen sie doch ihre Kenntnis voraus. Selbst das Orakel verschweigt eine kultische Praxis. Der Text
von Gen 25,23 ist auf der Handlungsebene eine orakelhafte, rhythmisch
dem Segenswort und dem Schicksalswort Isaaks verwandte Weissagung, ein
Deutewort. Auf der literarischen Ebene könnte man den Text als *vaticinium
ex eventu* bezeichnen. Auch die übrigen Kleingattungen sind für ihren Kontext geschrieben worden. Formal sind die Gattungen aufgelöst, inhaltlich
sind sie in den Gang der Erzählung eingepaßt. Gerade die Verheißungen
und Etymologien zeigen, daß diese Texte ein wichtiger Bestandteil der
literarischen Komposition sind, nicht aber mündliches Urgestein, das
verschriftet worden ist.

4. Die Gesamtkomposition

Die Jakobserzählungen setzten sich aus vier unterschiedlichen Textsorten
zusammen: Die kurze *Notiz* berichtet von einem für den weiteren Verlauf
der Komposition wichtigen Ereignis, der etwas längere *Bericht* übermittelt
eine (theologische) Nachricht, die ebenfalls für den weiteren Gang der Handlung Folgen hat. Eine *Liste* präsentiert die Söhne Jakobs. Der überwiegende
Teil des Textmaterials besteht in der Endgestalt aus *Erzählungen*, die gewöhnlich ein religionsgeschichtliches und/oder theologisches Schwergewicht
haben. Gelegentlich ist dieser Schwerpunkt offensichtlich – wie in den
Bethelerzählungen oder dem Kampf am Jabbok. Bei anderen Erzählungen –
wie dem erschlichenen Segen, Jakobs Konflikt mit Laban, den Zwischenfäl-
len in Sichem – eröffnet erst die genaue Lektüre das theologische Profil[82].

Betrachten wir beispielsweise Gen 34. Der Leser mag sich nach der
Lektüre der V 1-3 fragen, was aus dem vergewaltigten Mädchen werde.

---

[82] Vgl. G. v. Rad, Genesis, 17-26.

Auch wenn er den Text mehrfach unter dieser Fragestellung durchliest, erhält er keine Antwort. Am Ergehen Dinas sind die Dichter offensichtlich nicht interessiert. Sie bewegen verstärkt theologische Themen: Israels Treue zu Jahwes Geboten sowie die Einhaltung der Beschneidung als äußeres, kultisches Zeichen des von Abraham geschlossenen Bundes (Gen 17,1-15). Und sie beschäftigt, ob Israel das Verbot der Mischehen einhält (Dt 23,2-9; Esra 10,1-19; Neh 12,23-31). So ist die Erzählung vornehmlich nach theologischen Kriterien entstanden und ausgestaltet.

Sehen wir vorläufig von der genetischen Tiefe der Texte ab, so bestehen die Jakobserzählungen in ihrer Endgestalt aus mehr oder weniger kohärenten Einzelerzählungen. Doch selbst dem nur synchron arbeitenden Ausleger sollte nicht entgehen, daß diese Komposition aus mitunter inkompatiblen Einzeltexten entstanden ist, die nachträglich soweit wie möglich in eine Vorlage eingepaßt worden sind. So schließen die Erzählungen verschiedene Kleingattungen (wie das Orakel, verschiedene Ätiologien, das Gelübde und das Gebet, unterschiedliche Verheißungen, Segens- und Schicksalsworte), die wohl für den Kontext geschrieben sind, mit ein. Im Gang der Erzählung sind die Kleingattungen dem Ganzen untergeordnet. Aus einer (möglicherweise) alten Kultgründungsnotiz[83] wird durch die Einfügung von fragmentarischen Itineraren, Verheißungen und ätiologischen Notizen eine theologische Erzählung. Formkritisch könnte man den so entstandenen Text als Visions- und Kultgründungserzählung mit einer angehängten Gelübdeerzählung und einer nachgestellten kultischen Ätiologie bezeichnen (Gen 28,10-22)[84].

In der Endgestalt sind die Jakobserzählungen ein aus etlichen Einzelüberlieferungen und Einzeltexten bestehender Komplex, ein Konglomerat verschiedenster Gattungen, das zu einer mehr oder weniger homogenen literarischen Gesamtkomposition zusammengefügt, verzahnt und mehrfach redigiert worden ist. Synchron gelesen sind die Jakobserzählungen in ihrer Makrostruktur eine aus Glauben und für den Glauben geschriebene *Erzählung*, ein fundamentaler Baustein der Heilsgeschichte Israels, in der das Abraham verheißene Verhältnis zwischen Jahwe und Volk konstituiert wird[85].

---

[83]   Vgl. E. Blum, Komposition, 25-35.

[84]   F.W. Golka, Aetiologies, 1976, 415, hält die Erzählung für eine mustergültige Ätiologie, E. Blum, Komposition, 29, für einen *Hieros Logos* (vgl. S. 209-210, 267-278.)

[85]   Vgl. weiterführend die Beiträge in G.W. Coats (Hg.), Saga, Legend, Tale, 1985; sowie M. Fox, Genesis, 31-40; M. Gerhart, Biblical Narrative, 13-29; R. Knierim, Pentateuch, 393-415; H.C. White, Narration, 3-22, 204-231.

VIII. Tradition und Redaktion

1. Einleitung

Um die Historizität der Erzählungen beurteilen zu können, müssen wir zunächst den Grundbestand der Texte bestimmen und dann nach dem Alter der in ihnen festgehaltenen Traditionen fragen. Bei der Auswahl der geeigneten Texte können wir solche Erzählungen ausschließen, die nach allgemeiner Auffassung entweder sehr spät datiert werden oder nur spärliche Anhaltspunkte für ältere Traditionen bieten oder sogar erst zur späteren Verknüpfung von Einzeltraditionen geschrieben worden sind. Hierzu zählen Texte und Textkomplexe wie die Isaakerzählung (Gen 26)[1], die Erzählungen von Jakobs Ergehen bei Laban (Gen 29,1-32,1)[2] oder die Zwischenfälle in Sichem (Gen 34)[3]. Dagegen geben besonders die Erzählungen von den Auseinandersetzungen der Zwillingsbrüder (Gen 25,19-34; 27,1-45), die Überlieferung von Bethel (Gen 28,10-22) und die dunkle Geschichte von Jakobs Kampf am Jabbok (Gen 32,23-33) vor, alte Traditionen zu transportieren.

2. Jakob/Israel und Esau/Edom

a) Gen 25,19-26

Der Bericht von der Geburt Esaus und Jakobs (Gen 25,19-26) und dem Verkauf des Erstgeburtsrechts (Gen 25,27-34) ist die imposante Ouvertüre zur nachfolgenden Komposition. Wie ein Leitstern leuchten diese Erzählungen dem ganzen Erzählkomplex voraus. In zwei deutlich zu unterscheidenen Szenen (1. V 19-26, 2. V 27-34) wird hier das gesamte Thema der Jakobserzählungen präfiguriert, ja in dem von Jahwe selbst gegebenen Orakel ihr Ausgang vorweggenommen.

Mit der Toledotformel (V 19) beginnt das Neue, und das ויגדלו הנערים (V 27aα) leitet von dem Geburtsbericht zur zweiten Szene über. Beide in

---

[1] Vgl. W. Thiel, Genesis 26, 251-263.
[2] Vgl. M.A. Morrison, Jacob and Laban Narrative, 155-164.
[3] Vgl. E. Otto, Jakob in Sichem, 169-181; sowie A. de Pury, Genèse XXXIV, 5-49.

sich geschlossenen Erzählungen sind in einer raum- und zeitlosen Sphäre komponiert. Jede konkrete Angabe fehlt. Nur die Namen der handelnden Personen werden dem Leser mitgeteilt. Der auch in den Requisiten sparsamen Darstellung entspricht auf der anderen Seite eine außerordentliche inhaltliche Dichte.

Stilistisch, syntaktisch und inhaltlich heben sich V 19-20.26b deutlich von der Erzählung ab. Allgemein üblich und unbestritten werden die Verse P[4] oder einer späteren Redaktion[5] zugeschrieben. Gegen diese Auffassung hat J. Van Seters eingeworfen, „once vs. 19-20 have been reckoned as later additions, then v. 21 is a problem because it does not contain an appropriate beginning"[6]. Dieser Einwand ist im Kontext des Jahwisten unbegründet, da V 21 inhaltlich an Gen 24,67a anknüpft, wo von der Eheschließung Isaaks und Rebekkas berichtet wird[7].

Ob die nachfolgenden V 27-28 den Abschluß der ersten Szene bilden[8], ob sie eine eigenständige Exposition, ein unabhängiges Mittelstück zwischen den beiden Erzählungen bilden[9], oder ob sie die zweite Szene einleiten, ist für unsere Fragestellung sekundär. Szenisch jedenfalls bereitet das ויגדלו in V 27 den Verkauf der Erstgeburt vor; ansonsten käme der Einsatz der zweiten Erzählung in V 29 völlig unvermittelt.

Nach unserer Abgrenzung des Textes und Ausscheidung der V 19-20.26b erhalten wir eine kohärente, konzentrisch aufgebaute Erzählung, deren Mittelpunkt das Gotteswort Jahwes in V 23 ist. Die Fürbitte Isaaks (V 21aα), der das eigentliche Motiv der Fürbitte, Rebekkas Unfruchtbarkeit, nachgestellt ist (V 21aβ), bietet den Anlaß für das gnädige Handeln Jahwes, in dem er die Fürbitte des Erzvaters erhört (V 21b). Eine unerwartete Steigerung erfährt die Erzählung, als die Schwangere fühlt, daß sich הבנים in ihrem Leib stoßen (V 22)[10]. In Sorge geht sie, um Jahwe zu befragen (V 22).

Das anschließende Gotteswort nimmt *in nuce* den weiteren Gang der Erzählungen vorweg, ohne daß die beteiligten Personen die Konsequenzen

---

[4]   So schon J. Wellhausen, Composition, 34; H. Holzinger, Genesis, XXVI; O. Eißfeldt, Hexateuch-Synopse, 44; C. Westermann, Genesis II, 502.

[5]   Vgl. E. Blum, Komposition, 79.

[6]   J. Van Seters, Prologue, 281.

[7]   Vgl. Chr. Levin, Der Jahwist, 197.

[8]   So J. Wellhausen, Composition, 34, und viele andere.

[9]   So G.W. Coats, Genesis, 185-186.

[10]   Nach St. Thompson, Motif-Index, 575.1.1.3., ist das Motiv der im Mutterleib streitenden Zwillinge weit verbreitet.

dieses Deuteworts verstanden hätten (V 23). In der Anlage des Textes gehört das Orakel zum primären Textbestand[11]. V 24 legitimiert das Orakel
insofern, als mit der implizit vorausgesagten Geburt männlicher Zwillinge
die Voraussetzung für die Erfüllung des Gotteswortes wirklich geschaffen
ist. Faktisch ist nun die Fürbitte Isaaks erfüllt (V 21). Die Schilderung der
exakten Reihenfolge bei der Geburt und die Etymologie der Namen schließen die Szene ab (V 25-26a).

Fragen wir nun nach den möglichen Traditionen, die in der Erzählung
festgehalten sind, so bereitet die Antwort einige Schwierigkeiten, da der
Dichter sehr allgemein berichtet und jede Konkretion vermeidet. Wir erfahren weder, wo und wie Isaak die Fürbitte verrichtet, noch erfahren wir
Ort und Zeit sowie die Art und Weise, in der Rebekka das Orakel einholt,
ja was für ein Orakel es überhaupt ist. Nur allgemein ist der Hintergrund
der Erzählung zu erschließen. Isaaks Fürbitte setzt die Erfahrung voraus,
daß für eine Frau, die עקרה ist, Gott um Fruchtbarkeit zu bitten ist.

Syntaktisch ist das doppelte עתר in V 21 auffällig. Sprachgeschichtlich
ist die Verbform nur selten und in sehr späten Texten belegt (Ex 8,4.26; Ri
13,8-9; Hi 22,27; 33,26; 1 Chr 5,20; 2 Chr 33,13; Sir 37,15; 38,13).
Etymologisch handelt es sich vermutlich um ein arabisches oder aramäisches
Lehnwort. Der sprachgeschichtliche und etymologische Befund legen nahe,
daß V 21 nicht vor dem ausgehenden 7. Jahrhundert, vermutlich sogar
deutlich später entstanden sein dürfte[12]. Ob Jakob die Fürbitte an einem
Heiligtum vollzogen hat, und ob mit der Fürbitte ein Opfer verbunden
war, kann vermutet, aber aus dem Kontext nicht erschlossen werden.

Das von Rebekka wie selbstverständlich eingeholte Orakel läßt keine
übliche Praxis des Orakelwesens erkennen[13]. Der moderne Leser wüßte
gerne Einzelheiten über den Vollzug und auch den Sitz im Leben dieser
Praxis, aber in religionsgeschichtlicher Hinsicht bleibt die Erzählung blut-
leer und stilisiert. Allein der *terminus technicus* דרש (V 22) deutet darauf
hin, daß sich Rebekka überhaupt um ein Orakel bemüht. Ohne diesen
Fachbegriff wäre auch das Gotteswort (V 23) formal nicht als Orakel identifizierbar[14].

Etwas konkreter wird die Erzählung bei der Schilderung der Geburt der
Zwillinge und ihrer in der typologischen Benennung festgehaltenen und für
den Gang der Erzählung so bedeutenden Charakterisierung: Der Erstgebo-

---

[11] Chr. Levin, Der Jahwist, 200, spricht es einem späteren Redaktor zu.
[12] Vgl. E.S. Gerstenberger, עתר, 489-491.
[13] Vgl. I. Fischer, Die Erzeltern Israels, 24-26.
[14] Vgl. S. Wagner, דרש, 323.

rene, Esau genannt, ist von rotbrauner, אַדְמוֹנִי, Hautfarbe und über und über pelzartig, שֵׂעָר, behaart (V 25, Gen 27,11.16). Der Zweitgeborene, Jakob, hält sich an der Ferse seines Bruders fest, als wolle er zuerst aus dem Mutterleib hinaus. Deshalb wird er volksetymologisch Fersenhalter[15] genannt[16].

Welche Traditionen tragen nun diese Erzählung? Und wo können sie haften? Von vornherein scheidet für diese Fragen die Schilderung der Geburt der Zwillinge und ihre Namensgebung aus. Sie enthält nichts Charakteristisches, was für eine religionsgeschichtliche Einordnung Anhaltspunkte liefern würde; dies gilt auch für die Namen der Kinder. So bleibt nur noch Isaaks Fürbitte und das Orakel übrig. Die Unbestimmtheit der Erzählung spricht dafür, daß sich der Erzähler darauf verlassen konnte, daß den Rezipienten sowohl die übliche Fürbitte als auch das konkrete Orakelverfahren bekannt war. Der Weg Rebekkas zu Jahwe in V 22b führt gedachterweise zu einem ihrem Gott geweihten Heiligtum. Auf der Grundlage dieser allgemeinen Angaben läßt sich die Erzählung geographisch nicht einordnen.

Anders verhält es sich mit dem erbetenen und auch erhaltenen Orakel. Daß die Szene überhaupt das Einholen eines Orakels schildert, ist allein aus dem Verb דרשׁ (V 22) abzuleiten. Ansonsten erfahren wir gar nichts, was auf eine Orakelbefragung hindeutet. Ein üblicherweise eingeholtes Omen fehlt ganz[17]. Die Szene selbst bietet also keinen Haftpunkt. Nur das Wort דרשׁ läßt begriffsgeschichtliche Rückschlüsse zu. Auffällig ist, daß דרשׁ gewöhnlich in späten Prophetentexten, Psalmen, in der Chronik und in Qumran zu finden ist. דרשׁ kommt, so S. Wagner, erst „in relativ späten literarischen Zusammenhängen des AT zum Zuge [...], in deuteronomisch-deuteronomistischen Überlieferungen, in prophetischen Texten des 7. und 6. Jhs. v. Chr. (falls nicht einzelne Stellen noch später angesetzt werden müssen), im chronistischen Geschichtswerk und in gottesdienstlichem Liedgut"[18]. Das heißt, wenn V 22b nicht sekundär eingefügt ist, was auch keiner der Ausleger behauptet, haben wir begriffsgeschichtlich ein erstes Indiz für die Datierung des Textes: דרשׁ kommt ausschließlich in Texten ab dem 7. Jahrhundert vor. Dies wird noch durch eine wichtige Beobachtung erhärtet, die einzige vergleichbare Parallelstelle findet sich in 2 Chr

---

[15] Vgl. zum Namen H. Greßmann, Sage, 6-9; C. Westermann, Genesis II, 87-90, 506.

[16] Vgl. zur Charakterisierung der Söhne H. Eising, Jakobserzählung, 30-31.

[17] Vgl. die aus Ugarit bekannten Omina (TUAT II, 94-101).

[18] S. Wagner, דרשׁ, 314.

16,12, einem Text aus nachexilischer Zeit. Auch das zweimalige עתר in
V 21 deutet aus sprachgeschichtlichen Gründen frühestens auf das 7. Jahrhundert (Ps 18,7; 138,2-3; Jes 30,2; Esra 8,21-23)[19].

Deutliche Hinweise ergeben sich auch aus dem Gotteswort (V 23). Die
שני גיים und שני לאמים sind im Kontext der Erzählung eindeutig mit den
beiden Söhnen Rebekkas zu identifizieren. Ist diese Identifikation erst einmal vollzogen, stellt sich die Frage, wie V 23b auszulegen ist. Was ist der
historische Hintergrund für den Vers? Sieht man einmal von der Möglichkeit, daß V 23 eine an die junge Mutter ergangene Verheißung ist, ab, kann
er nur als ein *vaticinium ex eventu* erklärt werden[20]. Der Anlaß für das
Jahwe in den Mund gelegte Deutewort besteht schon. Was aber ist der
Anlaß? Grundsätzlich kommen zwei Möglichkeiten in Betracht: Entweder
ist der historische Hintergrund der mit den Großmachtsansprüchen Davids
verbundene Übergriff auf Edom (2 Sam 8,12-14), denkbar wären auch
spätere Konflikte unter Salomo (1 Kön 11,14-25), oder aber der Edomhaß
Israels im 5. Jahrhundert schlägt sich in diesen Texten nieder (Jes 63,1-6;
Ez 25,12-14; 35,1-15; 3 Esra 4,45)[21].

Die Erklärung, die Gen 25,21-26a für das Verhältnis von Israel und
Edom gibt, ist eindeutig: Für beide Völker ist dieser Text die Geburts-
geschichte ihres Ahnherren Jakob bzw. Esau[22]. Als Zwillingsbrüder ist ihr
Schicksal untrennbar verbunden: „Unter ihren Nachbarvölkern haben sich
die Israeliten keinem im Guten wie im Bösen so verbunden gefühlt wie den
Edomitern"[23]. Nach Gen 32,4; 36,8; Ez 35,15 wohnten die Edomiter im
Gebirge von Seir im südlichen Transjordanien[24]. Das belegen auch die in

---

19 Vgl. E.S. Gerstenberger, עתר, 489-491. – Nach Chr. Levin, Der Jahwist, 197, stammt
    V 21b aus einer vorjahwistischen Quelle.

20 So schon A. Dillmann, Genesis, 319; und auch C. Westermann, Genesis II, 504-505.

21 Vgl. M. Weippert, Edom und Israel, 295-296.

22 Dem biblischen Bericht nach stammen die Edomiter von Esau, dem erstgeborenen
    Sohn Isaaks, ab (Gen 25,19-28). Wie aus Esau das Volk der Edomiter wird, sollen wir
    aus den eingestreuten Notizen von Gen 26,34-35 und Gen 28,6-9, die seine Heirat mit
    den Hetiterinnen und der Ismaeliterin erzählen, erahnen. Die Ansiedlung im Gebirge
    Seir berichten die Erzähler der Genesis nicht. In Seir jedenfalls wohnt Esau, als ihn
    Jakob auf dem Rückweg von Laban trifft (Gen 32,4-21; 33,1-16; 36,6-8). Ein weiteres
    wichtiges literarisches Zeugnis über die Edomiter sind die תלדות Esaus (Gen 36,1-30)
    und die edomitische Königsliste (Gen 36,31-43, par 1 Chr 1,43-54). Abgesehen von
    den Sonderinteressen der Toledot in Gen 36 interessiert Esau die Erzähler nur als
    Bruder Jakobs (vgl. M. Weippert, Edom, 469-475; sowie ders., Edom und Israel, 293;
    und J.R. Bartlett, Edom, 83-102, 175-186).

23 M. Weippert, Edom und Israel, 297.

24 Vgl. J.R. Bartlett, Edom, 33-54; M. Weippert, Edom, 394-425.

den vergangenen Jahrzehnten durchgeführten Oberflächenuntersuchungen und erste Ausgrabungen. Gezielte Ausgrabungen größeren Ausmaßes stehen noch aus[25]. Eine Darstellung der Frühgeschichte läßt das archäologische Material nicht zu[26].

Den zeitgeschichtlichen Hintergrund für die Darstellung des Bruderverhältnisses zwischen den Zwillingsbrüdern bildet nicht die Frühgeschichte Israels, es sind vermutlich die zuweilen kriegerischen Auseinandersetzungen zwischen Israel, in der biblischen Erzählung repräsentiert von Jakob, und Edom, repräsentiert von Esau: Zwei Epochen kommen grundsätzlich in Frage: die frühe Königszeit und das 7. bis 5. Jahrhundert[27]. Vor diesen politischen Ereignissen, die erst ganz Israel, dann Juda zweimal über Jahrzehnte in Atem hielten, lesen sich das Geburtsorakel (Gen 25,23), Isaaks Segensspruch über Jakob (Gen 27,28-29) und sein Schicksalswort über Esau (Gen 27,39-40) wie Interpretationen zeitpolitischer Ereignisse. Ein eindeutiges Kriterium für die Datierung ist dem Text nicht zu entnehmen, die sprach- und religionsgeschichtlichen Argumente sprechen aber kumulativ dafür, daß der Text nicht vor dem ausgehenden 7. Jahrhundert entstanden sein dürfte[28]. Der Ursprung der Auseinandersetzung der verschwisterten Völker wurde in die Zeit der Erzväter zurückverlegt. Diese Rückprojektion half somit, die Spannungen der eigenen Zeit zu erklären

---

[25] Vgl. J.R. Bartlett, Edom, 15-32, 67-82; M. Weippert, Edom, 394-401, 408-421.

[26] Vgl. M. Weippert, Edom und Israel, 294.

[27] Unter David greift Israel auf Edom über und wird zum Großreich. Darf man dem biblischen Bericht Glauben schenken, so schlug David nach der Konsolidierung seiner Herrschaft im Salztal ein 18000 Mann starkes Heer der Edomiter. Mit diesem Sieg erhob er auch seinen Anspruch auf das südliche Transjordanien, das ihm wichtige Handelsrouten und den Zugang zum Golf von Aqaba einbrachte. Nach der Eroberung Edoms setzte David umgehend Statthalter ein (2 Sam 8,11-14). Gegen König Salomo führte der edomitische Prinz Hadad einen langjährigen Guerillakrieg, doch es gelang Hadad nicht, Edom aus dem Reichsverband Israels herauszulösen (1 Kön 11,14-25). Noch vom judäischen König Josaphat berichtet 1 Kön 22,48, daß er in der Mitte des 9. Jahrhunderts einen Statthalter in Edom stellt (vgl. H. Donner, Geschichte des Volkes Israel, 185-215; J.M. Miller/J.H. Hayes, A History of Ancient Israel and Judah, 179-192). Die zweite Epoche ist biblisch weniger dokumentiert. Im frühen 6. Jahrhundert kam es unter Zedekia zu diplomatischen Spannungen, als Edom erwog, mit Nebukadnezar II. gegen Israel zu koalieren. Da aber die Verhandlungen ergebnislos verliefen, kam es zu keinem ernsthaften Konflikt. Der exilisch-nachexilische Edomhaß hängt mit der Eroberung des südlichen Juda durch die Edomiter zusammen. Epigraphisch ist dieser Vorgang in zahlreichen Ostraka aus Arad und Inschriften aus Marissa belegt (vgl. M. Weippert, Edom, 295). Die Auseinandersetzung gipfelt in der in Mal 1,2-5 anklingenden Verwüstung Edoms (vgl. B. Dicou, Edom, 40-42, 111-114).

[28] Vgl. B. Dicou, Edom, 137-142, 182-188, 198-204.

und Israel als das gesegnete Volk Jahwes in der Auseinandersetzung mit Edom zu legitimieren[29].

Unsere bisherigen Beobachtungen lassen nun Rückschlüsse auf die in der Erzählung verschrifteten Traditionen und deren Haftpunkte zu. Die konzentrische Struktur mit dem Gotteswort als Mittelpunkt, der kohärente, mit Rückverweisen verwobene Aufbau, die dichte Form der Darstellung, die alle räumlich-zeitlichen Konkretionen vermeidet, die einfache, aber eindringliche Darstellung, weisen die Erzählung von der Geburt der Zwillingssöhne als eine reife und durchdachte Komposition aus[30]. Unverwischte Spuren mündlicher Überlieferung suchen wir in dem Text ebenso wie die alter Traditionen vergeblich[31]. So ist eine direkte Verbindungslinie von einer alten Sage zur vorliegenden theologischen Erzählung nicht nachzuzeichnen.

b) Gen 25,27-34

Die Erzählung vom Verkauf der בכרה um ein Linsengericht (Gen 25,27-34) ist nach vorn durch die Geburtsgeschichte und nach hinten durch den eingeschobenen Erzählkomplex über Isaak klar abgegrenzt. Von markanten Imperfecta consecutiva strukturiert, schildert die kohärente Erzählung den billigen Handel zwischen den Zwillingsbrüdern. Im zweiten Teil wird die Narration von direkter Rede, dem Gespräch zwischen Esau und Jakob, gestützt (V 30-33).

Inhaltlich setzt die Erzählung vom Linsengericht die Geburtsgeschichte voraus, auch wenn sie vom Orakel nichts weiß. Die Zwillinge werden nicht eigens vorgestellt, wohl aber typologisch charakterisiert. Ihre Charakterisierung und ihr polarisiertes Verhältnis zu den Eltern stellt die Exposition dar: Esau ist ein Mann der Jagd, ein Mann des Feldes. Jakob ist ein gesitteter Mann, der in den Zelten wohnt (V 27). Das Wohnen in Zelten ist für den Erzähler also eine kultivierte Lebensform. Der Typisierung der Söhne entspricht die nachfolgende Zuordnung zu den beiden Elternteilen: Der Vater Isaak hat seinen Erstgeborenen Esau lieber, weil, so die Erzählung, er gerne

---

[29] Die Spätdatierung wird noch durch die Beobachtung von J.R. Bartlett, Edom, 175, gestützt, daß die Literatur, die das Verhältnis von Israel und Edom interpretiert, aus dem Umkreis Jerusalems stammt.

[30] Daher ist die Annahme von zwei unabhängigen Überlieferungssträngen, die sich in dem Text nachweisen lassen, wie sie E. Otto, Jakob in Sichem, 24-28, vertritt, unbegründet.

[31] Th.H. Gaster, Myth, 162-164, bringt Vergleichsmaterial.

Wildbret ißt, mit dem ihn Esau offensichtlich versorgt; Rebekka aber hat Jakob lieber. Begründet wird die Vorliebe der Mutter nicht, aber der Kontext läßt vermuten, daß Jakob als Mann der Zelte mehr Kontakt zur Mutter hat und als der Kultiviertere vor seinem rauhen Bruder ihr Gefallen findet (V 28). Diese doppelte Motivkette, die Charakterisierung der Söhne und ihr polarisiertes Verhältnis zu den Eltern, ist eine für den Gang der Erzählung entscheidende Voraussetzung.

Den Kern der Erzählung bildet nun die Begegnung zwischen Jakob und Esau. Ganz im Sinne der Exposition kocht Jakob, der Gesittete, ein Gericht, als Esau, der Wilde, müde und hungrig vom Felde kommt. Über שדה ist V 29b mit V 27a stichwortartig verknüpft. Ganz natürlich wirkt die drängende Bitte Esaus, nun האדם genannt, von dem Gericht essen zu dürfen. Zur Begründung läßt der Erzähler Esau selbst noch einmal sagen כי עיף אנכי (V 30aβ). Nun wird die Szene von der eingeschobenen Begründung für Esaus Namensgebung unterbrochen (V 30b). Die darauffolgende Aufforderung Jakobs, ihm die בכרה zu verkaufen, kommt völlig unvermittelt (V 31). Esaus emphatische Beteuerung, daß er fast vor Hunger sterbe und ihm in dieser Lage die Erstgeburt wenig nütze, ist keine leere Wiederholung von V 31a, sie steigert die Spannung (V 32). Jakob drängt auf den Handel und läßt Esau schwören, daß er ihm um ein Gericht die Erstgeburt abtritt (V 33). Esau schwört und Jakob speist ihn mit einem Linsengericht (V 34a). Wiederum wechselt der Erzähler auf eine reflektierende Ebene und fügt in V 34b der Szene die entscheidenden Worte ויבז עשו את־הבכרה hinzu. In dieser Verachtung der בכרה ist nun das weitere Ergehen der Brüder beschlossen. Das Orakel beginnt, sich zu erfüllen. Diese kurze Skizze der Erzählung zeigt, wie komprimiert sie komponiert ist. Dementsprechend schwer ist es den Auslegern seit jeher gefallen, überzeugend unterschiedliche Traditionsstränge herauszuarbeiten. Schon J. Wellhausen hat sich mit diesem Text schwer getan. „Das Endergebnis", so Wellhausen, „ist, dass JE zwar auch in diesem Abschnitt aus J und E bestehn muss, dass aber eine durchgeführte Scheidung unmöglich ist. Positiv ausgedrückt besagt dies, dass J und E fast unauflöslich eng mit einander verbunden sind, zu einem Werke von wirklich beinah einheitlichem Charakter"[32]. H. Holzinger[33], O. Eißfeldt[34] und M. Noth[35] sprechen den Text auschließlich

---

[32] J. Wellhausen, Composition, 35.
[33] Vgl. H. Holzinger, Genesis, XXVI.
[34] Vgl. O. Eißfeldt, Hexateuch-Synopse, 45.
[35] Vgl. M. Noth, Überlieferungsgeschichte, 30, 106-107.

J bzw. L zu. Für H. Gunkel[36] stammt der Text ausschließlich von E. Wie auch die unterschiedliche Zuordnung zu den Quellenschriften ausfällt, einig sind sich die Exegeten darin, daß der Text einheitlich ist. Darin stimmt auch E. Blum[37] zu.

Eine minuziöse Analyse hat unlängst Chr. Levin vorgelegt. Für ihn stammen V 27-29.31-32.33b.34aβγ aus der dem Jahwisten vorliegenden schriftlichen Quelle; V 30.33a.34aα.b scheidet er als Redaktion aus[38]. Wie schon H. Gunkel[39] erkannt hat, ist V 30b eine eingefügte Ätiologie, die den Gang der Erzählung empfindlich stört. Sie wirkt wie ein eingesetzter Fremdkörper. Daß, wie Levin meint, auch V 30a nachgetragen sei, weil die Einleitung zu breit gehalten sei, ist kein zwingendes Argument für die Ausscheidung. Das Gegenteil ist der Fall. Formal fügt sich der mit ויאמר eingeleitete Vers nahtlos in die Struktur des Dialoges, in denen alle vier wörtlichen Reden mit ויאמר eingeleitet werden (V 30.31.32.33). Inhaltlich handelt es sich um die erste Bitte Esaus um Speise. Die zweite Aufforderung (V 32) ist wesentlich nachdrücklicher formuliert; das muß sie auch, setzt sie doch die erste Bitte um Speise voraus. Rhetorisch gesehen trägt dieser Nachdruck zur Steigerung der Erzählung bei. So ist V 30a als Grundbaustein der Erzählung nicht aus dem Text wegzudenken.

V 33a ist weder als thematische Wiederholung von V 31 noch als Vorwegnahme von V 33b einem späteren Ergänzer zuzuschreiben[40], sondern gehört strukturell und inhaltlich fest zum Grundbestand der Erzählung: Formal gliedert der Text sich in die viermalige Einleitung der Rede mit ויאמר ein, inhaltlich fordert nur hier Jakob Esau auf, ihm den Verkauf zu schwören. So ergänzen sich die Motive des geforderten Verkaufs (V 31a) und das des Schwurs (V 33a) und des durchgeführten Verkaufs (V 33b) zum Gesamtbild.

Auch V 34b, den Levin ebenfalls als Ergänzung streichen will[41], gehört zum Bestand der Erzählung. In ihm wird erst die Pointe, auf die die Erzählung hinausläuft, mitgeteilt. Ohne die Notiz, daß Esau seine Erstgeburt derart gering achtet, wäre die Erzählung belanglos. Jetzt erst weiß der Leser,

---

[36] Vgl. H. Gunkel, Genesis, 297-298. Dies gilt aber nur für Gen 25,29-34, V 27-28 sind eigenständig. Auch L. Schmidt, Jakob, 179, rechnet V 29-34 zu E.

[37] Vgl. E. Blum, Komposition, 79-81, mit Ausnahme der Glosse in V 30b.

[38] Vgl. Chr. Levin, Der Jahwist, 62, 197-199.

[39] Vgl. H. Gunkel, Genesis, 297.

[40] So Chr. Levin, Der Jahwist, 199.

[41] Vgl. Chr. Levin, Der Jahwist, 199.

daß der Handel Esau und nicht Jakob diskreditiert. Nur mit dieser Pointe
paßt der Text zur Intention der Jakobserzählungen.

So ist der Text vom Verkauf der Erstgeburt, von der Glosse in V30b
abgesehen, eine kohärente Erzählung. Welcher Quellenschrift oder Redak-
tionsschicht der Text zuzuordnen ist, bleibt für unsere Fragestellung unerheblich. Auf seine Funktion kommen wir später zu sprechen.

Wiederum haben wir zu fragen, welche möglichen Traditionen sich in
diesem wohlkomponierten Erzählgefüge niedergeschlagen haben. Wenn wir
den Text auf seine raum-zeitlichen Vorstellungen und seine kulturgeschichtlichen Anspielungen hin lesen, ist das Ergebnis noch spärlicher als bei der
Geburtsgeschichte. Die angedeuteten Lebensverhältnisse lassen keine auch
nur allgemeinen Rückschlüsse auf eine Epoche zu. Gewiß, wir erfahren,
daß Jakob ein Mann des Zeltes und Esau ein Mann des Feldes ist, der sich
aufs Jagen versteht (V 27). Ferner hören wir, daß Jakob kocht und Esau
vom Feld kommt (V 29). Aus diesen Anspielungen allein ist aber keine
kulturgeschichtliche Einordnung der Szene abzulesen. Sicherlich will der
Erzähler den Leser eine halbnomadische Lebensweise assoziieren lassen,
worauf sowohl das Zelt als auch die Jagd hindeuten. Aber daraus ist keine
zeitliche Eingrenzung abzuleiten. Bis ins frühe 20. Jahrhundert hinein sind
dies für Kleintiernomaden denkbare Lebensverhältnisse. Konkrete Angaben, die eine genauere Datierung erlauben, fehlen indes. So ist an dieser
Stelle der Erzählung nichts abzulauschen, was auf alte Traditionen schließen lassen könnte.

Das gilt auch für den Rechtshandel zwischen den Brüdern. Zu den
unausgesprochenen Voraussetzungen der Erzählung gehört die Verknüpfung der Patrilinearität und der בכרה. Nur der männliche Erstgeborene hat
ein Recht auf die בכרה, die ihm offensichtlich einen doppelt so hohen
Erbteil[42] wie allen anderen männlichen Erben zusichert[43]. Weiterhin wird
vorausgesetzt, daß der Erstgeborene sein Vorrecht durch Schwur und Ge-
genleistungen an einen jüngeren Bruder abtreten kann. Wie dieser Akt
kultisch/religiös vollzogen wurde, verrät der Text nicht. Erst Gen 27 stellt
die בכרה in den Zusammenhang des göttlichen und väterlichen Segens.
Nur unter diesen Voraussetzungen ist die Erzählung sinnvoll[44]. Soviel ist
der Handlung an rechtsgeschichtlichen Voraussetzungen zu entnehmen.
Für eine kulturgeschichtliche Einordnung reichen die kargen Anspielungen

---

[42] Vgl. H.J. Boecker, Recht und Gesetz, 103.
[43] Vgl. J. Scharbert, ברך, 808-841; M. Tsevat, בכור, 643-650.
[44] Vgl. H. Utzschneider, Patrilinearität, 68-73.

freilich nicht aus, zumal das, was wir vom alttestamentlichen Erstgeburtsrecht aus der Frühzeit und sogar der frühen Königszeit wissen, nur sehr
fragmentarisch ist[45], das Erstgeburtsrecht für die ganze Eisenzeit (1250-586
v. Chr.) belegt[46] und nach J. Henninger bei Kleintiernomaden sogar nur
schwach ausgeprägt ist[47].

Weitere zeitliche Anhaltspunkte liefert die Erzählung nicht, da die
Ätiologie in V 30b zweifellos als Glosse ausfällt. Selbst wenn sie zum Grundbestand der Erzählung gehörte, bringt das die Suche nach einem historischen Ort und einem möglichen hohen Alter der den Erzählungen zugrunde liegenden Traditionen nicht weiter, wie wir bereits an Gen 25,19-26
zeigen konnten.

Ob der Erzählung vom Linsengericht eine alte Tradition vorausgeht,
kann positiv nicht nachgewiesen werden. Wenn das der Fall gewesen sein
sollte, hat der Erzähler durch seine durchdachte und klar strukturierte
Komposition, durch seine komprimierte, von kurzen Wechselreden gestützte
Erzählweise es geschafft, Spuren alter Traditionen für den Leser unkenntlich zu machen. Undeutlich ist die Vorstellung V. Maags, daß es sich bei
den Brudererzählungen um einen mittelpalästinischen „Kulturmythus"[48]
handele, der nach langer mündlicher Überlieferung zu einer einfachen Erzählung von zwei Brüdern ausgedünnt sei[49]. Für diese spekulative Hypothese gibt es nicht die leisesten Anhaltspunkte. Die alte Sage, von der H.
Gunkel spricht[50], ist die Erzählung wohl nicht, da sie Kennzeichen der
schriftlichen Erzählung trägt und keine nachweisbaren alten Traditionen
enthält.

c) Gen 27,1-40

Die Erzählung[51] vom listig und betrügerisch erschlichenen Segen Jakobs
(Gen 27,1-40) ist innerhalb der Komposition der Jakobserzählungen klar
abgegrenzt. Nach vorn geht ihr die Notiz von Esaus Frauen (Gen 26,34-

---

[45] Vgl. H.J. Boecker, Recht und Gesetz, 103-115; A.B. Ehrlich, Randglossen, 121.

[46] Vgl. H. Utzschneider, Patrilinearität, 94-95.

[47] Vgl. J. Henninger, Zum Erstgeborenenrecht bei den Semiten, 161-167; sowie ders.,
      Zum Erstgeborenenrecht im Alten Südarabien, 168-179.

[48] V. Maag, Jakob – Esau – Edom, 105.

[49] So V. Maag, Jakob – Esau – Edom, 104-106.

[50] Vgl. H. Gunkel, Genesis, 298-299.

[51] C. Westermann, Genesis II, 530, spricht von „Familienerzählung", dafür muß er aber
      die Segenssprüche Isaaks wegen ihrer universalen Bedeutung vom Kontext isolieren.

35) voraus, die dem Kapitel über Isaak (Gen 26,1-33) redaktionell angehängt ist. Inhaltlich setzt Gen 27,1 also völlig neu an. Mit der Exposition
in V 1 wechseln das Thema und ebenfalls die *dramatis personae*. Nun steht
nicht mehr Isaak (und Rebekka) als Protagonist im Mittelpunkt, sondern
die Erzählung konzentriert sich gleichberechtigt auf die vier handelnden
Personen Isaak, Rebekka, Esau und Jakob. Nach hinten schließt die Erzählung mit dem Schicksalswort Isaaks über Esau (V 39-40). Der anschließende Bericht führt das Motiv von Esaus Rachegelüsten gegen Jakob ein, das
Jakob, auf den Rat seiner Mutter hin, veranlaßt, zu seinem Onkel Laban
nach Haran zu fliehen (V 41-45). Im Ganzen der Komposition dient die
Erzählung als Brückentext zwischen den Brüdergeschichten und dem Ja-
kob-Laban Komplex.

Unsere Aufmerksamkeit gilt nun dem Bericht, wie Jakob auf Drängen
und nur mit Hilfe seiner Mutter Rebekka den eigenen Vater belügt, listig
betrügt und damit den älteren Bruder um den Erstgeburtssegen bringt. So
einfach die äußere Abgrenzung fällt, so umstritten ist die literarische Bestimmung der ältesten Textbestandteile. Gen 27,1-40 ist fortgesetzt ein
Streitobjekt der Quellenscheidung. Zwei Grundprobleme beschäftigen die
Ausleger: Erstens stellt sich die Frage, ob der Text einheitlich ist oder nicht.
Wenn er nicht aus einer Feder stammt, müssen zweitens einzelne Erzählstränge, Fragmente und/oder Zusätze unterschiedlichen Quellenschriften und
Redaktionen zugesprochen werden. Überblicken wir einige wichtige Beiträge zur Literarkritik von Gen 27,1-40 der letzten eineinhalb Jahrhunderte,
so müssen wir eingestehen, daß es eine Übereinstimmung auch nur in
wesentlichen Punkten nicht gibt. F. Delitzsch[52], H. Holzinger[53], J. Skinner[54], O. Procksch[55], H. Gunkel[56] und O. Eißfeldt[57] versuchen einzelne
Erzählstränge zu isolieren und sie ganz unterschiedlich auf die Quellenschriften J und E zu verteilen. R. Smend sr.[58] seziert feiner, er unterscheidet
J^1, J^2 und E. Der bislang letzte große Versuch zur Quellenscheidung stammt
von L. Schmidt[59]. Chr. Levin arbeitet eine vorjahwistische Quellenschrift,

---

[52] Vgl. F. Delitzsch, Genesis, 366-374.

[53] Vgl. H. Holzinger, Genesis, XXVI.

[54] Vgl. J. Skinner, Genesis, 368-369.

[55] Vgl. O. Procksch, Genesis, 161.

[56] Vgl. H. Gunkel, Genesis, 309-319.

[57] Vgl. O. Eißfeldt, Hexateuch-Synopse, 48-50.

[58] Vgl. R. Smend sr., Die Erzählung des Hexateuch, 68-70.

[59] Vgl. L. Schmidt, Jakob, 175-176 (Literatur), der in der Tradition H. Gunkels folgende
Differenzierung vornimmt: „In Gen 27,1-45 gehören also zu J: V. 1a.bα. 2.3. 4aβ.b.

den roten Faden des Kapitels (1-3aα. 3b-4. 5b ... 14.18a. 24-25. 27[nur
ויברכהו ויאמר]. 28. 30[ab ויהי2°]. 31-33a. 41b), die jahwistische Redaktion (7b [nur לפני יהוה]. 20. 27bγ. 29aα.b. 30a [bis יעקב 1°]. 33b-34.
38b-40a. 45aα), einige nachjahwistische Ergänzungen (11-13. 16. 21-23.
29aβγ. 35-36a. 36b-38a. 40b.41a) und zwei erklärende Glossen (3aβ.
15a[ab החמדת]) heraus. V 46 gehe auf die Endredaktion zurück[60].
    Daß die Erzählung sich aus mehreren Traditionen speist, hat schon J.
Wellhausen erkannt, nur hat er, in Ermangelung eindeutiger Kriterien für
eine *gesicherte* Quellenscheidung davon abgesehen, die Texte einzelnen
Erzählsträngen zuzuordnen. „Aber es finden sich in der Tat Spuren eines
doppelten Fadens in Kap. 27, die sich nur deshalb schwer erkennen lassen,
weil der Gottesname sehr selten vorkommt und so das Hauptkriterium
mangelt"[61]. Wenig später fährt er fort: „Es hat keinen Wert die Sache weiter
zu verfolgen. Das Dass der Zusammensetzung ist klar, das Wie nicht zu
ermitteln"[62]. Dem Votum Wellhausens schließen sich A. Kuenen[63], A.
Dillmann[64] und A. de Pury[65] an. Gegen diese Versuche, in Gen 27,1-40
unterschiedliche Traditionen herauszuschälen, hat bereits 1908 B.D.
Eerdmanns seine Stimme erhoben: „Gen 27 ist für die JE-Theorie ein sehr
verlockendes Kapitel"[66]. Und er resümiert: „Eine genaue exegetische Betrachtung des Kapitels ergibt, daß eine einheitliche Fassung vorliegt"[67].
Diesem zu seiner Zeit mutigen Minoritätenvotum haben sich zunächst B.
Jacob[68], später sogar M. Noth[69], modifiziert G. v. Rad[70], C. Westermann[71]
und neuerdings, auch unter dem Einfluß der holistischen Exegese, J.P.

    5b.7aα. 15.19b.20. 24-27. 29aα.b. 30aα.β.b. 31b. 33.34. 41b.42a.bα. 44.45aβ.b; zu
    E: V. 1bα.β. 4aα. 5a.6. 7aα.β(ohne ‚vor Jahwe')-14. 16-19a. 21-23. 28.29aβ. 30aα.
    31a.32. 35-40a. 41a.42bβ. 43.45aα. Nur für v. 4aβ und 41-45 bleiben die Zuweisun-
    gen teilweise unsicher."
[60] Vgl. Chr. Levin, Der Jahwist, 207-215.
[61] J. Wellhausen, Composition, 32.
[62] J. Wellhausen, Composition, 33.
[63] Vgl. A. Kuenen, Einleitung, 138-141.
[64] Vgl. A. Dillmann, Genesis, 327.
[65] Vgl. A. de Pury, Promesse, 35, Anm. 7, der Gen 27 „un conglomérat JE" nennt.
[66] B.D. Eerdmans, Die Komposition der Genesis, 47.
[67] B.D. Eerdmans, Die Komposition der Genesis, 47.
[68] Vgl. B. Jacob, Genesis, 992-994.
[69] Vgl. M. Noth, Überlieferungsgeschichte, 30, 106-107, der mit einigen Zusätzen zu
    dem ansonsten aus J stammenden Text rechnet.
[70] Vgl. G. v. Rad, Genesis, 221-222.
[71] Vgl. C. Westermann, Genesis II, 529-542.

Fokkelmann[72] sowie E. Blum[73], J. Van Seters[74] und H.J. Boecker[75] ange-
schlossen.

Die literarkritische Aufteilung von Gen 27,1-40 macht sich an inhaltli-
chen und formalen Beobachtungen fest, die schon von F. Delitzsch[76] und
J. Wellhausen[77] gemacht worden sind: Formal lassen sich im Hauptteil der
Erzählung einige Wiederholungen bzw. Dubletten erkennen: V 27a wie-
derholt V 23; inhaltlich zielt die erste Prüfung, die Jakob vor seinem Vater
zu bestehen hat, auf den Tastsinn (V 23), die zweite auf den Geruchssinn
(V 27) ab. V 30aα wiederholt V 30aβ, und V 35-38 wiederholt V 33-34.
H. Gunkel hat hinzugefügt, daß das Segenswort in V 27b-29 und das
Schicksalswort in V 39b-40 später hinzugefügt sein müssen, weil sie nicht
mit den Aussagen der Erzählung übereinstimmen[78].

Gehen wir die Beobachtungen der Reihe nach durch: Aus inhaltlichen
Gründen hält Wellhausen Gen 27,27a für eine Wiederholung von V 23;
außerdem setzt V 24 den vorangehenden V 23 nicht fort[79]. Schließlich fällt
auch, so Wellhausen weiter, die inhaltliche Wiederholung auf. Nach V 21-
23 prüft Isaak tastend, ob der ihm gegenüberstehende Sohn sein Erstgebo-
rener sei; nach V 27a riecht er zur Probe[80]. Ein weiteres Argument ist die
Wiederholung des Segens. In V 23b und V 27a heißt es jeweils ויברכהו,
Jakob wird vom Vater offensichtlich zweimal gesegnet[81].

Davon, wie man das Verhältnis der V 21-23 und V 24-27 versteht,
hängt die Beurteilung des ganzen Textes ab. Sieht man in V 24-27 eine
unnütze Wiederholung von V 21-23, liegt die Vermutung zweier Erzählstränge oder verschiedener Traditionen nahe. Betrachtet man dagegen V 24-
27 als eine inhaltliche Weiterführung von V 21-23, ist der Text trotz seiner
unverkennbaren Holprigkeiten als eine Komposition zu begreifen.

Lesen wir V 21-27 auf ihren kontemplären Charakter hin, so sind die
Verse im Gedankengang logisch aufgebaut: Nach Gen 27,1 ist Isaak ein
alter, kränklicher Mann, der kaum noch sehen kann. Er spürt seine schwin-

---

[72] Vgl. J.P. Fokkelmann, Narrative Art, 97-104.
[73] Vgl. E. Blum, Komposition, 80-88.
[74] Vgl. J. Van Seters, Prologue, 277-288.
[75] Vgl. H.J. Boecker, 1. Mose 25,12-37,1, 43-45.
[76] Vgl. F. Delitzsch, Genesis, 366.
[77] Vgl. J. Wellhausen, Composition, 32-34.
[78] Vgl. auch K. Berge, Jahwist, 119-130.
[79] Vgl. J. Wellhausen, Composition, 33.
[80] Vgl. J. Wellhausen, Composition, 33; und auch L. Schmidt, Jakob, 161-164.
[81] Vgl. L. Schmidt, Jakob, 162-163.

denden Lebenskräfte und will daher sein Erbe bestellen (27,2.46). Das ist
die Ausgangssituation für die ganze Erzählung. Sehen kann Isaak also nicht
mehr, was wiederum die Voraussetzung für den Betrug ist. Aber er kann
noch hören (V 22), schmecken (V 4.25), fühlen (V 21.23) und riechen
(V 27). Bis auf seine Sehschwäche sind also alle seine Sinne intakt. Und er
setzt sie auch ein, um den Probanden zu überprüfen: Schon bald nach
seinem letzten Wunsch hatte Jakob das Mahl bereitet, worauf Isaak, der
offensichtlich noch über eine angemessene Zeitvorstellung verfügt, skeptisch entgegnet, wie er so schnell an ein Wildbret gekommen sei. Jakob
kann sich nur mit einer Lüge retten (V 19-20). Dann betastet er ihn und
erkennt sein Gegenüber als Esau (V 21-22). Gleichzeitig wirft er ein, daß
die Stimme aber Jakobs Stimme sei. Offensichtlich hört der Erzvater noch
gut genug, um die beiden Zwillinge zu unterscheiden (V 22). Der darauf
folgenden zweifelnden Rückfrage des Vaters (V 24a) entgegnet Jakob mit
einer weiteren Lüge (V 24b). Nach dem Mahl erfolgt abschließend die
Riechprobe (V 26-27a). Mit allen ihm zur Verfügung stehenden Sinnen
hat der Vater nun den Sohn geprüft. Nur das Sehen kommt aus Alter-
schwäche nicht in Betracht, was aber die entscheidende Voraussetzung für
die Erzählung ist[82].

Als Einwand bleibt nur noch die zweifache Segnung Jakobs übrig
(V 23b.27a). C. Westermann hat diesen Einwand als Scheinargument zurückgewiesen: Für ihn beschreibt V 23b-27a eine rituelle Segenshandlung,
die von der Aufforderung des Vaters (V 2-4) und der Bitte des Sohnes
(V 19) eröffnet wird. So ist das erste ויברכהו nicht der Abschluß, sondern
die Einleitung zur eigentlichen Segenshandlung, die der Segensspender
durchführt (V 23b). Zu dieser Segenshandlung gehören weiterhin die Identifizierung der zu segnenden Person (V 24), die Segenshandlung (V 25) –
hier das Mahl – und die Berührung (V 26-27a) – hier der Kuß – dazu[83].

Bei V 30aα und V 30aβ handelt es sich, so J. Wellhausen, syntaktisch
um synonyme Strukturen. Einem einleitenden ויהי folgt jeweils ein zweiter
Verbalsatz, der die eigentliche Aussage bringt. Diese Verbalsätze aber sind
syntaktisch, stilistisch und inhaltlich völlig unterschiedlich. V 30aα leitet
ein כאשר, V 3 30aβ ein emphatisches אך ein; V 30aα folgt ein finites Verb
im Perfekt, V 30aβ eine *figura etymologica*, ein Infinitiv absolutus geht dem
finiten Perfekt zur Verstärkung voran יצא יצא. Syntaktisch ist V 30aβ mit

---

82   So auch U. Cassuto, Documentary Hypothesis, 87-97; E. Blum, Komposition, 83-85.
83   Vgl. C. Westermann, Genesis II, 535-536. – Nicht auszuschließen ist, daß der Verfas-
      ser zwei unterschiedliche Überlieferungen kannte, die er dann in der vorliegenden
      Fassung ergänzend zu einem Ganzen verbunden hat.

seinem Nachsatz מאת פני יצחק אביו wesentlich komplexer als V 30aα. Bei
genauer Betrachtung handelt es sich also nicht um ein Synonym. Dies
erreicht Wellhausen nur, indem er V 30aβ unvollständig übersetzt[84]. Inhaltlich führt V 30aβ ohne Bruch V 30aα fort, eine Wiederholung ist es
nicht. Aus diesen Gründen scheidet auch das zweite Beispiel als Dublette
aus.

Unverkennbar sind auch die Wiederholungen in den V 33-34 und V 35-
38, besonders in der zweifachen Klage (V 34aβ.36) und der zweifachen
Bitte um den väterlichen Segen (V 34b.36b.38aα.β). Aber auch hier sticht
der komplementäre Charakter der Texte ins Auge. Gen 27,33-34 erzählt
aus der spontanen Ergriffenheit des Vaters über den listigen Betrug (V 33a).
Dieses Motiv korrespondiert mit dem Zweifel Isaaks an der wahren Identität des Schwindlers und auch an der vierfachen, strengen Prüfung. Von
derselben Erregung ist Isaak ergriffen, bis in die Wortwahl – גדלה עד־מאד
(V 33aα.34a) – ähnelt sich die Schilderung, die mit der einfachen, aber um
so eindringlicheren Bitte Esaus endet (V 34b): ברכני גם־אני אבי.

Viel nüchterner ist der Ton in der zweiten Szene, ohne sichtbare Erregung nimmt der inzwischen etwas beruhigte Esau den Schwindel zur Kenntnis und deutet den Namen Jakobs als Betrüger. Hier nun fügt er neben dem
Segen auch das bekannte, aber bislang unerwähnte Motiv der בכרה hinzu.
Das weitere Gespräch zwischen Vater und Sohn ist von der zweifachen
Segensbitte Esaus und der unumkehrbaren Vergabe des väterlichen Segens
bestimmt. Wie die Szene zwischen Isaak und Jakob (V 27-29) endet auch
diese Szene zwischen Isaak und Esau mit einem Segenswort des Patriarchen, das aber für Esau im Kontext der Komposition wie ein Fluch erscheinen muß (V 39-40)[85].

Da, wie J. Wellhausen bemerkt, der Gottesname als Hauptkriterium für
die Quellenscheidung entfällt, und weder das Wortfeld noch einzelne Motive
eindeutige Hinweise auf zwei unabhängige Erzählstränge bieten, bleibt allein die partielle, inhaltliche Wiederholung als Argument bestehen. Im
Kontext der Erzählung wirkt es allerdings gesucht, da ohne äußeren Bezug
verschiedene Traditionen (Dubletten) vorausgesetzt werden. Eindeutige
Kriterien für die Doppelung liegen nicht vor, die retardierenden Elemente
sind auch mit ihrem komplementären Charakter erklärbar. Erst der gestei-
gerte Dialog zwischen Isaak und Esau verleiht der Erzählung ihren drama-
tischen und theologischen Höhepunkt[86].

---

[84] Vgl. J. Wellhausen, Composition, 33.
[85] Vgl. auch H. Eising, Jakobserzählung, 67-70.
[86] Vgl. E. Blum, Komposition, 81-83.

Zuletzt gehen wir noch auf die Beobachtung H. Gunkels ein, daß die beiden Segensworte Isaaks (V 27,27b-29.39-40) sekundär sind, weil sie einerseits von Brüdern sprechen, die in der Erzählung nicht vorkommen, und andererseits Acker- und Weinbauern voraussetzen, obwohl Esau ein Jäger und Jakob ein Hirte ist. Gunkel geht von dem hohen Alter der Texte, in denen sich sogar noch ältere, mündliche Überlieferungen aus der Frühzeit Israels niedergeschlagen haben, aus. Da die „alten Sagen" die Lebensverhältnisse der Halbnomaden widerspiegeln, verträgt sich ein Text, der Kulturformen Seßhafter voraussetzt, nicht mit dem übrigen Teil der Erzählung. Daraus schließt er: „Die Segenssprüche sind also nicht, wie man vielleicht von vorne herein annehmen möchte, sehr alt, sondern, wenigstens in dieser Gestalt, verhältnismäßig jung"[87].

Der Schluß Gunkels trägt nur innerhalb seiner eigenen Voraussetzungen. Versteht man Gen 27,1-40 als einen kohärenten Text, der durch seinen logischen Aufbau und die dramatische Erzählweise besticht, und nimmt man begründet an, daß sich mündliche Überlieferungen zwar indirekt, aber nicht unverändert in der Erzählung niederschlagen können, so fallen die Segensworte Isaaks nicht notwendigerweise im Sinne Gunkels aus der Komposition heraus. Inhaltlich bewegen sich V 29.40b auf derselben historischen Ebene wie Gen 25,23. Syntaktisch wird, das ist auffällig, die Erzählebene aufgebrochen und die Einzelperson präsumptiv mit einem Volk gleichgesetzt. In diesem Sinne verweisen die Segensworte Isaaks auf das Gotteswort Jahwes (Gen 25,23) zurück, bestätigen es und besiegeln das nun unvermeidbare Ergehen der Söhne[88]. So gehören die Segensworte zum festen Bestand der Erzählung. Schließlich spricht noch ein banaler Textbefund gegen Gunkel: Gen 27,25b setzt ebenfalls die Weinbauern voraus. Als Grundbestand der Erzählung von Gen 27 sehen wir also V 1-40 mit den Segensworten Isaaks, dem explizierten Sinn und Höhepunkt der Komposition, an[89].

Ein weiteres Problem der Auslegung, das wir bislang ausgeklammert haben, ist das Verhältnis von Gen 27,1-40 zur Doppelszene von Gen 25,19-34. Viele Querverbindungen geben reichlich Anlaß dazu, nach dem Verhältnis der beiden in der Komposition der Vätererzählungen durch c. 26

---

[87]   H. Gunkel, Genesis, 316.
[88]   Vgl. C. Westermann, Genesis II, 536-540; E. Blum, Komposition, 193-194, verstehen V 29.40b als interpretierenden Zusatz, der auf Israels Konflikte mit Edom in der frühen Königszeit reagiert, denn, so Westermann, die Verse stören den Kontext einer Familienerzählung.
[89]   Ähnlich E. Blum, Komposition, 86-88.

getrennten Texte zu fragen. Gen 27 enthält wichtige Informationen, die der Leser aus der Lektüre von Gen 25,19-34 kennen kann: Esau ist der Erstgeborene (25,25; 27,1.32.36), Jakob der Zweitgeborene (25,26; 27,19); Esau ist der Jäger (25,27; 27,3), Jakob der Hirte (25,27; 27,9); Esau ist behaart (25,25; 27,11.21.23), Jakob hat keine besonderen Kennzeichen (25,25; 27,11). Auch die typisierte Beziehung der Söhne zu den beiden Eltern setzt sich fort. Esau hat ein innigeres Verhältnis zum Vater (25,28; 27,1-2), Jakob zur Mutter (25,28; 27,6-15). An einer Stelle sind die Erzählungen auch begrifflich verknüpft, in Gen 27,36 fordert Jakob die ihm eigentlich zustehende בכרה ein. Damit sind die Texte über einen zentralen Begriff, der in Gen 25,27-34 viermal vorkommt (25,31.32.33.34), verknüpft.

Diese Ähnlichkeiten führten zu der Annahme, daß Gen 27,1-40 eine Dublette von Gen 25,19-34 sei. Das Problem bestand nun darin, welchen Quellenschriften die beiden Erzählungen zuzuordnen seien. H. Holzinger[90] spricht Gen 25,27-34 ausschließlich J, Gen 27,1-40 J und E zu; H. Gunkel[91] hält Gen 25,29-34 für E, „da das Stück 27,36 von E zitiert wird"[92], Gen 27,1-40 verteilt sich auf J und E; M. Noth[93] wiederum hält beide Erzählungen (Gen 25,27-34; 27,1-45) für Texte von J; L. Schmidt[94] bestätigte unlängst weitgehend die Analyse Gunkels. Die Zuordnung der Texte zu verschiedenen Quellenschriften ist systemimmanent bedingt: Weist ein Text deutliche Anspielungen auf einen anderen Text auf, ist er *a priori* eine Dublette, da, so die unausgesprochene Voraussetzung der Quellenkritik, eine logisch und straff komponierte Quellenschrift wiederholende Ausführungen nicht duldet.

Dabei sind die Text sehr unterschiedlich. Gen 25,27-29 erzählt einen Handel um die בכרה zwischen den Brüdern. Die Szene ist auf die beiden Personen konzentriert. Das handelnde Subjekt der Erzählung ist allein Jakob. Ganz anders ist der Tenor in Gen 27,1-40. Hier tritt nun die Kleinfamilie – Vater, Mutter und die beiden Söhne – in polarisierter Form auf. Das Thema ist nicht die בכרה, sondern der väterliche Segen. Die Exposition mit dem Motiv des Vermächtnisses suggeriert eine Nähe zur späten Testamentliteratur. Der alte und müde Patriarch, der seine Kräfte schwinden fühlt, will seine Hinterlassenschaft regeln (Gen 27,1-2; 48,1-3; TestHi

---

[90] Vgl. H. Holzinger, Genesis, XXVI.
[91] Vgl. H. Gunkel, Genesis, 305-314.
[92] H. Gunkel, Genesis, 297.
[93] Vgl. M. Noth, Überlieferungsgeschichte, 30.
[94] Vgl. L. Schmidt, Jakob, 175-179.

1,1-6)[95]. Um die väterliche Autorität, mit der die väterlichen Pflichen un-
auflösbar verbunden sind, auf den ältesten Sohn zu übertragen, ist der
väterliche Segen, der gewöhnlich nicht, wie hier, unter Ausschluß der Öf-
fentlichkeit, sondern gerade im Kreise der Ältesten und der Familie übertragen wird, nötig. Das ist die Voraussetzung für die ganze Erzählung, die
wesentlich anders ist als der Handel zwischen den Brüdern, von dem der
Leser bis auf die aus sich heraus unverständliche Anspielung in Gen 27,36
nichts erfährt. So ist das ganze Thema und auch der Aufbau der komplexen,
dramatisch ausgebauten Erzählung völlig anders als in Gen 25,27.34. Der
Sonderrolle Isaaks als Initiator des Ganzen entspricht die der Rebekka als
handelndem Subjekt. Während Jakob in Gen 25,27-34 aus ungenannten
Gründen dem „gefräßig-dummen" Esau die בכרה abgewinnen kann, ist es
hier Rebekka, die gezielt den Plan des listvollen Betruges ersinnt, den Wi-
derwillen ihres moralischen Sohnes mit der Zusage besänftigt, ein möglicher Fluch solle sie allein treffen (V 13), und auch bei der Durchführung
maßgeblich beteiligt ist (V 5-17). Vor den Augen des Lesers wirkt Jakob
wie eine Marionette in den Händen seiner Mutter. Auch der listige Betrug,
der den Hauptteil der Erzählung ausmacht, mit seinen wiederholten Prü-
fungen ist im Alten Testament beispiellos. Das Ergebnis der Erzählung ist
jedoch bereits im Gotteswort von Gen 25,23 vorweggenommen.

Wie ist nun das Verhältnis von Gen 25,19-34 zu Gen 27,1-40 zu bestimmen? Obwohl anders konturiert, sind die beiden Erzählungen inhaltlich miteinander verknüpft. Auffällig ist, daß der Handel der Brüder um die
בכרה keine eigentlichen Folgen hat, für sich genommen hängt die Erzählung in der Luft. Gen 27,1-40 dagegen bestätigt das im Gotteswort vorweg-
genommene Ergehen der Brüder. Gleichzeitig motiviert die Erzählung den
Konflikt der Brüder, der wiederum Jakob zur Flucht zu Laban veranlaßt. So
sind die Erzählungen nicht exklusiv, sondern vielmehr komplementär an-
gelegt. Wie es zur inhaltlichen Nähe der Erzählungen kommt, hat schon J.
Wellhausen mit einer kritischen Bemerkung zur zwanghaft durchgeführten
Quellenkritik bemerkt: „Es ist also das Princip unrichtig, dass, wenn Kap.
27 aus einer Quelle stamme, dann 25,29-34 aus der anderen stammen
müsse. Richtig ist nur, dass in der mündlichen Überlieferung die Erlistung
der בכרה und die Erlistung der ברכה ursprünglich blosse Varianten gewesen sind"[96]. Die Erklärung für die Ähnlichkeit der Erzählung leuchtet ein,
doch sicher ist auch sie nicht. Sollten tatsächlich den Dichtern der beiden

---

[95] Vgl. H.M. Wahl, Die Jakobserzählungen der Genesis und der Jubiläen, 524-546.
[96] J. Wellhausen, Composition, 34 (mit gesperrten Hervorhebungen im Original).

Erzählungen mündliche Einzelüberlieferungen vorgelegen haben, so ist aus den Texten nicht viel mehr als das Grundthema – Verkauf der בכרה um ein Linsengericht, Erwerb des väterlichen Segens durch listigen Betrug – zu entnehmen. Schon H. Hupfeld hat 1853 den komplementären Charakter der beiden Erzählungen notiert: Hier liegen „zwei Sagen von dem Vorzug Jakobs, Varianten desselben Themas [vor], auch mit verschiedenen Etymologien des Namens Edom: aber nicht sich ausschließend, sondern vielmehr einander rufend und antwortend, einträchtig zusammen in der wuchernden Volkssage über den volksthümlichen Gegenstand entstanden"[97].

Mit dieser Deutung ist aber das literarische Verhältnis von Gen 25,19-34 zu Gen 27,1-40 noch nicht geklärt. Läßt sich eine literarische Abhängigkeit einer der beiden Texte nachweisen? Die gewohnte Blickrichtung ist auf der Erzähleben die chronologische, sie wird von der kanonischen Anordnung der Texte unterstrichen. Gewöhnlich wird nur überprüft, ob Gen 27,1-40 von Gen 25,19-34 abhängig sein kann. Wie wir zeigen konnten, sind die Texte inhaltlich eng miteinander verzahnt. Fragen wir umgekehrt, welches Detail Gen 25,19-34 erzählt, das Gen 27,1-40 nicht kennt, so verblüfft das Ergebnis. Alle für die Doppelüberlieferung von Gen 25,19-34 maßgeblichen Informationen sind in Gen 27,1-40 auch enthalten: Esau ist der erstgeborene, behaarte Zwillingssohn, der gerne jagd und ein besonderes Verhältnis zum Vater hat; Jakob, der zweitgeborene Zwillingssohn, ist der kultivierte Hirte, der eine besondere Beziehung zur Mutter hat. Inhaltlich ist es also durchaus möglich, daß Gen 25,19-34 von Gen 27,1-40 abhängig ist.

Die Vermutung wird durch weitere Indizien gestützt: Wie wir sahen, legen sprachgeschichtliche und religionsgeschichtliche Erwägungen nahe, daß Gen 25,21-26a und in ihrem Gefolge Gen 25,27-34 nicht vor dem ausgehenden 7. Jahrhundert entstanden sind. Alle für die Annahme einer Dublette nötigen Informationen hat Gen 27,1-40 geboten. Von diesem Text aus ist Gen 25,19-26a.27-34 entworfen, um mit der Geburtsgeschichte, die sich umlaufendem Erzählgut verdankt, den Jakobserzählungen nachträglich einen sie deutenden Text voranzustellen. Gerade deshalb hat das Orakel, wie J.P. Fokkelmann beobachtet hat[98], auch keine Auswirkungen auf den Gang der Jakobserzählungen haben können. Es ist erst als sekundäre Legitimation der Herrschaft Israels über Edom dem Textkomplex vorangestellt worden. Die volkstümliche Etymologie der Namen ist den

---

[97] H. Hupfeld, Die Quellen der Genesis, 64-65.
[98] Vgl. J.P. Fokkelmann, Narrative Art, 86-94.

Jakobserzählungen, soweit sie vorlagen, nachempfunden. Inhaltlich vor-
verurteilt die Erzählung von der בכרה mit der scharfen Pointe in Gen
25,34b das Handeln Esaus als töricht, was auf der kompositionellen Ebene
der Erzählung durch Gen 26,34-35 verstärkt wird. Auf diese Weise wird
Esau doppelt diskreditiert. Damit entschuldigt Gen 25,27-34 das betrügerische Verhalten Rebekkas, auf daß sich Jakob einläßt (Gen 27,1-40). Aus
diesen Gründen können Gen 25,21-26a.27-34 als von Gen 27,1-40 abhängig gelten[99].
    Fragen wir nun erneut nach Spuren alter Traditionen, die sich im Text
niedergeschlagen haben, so nimmt sich das Ergebnis über die beiden Erzählungen von Gen 25,21-26a und Gen 25,27-34 hinaus äußerst bescheiden
aus. Wiederum entbehrt die Erzählung jeder räumlich-zeitlichen Konkretion. Wo siedelt die Familie? Wie wohnt und wovon lebt der Clan? Aus
welchen Menschen besteht die Sippe überhaupt? Wer mit solchen Fragen
den Text betrachtet, wird auf der ganzen Linie enttäuscht. Keine Ortsangabe und keine Zeitangabe binden die Erzählung fest.
    Die Typisierung der beiden Brüder als Jäger (V 3.30.33) und Hirte
(V 9.16) geht nicht über Gen 25,27-34 hinaus. Zwar wird das Jagdgerät
Esaus aufgelistet (V 3), aber daraus ist kulturgeschichtlich keine Schlußfolgerung zu ziehen. Dem Jagdgerät aber treten noch einige Requisiten an die
Seite, die bescheidene Hinweise auf eine kulturgeschichtliche Einordnung
versprechen. Obwohl die Brüder als Jäger und Hirte wie umherziehende
Kleinviehhirten[100], nicht wie seßhafte Ackerbauern (Gen 3,17-19; 9,20)
oder Weinbauern (Gen 9, 20), charakterisiert werden, kann die Erzählung
verschiedene Anspielungen nicht verbergen, die sich nicht in diese halbnomadische Welt einfügen lassen: V 25 erwähnt den Wein, יין, mit dem
Jakob seinen Vater bewirtet; V 28.37 erwähnt Getreide, דגן, und Most,
תירוֹשׁ; V 40 schließlich führt das Schwert, חרב, und das Joch, על, auf.
Lassen wir das Schwert und das Joch zunächst außer acht, weil sie im
umstrittenen V 40 erwähnt werden, bleiben noch Wein, Most und Getreide übrig. Alle drei Wörter setzen eine Acker- bzw. Weinbaukultur voraus.
Diese ist aber in Israel erst einige Zeit nach der Seßhaftwerdung denkbar.
Da die V 25.28.37 unumstritten zum Textbestand der Erzählung gehören,
ist der Widerspruch zwischen der intendierten, erzählten Welt und der

---

[99] Nach E. Blum, Komposition, 86-88, verdanken sich Gen 25,29-34 und Gen 27 grund-
      sätzlich unabhängigen Einzelüberlieferungen, obwohl Gen 27 unter der Kenntnis von
      Gen 25,29-34 geschrieben worden ist.
[100] Vgl. E.A. Knauf, Midian, 9-15; W. Thiel, Entwicklung, 17-47.

Welt der Dichter nicht zu übersehen. Deutlicher wird dieser Widerspruch noch, wenn wir das Schwert und das Joch aus V 40 hinzunehmen. Das Schwert fällt als Indiz sogleich aus, da es schon entsprechende Funde aus dem Chalkolithikum gibt[101]. Das Joch allerdings setzt eine fortgeschrittene Ackerbaukultur mit dem Einsatz von Haustieren voraus, mit der in Israel wohl erst in der frühen Königszeit zu rechnen ist. So lautet das Ergebnis: Die Erzählung gibt eine halbnomadische Lebenswelt vor, kann aber Hinweise auf die spätere Ackerbaukultur nicht verbergen.

Sodann bleiben als Spuren nur noch die Angaben aus dem Segens- und Schicksalswort Isaaks (V 27b-29.39-40) übrig. Anlaß für eine historische Einordnung bieten nur die Aussagen über das Verhältnis der Brüder, die nun mit Völkern, Nationen, Stämmen gleichgesetzt werden (V 29.40). Inhaltlich liegen alle drei Texte, das Gotteswort (25,23) und die beiden Segensworte (27,29.40) auf einer kompositorischen Linie, wobei sie genau dem Kontext angepaßt sind. Das Gotteswort erklärt die Unruhe im Mutterleib damit, daß schon pränatal zwei Wesen um ihre spätere Vorherrschaft ringen. Aus den Kindern, so das Deutewort, sollen zwei Völker hervorgehen. Damit ist schon implizit gesagt, daß männliche Zwillinge zu erwarten sind, weil nur Männer zu Ahnherren von Völkern werden können. Und es wird prophezeit, daß das vom jüngeren Sohn begründete Volk stärker sein wird, da der ältere dem jüngeren dienen soll[102]. Konsequent setzen die Segensworte Isaaks diese Aussagen fort: V 29 verheißt Jakob, daß das aus ihm hervorgehende Volk Herr über andere Völker, auch über seine Brüder, sein soll. Der Plural לְאַחֶיךָ ist inklusiv gemeint. Er schließt Esau/Edom und die anderen verschwisterten Nachbarn mit ein. Insofern bringt er eine Erweiterung zu Gen 25,23. In dem an Esau gerichteten Schicksalswort heißt es kurz (V 40aβ): וְאֶת־אָחִיךָ תַּעֲבֹד. In dieser imperativischen Schärfe liegt alles beschlossen. Auffällig ist, daß hier nicht abstrakt von לְאֻמִּים, גּוֹיִם oder עַמִּים die Rede ist. Es heißt: תַּעֲבֹד, *du* sollst/wirst dienen! Das bestimmt nun unwiderruflich als Vermächtnis, gedacht ist ja an eine Sterbeszene, der Vater. Mit den unmißverständlichen Worten Isaaks findet das Orakel seine vorläufige Erfüllung. Konkrete Anhaltspunkte, die über das zu Gen 25,23 Gesagte hinausführen, liefern die Segensworte Isaaks nicht. Zweifellos spielen sie auf das schwierige Verhältnis Israels zu seinem Nachbarn Edom, die allgemein gehaltene Formulierung in V 29 auf verschiedene Nachbarn (oder Kanaanäer, Philister?) an. Konflikte, die zu solchen

---

[101] Vgl. H. Weippert, Palästina, 123-125.
[102] Vgl. A.B. Ehrlich, Randglossen, 118-120.

Formulierungen den nötigen Anlaß boten, gab es von der frühen Königs-
zeit bis ins 4. Jahrhundert v. Chr. reichlich. Deutliche Hinweise auf alte
Traditionen – Sitten und Bräuche, Stammesfrömmigkeit oder kultische
Praxis – fehlen in Gen 27,1-40 allerdings. Trotz ihres Umfanges finden sich
in der Erzählung weniger religions- oder kulturgeschichtlich verwertbare
Hinweise als in Gen 25,21-26a und Gen 25,27-34[103].

Als unbegründet muß der Versuch M. Noths zurückgewiesen werden,
der aus der in den Texten ablesbaren Präferenz des Hirten vor dem Jäger
geschlossen hat, daß die Überlieferung ihren Ursprung bei ostjordanischen
Ephraimitern hat[104]. H. Gunkels Hypothese von der Verbindung der Einzelsagen im mündlichen Stadium aufnehmend, rechnet Noth damit, daß die
Erzählungen von Gen 25,21-34; 27,1-45 schon oral verschmolzen und
später vom Jahwisten verschriftet worden sind. Der Haftpunkt der Überlieferung und auch ihr *Sitz im Leben* wäre also die übliche Erzählsituation von
Kleinviehhirten, die sich kulturgeschichtlich im Übergang zum Ackerbau
befinden[105].

Die von Noth vorausgesetzte konstante Überlieferung des Stoffes über
etliche Generationen, ist eine unhaltbare Prämisse, mit der die ganze Hypothese fällt. Denn wie sonst soll der Stoff von den ostjordanischen
Kleinviehhirten bis zum Jahwisten gekommen sein, wenn nicht durch
mündliche Übermittlung? Zweitens gibt der Text selbst für die Lokalisierung der Traditionen keinen einzigen Anhaltspunkt. Wie wir sahen, fehlt
der Erzählung jede Ortsangabe, womit auch der Haftpunkt nicht belegbar
ist. Drittens tragen die Texte keine Spuren mündlichen Erzählgutes, sondern weisen sich als reife Literatur von Schriftstellern aus, hinter der ein
möglicher mündlicher Einfluß verborgen bleibt. So suchen wir in der Erzählung von Gen 27,1-40, die nicht vor dem ausgehenden 7. Jahrhundert
enstanden ist, Spuren frühisraelitischer Traditionen vergebens.

3. Bethel

Auch die Erzählung von Bethel (Gen 28,10-22) ist durch klare Zäsuren in
der Komposition abgegrenzt. Es geht der Bericht von der Flucht (Gen
27,41-45) bzw. der Entsendung Jakobs (Gen 27,46-28,9) zu Laban voraus.
Unmittelbar davor steht die zweite Notiz von Esaus Eheschließung (Gen

---

[103] Th.H. Gaster, Myth, 165-182, bietet reichliches Vergleichsmaterial aus antiken Quellen und der Folklore.
[104] Vgl. M. Noth, Überlieferungsgeschichte, 106-108.
[105] Vgl. M. Noth, Überlieferungsgeschichte, 106-108.

28,6-9). Ein unvollständiges Itinerar leitet nun die Erzählung von Bethel ein (V 10). Eine erneute Aufbruchsnotiz schließt den Abschnitt formal und auf der Erzählebene auch räumlich ab (Gen 29,1). So ist in der vorliegenden Gestalt die Erzählung von Bethel mit den benachbarten Texten szenisch verknüpft. Im Ganzen der Komposition hat sie einen logischen Ort. Auf dem Weg zu seinem künftigen Schwiegervater Laban übernachtet Jakob an einem ihm unbekannten Ort, von dem er am nächsten Tag weiterzieht.

Die literargeschichtlichen Probleme des Textes liegen im Urteil der Ausleger zwar in wesentlichen Punkten klar, in einigen Einzelfragen jedoch nicht. Schon H. Hupfeld bemerkte, daß nur die V 13-16 von Gott als יהוה, ansonsten aber von אלהים die Rede ist; außerdem unterbrechen die Verse den Gang der Erzählung. Woraus Hupfeld schließt, daß die V 13-16 J, die übrige Erzählung aber E zuzuschreiben ist[106]. Verstärkt wird diese Vermutung durch J. Wellhausen, der den inhaltlichen Bruch zwischen den V 10-12 und V 13-16 in der nur ihm eigenen Weise untermauert: „Wozu sind Engel und Leiter überhaupt da, wenn, wie es v. 13 heisst, Jahve עליו steht und direkt zu Jakob spricht? Die Engel sollen doch nicht bloss tanzen, sondern die Offenbarung vermitteln – das tun sie aber v. 13-16 eben nicht"[107]. Konstruktiv fügt er hinzu: „Lässt man die Verse aus und verbindet v. 12 mit v. 17, so gewinnen Leiter und Engel auf der Stelle eine Bedeutung und zwar eine höchst originelle"[108]. Den grundlegenden Beobachtungen Hupfelds folgen neben Wellhausen auch H. Holzinger[109], J. Skinner[110], H. Gunkel[111], R. Smend sr.[112], O. Eißfeldt[113], M. Noth[114], G. v. Rad[115], H. Seebaß[116], A. de Pury[117], E. Otto[118], H.-Chr. Schmitt[119], J.-M. Husser[120] und L. Schmidt[121].

---

[106] Vgl. H. Hupfeld, Die Quellen der Genesis, 38-41.

[107] J. Wellhausen, Composition, 30.

[108] J. Wellhausen, Composition, 30.

[109] Vgl. H. Holzinger, Genesis, XXVI.

[110] Vgl. J. Skinner, Genesis, 375-377.

[111] Vgl. H. Gunkel, Genesis, 316-321.

[112] Vgl. R. Smend sr., Die Erzählung des Hexateuch, 70-71, der den Text auf J^2 und E verteilt.

[113] Vgl. O. Eißfeldt, Hexateuch-Synopse, 52-53.

[114] Vgl. M. Noth, Überlieferungsgeschichte, 30, 38.

[115] Vgl. G. v. Rad, Genesis, 228-230.

[116] Vgl. H. Seebaß, Der Erzvater Israels, 14-17.

[117] Vgl. A. de Pury, Promesse, 32-45.

Folgt man vorläufig dieser Ansicht, so muß geklärt werden, warum V 13aβ als Rückverweis zu V 12 bestehen bleibt. Eindeutig beziehen sich והנה יהוה נצב עליו (V 13aα) auf והנה סלם (V 12aα). Die Erklärung ist leicht. Der Eingriff (V 13aα) geht auf einen Redaktor zurück, der die beiden Textblöcke verbunden hat. Ohne diese Anpassung wäre der Übergang nicht nur nicht geschmeidig, sondern der Zusammenhang wäre auch unterbrochen. H.-Chr. Schmitt hat noch ein weiteres Kriterium dafür vorgetragen, daß V 13 nicht zum vorangehenden Abschnitt gehört. Die Selbstoffenbarungsformel in V 13aβ אני יהוה אלהי אברהאם אביך hat in einer dem Jahwisten zuzuordnenden Schicht keine Parallele, vielmehr trägt sie eindeutige Kennzeichen einer Bearbeitung. Da sie aber fest mit dem Vers verbunden ist, muß dieser redaktionell nachgetragen sein[122].

Ein weiteres Problem ist V 16, der inhaltlich V 11 fortführt. Jakob legt sich schlafen וישכב (V 11b), und er wacht wieder auf aus seinem Schlaf וייקץ יעקב משנתו (V 16a). So setzt sich die durch V 13-15 unterbrochene Handlung hier wieder fort. Inhaltlich gehören die V 12.16 zusammen. Daß V 16 wegen des Gottesnamens יהוה nicht E zugesprochen werden kann, ist ein schwaches Argument. Denn der Gottesname ist nur eines von verschiedenen Indizien, die sich zur gesicherten Scheidung literarischer Sedimente sinnvoll ergänzen müssen. Auch in dem von den meisten Exegeten E zugesprochenen V 21 erscheint die Gottesbezeichnung יהוה und nicht אלהים – am Beispiel von Gen 32,29.31 hat schon H. Hupfeld erkannt, daß das Kriterium des Gottesnamens allein nicht ausreicht[123]. Inhaltlich, und dieses Argument wiegt hier schwerer, knüpft V 16 unmittelbar an V 11 an und ist deshalb zum Grundbestand zu rechnen.

Die Verheißungsreden Gottes (V 13aβ-15) werden im allgemeinen dem Jahwisten zugesprochen. Bei den älteren Auslegern ist diese Zuordnung noch systemimmanent bedingt, sie geht nach dem Grundsatz vor, was nicht E sein kann, muß J bestenfalls JE sein. Da der Text V 13aβ-15 eine eigenständige Kontur hat, muß er auch einem eigenständigen Autor zugeschrieben werden. Es ist aber nicht der Jahwist, sondern ein späterer Ergänzer, der

---

[118] Vgl. E. Otto, Jakob in Bethel, 167-170.

[119] Vgl. H.-Chr. Schmitt, Josephsgeschichte, 104-107.

[120] Vgl. J.-M. Husser, Les métamorphoses d'un songe, 321-342.

[121] Vgl. L. Schmidt, El, 161, der folgende Quellenscheidung vornimmt: „Zu J gehören also V 11aα.13-16.19a, zu E V. 11aβ.γ.b. 12.17.18. 20.21a.22a".

[122] Vgl. H.-Chr. Schmitt, Josephsgeschichte, 106.

[123] Vgl. H. Hupfeld, Die Quellen der Genesis, 45-46; ausführlich E. Blum, Komposition, 471-475.

den redaktionellen Einschub unter Aufnahme von Gen 12,3b; 13,14-17 verfaßt hat[124]. Vermutlich ist es derselbe Autor, der schon zur Vorbereitung V 13aα eingefügt hat. In der nun folgenden Verheißungsrede bereitet er das ebenfalls angefügt Gelübde Jakobs vor und verändert so den ganzen Charakter der Erzählung. Literarhistorisch liegt der Einschub auf einer Linie mit dem für die Vätererzählung so bedeutenden Verheißungstexten, die aber eben nicht das Konstituens für die Geschichte Israels, sondern deren nachträgliches, vergewisserndes Verstehen bezeugen[125].

Schwieriger ist die Beurteilung der V 17-22. Schon J. Wellhausen konstatiert zurückhaltend: „Es scheint, dass auch in v. 17-22 E nicht ganz rein vorliegt. V 19 ist im Vergleich zu v. 22 eine Dublette [...]. Ohne Zweifel hat endlich der Jehovist in v. 21 die Worte יהה לי לאלהים eingeschoben"[126]. Woraus aber nicht zu schließen ist, daß V 19a nicht hierher gehört, sondern vielmehr, daß V 22 das vorangehende aufgreift. Einschränkend muß zu Wellhausen bemerkt werden, daß die Anspielungen in V 22 keine wörtliche Wiederholung von V 19 bringen. Zudem befinden wir uns in V 22 auf einer anderen Erzählebene. V 19 gehört noch zum narrativen Teil, V 20b-22 bringt jedoch das als wörtliche Rede gekleidete Gelübde Jakobs. Daß dieses Gelübde inhaltlich die Geschehnisse aufgreift, ist nicht nur selbstverständlich, sondern als literarisches Stilmittel auch legitim.

Wie ein Implantat dagegen wirkt die Bemerkung von V 19b ואולם לוז שם־העיר לראשנה. Warum will der Dichter den Leser wissen lassen, daß der Ort kein Niemandsland ist, sondern altes kanaanäisches Gebiet? Sollte die Glosse etwa eine nachträgliche Inbesitznahme des alten Luş durch die Israeliten ausdrücken? Sollte Jahwe, der Gott Israels, der hier Jakob zum ersten Mal erscheint, sich selbst als wahrer Gott und Herr auch über die Götzen erweisen? Der Kontext läßt keine eindeutige Antwort auf diese Frage zu. Doch soviel ist sicher, V 19b ist ein erklärender Nachtrag[127].

Als bisheriger Grundbestand bleibt somit V 11-12.16-19a für E übrig; V 13a ist ein redaktioneller Brückentext, der vermutlich im Zusammen-

---

[124] Schon H.-Chr. Schmitt, Josephsgeschichte, 104-107, hat gezeigt, daß Gen 28,13-16.(21a) eine unter Aufnahme von Gen 12,3b verfaßte jahwistische Bearbeitung ist.

[125] So auch E. Blum, Komposition, 152-162; M. Köckert, Vätergott, 311-323; mit Abstrichen Chr. Levin, Der Jahwist, 216-220; L. Schmidt, Väterverheißungen, 26-27, hält Gen 28,13b-15 für spätvorexilisch, neuerdings modifiziert L. Schmidt, El, 167-168, seine Auffassung und spricht im Gefolge von H. Seebass Gen 28,13-16 dem Jahwisten zu, der wiederum auf eine alte mündliche Überlieferung zurückgreift; allgemein J. Scharbert, Landverheissung, 333-354.

[126] J. Wellhausen, Composition, 31.

[127] So auch A. Dillmann, H. Holzinger, M. Noth, A. de Pury und Chr. Levin.

hang mit der Einarbeitung von V 13b-15 erfolgt ist. Umstritten sind auch die V 10.20-22.

V 10 hat im literarischen Kontext eine zweifache Funktion: Er leitet zur nachfolgenden Erzählung über und bindet sie so in den Kontext ein. Gleichzeitig bildet er den Auftakt der Bethelerzählung. Wegen dieser Aufgaben und seiner Nähe zu V 11 gehört V 10 dem Grundbestand zu. Ohne V 10 hinge V 11 völlig in der Luft, was schon daraus ersichtlich wird, daß V 11 kein klar erkennbares Subjekt hat. Nur V 10 erwähnt den Namen des Protagonisten Jakob. In V 11 hingegen heißt es – ויפגע – וילן – ויקח – וישם וישכב. Die Reihe der Imperfecta consecutiva schildert das Handeln eines Ungenannten, der durch das Subjekt in V 10 identifiziert wird. Die einfachste und sinnvollste Lösung ist es folglich, V 10 zu V 11-12.16-19a zu ziehen[128].

Es bleiben noch V 20-22 umstritten. In der *opinio communis* gelten V 20-22 im wesentlichen als ein Bestandteil von E[129]. Jakobs Gelübde überrascht und sprengt den Gang der Erzählung. Formal wird die Narratio von wörtlicher Rede unterbrochen. Da das Gelübde Jakobs gleichzeitig den Abschluß der Erzählung bildet, wirkt es wie an den Grundbestand des Textes angehängt, zumal die Erzählung mit der Errichtung und Salbung der מצבה (V 18) und der Benennung des auf diese Weise inaugurierten Kultortes abgeschlossen ist. Auch inhaltlich wirkt das Gelübde wie ein Nachtrag. V 20-21 stellt die Forderung für das Gelübde, V 22a aber nimmt rückverweisend in einer Stichwortanknüpfung Bezug auf die Errichtung der מצבה (V 18.22), verspricht den Bau eines בית־אלהים und führt in V b völlig anhaltslos den עשׁר ein; V 22 setzt also den bestehenden Tempel und eine gängige Abgabepraxis voraus (vgl. Dt 14,22-29; 26,12-15; Neh 10,38). Gott antwortet auf das Gelübde Jakobs nicht. Die Erzählung bricht mit V 22 ab. Aus diesen Gründen liegt es nahe – zumal in V 21 die Worte והיה יהוה לי לאלהים den Auslegern, die die Verse trotz des Tetragramms für E halten, Mühe bereiten –, die V 20-22 als einen Nachtrag anzusehen, der die gelobte Errichtung des Gotteshauses Gen 35,1-15 motiviert und gleichzeitig den Zehnten im Zusammenhang der ersten Offenbarung Gottes gegenüber dem Stammvater Israels institutionalisiert[130].

---

[128] So J. Wellhausen, R. Smend sr., H. Gunkel, J. Skinner, O. Eißfeldt, M. Noth und A. de Pury. Auch für Chr. Levin gehört V 10 zum Grundbestand.

[129] So H. Holzinger, R. Smend sr., J. Skinner, O. Eißfeld, A. de Pury, E. Otto und L. Schmidt.

[130] So auch und ausführlich E. Blum, Komposition, 88-98; knapper Chr. Levin, Der Jahwist, 218-220; und J.-M. Husser, Les métamorphoses d'un songe, 330-332.

Als Grundbestand haben wir nun V 10-12.16-19a ermittelt, V 13a ist ein redaktioneller Brückentext, der die Verbindung zur eingeschobenen Verheißungsrede von V 13b-15 herstellt. V 20-22 gehen auf eine spätere Redaktion zurück; V 19b scheidet als Glosse für den Grundbestand aus. Das heißt, Gen 28,10-22 ist im ältesten Sediment ein Text, der gewöhnlich E zugeschrieben worden ist, jahwistische Elemente finden sich nicht[131].

Auf welche alten Traditionen stoßen wir nun? Der von uns herausgestellte Grundbestand des Textes (V 10-12.16-19a) erzählt vom Zug Jakobs von Beersheba nach Haran (V 10), seiner Übernachtung an einem unbekannten Ort (V 11), seinem Traum (V 12) und der eigenen Traumdeutung (V 16-17), die ihn zu einer kultischen Handlung veranlaßt (V 18); die Benennung des מקום ist der klimaktische Abschluß der Erzählung. In ihrer Grundform ist der durch seine erzählerische Dichte und geschlossene Darstellung kohärente Text ein *Hieros logos*, wie schon A. Alt betont hat[132].

Für V. Maag ist Gen 28,10-22 ursprünglich eine „fromme Volksüberlieferung"[133], die „die frühisraelitische Gründungs- und Kultlegende von Bethel in sich birgt"[134]. Die Erzählung gewährt Einblicke und läßt Rückschlüsse auf den frühisraelitischen Kultus zu[135]. „Wir werden annehmen dürfen," so Maag, „daß Israel zu der Zeit, als ihm diese Legende als Bestandteil des Bethelrituals wichtig war, den Ort als Inkubationsheiligtum

---

[131] Einen Sonderweg geht E. Blum: Er scheidet die Einleitung (V 10) als nachträgliche Itinerarangabe, die Verheißungsrede (V 13aβ-15), das Gelübde Jakobs (V 20-22) und V 19b aus. Übrig bleiben die V 11-13aα.16-19a, die den narrativen Grundbestand der Erzählung bilden (vgl. E. Blum, Komposition, 16-35). Die Gottesrede (V 13aβ-15) schließt er deshalb aus dem Kontext aus, weil sie kein integriertes Element in der Erzählung ist (vgl. E. Blum, Komposition, 19-22, 158-164). In seinem Grundbestand erzählt der Text von der Begründung eines Kultes durch Jakob (vgl. E. Blum, Komposition, 34-35). Während die Absonderung der Verheißungsreden (V 13aβ) und des Gelübdes (V 20-22) aus den vorgetragenen Gründen einleuchten, birgt die Ausgrenzung der Exposition (V 10) einige Schwierigkeiten. Ohne die Einleitung (V 10) hängt die Erzählung völlig in der Luft. Weder V 11 noch V 12 noch V 13 teilen dem Leser den Namen der handelnden Person mit. Erst V 16 erwähnt Jakob namentlich, die V 11-13aα aber setzen ihn als bekannt voraus. Außerdem knüpft ויפגע (V 11a) an den von V 10 berichteten Aufbruch ויצא ... וילך an. Deshalb gehört V 10 zum nachfolgenden Kontext.

[132] Vgl. A. Alt, Gott der Väter, 48-53; dann V. Maag, Hieros Logos, 29-37; und auch E. Blum, Komposition, 29-34; G.W. Coats, Genesis, 206-209; J.-M. Husser, Les métamorphoses d'un songe, 330-332; und L. Schmidt, El, 167-168.

[133] V. Maag, Hieros Logos, 30.

[134] V. Maag, Hieros Logos, 31.

[135] Vgl. V. Maag, Hieros Logos, 32.

benutzte, in welchem man sich zum Schlafe niederlegte, wenn man von der Gottheit eine Traumoffenbarung zu empfangen hoffte. Natürlich konnten Jakobs Nachkommen, d.h. die Israeliten der historischen Zeit, den Stein, der nun ja als Mazzeba aufgerichtet in Bethel stand, nicht mehr als Kopfpolster benutzen. Man wird sich aber, solange der Monolith das Zentrum des kultischen Interesses bildete, in möglichster Nähe, vielleicht unmittelbar neben ihm und in Berührung mit ihm hingelegt haben"[136]. Die Mazzebe als Kultobjekt ist dann von Jerobeam I. durch das Stierbild abgelöst worden[137].

Auch für E. Otto ist Gen 28,10-22 ein Dokument der Frühzeit Israels. Er versteht die Bethelüberlieferung im Zusammenhang der Geschichte der Stämme Manasse und Ephraim[138]. „Im Zuge dieses Wechsels der Vormachtstellung zwischen den Stämmen Manasse und Ephraim wird auch das ephraimitische Heiligtum von Bethel, das sich möglicherweise bereits in vorjosephitischer Zeit auf Sichem zurückführte und von dort die Jakobüberlieferung übernahm, das Heiligtum von Sichem überflügelt haben. Diese Vorrangstellung hat dann wohl dazu geführt, daß Jerobeam I. nicht Sichem, sondern Bethel zum Reichsheiligtum machte. Aus diesem historischen Prozeß erklärt sich auch, daß die Jakobüberlieferung der Genesis ihre vorliterarisch-redaktionelle Endfassung in Bethel erhielt"[139].

Eine dritte Erklärung hat unlängst E. v. Nordheim vorgelegt. Einwandernde israelistische Stammesgruppen fanden an dem alten Kultort Bethel bereits eine Heiligtumsätiologie vor, die sie mit der Übernahme des Kultortes ihren eigenen Bedürfnissen anpaßten[140]. Jakob wird nun zum eigentlichen Begründer des Kultortes und auch des Kultes. Durch diese Eingriffe wird das ursprünglich in der Ätiologie enthaltene Lokalkolorit verdrängt, allein der Ortsname Bethel bleibt erhalten. Mit der Aufnahme der alten Überlieferung durch den Jahwisten wird die Tradition wiederum verändert[141]. „Wurde die Erzählung im Laufe der Übernahme durch die einwandernden Stammesgruppen ‚israelisiert', so wird sie jetzt ‚jahwesiert'"[142]. Wie die Übernahme der „israelitischen Stammesverbände" erfolgt sein soll, oder

---

[136] V. Maag, Hieros Logos, 31.
[137] Vgl. V. Maag, Hieros Logos, 36-37.
[138] Vgl. E. Otto, Jakob in Bethel, 187-190.
[139] E. Otto, Jakob in Bethel, 189; sowie ders., Jakob in Sichem, 82-88, 245-260.
[140] Vgl. E. v. Nordheim, Die Selbstbehauptung Israels, 69-70.
[141] Vgl. E. v. Nordheim, Die Selbstbehauptung Israels, 77-79.
[142] E. v. Nordheim, Die Selbstbehauptung Israels, 78.

warum sich die Gründer und Betreiber des Heiligtums von einwandernden
Fremdlingen verdrängen lassen, sind Probleme, denen sich v. Nordheim
ebensowenig stellt, wie der simplen Frage, wie die mündliche Überlieferung
über vier bis sechs Jahrhunderte eine alte Erzählung konservieren kann.
Warum das alte, protoisraelitische Bethel archäologisch nicht nachzuweisen ist[143], bleibt ebenfalls ein Problem, dem sich weder V. Maag noch E.
Otto oder E. v. Nordheim stellen. Aus den wenigen Andeutungen von Gen
28,10-22 einen kompletten Kultus zu rekonstruieren, wie es V. Maag wagt,
ohne diese Annahmen durch altestamentliche Texte, religionsgeschichtliches
Vergleichsmaterial oder archäologische Evidenz stützen zu können, ist
methodisch unzulässig und sachlich unzureichend.

Wesentlich maßvoller beurteilt E. Blum den Hintergrund von Gen
28,11-13aα.16-19. Eine Vorgeschichte des Textes zieht er insofern in Betracht als in ihm eine ältere, ursprünglich selbständige Einzelüberlieferung
eingegangen ist. Sie markiert einen der ältesten Bausteine der Jakobserzählung aus der Zeit Jerobeams I. Inwieweit die Erzählung Einblicke in die
Frühzeit Israels gewährt, läßt er offen, ohne zu verschweigen, daß die Erzählung eng mit der Lebenswelt der Dichter verbunden ist[144].

Überprüfen wir nun die Kultgründungserzählung (V 10-12.16-19a) auf
alte Traditionen: Zunächst werden die Orte Beersheba und Haran, am Ende
Bethel erwähnt. Dies sind bislang die ersten Ortsangaben überhaupt. Mit
der Angabe von Beersheba und Haran ist wenig gewonnen, sie dienen der
Erzählung lediglich zur Skizzierung der Reiseroute. Eine ungefähre geographische Vorstellung muß der Dichter gehabt haben, da Bethel tatsächlich
auf dem Weg von Mittelpalästina nach Aram liegt. Allerdings ist aus den
Angaben keine alte Tradition abzuleiten, sie setzt lediglich voraus, daß die
Orte bei der Abfassung der Text existiert haben. Beersheba aber ist vom
Chalcolithicum bis in die späte Eisenzeit besiedelt[145]. Für Haran gilt dassel-
be. Die Ausgrabungen des seit dem Chalcoliticum nachweisbaren Bethel[146]

---

[143] Vgl. ausführlich S. 302-310.
[144] Vgl. E. Blum, Komposition, 29-34, 202-203.
[145] Vgl. D.W. Manor, Beer-Sheba, 641-645.
[146] Vgl. W.F. Albright/J.L. Kelso, Bethel, 10-44; Tafeln 1-29. – Schon im Chalcolithicum
    (um 3500 v. Chr.) ist für Bethel ein großer, offener Kultort nachweisbar. Ein mit
    Tierknochen gefüllter Krug, der nahe beim Altar gefunden wurde, weist darauf hin.
    Außerdem wurden nahe beim Kultort etliche Steinmesser, Tierknochen und Kochge-
    schirr gefunden. Da der Ort auch über Quellen reichlich mit Wasser versorgt ist und
    sich vorzüglich zum Lagern eignet, liegt es nahe, daß es sich um einen Lagerplatz für
    Hirten handelte, die zum Opferdienst zum Heiligtum kamen (vgl. W.F. Albright/J.L.

werfen kein Licht auf die Jakobserzählungen[147]. Einen Hinweis auf das mögliche Alter der Tradition in V 10 also bietet die Erwählung der Ortschaften nicht.

Aus der Sitte, sich einen Stein zum Kopfkissen zu nehmen, ist auch kein räumlich-zeitlicher Anhaltspunkt abzuleiten (V 11). Wie W.F. Albright und J.L. Kelso berichten, haben noch im 20. Jahrhundet einige der arabischen Helfer bei der Ausgrabung von Bethel in den Ruhepausen Steine als Kopfkissen verwendet[148]. Aus diesem Beispiel wird ersichtlich, welche Allgemeingültigkeit solche Details besitzen[149].

Nicht viel besser steht es mit der Szene in V 12, in der durch eine Requisite, die סלם, eine Beziehung zwischen Himmel und Erde hergestellt wird. Unbezweifelt ist auch, daß auf dieser Verbindung מלאכי אלהים hinauf- und herabsteigen. Im weiteren Kontext erwähnt Jakob, nachdem er erwacht ist, auch noch das שער השמים (V 17). Über den religionsgeschichtlichen Hintergrund der Szene ist viel spekuliert worden. A.R. Millard hat babylonische[150], J.G. Griffiths ägyptische[151] Vorbilder geltend gemacht. Bei der ägyptischen Vorstellung ist an den Aufstieg des verstorbenen Pharaos nach seinem Tod in den Himmel gedacht, in der babyloni-

---

Kelso, Bethel, 45). Auf der ersten Besiedlungsschicht ist in der MB I ein nach Osten ausgerichteter Tempel erbaut worden, der später zerstört worden ist. In der MB II ist die ganze Siedlung mit einer dreieinhalb Meter starken Mauer befestigt worden. Auch einige Tore konnten freigelegt werden (vgl. W.F. Albright/J.L. Kelso, Bethel, 45). Besonders das auf den Ruinen des ersten Heiligtums errichtete Nordwesttor ist nahezu erhalten (vgl. W.F. Albright/J.L. Kelso, Bethel, 20-23, 45-46). Die baugeschichtlich und architektonisch bedeutendste Epoche ist die SB (1300 v. Chr.), aus der eine ausgefeilte Abwasseranlage, etliche Patrizierhäuser, eine Olivenpresse und Straßen freigelegt sind (vgl. W.F. Albright/J.L. Kelso, Bethel, 28-31; vgl. J.L. Kelso, Bethel, 190-193; sowie die einzelnen Grabungsberichte von W.F. Albright und J.L. Kelso in BASOR 55, 1934, 23-25; 56, 1934, 2-15; 57, 1935, 27-30; 74, 1939, 15-17; 137, 1955, 5-10; 151, 1958, 3-8; 164, 1961, 5-14).

[147] W.F. Albright/J.L. Kelso, Bethel, 46. – Methodisch ist der Versuch von N. Na'aman fragwürdig, der die verschiedenen biblischen Aussagen über Bethel addiert und harmonisiert, um so die Geschichte des Kultortes allein auf literarischer Grundlage zu rekonstruieren (vgl. N. Na'aman, Beth-aven, 16-18; vgl. E. Otto, Jakob in Bethel, 165-190; N. Wyatt, Jacob, 44-57; sowie allgemein E. Noort, Fundamentalismus in Exegese und Archäologie, 311-331).

[148] Vgl. W.F. Albright/J.L. Kelso, Bethel, 46, Anm. 5.

[149] J.G. Frazer, Folk-Lore, 231-237, bringt ethnologisches Vergleichsmaterial.

[150] Vgl. A.R. Millard, The Celestial Ladder, 86-87.

[151] Vgl. J.G. Griffiths, The Celestial Ladder, 1964/65, 229-230; ders., The Celestial Ladder, 1966/67, 54-55.

schen Parallele steigt tatsächlich einer der Götter auf und ab, sogar ein Himmelstor wird erwähnt[152].

Wie die babylonische Parallele zeigt, hat es ähnliche Vorstellungen im Alten Orient gegeben. Ein wesentlicher Unterschied sei jedoch angemerkt. Die Voraussetzung für die babylonische Vorstellung sind die Stufentempel, wie die Zikkurat in Larsa. Die Vorstellung ist dort also direkt von einem Heiligtum abgeschaut. Nach Gen 28,12 sieht Jakob die סלם nur im Traum. Eine konkrete Anschauung fehlt ihm und wohl auch dem Erzähler. Daß die biblische Vorstellung mit der altbabylonischen zusammenhängt, ist daher ebensowenig auszuschließen wie positiv zu belegen[153]. Religionsgeschichtlich setzt Gen 28,12.17 allerdings die von Kohelet nicht zuerst, aber erstmals normativ formulierte Erkenntnis הָאֱלֹהִים בַּשָּׁמַיִם וְאַתָּה עַל־הָאָרֶץ (5,1b) voraus, in der die Transzendenz Gottes beschrieben ist. Nur wenn der unsichtbare Gott als ein im Himmel thronender vorgestellt wird, nur wenn Himmel und Erde als getrennte Herrschaftsbereiche verstanden werden, ist es sinnvoll, daß durch Brücken und Mittler die beiden „Welten" verbunden und somit kommunikationsfähig gemacht werden. Gen 28,12.17 gehört also demselben religionsgeschichtlichen Stratum wie Gen 1,26[154]; 5,24; 11,5; 16,7-13; 22,11-12; 32,2-3; 2 Kön 2,1-5.11-14; Jes 6,1-13; 55,8-11; 63,9; Hi 1,6; 33,23; Ps 11,4; 33,13-14; 103,19-20; 113,6; Kld 2,1 an. Bei den Parallelen handelt es sich um spät vorexilische, exilische und zuweilen sogar um spät nachexilische Texte[155], weshalb sich Gen 28,10-12.16-19a besser in das Ende der kanonisch festgehaltenen Religionsgeschichte Israels als an deren Anfang fügt[156].

---

[152] Eine eigenwillige Erklärung hat wiederholt C. Houtmann vorgetragen, unter סלם sei eine Böschung einer Anhöhe zu verstehen, auf der Jakob übernachtet. „Der Berg, auf dem Jakob schläft, reicht bis in den Himmel und ermöglicht den Himmelsbewohnern, zur Erde hinabzusteigen; sein Gipfel kann deshalb zu Recht Pforte des Himmels oder auch Haus Gottes genannt werden" (C. Houtmann, Himmel, 360-361; sowie ders., Jacob, 337-351).

[153] Auch das von J.G. Frazer, Folk-Lore, 228-230, und Th.H. Gaster, Myth, 184-187, beigebrachte ethnologische Material zeigt, daß ähnliche Vorstellungen bis ins 20. Jahrhundert hinein in vielen Kulturen verbreitet sind, was den Nachweis einer Abhängigkeit des biblischen Textes von altbabylonischen Traditionen in Frage stellt.

[154] Vgl. O. Kaiser, Mensch, 102-104.

[155] Vgl. zur Einordnung der Texte E. Blum, Komposition, 141-149; 317-320; J. Jeremias, Das Königtum Gottes, 143-147; O. Kaiser, Jesaja 1-12, 117-134; ders., Klagelieder, 138-140; Chr. Levin, Der Jahwist, 147-152; 246-247; H. Spieckermann, Heilsgegenwart, 50-53; 88-96; H.M. Wahl, Der gerechte Schöpfer, 63-69, 163-165; E. Würthwein, Könige, 273-277.

[156] Vgl. auch W. Bousset, Die Religionen, 320-331.

So ergibt sich nun, daß die Erzählung keine eindeutigen Spuren vor-israelitischer Traditionen aufweist. In seinem Grundbestand gibt sich der Text als eine einfache, aber überaus dichte Erzählung zu erkennen, die dramatische Züge, wie in Gen 25,21-26a; 25,27-34; 27,1-40 ersichtlich, völlig entbehrt. Der einzige Hinweis auf eine konkrete Kultstätte ist der Name in V 19a. Er allein ist kein hinreichender Garant für einen mögli-chen Haftpunkt einer eventuell hinter der Erzählung unerkennbar verbor-genen alten, mündlichen Tradition[157]. Die ausgereifte Formulierung und durchdachte Anlage des Textes läßt auch aus literargeschichtlichen Erwä-gungen einen direkten Zusammenhang mit dem unter Jerobeam I. einge-richteten Staatsheiligtum fraglich erscheinen, der Text ist frühestens spät vorexilisch entstanden. Diesen Verdacht erhärtet die religionsgeschichtliche Einordnung des Textes. Seine Vorstellung vom im Himmel thronenden Gott, der Teile seines Hofstaates über eine סלם auf die Erde schickt, deutet auf ein spätes, frühestens spät vorexilisches Entstehungsstadium hin[158]. Dies fügt sich auch in den Rahmen der Geschichte Israels. Bethel galt in Israel als heiliger Ort, der von Jerobeam I. durch die fest eingerichtete Götzenverehrung geschändet (1 Kön 12,28-31) und deshalb von Josia zer-stört worden ist (2 Kön 23,15). Der Dichter von Gen 28,10-12.16-19a, der nach der Zerstörung Bethels schreibt, läßt nun Jakob „den seit Abraham bekannten Ort" entdecken; durch die Offenbarung Gottes wird Bethel dann als Heiliger Ort und Kultstätte nachträglich legitimiert und so sein Anse-hen wiederhergestellt. Gleichzeitig wird Jakob als „politischer Ahnherr" kultisch legitimiert.

Wegen seiner religionsgeschichtlichen Bedeutung gehen wir nun noch auf das Gelübde Jakobs (V 20-22) ein, auch wenn der Text als redaktionel-ler Zusatz für Spuren alter Traditionen schon aus literargeschichtlichen Gründen ausscheidet. „Das *Gelübde* ist", so definiert O. Kaiser, „ein in feierlicher Form an die Gottheit gerichtetes *Versprechen*, ihr für den Fall einer bestimmten Leistung eine bestimmte Gegenleistung zu erbringen und damit eine nachdrücklich Gottes Handeln herausfordernde Bitte. Als Son-derform ist die bedingungslose *Selbstverpflichtung* anzusehen, die den Gelo-benden auf Zeit oder auf Dauer an eine bestimmte Lebensweise bindet"[159].

---

[157] Th.H. Gaster, Myth, 182-193, bringt zu allen drei verhandelten Topoi – dem Traum, der Himmelsleiter und der Mazzebe – reichliches Vergleichsmaterial aus antiken Tex-ten und gegenwärtiger Folklore, was die Universalität der Stoffe und Motive belegt, woraus wiederum das Problem der Einordnung folgt.

[158] Vgl. außerdem M. Mach, Entwicklungsstadien des jüdischen Engelglaubens, 52-64.

[159] O. Kaiser, נדר, 263.

Syntaktisch zeichnet sich das Gelübde durch die Ich-Form und die direkte Anrede des Gelobenden an die Gottheit, durch konkrete Bitten und
auch Versprechen, die im Falle eines nicht eingehaltenen Gelübdes eingelöst werden müssen, aus. Der Ort, an dem das Gelübde abgelegt wird, ist
das Heiligtum. Untrennbar mit dem Gelübde sind kultische Handlungen
verbunden: Ihm geht ein allgemeines Gebet voran, der Gelobende bringt
ein Gelübdeopfer dar und bittet um Erhörung (1 Sam 1,11; Ps 22,25-26;
56,13; 66,13.19-20; 116,4.14.18; Koh 4,17 – 5,3). Keines der Kennzeichen eines Gelübdes findet sich in Gen 28,20-22. Die kultische Bindung an
Opfer und Bitte um Erhörung fehlt. Ferner ist das Gelübde allgemein,
nicht als persönliche Anrede formuliert. An keiner Stelle sagt Jakob von sich
in der Ich-Form, daß er der Gottheit gelobt. Jahwe als Empfänger des
Gelübdes redet Jakob nicht an. Schon diese Beobachtungen zwingen zu
dem Schluß, daß ein wirkliches Gelübde hier nicht vorliegt. Vielmehr handelt es sich um eine für den Kontext verfaßte Gelübdeerzählung (wie Num
21,2; Ri 11,30-39; 2 Sam 15,7-8).

4. Pnuël

Die Abgrenzung der Erzählung von Jakobs Kampf am Jabbok (Gen 32,23-
33) ist klar erkennbar. Eingewoben in die Vorbereitungen auf die Begegnung mit Esau, ist der Text szenisch und thematisch ein eigenständiger
Block. Er hebt sich durch die Exposition (V 23-25a), die einen Ortswechsel
schildert und die eigentliche Erzählung vorbereitet, vom Vorangehenden
ab. Nach hinten schließt die kultische Ätiologie (V 33) die Szene am Jabbok
ab. Mit der darauffolgenden unvermittelten Begegnung der Brüder (Gen
29,1; 33,1) schreitet die Komposition zum nächsten Thema voran.
    Schwierig dagegen ist die literarkritische Beurteilung des Textes. Alle
nur erdenklichen Möglichkeiten werden in der Auslegung vertreten. J.
Wellhausen[160] schreibt den Text trotz der zweifachen Erwähnung von
אלהים (V 29.31) wegen der Gottesvorstellungen J zu. Darin folgen ihm R.
Smend sr.[161] und O. Eißfeldt[162] weitgehend. Das Gegenteil behauptet A.
Dillmann[163], der V 23 J, V 24-33 E zuspricht. Einen Mittelweg schlagen
im Gefolge F. Delitzschs, für den die Erzählung aus verschiedenen „Quellen-

---

[160] Vgl. J. Wellhausen, Composition, 44-45.
[161] Vgl. R. Smend sr., Erzählung des Hexateuch, 86.
[162] Vgl. O. Eißfeldt, Hexateuch-Synopse, 66-67.
[163] Vgl. A. Dillmann, Genesis, 362-365.

excerpte[n]"[164] besteht, verschiedene Exegeten ein: Mit jeweils anderer
Zuweisung im Detail sprechen H. Holzinger[165], H. Gunkel[166] und J.
Skinner[167] die Erzählung zu etwa gleichen Teilen J und E zu. In der jüngeren Literarkritik haben sich dagegen die Stimmen gemehrt, die im Anschluß an J. Wellhausen die Erzählung als eine einheitliche Komposition
ansehen und sie J zuweisen, so vor allem M. Noth[168], K. Elliger[169],
A.B. Speiser[170], G. v. Rad[171], A. de Pury[172] und C. Westermann[173]. Nach
der Textanalyse von P. Weimar ist der Grundbestand der Erzählung
V 23aαb.25b.26a.27.30b.32, wovon sich stilistisch und thematisch die redaktionellen Zusätze (V 23aβ.24.25a.26b.28-30a.31) abheben. V 33 ist
eine Glosse[174].

Einige Dubletten und theologische Eigenheiten der Erzählung bieten
trotz der beeindruckenden Liste derjenigen, die den Text für einheitlich
halten, genügend Anlaß, literarkritischen Erwägungen nachzugehen. Besonders V 23b.24 ist eine die komprimierte Erzählung störende Wiederholung. Zweimal wird mit demselben Wort, עבר, die Überquerung des Flusses berichtet. V 23b erweckt überdies den Anschein, als sei er V 23a angefügt,
um den Namen des Flusses einzufügen und damit die Erzählung konkret
an einem, dem Leser bekannten Ort, anzubinden. Er ist daher als Glosse
anzusehen.

Auffällig ist weiterhin V 26b. Der Gang der Erzählung wird durch den
reflektierenden Nachsatz unterbrochen. Es wechselt also die literarische
Ebene; durch diesen Einschub wird zusätzlich die Aufforderung des myste-
riösen Ringkämpfers, von ihm abzulassen, verzögert (V 27). Außerdem klärt
V 26b die noch offene Frage, wer wen schlägt. So ist der Halbvers ein
redaktioneller Eintrag, der im Zusammenhang mit der angehängten Ätiologie (V 33) steht. Durch diese beiden Eingriffe hat der Text in der Jetzt-
gestalt den Charakter einer ätiologischen Erzählung erhalten. Ansonsten ist

---

[164] F. Delitzsch, Genesis, 404.
[165] Vgl. H. Holzinger, Genesis, XXVI.
[166] Vgl. H. Gunkel, Genesis, 359-365.
[167] Vgl. J. Skinner, Genesis, 407-412.
[168] Vgl. M. Noth, Überlieferungsgeschichte, 30.
[169] Vgl. K. Elliger, Der Jakobskampf, 148-149.
[170] Vgl. A.B. Speiser, Genesis, 253-257.
[171] Vgl. G. v. Rad, Genesis, 259.
[172] Vgl. A. de Pury, Jakob, 18-34.
[173] Vgl. C. Westermann, Genesis II, 626-627.
[174] Vgl. P. Weimar, Gen 32,23-33, BN 49, 79-80.

der Kern der Erzählung von weiteren Spannungen frei. Die Erzählung schließt nach dem eindringlichen Segen des Ringkämpfers (V 30) mit der Benennung des Ortes durch Jakob (V 31a; wie Gen 28,19a). Angehängt sind die volksetymologische Erklärung von פניאל (V 31b), der szenische Abschluß (V 32a), in dem auch die Folgen des Kampfes berichtet werden, und die Begründung eines Speisetabus, die durch die Notiz עד היום הזה eindeutig auf einen späteren kultischen Kontext verweist. Für die Erzväter, die auf der literarischen Ebene einen Kultdienst noch nicht kennen konnten, ist die Vorschrift, vom *nervus ischiaticus* abzusehen, sinnlos.

Als Grundbestand der Erzählung können wir also V 23a.24-26a.27-31a ansehen, auf redaktionelle Zusätze gehen V 23b, die redaktionelle Klammer V 26b.33 und die angehängten V 31b-32 zurück[175].

Auffällig ist weiterhin, daß die Erzählung für ihren Kontext entworfen ist. Gezielt wird der Gang der Komposition unterbrochen und die neue Szene von V 23a.24 vorbereitet. V 22b.23a sind geschickt durch die Worte בלילה־ההוא (V 22b) und בלילה הוא (V 23a) motivisch, szenisch und stichwortartig verknüpft. Die ganze Anlage der Erzählung und die Einfügung an dieser Stelle der Komposition begründen die Vermutung, daß der Text unter Aufnahme einer älteren Überlieferung gezielt für den Kontext vefaßt ist[176].

Es scheint ausgemacht, daß der Text aus religionsgeschichtlichem Urgestein besteht. In der ersten Auflage seines Genesiskommentares hielt H. Gunkel die Erzählung noch für eine alte „Kultussage", in der zweiten Auflage läßt er diese Gattungsbezeichnung fallen[177]. Dennoch ist er vom hohen Alter der Erzählung überzeugt. „Jedenfalls führt die Gottesgestalt der Sage in sehr alte Zeit. Dazu stimmt auch der eigentümliche Ton der Sage, die das Grauen der Gottheit in das Dämmerlicht des Geheimnisses hüllt und eine Szene schildert, des Rembrandtschen Pinsels würdig. Auch dem Stil nach gehört die Sage zu den ältesten, am knappsten erzählten"[178].

Auch für G. v. Rad handelt es sich bei der Erzählung um Stoffe, die bis zur Verschriftung „jahrhundertelang in Bewegung"[179] waren. Gunkels Worte im Ohr schreibt v. Rad: „Darüber herrscht Einigkeit, daß die Erzählung in älteste, d.h. in diesem Falle sogar in vorisraelitische Zeiten zurück-

[175] Vgl. Chr. Levin, Der Jahwist, 250-254.
[176] So auch E. Blum, Komposition, 143-145.
[177] Vgl. H. Gunkel, Genesis, 364.
[178] H. Gunkel, Genesis, 365.
[179] G. v. Rad, Genesis, 259.

reicht. Es liegt nahe anzunehmen, daß Israel in Pnuel eine solche Erzählung von dem nächtlichen Überfall einer Gottheit auf einen Menschen vorgefunden und dann auf Jakob bezogen habe. Um so erstaunlicher ist es, daß auch und gerade die Späteren das uralte, aus roher heidnischer Vorzeit stammende Gerüst und Vorstellungsmaterial als durchaus geeignet schien, ein Handeln Jahwes an dem Ahnherrn Israels darzustellen"[180].

Begründet werden die Aussagen von beiden nicht. Das der hier verschrifteten Tradition zugesprochene hohe Alter wird allein mit dem archaischen und numinosen Charakter der Erzählung begründet. Überlieferungsgeschichtlich ist aber die Übermittlung einer mit mythischen Motiven durchzogenen Erzählung mit dem Namen des Protagonisten, des überquerten Flusses und des Ortes über mehrere Jahrhunderte undenkbar. So kann dem Dichter keine alte Überlieferung vom Erzvater Jakob vorgelegen haben. Stilistisch und kompositionstechnisch ist die Erzählung auf den bereits vorliegenden schriftlichen Kontext hin entworfen. Für sich allein genommen ist die Erzählung sinnlos. Vor der Begegnung mit Esau wird Jakob in Israel umbenannt und gesegnet. Nach dem väterlichen Segen erhält er in diesem Segen die göttliche Legitimation als Stammvater (V 30), deren äußeres Zeichen der spätere Volksname Israel ist (V 29). Damit ist der erschlichene Segen Isaaks legitimiert und die Verheißung von Bethel bestätigt, damit ist auch die Gebetsbitte (Gen 32,10-13) teilweise erhört.

Was deutet nun auf ein hohes Alter der Erzählung hin? Wie sind die Motive und religionsgeschichtlichen Anspielungen zu interpretieren? Der Notiz ויעבר את מעבר יבק (V 23b) ist nicht viel zu entnehmen. Als literarischer Nachtrag bezieht sie sich auf den Kontext, in den sie eingetragen ist und liefert eine wichtige Information nach: Wenn der Ort des Ringkampfes Pnuël ist, kann es sich bei dem überquerten Fluß nur um den Jabbok handeln. Kulturgeschichtlich setzt die Notiz nur voraus, daß es einen Fluß mit diesem Namen gegeben hat. Wo der Fluß liegt, läßt die Notiz offen, an eine alte Tradition knüpft sie freilich nicht an. Ebenso ist sie zeitlich nicht eingrenzbar.

Das gilt auch für den Ortsnamen פניאל. Literargeschichtlich gehört die erste Erwählung zum Grundbestand der Erzählung (V 31a), wovon die zweite (V 32) abhängig ist. Offensichtlich muß der Jabbok in der Nähe des Ortes sein. Über die genaue Lage, eine ältere Besiedlung der Stätte oder über ihre spätere Bedeutung für die Jakobssippe hören wir nichts. Archäo-

---

[180] G. v. Rad, Genesis, 263; ähnlich K. Elliger, Der Jakobskampf, 152-154; sowie H.-J. Hermisson, Jakobs Kampf am Jabbok, 257-261.

logisch ist Pnuël überhaupt nur unter großen Bedenken und nicht eindeutig zu identifizieren; Hinweise auf einen Kultort aus der Spätbronzezeit gibt
es keine[181].

Schreiten wir zum Kern der Erzählung (V 25b-26a.27-31a) voran. Jakob ist allein, als gleichsam aus heiterem Himmel ein fremder אִישׁ über ihn
herfällt und die ganze Nacht mit ihm ringt. Daß die beiden ausdauernde
und offensichtlich gleichstarke Kämpfer sind, fällt auf, da ihr Ringen die
ganze Nacht über bis in die frühen Morgenstunden anhält. Das Motiv der
gleichen Kampfesstärke trägt die ganze Erzählung. Es drückt sich zunächst
darin aus, daß man in V 26a nicht weiß, wer wen nicht überwältigen kann.
Das *subjectum regens* bleibt offen. Zur Klärung wird in einem literargeschichtlich späteren Stadium V 26b eingefügt. Weiterhin ist dieses Motiv die Voraussetzung für die weitere Handlung. Als der Mann sieht, daß er
Jakob nicht überwältigen kann, schlägt er ihn auf die Hüfte. Jetzt führt die
Redaktion klärend den Namen Jakobs ein. Doch aus dem scheinbar Unter-
legenen wird der Sieger. Die Erzählung nimmt eine überraschende Wende.
Da Jakobs Kampfeskraft trotz seiner Verletzung ungebrochen ist, will der
Mann nun mit der Begründung fort, כִּי עָלָה הַשָּׁחַר (V 27a). Jakob aber
reagiert mit der aus dem Kontext völlig unverständlichen Forderung danach, gesegnet zu werden. Bis zum Ende ringen die beiden, jetzt ist es
Jakob, der den von der Dämmerung bedrohten nicht losläßt. Schon diese
Vorraussetzungen der Erzählung sind völlig irreal. Wie können zwei Männer die ganze Nacht einen Zweikampf führen, ohne daß einer ermüdet und
unterliegt oder flieht? Schon bei dieser Frage spürt der Leser, daß die Erzählung stilisiert ist. Anhalt an einem wirklichen Kampf hat sie nicht.

Warum muß der Mann beim Anbruch der Dämmerung fort (V 27.32)?
Und wer ist die numinose Gestalt? Wer dieser Mann ist, beantwortet der
Text nur indirekt. Eine Beschreibung – Name, Herkunft und Funktion –

---

[181] Schon die eindeutige Ortslage von Maḥanajim und Pnuël ist kaum zu ermitteln. R.A.
Coughenour führt nicht weniger als vier Siedlungen an, die als mögliche Orte für das
biblische Maḥanajim erwogen werden: 1. Das 23 km nördlich vom Jabbok gelegene
Khirbet Maḥneh, 2. den 20 km östlich vom Jordan gelegenen Tell er-Reheil, 3. den 4
km südlich vom Jabbok gelegenen Tell Heǧǧāǧ und 4. den in einer Schleife am nörd-
lichen Ufer des Jabbok gelegenen Tell eḏ-Ḏahab el-Garbī. Aus verkehrstechnischen
und archäologischen Gründen rechnet Coughenour damit, daß Tell eḏ-Ḏahab el-Garbī,
der östliche an dem Nordufer gelegene Tell, das biblische Maḥanajim ist (vgl. R.A.
Coughenour, Mahanaim, 59-60). Genau dieser Ort aber ist für W. Thiel mit dem
biblischen Pnuël identisch. Er bestimmt Tell Heǧǧāǧ mit Maḥanajim und Tell eḏ-
Ḏahab el-Garbī als Pnuël (vgl. W. Thiel, Pnuël, 400-405).

gibt die Erzählung schließlich nicht. Aber aus seinen Taten sind einige
Merkmale seines Wesens abzuleiten. Unmotiviert überfällt er den Patriarchen. Der Anlaß und das Ziel seines Angriffes bleiben ungeklärt. Offensichtlich muß der Mann über gewisse Vollmachten verfügen, wie sonst
könnte er Jakob in Israel umbenennen und ihn auch noch segnen? Eine
erste Deutung des Geschehens gibt die Erzählung in ihrem Grundbestand
selbst כִּי־שָׂרִיתָ עִם־אֱלֹהִים (V 29b). Ausgeführt ist diese Andeutung von
den Redaktoren in V 31b, die das Ereignis und den Ort als Stätte der
Gottesbegegnung interpretieren. Die intendierte Nähe des Geschehens zum
Fluß hat dazu geführt, bei der Gestalt an einen Flußdämon zu denken. Eine
solche Vorstellung kann durchaus in einer mit einem Haftpunkt verbundenen Mythe auftauchen, vielleicht, aber das ist nicht nachzuweisen, hatte der
Dichter auch eine solche mündliche Vorlage, was religionsgeschichtliche
Parallelen auch nahelegen[182]. In der vorliegenden Fassung deutet allerdings
nur die Überquerung des Flusses auf einen Flußdämon hin. Die durch
diesen Mann durchgeführte Benennung und Segnung des Patriarchen ver-
bieten dem Dichter jedoch, auch nur andeutungsweise animistische Vorstellungen in den Text einfließen zu lassen. Da der unbekannte Ringkämp-
fer offenbar göttliche Vollmacht hat, liegt es nahe, daß der Dichter an einen
Stellvertreter Gottes gedacht hat. Das schließt auch die Anspielung in V 29b
und die von der Redaktion in V 31b gegebene Deutung des Ereignisses
nicht aus. Daß es sich um einen Gottesboten oder Gottesmann handelt,
vermutet auch M. Mach[183]. Auf gar keinen Fall handelt es sich bei dem
Mann um Jahwe selbst.

Wie aber steht es mit dem Motiv, daß der Gottesmann bei der Dämmerung fliehen muß? Warum hat der Dichter das Motiv, das den numinosen
Charakter der Erzählung unterstreicht, nicht weggelassen? Wenn der Dichter tatsächlich eine Mythe von einem Flußdämon, in dem auch dieses Motiv
auftauchte, kannte, so diente es ihm in Verbindung mit dem Motiv der
ausdauernden Kampfesstärke dazu, Jakobs Forderung nach dem göttlichen
Segen durchzusetzen. Vorausgesetzt der Mann mußte, aus welchen Gründen auch immer, vor dem Anbruch des Tages unbedingt geflohen sein, so
ist allein dieser äußere Zwang die Vorbedingung für den Segen, den ihm
Jakob abgerungen hat. Ohne das Motiv wäre es nicht zur Umbenennung
und zur Segnung des Patriarchen gekommen. Deshalb hält der Dichter,
sofern ihm ein entsprechender Stoff bekannt war, auch an der Verkoppe-
lung der Motive fest.

---

[182] Vgl. Th.H. Gaster, Myth, 205-210.
[183] Vgl. M. Mach, Entwicklungsstadien des jüdischen Engelglaubens, 45, 51.

Schleppt nun die Erzählung von Jakobs Ringkampf wirklich „religionsgeschichtlichen Ballast"[184] mit sich? Wie sind die Motive und der Ringkampf mit dem Gotteswesen religionsgeschichtlich einzuordnen? Daß die
Schilderung einen wirklichen Kampf meint und nicht einen innerlichen
Vorgang, ein Ringen im Gebet, wie einige ältere Exegeten meinten, hat sich
seit A. Dillmann[185] durchgesetzt.

Drei wichtige Motive prägen die Erzählung: Erstens der Ringkampf
eines Menschen mit einem göttlichen Wesen bei Nacht; zweitens das Motiv
des eingeforderten Segens, das in unserem Fall die gleiche Kampfesstärke
voraussetzt; und drittens das Nacht/Tag Motiv, nach dem das numinose
Wesen den Anbruch des Tages fürchten muß. Alle drei Motive sind für die
Erzählung konstitutiv. Für alle drei Motive finden sich Parallelen in der
antiken Literatur und auch in der Folklore. Eine im ganzen Gen 32,23-33
verwandte Erzählung, in der die sie konstituierenden Motive vorkommen,
findet sich allerdings nicht.

Mythische Erzählungen, die von Auseinandersetzungen mit Flußdämonen und bösen Geistern berichten, gibt es in der Antike wie in der
kontemporären Überlieferung reichlich. Herodot berichtet im 5. Jahrhundert vom spartanischen König Cleomenes, der bei seinem Feldzug gegen
Argos mit seiner Armee an den Erasinos gelangte. Vor der Überquerung
opferte er dem Flußgott und holte Omina ein. Als sie für eine geplante
Überquerung ungünstig ausfielen, huldigte der König dem Flußgott, führte
seine Soldaten zum Meer, opferte dem Meeresgott einen Stier, schiffte sich
ein und führte die Armee über Wasser in die Gegend von Tiryns und
Naupila[186]. Ähnlich klingt eine ebenfalls von Herodot mitgeteilte berühmte
Erzählung. Nachdem Xerxes für seine Armee an einer Meeresenge eine sieben Stadien lange Brücke über den Hellespont geschlagen hatte, wurde sie
von einem Sturm zerstört. Der erboste König ließ zur Strafe den Hellespont
mit dreihundert Geißelhieben auspeitschen, symbolisch in Ketten legen und
ihm durch Henkersknechte Brandmale aufdrücken[187]. Hesiod rät, vor der
Überquerung eines Flusses bei einer Furt den Wasserlauf genau zu beobachten, dann zu beten und die Hände zu waschen, da die unbereitete Seele und
die ungewaschenen Hände den Zorn der Flußgötter beschwören[188]. Alle drei

---

[184] H.-J. Hermisson, Jakobs Kampf am Jabbok, 240.

[185] Vgl. A. Dillmann, Genesis, 364-365.

[186] Vgl. Herodot, Historien, VI, 76.

[187] Vgl. Herodot, Historien, VII, 33-36. Das Motiv ist auch belegt bei St. Thompson,
Motif-Index, H 1137.

[188] Vgl. Hesiod, Werke und Tage, 736-740.

mythischen Erzählungen bieten keine Parallelen zu Gen 32,23-33 im strengen Sinne, aber sie verdeutlichen den Glauben an die in der Unbändigkeit des Elementes Wasser personifizierten Mächte oder veranschaulichen einzelne Motive[189].

Für das Motiv des Ringkampfes zwischen Halbgöttern und einem Flußdämon erzählt Ovid ein Beispiel: Herakles hat mit dem Flußgott Achelous um die schöne Deianira gekämpft. Um den Kampf mit dem Göttersohn zu bestehen, verwandelt sich der Flußgott zuerst in eine langbäuchige Schlange und dann in einen wilden Stier. Aber vergebens, Herakles gewinnt die Schöne[190].

Auch für das zweite Motiv, die Forderung des Kämpfenden, liegt eine Parallele vor. Nach Homer fängt Menelaos den ruhenden Meeresgott Proteus und hält ihn solange fest, bis dieser ihm sein Wissen offenbart[191]. Ein Beispiel für das dritte Motiv, den die Morgendämmerung Fliehenden, ist von Plautus übermittelt. Er erzählt, daß Jupiter sich vor dem Anbruch des Tages aus den Armen der Alkmene losreist, weil er noch vor der Morgendämmerung die Stadt verlassen will[192].

Keine der angeführten Beispiele bildet eine eindeutige Analogie zur Erzählung vom Jabbokskampf. Nur einige Motive treten vereinzelt wieder auf. Eine Mythe oder Sage mit derselben Motivkombination gibt es nach den bisher erfaßten Stoffen auch in der Folklore nicht. Ein wesentlicher Unterschied von Gen 32,23-33 zu den präsentierten Texten ist auch die Gattung. Während es sich bei den Beispielen ausschließlich um Mythen handelt, ist der Kampf Jakobs am Jabbok als eine Segenserzählung zu werten, in der mythische Motive anklingen[193]. Die Beobachtung wirkt sich bei der Beurteilung der Motive aus. Offensichtlich kennt der Dichter der Erzählung mythisch getränkte Überlieferungen, die von Flußdämonen und/ oder numinosen Wesen der Nacht berichten. Aus solchen Stoffen nimmt er einzelne Motive auf und bringt sie mit Jakob in Verbindung. Die mythischen Züge der Überlieferung reduziert er soweit, daß nur noch verwischte Spuren erkennbar sind. Nur das, was unbedingt an numinosem, mythischem Gehalt für die Szenerie nötig ist, läßt er gelten. Alles andere wird ausgelassen.

---

[189] Th.H. Gaster, Myth, 207-210, bringt noch viele Beispiele aus der afrikanischen und europäischen Volksüberlieferung; vgl. auch St. Thompson, Motif-Index, C 862, D 1524.5, D 1812.5.1.1.6, G 303.9.6.1.1, G 308.1, S 263.4.

[190] Vgl. Ovid, Metamorphosen, IX, 1-97.

[191] Vgl. Homer, Odyssee, IV, 351-570.

[192] Vgl. Plautus, Amphitrion, I, 3, 500-550.

[193] Vgl. S. 226-227, 231.

Daß die Erzählung wegen ihres archaischen Charakters auf uralte Traditionen zurückgehen müsse, ist ein Zirkelschluß, der voraussetzt, daß die „Jahwereligion" spätestens seit dem ausgehenden 10. Jahrhundert keine alten, aus „heidnischer Zeit" stammenden, mythischen Stoffe neben sich dulde und deshalb Gen 32,23-33, das selbst auf mehrere Jahrhunderte alte Überlieferungen zurückgehe, schriftlich von einem früh anzusetzenden Jahwisten aufgeschrieben worden sein müsse. Diese Voraussetzung entspringt aber einem einlinigen Verständnis der Religionsgeschichte Israels. Sicherlich hat es in Israel lange mythische Erzählungen gegeben, ja es ist sogar augenscheinlich, daß etliche Texte gerade aus exilisch-nachexilischer Zeit Spuren mythischen Denkens zu erkennen geben (Gen 6,1-4; Ri 13; 1 Kön 19,11-13; 2 Kön 2,11-14; Dan 4,7-12; Sach 1,7-17; 2,1-4.5-9; 3,1-10; 4,1-14; 5,1-4.5-11; 6,1-8)[194]. Mythologische Motive und mythische Redeweise erblühten im nachexilischen Israel offensichtlich als Reaktion auf einen verengten Monotheismus, so daß Tendenzen einer später noch ausgeprägteren[195] Bildungsremythisierung nachweisbar sind[196].

Bei Gen 32,23-33 handelt es sich schon in der Grundgestalt um eine Segensgeschichte des Erzvaters. Die aus den drei Grundmotiven (Ringkampf zwischen Gott und Mensch, eingeforderter Segen, Tag und Nacht) geschickt komponierte Erzählung läßt weder eine alte Jakobsmythe noch anderes religionsgeschichtliches Urgestein erkennen.

5. Zusammenfassung

Die für die Frage nach den Spuren alter Traditionen unumgängliche literargeschichtliche Analyse der Texte erbrachte folgendes Ergebnis: Die Erzählung von der Geburt der Zwillinge (Gen 25,19-26) besteht in ihrem Kern aus Gen 25,21-26a; die Erzählung vom Verkauf der בכרה (Gen 25,27-34) ist bis auf die Glosse in V 30b einheitlich. Die Erzählung von dem mit List und Betrug erschlichenen väterlichen Segen (Gen 27,1-40) hat sich als ein szenisch und thematisch geschickt komponierter, kohärenter Text erwiesen. Anders die Erzählung von Bethel (Gen 28,10-22): Durch

---

[194] Vgl. A. Ohler, Mythologische Elemente, 49, 53, 188, 204-212; sowie Th.H. Gaster, Myth, 79-81, 205-210, 504-505, 511-512.

[195] Die ägyptische Isis und Osiris Mythe und die eigens für Schul- und Unterhaltungszwecke gedichtete Bildungsmythologie von Ovid (Metamorphosen, IV) und Vergil belegen, daß die Mythe nicht ausschließlich eine uralte mündliche Erzählung, sondern gerade auch ein sehr spätes literarisches Produkt ist.

[196] Vgl. H. Niehr, Gott, 206-210.

redaktionelle Nachträge ausgebaut, gehören nur V 10-12.16-19a zu ihrem Grundbestand. Auch in der Erzählung von Jakobs Kampf am Jabbok (Gen 32,23-33) waren viele Hände am Werk. Zum Grundbestand gehören hier nur V 23a.24-26a.27-31a. Spuren mündlicher Überlieferungen fehlen in diesen Texten ganz, geben sie sich doch als Produkte reifer Schriftsteller, die mögliche mündliche Vorgaben in Literatur verwandelt haben, zu erkennen.

Als Kern der Jakobsüberlieferung kommen die Erzählungen in Gen 25,21-26a.27-34 und 27,1-40 in Betracht. Als ältesten Baustein der Jakobstradition haben wir die Geschichte vom erschlichenen väterlichen Segen ausgemacht (Gen 27,1-40). Von dieser frech-frommen Erzählung ist der Verkauf des Erstgeburtsrechts (Gen 25,27-34) abhängig. Kompositionstechnisch wird die komplementäre Erzählung Gen 27,1-40 vorangestellt, womit Esau diskreditiert und gleichzeitig Jakobs (und Rebekkas) weiteres Handeln von vornherein entschuldigt wird. Danach ist die Geburtserzählung (Gen 25,21-26a), die den Herrschaftsanspruch Israels über Edom legitimiert, als Einleitung und Vorausdeutung auf die Komposition vorangestellt worden.

Alte Traditionen können in den Texten nicht eindeutig nachgewiesen werden. Religionsgeschichtlich geben viele Erzählungen ihr junges Alter preis. Die Orakelpraxis wird im Text (Gen 25,22-23) nicht dargestellt, sondern vorausgesetzt. Es handelt sich ebenso wie beim Gelübde Jakobs (Gen 28,20-22), bei dem alle Kennzeichen eines wirklich vollzogenen Gelübdes fehlen, um eine stilisierte Erzählung. Eine religiöse Praxis wird in ihnen nicht beschrieben. Das Gotteswort (Gen 25,23) selbst spielt auf politische Auseinandersetzungen zwischen Israel und Edom an, für die es sowohl im ausgehenden 10. und 9. als auch im 7. bis 5. Jahrhundert Anhaltspunkte gibt; sprachgeschichtliche und traditionsgeschichtliche Erwägungen deuten jedoch frühestens auf das späte 7. Jahrhundert als Entstehungszeit des Textes hin.

Aus den beiden Erzählungen vom Verkauf der Erstgeburt und dem mit betrügerischen Mitteln erschlichenen Segen ist nichts abzulesen, was zwingend auf die nomadische Vorzeit hinweist. Die vorausgesetzte Rechtstradition ist die einer in die Patrilinearität eingebundenen Primogenitur, die wiederum nicht nur bei semitischen Völkern der Eisenzeit verbreitet gewesen ist. Hinweise auf mögliche Haftpunkte geben alle drei Erzählungen, die sich in einer eigenartigen Stimmung über Raum und Zeit erheben, nicht.

In ein religionsgeschichtlich spätes Stadium führt die Erzählung von Bethel (Gen 28,10-12.16-19a) in ihrem Grundbestand. Die im Traum empfangene Vision von einem סלם, der von der Erde bis in den Himmel reicht und auf der מלאכי אלהים auf- und absteigen, setzt einen ausgereiften

Engelglauben und die Vorstellung voraus, daß zwischen dem im Himmel
thronenden Jahwe und den an die Erde gebundenen Menschen eine gültige
Verbindung existiert. Diese Theologumena sind in der Glaubensgeschichte
Israels nicht vor dem 6. Jahrhundert belegt. Ähnliches gilt für die Erzählung von Jakobs Ringkampf. In ihrem Grundbestand (Gen 32,23a.24-
26a.27-31a) berichtet sie eine Begegnung mit der dunklen Seite Gottes.
Wie der religionsgeschichtliche Vergleich belegt, ist ein Text, in dem die
drei die Erzählung konstituierenden Motive vorkommen, nicht bekannt.
Dennoch liegen Parallelen mit einzelnen Motiven vor, sie alle stammen
frühestens aus dem 8., manche sogar erst aus dem 3. Jahrhundert. Handelt
es sich auch bei den thematisch verwandten Texten vornehmlich um Mythen, so ist die Erzählung vom Jabbok eine theologische Komposition, die
selbst, wenn sie von einer oder mehreren mythischen Erzählungen angeregt
ist, nur Spuren mythischer Motive aufweist. Die mythischen Elemente sind
theologisch so verarbeitet worden, daß sie nur noch fragmentarisch erkennbar sind. Gegenüber vergleichbaren Mythen ist die Erzählung vom Jabbokskampf theologisch reflektierter. So reicht die Erzählung gerade nicht, wie
G. v. Rad meint, in „vorisraelitische Zeit"[197] zurück, sondern ist unter
Aufnahme umlaufender, mythischer Motive nach theologischen Gesichts-
punkten erst in exilisch-nachexilischer Zeit geschrieben worden[198]. Die
Analyse derjenigen Texte, die mutmaßlich die ältesten Traditionen widerspiegeln, hat gezeigt, daß in ihnen der eigene historische Ort und der literarische Zusammenhang, in dem sie stehen, wesentlich bestimmendere
Elemente sind als mögliche mündliche Vorstufen. Über diese Vorstufen ist
nichts Gewisses auszusagen, was die weitgreifenden Hypothesen von M.
Noth, G. v. Rad, V. Maag, H. Seebaß, E. Otto, R.S. Hendel oder E. v.
Nordheim stützen könnte. Das Gegenteil ist der Fall. Wir können die
Vermutung, die das literarische und ethnologische Vergleichsmaterial na-
hegelegt hat, bestätigen: Eine Geschichte der mündlichen Überlieferung
der Stoffe ist von ihrer verschrifteten Gestalt aus kaum zu ermitteln. Der
mündliche Stoff ist durch die Verschriftung und redaktionelle Überarbeitung so verändert, daß er nicht mehr ausgemacht werden kann; alle Kennzeichen der Mündlichkeit hat er in diesem Verwandlungsprozeß verloren.
Spannungen im Text, die mit ihrer Hilfe bislang erklärt wurden, müssen
fortan literar- und redaktionskritisch untersucht werden.

---

[197] G. v. Rad, Genesis, 263.

[198] So ist auch K. Berge, Die Zeit des Jahwisten, 313, zu widersprechen, der davon überzeugt ist, daß sich im Jahwisten frühgeschichtliche Überlieferungen niedergeschlagen
haben.

IX. Das Werden der Jakobserzählungen

1. Präposition

„Die völker hängen und halten fest am hergebrachten"[1]. Uneingeschränkt gilt diese Einsicht J. Grimms auch für das alte Israel. Unbestritten ist auch, daß das mündliche Wort in der Entwicklung eines Stammes oder eines Volkes immer dem schriftlichen vorangeht[2]. Doch wie die mündliche Überlieferung von Aufführung zu Aufführung neu erschaffen, wie sie bei der Weitergabe an die nächste Generation bewußt und unbewußt variiert und ergänzt wird, schließlich kompiliert, bei ihrer Verschriftung selektiert, für die Situation auch durch neue umlaufende Stoffe aus der eigenen Gegenwart wiederholt erweitert und adaptiert, in veränderter Form aufgeschrieben, endlich als Text erneut stellenweise gekürzt, ergänzt und redigiert wird, ehe ein Text entsteht, der eine ihn vor permaneten Veränderungen schützende Autorität genießt, das ist in der alttestamentlichen Forschung nicht genügend reflektiert. Die Beschreibung der mit der mündlichen Überlieferung und Verschriftung verbundenen Prozesse erlaubt dann, überlieferungsgeschichtlich gestützte Rückschlüsse auf die Historizität der Texte zu ziehen.

2. Die mündliche Überlieferung

In der nomadischen, halbnomadischen wie agrarischen Lebenswelt wird der Mensch erzählend erzogen. Alle wichtigen Lebensfunktionen werden in der mündlichen Gemeinschaft durch Nachahmung im Tun und durch Erzählen und Hören erlernt. Im Erzählen erschafft und deutet der Erzähler seine Welt. Das ist die tiefere Dimension des Erzählens – Erzählen stiftet Sinn.

---

[1] J. Grimm, Deutsche Mythologie, 1835, VI.
[2] Vgl. J. Goody/I. Watt, Konsequenzen der Literalität, 63-122; H. Haarmann, Universalgeschichte der Schrift, 114-149, 267-280, 299-331; E.A. Havelock, The Literate Revolution in Greece, 39-88, 314-350; A. Heubeck, Zum Erwachen der Schriftlichkeit, 537-554; ders., Schrift, 70-73, 109-126, 169-184; O. Kaiser, Literaturgeschichte, 306-311; B. Scharlau/M. Münzel, Quellqay, 94-154; E. Würthwein, Der Text des Alten Testaments, 3-10.

Die umlaufenden Erzählungen bilden nun die *littérature orale*. Der schon 1913 von P. Sébillot geprägte und für den literarisch ausgerichteten Menschen scheinbar paradoxe Begriff beschreibt, von der Literalität her gedacht, das Phänomen der Mündlichkeit in oralen Kulturen[3], in denen es eine Vielzahl „mündlicher Texte" in verschiedenen Gattungen gibt, die eine ähnliche Funktion erfüllen wie schriftliche Texte in literalen Kulturen[4]. Inzwischen ist die Bezeichnung „oral literature" zu einem Fachbegriff der Völkerkunde geworden[5]. Die „mündlichen Textsorten", von denen wir reden, sind prosaische Erzählungen. Ihr Kennzeichen ist die in sich geschlossene Form der einfach aufgebauten Einzelüberlieferung. Syntaktisch besteht sie aus kurzen, von Emphasen und Erzählpausen unterbrochenen Verbalsätzen. Lokalkolorit gehört wie Mundart zur mündlichen Erzählung, der Wortschatz ist gewöhnlich sehr gering. Festgefügte Eingangs- oder Abschlußformeln und ein Fundus an kombinierbaren Motiven werden vornehmlich von geübten Erzählern eingesetzt[6].

Die natürliche Erzählsituation, seit H. Gunkel[7] in der alttestamentlichen Forschung als *Sitz im Leben* bezeichnet[8], und auch die natürliche *Überlieferungssituation* ist in der Familie zunächst durch das Miteinander

---

[3] Vgl. P. Sébillot, Le Folk-lore, 113, (besonders S. 6-7).

[4] Vgl. beispielsweise W. Bascom, The Forms of Folklore, 529; H. Courlander, The Tales of Yoruba, 1-12; H. Jason, Genre in Folk Literature, 167-194; H.Chr. Wolfart, Zur mündlichen Prosaüberlieferung, 74-97.

[5] Vgl. S. 44-46.

[6] Vgl. S. 126-133.

[7] Vgl. S. 14.

[8] Als *Sitz im Leben* kommen je nach den geographischen und klimatischen Lebensbedingungen, von denen wiederum die natürlichen Ressourcen, die wirtschaftliche Grundlage der Gemeinschaft abhängen, die Mußestunden in der Regenzeit und im Winter, die Zeit nach der Ernte und der glühende Sommer in Frage. Diese Stunden sind vom jahreszeitlichen Lauf der Natur, in den die jeweilige Gemeinschaft eingebettet ist, bedingt. Daneben bietet fast jede Zeit ihre eigenen Mußestunden, die zum Erzählen genutzt werden. Auf der Fahrt mit dem Ochsengespann zum weit entfernten Marktplatz, in der Mittagsruhe während der Ernte, bei stundenlangem Warten an der Mühle, beim Schmied, nach der Schafschur, beim Hüten des Viehs, beim Fischen und beim Flicken der Netze – überall bietet das agrarische Leben reichlich Gelegenheit zum Erzählen. Auch verkürzen spannende, unterhaltsame und absonderliche Geschichten die eintönige Hausarbeit. Auch Feste und Feiern bieten reichlich Anlaß und Gelegenheit zum Erzählen. Im Zyklus des kultischen Jahres werden je nach begangenem Fest dieselben Mythen von inaugurierten Männern, die über geheimes Wissen verfügen, feierlich vorgetragen. Bei den großen Feiern wie Hochzeiten und Beerdigungen beleben Geschichten aus alten Zeiten, aus dem Leben des Verstorbenen die Erinnerung der Gemeinschaft.

der Generationen bedingt. Die Alten teilen erzählend den Schatz ihrer Erfahrungen an die Jungen mit. Innerhalb der Sippe geht die Überlieferungskette von der Generation der Großeltern oft direkt an die Generation der Enkel weiter. So überlappen sich die Generationen der *Erzähler*[9] immer. Mit zunehmendem Alter erweitert sich der Erfahrungshorizont. Schon in früher Jugend verlassen die Kinder das Haus, um vom Brunnen Wasser zu holen, Kleinvieh zu hüten, bei der Ernte zu helfen oder zum Markt zu gehen. Dort hören sie neue Geschichten von anderen Erzählern. Auf Festen unterhalten die begabtesten Erzähler der Sippe mit ihren Geschichten die Gesellschaft[10]. Zu einer tiefgreifenden Vermischung der Traditionen kommt

---

[9] Vgl. R. Schenda, Von Mund zu Ohr, 147-191. – Je nach Begabung des Erzählers schmückt er die überkommenen Stoffe aus, kombiniert Themen und Motive frei, paßt sie ganz der Erzählsituation und seinen Zuhörern an. Das freie Erzählen ist von Spontaneität und Kreativität geprägt (vgl. R. Schenda, Von Mund zu Ohr, 192-216). Neben diesen halbwegs bewußten Mechanismen der Veränderung gibt es auch viele unbewußte. Bei jeder Wiedergabe von Gehörtem mischen sich neben den Informationen, die der Erzähler mitgeteilt bekommen hat, immer auch eigenes Vorwissen und Erfahrungen in die Wiedergabe ein (vgl. S. Scribner/M. Cole, Literacy, 221- 233). Kurz, keine Erzählung besteht unverändert die Weitergabe an einen anderen Erzähler. Ja nicht einmal aus dem Munde desselben Erzählers können wir dieselbe Geschichte unverändert zweimal hören (vgl. J. Vansina, Oral Tradition, 33-56). Schon innerhalb der Lebenszeit eines Erzählers variiert derselbe Stoff erheblich: L. Dégh hat im Abstand von Jahren dieselbe Person wiederholt dieselbe Geschichte erzählen lassen. Der Vergleich beider Fassungen ist frappierend. Die jüngere Version ist unpräziser und kürzer. Alle Einzelheiten sind der Erzählerin entfallen. Nur noch die Eckdaten der Geschichte, der grobe Handlungsverlauf und der Name der Hauptperson bleibt erhalten. Dabei handelt es sich bei den Geschichten um eigene Erlebnisse der Erzählerin aus der frühen Kindheit. Diese Veränderung hat neben den mit der individuellen Person des Erzählers verbundenen auch noch allgemeine Ursachen. Durch den permanenten Wandel der Welt und die veränderten Lebensverhältnisse verschiebt sich auch der Bedeutungszusammenhang, das Koordinatensystem, in dem ein Ereignis wiederholt erzählt wird, erheblich. Und dieser veränderte Bedeutungszusammenhang wirkt dann auf die Erzählung zurück (vgl. L. Dégh, Märchen, Erzähler und Erzählgemeinschaften, 137-144; sowie R. Baumann, Story, Performance and Event, 78-111).

[10] Vgl. R. Schenda, Von Mund zu Ohr, 52-82, 131-146. – Grundsätzlich wird in der mündlichen Kultur von jedem, der zum Erzählen gestimmt und geeignet ist, erzählt. Daneben gibt es auch geübte Erzähler, die entgeltlich die unterschiedlichsten Gesellschaften im Kaffeehaus, bei der Arbeit oder auf Hochzeiten unterhalten. Bei Beduinenvölkern sind auch Stammesdichter bekannt (vgl. S. Alafenisch, Der Weihrauchhändler, 20). Der Einfluß auf den heranwachsenden Träger der Tradition kann auch in der „halbnomadischen Welt" nicht weit genug gedacht werden (vgl. W. Leineweber, Die Patriarchen, 107-141; Th. Staubli, Das Image der Nomaden im Alten Israel, 136-141, 207-238). Daß Jakob, wie es die Dichtung vorgibt, sein ganzes Leben lang nur mit

es, wenn eine junge Frau wegen ihrer Heirat mit ihren Geschichten die
eigene Familie verläßt und in die ihres Mannes kommt; so wird es auch bei
Lea und Rahel gewesen sein[11].

Die Übermittlung ist nicht, wie bei kultisch gebundenem, formelartigem
„heiligem Wissen" (Omina, Orakel oder Zauberformeln), das schon wegen
seines Umfanges leichter zu memorieren ist, auf die Unveränderlichkeit des
Stoffes ausgerichtet. Sie unterliegt nicht der strengen Kontrolle der Hüter
der Tradition, seien es Älteste, Priester oder Medizinmänner[12]. Die mündliche Übermittlung von profanen Erzählungen verläuft unkontrolliert, frei
und assoziativ. Schon innerhalb einer Generation verändert sich derselbe
Stoff erheblich, er wird der existentiellen Situation angepaßt: Aus dem Stoff,
den ein Heranwachsender im Laufe seiner Kindheit und Jugend teilweise
immer wieder gehört hat, wählt er, der zukünftige *Träger* der Tradition,
nach seinem Gefallen frei aus. Manches verdrängt er, weil es ihm nicht
gefällt, anderes vergißt er, drittes fügt er aus umlaufenden Erzählungen
ein[13].

Eigene Erlebnisse werden mit größerer Präzision und stärkerer Emotio-
nalität wiedergegeben als Erzählungen, die man selbst nur vom Hören kennt.
Erzählungen von Dritten werden bei der erneuten Wiedergabe verkürzt
und sachlich verändert. Von den Leuten im Bergischen Land sagt H. Fischer: „Überlieferte Texte, Geschichten aus zweiter Hand indes werden
vielfach mit größerer emotionaler Zurückhaltung erzählt. Sie sind inhaltlich fixiert oder teilweise in der Erinnerung unsicher. Es ist eine stärkere

---

seinen Eltern und Geschwistern, seinen Schwiegereltern, Frauen und deren Mägden,
seinen Kindern und einigen Hirten redet, ist eine literarische Stilisierung, keineswegs
aber der Alltag eines in halbnomadischen Verhältnissen lebenden Sippenoberhauptes.
Tatsächlich ist ein solcher Nomade in Karawansereien, auf Viehmärkten, an Brunnen,
Oasen, Kultorten und durch den freien Gastverkehr ständig fremden Einflüssen und
Menschen ausgesetzt, die gerne und viel erzählen (vgl. S. 143-144).

[11]   Vgl. S. Alafenisch, Der Weihrauchhändler, 56; sowie J. Goody, The Oriental, the
        Ancient and the Primitive, 361-382, 465-487.

[12]   Die Unterscheidung der profanen narrativen Texte, die jeder hört und erzählt, von den
        heiligen Mythen, Visionen, magischen Sprüchen, Riten und Orakeln, dem nur Auser-
        wählten zugänglichen Geheimwissen, ist für die Überlieferungsprozesse erheblich: Unter
        strenger Kontrolle werden die heiligen Texte gehütet und weitergegeben. Diese Art der
        Überlieferung garantiert eine gewisse Stabilität auch von kürzeren prosaischen Texten,
        jedoch nicht über die Dauer von zwei bis drei Generationen hinaus. Aus formalen
        Gründen ist besonders bei poetischen Texten (Sprüche, Lieder, rituelle Verse) am
        ehesten eine Konstanz in der mündlichen Tradierung möglich. Auswendig gelernt und
        bewußt überliefert sind sie gegen Veränderungen eher geschützt als profane Erzählun-
        gen (vgl. A.H. Bâ, Das Wort überbrückt Jahrhunderte, 29-39).

Distanzierung zum Ereignis vorhanden"[14]. Die eigene Betroffenheit ist ein
wichtiges Kriterium für die Weitergabe von Ereignissen. Was den Hörer
nicht angeht, wird nicht mehr weitererzählt[15].

Auf ein besonderes Phänomen der Veränderung von Überlieferungen
hat A. Lehmann[16] hingewiesen. Am Beispiel von Erzählungen, die Kriegsflüchtlinge aus den ehemaligen Ostgebieten des Deutschen Reiches mitgeteilt haben, hat er untersucht, was die ältere Generation ihren im Westen
geborenen Nachkommen erzählt und wie sie die Heimat geschildert hat.
Bei dieser besonderen Gattung der Erinnerungserzählung, wie es ja auch
die Erzählungen von Jakob sind, handelt es sich, so Lehmann, um eine
idealisierende Darstellungsform. Wehmütig wird die verlorene Heimat verklärt und verschönt. Das führt zu einer völlig wirklichkeitsfremden Vorstellung der Jüngeren, die die lange hinter dem „Eisernen Vorhang" verschlos-
sene Welt nur aus den Erzählungen der Elterngeneration kennen. Darüber
hinaus verdeutlicht das Beispiel eindrücklich, daß außergewöhnliche individuelle wie kollektive Erlebnisse zur Bildung von mündlichen Überlieferungen führen und gleichzeitig ältere verdrängen[17].

---

[13] Vgl. D. Henige, Oral Historiography, 106-118.

[14] H. Fischer, Erzählgut, 22.

[15] Vgl. S. 137-142.

[16] Vgl. A. Lehmann, Erzählen zwischen den Generationen, 1-29.

[17] Religiöse und politische Umbrüche bieten ebenso wie Naturkatastrophen reichlich
Anlaß für neue Erzählungen: Viele Stoffe werden von der Großen Pest, der Reformation (vgl. W. Brückner (Hg.), Volkserzählung und Reformation, 1974), der Überflu-
tung der Niederlande oder dem Dreißigjährigen Krieg ausgegangen sein. Sicherlich
haben sich auch die Aramäer- oder die Seevölkerwanderungen der Spätbronzezeit im
Erzählgut Israels ebenso niedergeschlagen wie der Exodus, die Wirren der Enstehung
des vereinigten Königreiches, der Fall Israels und endlich das Exil. Diese Erlebnisse
haben Israel genügend Stoffe für viele Erzählungen und genügend Gründe für die
theologische Reflexion geliefert, die wiederum ältere Überlieferungen verdrängt haben.
Denn eines ist im Kleinen wie im Großen sicher, Erlebnisse, die als Katastrophe erlebt
werden, verdichten sich zu Erzählungen, die wiederum älteres Überlieferungsgut verdrängen, weil es seine existentielle Bedeutung eingebüßt hat. Der Krieg, die Flut oder
die Vertreibung, von der erzählt wird, ist immer der letzte Krieg, die letzte Flut oder
die letzte Vertreibung. Auch ältere Erzähler, die vielleicht schon zwei Kriege erleiden
mußten, erzählen nur noch von dem letzten Krieg (vgl. A. Lehmann, Erzählen zwischen den Generationen, 1-29). Auch diese Einsicht ist nicht neu. Schon J.G. Eichhorn schreibt in dem für die zweite Auflage seiner Einleitung von 1787 eingeschobenen
§ 416b: „Die nöthige Erinnerung an das Neue hindert die Erinnerung an das Alte, je
neuer die Begebenheit ist, desto mehr wächst das Interesse; und Erzähler und Zuhörer
werden durch seine geheime Macht zur Vorliebe der neuesten Vorfälle wie hin gezogen: an das höhere Alterthum wird seltener gedacht, und viele seiner Vorfälle sinken

Über besondere mnemotechnische Fertigkeiten, die es ermöglichen, weite
Teile der rabbinischen Tradition oder des Korans auswendig zu beherrschen, verfügen weder Talmud- noch Koranschüler. Gegen die Auffassung
von H.S. Nyberg[18], W.F. Albright[19], G.W. Ahlström[20] können mnemotechnische Fertigkeiten für eine konstante mündliche Überlieferung, die
mehrere Generationen überdauert, nicht beansprucht werden[21]. Wie verschiedene Experimente und Feldforschungen gezeigt haben, erbringen geübte Koranschüler keine signifikant höheren Gedächtnisleistungen als andere Schüler[22]. Außerdem sind diese Verhältnisse nicht auf das vorstaatliche
Israel übertragbar, denn dem Talmud- und Koranschüler liegen als Erinnerungsstütze und zur Kontrolle des auswendig zu lernenden Stoffes
kanonisierte Texte vor, an denen sich der Schüler über Jahrzehnte orientieren und korrigieren kann. Ein solches normatives Gegenüber, ohne das die
Erinnerung schon bald verblaßt, kennt die mündliche Überlieferung, deren
Erzählungen Unikate sind, aber nicht. Deshalb können Talmud- oder
Korangelehrte, die viele Texte auswendig beherrschen, auch nicht als Bei-
spiel für eine stabile, rein mündliche Überlieferung herangezogen werden.
Eine Analogie zu den Vätererzählungen besteht nicht[23].

---

entweder ganz ins ungeheure Reich der Vergessenheit hinüber, oder schweben doch
nur ungewiß und dunkel im Gedächtniß der Nachwelt" (J.G. Eichhorn, Einleitung,
1790, Bd. 2, 249-250).

[18] Vgl. H.S. Nyberg, Studien zum Hoseabuche, 7 (vgl. S. 33-35).

[19] Vgl. W.F. Albright, Stone Age, 72-76 (vgl. S. 30-32).

[20] G.W. Ahlström, Transmission, 69-81 (vgl. S. 42-43).

[21] Die Gedächtnispsychologie bestätigt die Ergebnisse der Völkerkunde, daß das für eine
stabile Überlieferung nötige Langzeitgedächtnis Ereignisse bereits nach kurzer Dauer
verändert: Schon die Wahrnehmung von Texten und Bildern differiert je nach Persönlichkeit. Ein und derselbe mündliche Vortrag, die ganze Erzählsituation wird von verschiedenen Personen anders und nur mit erheblichen sachlichen Abweichungen wiedergegeben. Bekanntes und Vertrautes wird eher wahrgenommen als Fremdes. Wie soll
der Zuhörer auch das weitersagen, was er gar nicht wiedererkennen oder verstehen
kann? Je weiter das Ereignis dann zurückliegt, desto mehr weicht die Darstellung von
der „Wirklichkeit" ab. Bunte Ausschmückungen, fiktive Elemente und eingetragenes
Vorwissen treten nun an die Stelle der exakten Wiedergabe (vgl. R. Baumann, Story,
Performance, Event, 112-115; D. Henige, Oral Historiography, 7-23, 119-127; V.
Hobi, Grundlagen der Gedächtnispsychologie, 9-31; S. Scribner/M. Cole, Literacy,
221-233, 234-260).

[22] Vgl. S. Scribner/M. Cole, The Psychology of Literacy, 221-233 (vgl. S. 178-181).

[23] Die gegenwärtige Anthropologie und Ethnologie untermauert ein schon 1837 von
W.M.L. de Wette aus der allgemeinen Wahrnehmung abgeleitetes Urteil: „Wir machen täglich die Erfahrung, daß eine Begebenheit schon in der zweiten und dritten
Relation verfälscht und verstümmelt wird. Es ist schwer, eine sinnliche Thatsache so
treu in Worten darzustellen, daß andere kein falsches mangelhaftes Bild davon auffas-

Es hat bald zweihundert Jahre gedauert, bis die von J.G. Herder vorformulierte und dann von J. und W. Grimm zur breiten Auffassung ge-
brachte Annahme überwunden werden konnte, daß die mündliche Überlieferung narrativer Texte in ihrem Gehalt unangetastet viele Jahrhunderte
überdauern könne[24]. Auch die Annahme H. Gunkels, die zu Kränzen verbundenen Sagen seien vom 12. Jahrhundert bis zu ihrer Verschriftung im
späten 10. und 9. Jahrhundert unverändert überliefert worden, ist unhaltbar geworden[25].
    Die mündliche Erzählung besteht als Einzelüberlieferung, darin bestä-
tigt die Erzählforschung W.M.L. de Wette[26]. Da es sich bei den Überlieferungen der halbnomadischen Erzväter Israels wohl um tribale Erinnerungserzählungen gehandelt hat, die in der Spätbronzezeit noch über keinen
institutionalisierten, kultischen Haftpunkt verfügten, gelten für sie dieselben Gesetzmäßigkeiten wie für „profane" Stoffe. Der Prozeß der mündlichen Überlieferung ist schon bei demselben Erzähler von Amnesie, Selektion, Adaption und Interpretation bestimmt, diese Mechanismen verstärken
sich, wenn Stoffe an das nächste Glied in der Überlieferungskette weiterge-
reicht werden[27]. Aus den erheblichen Veränderungen folgt, daß die in den

---

sen. Doppelt falsch wird die Relation dessen, der einem nacherzählt, der den ursprünglichen Referenten nicht recht verstanden hat" (W.M.L. de Wette, Beiträge, 1807, Bd.
2, 14; vgl. E. Oring, Transmission and Degeneration, 193-210; L. Röhrich, Sage und
Märchen. Erzählforschung heute, 292-301; sowie ders., Orale Tradition als historische
Quelle, 79-99; J.-Ö. Swahn, Tradierungskonstanten, 36-50).

[24] Vgl. S. 143-144.

[25] Vgl. H. Gunkel, Genesis, LXXXI-XCI; sowie H. Greßmann, Sage und Geschichte, 34.
Ähnlich sieht auch O. Eißfeldt, Stammessage und Novelle, 102-103, den Über-
lieferungs- und Verschriftungsprozeß: Gattungsgeschichtlich ist auffällig, daß die uralten um Jakob rankenden Stammessagen von vornherein novellistische Züge enthalten;
erst in der Königszeit sind sie literarisch ausgestaltet worden.

[26] Vgl. S. 3-5.

[27] Ein gegenwärtiges Beispiel für das Prinzip der Selektion, Adaption und Interpretation
bietet R. Schami, Malula, 13-14: „Die Geschichten und Märchen dieses Buches stellen
eine Auslese dar. In meinem Dorf wurden auch Geschichten erzählt, die mich langwei-
len oder gar ärgern. [...] Ich gebe die Märchen und Geschichten meines Dorfes so
wieder, wie ich mit vorstelle, daß sie einst fabuliert wurden. Vielleicht habe ich die eine
oder andere auch so erzählt, wie ich mir wünsche, daß sie erzählt worden wäre. Es ist
ein elementarer Bestandteil der Märchentradition, daß die Nacherzähler sich keine
Zwänge und Grenzen durch eine einmal gehörte Geschichte auferlegen lassen, denn die
Grenzen einer Geschichte sind die ihrer Erzähler." Ähnlich verfährt M. Buber mit den
Überlieferungen von Rabbi Jaakob Jossef. Verschiedene Überlieferungen läßt er inein-
anderfließen: „Ich erzähle hier aus einigen andern Überlieferungen, die einander ergänzen" (M. Buber, Chassidim, 138).

Erzählungen transportierte Erinnerung spätestens nach 50 bis 70 Jahren, was zwei bis drei Generationen entspricht, völlig verlorengeht[28].

3. Die Verschriftung

Nur gemächlich vollzieht sich in Israel der Übergang von der mündlichen Erzählung zum schriftlichen Text. Sicherlich hat der Ausbau des Beamtenwesens unter Salomo der Entwicklung des Schriftwesens einen Schub versetzt[29]. Auch wenn die ältesten hebräischen Texte außerhalb des Alten Testaments erst aus dem 8. Jahrhundert stammen, ist wohl seit dem ausgehenden 10. Jahrhundert damit zu rechnen, daß am judäischen Hof außer Annalen, Chroniken, rechtlichen, sapientiellen und rituellen Texten auch Geschichtserzählungen entstanden sind[30]. Die *Träger* und *Rezipienten* dieser vielfältigen Literatur sind am Hofe Schreiber und höhere Beamte, am Heiligtum Priester und vermutlich Tempelsänger und im Wirtschaftsleben gelegentlich Kaufleute der gebildeten Oberschicht[31].

Mit der Verschriftung wird das Überlieferungsgut wiederum erheblich verändert. Das hat 1887 schon A. Kuenen gewußt: „Die kürzere oder längere Zeit hindurch mündlich fortgepflanzte historische Erinnerung nimmt allmählig immer mehr und nicht überall dieselben fremden Bestandtheile in sich auf. Bei ihrer Aufzeichung werden die Ueberlieferungen von dem einen auf diese, von dem andern auf jene Weise bearbeitet und, je nach dem verschiedenen Standpunkt und der verschiedenen Absicht der Verfasser, oft sehr wesentlich modificirt oder gänzlich umgestaltet"[32]. Mit der Ver-

---

[28]   Verhaltener urteilt P.G. Kirkpatrick, Old Testament, 112-117, die mit einer historischen Erinnerung der Erzählungen von bis zu zweihundert Jahren rechnet.

[29]   Während U. Rüterswörden, Die Beamten der israelitischen Königszeit, 115-124, bereits mit Vorformen von Ämtern in nomadischer Zeit und mit einem Beamtentum schon unter Saul rechnet, ist mit H.M. Niemann, Herrschaft, Königtum und Staat, 273-282, die Entstehung einer Verwaltung wesentlich zurückhaltender zu beurteilen. Aufgrund des epigraphischen und archäologischen Materials und der Textbefunde hat es nach Niemann unter Saul und David nur eine kleine Anzahl von Funktionären gegeben, die mit Salomo nur gering ansteigt. Erst im 9. Jahrhundert kam es zur Ausprägung eines dezentralen Verwaltungsapparates.

[30]   Vgl. S. 63-64.

[31]   Vgl. H. Haag, כתב, 388-390; O. Kaiser, Literaturgeschichte, 306-314; B. Lang, Schule und Unterricht, 186-201; M. Haran, On Diffusion of Literacy, 81- 95; A. Heubeck, Schrift, 70-73, 109-126.

[32]   A. Kuenen, Einleitung, 1887, 37.

schriftung der Einzelüberlieferung verändert sich nicht nur das Wesen der
sprachlichen Gebärde, sondern maßgeblich auch ihre Gattung, ja die schriftliche Gattung entsteht erst[33]. Die für die mündliche Rede kennzeichnende
Wiederholung, das retardierende Moment, die durch Gestik und Mimik
unterstützte Emphase, der gelegentlich unpräzise, doch immer verbale
Ausdruck, die einfache Syntax, die begrenzte Wortwahl und die Mundart,
der verhältnismäßig geringere Schatz an rhetorischen Figuren und Worten,
dies alles hebt die schriftliche Literatur auf. Bei den Brüdern Grimm konnten wir exemplarisch beobachten, wie sie mit ihren mündlichen Vorlagen
umgegangen sind: Sie bildeten aus den teilweise ungehobelten Vorlagen
eine durchkomponierte, stilistisch und syntaktisch komplexe Erzählung,
bauten Spannung auf, verbannten Anstößiges, strichen bei Bedarf die
mundartlichen Passagen. Sie glätteten sprachliche Unebenheiten, ergänz-
ten und redigierten[34]. So entstehen aus den Gattungen der mündlichen
Literatur mit der Verschriftung die völlig anders aufgebauten Textsorten
der schriftlichen Literatur[35]. Aber durch diese Eingriffe veränderten die
Gebrüder nicht nur Stil, Ausdruck und sogar die Gattung, sondern vielfach
auch den Inhalt und die Intention der Überlieferung; wenn es ihnen nötig
erschien, dichteten sie eine Moral oder ein gutes Ende hinzu[36]. Es besteht
kein Anlaß anzunehmen, daß jenes Verhalten, welches wir paradigmatisch
vom Autor der Jubiläen bis zu den Brüdern Grimm feststellen konnten,
einen Einzelfall darstellt[37]. Vielmehr können wir hierin allgemeine Gesetzmäßigkeiten des Verschriftungsprozesses oraler Traditionen erkennen, wie
sie auch für die Schriftsteller Israels angenommen werden müssen[38].

Weil die mündlichen Erzählungen sich erheblich von den schriftlichen
Texten unterscheiden, muß der Versuch H. Gunkels und seiner Nachfolger
scheitern, aus den Texten der Genesis mündliche Vorstufen oder sogar

---

[33] Vgl. J. Goody, The Domestication of the Savage Mind, 146-162.

[34] Vgl. S. 187-190.

[35] Die von A. Olrik, Gesetze, 58-69, vorausgesetzte Identität von mündlichen und schriftlichen Gattungen ist von der modernen Völkerkunde zurückgewiesen worden. Damit
entfallen die Kriterien dafür, aus den schriftlichen Texten mündliche Vorstufen herauszulösen. Grundmuster der Handlung (epische Struktur) können bei der Verschriftung hingegen erhalten bleiben (vgl. auch S.M. Warner, Primitive Saga, 325-
335).

[36] Vgl. E. Schade, Mehr als ‚nur‘ Transkription, 241-259.

[37] Vgl. S. 75-80, 97-104, 207-211.

[38] Vgl. S. 211-214.

mündliche Gattungen herauszulösen[39]. Dieses Bemühen setzt voraus, daß die mündlichen Überlieferungen nahezu unverändert aufgeschrieben worden sind. Aber es gehört ja gerade zum Prozeß der Verschriftung, daß das gesprochene Wort bei der Verschriftung wesentlich verändert wird, deshalb ist auch die mündliche Vorstufe des Textes[40] nicht mehr erkennbar[41]. Methodisch und sachlich ist es daher auch unmöglich, eine mündliche Redaktion des Sagenmaterials nachzuweisen, wie es M. Noth und variiert auch E. Otto vertreten hat[42].

Seit H. Gunkel ist das Verhältnis der mündlichen Überlieferung zur schriftlichen Tradition immer wieder in einem strengen zeitlichen Nacheinander verstanden worden[43]. Zuerst wurden die alten Erzählungen über Jahrhunderte überliefert und dann aufgeschrieben. Nach den ersten schriftlichen Fassungen wurde die Entwicklung nur noch als literarischer Prozeß gedacht. Der ersten Quellenschrift traten jüngere Quellenschriften an die Seite, die durch Kompilatoren und Redaktoren[44] über Jahrhunderte zu einem literarischen Œuvre zusammengebunden wurden. Diese Sicht einer zunächst mündlichen und dann ausschließlich schriftlichen Entstehungsgeschichte der Jakobserzählungen ist aber wesentlich vereinfacht.

Im Verlauf der Geschichte Israels werden die ersten verschrifteten Traditionen immer wieder durch mündliche und schriftliche Zusätze erweitert. Lücken in der Überlieferung – J. Vansina nennt sie „floating gaps"[45], werden phantasievoll und durch die Anschauung der Gegenwart ausgestaltet[46]. Nicht vor dem ausgehenden 10. Jahrhundert erhalten Jakob und seine Sippe eine solche Bedeutung, so daß der Erzvater frühestens in dieser Zeit mit Israel identifiziert worden sein kann[47]. Der Streit um Brunnenrechte

---

[39]   Dies gilt allerdings nicht für sehr kurze kultische und lyrische Texte, wie dem Orakel, verschiedene magische Formeln und Lieder (vgl. H. Eising, Formgeschichtliche Untersuchung zur Jakobserzählung der Genesis, 428-448).

[40]   So auch S.M. Warner, Primitive Saga Men, 325-335.

[41]   Vgl. S. 197-201, 211-214.

[42]   Vgl. S. 29, 47-49.

[43]   Daran haben auch diejenigen Exegeten nichts geändert, die eine Prädomination des Mündlichen vertraten und mit der Verschriftung erst in exilisch nachexilischer Zeit rechneten (vgl. S. 32-39).

[44]   Vgl. H. Donner, Der Redaktor, 27-29.

[45]   Vgl. J. Vansina, Oral Tradition, 23-24, 168-169.

[46]   So sind beispielsweise auch die arabischen, afrikanischen und griechischen Genealogisten verfahren (vgl. S. 162-163).

[47]   Vgl. O. Margalith, Israel, 225-237.

(Gen 26,12-33) gehört zur alltäglichen Erfahrung von Kleintiernomaden. Dramatisch ausgeschmückte Erzählungen von männlichen Zwillingen, die mit den Streitigkeiten um das Erbrecht verbunden sind, gehören zum Repertoire des erzählten Gutes, das den Dichtern als Anschauung gedient hat. Der auf der Erzähleben über Jahrzehnte andauernde Streit der Zwillingsbrüder Jakob/Israel und Esau/Edom (Gen 25,27-28,9; 32,2-33,20) hat seinen historischen Anhalt an den politischen Auseinandersetzungen zwischen Israel und Edom, die das Verhältnis der Nachbarn vom ausgehenden 7. Jahrhundert an schwer belastet haben[48]. Für die äußeren Konflikte, die sich in den Jakobserzählungen niederschlagen, hat es seit der Ansiedlung des Volkes in Palästina immer genügend Anschauung gegeben. Dort, wo Fremdlinge auf Eingesessene mit anderen Sitten, Bräuchen und Religionen stoßen, bleiben Konflikte nicht aus. Der Kontakt Israels mit Kanaanäern, Jebusitern, Hiwitern und besonders Edomitern kann zu politischen wie militärischen Auseinandersetzungen führen, die sich in den Jakobserzählungen widerspiegeln[49].

Wie weit der Einfluß des Mündlichen auf die literarischen Prozesse reicht, läßt sich nicht genau bestimmen. Sicher ist jedoch der von der ethnologischen und literatursoziologischen Forschung nachgewiesene Paradigmenwechsel bei der Entwicklung von einer oralen zur literalen Kultur: Eine linear verstandene Entwicklung einer zuerst nur mündlichen und dann ausschließlich schriftlichen Kultur greift zu kurz. Noch lange haben sich mündliche Einflüsse in der Literatur niedergeschlagen.

Am Beispiel der Entstehung der Homerischen Epen, der Sumerischen Königsliste, der griechischen und frühislamischen Genealogien, den Jubiläen, des Korans und der Isländer-Sagas, der finnischen Kalevala und der Grimmschen Sagen und Märchen[50] konnten wir eine fortwährende Inter-

---

[48] Schon J. Wellhausen, Composition, 34, rechnet mit einem mündlichen Hintergrund für die Erzählungen von der בכרה (Gen 25,19-34) und dem ברכה (Gen 27,1-40).

[49] Auch die Schandtat an einem Mädchen (Gen 34) ist ein Stoff, der zu verschiedenen Zwecken erzählt werden kann. Als moralisch-pädagogische Erzählung kann er die jungen Männer zur Zurückhaltung, die Mädchen zur Vorsicht ermahnen. Als revanchistische Erzählung kann eine solche Überlieferung aber auch gezielt Verachtung und Abgrenzung zwischen verfeindeten Stämmen oder Völkern schüren. Eines haben alle diese Erzählungen gemeinsam: Sie erzählen nicht das Alltägliche, sondern das Besondere, und das ist ein entscheidendes Kriterium für die Weitergabe einer mündlichen Überlieferung.

[50] Gerade die nach Hessen-Kassel geflohenen Hugenotten brachten einiges Traditionsgut mit, das wiederum von der Perraultschen Märchensammlung abhängig war, und beeinflußten so die Grimms.

dependenz der mündlichen Überlieferung und schriftlichen Tradition und vor allem eine fortgesetze redaktionelle Tätigkeit der Schriftsteller nachweisen[51]. Diese wechselseitige Beeinflussung von mündlicher Überlieferung und schriftlicher Tradition sowie fortgesetzter Redaktion ist das Paradigma, das auch für die Jakobserzählungen gilt[52].

Israel bewältigt seine Gegenwart, indem es die Ereignisse der Zeit in das Kleid der Vergangenheit hüllt. Deshalb divergieren die erzählte Zeit und die erlebte Zeit immer; deckungsgleich ist sie nie: Die erzählte Zeit stellt eine typisierte und stilisierte nomadische Vorzeit dar, die erlebte Zeit, aus der die Jakobserzählungen geschrieben werden, ist die Gegenwart ihrer Schriftsteller und Redaktoren.

Die von H. Gunkel postulierten treuen „Sammler" und „Diener ihrer Stoffe"[53] aus dem 10. Jahrhundert, die ehrfurchtsvoll die schönen alten Überlieferungen unverändert aufgeschrieben haben[54], hat es nie gegeben. Im Sinne Gunkels sind die ersten Schriftsteller gerade keine „Hüter" ihrer Vergangenheit, vielmehr sind es Männer, die aus ihrer Tradition dichtend die Gegenwart für die eigene Zukunft entwerfen. Erheblich greifen sie durch die Auswahl bestimmter umlaufender Stoffe in den Prozeß der Überlieferung ein. Nur was sie anspricht und ihrem Denken entspricht, wählen sie aus. Neben der Veränderung der Überlieferung ist die Kompilation und Selektion der Stoffe wirkungsgeschichtlich erheblich. Nur was gesammelt, ausgesucht und schließlich verschriftet wird besteht, alles andere wird vergessen.

Die formalen Mittel der Schriftsteller sind neben der Selektion einerseits die Kompilation, Assimilation und Transponierung der überlieferten Stoffe und Traditionen, andererseits wirken sie durch geschickte Verarbeitung der Gegenwart und gezielte Rückprojektion traditionsbildend. Die so entstehende neue Tradition speist sich maßgeblich, das haben schon W.M.L. de Wette, J. Wellhausen und sogar H. Gunkel gesehen, aus der dichterischen

---

[51] Vgl. beispielsweise K. Roth, Bulgarische Märchen zwischen Mündlichkeit und Schriftlichkeit, 93-108.

[52] Vgl. auch L. Röhrich, Orale Traditionen als historische Quelle, 79-99 (Anschauungsmaterial); ders., Volkspoesie ohne Volk, 49-65; sowie ders., Wechselwirkungen zwischen oraler und literaler Tradition, 51-70; L. Petzold, Der absurde Mord, 194-212; K. Roth, Bulgarische Märchen zwischen Mündlichkeit und Schriftlichkeit, 93-108. – Bewußte Veränderungen können sowohl im Überlieferungs- wie im Verschriftungsprozeß nicht ausgeschlossen werden (vgl. W. Speyer, Fälschung, 105-106, 307-312).

[53] Vgl. H. Gunkel, Genesis, LXXXV.

[54] So H. Gunkel, Genesis, LXXXV (vgl. S. 12-17).

Phantasie und den Anschauungen der Gegenwart[55]. Mit der literarischen
Ausgestaltung kommt zusätzlich zeitgeschichtliches und theologisches Material hinzu: Motive und Themen werden kombiniert, kleinere Stücke werden ergänzt oder gestrichen, midraschartige Erläuterungen eingeschoben[56].
Doch damit sind die Eingriffe in die entstehenden Texte und Kompo-
sitionszusammenhänge keineswegs abgeschlossen. Auch auf der literarischen
Ebene, das hat der Vergleich mit den Jakobserzählungen der Jubiläen demonstriert[57], greifen neue Generationen von Schriftgelehrten in die Tradition erheblich ein: Erst mit der mehrfachen redaktionellen Überarbeitung
der Erzählungen durch Streichungen und Interpretationen, durch eingeschobene Glossen, Verheißungen, Genealogien und Verbindungstexte entsteht eine literarische Komposition. Vor weiteren Eingriffen ist der Text
erst geschützt, wenn er eine meistens mit der Kanonisierung verbundene
Dignität erlangt hat.
Der Gattung nach sind die Jakobserzählungen weder Mythen noch
Sagen, weder Märchen noch Legenden. Sie sind eine aus Einzelüberlieferungen[58] zusammengesetzte, auf etliche Kleingattungen (wie Segenswort und Schicksalsspruch, Orakel, Gebet, Gelübde, Theophanie und Verheißung) zurückgreifende bzw. nachträglich durch diese Texte ausgestaltete
literarische Erzählung. In ihrer Endgestalt sind die Texte eine aus dem
Glauben und für den Glauben geschriebene und immer wieder aktualisierte
theologische Erzählung[59]. In dieser Heils- und Glaubensgeschichte manifestiert sich der Gott Israels als lenkender, heilender und segnender Gott, der
das, was er Abraham verheißen hat, an Jakob partiell erfüllt[60].

---

[55] Vgl. S. 143-144, 187-190.

[56] Das ist nach O. Lendle, Griechische Geschichtsschreibung, 3-9, auch für die griechische Historiographie und das Drama des 5. Jahrhunderts v. Chr. nachweisbar.

[57] Vgl. H.M. Wahl, Die Jakobserzählungen der Genesis und der Jubiläen, 524-546 (vgl.
S. 207-211).

[58] Wie die ethnologische Forschung belegt, ist die kleinste Erzähleinheit immer die Einzelerzählung. Lineare Erzählkomplexe im strengen Sinne kennt die mündliche Kultur
nicht.

[59] L. Dégh, Märchen, 133, hat diesen Begriff schon für die Erzählungen der ungarischen
Szekler geprägt. Es sind Erzählungen, die thematisch um Kirche und christlichen Glauben kreisen.

[60] Den Jakobserzählungen liegt nicht, wie schon W.M.L. de Wette, Beiträge, 1807, Bd.
2, 31, meinte, ein israelitisches Nationalepos zugrunde; die Annahme eines solchen
Epos hat Sh. Talmon, Did there Exist a Biblical National Epic, 41-61, gegen die
Stimmen von S. Mowinckel und U. Cassuto widerlegt.

4. Die Historizität

Aus der Darstellung der Prozesse der mündlichen Überlieferung und
Verschriftung ist nun abzuleiten, daß aus den Texten der Genesis der Ahn-
herr Jakob aus der Mittelbronze II-Zeit (MB II) oder frühen Spätbronzezeit
(SB) nicht greifbar ist. Auch archäologisch kann schon aus methodischen
Erwägungen ein historischer Erzvater Jakob nicht zwingend nachgewiesen
werden.

Für lange Zeit schien es nach dem berühmten Aufsatz M. Noths *Der
Beitrag der Archäologie zur Geschichte Israels*[61] von 1960 selbstverständlich,
daß „nur wenig Licht von ausserbiblischen Zeugnissen speziell auf die alttestamentlichen Erzväter"[62] fällt. Konkretisierend fährt er fort: „Dieses Licht
erhellt zwar den Hintergrund ihrer Erscheinungen etwas, aber es reicht
nicht aus zu ihrer Datierung, ihrer geschichtlichen Einordnung und Interpretation"[63]. Deshalb kann die Historizität der Jakobserzählungen durch
außerbiblisches Material nicht bewiesen werden: „Wer etwas", so Noth
weiter, „über die Erzväter aussagen will, kann nur von der alttestamentlichen Überlieferung ausgehen und kann dann die traditionsgeschichtlichen
und literarischen Probleme nicht umgehen, die mit dieser Überlieferung
gegeben sind, ohne in diesen Fragen wesentliche Hilfe von ausserbiblischen
Zeugnissen erwarten zu können"[64]. Trotz der sachlich und methodisch
grundsätzlichen Absage an die Beweiskraft der „external evidence", einem
Begriff der auf W.F. Albright zurückgeht[65], ist in den letzten Jahren beispielsweise von H. Seebaß, E. Otto, E. v. Nordheim, R.S. Hendel, A.
Kempinski und A. Mazar immer wieder der Versuch unternommen worden, die Historizität der Texte aufgrund archäologischen und religionsgeschichtlichen Materials zu erhärten. Aus diesen Gründen wird ein Seitenblick auf die Ergebnisse der Forschung nötig.

Fragen wir, welche Indizien auf den Erzvater Jakob hinweisen, so fällt
das Ergebnis spärlich aus, was auch nicht verwundert, denn umherziehende
Kleintiernomaden[66] ohne festen Kultort, die noch keine Graffiti, Inschriften oder andere Texte produzieren, können kaum eindeutige Spuren hinterlassen. Wir beschränken unseren Blick auf die mit den Haftpunkten der

---

[61] Vgl. M. Noth, Der Beitrag der Archäologie zur Geschichte Israels, 262-282.
[62] M. Noth, Beitrag, 270.
[63] M. Noth, Beitrag, 270-271.
[64] M. Noth, Beitrag, 271.
[65] Vgl. W.F. Albright, Israelite Conquest, 13.
[66] Vgl. E.A. Knauf, Midian, 9-15; W. Thiel, Entwicklung, 17-47.

Jakobserzählungen in Verbindung gebrachten Orte: Da ist zunächst Bethel. Auch wenn J.L. Kelso zunächst bemüht ist, vage Beziehungen zwischen den archäologischen Funden und dem biblischen Bericht herzustellen, gesteht er ein, daß die Jakobserzählungen mit Bethel archäologisch nachweislich nicht zu verbinden sind[67]. Er resümiert: „Archaeological work at Bethel throws no special light on the Jacob story"[68]. Was für Bethel gilt, gilt gleichermaßen auch für die anderen Haftpunkte der Jakobstradition wie Sichem[69], Maḥanajim und Pnuël[70]. Selbst die mehrfach erwähnte Grabhöhle in Machpela ist nicht aufzufinden, womit der Haftpunkt für eine mögliche Grabtradition fehlt[71]. Auch für Edom, das vor der Eisen I-Zeit (1250-1000 v. Chr.) bislang weder in Oberflächenuntersuchungen noch in Ausgrabungen archäologisch greifbar ist, ist der archäologische Befund negativ[72]. M. Weippert konstatiert deshalb unmißverständlich: „Die wenigen Nachrichten über die Frühzeit Edoms erlauben keine Darstellung seiner Entwicklung und Geschichte im 12./11. Jh."[73]. Ja, archäologische und literarische Analysen legen sogar nahe, daß die Erzählungen das politische Verhältnis zwischen Israel und Edom der frühen Königszeit, nicht aber der nomadischen Vorzeit widerspiegeln[74].

Auch der Versuch, in den Jakobserzählungen Spuren von Sitten, Rechtsvorstellungen oder religiösen Praktiken aus der MB II oder zumindest der frühen SB zu finden, führt zu keinem eindeutigen Ergebnis[75]: Das Erstgeburtsrecht ist für die ganze Eisenzeit (1250-586 v. Chr.) belegt[76]. Die in

---

[67] Vgl. J.L. Kelso, Bethel, 190-193; sowie W.F. Albright/J.L. Kelso, Bethel, 1-9.

[68] W.F. Albright/J.L. Kelso, Bethel, 46.

[69] Ausführlich berichtet G.E. Wright, Shechem, 23-56; knapp und übersichtlich L.E. Toombs, Shechem, 1174-1186 (Literatur). Das Photo- und Kartenmaterial ergänzt K. Jaroš, Sichem, 191-279.

[70] Vgl. R.A. Coughenour, Maḥanaim, 59-60; sowie W. Thiel, Pnuël, 400-405 (vgl. S. 282).

[71] Vgl. E. BlochSmith, Judahite Burial Practices, 114-121, 152-178.

[72] So P. Bienkowski, St. Hart, M. Lindner, P.J. Parr und J.P. Zeitler in P. Bienkowski (Hg.), Early Edom, 1992 (Zeichnungen, Photographien und Literatur).

[73] M. Weippert, Edom und Israel, 294.

[74] Vgl. J.R. Bartlett, Edom, 55-66, 84, 102-103.

[75] Vgl. zum Religionstypus „Gott der Väter" M. Köckert, Vätergott, 311-319 (vgl. S. 51-52).

[76] Nach H. Utzschneider ist die auf den agrarischen Feldbau und die Viehhaltung ausgerichtete und durch Primogenitur und Patrilinearität geordnete Familie ein in der gesamten Eisenzeit auftretendes Phänomen, das keine Anhaltspunkte für die Datierung bietet (vgl. H. Utzschneider, Patrilinearität, 94-95).

den Texten anklingenden Rechtstraditionen, vor allem in den Vereinbarungen zwischen Jakob und Laban, entsprechen gemeinorientalischer Praxis der MB II und SB[77].

Über den religiösen und kultischen Gebrauch der תרפים[78] erfahren wir in Gen 31,17-54 wenig[79]. In Gen 31,30 wird der Teraphim mit dem Hausgott Labans gleichgesetzt. Diese Identifizierung und die Vorstellung, daß

---

[77] M.A. Morrison hat im Lichte altorientalischen Vergleichsmaterials die zwischen Laban und Jakob getroffenen Vereinbarungen über dessen Hirtendienste und über die Eheschließung mit Rahel (und Lea) untersucht. Der Vergleich mit Quellen aus dem altbabylonischen Larsa, dem Codex Hammurapi und einigen Texten aus Nuzi zeigt, daß die rechtlichen Aussagen über die Absprachen zwischen Laban und Jakob über die Eheschließung und die Hirtendienste nicht der altorientalischen Rechtspraxis in der MB II oder SB entsprechen: „The principles in herding and marriage agreements are common throughout the second and first millennia"(M.A. Morrison, Jacob and Laban, 163-164). Versucht man, die in den Jakobserzählungen anklingenden Rechtstraditionen zu datieren, stößt man auf deutliche Schwierigkeiten (vgl. M.A. Morrison, Jacob and Laban, 161-163; W. Leineweber, Die Patriarchen, 135- 145; 157-160; sowie J. Van Seters, Abraham, 78-85). Morrison resümiert: „The Jacob and Laban narrative includes none of the specific details through which it might be identified with a particular period. Instead, it draws on the universal aspects of certain social and economic practices. Hence, dating the text to either the second or the first millenium on the basis of Near Eastern parallels is problematic" (M.A. Morrison, Jacob and Laban, 164; sowie Th.L. Thompson, Historicity, 269-280; 294-297; J. Van Seters, Abraham, 64-103, 309-312).

[78] H. Rouillard/J. Tropper, TRPYM, 359-360, definieren: „le mot *trpym* doit être compris comme significant ‚être divinités, puissances – qui guérissant' (au sense le plus large du terme), ‚guerisseurs', ‚protecteurs'".

[79] Nur soviel geht aus den Texten hervor. Die Teraphim gehören ins Haus. Deshalb liegt ein Gebrauch der Teraphim als religiöse Haus- und Schutzgötter nahe (Ri 17,5; 18,14-20), die in Notsituationen befragt werden konnten (Ez 21,26; Sach 10,2). Möglicherweise ist ihnen auch bei Krankheiten eine therapeutische Funktion zugesprochen worden (1 Sam 19,13-16). Da nach 2 Kön 23,24 die Teraphim auch einmal mit dem offensichtlich verbreiteten Brauch der Nekromantik in Verbindung gebracht werden, ist neuerdings die schon 1892 von F. Schwally (F. Schwally, Leben nach dem Tode, 35) vertretene These wieder aktualisiert worden, daß es sich bei den Teraphim um Bilder deifizierter Ahnen handeln könnte (so H. Rouillard/J. Tropper, TRPYM, 351-357). K. v. d. Toorn spricht den Teraphim sogar eine doppelte Funktion als Hausgötter und vergöttlichte Ahnenfigürchen zu (vgl. K.v.d. Toorn, Teraphim, 203-222; sowie K. Deller, Die Hausgötter der Familie Shukrija, 47-76; J. Tropper, Nekromantie, 332-339; W. Leineweber, Die Patriarchen, 160-162). O. Loretz hat versucht, den Zusammenhang von Ahnenkult und Jahwe-Monotheismus aufzuzeigen (vgl. O. Loretz, Vom kanaanäischen Totenkult zur jüdischen Patriarchen- und Elternverehrung, 149-204). E.M. Bloch-Smith hat archäologisch nachgewiesen, daß es in Israel während der Eisenzeit einen Ahnenkult gegeben hat (vgl. E.M. Bloch-Smith, Cult, 213-224; sowie dies., Judahite Burial Practices, 122-151).

die Tochter blutend, also kultisch unrein, auf dem vom Vater verehrten Kultobjekt sitzt und überdies ihren eigenen Vater listig betrügt, drückt Belustigung, ja den Spott der Dichter über den heidnischen Götzen aus[80]. Der ironische Zug der Erzählung zeigt die theologische und historische Distanz des Dichters zu den Teraphim. Gleichzeitig muß aber die religiöse Bedeutung der Teraphim noch so lebendig sein, daß der Leser die Anspielungen verstehen kann[81].

Wenden wir uns abschließend dem Namen des Protagonisten Jakob zu: Die Verwendung der Wurzel עקב im Namen ist für den ganzen Vorderen Orient belegt. עקב kommt in Palmyra ebenso wie in Elephantine, in Assur ebenso wie in Babylonien, in Ägypten ebenso wie in Südarabien vor: Ja, der Name עקב ist einer der meistgebrauchten westsemitischen Namen überhaupt[82]. Der räumlichen Verbreitung des Namens entspricht die zeitliche. Der Name Jakob „is found from Old Babylonian times to early post-Christian times"[83]. Trotz seiner Verbreitung ist der Name in Palästina weder in Grab- noch in sonstigen Inschriften belegt[84]. Noch ohne die Kenntnis der vielen Textfunde des 20. Jahrhunderts schrieb H. Greßmann schon 1910 völlig zutreffend: „Die Namen der Patriarchen Abraham, Isaak, Jakob und Joseph sind [...] weder als Götter- noch als Stammesnamen nachweisbar, sind auch nicht als solche wahrscheinlich gemacht, wohl aber als simple Personennamen wie Hinz und Kunz"[85]. So können wir aus dem Namen keine Rückschlüsse auf das hohe Alter einer Jakobstradition ziehen[86].

---

[80] Vgl. H. Gunkel, Genesis, 347-348.

[81] Vgl. K. Seybold, תרפים, 1058-1059.

[82] Vgl. M. Noth, Personennamen, 184; J.D. Fowler, Personal Names, 167-169; M. Maraqten, Die semitischen Personennamen, 200-201; H.J. Zobel, עקב, 338-343.

[83] Th.L. Thompson, Historicity, 43.

[84] Vgl. H. Donner/W. Röllig, Kanaanäische und aramäische Inschriften, ³1971-³1976 (Register).

[85] H. Greßmann, Sage und Geschichte, 9 (im Original ist der Text gesperrt gedruckt). – Ähnliches sagt M. Noth vom Namen Esau: „Leider ist ja aus dem so seltsam gebildeten Namen Esau für die ursprüngliche Bedeutung dieser Gestalt gar nichts zu entnehmen, da er ganz dunkel ist und keine der bisher vorgeschlagenen Erklärungen auch nur eine Wahrscheinlichkeit für sich hat" (M. Noth, Überlieferungsgeschichte, 105). „Man wird am ehesten in Esau einen Spitznamen zu sehen haben, mit dem man etwa einen Tölpel zu charakterisieren pflegte" (106).

[86] Anders A. Kempinski, Jacob in History, 42-47, 67, der anhand weniger und unsicherer Namensbelege eine kühne Konstruktion der Jakobstradition entwirft. Seine Quellen sind mehrere Skarabäen aus Ägypten und dem Sudan aus dem 17. Jahrhundert v. Chr. Allen Funden gemeinsam ist die Inskription Y'qb-HR. Diesen Jakob identifiziert

Hinweise auf den Erzvater Jakob und sowie auf die erzählte Welt der MB II oder SB suchen wir, was auch nach den grundsätzlichen Einwänden M. Noths nicht zu erwarten war, vergebens. So fehlen vom Erzvater Jakob auch nach den zahlreichen Textfunden und Ausgrabungen des 20. Jahrhunderts eindeutige Nachrichten.

Kommen wir nach diesem Seitenblick mit einem Zitat H. Gunkels auf unser Thema zurück. „Die Sagen [der Genesis] waren, als sie aufgeschrieben wurden, bereits u r a l t und hatten schon eine lange Geschichte hinter sich"[87]. Diese bis in die gegenwärtige Forschung verbreitete Annahme

---

Kempinski mit einem gleichnamigen König der Hyksos aus der 15. Dynastie, der von 1670 bis 1650 v. Chr. regiert hat. Ein anderer Fund aus der jüngeren Vergangenheit wirft weiteres Licht auf die Jakobstradition. 1969 wurde in einem Grab bei Shiqmona, einem Vorort des heutigen Haifa, ebenfalls ein Skarabäus mit der Inschrift Y'qb-HR gefunden, der auf 1730 v. Chr. datiert wird. Somit ist der Skarabäus fast hundert Jahre älter als die beiden anderen. Allein aus diesen Namensbelegen schließt Kempinski, daß es bereits im ausgehenden 18. Jahrhundert eine Jakobstradition gegeben hat, die nicht mit der in der Hyksostradition manifestierten Überlieferung identisch sei. Auch ein weiterer, bereits 1930 veröffentlichter Skarabäus belegt denselben Namen (vgl. A. Kempinski, Jacob in History, 42-47, 67). Detektivisch folgert Kempinski aus den verschiedenen Funden: „I believe that the two Israeli ‚Jacob' scarabs [...] represent a different and earlier Jacob from the Jacob of the other scarabs. The Jacob of the other scarabs represent the name of a Hyksos king – probably the second one of the XVth Egyptian Dynasty. The two Israeli scarabs from about 100 years earlier represent an earlier Canaanite ruler named Jacob-HR" (S. 45-46). Wie aber nun gehen die verschiedenen Jakob-Gestalten – der kanaanäische, der ägyptische und der biblische zusammen? Kempinski stellt sich das so vor: Nach der Landnahme im 13./12. Jahrhundert übernehmen die Israeliten die alten, legendenartig ausgeschmückten Überlieferungen vom Y'qb-HR der Kanaanäer. Dieser Jakob der Israeliten schenkt dann auch dem nach ihm benannten Kultplatz Jakob-El seinen Namen. Im 8. Jahrhundert verknüpfen dann die biblischen Schriftsteller die Überlieferungen vom israelitischen Jakob mit den Erinnerungen aus Ägypten. Als vermittelnde Figur zwischen beiden Traditionen aber dient der ägyptische Namensvetter Jakob, König der Hyksos. Das ist Kempinskis im Rückgriff auf R. Weill gebotener, überaus kühner Entwurf der Jakobstradition (vgl. A. Kempinski, Jacob in History, 47). Kempinskis Rekonstruktion ist in vielerlei Hinsicht zweifelhaft: Zunächst sind fünf Skarabäen für die Rekonstruktion der Jakobstradition – einer Tradition, die sich bis zur Verschriftung über ein ganzes Jahrtausend (!) erstreckt – ein überaus dürftiges Quellenmaterial. Aber nicht einmal die Lesart der aufeinander bezogenen Inschriften und die Königsliste der Hyksos sind gesichert. Schließlich legt Kempinski keine Rechenschaft darüber ab, wie die kanaanäischen Jakobsüberlieferungen bis zur Einwanderung der Israeliten unbeschadet mindestens fünf Jahrhunderte überstanden haben könnten, und warum die Israeliten die fremden Überlieferungen überhaupt rezipiert und adaptiert haben (vgl. auch W. Leineweber, Die Patriarchen, 73-87).

[87]   H. Gunkel, Genesis, LVI.

Gunkels ist vor dem Hintergrund des nunmehr erhellten Prozesses der mündlichen Überlieferung und der Verschriftung ihrer Stoffe sowie dem durchweg negativen archäologischen und kulturgeschichtlichen Befund zu korrigieren[88].

Die gewonnenen Einsichten haben auch nachhaltige Konsequenzen für die Beurteilung der Historizität der Jakobserzählungen. Das von W.M.L. de Wette[89] vorformulierte und von J. Wellhausen präzisierte Urteil über den historischen Wert der Erzvätererzählungen wird bestätigt: „Freilich über die Patriarchen ist hier [in der Genesis] kein historisches Wissen zu gewinnen, sondern nur über die Zeit, in welcher die Erzählungen über sie im israelitischen Volke entstanden; diese spätere Zeit wird hier, nach ihren inneren und äußeren Grundzügen, absichtslos ins graue Altertum projicirt und spiegelt sich darin wie ein verklärtes Luftbild ab"[90].

Das überlieferungsgeschichtliche Urteil wird nicht nur durch den Blick auf die „external evidence", sondern auch durch die literar- und traditionsgeschichtliche Analyse der Texte bestätigt. Als ältesten Bestand der Jakobserzählungen konnten wir die dramatische Erzählung von dem mit List und Betrug erschlichenen väterlichen Segen (Gen 27,1-40) ermitteln, der frühestens in spätvorexilischer Zeit entstanden ist. Literarisch sind davon die Erzählungen von der Geburt der Zwillinge (Gen 25,21-26a) und von dem Verkauf der Erstgeburt um ein Linsengericht (Gen 25,27-30a.31-34) abhängig: Durch die Erzählung vom Verkauf der בכרה wird Esau diskreditiert (Gen 25,34) und das betrügerische Verhalten Rebekkas und Jakobs in Gen 27,1-40 vorweg entschuldigt. Mit der Geburtsgeschichte erhalten die Jakobserzählungen eine Einleitung, die einerseits das Herrschaftsgefühl Israels über Edom legitimiert und andererseits ihren Ausgang präludiert[91].

Die Erzählung von Bethel (Gen 28,10-12.16-19a) ist erst nach diesen drei Texten geschrieben worden. Ihre Vorstellung von einem transzendenten Gott, einer Traumoffenbarung und dem damit korrespondierenden Engelglauben weist auf ein spätes religionsgeschichtliches Stadium hin. Von dieser Erzählung ist wiederum der zweite Text von Bethel (Gen 35,1-15) abhängig. Auch die Erzählung von Jakobs Kampf am Jabbok (Gen 32,23a.24-26a.27-31) gehört nicht zum ältesten Bestand der Jakobstradition. Für alle drei die Erzählung konstituierenden Motive – der nächt-

---

[88] Vgl. J. Vansina, Oral Tradition, 27-32, 186-201.

[89] Vgl. W.M.L. de Wette, Beiträge, 1807, Bd. 2, 1-18, 396-408.

[90] J. Wellhausen, Prolegomena, 316; vgl. H. Weidmann, Die Patriarchen, 11-18.

[91] Vgl. auch I. Fischer, Die Erzeltern Israels, 339-356.

liche Ringkampf, der die ausgeglichene Kampfesstärke voraussetzende eingeforderte Segen Jakobs und die Furcht des Mannes vor dem anbrechenden Tag – finden sich in der griechischen und lateinischen Literatur der Antike vergleichbare Stoffe. Einen dem Kampf am Jabbok nahen Text, in dem alle drei Motive vorkommen, suchen wir aber sowohl in der antiken Literatur als auch in der Folklore vergeblich. Bei diesem Text handelt es sich nicht um eine alte Mythe, sondern um eine „entmythisierte" theologische Erzählung, die Bruchstücke mythischen Denkens in sich aufnimmt und theologisch verarbeitet. Deshalb ist die Erzählung keine Mythe oder Sage aus dunkler Vorzeit, sie ist eine theologische Komposition, die nicht zum ältesten Bestandteil der Jakobstradition gehört. Schon der Grundbestand der Erzählung ist für seinen literarischen Kontext entworfen, was ebenfalls ein Indiz für eine spätere Entstehung ist. Aus religionsgeschichtlichen Gründen gehören die Erzählungen von Bethel und der Kampf am Jabbok in die exilischnachexilische Epoche.

Auffällig ist nun, daß Gen 27,1-40 sowie Gen 25,21-26a; 27-30a.31-34 weder örtliche noch kultische Haftpunkte kennen. Auch aus anderen Texten ist kein eindeutiger Rückschluß auf ihre örtliche Herkunft zu entnehmen. Hinweise auf eine besondere Religion der Patriarchen lassen sich nicht nachweisen, denn die Einholung von Orakeln, Ablegung und Erfüllung von Gelübden und das Beten sind überzeitlicher religiöser Eigenart. Da sie von Jahwe erteilt bzw. an ihn gerichtet sind, besteht kein Anlaß, die dargestellte Religiosität von der der Erzähler zu trennen. Die Erzählung vom Linsengericht setzt rechtshistorisch nur einen gültigen Handel von Zwillingsbrüdern voraus. Die Erzählung vom listvollen Betrug basiert auf einer in der Patrilinearität verankerten Primogenitur, die durch den väterlichen Segen autorisiert wird. Zeitlich einzuordnen sind diese für viele semitische Völker über Jahrhunderte gültigen Sozial- und Rechtsformen nicht[92].

Die beiden Texte, die von Sichem als möglichem Haftpunkt einer vorgeschichtlichen Jakobstradition lange herangezogen worden sind[93], gehören zu einem jüngeren literarischen Stratum. Die Notiz von Jakobs Ansiedlung in Sichem (Gen 33,18-20) und die Zwischenfälle in Sichem (Gen 34) hat schon H. Eising[94] einem Redaktor zugeschrieben, worin ihm C. West-

---

[92] Vgl. J. Goody, The Oriental, the Ancient, and the Primitive, 342-360, 460-487; J. Henninger, Zum Erstgeborenenrecht bei den Semiten, 139-167; sowie ders., Zum Erstgeborenenrecht im Alten Südarabien, 168-179; und H. Utzschneider, Patrilinearität, 60-97.

[93] Vgl. M. Noth, Überlieferungsgeschichte, 86-95.

[94] Vgl. H. Eising, Jakobserzählung, 322-325.

ermann[95], E. Blum[96] und auch Chr. Levin[97] gefolgt sind. Nicht nur aus literarhistorischen, sondern auch aus religionsgeschichtlichen Erwägungen kommt Gen 34 als Quelle für die Ermittlung eines frühgeschichtlichen Haftpunktes der Überlieferung nicht in Frage[98]. In allem weisen die von Sichem erzählenden Texte auf die Zeit ihrer Entstehung hin, die exilisch-nachexilische Epoche, nicht aber auf die erzählte Zeit, die bei der Verschriftung schon um fast ein Jahrtausend vergangen ist[99].

Es ist nicht möglich, einzelne, den Texten vorangehende Überlieferungen zu lokalisieren, da die literarischen Angaben archäologisch nicht eindeutig greifbar und literarisch sekundär sind. Einige erwähnte Orte, wie Machpela, sind archäologisch (noch?) nicht nachweisbar, andere, wie Pnuël oder Maḥanajim, schon in der Bestimmung der Lage sehr umstritten. Als Haftpunkte der älteren Überlieferungen sind nur die wichtigsten Orte und mögliche Grabstätten im zentralen Bergland zwischen Sichem im Norden, über Jerusalem bis nach Bethel im Süden denkbar. Eine ostjordanische Tradition scheidet aus, weil Maḥanajim, Pnuel, Gilead[100], Moab und Edom[101] abgeschnitten in Transjordanien[102] liegen, und für sie keine israelitischen Kultzentren, die eine kontinuierliche Pflege und Bildung von Überlieferungen erfordert, für die Spätbronze- und Eisen I-Zeit nachzuweisen sind[103].

Die meisten Anhaltspunkte bieten den Schriftstellern die Vorgaben ihrer Zeit: Wege und Orte, Städte und Kultplätze, Sitten und Bräuche, politische Konflikte und religiöses Gedankengut. Die in den Jakobserzählungen erwähnten Stätten und Ortschaften sind nicht die Stätten und Ortschaften Jakobs, es sind Stätten und Ortschaften, die zur Zeit der verschiedenen Erzähler bedeutend waren. Für die Auseinandersetzung zwischen Jakob und Esau dienen den Schriftstellern die jahrzehntelangen Konflikte zwischen Israel und Edom von der späten Königszeit an als Hintergrund. Auch die

---

[95] C. Westermann, Genesis II, 651-664, unterscheidet in Anlehnung an J. Wellhausen einen familiengeschichtlichen und einen völkerrechtlichen Erzählstrang.

[96] Vgl. E. Blum, Komposition, 204-229.

[97] Vgl. Chr. Levin, Der Jahwist, 259-264.

[98] Vgl. S. 227-228.

[99] Vgl. S. 232-234.

[100] Vgl. M. Ottoson, Gilead, 1020-1022.

[101] Vgl. B. Dicou, Edom, 198-204; St. Timm, Moab, 62-96; 147-157; sowie W. Horowitz, Moab and Edom 51-56 (vgl. S. 249-251).

[102] Vgl. Th.L. Thompson, Early History, 293-300.

[103] Vgl. H.M. Niemann, Herrschaft, Königtum und Staat, 91-150.

übrigen Realien und Requisiten sind der eigenen Anschauung der Dichter
entnommen. Sie stammen aus ihrer eigenen Lebenswelt. In allem aber
„blickt", wie längst schon J. Wellhausen gesehen hat, „überall der Hintergrund, bricht überall die Stimmung der israelitischen Königszeit durch"[104].
Entstanden sind die ältesten Sedimente der Jakobserzählungen am ehesten
am Jerusalemer Hof und/oder Tempel[105].

Ob ein Zusammenhang zwischen der Jakobsüberlieferung und der
Enstehung des in zwölf Stämme gegliederten Israel besteht, kann im Rahmen unserer Untersuchung nicht geklärt werden. Nur soviel sei angedeutet:
Sicherlich ist die Konstitution Israels als eines Zwölf-Stämme-Verbundes,
wie sie die Jakobserzählungen präfigurieren, eine (literarische) Konstruktion, mit der nachträglich die Frühgeschichte gedeutet wird[106].

5. Epilog

Aus alledem folgt, daß die Jakobserzählungen keinen Einblick in die Frühgeschichte Israels gewähren[107]. Die Jakobserzählungen entwerfen nicht das
Bild einer vorstaatlichen, halbnomadischen Gemeinschaft, vielmehr sind
die Geschichten gezielt in diese Welt zurückprojiziert, ohne daß sie jedoch
ihre zeitliche Herkunft ganz verleugnen können. Die geographischen, historischen und religionsgeschichtlichen Konkretionen der Jakobserzählungen haben die Dichter aus ihrer eigenen Zeit, frühestens der späten
Königszeit, entlehnt[108].

Aber es wäre voreilig, daraus zu folgern, die Jakobserzählungen hätten
keine geschichtliche Relevanz. Die haben sie sehr wohl, nur für eine andere
Epoche, als es die Textebene vorgibt, und es mancher Exeget wahrhaben

---

[104] J. Wellhausen, Prolegomena, 319.

[105] Daß ältere Überlieferungen ursprünglich ihren Haftpunkt in Sichem hatten und auch
dort aufgeschrieben worden sind, ist unwahrscheinlich, da die von Sichem berichten-
den Texte (Gen 12,6; 33,17-20; 34,1-31; 35,4) späte literarische Kompositionen sind.

[106] Vgl. G.W. Ahlström, The History of Ancient Palestine, 44-49, 284-288; ders., The
Origin of Israel, 19-34; I. Finkelstein, The Emergence of Israel in Canaan, 47-59; V.
Fritz, Josua, 9-14; D. Vieweger, Landnahme, 20-36.

[107] Vgl. Th.L. Thompson, Early History, 403-423; sowie M./H. Weippert, Die Vorgeschichte Israels, 341-390.

[108] Aus diesen Gründen halten sich auch J.M. Miller/J.H. Hayes, A History of Israel and
Judah, 54-79, mit Aussagen über die Frühzeit sehr zurück, anders A. Malamat, Die
Frühgeschichte Israels, 1-16; grundsätzlich S. Herrmann, Die Abwertung des Alten
Testaments als Geschichtsquelle, 156-165; und zur Übersicht M./H. Weippert, Die
Vorgeschichte Israels, 341-390.

möchte[109]. Die Jakobserzählungen sind insofern unhistorisch, als sie kein Licht auf Jakob und seine Sippe im vorgeschichtlichen Israel werfen; sie sind jedoch insofern historisch, als sie einiges Licht auf die Zeit werfen, in der sie entstanden sind[110].

Der von den Erzählungen verwehrte Rückblick auf die Vorgeschichte Israels ist nicht etwa eine Frage unzureichender Methoden, mit deren Hilfe mündliche Vorstufen des Textes aufgespürt werden könnten[111], er ist grundsätzlicher Art: Die Schriftsteller und Redaktoren, die in langwierigen Prozessen den vorliegenden Text hergestellt haben, machen die mündliche Überlieferung unkenntlich. Von der uns vorliegenden kanonisierten Fassung des Textes aus ist sie nicht mehr zu rekonstruieren. Solche vermeintlich alten Texte wie das Orakel Rebekkas oder das Gelübde und das Gebet Jakobs sind sogar erst für den Kontext geschrieben worden. Bei landläufigen Themen können mündliche Einflüsse bestenfalls vermutet, nicht aber direkt nachgewiesen werden.

Da auch die Archäologie und die Religionsgeschichte eine nur sehr begrenzte Hilfe für das Verständnis der Frühgeschichte Israels sind, verlagert sich das Schwergewicht der Forschung auf die Texte, wie sie durch ihre permanente Fortschreibung und Redaktion in der Endgestalt auf uns gekommen sind. Gestützt von historischen, archäologischen, religionswissenschaftlichen und linguistischen Einsichten, muß die Erforschung der Genesis zunächst literarkritisch die Textlage sichern, um dann redaktionsgeschichtlich den Kompositionscharakter und die sich in den Texten spiegelnde Weiterbildung der Tradition zu ermitteln. Die mündliche Überlieferung des vorstaatlichen Israels entzieht sich aber beharrlich dem neugierigen Ausleger. Vom Erzvater Jakob, dem fernen Heroen, fehlt jede Spur, doch der kerygmatische Jakob leuchtet im Lichte der Tradition.

---

[109] Nach D.A. Garret, Rethinking Genesis, 103-106, 208-210, 237-241, ist die Genesis, wie der ganze Pentateuch, größtenteils von Mose selbst geschrieben. Doch auch Mose hat nicht eigenhändig Wort für Wort den ganzen Pentateuch verfaßt. Besonders bei der Genesis konnte er auf schriftliche Quellen zurückgreifen, welche die zu seiner Zeit bereits vierhundert Jahre zurückliegenden Ereignisse der Väterzeit dokumentierten. Diese narrativen Texte gehen wenn nicht auf die Patriarchen selbst, so doch auf deren engsten Familienkreis zurück, von dem sie nach einer kurzen Zeit der mündlichen Überlieferung aufgeschrieben worden sind. Mit diesen Texten wollten die Sippen schriftlich ihre Abstammung festhalten. Mose hat das ganze Material sorgfältig arrangiert und redigiert. Spätere Redaktionen haben dann den Pentateuch stilistisch und inhaltlich überarbeitet (vgl. E. Noort, Fundamentalismus in Exegese und Archäologie, 311- 331).

[110] Vgl. H. Schulte, Geschichtsschreibung, 203-224.

[111] Wie S.M. Warner, Primitive Saga Men, 335, meint.

Abkürzungen

Die Abkürzungen richten sich nach S. Schwertner, Theologische Realenzyklopädie. Abkürzungsverzeichnis (TRE), Berlin/New York ²1992. Weitere Abkürzungen sind:

ahd.	=	althochdeutsch
altfries.	=	altfriesisch
altn.	=	altnordisch
asächs.	=	angelsächsisch
CBETh	=	Contributions to Biblical Exegesis and Theology
DS	=	Deutsche Sagen, herausgegeben von J. und W. Grimm
DW	=	Deutsches Wörterbuch, herausgegeben von J. und W. Grimm
EdF	=	Erträge der Forschung
fnhd.	=	frühneuhochdeutsch
FFC	=	Folklore Fellows Communications
FS	=	Festschrift
GS	=	Gesammelte Studien/Schriften
GW	=	Gesammelte Werke
HA	=	Hamburger Ausgabe
HSCP	=	Harvard Studies in Classical Philology
isl.	=	isländisch
JSOT.S	=	Journal for the Study of the Old Testament, Supplement Series
KHM	=	Kinder und Hausmärchen, herausgegeben von J. und W. Grimm
KS	=	Kleine/Kleinere Schriften
MA	=	Münchener Ausgabe
mhd.	=	mittelhochdeutsch
ND	=	Nachdruck/Neudruck
nhd.	=	neuhochdeutsch
SM	=	Sammlung Metzler
spmhd.	=	spätmittelhochdeutsch
SW	=	Sämtliche Werke
TGI	=	Textbuch zur Geschichte Israels, herausgegeben von K. Galling

TB	=	Theologische Bücherei
VT.S	=	Vetus Testamentum Supplementum
WdF	=	Wege der Forschung

Zitationsverfahren

Wir zitieren den Namen, ein eindeutiges Schlagwort aus dem Titel und die Seite: beispielsweise G. Fohrer, Methoden, 250, oder C. Westermann, Genesis I, 138. In Zweifelsfällen fügen wir das Erscheinungsjahr hinzu: H. Gunkel, Jakob, 1919, 351.

Zeittafel

Bei der Einteilung der Epochen folgen wir H. Weippert, Palästina in vorhellenistischer Zeit, HAW II/1, 1988, VI-X:

Bronzezeit	ca.	3200 - 1200 v. Chr.
Frühbronzezeit (FB)	ca.	3200 - 2200 v. Chr.
Mittelbronze I-Zeit (MB I)	ca.	2200 - 2000 v. Chr.
Mittelbronze II-Zeit (MB II)	ca.	2000 - 1550 v. Chr.
Spätbronzezeit (SB)	ca.	1550 - 1150 v. Chr.
Eisenzeit (E)	ca.	1250 - 586 v. Chr.
Eisen I-Zeit (E I)	ca.	1250 - 1000 v. Chr.
Eisen IIA-Zeit (E IIA)	ca.	1000 - 900 v. Chr.
Eisen IIB-Zeit (E IIB)	ca.	900 - 850 v. Chr.
Eisen IIC-Zeit (E IIC)	ca.	850 - 586 v. Chr.
Babylonisch-persische Zeit		586 - 333 v. Chr.

Literaturverzeichnis

A. Aarne, Ursprung des Märchen, 1913, WdF 255, Darmstadt 1973, ²1985, 42-60.

A. Aarne/S. Thompson, The Types of Folk-Tale. A Classification and Bibliography, FFC 184, Helsinki 1928, ²1964.

P.R. Ackroyd, Hosea and Jacob, VT 13, 1963, 245-259.

J.E. Adoum, Märchen und ihre Übertragung auf Lateinamerika, Märchen in der Dritten Welt hg. v. Ch. Oberfeld, Kassel 1987, 138-150.

R. Aharoni, The Literary Structure of the Jacob-Esau Drama, BetM, 1978, 327-340.

Y. Aharoni, Das Land der Bibel. Eine historische Geographie, Neukirchen-Vluyn 1984.

– Nothing Early and Nothing Late: Re-Writing Israels Conquest, BA 39, 1976, 55-76.

Y. Aharoni/V. Fritz/A. Kempinski, Vorbericht über die Ausgrabungen auf der Ḥirbet el-Mšāš (Tēl Māśôś) , 2. Kampagne 1974, ZDPV 91, 1975, 109-130.

G.W. Ahlström, The History of Ancient Palestine from the Palaeolithic Period to Alexander's Conquest, hg. v. D. Edelmann, JSOT.S 146, Sheffield 1993.

– The Origin of Israel in Palestine, SJOT 2, 1991, 19-34.

– Psalm 89. Eine Liturgie aus dem Ritual des leidenden Königs, Lund 1959.

– Oral and Written Transmission. Some Considerations, HThR 59, 1966, 69-81.

F. Ahuis, Das Märchen im Alten Testament, ZThK 86, 1989, 455-476.

K.T. Aitken, Oral Formulaic Composition and Theme in the Aqhat Narrative, UF 21, 1989, 1-16.

S. Alafenisch, Das Kamel mit dem Nasenring, Zürich 1990.

– Der Weihrauchhändler. Märchen und Geschichten aus dem Zeltlager der Beduinen, Berlin 1988.

R. Albertz, Persönliche Frömmigkeit und offizielle Religion. Religionsinterner Pluralismus in Israel und Babylon, CThM 9, Stuttgart 1978.

– Religionsgeschichte Israels in alttestamentlicher Zeit, ATD.E 8/1-2, Göttingen 1992.

W.F. Albright, Abraham the Hebrew. A New Archaeological Interpretation, BASOR 163, 1961, 36-54.

– Archaeology and the Religion of Israel, Baltimore 1953.

– The Israelite Conquest of Canaan in the Light of Archaeology, BASOR 74, 1939, 11-23.

– Yahweh and the Gods of Canaan. A Historical Analysis of two Contrasting Faiths, London 1968.

– From Stone Age to Christianity. Monotheism and the Historical Process, Baltimore 1940, ND 1946, [2]1957.

W.F. Albright/J.L. Kelso, The Excavation of Bethel, AASOR 39, Cambridge 1968.

R. Allen, Shouting the Church: Narrative and Vocal Improvisation in African-American Gospel Quartett Performance, JAF 104, 1991, 295-317.

R.F. Allen, Fire and Iron. Critical Approaches to Njals Saga, Pittsburg 1971.

A. Alt, Beiträge zur historischen Geographie und Topographie des Negeb. III. Saruhen, Ziklag, Horma, Gerar, 1935, KS 2, München 1953, 66-75.

– Erwägungen über die Landnahme der Israeliten in Palästina, 1939, KS 1, München 1953, 126-175.

– Der Gott der Väter, 1929, KS 1, München 1953, 1-78.

– Die Landnahme der Israeliten in Palästina, 1925, KS 1, München 1953, 89-125.

– Die Rolle Samarias bei der Entstehung des Judentums, 1934, KS 2, München 1953, 316-337.

– Das System der Stammesgrenzen im Buche Josua, 1927, KS 1, München 1953, 193-202.

– Die Wallfahrt von Sichem nach Bethel, 1938, KS 1, München 1953, 79-88.

R. Alter, The Art of Biblical Narrative, London/Sydney 1981.

D. Arendt, Das Märchen – seine formgeschichtliche „Wahrheit", Wie alt sind unsere Märchen? hg. v. Ch. Oberfeld, Regensburg 1990, 199-219.

Aristoteles, ΠΕΡΙ ΠΟΙΗΤΙΚΗΣ/Die Poetik, übers. u. hg. v. M. Fuhrmann, Stuttgart 1982.

A./J. Assmann (Hg.), Kanon und Zensur. Beiträge zur Archäologie der literarischen Kommunikation II, München 1987.

A./J. Assmann/Chr. Hardmeier (Hg.), Schrift und Gedächtnis. Beiträge zur Archäologie der literarischen Kommunikation, München 1983.

J. Assmann, Ägypten – Theologie und Frömmigkeit einer frühen Hochkultur, WK 366, Stuttgart u.a. 1984.

– Das „monumentale" Gedächtnis der altägyptischen Kultur, Kultur und Gedächtnis hg. v. J. Assmann/T. Hölscher, stw 274, Frankfurt a. Main 1988, 87-114.

– Kollektives Gedächtnis und kulturelle Identität, Kultur und Gedächtnis hg. v. J. Assmann/T. Hölscher, stw 274, Frankfurt a. Main 1988, 9-19.

– Schrift, Tod und Identität. Das Grab als Vorschule der Literatur im Alten Ägypten, Schrift und Gedächtnis hg. v. A./J. Assmann/Chr. Hardmeier, München 1983, 64-93.

J. Assmann/W. Burkert/F. Stolz, Funktionen und Leistungen des Mythos. Drei altorientalische Beispiele, OBO 48, Fribourg/Göttingen 1982.

J. Assmann/T. Hölscher (Hg.), Kultur und Gedächtnis, stw 274, Frankfurt a.M. 1988.

E. Auerbach, Mimesis. Dargestellte Wirklichkeit in der abendländischen Literatur, Bern/München 1946; [7]1982.

– Die große Überarbeitung der biblischen Bücher, VT 25, 1975, 261-285.

H. Aust, Novelle, SM 256, Stuttgart 1990.

M. Avi-Yonah/I. Stern (Hg.), Encyclopedia of Archaeological Excavations in the Holy Land, Bd. 1-4, London 1975-1978.

A.H. Bâ, Das Wort überbrückt Jahrhunderte. Die treuen Hüter der mündlichen Überlieferung Afrikas, Märchen in der Dritten Welt hg. v. Ch. Oberfeld, Kassel 1987, 29-39.

W. Baetke, Über die Entstehung der Isländersagas, Berichte über die Verhandlungen der Sächsischen Akademie der Wissenschaften zu Leipzig, Philologisch-historische Klasse, Bd. 102, Heft 5, Berlin 1956.

W. Baetke (Hg.), Die Isländersaga, WdF 151, Darmstadt 1974.

C.J. Ball, The Book of Genesis. Critical Edition of the Hebrew Text, SBOT 1, London 1896.

K. Baltzer, Das Bundesformular, WMANT 4, Neukirchen-Vluyn 1960.

S. Bamberger (Hg.), Raschis Pentateuchkommentar, Hamburg 1922.

Sh. Bar-Efrat, Narrative Art in the Bible, JSOT.S 70, Sheffield 1989.

G. Barkay, The Priestly Benediction of Silver Plaques from Ketef Hinnom in Jerusalem, Tel Aviv 19, 1992, 139-192.

J. Barr, Holy Scripture. Canon, Authority, Criticism, Oxford 1983.

– Story and History in Biblical Theology, JR 56, 1976, 1-17.

J.R. Bartlett, The Brotherhood of Edom, JSOT 4, 1977, 2-27.

– Edom and the Edomites, JSOT.S 77, Sheffield 1989.

– The Land of Seir and the Brotherhood of Edom, JThS 20, 1970, 257-277.

– The Rise and Fall of the Kingdom of Edom, PEQ 104, 1972, 26-37.

W. Bascom, The Forms of Folklore: Prose Narrative, JAF 78, 1965, 3-20 = Sacred Narratives hg. v. A. Dundes, Berkley u.a. 1984, 5-29.

E.B. Basso, Kalapalo Biography: Ideology and Identity in a South American Oral History, HR 29, 1989, 1-22.

W.W. Graf Baudissin, Einleitung in die Bücher des Alten Testamentes, Leipzig 1901.

– El Bet-el (Gen 31,13; 35,7), FS K. Marti, ZAW 41, Gießen 1925, 1-11.

R. Baumann, Story, Performance, and Event. Contextual Studies of Oral Narrative, Cambridge Studies in Oral Literate Culture 10, Cambridge 1986.

F. Baumgärtel, Elohim außerhalb des Pentateuch. Grundlegung zu einer Untersuchung über die Gottesnamen im Pentateuch, BWAT 19, Leipzig 1914.

W. Baumgartner, Israelitisch-griechische Sagenbeziehungen, Zum Alten Testament und seiner Umwelt, Leiden 1959, 147-178.

U. Becker, Richterzeit und Königtum. Redaktionsgeschichtliche Studien zum Richterbuch, BZAW 192, Berlin/New York 1990.

W. Beltz, Gott und die Götter. Biblische Mythologie, Berlin/Weimar 1977.

K. Berge, Die Zeit des Jahwisten. Ein Beitrag zur Datierung jahwistischer Vätertexte, BZAW 146, Berlin/New York 1990.

F. Bergmann, Jakobs Traum zu Bethel, o.O. 1884.

J. Bergmann/G.J. Botterweck/M. Ottoson, חלם, ThWAT II, 1977, 986-998.

E. Bethe, Ahnenbild und Familiengeschichte bei Römern und Griechen, München 1935.

K. Beyer, Die aramäischen Texte vom Toten Meer samt den Inschriften aus Palästina dem Testament Levis aus der Kairoer Genisa, der Fastenrolle und den alten talmudischen Zitaten, Göttingen 1984.

P. Bienkowski (Hg.), Early Edom and Moab. The Beginning of the Iron Age in Southern Jordan, Sheffield Archaeological Monographs 7, Sheffield 1992.

H. Bietenhard, Die himmlische Welt im Urchristentum und Spätjudentum, WUNT 2, Tübingen 1951.

H. Birkeland, Zum hebräischen Traditionswesen. Die Komposition der prophetischen Bücher des Alten Testaments, ANVA II, Hist.-Filos. Kl., 1938, Oslo 1938.

J. Blenkinsopp, The Structure of P, CBQ 38, 1976, 275-292.

E.M. Bloch-Smith, The Cult of the Dead in Judah, JBL 111, 1992, 213-224.

– Judahite Burial Practices and Beliefs about the Dead, JSOT.S 123, Sheffield 1992.

E. Blum, Gibt es eine Endgestalt des Pentateuch, VT.S 43, Leiden 1991, 46-57.

– Die Komplexität der Überlieferung. Zur synchronen und diachronen Analyse von Gen 32,23-33, DBAT 15, 1980, 2-55.

– Die Komposition der Vätergeschichte, WMANT 57, Neukirchen-Vluyn 1984.

– Studien zur Komposition des Pentateuch, BZAW 189, Berlin/New York 1990.

H. Blumenberg, Arbeit am Mythos, Frankfurt a. M. 1979, [3]1984.

F. Boas, Folk-Lore of the Eskimo, JAF 17, 1904, 1-13.

H.J. Boecker, 1. Mose 25,12- 37,1. Isaak und Jakob, ZBK 1.3, Zürich 1992.

– Recht und Gesetz im Alten Testament und im Alten Orient, Neukirchen-Vluyn 1976, [2]1984.

– Redeformen des Rechtslebens im Alten Testament, WMANT 14, Neukirchen-Vluyn [2]1970.

P.A.H. de Boer, Genesis 32,23-33. Some Remarks on Composition and Character of the Story, NedThT 1, 1946/47, 149-163.

L. Bohannan, A Genealogical Charter, Africa 22, 1952, 301-315.

J. Bolte/G. Polívka, Anmerkungen zu den Kinder- und Hausmärchen der Brüder Grimm, Bd. 4, Hildesheim [2]1963.

B. Bönisch-Brednich (Hg.), Erinnern und Vergessen. Vorträge des 27. Deutschen Volkskundekongresses Göttingen 1989, Schriftenreihe der Volkskundlichen Kommission für Niedersachsen 6, Göttingen 1991.

G.J. Botterweck siehe J. Bergmann.

W. Bousset, Die Religion des Judentums in späthellenistischem Zeitalter, HNT 21, Tübingen 1926, [4]1966.

E. Bräunlich, The Well in Ancient Arabia, Islamica 1, 1924, 41-76; Islamica 1, 1925, 288-343, 454-528.

C. Brekelmans, Die sogenannten deuteronomischen Elemente in Gen. - Num. Ein Beitrag zur Vorgeschichte des Deuteronomiums, VT.S 15, Leiden 1966, 90-96.

J. Briend, Genèse 31,43-54. Traditions et réadaction, FS H. Cazelles, Paris 1981, 107-112.

C. Brockelmann, Fabel und Tiermärchen in der älteren arabischen Literatur, Islamica 2, 1926, 96-128.

– Grundriss der vergleichenden Grammtik der semitischen Sprachen, Bd. 1/2, Berlin 1908/1913, ND Darmstadt 1961.

L.T. Brodie, Jacob's Travail (Jer 30,1-13) and Jacob's Struggle (Gen 32,22-32), JSOT 19, 1981, 31-60.

M. Broshi/I. Finkelstein, The Population of Palestine in Iron Age II, BASOR 287, 1992, 47-60.

W. Brückner (Hg.), Volkserzählung und Reformation. Ein Handbuch zur Tradierung und Funktion von Erzählstoffen und Erzählliteratur im Protestantismus, Berlin 1974.

W. Brueggemann, The Kerygma of the Priestly Writers, ZAW 84, 1972, 397-414.

H. Brunner (Hg.), Altägyptische Weisheit. Lehren für das Leben, Zürich/München 1988.

E. Brunner-Traut, Erzählsituation und Erzählfigur im ägyptischen Erzählgut, Fabula 22, 1981, 74-78.

– Altägyptische Literatur, NHL 1, Wiesbaden 1978, 25-99.

U. Brunold-Bigler, Steuerungs- und Ausblendungsprozesse in der Schweizer Volkserzählproduktion, Erinnern und Vergessen hg. v. B. Bönisch-Brednich, Göttingen 1991, 501-511.

M. Buber, Die Erzählungen der Chassidim, Zürich 1949, [9]1984.

– Leitwortstil in der Erzählung des Pentateuchs, M. Buber/F. Rosenzweig, Die Schrift und ihre Verdeutschung, Berlin 1936, 211-238.

M. Buber/F. Rosenzweig, Die fünf Bücher der Weisung, 1930, neubearb. 1954, ND Heidelberg [11]1984.

K. Budde, Ellä toledoth, ZAW 34, 1914, 241-253.

– Noch einmal „Ellä toledoth", ZAW 36, 1916, 1-7.

Chr. Bultmann, Der Fremde im antiken Juda. Eine Untersuchung zum sozialen Typenbegriff ‚ger' und seinem Bedeutungswandel in der alttestamentlichen Gesetzgebung, FRLANT 153, Göttingen 1992.

R. Bultmann, Die Geschichte der synoptischen Tradition, FRLANT 29, Göttingen 1921, [9]1979.

W. Burkert siehe J. Assmann.

W. Burkert/A. Horstmann, Mythos, Mythologie, HWP 6, 1984, 281-318.

J. Burton, The Collection of the Qur'ān, Cambridge 1977.

A. Butterweck, Jakobs Ringkampf am Jabbok. Gen 32,4ff. in der jüdischen Tradition bis zum Frühmittelalter, Judentum und Umwelt 3, Frankfurt a.M. u.a. 1981.

L. da Câmara Cascudo, A Literatura Oral no Brasil, Rio de Janeiro 1978.

W. Caskel, Ğamharat an-nasab. Das genealogische Werk des Hišām Ibn Muḥam-mat al-Kalbī, Bd. 1-2, Leiden 1966.

E. Cassirer, Philosophie der symbolischen Formen. Zweiter Teil: Das mythische Denken, Hamburg 1924, ND Darmstadt [7]1977.

U. Cassuto, A Commentary on the Book of Genesis. Teil 1: From Adam to Noah. Genesis 1-6,8, übers. v. I. Abrahams, Jerusalem 1961.

– A Commentary on the Book of Genesis. Teil 2: From Noah to Abraham. Genesis 6,9-11,32. With an Appendix: A Fragment of Part III, übers. v. I. Abrahams, Jerusalem 1964.

– The Goddess Anath. Canaanite Epics of the Patriarchal Age. Texts, Hebrew Translation, Commentary and Introduction, Jerusalem 1971.

– The Israelite Epic, Biblical and Oriental Studies 2, Jerusalem 1975, 69-109.

– The Documentary Hypothesis and the Composition of the Pentateuch. Eight Lectures, übers. v. I. Abrahams, Jerusalem 1961.

H. Cazelles, Introduction à la bible, Bd. 2, Introduction critique à l'Ancien Testament, Paris [2]1973.

B.S. Childs, Introduction to the Old Testament as Scripture, London 1979.

– Old Testament Theology in a Canonical Context, London 1985.

Ch. Clamer/D. Ussishkin, A Canaanite Temple at Tell Lachisch, BA 40, 1977, 71-76.

R.E. Clements, A Century of Old Testament Study, Guildford/London 1976.

– Old Testament Theology. A Fresh Approach, London 1978.

D.J.A. Clines siehe J.F.A. Sawyer.

D.J.A. Clines, The Theme of the Pentateuch, JSOT.S 10, Sheffield 1978.

G.W. Coats, The Curse in God's Blessing. Gen 12,1-4a in the Structure and Theology of the Yahwist, FS H.W. Wolff, Neukirchen-Vluyn 1981, 31-41.

– Genesis. With an Introduction to Narrative Literature, FOTL 1, Grand Rapids 1983.

– Genres: Why should they be important for exegesis?, Saga, Legend, Tale hg. v. G.W. Coats, JSOT.S 35, Sheffield, 1985, 7-15.

– The Mose Narratives as Heroic Saga, Saga, Legend, Tale hg. v. G.W. Coats, JSOT.S 35, Sheffield 1985, 33-44.

– Redactional Unity in Genesis 37-50, JBL 93, 1974, 15-21.

– Strife without Reconciliation – a Narrative Theme in the Jacob Tradition, FS C. Westermann, Göttingen 1980, 82-106.

– Tale, Saga, Legend, Tale hg. v. G.W. Coats, JSOT.S 35, Sheffield 1985, 62-70.

– The Yahwist as Theologian? A Critical Reflection, JSOT 3, 1977, 28-32.

G.W. Coats (Hg.), Saga, Legend, Tale, Novella, Fable. Narrative Forms in Old Testament Literature, JSOT.S 35, Sheffield 1985.

J. Cobet, Herodot und mündliche Überlieferung, Colloquium Rauricum 1, Stuttgart 1988, 226-233.

M. Cole siehe S. Scribner.

R. Coote, The Meaning of the Name Israel, HThR 65, 1972, 137-142.

C.H. Cornill, Beiträge zur Pentateuchkritik, ZAW 11, 1891, 1-34.
– Geschichte des Volkes Israel, 1898.
– Einleitung in die kanonischen Bücher des Alten Testaments, GThW II/1, Tübingen [6]1908.
P. Cotterell/M. Turner, Linguistics and Biblical Interpretation, London 1989.
R.A. Coughenour, A Search for Maḥanaim, BASOR 273, 1989, 57-66.
H. Courlander, Tales of Yoruba Gods and Heroes, New York 1973.
F.M. Cross, Canaanite Myth and Hebrew Epic. Essays in the History of the Religion of Israel, Cambridge 1973.
– Prose and Poetry in the Mythic and Epic Texts from Ugarit, HThR 67, 1974, 1-15.
– Reuben, First-Born of Jacob, ZAW 100, Suppl., 1988, 46-65.
– The Song of the Sea and Canaanite Myth, ders., Canaanite Myth and Hebrew Epic, Cambridge 1973, 112-144.
– The Priestly Work, ders., Canaanite Myth and Hebrew Epic, Cambridge 1973, 293-325.
– Yahwe and the God of the Patriarchs, HThR 55, 1962, 225-259.
F. Crüsemann, Der Pentateuch als Tora. Prolegomena zur Interpretation seiner Endgestalt, EvTheol 49, 1989, 250-267.
– Das „portative Vaterland". Struktur und Genese des alttestamentlichen Kanons, Kanon und Zensur hg. v. A./J. Assmann, München 1987, 63-79.
R.C. Culley, An Approach to the Problem of Oral Tradition, VT 13, 1963, 113-125.
– Oral formulaic Language in the biblical Psalms, Toronto 1967.
– Studies in the Structure of Hebrew Narrative, Missoula 1976.
– Oral Tradition and the OT: Some Recent Discussion, Semeia 5, 1976, 1-33.
J.B. Curtis, „East is East ...", JBL 80, 1961, 355-363.

M. Dahood, Poetry versus a Hapax in Genesis 27,3, Bibl 58, 1977, 422-423.
J. Dahse, Textkritische Materialien zur Hexateuchfrage. I. Die Gottesnamen in der Genesis. Jakob und Israel. P in Genesis 12-50, Gießen 1912.
G. Dalman, Arbeit und Sitte in Palästina, Bd 1-7, BFChTh, Gütersloh 1928-1942, ND Hildesheim 1964.
G. Dammann, Was sind und wozu braucht die Literaturwissenschaft Genres? Thesen zum Verhältnis von Genrizität und Einzelwerk, Textsorten und literarischen Gattungen, Dokumentation des Germanistentages in Hamburg hg. vom Vorstand der Vereinigung der deutschen Hochschulgermanisten, Berlin 1983, 207-220.
D. Daube, Rechtsgedanken in den Erzählungen des Pentateuchs. Von Ugarit nach Qumran. Beiträge zur alttestamentlichen und altorientalischen Forschung, FS O. Eißfeldt, BZAW 77, Berlin 1958, 32-41.
M. David, Zabal (Gen 30,20), VT 1, 1951, 59-60.
G.I. Davies, Ancient Hebrew Inscriptions. Corpus and Concordance, Cambridge u.a. 1991.

L. Dégh, Märchen, Erzähler und Erzählgemeinschaften. Dargestellt an der ungarischen Volksüberlieferung, Deutsche Akademie der Wissenschaften zu Berlin, Veröffentlichungen des Institutes für Deutsche Volkskunde, Bd. 23, Berlin 1962.

– Prozesse der Sagenbildung, 1965, WdF 152, Darmstadt 1969, 374-389.

F. Delitzsch, Neuer Commentar über die Genesis, Leipzig 1887.

K. Deller, Die Hausgötter der Familie Shukrija S. Huja, FS E.R. Lachemann, Winona Lake 1981, 47-76.

P. Deselaers, Das Buch Tobit. Studien zu seiner Entstehung, Komposition und Theologie, OBO 43, Fribourg/Göttingen 1982.

B. Dicou, Edom, Israel's Brother and Antagonist. The Role of Edom in Biblical Prophecy and Story, JSOT.S 169, Sheffield 1994.

B.J. Diebner, Neue Ansätze in der Pentateuchforschung, DBAT 13, 1978, 2-13.

– Gen 34 und Dinas Rolle bei der Definition „Israels", DBAT 19, 1984, 59-75.

– Die Götter des Vaters – Eine Kritik der „Vätergott"- Hypothese Albrecht Alts, DBAT 9, 1975, 21-51.

– Das Interesse der Überlieferung an Gen 32,23-33, DBAT 13, 1978, 14-52.

B.J. Diebner/H. Schult, Die Ehen der Erzväter, DBAT 8, 1975, 2-10.

– Alter und geschichtlicher Hintergrund von Gen 24, DBAT 10, 1975, 10-17.

F. Diedrich, Zur Literarkritik von Gen 12,1-4a, BN 8, 1979, 25-35.

L. Diestel, Geschichte des Alten Testaments in der christlichen Kirche, Jena 1869, ND Leipzig 1981.

W. Dietrich, Die Josephserzählung als Novelle und Geschichtsschreibung. Zugleich ein Beitrag zur Pentateuchfrage, BThSt 14, Neukirchen-Vluyn 1989.

A. Dillmann, Das Buch der Jubiläen oder die kleine Genesis, JWB 2, 1850, 230-256; JWB 3, 1851, 1-96.

– Die Genesis, KEH 11, Leipzig [3]1875, [6]1892.

H. Donner, Adoption oder Legitimation? Erwägungen zur Adoption im Alten Testament auf dem Hintergrund der altorientalischen Rechte, OrAnt 8, 1969, 87-119.

– Zu Gen 28,22, ZAW 1962, 68-70.

– Geschichte des Volkes Israel und seiner Nachbarn in Grundzügen. Mit sieben Karten im Text und Zeittafeln, GAT 4, Göttingen 1987.

– Der Redaktor. Überlegungen zum vorkritischen Umgang mit der Heiligen Schrift, Henoch 2, 1980, 1-30.

H. Donner/W. Röllig, Kanaanäische und aramäische Inschriften, Bd. 1-3, Wiesbaden [3]1971-[3]1976.

W.G. Doty, Mythography. The Study of Myths and Rituals, Alabama 1986.

S.R. Driver, An Introduction to the Literature of the Old Testament, Edinburgh [9]1913.

I. Düring, Aristoteles. Darstellung und Interpretation seines Denkens, Bibliothek der Klassischen Altertumswissenschaften, Heidelberg 1966.

J. Dus, Der Jakobbund in Gen 15,8ff., ZAW 80, 1968, 35-38.

P.J.v. Dyk, The Function of So-Called Etiological Elements in Narratives, ZAW 102, 1990, 19-33.

D.E. Edelmann (Hg.), The Fabric of History. Text, Artifact and Israel's Past, JSOT.S 127, Sheffield 1991.

B.D. Eerdmans, Alttestamentliche Studien. I Die Komposition der Genesis, Gießen 1908.

– Alttestamentliche Studien. II Die Vorgeschichte Israels, Gießen 1908.

K. Ehlich, Text und sprachliches Handeln. Die Entstehung von Texten aus dem Bedürfnis nach Überlieferung, Schrift und Gedächtnis hg v. A./J. Assmann/ Chr. Hardmeier, München 1983, 24-43.

A.B. Ehrlich, Randglossen zur hebräischen Bibel. Textkritisches, Sprachliches und Sachliches, Bd. 1, Genesis und Exodus, Leipzig 1908, ND Hildesheim 1968.

E.L. Ehrlich, Der Traum im Alten Testament, BZAW 73, Berlin 1953.

J.G. Eichhorn, Einleitung ins Alte Testament, Bd. 1-3, Leipzig 1780/1781/1783.

– Einleitung ins Alte Testament, Bd. 1-3, Göttingen ²1787.

– Einleitung in das Alte Testament, Bd. 1-4, Göttingen ⁴1823/24.

W. Eichrodt, Die Quellen der Genesis von neuem untersucht, BZAW 31, Gießen 1916.

E. Eisenberg, The Temples at Tell Kittan, BA 40, 1977, 77-81.

W. Eisenbeis, Die Wurzel שלם im Alten Testament, BZAW 113, Berlin/New York 1969.

H. Eising, Formgeschichtliche Untersuchungen zur Jakobserzählung der Genesis, Emsdetten 1940.

O. Eißfeldt, Die Bedeutung der Märchenforschung für die Religionswissenschaft, besonders für die Wissenschaft vom Alten Testament, 1918, KS 1, Tübingen 1962, 23-32.

– Einleitung in das Alte Testament unter Einschluß der Apokryphen und Pseudepigraphen sowie der apokryphen- und pseudepigraphartigen Qumran-Schriften, NTG, Tübingen ³1964.

– El und Jahwe, 1956, KS 3, Tübingen 1966, 386-397.

– Achronische, anachronische und synchronische Elemente in der Genesis, 1964, KS 4, Tübingen 1968, 153-169.

– Erstlinge und Zehnten im Alten Testament. Ein Beitrag zur Geschichte des israelitisch-jüdischen Kultus, BWAT 22, Leipzig 1917.

– Die Genesis der Genesis. Vom Werdegang des ersten Buches der Bibel, Tübingen ²1961.

– Der Gott Bethel, 1930, KS 1, Tübingen 1962, 206-233.

– Hexateuch-Synopse. Die Erzählung der fünf Bücher Mose und des Buches Josua mit dem Anfange des Richterbuches in ihre vier Quellen zerlegt und in deutscher Übersetzung dargeboten samt einer in Einleitung und Anmerkung gegebenen Begründung, Leipzig 1922, ND Darmstadt 1978.

– Jakob – Lea und Jakob – Rahel, 1965, KS 4, Tübingen 1968, 170-175.

– Jakobs Begegnung mit El und Moses Begegnung mit Jahwe, 1963, KS 4, Tübingen 1968, 92-98.
– Die neueste Phase in der Entwicklung der Pentateuchkritik, ThR 18, 1950, 91-112, 179-215, 267-287.
– Silo und Jerusalem, 1957, KS 3, Tübingen 1966, 458-470.
– Stammessage und Novelle in den Geschichten von Jakob und seinen Söhnen, 1923, KS 1, Tübingen 1962, 84-104.
– Das Alte Testament im Lichte der safatenischen Inschriften, 1954, KS 3, Tübingen 1966, 289-317.
M. Eliade, Das Heilige und das Profane. Vom Wesen des Religiösen, Frankfurt a. M. 1984, ^{3}1987.
– Der Mythos der ewigen Wiederkehr, Düsseldorf 1953.
– Mythos und Wirklichkeit, Frankfurt a. M. 1988.
– Schamanismus und archaische Ekstasetechnik, Zürich/Stuttgart 1957.
H.J. Elhorst, Gen 32,23-33, ZAW 32, 1912, 299-301.
K. Elliger, Der Jakobskampf am Jabbok. Gen 32,23ff. als hermeneutisches Problem, 1951, TB 32, München 1966, 141-173.
– Sinn und Ursprung der priesterlichen Geschichtserzählung, 1952, TB 32, München 1966, 174-198.
J.A. Emerton, An Examination of a Recent Structuralist Interpretation of Genesis 38, VT 26, 1976, 79-98.
– New Light on Israelite Religion: The Implications of the Inscriptions from Kuntillet Ajrud, ZAW 94, 1982, 2-20.
– The Origin of the Promises of the Patriarchs in the Older Sources of the Book of Genesis, VT 32, 1982, 14-32.
– Some Problems in Genesis XXXVIII, VT 25, 1975, 338-361.
K. Engelken, Frauen im Alten Testament. Eine begriffsgeschichtliche und sozialrechtliche Studie zur Stellung der Frau im Alten Testament, BWANT 130, Stuttgart u.a. 1990.
I. Engnell, Methodological Aspects of Old Testament Study, VT.S 7, Leiden 1960, 13-30.
– The Call of Isiah, UUÅ 4, 1949, Uppsala/Leipzig 1949.
– Critical Essays in the Old Testament hg. v. J.T. Willis und H. Ringgren, London 1970.
– The Traditio-Historical Method in Old Testament Research, Critical Essays, London 1970, 3-11.
– The Pentateuch, Critical Essays, London 1970, 50-67.
– Studies in Divine Kingship in the Ancient Near East, Uppsala 1943, Oxford ^{2}1967.
L.M. Eslinger, Hosea 12,5a and Genesis 32,29. A Study in Inner Biblical Exegesis, JSOT 18, 1980, 91-99.

G. Fecht, Metrik des Hebräischen und Phönizischen, Ägypten und Altes Testament, Wiesbaden 1990.

D. Fehling, Amor und Psyche. Die Schöpfung des Apuleis und ihre Einwirkung auf das Märchen, eine Kritik der romantischen Märchentheorie, Akademie der Wissenschaften und der Literatur, Abhandlungen der Geistes- und Sozialwissenschaftlichen Klasse 9, Wiesbaden 1977.

D.N. Fewell siehe D.M. Gunn.

I. Finkelstein siehe M. Broshi.

I. Finkelstein, The Archeology of the Israelite Settlement, Jerusalem 1988.

– The Emergence of Israel in Canaan: Consensus, Main Stream and Dispute, SJOT 2, 1991, 47-59.

– The Land of Ephraim Survey 1980-1987: Preliminary Report, Tel Aviv 15-16, 1988-1989, 117-183.

– Arabian Trade and Socio-Political Conditions in the Negev in the Twelfth-Eleventh Centuries B.C.E., JNES 47, 1988, 241-252.

I. Finkelstein/A. Perevolotsky, Process of Sedentarization and Nomadization in the History of Sinai and the Negev, BASOR 279, 1990, 67-88.

R. Finnegan, A Note on Oral Tradition and Historical Evidence, History and Theory 9, 1970, 195-201.

H. Fischer, Erzählgut der Gegenwart. Mündliche Texte aus dem Siegraum, Werken und Wohnen, Bd. 11, Köln 1978.

I. Fischer, Die Erzeltern Israels. Feministisch-theologisch Studien zu Genesis 12-36, BZAW 222, Berlin/New York 1994.

M. Fishbane, Composition and Structure in the Jacob Cycle (Gen. 25,19-35,22), JJS 26, 1975, 15-38.

G. Fohrer siehe E. Sellin.

G. Fohrer, Methoden und Moden in der alttestamentlichen Wissenschaft, ZAW 100, Suppl., 1988, 243-254.

– Die Sage in der Bibel, Sagen und ihre Deutung, Göttingen 1965, 59-79.

J.P. Fokkelmann, Narrative Art in Genesis. Specimens of Stylistic and Structural Analysis, SSN 17, Assen/Amsterdam 1975.

J.M. Foley, The Oral Theory in Context, FS A.B. Lord, Columbus 1981, 27-122.

– Oral Formulaic Theory and Research. In Introduction and Annotated Bibliography, London 1985.

J.M. Foley (Hg), Oral Traditional Literature. A Festschrift for Albert Bates Lord, Columbus 1981.

J.D. Fowler, Theophoric Personal Names in Ancient Hebrew. A Comparative Study, JSOT.S 49, Sheffield 1988.

E. Fox, Can Genesis be Read as a Book?, Semeia 46, 1989, 31-40.

H. Frankenberg, Mythos als eine narrative Kategorie von Texten, Textsorten und literarische Gattungen, Dokumentation des Germanistentages in Hamburg hg. vom Vorstand der Vereinigung der deutschen Hochschulgermanisten, Berlin 1983, 250-261.

J.G. Frazer, Appolodorus. The Library, London/New York 1921.

– Folk-Lore in the Old Testament. Studies in Comparative Religion, Legend and Law, London 1923.

– Jacob at Bethel, Myth, Legend and Custom in the Old Testament hg. v. Th.H. Gaster, 1969, 182-192.

P. Frei, Zentralgewalt und Lokalautonomie im Achämenidenreich, P. Frei/K. Koch, Reichsidee und Reichsorganisation im Perserreich, OBO 55, Fribourg/ Göttingen 1984, 9-43.

D.N. Freedmann, The Original Name of Jacob, IEJ 13, 1963, 125-126.

T.E. Fretheim, The Jacob Traditions. Theology and Hermeneutic, Interp 26, 1972, 419-436.

V. Fritz siehe Y. Aharoni.

V. Fritz, Erwägungen zur Siedlungsgeschichte des Negeb in der Eisen I-Zeit, ZDPV 91, 1975, 30-45.

– Jahwe und El in den vorpriesterschriftlichen Geschichtswerken, FS O. Kaiser, Göttingen 1994, 111-126.

– Das Buch Josua, HAT I/7, Tübingen 1994.

V. Fritz/A. Kempinski, Ergebnisse der Ausgrabungen auf der Ḥirbet el-Mšāš (Tēl Māśôś), 1972-1975, Bd. 1-2, ADPV, Wiesbaden 1983.

L./H. Fromm siehe E. Lönnrot.

M. Fubini, Enstehung und Geschichte der literarischen Gattungen, Tübingen 1971.

G. Fuchs, Mythos und Hiobdichtung. Aufnahme und Umdeutung altorientalischer Vorstellungen, Stuttgart u.a. 1993.

A. Freiherr v. Gall, Altisraelitische Kultstätten, BZAW 3, Gießen 1898.

A. Freiherr v. Gall (Hg.), Der hebräische Pentateuch der Samaritaner, Gießen 1918.

K. Galling, Bethel und Gilgal, ZDPV 67, 1944/45, 21-43.

– Die Erwählungstraditionen Israels, BZAW 48, Gießen 1928.

K. Galling (Hg.), Biblisches Reallexikon, Tübingen [2]1977.

– (Hg.), Textbuch zur Geschichte Israels, Tübingen 1950, [3]1979.

J. Gamberoni, מצבה, ThWAT IV, 1984, 1064-1074.

J.G. Gammie, Theological Interpretations by Way of Literary and Tradition Analysis. Genesis 25 – 36, Semeia.S 8, 1979, 117-134.

F. García López, Del „Yahvista" al „Deuteronomista". Estudio critico de Genesis 24, RB 87, 1980, 242-273, 350-393, 514-559.

F.O. Garcia-Treto, Bethel. The History and Traditions of an Israelite Sanctuary, Diss. Princeton 1967.

– Genesis 31,44 and „Gilead", ZAW 79, 1967, 13-17.

– Jacobs „Oath-Covenant" in Genesis 28, TUSR 10, 1975, 1-10.

D.A. Garrett, Rethinking Genesis. The Sources of Authorship of the First Book of the Pentateuch, Grand Rapids 1991.

Th.H. Gaster, Myth, Legend, and Custom in the Old Testament. A Comparative Study with Chapters from Sir J. G. Frazer's „Folklore in the Old Testament", New York u.a. 1969.

– Myth and Story, Numen 1, 1954, 184-212 = Sacred Narratives hg. v. A. Dundes, Berkley u.a. 1984, 110-136.

H. Gehrts, Das Zaubermärchen und die prähistorische Thematik. Siuts – Saintyves – Propp, Wie alt sind unsere Märchen? hg. v. Ch. Oberfeld, Regensburg 1990, 27-36.

A. van Gennep, Les rites de passage. Étude systématique des rites, Paris 1909, ND 1981.

M. Gerhart, The Restauration of Biblical Narrative, Semeia 46, 1989, 13-29.

H. Gerndt, Sagen und Sagenforschung im Spannungsfeld von Mündlichkeit und Schriftlichkeit. Ein erkenntnistheoretischer Diskurs, Fabula 29, 1988, 1-20.

E.S. Gerstenberger, עתר, ThWAT VI, 1989, 489-491.

– Andere Sitten – andere Götter, FS O. Kaiser, Göttingen 1994, 127-141.

C.H.J. de Geus, The Tribes of Israel. An Investigation into some of the Presuppositions of Martin Noth's Amphiktyony Hypothesis, SSN 18, Assen 1976.

G. Giesen, Die Wurzel שבע „schwören". Eine semasiologische Studie zum Eid im Alten Testament, BBB 56, Königstein 1981.

M.G. Glenn, The Word לוז in Gen 28,19 in the LXX and in the Midrash, JQR 59, 1968/69, 73-76.

M. Görg, Beiträge zur Zeitgeschichte der Anfänge Israels, Dokumente – Materialien – Notizen, AAT 2, Wiesbaden 1989.

J.W. v. Goethe, West-östlicher Divan, HA 2, München [13]1982, 8-270.

– Johann Peter Eckermann. Gespräche mit Goethe, MA 19, München 1986.

– Aus meinem Leben. Dichtung und Wahrheit, HA 14, München [9]1981, 10-598.

F.W. Golka, Die Ätiologien im Alten Testament, Diss. Heidelberg 1972.

– The Aetiologies in the Old Testament, Part 1, VT 26, 1976, 410-428; Part 2, VT 27, 1977, 36-47.

E. Good, Hosea and the Jacob Tradition, VT 16, 1966, 137-151.

J. Goody, The Interface Between the Written and the Oral, Cambridge 1989.

J. Goody, The Domestication of the Savage Mind, Cambridge u.a. 1977.

– The Oriental, the Ancient and the Primitive. Systems of Marriage and the Familiy in the Pre-Industrial Societies of Eurasia, Studies in Literacy, Family, Culture and the State, Cambridge u.a. 1990.

J. Goody/I. Watt, Konsequenzen der Literalität, Entstehung und Folgen der Schriftkultur, stw 600, Frankfurt a. M. [2]1991, 63-122.

J. Goody/I. Watt/K. Gough, Entstehung und Folgen der Schriftkultur, stw 600, Frankfurt a. M. [2]1991.

R.L. Gordon/L.E. Villiers Tulūl edh-Dhahab and its Environs. Surveys of 1980 and 1983. A Preliminary Report, ADAJ 27, 1983, 275-289.

N.K. Gottwald, The Tribes of Yahweh. A Sociology of the Religion of Liberated Israel from 1250-1050 B.C.E., New York 1979.

K. Gough siehe J. Goody.

K. Gough, Implikationen der Literalität im traditionellen China und Indien, Entstehung und Folgen der Schriftkultur, stw 600, Frankfurt a. Main, [2]1991, 123-145.

K. Graf, Thesen zur Verabschiedung des Begriffs der ‚historischen Sage', Fabula 29, 1988, 21-47.

K.H. Graf, Die geschichtlichen Bücher des Alten Testaments. Zwei historisch kritische Untersuchungen, Leipzig 1866.

– Die sog. Grundschrift des Pentateuchs, AWEAT 1, 1867-69, 466-477.

H. Greßmann, Die älteste Geschichtsschreibung und Prophetie Israels (von Samuel bis Amos und Hosea), SAT II/1, Göttingen 1910, ²1921.

– Märchen, I. Märchen, religionsgeschichtlich, RGG 4, 1913, 13-17.

– Mose und seine Zeit. Ein Kommentar zu den Mose-Sagen. Mit einer Doppelkarte von Palästina und der Sinai Halbinsel, FRLANT 1, Göttingen 1913.

– Mythen und Mythologie, I. Mythen und Mythologie, Religionsgeschichtlich, RGG 4, 1913, 618-621.

– Sage und Geschichte in der Patriarchenerzählung, ZAW 30, 1910, 1-34.

– Sagen und Legenden, I. Sagen und Legenden, religionsgeschichtlich, RGG 5, 1913, 174-179.

J.G. Griffiths, The Celestial Ladder and the Gate of Heaven (Genesis 28,12 and 17), ET 76, 1964/65, 229-230.

– The Celestial Ladder and the Gate of Heaven in Egyptian Ritual, ET 78, 1966/67, 54-55.

J. Grill, Beiträge zur hebräischen Wort- und Namenerklärung. מרע sodalis, ZAW 8, 1888, 265-279.

J. Grimm, Gedanken über Mythos, Epos und Geschichte mit altdeutschen Beispielen, 1813, KS, Bd. 4, Recensionen und Vermischte Aufsätze, Berlin 1869.

– Kleinere Schriften, Bd. 1-7, Berlin 1864-1884.

J. Grimm (Hg.), Deutsche Mythologie, Bd. 1-3, Berlin 1835, Gütersloh ⁴1876.

J./W. Grimm (Hg.), Erzählen/Erzählung, DW, Bd. 3, Leipzig 1862, 1076-1078.

– (Hg.), Geschichte, DW, Bd. 4, I, 2, Leipzig 1897, 3857-3866.

– (Hg.), Kinder- und Hausmärchen. Ausgabe letzter Hand mit den Originalanmerkungen der Brüder Grimm, Bd. 1, Berlin 1812, Göttingen ⁷1857, ND 1989; Bd. 2, Berlin 1815, Göttingen ⁷1857, ND 1989; Bd. 3, Originalanmerkungen. Herkunftsnachweise, Nachwort, Berlin 1822, Göttingen ³1856; erweitert Stuttgart 1982; ND 1989.

– (Hg.), Märchen, DW, Bd. 6, Leipzig 1885, 1618-1620.

– (Hg.), Märlein, DW, Bd. 6, Leipzig 1885, 1658-1659.

– (Hg.), Sage/Sagemäre/Sagen, DW, Bd. 8, Leipzig 1893, 1644-1660.

– (Hg.), Deutsche Sagen, Berlin 1816, ³1891, ⁴1906.

W. Gross, Bundeszeichen und Bundesschluß in der Priesterschrift, TThZ 87, 1978, 98-115.

– Jakob, der Mann des Segens, Bib 49, 1968, 321-344.

H.U. Gumbrecht, Über den Ort der Narration in narrativen Gattungen, Erzählforschung hg. von E. Lämmert, Stuttgart 1982, 202-217.

H. Gunkel, Fabel im AT, RGG 2, 1910, 803.

– Genesis, HK I/1, Göttingen 1901, ³1910; ⁹1977.

– Geschichtschreibung, I. Im Alten Testament, RGG 2, 1910, 1348-1354.

- Die Grundprobleme der israelitischen Literaturgeschichte, Reden und Aufsätze, Göttingen 1913, 29-38.
- Jakob, PrJ 176, 1919, 339-362.
- Jakob und Esau, RGG 3, 1912, 239-242.
- Das Märchen im Alten Testament. Mit einem Nachwort von H.-J. Hermisson, Tübingen 1917, ²1921, ND Frankfurt a. Main 1987.
- Mythen und Mythologie, II. Mythen und Mythologie in Israel, RGG 4, 1913, 621-632.
- Sagen und Legenden, II. Sagen und Legenden Israels, RGG 5, 1913, 179-198.
- Schöpfung und Chaos in Urzeit und Endzeit, Göttingen 1895.
- Die Urgeschichte und die Patriarchen, Das erste Buch Mosis, SAT I/1, Göttingen 1911.

D.M. Gunn/D.N. Fewell, Narrative in the Hebrew Bible, Oxford 1993.

A.H.J. Gunneweg, Anmerkungen und Anfragen zur neueren Pentateuchforschung, ThR 48, 1983, 227-253.

- Anmerkungen und Anfragen zur neueren Pentateuchforschung (2), ThR 50, 1985, 107-131.
- Geschichte Israels bis Bar Kochba. ThW 2, Stuttgart ⁶1989.
- Biblische Theologie des Alten Testaments. Eine Religionsgeschichte Israels in biblisch-theologischer Sicht, Stuttgart u.a. 1993.
- Mündliche und schriftliche Tradition der vorexilischen Prophetenbücher als Problem der neueren Prophetenforschung, FRLANT 73, Göttingen 1959.

H. Haag, כתב, ThWAT IV, 1984, 385-397.

M. de Haan s. N. Voorwinden.

H. Haarmann, Universalgeschichte der Schrift, Frankfurt/New York 1990, ²1991.

V.P. Hamilton, The Book of Genesis. Chapters 18-50, NICOT, Grand Rapids 1995.

B.K. Halpern, Genealogy as Oral Genre in a Serbian Village, FS A.B. Lord, Columbus 1981, 301-321.

W.D. Hand, Stabile Funktion und Variable Dramatis Personae in der Volkssage, 1964, WdF 152, Darmstadt 1969, 319-325.

M. Haran, On the Diffusion of Literacy and Schools in Ancient Israel, VT.S 40, Leiden 1986, 81-95.

- The Nature of the „'ohel mo'edh" in Pentateuchal Sources, JSS 5, 1960, 50-65.
- The Religion of the Patriarchs. An Attempt at a Synthesis, ASTI 4, 1965, 30-55.
- Shiloh and Jerusalem. The Origin of the Priestly Tradition in the Pentateuch, JBL 81, 1962, 14-24.
- Temples and Temple-Service in Ancient Israel. An Inquiry into the Character of Cult Phenomena and the Historical Setting of the Priestly School, Oxford 1978.

Chr. Hardmeier siehe A./J. Assmann.

W. Harrelson, Myth and Ritual School, EncRel (E) 10, 1987, 282-285.

Chr. Hartlich/W. Sachs, Der Ursprung des Mythosbegriffes in der modernen Bibelwissenschaft, SSEA 2, 1952.

P. Haupt, Lea und Rahel, ZAW 29, 1909, 281-286.

E.A. Havelock, The Literate Revolution in Greece and Its Cultural Consequences, Oxford 1982.

J.H. Hayes siehe J.M. Miller.

E.R. Haymes, Oral Composition in Middle High German Epic Poetry, FS A.B. Lord, Columbus 1981, 341-346.

– Das mündliche Epos. Eine Einführung in die „Oral Poetry" Forschung, SM 151, Stuttgart 1977.

G.W.F. Hegel, Vorlesungen über die Geschichte der Philosophie, 1805-1831, SW hg. v. H. Glockner, Bd. 17-18, Stuttgart ³1959.

P. Heinisch, Das Buch Genesis, HSAT I/1, Bonn 1930.

J.-G. Heintz, באר, ThWAT I, 1973, 500-503.

B. Heller, Der Erbstreit Esaus und Jakobs im Lichte verwandter Sagen, ZAW 44, 1926, 317-320.

R. Heller, Die Laxdœla saga. Die literarische Schöpfung eines Isländers des 13. Jahrhunderts, Abhandlungen der Sächsischen Akademie der Wissenschaften zu Leipzig, Philologisch-historische Klasse, Bd. 65, Heft 1, Berlin 1976.

R. Heller (Hg.), Isländer-Sagas, Bd. 1-2, Wiesbaden 1982.

J. Hempel, Ein Vorschlag zu Gen 30,20, ZAW 64, 1952, 286.

K.W. Hempfer, Gattungstheorie. Information und Synthese, UTB 133, München 1973.

R.S. Hendel, The Epic of the Patriarch. The Jacob Cycle and the Narrative Traditions of Canaan and Israel, HSM 42, Atlanta 1987.

D.P. Henige, The Chronology of Oral Tradition. Quest for a Chimera, Oxford 1974.

– Oral Historiography, London u.a. 1982.

– Oral Tradition and Chronology, Journal of African History 12, 1971, 371-389.

J. Henninger, Das Eigentumsrecht bei den heutigen Beduinen Arabiens, 1959, ders., Arabica Varia, OBO 90, Fribourg/Göttingen 1989, 83-138.

– Zum Erstgeborenenrecht bei den Semiten, 1966, ders. Arabica Varia, OBO 90, Fribourg/Göttingen 1989, 139-167.

– Zum Erstgeborenenrecht im Alten Südarabien, 1972, ders., Arabica Varia, OBO 90, Fribourg/Göttingen 1989, 168-179.

– Altarabische Genealogie. (Zu einem neuerschienenen Werk), 1966, ders., Arabica Varia, OBO 90, Fribourg/Göttingen 1989, 49-82.

– Genealogien und Geschichtsbewußtsein bei semitischen Völkern, FS K. Jettmar, Wiesbaden 1983, 245-261.

M.L. Henry, Jahwist und Priesterschrift. Zwei Glaubenszeugnisse des Alten Testaments, AzTh 1,3, Stuttgart 1960.

G. Hentschel, Jakobs Kampf am Jabbok (Gen 32,23-33) – Eine genuin israelitische Tradition?, Dienst der Vermittlung hg. v. W. Ernst u.a., Leipzig 1977, 13-37.

J.G. Herder, Von der Gabe der Sprachen am ersten christlichen Pfingstfest, Riga 1794, SW hg. v. B. Suphan, Bd. 19, Berlin 1880, 1-59.

– Vom Geist der ebräischen Poesie, Erster Teil, Deßau 1782, SW hg. v. B. Suphan, Bd. 11, Berlin 1879, 213-466.

– Vom Geist der ebräischen Poesie, Zweiter Teil, Deßau 1783, SW hg. v. B. Suphan, Bd. 12, Berlin 1880, 1-308.

– Journal meiner Reise im Jahr 1769, SW hg v. B. Suphan, Bd. 4, Berlin 1878, 343-461.

– Volkslieder, 1779, SW hg. v. B. Suphan, Bd. 25, Berlin 1885, 311-546.

H.-J. Hermisson, Jakobs Kampf am Jabbok (Gen 32,23-33), ZThK 71, 1974, 239-261.

– Altes Testament und Märchen, EvTheol 45, 1985, 299-322.

– Studien zur israelitischen Spruchweisheit, WMANT 28, Neukirchen-Vluyn 1968.

S. Herrmann, Die Abwertung des Alten Testaments als Geschichtsquelle. Bemerkungen zu einem geistesgeschichtlichen Problem, Sola Scriptura hg. v. H.H. Schmid/J. Mehlhausen, Veröffentlichungen der Wissenschaftlichen Gesellschaft für Theologie, Gütersloh 1991, 156-165.

– Geschichte Israels in alttestamentlicher Zeit, München [2]1980.

– Der alttestamentliche Gottesname, 1966, TB 75, München 1986, 76-88.

– Die konstruktive Restauration. Das Deuteronomium als Mitte biblischer Theologie, FS G. v. Rad, München 1971, 155-170.

H.-W. Hertzberg, Beiträge zur Traditionsgeschichte und Theologie des Alten Testaments, Göttingen 1962.

A. Heubeck, Homer und Mykene, Gymnasium 91, 1984, 1-14.

– Der Odyssee-Dichter und die Ilias, Erlangen 1954.

– Zum Erwachen der Schriftlichkeit im archaischen Griechentum, KS, Erlangen 1984, 537-554.

– Schrift, Archaeologica Homerica III, Göttingen 1979, X 1-205.

A. Heunemann, Märchenerzählen in Nepal, Märchen in der Dritten Welt hg. v. Ch. Oberfeld, Kassel 1987, 65-71.

H. Hirsch, Gott der Väter, AfO 21, 1966, 56-58.

V. Hirth, Gottes Boten im Alten Testament. Die alttestamentliche Mal'ak-Vorstellung unter besonderer Berücksichtigung des Mal'ak-Jahwe-Problems, ThA 32, Berlin 1975.

V. Hobi, Kurze Einführung in die Grundlagen der Gedächtnispsychologie, Colloquium Rauricum 1, Stuttgart 1988, 9-31.

H.-D. Hoffmann, Reform und Reformen. Untersuchungen zu einem Grundthema der deuteronomistischen Geschichtsschreibung, AThANT 66, Zürich 1980.

J. Hoftijzer, Die Verheißungen an die Erzväter, Leiden 1956.

S. Holm-Nielsen, Shiloh in the Old Testament, M.-L. Buhl/S. Holm-Nielsen,

Shiloh. The Danish Excavations at Tallt Sailun, Palestine, in 1926, 1929, 1932, and 1963. The Pre-Hellenistic Remains, Publications of the National Museum. Archeological-Historical Series I, Vol. 12, Copenhagen 1969, 56-59.

G. Hölscher, Geschichtsschreibung in Israel. Untersuchungen zum Jahvisten und Elohisten, SHVL 50, Lund 1952.

T. Hölscher siehe J. Assmann.

T. Hölscher, Tradition und Geschichte. Zwei Typen der Vergangenheit am Beispiel der griechischen Kunst, Kultur und Gedächtnis hg. v. J. Assmann/T. Hölscher, stw 724, Frankfurt a. Main 1988, 115-149.

U. Hölscher, Die Odyssee – Epos zwischen Märchen und Literatur, Schrift und Gedächtnis hg. v. A./J. Assmann/Chr. Hardmeier, München 1983, 94-108.

– Die Odyssee. Epos zwischen Märchen und Roman, München 1988.

H. Holzinger, Einleitung in den Hexateuch. Mit Tabellen über die Quellenscheidung, Freiburg/Leipzig 1893.

– Genesis, KHC 1, Freiburg/Leipzig u.a. 1898.

– Nachprüfung von B.D. Eerdmans, Die Komposition der Genesis I, ZAW 30, 1910, 245-258.

– Nachprüfung von B.D. Eerdmans, Die Komposition der Genesis II, ZAW 31, 1911, 44-68.

L. Honko, The Problem of Defining Myth, Sacred Narratives hg. v. A. Dundes, Berkley u.a. 1984, 41-52.

W. Horowitz, Moab and Edom in the Sargon Geography, IEJ 43, 1993, 151-156.

A. Horstmann siehe W. Burkert.

C. Houtman, Ezra and the Law. Observations on the Supposed Relation between Ezra and the Pentateuch, OTS 21, 1981, 91-115.

– Der Himmel im Alten Testament. Israels Weltbild und Weltanschauung, OS 30, Leiden u.a. 1993.

– Der Pentateuch. Die Geschichte seiner Erforschung neben einer Auswertung, CBETh 9, Kampen 1994.

– Inleiding in de Pentateuch, Kampen 1980.

– What did Jacob see at Bethel?, VT 27, 1977, 337-351.

– Jacob at Mahanaim. Some Remarks on Genesis XXXII 2-3, VT 28, 1978, 37-44.

J. Höver-Johag, טוב, ThWAT III, 1982, 315-339.

K. Hübner, Die Wahrheit des Mythos, München 1985.

A.R. Hulst, Der Jordan in den alttestamentlichen Überlieferungen, OTS 14, 1965, 162-188.

P. Humbert, Die literarische Zweiheit des Priester-Codex in der Genesis. (Kritische Untersuchung der These von von Rad.), ZAW 58, 1940/41, 30-57.

H. Hupfeld, Die Quellen der Genesis und die Art ihrer Zusammensetzung, Berlin 1853.

A. Hurvitz, Dating the Priestly Source in Light of the Historical Study of Biblical Hebrew a Century after Wellhausen, ZAW 100, Suppl., 1988, 88-100.

– The Evidence of Language in Dating the Priestly Code. A Linguistic Study in Technical Idioms and Terminology, RB 81, 1974, 24-56.

J.-M. Husser, Les métamorphoses d'un songe. Critique littéraire de Genèse 28,10-22, RB 98, 1991, 321-342.

J.P. Hyatt, The Deity Bethel and the Old Testament, JAOS 59, 1939, 81-98.

D. Irvin, Mytharion. The Comparison of Tales from the Old Testament and the Ancient Near East, AOAT 32, Neukirchen-Vluyn 1978.

J.Th. Jablonski, Allgemeines Lexicon der Kuenste und Wissenschaften, Königsberg/Leipzig 1748.

B. Jacob, Das erste Buch der Tora. Genesis, Berlin 1934, ND New York o.J.

– Der Pentateuch. Exegetisch-kritische Forschungen, Leipzig 1905.

G. Jacob, Der Name Jacob, Litterae Orientales 54, 1933, 16-19.

Th. Jacobsen, The Sumerian King List, AS 11, Chicago 1939, ³1966.

D.W. Jamieson-Drake, Scribes and Schools in Monarchic Judah. A Socio-Archaeological Approach, JSOT.S 109, Sheffield 1991.

B. Janowski, Sühne als Heilsgeschehen. Studien zur Sühnetheologie der Priesterschrift und zur Wurzel KPR im Alten Orient und im Alten Testament, WMUNT 55, Neukirchen-Vluyn 1982.

E. Janssen, Juda in der Exilszeit. Ein Beitrag zur Frage der Entstehung des Judentums, FRLANT 69, Göttingen 1956.

K. Jaroš, Der Elohist in der Auseinandersetzung mit der Religion seiner Umwelt, Kairos 17, 1975, 279-283.

– Sichem. Eine archäologische und religionsgeschichtliche Studie mit bersonderer Berücksichtigung von Jos 24, OBO 11, Fribourg/Göttingen 1976.

– Die Stellung des Elohisten zur kanaanäischen Religion, OBO 4, Fribourg/Göttingen 1974.

H. Jason, Genre in Folk Literature: Reflections on Some Questions and Problems, Fabula 27, 1986, 167-194.

H. Jason/A. Kempinski, How Old Are Folktales?, Fabula 22, 1981, 1-27.

Jean Paul, Flegeljahre, Nro. 64, Werke hg. v. N. Miller, Bd. 3, München 1969, 374-380.

A.K. Jenkins, A Great Name: Genesis 12,2 and the Editing of the Pentateuch, JSOT 10, 1978, 41-57.

A.E. Jensen, Mythos und Kult bei Naturvölkern. Religionswissenschaftliche Betrachtungen, Studien zur Kulturkunde 10, Wiesbaden ²1960.

H.J.L. Jensen, Reden, Zeit und Raum in Genesis 28,20-15. Textlinguistische und textsemiotische Exegese eines Fragments, LingBibl 49, 1981, 54-70.

A. Jepsen, Zur überlieferungsgeschichte der Vätergestalten, FS A. Alt, WZ(L).GS 3.Heft, 2/3, 1953/54, 139-155 = Der Herr ist Gott, Aufsätze zur Wissenschaft vom Alten Testament, Berlin 1978, 46-75.

J. Jeremias, Jakob im Amosbuch, FS J. Scharbert, Stuttgart 1989, 139-154.

– Das Königtum Gottes in den Psalmen. Israels Begegnung mit dem kanaanäischen Mythos in den Jahwe-König-Psalmen, FRLANT 141, Göttingen 1987.

– Theophanie. Die Geschichte einer alttestamentlichen Gattung, WMANT 10, Neukirchen-Vluyn 1965, [2]1977.

A. Jirku, Altorientalischer Kommentar zum Alten Testament, Leipzig/Erlangen 1923.

– Neues keilschriftliches Material zum Alten Testament, ZAW 39, 1921, 144-160.

A. Jolles, Einfache Formen. Legende, Sage, Mythe, Rätsel, Spruch, Kasus, Memorabile, Märchen, Witz, Halle 1930; Tübingen [6]1982.

O. Kaiser, Arzt und Patient: Der Fall des Asarhaddon, Königs von Assyrien, MedGG 14, 1995, 9-36.

– Das Buch des Propheten Jesaja, Kapitel 1-12, ATD 17, Göttingen [5]1981.

– Die Ersten und die Letzten Dinge, NZSTh 36, 1994, 75-92.

– Einleitung in das Alte Testament. Eine Einführung in ihre Ergebnisse und Probleme, Gütersloh [5]1984.

– Den Erstgeborenen deiner Söhne sollst du mir geben. Erwägungen zum Kinderopfer im Altent Testament, FS C.H. Ratschow, Berlin/New York 1976, 24-48.

– „Und dies sind die Geschlechter ...“. Alt und jung im Alten Testament, FS G. Sauer, Frankfurt am Main 1992, 29-45.

– Der Gott des Alten Testaments. Theologie des Alten Testaments, Teil 1, Grundlegung, Göttingen 1993.

– Grundriß der Einleitung in die kanonischen und deuterokanonischen Schriften des Alten Testaments, Bd. 1-3, Gütersloh 1992-1994.

– Klagelieder, ATD 16/2, Göttingen [4]1992, 91-198.

– The Law as Center of the Bible, FS Sh. Talmon, Winona Lake 1992, 93-103.

– Literarkritik und Tendenzkritik. Überlegungen zur Methode der Jesajaexegese, The Book of Isaiah hg. v. J. Vermeylen, BETHL 81, 1989, 55-71.

– Literaturgeschichte, I. Altes Testament, TRE 21, 1991, 306-337.

– Der Mensch, Gottes Ebenbild und Statthalter auf Erden, NZSTh 33, 1991, 99-111.

– נדר, ThWAT V, 1986, 261-274.

– Der Prophet Jesaja, Kapitel 13-39, ATD 18, Göttingen [3]1983.

– Stammesgeschichtliche Hintergründe der Josephsgeschichte. Erwägungen zur Vor- und Frühgeschichte Israels, VT 10, 1960, 1-15.

– Altes Testament. Vorexilische Literatur, Theologie und Religionswissenschaft hg. v. U. Mann, Darmstadt 1973, 241-268.

– Traditionsgeschichtliche Untersuchung von Genesis 15, ZAW 70, 1958, 107-126.

O. Kaiser (Hg.), Texte aus der Umwelt des Alten Testaments, Bd. I-III, Gütersloh 1981-1995.

Kalevala siehe E. Lönnrot.

Z. Kallai, Beth-El – Luz – Bethaven, FS S. Herrmann, Stuttgart u.a. 1991, 171-188.

V. Karbusicky, Anfänge der historischen Überlieferung in Böhmen. Ein Beitrag zum vergleichenden Studium der mittelalterlichen Sängerepen, Ostmitteleuropa in Vergangenheit und Gegenwart, Köln/Wien 1980.

F. Karlinger, Geschichte des Märchens im deutschen Sprachraum, Gru, Bd. 51, Darmstadt ²1988.

– Legendenforschung. Aufgaben und Ergebnisse, Darmstadt 1986.

F. Karlinger (Hg.), Wege der Märchenforschung, WdF 255, Darmstadt 1973, ²1985.

Y. Kaufmann, Probleme der israelitisch-jüdischen Religionsgeschichte, ZAW 48, 1930, 23-43.

– The Religion of Israel. From its Beginning to the Babylonian Exile, translated and abridged by M. Greenberg, Chicago 1960.

E. Kautzsch, Das erste Buch Mose oder die Genesis, HSAT(K) 1, Tübingen ³1909.

W. Kayser, Das sprachliche Kunstwerk. Eine Einführung in die Literaturwissenschaft, Bern 1943, ¹⁹1983.

O. Keel, Das Vergraben der „fremden Götter" in Genesis 35,4b, VT 23, 1973, 305-336.

O. Keel/Chr. Uehlinger, Göttinnen, Götter und Gottessymbole. Neue Erkenntnisse zur Religionsgeschichte Kanaans und Israels aufgrund bislang unerschlossener ikonographischer Quellen, QD 134, Freiburg u.a. 1992.

C.F. Keil, Die Bücher Mose's, BC, Leipzig 1878.

U. Kellermann, Israel und Edom. Studien zum Edomhaß Israels im 6.-4. Jahrhundert v. Chr., Habil. Münster 1975.

R.L. Kellog, Die südgermanische mündliche Tradition, 1965, WdF 555, Darmstadt 1979, 182-194.

J.L. Kelso siehe W.F. Albright.

J.L. Kelso, Bethel, Encyclopedia of Archaeological Excavations, Bd. 1, Cambridge 1975, 190-193.

– The Second Campaign at Bethel, BASOR 137, 1955, 5-10.

– The Third Campaign ath Bethel, BASOR 151, 1958, 3-8.

– The Fourth Campaign at Bethel, BASOR 164, 1961, 5-14.

A. Kempinski siehe Y. Aharoni.

A. Kempinski siehe V. Fritz.

A. Kempinski siehe H. Jason.

A. Kempinski, How Profoundly Canaanized Were the Early Israelites?, ZDPV 108, 1992, 1-7.

– Jacob in History, BArR 14, 1988, 42-47, 67; zuerst und mit Fußnoten erschienen als: A. Kempinski, Some Observations On the Hyksos (XVTH) Dynasty and Its Canaanite Origines, Pharaonic Egypt hg. v. S. Israelit-Groll, Jerusalem 1985, 129-137.

K. Kerényi (Hg.), Die Eröffnung des Zugangs zum Mythos, Darmstadt 1976.

R. Kessler, Benennung des Kindes durch die israelitische Mutter, WuD 19, 1987, 25-35.

– Die Querverweise im Pentateuch. Überlieferungsgeschichtliche Untersuchung der expliziten Querverbindungen innerhalb des vorpriesterlichen Pentateuchs, Diss. theol. Heidelberg 1972.

P. Kevers, Étude littéraire de Genèse 34, RB 87, 1980, 38-86.

I.M. Kikiwada/A. Quinn, Before Abraham Was: A Provocative Challenge to the Documentary Hypothesis, Nashville 1985.

R. Kilian, Isaaks Opferung. Zur Überlieferungsgeschichte von Gen 22, SBS 44, Stuttgart 1970.

D. Kinet, Ugarit. Geschichte und Kultur einer Stadt in der Umwelt des Alten Testaments, SBS 104, Stuttgart 1984.

P.G. Kirkpatrick, The Old Testament and Folklore Study, JSOT.S 62, Sheffield 1988.

R. Kittel, Geschichte des Volkes Israel, Bd. 1, HAG I/3, Gotha 1888, [2]1912.

– Der Gott Bet'el, JBL 44, 1925, 124-153.

– Zum Gott Bet'el, ZAW 44, 1926, 170-172.

W. Klatt, Hermann Gunkel. Zu seiner Theologie der Religionsgeschichte und zur Entstehung der formgeschichtlichen Methode, FRLANT 100, Göttingen 1969.

C. Klein, Kohelet und die Weisheit Israels. Eine formgeschichtliche Studie, BWANT 132, Stuttgart u.a. 1993.

V. Klotz, Das europäische Kunstmärchen. Fünfundzwanzig Kapitel seiner Geschichte von der Renaissance bis zur Moderne, Stuttgart 1985.

F. Kluge/E. Seebold, Etymologisches Wörterbuch der deutschen Sprache, Berlin/New York 1883, [22]1989.

E.A. Knauf, Midian. Untersuchungen zur Geschichte Palästinas und Nordarabiens am Ende des 2. Jahrtausends vor Christus, ADPV, Wiesbaden 1988.

D.A. Knight, Rediscovering the Traditions of Israel. The Development of the Traditio-Historical Research of the Old Testament, with Special Consideration of Scandinavian Contributions, SBL Diss. Series 9, Missoula 1973.

D.A. Knight (Hg.), Tradition and Theology in the Old Testament, London 1977.

R. Knierim, The Composition of the Pentateuch, SBL Seminar Papers Ser. 24, Atlanta 1985, 393-415.

T. Knopf, Rahels Grab. Eine Tradition aus dem TNK, DBAT 1991, 73-137.

K. Koch, Was ist Formgeschichte? Methoden der Bibelexegese, Neukirchen-Vluyn [4]1981.

– Die Götter, denen die Väter dienten, ders., Studien zur alttestamentlichen und altorientalischen Religionsgeschichte hg. v. E. Otto, Göttingen 1988, 9-31.

– P – kein Redaktor! Erinnerung an zwei Eckdaten der Quellenscheidung, VT 37, 1987, 446-467.

– pāḥād jiṣḥaq – eine Gottesbezeichnung?, 1980, ders., Studien zur alttestamentlichen und altorientalischen Religionsgeschichte hg. v. E. Otto, Göttingen 1988, 206-214.

– Šaddaj. Zum Verhältnis zwischen israelitischer Monolatrie und nordwestsemitischem Polytheismus, 1976, ders., Studien zur alttestamentlichen und altorientalischen Religionsgeschichte hg. v. E. Otto, Göttingen 1988, 118-152.

M. Köckert, Vätergott und Väterverheißungen. Eine Auseinandersetzung mit Albrecht Alt und seinen Erben, FRLANT, 142, Göttingen 1988.

E. König, Einleitung in das Alte Testament mit Einschluß der Apokryphen und der Pseudepigraphen des Alten Testaments, Bonn 1893.

– Die Genesis, Gütersloh 1919.

– Stilistik, Rhetorik, Poetik in Bezug auf die Biblische Literatur, Leipzig 1900.

H.-J. Kraus, Geschichte der historisch-kritischen Erforschung des Alten Testaments, Neukirchen-Vluyn [4]1988.

M. Krebernik, Die Personennamen der Ebla-Texte. Eine Zwischenbilanz, BBVO 7, Berlin 1988.

J. Krecher, Sumerische Literatur, NHL 1, Wiesbaden 1978, 100-150.

S. Kreuzer, Die Frühgeschichte Israels in Bekenntnis und Verkündigung des Alten Testaments, BZAW 178, Berlin/New York 1989.

T. Krischner, Mündlichkeit und epischer Sänger im Kontext der Frühgeschichte Griechenlands, ScriptOralia 30, Tübingen 1990, 51-63.

W. Kullmann, Hintergründe und Motive der platonischen Schriftkritik, ScriptOralia 30, Tübingen 1990, 317-334.

– ‚Oral Tradition/Oral History‘ und die frühgriechische Epik, Colloquium Rauricum 1, Stuttgart 1988, 184-196.

R. Kümpel, Die „Begegnungstradition" von Mamre, FS G.J. Botterweck, BBB 50, Köln/Bonn 1977, 147-168.

A. Kuenen, Dina und Sichem (Gen 34), Gesammelte Abhandlungen zur biblischen Wissenschaft, Freiburg u.a. 1894, 255-276.

– Historisch-kritische Einleitung in die Bücher des alten Testaments hinsichtlich ihrer Entstehung und Sammlung. I/1, Die Enstehung des Hexateuch, Leipzig 1887.

C. Kuhl, Die „Wiederaufnahme" – ein literarkritisches Prinzip?, ZAW 64, 1952, 1-11.

J. Kunz (Hg.), Novelle, WdF 55, Darmstadt 1968, [2]1973.

E. Kutsch, „Ich will euer Gott sein". Berit in der Priesterschrift, ZThK 71, 1974, 361-388.

– Salbung als Rechtsakt im Alten Testament und im Alten Orient, BZAW 87, Berlin 1963.

– Verheißung und Gesetz. Untersuchungen zum sogenannten „Bund" im Alten Testament, BZAW 131, Berlin/New York 1973.

G. Lademann-Priemer, Märchen und Mythen bei den Zulu, Märchen in der Dritten Welt hg. v. Ch. Oberfeld, Kassel 1987, 53-64.

B. Lang, Schule und Unterricht im alten Israel, BEThL 51, Leuven 1979, 186-201.

F. Langlamet/A.de Pury, Promesse divine et légende culturelle dans le cycle de Jacob, RB 84, 1977, 429-438.

D. La Pin, Narrative as Precedent in Yorùbá Oral Tradition, FS A.B. Lord, Columbus 1981, 347-374.

G. Larsson, Documentary Hypothesis and Chronological of the Old Testament, ZAW 97, 1985, 316-333.

J. Latacz, Die Funktion des Symposiums für die entstehende griechische Literatur, ScriptOralia 30, Tübingen 1990, 227-264.

– Homer. Der erste Dichter des Abendlandes, München/Zürich 1985, [2]1989.

– Kampfparänese, Kampfdarstellung und Kampfwirklichkeit in der Ilias, bei Kallinos und Tyrtaios, Zetemata 66, München 1977.

– Das Menschenbild Homers, Gymnasium 91, 1984, 15-39.

– Zu Umfang und Art der Vergangenheitsbewahrung in der mündlichen Überlieferungsphase des griechischen Heldenepos, Colloquium Rauricum 1, Stuttgart 1988, 153-183.

J. Latacz (Hg.), Homer. Die Dichtung und ihre Deutung, WdF 634, Darmstadt 1991.

– (Hg.), Homer. Tradition und Neuerung, WdF 463, Darmstadt 1979.

– (Hg.), Zweihundert Jahre Homerforschung. Rückblick und Ausblick, Colloquium Rauricum 2, Stuttgart 1991.

A. Lehmann, Erzählen zwischen den Generationen. Über historische Dimensionen des Erzählens in der Bundesrepublik Deutschland, Fabula 30, 1989, 1-29.

S. Lehming, Zur Erzählung von der Geburt der Jakobsöhne, VT 13, 1963, 74-81.

– Zur Überlieferungsgeschichte von Gen 34, ZAW 70, 1958, 228-250.

N. Leibowitz, Studies in Bereshit (Genesis). In the Context of Ancient and Modern Jewish Bible Commentary, Jerusalem [3]1976.

W. Leineweber, Die Patriarchen im Licht der archäologischen Entdeckungen. Die kritische Darstellung einer Forschungsrichtung, EHS.T 127, Frankfurt u.a. 1980.

A. Lemaire, Les écoles et la formation de la Bible dans l'ancien Israël, OBO 39, Fribourg/Göttingen 1981.

– The Sage in School and Temple, The Sage in Israel and the Ancient Near East hg. v. J.G. Gammie/L.G. Perdue, Winona Lake, 1990, 165-181.

– Sagesse et écoles, VT 34, 1984, 270-281.

N.P. Lemche, The Canaanites and Their Land. The Tradition of the Canaanites, JSOT.S 110, Sheffield 1990.

– Early Israel. Anthropological and Historical Studies on the Israelite Society before the Monarchie, VT.S 37, Leiden 1985.

– Sociology, Text and Religion as Key Factors in Understanding the Emergence in Canaan, SJOT 2, 1991, 7-18.

O. Lendle, Einführung in die griechische Geschichtsschreibung. Von Hekataios bis Zosimos, Die Altertumswissenschaft, Darmstadt 1992.

A. Lesky, Epos, Epyllion und Lehrgedicht, NHL 2, Wiesbaden 1981 19-72.

G.E. Lessing, Hamburgische Dramaturgie, 1769, Werke hg. v. F. Fischer, Bd. 4, Köln 1965.

A. Levene, The Blessing of Jacob in Syriac and Rabbinic Exegesis, StPat 7, 1966, 524-530.

C. Lévi-Strauss, Anthropologie Structurale, Paris 1958.

Chr. Levin, Der Jahwist, FRLANT 157, Göttingen 1993.

- Die Verheißung des neuen Bundes in ihrem theologiegeschichtlichen Zusammenhang ausgelegt, FRLANT 137, Göttingen 1985.

F. v. d. Leyen, Zur Entstehung des Märchens, 1904, WdF 255, Darmstadt 1973, ²1985, 16-41.

J. Licht, Storytelling in the Bible, Jerusalem 1978.

J. Lindblom, The Political Background of the Shilo Oracle, VT.S, 1, Leiden 1953, 78-87.

H. Link, Rezeptionsforschung. Eine Einführung in Methoden und Probleme, UT 215, Stuttgart u.a. ²1980.

G. Loeschke, Legende, RGG 3, 1912, 2004-2005.

M. Löhr, Untersuchungen zum Hexateuchproblem. I. Der Priestercodex in der Genesis, BZAW 38, Gießen 1924.

N. Lohfink, Kerygmata des Deuteronomistischen Geschichtswerks, FS H.W. Wolff, Neukirchen-Vluyn 1981, 87-100.

- Die Priesterschrift und die Geschichte, VT.S 29, Leiden 1978, 189-225.

B.O. Long, The Problem of Etiological Narrative in the Old Testament, BZAW 108, Berlin 1968.

- Recent Field Studies in Oral Literature and the Question of Sitz im Leben, Semeia 5, 1976, 35-49.

T. Longmann III., Fictional Akkadian Autobiography: A Generic and Comparative Study, Winona Lake 1991.

E. Lönnrot, Kalevala. Das finnische Epos des Elias Lönnrot übertragen und kommentiert von Lore und Hans Fromm, Bd. 1-2, München 1967.

A.B. Lord, Homer as Oral Poet, HSCP 72, 1967, 1-46.

- Homer's Originality: Oral Dictated Texts, TAPA 74, 1953, 124-134.

- Formula and Non-Narrative Theme in South Slavic Oral Epic and the Old Testament, Semeia 5, 1976, 93-106.

- Memory, Fixity and Genre, FS A.B. Lord, Columbus 1981, 451-461.

- The Singer of Tales, Harvard Studies in Comparative Literature 24, Cambridge 1960.

G.W. Lorenz, Am Anfang war das Wort ... Anmerkungen zur oralen Literaturtradition Brasiliens, Märchen in der Dritten Welt hg. v. Ch. Oberfeld, Kassel 1987, 105-125.

O. Loretz, Ugarit und die Bibel. Kanaanäische Götter und Religion im Alten Testament, Darmstadt 1990.

- Vom kanaanäischen Totenkult zur jüdischen Patriarchen- und Elternverehrung: Historische und tiefenpsychologische Grundprobleme der Entstehung des biblischen Geschichtsbildes und der jüdischen Ethik, JARG 3, 1978, 149-204.

J.M. Lotmann, Die Struktur literarischer Texte, München 1972, ³1989.

I. Löw, Zur Bedeutung der Teraphim, MGWJ 73, 1929, 314-316.

H. Lubsczyk, Elohim beim Jahwisten, VT.S 29, Leiden 1978, 226-253.

M. Lüthi, Aspekte des Volksmärchens und der Volkssage, 1966, WdF 255, Darmstadt 1973, 408-427.

– Gehalt und Erzählweise der Volkssage, ders., Sagen und ihre Deutung, Göttingen 1965, 11-27.

– Märchen, SM 16, Stuttgart [8]1990.

– Das europäische Volksmärchen. Form und Wesen, UTB 312, Tübingen [9]1992.

J. Lust, Freud, Hosea and the Murder of Moses. Hosea 12, EThL 65, 1989, 81-93.

V. Maag, Edom, BHH 1, 1961, 366-388.

– Zum Hieros Logos von Beth El, 1951, Kultur, Kulturkontakt und Religion, Gesammelte Studien zur allgemeinen und alttestamentlichen Religionsgeschichte, Göttingen/Zürich 1980, 29-37.

– Jakob-Esau-Edom, 1957, Kultur, Kulturkontakt und Religion, Gesammelte Studien zur allgemeinen und alttestamentlichen Religionsgeschichte, Göttingen/Zürich 1980, 99-110.

Ch. Mabee, Jacob and Laban. The Structure of Juridical Proceedings (Genesis xxxi 25-42), VT 30, 1980, 192-207.

M. Mach, Entwicklungsstadien des jüdischen Engelglaubens in vorrabbinischer Zeit, TSAJ 34, Tübingen 1992.

A. Malamat, The Arameans, People of Old Testament Times hg. v. D.J. Wiseman, Oxford 1975, 134-155.

– Die Frühgeschichte Israels – eine methodologische Studie, ThZ 39, 1983, 1-16.

B. Malinowski, The Role of Myth in Life, Psyche 24, 1926, 29-39 = Sacred Narratives hg. v. A. Dundes, Berkley u.a. 1984, 193-206.

D.W. Manor, Beer-Sheba, The Anchor Bible Dictionary, Bd. 1, 1992, 641-645.

M. Maraqten, Die semitischen Personennamen in den alt- und reichsaramäischen Inschriften aus Vorderasien, TSO 5, Wiesbaden u.a. 1988.

J. Marböck, Heilige Orte im Jakobszyklus. Einige Beobachtungen und Aspekte, FS J. Scharbert, München 1989, 211-224.

G.P. Marchal, Memoria, Fama, Mos Maiorum. Vergangenheit in mündlicher Überlieferung im Mittelalter, unter besonderer Berücksichtigung der Zeugenaussagen in Arezzo von 1170/80, Colloquium Rauricum 1, Stuttgart 1988, 289-320.

O. Margalith, On the Origin and Antiquity of the Name Israel, ZAW 102, 1990, 225-237.

R. Martin-Achard, Remarques sur Genèse 26, ZAW 100, Suppl., 1988, 22-46.

A.D.H. Mayes, Israel in the pre-monarchy period, VT 23, 1973, 151-170.

A. Mazar, Archaeology of the Land of the Bible. 10,000 – 586 B.C.E., Anchor Bible Reference Library, New York 1990.

– The „Bull Site". An Iron Age I Open Cult Place, BASOR 247, 1982, 27-42.

B. Mazar, The Historical Background of the Book of Genesis, ders., The Early Biblical Period, Historical Studies, Jerusalem 1986, 49-62.

Th.H. McAlpine, Sleep, Divine and Human in the Old Testament, JSOT.S 68, Sheffield 1987.

P.K. McCarter, I Samuel, AB 8, Garden City 1980.

S.E. McEvenue, A Return to Sources in Gen 28,10-22?, ZAW 106, 1994, 375-389.

– The Narrative Style of the Priestly Writer, AnBib 50, Rom 1971.

W. McKane, Studies in the Patriarchal Narratives, Edinburgh 1979.

S.A. Meier, Speaking of Speaking. Marking Direct Speach in the Hebrew Bible, VT.S 46, Leiden u.a. 1992.

A.M. Merrill/J.R. Spencer, The „Uppsala School" of Biblical Studies, In the Shelter of Elyon, JSOT.S 31, Sheffield 1984, 13-26.

M. Metzger, Himmlische und irdische Wohnstatt Jahwes, UF 2, 1970, 139-158.

– Probleme der Frühgeschichte Israels, VF 22, 1977, 30-43.

E. Meyer, Die Entstehung des Judentums. Eine historische Untersuchung, Halle 1896, ND Hildesheim 1965.

– Die Israeliten und ihre Nachbarstämme. Alttestamentliche Untersuchungen. Mit Beiträgen von B. Luther, Halle 1906, ND Darmstadt 1967.

J.D. Michaelis, Einleitung in die göttlichen Schriften des Alten Bundes, Bd. 1, Hamburg 1787.

R. Michaelis, Oral Tradition and the Brothers Grimm, Folklore 82, 1971, 265-275.

J.C. Miller, Kings and Kinsmen, Oxford 1976.

J.M. Miller/J.H. Hayes, A History of Ancient Israel and Judah, London 1986.

A.R. Millard, The Celestial Ladder and the Gate of Heaven (Genesis 28,12.17), ET 78, 1966/67, 86-87.

– The Meaning of the Name Judah, ZAW 86, 1974, 216-218.

– In Praise of Ancient Scibes, BA 45, 1982, 143-153.

P.D. Miscall, The Jacob and Joseph Stories as Analogies, JSOT 6, 1978, 28-40.

– Literary Unity in Old Testament Narrative, Semeia 15, 1979, 27-44.

S. Mittmann, Die Grabinschrift des Sängers Uriahu, ZDPV 97, 1981, 139-152.

A. Momigliano, Die Geschichtsschreibung, NHL 2, Wiesbaden 1981, 305-336.

P. Mommer, Samuel. Geschichte und Überlieferung, WMANT 65, Neukirchen-Vluyn 1991.

M.A. Morrison, The Jacob and Laban Narrative in the Light of Near Eastern Sources, BA 46, 1983, 155-164.

E. Moser-Rath, Predigtmärlein der Barockzeit. Exempel, Sage, Schwank und Fabel in geistlichen Quellen des oberdeutschen Raumes, Fabula, Supplement-Serie 5, Berlin 1964.

S. Mowinckel, Erwägungen zur Pentateuchquellenfrage, Trondheim 1964.

– Hat es ein israelitisches Nationalepos gegeben?, ZAW 53, 1935, 130-152.

– „Rachelstämme" und „Leastämme", FS O. Eißfeldt, BZAW 77, 1958, 129-150.

– Tetrateuch-Pentateuch-Hexateuch. Die Berichte über die Landnahme in den drei altisraelitischen Geschichtswerken, BZAW 90, Berlin 1964.

J. Muilenburg, The Birth of Benjamin, JBL 75, 1956, 194-201.

H.-P. Müller, Mythos als Elementarform religiöser Rede im Alten Orient und im Alten Testament, ZSTh 37, 1995, 1-19.

– Mythos – Kerygma – Wahrheit. Gesammelte Aufsätze zum Alten Testament in seiner Umwelt und zur Biblischen Theologie, BZAW 200, Berlin/New York 1991.

J. Müller, Novelle und Erzählung, 1961, WdF 55, Darmstadt ²1973, 469-482.

W. Müller/F. Zarncke, Mittelhochdeutsches Wörterbuch, Bd. 1-3, Leipzig 1861-1866.

M. Münzel siehe B. Scharlau.

M. Münzel, Mythisches Bewußtsein – eine Erzählung brasilianischer Indianer, Wie alt sind unsere Märchen? hg. v. Ch. Oberfeld, Regensburg 1990, 174-184.

– „Identitätskrise" und mythisches Bewußtsein. Die Weißen in einem Erzählmotiv brasilianischer Indianer, Märchen in der Dritten Welt hg. v. Ch. Oberfeld, Kassel 1987, 125-138.

– Poesie oder Mythos? Mündliche Dichtung bei Waldindianern Südamerikas, Komparatistische Hefte 15/16, 1987, 127-134.

N. Na'aman, Beth-aven, Bethel and Early Israelite Sanctuaries, ZDPV 103, 1987, 13-21.

M. Naor, Ya'akob and Yisra'el, ZAW 49, 1931, 317-321.

T. Nagel, Geschichte der islamischen Theologie. Von Mohammed bis zur Gegenwart, München 1984.

G. Nagy, An Evolutionary Model for the Text Fixation of Homeric Epos, FS A.B. Lord, Columbus 1981, 390-393.

H. Naumann, Sage und Märchen, Grundzüge der deutschen Volkskunde, 1922, WdF 255, Darmstadt 1973, ²1985, 61-73.

R.W. Neff, Sage, Saga, Legend, Tale hg. v. G.W. Coats, JSOT.S 35, Sheffield 1985, 17-44.

W. Nicholson, The Pentateuch in Recent Research: A Time for Caution, VT.S 43, Leiden 1991, 10-21.

H. Niehr, Der höchste Gott. Alttestamentlicher JHWH-Glaube im kontext syrisch-kanaanäischer Religion des 1. Jahrtausends v. Chr., BZAW 190, Berlin/New York 1990.

E. Nielsen, Shechem. A Traditio-Historical Investigation, Copenhagen 1955, ²1959.

– Oral Tradition. A Modern Problem in Old Testament Introduction, SBT 11, London 1954.

H.M. Niemann, Herrschaft, Königtum und Staat. Skizzen zur soziokulturellen Entwicklung im monarchischen Israel, FAT 6, Tübingen 1993.

Th. Nöldecke, Die sogenannte Grundschrift des Pentateuchs, in: ders., Untersuchungen zur Kritik des Alten Testaments, Kiel 1869, 1-144.

Th. Nöldeke/F. Schwally, Geschichte des Qorāns, Göttingen 1860, Bd. 1, Leipzig ²1909; Bd. 2, ²1919; Bd. 3 1938; ND Hildesheim 1981.

Sh. Nomoto, Entstehung und Entwicklung der Erzählung von der Gefährdung der Ahnfrau, AJBI 2, 1976, 3-27.

E. Noort, Fundamentalismus in Exegese und Archäologie. Eine Problemanzeige, JBTh 6, Neukirchen-Vluyn 1991, 311-331.

E. v. Nordheim, Die Selbstbehauptung Israels in der Welt des Alten Orients. Religionsgeschichtlicher Vergleich anhand von Gen 15/22/28, dem Aufenthalt Israels in Ägypten, 2 Sam 7, 1 Kön 19 und Psalm 104, OBO 115, Göttingen 1992.

M. Noth, Der Beitrag der Archäologie zur Geschichte Israels, VT.S 7, Leiden 1960, 262-282.

– Geschichte Israels, Göttingen ^{9}1981.

– Die israelitischen Personennamen im Rahmen der gemeinsemitischen Namengebung, BWANT III/10, Stuttgart 1928, ND Hildesheim 1966.

– Überlieferungsgeschichte des Pentateuch, Stuttgart 1948, Darmstadt ^{3}1966.

– Überlieferungsgeschichtliche Studien. Die Sammelnden und bearbeitenden Geschichtswerke im Alten Testament, Tübingen 1943, ^{3}1967.

– Das System der zwölf Stämme Israels, BWANT IV/1, Stuttgart 1930, Darmstadt ^{2}1966.

H.S. Nyberg, Die schwedischen Beiträge zur alttestamentlichen Forschung in diesem Jahrhundert, VT.S 22, 1971, 1-10.

– Das textkritische Problem des Alten Testaments am Hoseabuche demonstriert, ZAW 52, 1934, 241-254.

– Die Religionen des Alten Iran, MVAG 43, 1938, ND Osnabrück 1966.

– Studien zum Hoseabuche. Zugleich ein Beitrag zur Klärung des Problems der alttestamentlichen Textkritik, UUÅ 6, 1935, Uppsala 1935.

S. Nyström, Beduinentum und Jahwismus. Eine soziologisch-religionsgeschichtliche Untersuchung zum Alten Testament, Lund 1946.

Ch. Oberfeld (Hg.), Märchen in der Dritten Welt, Veröffentlichungen der Europäischen Märchengesellschaft, Bd. 12, Kassel 1987.

– (Hg.), Wie alt sind unsere Märchen?, Veröffentlichungen der Europäischen Märchengesellschaft, Bd. 14, Regensburg 1990.

R.A. Oden, Jacob as Father, Husband, and Nephew: Kinship Studies and the Patriarchal Narratives, JBL 102, 1983, 189-205.

M. Oeming, Ist Gen 15,6 ein Beleg für die Anrechnung des Glaubens zur Gerechtigkeit?, ZAW 95, 1983, 182-197.

– Das wahre Israel. Die „genealogische Vorhalle" 1 Chr 1-9, BWANT 128, Stuttgart u.a. 1990.

– Gesamtbiblische Theologie der Gegenwart. Das Verhältnis von AT und NT in der hermeneutischen Diskussion seit Gerhard von Rad, Stuttgart u.a. ^{2}1987.

A. Ohler, Mythologische Elemente im Alten Testament. Eine motivgeschichtliche Untersuchung, Düsseldorf 1969.

A. Olrik, Epische Gesetze der Volksdichtung, 1909, WdF 366, Darmstadt 1982, 58-69.

J. Olshausen, Beiträge zur Kritik des überlieferten Textes im Buche Genesis, MPAW 6/1870, Berlin 1871, 380-409.

D.R. Olson/N. Torrance (Hg.), Literacy and Orality, Cambridge, 1991.

W.J. Ong, Orality and Literacy. The Technolizing of the Word, London/New York 1982.

E. Oring, Transmission and Degeneration, Fabula 19, 1978, 193-210.

G. Ortutay, Die Gesetzmäßigkeiten der mündlichen Überlieferung und ihre Erforschung, Genre, Structure and Reproduction in Oral Literature, Bibliotheca Uralica 5, Budapest 1980, 17-20.

A. Otrakul, Grimms Märchen in Thailand, Märchen in der Dritten Welt hg. v. Ch. Oberfeld, Kassel 1987, 71-79.

E. Otto, Jakob in Bethel. Ein Beitrag zur Geschichte der Jakobsüberlieferung, ZAW 88, 1976, 165-190.

– Jakob in Sichem. Überlieferungsgeschichtliche, archäologische und territorialgeschichtliche Studien zur Entstehungsgeschichte Israels, BWANT 110, Stuttgart u.a. 1979.

– Kritik der Pentateuchkomposition, ThR 60, 1995, 163-191.

– Die „synthetische Lebensauffassung" in der frühköniglichen Novellistik Israels. Ein Beitrag zur alttestamentlichen Anthropologie, ZThK 74, 1977, 371-400.

– Das Mazzotfest in Gilgal, BWANT 107, Stuttgart u.a. 1975.

– Stehen wir vor einem Umbruch in der Pentateuchkritik?, VF 22, 1977, 82-97.

M. Ottoson siehe J. Bergmann.

M. Ottoson, Gilead, The Anchor Bible Dictionary, Bd. 2, 1992, 1020-1022.

T. Ozawa, Alte Märchenmotive in der oralen und literalen Tradition Japans, Wie alt sind unsere Märchen? hg. v. Ch. Oberfeld, Regensburg 1990, 113-122.

R. Paret, Der Koran als Geschichtsquelle, 1961, WdF 326, 1975, 137-164.

– Der Koran. Kommentar und Konkordanz, Stuttgart u.a. 1971; [2]1981.

– Der Koran. Übersetzung, Stuttgart u.a. 1966; [3]1983.

– Mohammed und der Koran, UT 32, Stuttgart u.a. [6]1985.

R. Paret (Hg.), Der Koran, WdF 326, Darmstadt 1975.

M. Parry, The Making of Homeric Verse. The Collected Papers of Milman Parry hg. v. A. Parry, Oxford 1971.

– The Homeric Language as the Language of Oral Poetry, HSCP 43, 1932, 1-50.

– Studies in the Epic Technique of Oral Verse-Making I: Homer and Homeric Styles, HSCP 41, 1930, 73-147.

M. Parry (Hg.), Serbocroatian Heroic Songs, Bd. 1-2, Cambridge 1953/1954.

R. Patai siehe R. v. Ranke-Graves.

Paul, Jean siehe Jean Paul.

J. Pedersen, Die Auffassung vom Alten Testament, ZAW 49, 1931, 161-181.

– Israel. Its Life and Culture, Bd. 1-2, Copenhagen/London 1926, ND 1959.

A. Perevolotsky siehe I. Finkelstein.

L. Perlitt, Bundestheologie im Alten Testament, WMANT 36, Neukirchen-Vluyn 1969.

– Priesterschrift im Deuteronomium?, ZAW 100, Suppl., 1988, 65-88.

– Jesaja und die Deuteronomisten, FS O. Kaiser, BZAW 185, Berlin/New York 1989, 133-149.

– Vatke und Wellhausen. Geschichtsphilosophische Voraussetzungen und historiographische Motive für die Darstellung der Religion und Geschichte Israels durch Wilhelm Vatke und Julius Wellhausen, BZAW 94, Berlin 1965.

C. Petersen, Mythos im Alten Testament. Bestimmung des Mythosbegriffs und Untersuchung der mythischen Elemente in den Psalmen, BZAW 180, Berlin/New York 1982.

L. Petzoldt, Die Geburt des Mythos aus dem Geist des Irrationalismus. Überlegungen zur Funktion des Mythischen in der Gegenwart, ders., Märchen – Mythos – Sage, Marburg 1989, 80-88.

– Der verkleidete Herrscher. Zur mythischen Sinngebung historischer Prozesse und ihrer Aktualisierung in der Sage, ders., Märchen – Mythos – Sage, Marburg 1989, 89-100.

– Der absurde Mord. Zur Interdependenz von Literatur und Volksdichtung am Beispiel einer Zeitungssage, ders., Märchen – Mythos – Sage, Marburg 1989, 194-212.

– Probleme und Dimensionen des Erzählerischen in der Literatur und Volksdichtung, ScriptOralia 9, Tübingen 1989, 67-81.

L. Petzoldt (Hg.), Vergleichende Sagenforschung, WdF 152, Darmstadt 1969.

H.R. Picard, Der Geist der Erzählung. Dargestelltes Erzählen in literarischer Tradition, Bern u.a. 1987.

Platon, ΦΑΙΔΡΟΣ/Phaidros, Werke, Bd. 5, bearbeitet v. D. Kurz, Übersetzung nach F.D.E. Schleiermacher, Darmstadt 1981.

J.v.d. Ploeg, Le rôle de la tradition orale dans la transmission du texte de l'Ancien Testament, RB 54, 1947, 5-41.

K.F. Plum, Genealogy as Theology, SJOT 1, 1989, 66-92.

K.-F. Pohlmann, Die Ferne Gottes – Studien zum Jeremiabuch. Beiträge zu den „Konfessionen" im Jeremiabuch und ein Versuch nach den Anfängen der Jeremiatradition, BZAW 179, Berlin/New York 1989.

F.H. Polak, Epic Formulas in Biblical Narrative – Frequency and Distribution, Les Àctes du Second Colloque International, Genf 1989, 435-488.

– The Daniel Tales in Their Aramaic Literary Milieu, The Book of Daniel hg. v. A.S. v. der Woude, BEThL 106, Leuven 1993, 250-260.

R.M. Polzin, Late Biblical Hebrew. Toward an Historical Typology of Biblical hebrew Prose, HSM 12, Missoula 1976.

– Biblical Structuralism. Method and Subjectivity in the Study of Ancient Texts, Missoula 1977.

J.R. Porter, Pre-Islamic Arabic Historical Traditions and the Early Historical Narratives in the Old Testament, JBL 87, 1968, 17-26.

H.D. Preuß, „... ich will mit dir sein!", ZAW 80, 1968, 139-173.

– Verspottung fremder Religionen im Alten Testament, BWANT 92, Stuttgart u.a. 1971.

T.J. Prewitt, Kinship Structures and the Genesis Genealogies, JNES 40, 1981, 87-98.

O. Procksch, Die Genesis, KAT 1, Leipzig 1913, ^{3}1924.

– Das nordhebräische Sagenbuch. Die Elohimquelle, Leipzig, 1906.

V.J. Propp, Die historischen Wurzeln des Zaubermärchens, München/Wien 1987.

E. Puech, Les écoles dans l'Israël préexilique: données épigraphiques, VT.S 40, Leiden 1986, 189-203.

A. de Pury siehe F. Langlamet.

A. de Pury, Le Tradition Patriacale en Gen 12-35, Le Pentateuch en Question hg. v. A. de Pury, Genf 1989, 259-270.

– Le Cycle de Jacob comme légende autonome des origines d'Israël, VT.S 43, Leiden 1991, 78-96.

– Genèse XXXIV et l'histoire, RB 76, 1969, 5-49.

– Jakob am Jabbok, Gen 32,23-33 im Licht einer alt-irischen Erzählung, ThZ 35, 1979, 18-34.

– Promesse divine et légende culturelle dans le cycle de Jacob. Genèse 28 et les traditions patriarchales, Paris 1975.

A. de Pury (Hg.), Le Pentateuch en Question, Genf 1989.

A. Quinn siehe I.M. Kikiwada.

G. v. Rad, Das erste Buch Mose. Genesis, ATD 2-4, Göttingen 1949,101976.

– Die Priesterschrift im Hexateuch literarisch untersucht und theologisch gewertet, BWANT 65, Berlin 1934.

– Das formgeschichtliche Problem des Hexateuch, 1938, TB 8, München 1958, 9-86.

– Theologie des Alten Testaments, Bd. 1/2, München 1957/1960; ^{8}1982/^{8}1984.

– Die Theologie der Priesterschrift, 1934, TB 48, München 1973, 165-188.

– Weisheit in Israel, Neukirchen-Vluyn ^{2}1982.

P. Radin, Primitive Man as Philosopher, New York 1927.

G.A. Rakelmann, Orale Tradition im Wandel – Mündliche Überlieferung bei Zigeunern, Wie alt sind unsere Märchen? hg. v. Ch. Oberfeld, Regensburg 1990, 185-198.

L. Ramlot, Les généalogies biblique, BVC 60, 1964, 53-70.

F. Ranke, Grundfragen der Volkssagenforschung, 1925, WdF 152, Darmstadt 1969, 1-20.

– Sage und Märchen, KS, Bern 1971, 189-203.

– Wie alt sind unsere Volkssagen?, KS, Bern 1971, 284-296.

K. Ranke, Einfache Formen, Die Welt der Einfachen Formen. Studien zur Motiv-, Wort- und Quellenkunde, Berlin/New York 1978, 32-46.

– Orale und literale Kontinuität, Die Welt der Einfachen Formen, Berlin/New York 1978, 47-60.

K. Ranke (Hg.), Schleswig-Holsteinische Volksmärchen, Bd. 2, Kiel 1958.

R.v. Ranke-Graves/R. Patai, Hebräische Mythologie. Über die Schöpfungsgeschichte und andere Mythen aus dem Alten Testament, Reinbeck 1986.

K.A. Raaflaub, Athenische Geschichte und mündliche Überlieferung, Colloquium Rauricum 1, Stuttgart 1988, 197-225.

A. Reichert, Der Jehovist und die sog. deuteronomistische Erweiterung im Buch Exodus, Diss. theol. Tübingen 1972.

E. Reiner, Die akkadische Literatur, NHL 1, Wiesbaden 1978, 151-220.

H. Reinwald, Mythos und Methode. Zum Verhältnis von Wissenschaft, Kultur und Erkenntnis, München 1991.

B. Renaud, Les généalogies et la structure de l'histoire sacerdotale dans le livre de la Genèse, RB 97, 1990, 5-30.

G.A. Rendsburg, The International Consistency and Historical Reliability of Biblical Genealogies, VT 40, 1990, 185-206.

– The Redaction of Genesis, Winona Lake 1986.

R. Rendtorff, Das Alte Testament. Eine Einführung, Neukirchen-Vluyn 1983, ³1988.

– Between Historical Criticism and Holistic Interpretation: New Trends in Old Testament Exegesis, VT.S 40, Leiden 1986, 298-303.

– El, Ba'al und Jahwe. Erwägungen zum Verhältnis von kanaanäischer und israelitischer Religion, 1966, TB 57, München 1975, 172-187.

– Die Erwählung Israels als Thema der deuteronomischen Theologie, FS H.W. Wolff, Neukirchen-Vluyn 1981, 75-86.

– Genesis 15 im Rahmen der theologischen Bearbeitung der Vätergeschichten, FS C. Westermann, Göttingen u.a. 1980, 74-81.

– Der „Jahwist" als Theologe? zum Dilemma der Pentateuchkritik, VT.S 28, Leiden 1975, 158-166.

– Jakob in Bethel. Beobachtungen zum Aufbau und zur Quellenfrage in Gen 28,10-22, ZAW 94, 1982, 511-523.

– Literarkritik und Traditionsgeschichte, EvTh 27, 1967, 138-153.

– Das überlieferungsgeschichtliche Problem des Pentateuchs, BZAW 147, Berlin/New York 1977.

– The „Yahwist" as Theologian? The Dilemma of Pentateuchal Criticism, JSOT 3, 1977, 2-10.

E. Reuß, Die Geschichte der Heiligen Schrift Alten Testaments, Braunschweig 1881.

– Der Pentateuch und Josua, Das Alte Testament, Braunschweig 1893.

H. Graf Reventlow, Hauptprobleme der alttestamentlichen Theologie im 20. Jahrhundert, EdF 173, Darmstadt 1982.

– Hauptprobleme der Biblischen Theologie im 20. Jahrhundert, EdF 203, Darmstadt 1983.

– „Internationalismus" in den Patriarchenüberlieferungen, FS W. Zimmerli, Göttingen 1977, 354-370.

– Opfere deinen Sohn. Eine Auslegung von Genesis 22, BSt 53, Neukirchen-Vluyn 1968.

W. Richter, Das Gelübde als theologische Rahmung der Jakobsüberlieferungen, BZ 11, 1967, 21-52.

N.H. Ridderboes, עפר als Staub des Totenreiches, OTS 5, 1948, 174-178.

H. Ringgren, Literarkritik, Formgeschichte, Überlieferungsgeschichte. Erwägungen zur Methodenfrage der alttestamentlichen Exegese, ThLZ 91, 1966, 641-650.

– Israelitische Religion, RM 26, Stuttgart 1963.

– Die Religionen des Alten Orients, GAT, Göttingen 1979.

– Oral and Written Transmission in the O.T. Some Observations, StTh 3, 1949, 34-59.

J.W. Rogerson, Myth in Old Testament Interpretation, BZAW 134, Berlin/New York 1974.

– Old Testament Criticism in the Nineteenth Century. England and Germany, London 1985.

L. Röhrich, Anfänge der Menschheit. Mythische und märchenhafte Erzählungen aus Nordamerika, Westafrika und bei den Brüdern Grimm, Märchen in der Dritten Welt hg. v. Ch. Oberfeld, Kassel 1987, 7-28.

– Die mittelalterlichen Redaktionen des Polyphem-Märchens (AT 1137) und ihr Verhältnis zur außerhomerischen Tradition, Wie alt sind unsere Märchen? hg. v. Ch. Oberfeld, Regensburg 1990, 122-150.

– Sage und Märchen. Erzählforschung heute, Freiburg u.a. 1976.

– Teufelsmärchen und Teufelssagen, Sagen und ihre Deutungen, Göttingen 1965, 28-58.

– Orale Traditionen als historische Quelle. Einige Gedanken zur deutschsprachigen mündlichen Volkserzählung, Colloquium Rauricum 1, Stuttgart 1988, 79-99.

– Volkspoesie ohne Volk. Wie ,mündlich' sind sogenannte ,Volkserzählungen'?, ScriptOralia 9, Tübingen 1989, 49-65.

– Wechselwirkungen zwischen oraler und literaler Tradierung, Wie alt sind unsere Märchen? hg. v. Ch. Oberfeld, Regensburg 1990, 51-70.

H. Rölleke, Neue Erkenntnisse zum Beiträgerkreis der Grimmschen Märchen, ScriptOralia 9, Tübingen 1989, 83-91.

W. Röllig siehe H. Donner.

W. Röllig, Die ugaritische Literatur, NHL 1, Wiesbaden 1978, 255-271.

Th. Römer, Israels Väter. Untersuchungen zur Väterthematik im Deuteronomium und in der deuteronomistischen Tradition, OBO 99, Fribourg/Göttingen 1990.

A.B. Rooth, The Creation of the North American Indians, Anthropos 52, 1957, 497-508 = Sacred Narratives hg. v. A. Dundes, Berkley u.a. 1984, 166-181.

M. Rose, Der Ausschließlichkeitsanspruch Jahwes. Deuteronomistische Schultheologie und die Volksfrömmigkeit in der späten Königszeit, BWANT 106, Stuttgart 1975.

– Deuteronomist und Jahwist. Untersuchungen zu den Berührungspunkten beider Literaturwerke, AThANT 67, Zürich 1981.

B.A. Rosenberg, Oral Literature in the Middle Ages, FS A.B. Lord, Columbus 1981, 440-450.

H. Rosenfeld, Legende, SM 9, Stuttgart ⁴1982.

F. Rosenzweig siehe M. Buber.

P. Rossi (Hg.), Theorie der modernen Geschichtsschreibung, Frankfurt a. M. 1987.

L. Rost, Die Gottesverehrung der Patriarchen im Lichte der Pentateuchquellen, VT.S 7, Leiden 1960, 346-359.

K. Roth, Bulgarische Märchen zwischen Mündlichkeit und Schriftlichkeit, ScriptOralia 9, Tübingen 1989, 93-108.

W.M.W. Roth, The Wooing of Rebekah. A Tradition-Critical Study of Genesis 24, CBQ 34, 1972, 177-187.

D.U. Rottzoll, Rabbinischer Kommentar zum Buch Genesis. Darstellung der Rezeption des Buches Genesis in Mischna und Talmud unter Angabe targumischer und midraschartiger Paralleltexte, SJ 14, Berlin 1993.

H. Rouillard/J. Tropper, TRPYM. Rituels de Guérison et Culte des Ancêtres d'apres 1 Samuel XIX 11-17 et les Texte Parallèles d'Assur et de Nuzi, VT 37, 1987, 340-361.

K. Rudolph, Neue Wege der Qoranforschung?, ThLZ 105, 1980, 1-19.

– Die Anfänge Mohammeds im Lichte der Religionswissenschaft, FS W. Baetke, Weimar 1966, 298-376.

W. Rudolph, Die Abhängigkeit des Qorans von Judentum und Christentum, Stuttgart 1922.

– Der „Elohist" von Exodus bis Josua, BZAW 68, Berlin 1938.

W. Rudolph/P. Volz, Der Elohist als Erzähler. Ein Irrweg der Pentateuchkritik? An der Genesis erläutert, BZAW 63, Gießen 1933.

L. Ruppert, Die Aporie der gegenwärtigen Pentateuchdiskussion und die Josefserzählung der Genesis, BZ 29, 1985, 31-48.

– Herkunft und Bedeutung der Jakob-Tradition bei Hosea, Bib 52, 1971, 488-504.

E. Rupprecht, Die Religion der Väter. Hauptlinien der Forschungsgeschichte, DBAT 11, 1976, 2-29.

U. Rüterswörden, Die Beamten der israelitischen Königszeit. Eine Studie zu śr und vergleichbaren Begriffen, BWANT 17, Stuttgart u.a. 1985.

S. Rüttgers (Hg.), Das Leben der Heiligen. Eine Auswahl aus der ältesten deutschen Druckausgabe von Heiligenlegenden „Das Passional", Frankfurt a. M. 1986.

W. Sachs siehe Chr. Hartlich.

M. Sæbø, Divine Names and Epithets in Genesis 49:24b-25a. Some Methodological and Tradito-Historical Remarks, FS E. Nielsen, Leiden u.a. 1993, 115-132.

J.F.A. Sawyer/D.J.A. Clines (Hg.), Midian, Moab and Edom. The History and Archaeology of Late Bronze and Iron Age Jordan and North-West Arabia, JSOT.S 24, Sheffield 1983.

E. Schade, Mehr als ‚nur' Transkription. Zur Einführung der historisch-philologischen Methode in Volksliedforschung und Volkslied-Edition, ScriptOralia 9, Tübingen 1989, 259.

W. Schadewaldt, Die epische Tradition, 1971, WdF 463, Darmstadt 1979, 529-539.

P. Schäfer, Rivalität zwischen Engeln und Menschen. Untersuchungen zur rabbinischen Engelvorstellung, SJ 8, Berlin 1975.

R. Schami, Erzähler der Nacht, Weinheim/Basel 1989, ND 1990.

– Malula. Märchen und märchenhaftes aus meinem Dorf, Kiel 1987, München ⁴1992.

J. Scharbert, ברך, ThWAT I, 1973, 808-841.

– Genesis 1-11, NEB, Würzburg 1983, ³1990.

– Genesis 12-50, NEB, Würzburg 1986.

– Die Landverheissung an die Väter als einfache Zusage, als Eid und als „Bund", FS K. Baltzer, OBO 126, Göttingen 1992, 333-354.

– Patriarchentradition und Patriarchenreligion. Ein Forschungs- und Literaturbericht, VF 19, 1974, 2-22.

– Der Sinn der Toledot-Formel in der Priesterschrift, Wort – Gebot – Glaube, Beiträge zur Theologie des Alten Testaments, FS W. Eichrodt, AThANT 59, Zürich 1970, 45-56.

B. Scharlau/M. Münzel, Quellqay. Mündliche Kultur und Schrifttraditionen bei Indianern Lateinamerikas, Frankfurt/New York 1986.

R. Schenda, Von Mund zu Ohr. Bausteine zu einer Kulturgeschichte des volkstümlichen Erzählens in Europa, Göttingen 1993.

W. Schenkel, Wozu die Ägypter eine Schrift brauchten, Schrift und Gedächtnis hg. v. A. /J. Assmann/Chr. Hardmeier, München 1983, 45-63.

K. Schier, Sagaliteratur, SM 78, Stuttgart 1970.

A.W. Schlegel, Rezension von 1798: Hermann und Dorothea von Goethe, SW hg. v. E. Böcking, Bd. 11, Leipzig 1847, 183-220.

F. Schlegel, Charakteristika und Kritiken I (1796-1801), Kritische Friedrich-Schlegel-Ausgabe hg. v. E. Behler, Bd. 2, Zürich 1967, 284-362.

– Geschichte der Europäischen Literatur, 1803-1804, Kritische Friedrich-Schlegel-Ausgabe hg. v. E. Behler, Bd. 11, Zürich 1958, 3-185.

– Philosophische Vorlesungen (1800-1807), Kritische Friedrich-Schlegel-Ausgabe hg. v. E. Behler, Bd. 13, Zürich 1964.

– Über die homerische Poesie, 1796, Kritische Friedrich-Schlegel-Ausgabe hg. v. E. Behler, Bd. 1, Zürich 1979, 116-132.

D.G. Schley, Shiloh. A Biblical City in Tradition and History, JSOT.S 63, Sheffield 1989.

K. Schlosser, Die Bantubibel des Blitzzauberers Laduma Madela. Schöpfungsgeschichte der Zulu, Kiel 1977.

H. Schmid, Die Gestalt des Mose. Probleme alttestamentlicher Forschung unter Berücksichtigung der Pentateuchkrise, EdF 237, Darmstadt 1986.

– Die Gestalt des Isaak. Ihr Verhältnis zur Abrahams- und Jakobstradition, EdF

274, Darmstadt 1991.

H.H. Schmid, Auf der Suche nach neuen Perspektiven für die Pentateuch-forschung, VT.S 32, Leiden 1981, 375-394.

- Gerechtigkeit und Glaube. Genesis 15,1-6 und sein biblisch-theologischer Kontext, EvTh 40, 1980, 396-420.

- Ich will euer Gott sein, und ihr sollt mein Volk sein. Die sogenannte Bundes-formel und die Frage nach der Mitte des Alten Testaments, FS G. Bornkamm, Tübingen 1980, 1-25.

- Der sogenannte Jahwist. Beobachtungen und Fragen zur Pentateuchforschung, Zürich 1976.

- In Search of New Approaches in Pentateuchal Research, JSOT 3, 1977, 33-42.

H.H. Schmid (Hg.), Mythos und Rationalität, Veröffentlichungen der Wissen-schaftlichen Gesellschaft für Theologie, Gütersloh 1988.

L. Schmidt, El und die Landverheißung in Bet-El (Die Erzählung von Jakob in Bet-El: Gen 28,11-22), FS O. Kaiser, Göttingen 1994, 156-168.

- „De Deo". Studien zur Literarkritik und Theologie des Buches Jona, des Ge-sprächs zwischen Abraham und Jahwe in Gen 18,22ff. und von Hi 1, BZAW 143, Berlin/New York 1976.

- Zur Entstehung des Pentateuch. Ein kritischer Literaturbericht, VuF 40, 1995, 3-28.

- Israel ein Segen für die Völker? (Das Ziel des jahwistischen Werkes – eine Auseinandersetzung mit H.W. Wolff), ThViat 12, 1973/74, 135-151.

- Jakob erschleicht sich den väterlichen Segen. Literarkritik und Redaktion von Genesis 27,1-45, ZAW 100, 1988, 159-183.

- Der Kampf Jakobs am Jabbok (Gen 32,23-33), ThViat 14, 1979, 125-143.

- Eine radikale Kritik an der Hypothese von Vätergott und Väterverheißungen, ThR 54, 1989, 415-421.

- Studien zur Priesterschrift, BZAW 214, Berlin/New York 1993.

- Überlegungen zum Jahwisten, EvTh 37, 1977, 230-247.

- Väterverheißungen und Pentateuchfrage, ZAW 104, 1992, 1-27.

P. Schmidt, Cultural Meaning and History in African Myth, International Journal of Oral History 4, 1983, 167-183.

W.H. Schmidt, Elementare Erwägungen zur Quellenscheidung im Pentateuch, VT.S 43, Leiden 1991, 22-45.

- Alttestamentlicher Glaube in seiner Geschichte, NStB 6, Neukirchen-Vluyn [7]1990.

- Mythos im Alten Testament, EvTh 27, 1967, 237-254.

- Plädoyer für die Quellenscheidung, BZ 32, 1988, 1-14.

- Ein Theologe in salomonischer Zeit? Plädoyer für den Jahwisten, BZ 25, 1981, 82-102.

G. Schmitt, Zu Gen 26,1-14, ZAW 85, 1973, 143-156.

H.-Chr. Schmitt, Die Hintergründe der „neuesten Pentateuchkritik" und der literarische Befund der Josefsgeschichte Gen 37-50, ZAW 97, 1985, 161-179.

- Die nichtpriesterliche Josephsgeschichte. Ein Beitrag zur neuesten Pentateuchkritik, BZAW 154, Berlin/New York 1980.

– Redaktion des Pentateuch im Geiste der Prophetie. Beobachtungen zur Bedeutung der „Glaubens"-Thematik innerhalb der Theologie des Pentateuch, VT 32, 1982, 170-189.

W. Schneider, Und es begab sich ... Anfänge von Erzählungen im Biblischen Hebräisch, BN 70, 1993, 62-87.

W. Schottroff, „Gedenken" im Alten Orient und im Alten Testament. Die Wurzel Zakar im semitischen Sprachkreis, WMANT 15, Neukirchen-Vluyn 1964.

J. Schreiner, Das Gebet Jakobs (Gen 32,10-13), FS J. Scharbert, München 1989, 287-303.

– Segen für die Völker in der Verheißung der Väter, BZ 6, 1962, 1-31.

H. Schult siehe B.J. Diebner.

H. Schulte, Die Entstehung der Geschichtsschreibung im Alten Israel, BZAW 128, Berlin/New York 1972.

G. Schulz, Die Deutsche Literatur zwischen Französischer Revolution und Restauration, Geschichte der Deutschen Literatur VII/1, 2, München 1983/1989.

G. Schwab (Hg.), Die schönsten Sagen des klassischen Altertums, 1838-1840, München [8]1984.

H. Schwabl, Was lehrt mündliche Epik für Homer?, ScriptOralia 30, Tübingen 1990, 65-109.

F. Schwally siehe Th. Nöldeke.

F. Schwally, Das Leben nach dem Tode nach den Vorstellungen des alten Israel und des Judentums einschließlich des Volksglaubens im Zeitalter Christi. Eine biblisch theologische Untersuchung, Gießen 1892.

S. Scribner/M. Cole, The Psychology of Literacy, Cambridge 1981.

J.J. Scullion, Märchen, Sage, Legende: Towards a Classification of Some Literary Terms used by Old Testament Scholars, VT 34, 1984, 321-336.

P. Sébillot, Le Folk-lore. Littérature orale et ethnographie traditionnelle, Encyclopédie Scientifique, Paris 1913.

H. Seebaß, Erwägungen zum altisraelitischen System der zwölf Stämme, ZAW 90, 1978, 196-220.

– Der Erzvater Israel und die Einführung der Jahweverehrung in Kanaan, BZAW 98, Berlin 1966.

– Der Jahwist, TRE 16, 1987, 441-451.

– Landverheißungen an die Väter, EvTh 37, 1977, 210-229.

– Genesis II/1. Vätergeschichte I, Neukirchen-Vluyn 1996.

E. Seebold siehe F. Kluge.

M.H. Segal, The Pentateuch. Its Composition and its Authorship and Other Biblical Studies, Jerusalem 1967.

S. Segert, Altaramäische Grammatik mit Bibliographie, Chrestomathie und Glossar, Leipzig 1975.

S. Seidel (Hg.), Der Briefwechsel zwischen Schiller und Goethe. Briefe der Jahre

1798-1805, Bd. 2, München 1984.

- (Hg.), Der Briefwechsel zwischen Schiller und Goethe. Kommentar, Bd. 3, München 1984.

W. Seidenspinner, Sagen als Gedächtnis des Volkes? Archäologisches Denkmal, ätiologische Sage, kommunikatives Erinnern, Erinnern und Vergessen hg. v. B. Bönisch-Brednich, Göttingen 1991, 525-534.

- Sage und Geschichte. Zur Problematik Grimmscher Konzeptionen und was wir daraus lernen können, Fabula 33, 1992, 14-38.

E. Sellin, Die Ausgrabung von Sichem, ZDPV 49, 1926, 229-236, 304-322.

- Die Ausgrabung von Sichem, ZDPV 50, 1927, 205-211, 265-274.

- Vorläufiger Bericht der Ausgrabungen in Balaṭa-Sichem, AAWW.PH 51/VII, 1914, 204-207.

- Einleitung in das Alte Testament, Leipzig ⁷1935.

- Ephod und Teraphim, JPOS 14, 1934, 85-93.

- Die Mazzeben des El-Berit in Sichem, ZDPV 51, 1928, 119-123.

- Der gegenwärtige Stand der Ausgrabung von Sichem und ihre Zukunft, ZAW 50, 1932, 303-308.

E. Sellin/G. Fohrer, Einleitung in das Alte Testament, Heidelberg ¹¹1969.

E. Sellin/H. Steckeweh, Kurzer vorläufiger Bericht über die Ausgrabungen von balāṭa (Sichem) im Herbst 1934, ZDPV 64, 1941, 1-20.

A. v. Selms, Genesis deel II, De Prediking van het Oude Testament, Nijkerk 1986.

J. v. Seters siehe J. Van Seters.

K. Seybold, תרפים, THAT II, ³1984, 1057-1060.

N. Shupak, The ‚Sitz im Leben‘ of the Book of Proverbs in the Light of a Comparison of Biblical and Egyptian Literature, RB 94, 1987, 98-119.

J.J. Simons, The Geographical and Topographical Texts of the Old Testament. A Concise Commentary, Leiden 1959.

C.A. Simpson, The Early Traditions of Israel. A Critical Analysis of the Predeuteronomic Narrative of the Hexateuch, Oxford 1948.

J. Skinner, A Critical and Exegetical Commentary on Genesis, ICC 1, Edinburgh 1910, ²1930.

R. Smend sr., Über die Genesis des Judentums, ZAW 2, 1882, 94-151.

- Die Erzählung des Hexateuch auf ihre Quellen untersucht, Berlin 1912.

R. Smend jr., Deutsche Alttestamentler in drei Jahrhunderten, Göttingen 1989.

- Die Entstehung des Alten Testaments, ThW 1, Stuttgart u.a. ⁴1989.

- Die altisraelitische Literatur, NHL 1, Wiesbaden 1978, 273-323.

- Überlieferung und Geschichte. Aspekte ihres Verhältnisses, BThSt 2, Neukirchen-Vluyn 1978, 9-26.

S. H. Smith, „Heel" and „Thigh": The Concept of Sexuality in the Jacob-Esau Narratives, VT 40, 1990, 464-473.

J.A. Soggin, Die Geburt Benjamins, Genesis 35,16-20(21), VT 11, 1961, 432-440.

- Jacob in Shechem and in Bethel (Genesis 35,1-7), FS Sh. Talmon, Winona Lake

1992, 195-198.

– Probleme einer Vor- und Frühgeschichte Israels, ZAW 100, Suppl., 1988, 255-267.

– Zwei umstrittene Stellen aus dem Überlieferungskreis von Schechem, ZAW 73, 1961, 78-87.

W. Spanner, Märchen als Gattung, 1939, WdF 255, Darmstadt 1973, ²1985, 154-176.

J.R. Spencer siehe A.M. Merrill.

A. Sperber (Hg.), The Bible in Aramaic based on Old Manuscripts and Printed Texts, Bd. 1-4, Leiden 1959-1973.

E.A. Speiser, Genesis, AncB 1, Garden City 1964.

H. Speyer, Die biblischen Erzählungen im Qoran, 1931, Darmstadt ²1961.

W. Speyer, Die literarische Fälschung im Altertum. Ein Versuch ihrer Deutung, HAW I/2, München 1971.

H. Spieckermann, Heilsgegenwart. Eine Theologie der Psalmen, FRLANT 148, Göttingen 1989.

J. Splett, Althochdeutsches Wörterbuch, Bd. I/1; I/2; II, Berlin 1993.

K. Spronk, Beatific Afterlife in the Ancient Near East, AOAT 219, Neukirchen-Vluyn 1986.

B. Stade, Geschichte des Volkes Israel, Bd. 1-2, Berlin 1887/1888.

– Lea und Rahel, ZAW 1, 1881, 112-116.

L.E. Stager, The Archaeology of the Family in Ancient Israel, BASOR 260, 1985, 1-35.

Th. Staubli, Das Image der Nomaden im Alten Israel und in der Ikonographie seiner seßhaften Nachbarn, OBO 107, Freiburg/Göttingen 1991.

H. Steckeweh siehe E. Sellin.

H. Steger, Über Textsorten und andere Textklassen, Textsorten und literarische Gattungen, Dokumentation des Germanistentages in Hamburg hg. vom Vorstand der Vereinigung der deutschen Hochschulgermanisten, Berlin 1983, 25-67.

F.J. Stendebach, עין, ThWAT VI, 1989, 31-56.

E. Stern, A Late Bronze Temple at Tell Mevorakh, BA 40, 1977, 89-91.

M. Sternberg, The Poetics of Biblical Narrative. Ideological Literature and the Drama of Reading, Bloomington 1985.

C. Steuernagel, Lehrbuch der Einleitung in das Alte Testament. Mit einem Anhang über die Apokryphen und Pseudepigraphen, SThL, Tübingen 1912.

H.J. Stoebe, Der heilsgeschichtliche Bezug der Jabbok-Perikope, EvTh 14, 1954, 466-474.

F. Stolz siehe J. Assmann.

H.L. Strack, Die Bücher Genesis, Exodus und Numeri, KK 1, München u.a. 1894.

E. Straßner, Schwank, SM 77, Stuttgart ²1978.

J. Strasser, Vornovellistisches Erzählen. Mittelhochdeutsche Mären bis zur Mitte des 14. Jahrhunderts und altfranzösische Fabliaux, Philologica Germanica 10,

Wien 1989.

E. Stutz, Frühe deutsche Novellenkunst, Göppinger Arbeiten zur Germanistik 560, Göppingen 1991.

J.-Ö. Swahn, Tradierungskonstanten. Wie weit reicht unsere mündliche Tradition zurück?, Wie alt sind unsere Märchen? hg. v. Ch. Oberfeld, Regensburg 1990, 36-50.

C.W. v. Sydow, Kategorien der Prosa-Volkserzählung, 1934, WdF 152, Darmstadt 1969, 66-89.

Sh. Talmon, Did There Exist a Biblical National Epic?, Proceedings of the Seventh World Congress of Jewish Studies, Studies in the Bible and the Ancient Near East, Jerusalem 1981, 41-61.

S. Tengström, Die Hexateucherzählung. Eine literaturgeschichtliche Studie, CB.OT 7, Gleerup 1976.

W. Thiel, Genesis 26 – eine Segensgeschichte des Jahwisten, FS H.J. Boecker, Neukirchen-Vluyn 1993, 251-263.

– Die soziale Entwicklung Israels in vorstaatlicher Zeit, Neukirchen-Vluyn ²1985.

– Pnuël im Alten Testament, FS S. Herrmann, Stuttgart u.a. 1991, 398-414.

– Die deuteronomistische Redaktion von Jeremia 1-25, WMANT 41, Neukirchen-Vluyn 1973.

– Die deuteronomistische Redaktion von Jeremia 26-45. Mit einer Gesamtbeurteilung der deuteronomistischen Redaktion des Buches Jeremia, WMANT 52, Neukirchen-Vluyn 1981.

D.W. Thomas, The Root אהב „Love" in Hebrew, ZAW 57, 1939, 57-64.

R. Thomas, Oral Tradition and Written Records in Classical Athens, Cambridge Studies in Oral and Literate Culture 18, Cambridge 1989.

R.J. Thompson, Moses and the Law in a Century of Criticism since Graf, VT.S 19, Leiden 1970.

S. Thompson siehe A. Aarne.

S. Thompson, The Folktale, New York 1946.

– Motif-Index of Folk-Literature. A Classification of Narrative Elements in Folktales, Ballads, Myths, Fables, Mediaeval Romances, Exempla, Fabliaux, Jest-Books, and Local Legends, Bd. 1-6, Copenhagen 1955-1958.

Th.L. Thompson, A New Attempt to Date the Patriarchal Narratives, JAOS 98, 1978, 76-84.

– The Background of the Patriarchs: A Reply to William Dever and Malcolm Clark, BiSe 39, 1996, 33-74.

– The Historicity of the Patriarchal Narratives. The Quest for the Historical Abraham, BZAW 133, Berlin/New York 1974.

– Early History of the Israelite People. From the Written and Archaeological Sources, Studies in the History of Ancient Near East 4, Leiden u.a. 1992.

– Conflict Themes in the Jacob Narratives, Semeia 15, 1979, 5-26.

– The Origin Tradition of Ancient Israel. I. The Literary Formation of Genesis and Exodus 1-23, JSOT.S 55, Sheffield 1987.

C.H. Tillhagen, Was ist eine Sage? Eine Definition und ein Vorschlag für eine europäisches Sagensystem, 1964, WdF 152, Darmstadt 1969, 307-318.

S. Timm, Moab zwischen den Mächten. Studien zu historischen Denkmälern und Texten, Ägypten und Altes Testament 17, Wiesbaden 1989.

J. Tismar, Kunstmärchen, SM 155, Stuttgart 1977.

L.E. Toombs, Shechem, The Anchor Bible Dictionary, Bd. 5, 1992, 1074-1086.

– Temple of Palace. A Reconsideration of the Shechem Courtyard Temple, Put Your Future in Ruins hg. v. H.O. Thompson, Bristol 1985, 42-58.

K. v. d. Toorn, The Nature of Biblical Teraphim in the Light of Cuneiform Evidence, CBQ 52, 1990, 203-222.

N. Torrance siehe D.R. Olson.

J. Tropper siehe H. Rouillard.

J. Tropper, Nekromantie. Totenbefragung im Alten Orient und im Alten Testament, AOAT 223, Neukirchen-Vluyn 1989.

M. Tsevat, בכור, ThWAT I, 1973, 643-650.

A. Tsukimoto, Untersuchungen zur Totenpflege (*kispum*) im alten Mesopotamien, AOAT 216, Neukirchen-Vluyn 1985.

L. A. Turner, Announcements of Plot in Genesis, JSOT.S 96, Edinburgh 1990.

M. Turner siehe P. Cotterell.

Chr. Uehlinger siehe O. Keel.

K. Usener, Beobachtungen zum Verhältnis der Odyssee zur Ilias, ScriptOralia 21, Tübingen 1990.

D. Ussishkin siehe Ch. Clamer.

H. Utzschneider, Patrilinearität im alten Israel – eine Studie zur Familie und ihrer Religion, BN 56, 1991, 60-97.

– Das hermeneutische Problem der Uneindeutigkeit biblischer Texte – dargestellt an Text und Rezeption der Erzählung von Jakob am Jabbok (Gen 32,23-33), EvTh 48, 1988, 182-198.

J.C. VanderKam, The Book of Jubilees, CSCO.Ae 88, Leuven 1989.

– The Book of Jubilees. A Critical Text, CSCO.Ae 87, Leuven 1989.

– Textual and Historical Studies in the Book of Jublilees, Missoula 1977.

J. Vansina, Oral Tradition. A Study in Historical Methodology, London 1972.

– Oral Tradition as History, London 1985.

J. Van Seters, Abraham in History and Tradition, New Haven/London 1975.

– The Creation of Man and The Creation of the King, ZAW 101, 1989, 333-342.

– Jacob's Marriages and Ancient Near Eastern Customs: A Reexamination, HThR 62, 1969, 377-395.

– Der Jahwist als Historiker, ThSt 134, Zürich 1987.

– Joshua's Campaign of Canaan and Near Eastern Historiography, SJOT 2, 1990, 1-12.

– The Problem of Childlessness in the Near Eastern Law and the Patriarchs of Israel, JBL 87, 1968, 401-408.

– Prologue to History. The Yahwist as Historian in Genesis, Lousville 1992.

– Recent Studies on the Pentateuch: A Crisis in Method, JAOS 99, 1979, 663-673.
– The so-called Deuteronomistic Redaction of the Pentateuch, VT.S 43, Leiden 1991, 58-77.
– Confessional Reformulation in the Exile Period, VT 22, 1972, 448-459.
– The Religion of the Patriarchs in Genesis, Bibl 61, 1980, 220-233.
– In Search of History. Historiography in the Ancient World and the Origins of Biblical History, New Haven/London 1983.
– The Yahwist as Theologian? A Response, JSOT 3, 1977, 15-19.
R. de Vaux, Histoire ancienne d'Israël. Des origines à l'installation en Canaan, EtB, Paris 1971.
– Les institutions de l'Ancien Testament, Bd. 1, Le nomadisme et ses survivances, institutions familiales, institutions civiles, Paris 1958.
– Les institutions de l'Ancien Testament, Bd. 2, Institutions militaires, institutions religieuses, Paris 1960.
– Notes d'histoire et de topographie tranjordaniennes, VivPen 1, 1941, 16-47.
– Les patriarches hébreux et les découvertes modernes, RB 53, 1946, 321-348.
– Les patriarches hébreux et les découvertes modernes, RB 55, 1948, 321-347.
– Les patriarches hébreux et l'histoire, RB 72, 1965, 5-28.
D. Vieweger, Überlegungen zur Landnahme israelitischer Stämme unter besonderer Berücksichtigung der galiläischen Berglandgebiete, ZDPV 109, 1993, 20-36.
V.E. Villiers siehe R.L. Gordon.
J. Vink, The Date and Origin of the Priestly Code in the Old Testament, OTS 15, 1969, 2-114.
W. Vischer, La réconciliation de Jacob e d'Esau, VC 41, 1957, 41-52.
P. Volz siehe W. Rudolph.
N. Voorwinden/M. de Haan (Hg.), Oral Poetry. Das Problem der Mündlichkeit mittelalterlicher Epischer Dichtung, WdF 555, Darmstadt 1979.
H. Vorländer, Die Entstehungszeit des jehowistischen Geschichtswerkes, EHS.T XXIII/19, Frankfurt a.M. u.a. 1978.
– Mein Gott. Die Vorstellungen vom persönlichen Gott im Alten Orient und im Alten Testament, AOAT 23, Neukirchen-Vluyn 1975.
J. de Vries, Betrachtungen zum Märchen, besonders in seinem Verhältnis zu Heldensage und Mythos, FFC 150, Helsinki 1954.
– Forschungsgeschichte der Mythologie, Orbis Academicus I/7, Freiburg/München 1961.
Th.C. Vriezen, La Tradition de Jacob dans Osée XII, OTS 1, 1942, 64-78.

L. Wächter, Zur Lokalisierung des sichemitischen Baumheiligtums, ZDPV 103, 1987, 1-12.
– Salem bei Sichem, ZDPV 84, 1968, 63-72.
N.E. Wagner, A Literary Analysis of Genesis 12-36, Diss. Toronto 1965.
– Pentateuchal Criticism: No Clear Future, CJT 13, 1967, 225-232.
S. Wagner, אמר, ThWAT I, 1973, 353-373.

– דרשׁ, ThWAT II, 1977, 313-329.

H.M. Wahl, Die Entstehung der Schriftprophetie nach Jer 36, erscheint in ZAW 110, 1998.

– Die Jakobserzählungen der Genesis und der Jubiläen im Vergleich. Zur Auslegung der Genesis im 2. Jahrhundert v. Chr. und mit Anmerkungen zur Pentateuchforschung, VT 44, 1994, 524-546.

– Der gerechte Schöpfer. Eine redaktions- und theologiegeschichtliche Untersuchung der Elihureden – Hiob 32-37, BZAW 207, Berlin/New York 1993.

– Die Überschriften der Prophetenbücher. Anmerkungen zu Form, Redaktion und Bedeutung für die Datierung der Bücher, EphTheol 70, 1994, 91-104.

G. Wallis, Die Tradition von den Ahnvätern, ZAW 81, 1969, 18-40.

J. Wansbrough, Quranic Studies. Sources and Methods of Scriptural Interpretation, London Oriental Series 31, Oxford 1977.

S.M. Warner, Primitive Saga Men, VT 29, 1979, 325-335.

I. Watt siehe J. Goody.

W.M. Watt, Early Islam. Collected Articles, Cambridge 1990.

– Muḥammad, The Cambridge History of Islam, Bd. 1, Cambridge 1970, 30-56.

B. Weber, „Nomen est Omen". Einige Erwägungen zu Gen 32,23-33 und seinem Kontext, BN 61, 1992, 76-83.

G. Wehmeier, Der Segen im Alten Testament. Eine semasiologische Untersuchung der Wurzel brk, ThDiss 6, Basel 1970.

R. Wehse, Uralt? Theorien zum Alter des Märchens, Wie alt sind unsere Märchen? hg. v. Ch. Oberfeld, Regensburg 1990, 10-27.

H. Weidmann, Die Patriarchen und ihre Religion im Licht der Forschung seit Julius Wellhausen, FRLANT 94, Göttingen 1968.

G.E. Weil (Hg.), Massorah Gedolah iuxta codicem Leningradensem B 19a, Bd. 1, Rom/Stuttgart 1971.

P. Weimar, Aufbau und Struktur der priesterlichen Jakobsgeschichte, ZAW 86, 1974, 174-203.

– Beobachtungen zur Analyse von Gen 32,23-33, BN 49, 1989, 53-81; BN 50, 1989, 58-94.

– Die Toledot-Formel in der priesterlichen Geschichtsdarstellung, BZ 18, 1974, 65-93.

– Untersuchungen zur Redaktionsgeschichte des Pentateuch, BZAW 146, Berlin/New York 1977.

M. Weinfeld, Deuteronomy and the Deuteronomic School, Oxford 1972.

H. Weippert, Geschichten und Geschichte: Verheißung und Erfüllung im deuteronomistischen Geschichtswerk, VT.S 43, Leiden 1991, 116-131.

– Palästina in vorhellenistischer Zeit. Mit einem Beitrag v. L. Mildenberg, HAW II/1, München 1988.

– Das geographische System der Stämme Israels, VT 23, 1973, 76-89.

H. Weippert siehe M./H. Weippert.

M. Weippert, Abraham der Hebräer? Bemerkungen zu W.F. Albrights Deutung der Väter Israels, Bib 52, 1971, 407-432.

- Edom und Israel, TRE 9, 1982, 291-299.
- Edom. Studien und Materialien zur Geschichte der Edomiter aufgrund schriftlicher und archäologischer Quellen, Diss. u. Habil., Tübingen 1971.

M./H. Weippert, Die Vorgeschichte Israels in neuem Licht, ThR 56, 1991, 341-390.

M. Weiß, Einiges über die Bauformen des Erzählens in der Bibel, VT 13, 1963, 456-475.

A. Weiser, Das Deboralied. Eine gattungs- und traditionsgeschichtliche Studie, ZAW 71, 1959, 67-97.

- Einleitung in das Alte Testament, Göttingen ^{5}1963.
- Jakob, RGG 3, ^{3}1959, 517-520.

Z. Weismann, The Interrelationship between J and E in Jacob's Narrative. Theological Criteria, ZAW 104, 1992, 177-197.

A.T. Welch, Al-Ḳurān, The Encyclopaedia of Islam, Bd. 5, Leiden 1986, 400-429.

J. Wellhausen, Die Composition des Hexateuchs und der historischen Bücher des Alten Testaments, JDTh 1876-78, Berlin ^{3}1899, ^{4}1963.

- Israelitische und jüdische Geschichte, Berlin 1894, ^{9}1958.
- Prolegomena zur Geschichte Israels, Berlin 1878, ^{2}1883, ^{6}1927.

G.J. Wenham, Genesis 1-15, WBC 1, Waco 1987.

- Genesis 16-50, WBC 2, Waco 1994.
- Method in Pentateuchal Source Criticism, VT 41, 1991, 84-109.

R. Wenning/E. Zenger, Ein bäuerliches Baal-Heiligtum aus der Zeit der Anfänge Israels: Erwägungen zu dem von A. Mazar zwischen Dotan und Tirza entdeckten „Bull Site", ZDPV 102, 1986, 75-86.

A. Wesselski, Versuch einer Theorie des Märchens, Prager Deutsche Studien 45, Reichenberg 1931, ND 1974.

R. Westbrook, Purchase of the Cave of Machpela, Israel Law Review 6, 1971, 29-38.

C. Westermann, Arten der Erzählung in der Genesis, Die Verheißungen an die Väter. Studien zur Vätergeschichte, ThB 24, München 1964, 9-91 = FRLANT 116, Göttingen 1976, 9-91.

- Der vorliterarische Bericht, FS K. Koch, Neukirchen-Vluyn 1991, 183-195.
- Genesis 17 und die Bedeutung von berit, ThLZ 101, 1976, 161-170.
- Genesis 1-11, BK I/1, Neukirchen-Vluyn 1974, ^{3}1983.
- Genesis 12-36, BK I/2, Neukirchen-Vluyn 1981, ^{2}1989.
- Genesis 37-50, BK I/3, Neukirchen-Vluyn 1982.
- Die Herrlichkeit Gottes in der Priesterschrift, 1971, TB 55, München 1974, 115-137.
- Die Verheißungen an die Väter, Die Verheißungen an die Väter. Studien zur Vätergeschichte, FRLANT 116, Göttingen 1976, 92-150.

W.M.L. de Wette, Beiträge zur Einleitung in das Alte Testament, Bd. 1, Halle

1806.

– Beiträge zur Einleitung in das Alte Testament, Bd. 2, Kritik der Israelitischen Geschichte, Halle 1807.

H.C. White, Narration and Discourse in the Book of Genesis, Cambridge u.a. 1991.

– Das Problem der Erzählung in der modernen Geschichtstheorie, Theorie der modernen Geschichtsschreibung hg. v. P. Rossi, Frankfurt a. Main 1987, 57-106.

W.D. Whitt, The Jacob Traditions in Hosea and Their Relation to Genesis, ZAW 103, 1991, 18-43.

R.N. Whybray, The Making of the Pentateuch. A Methodological Study, JSOT.S 53, Sheffield 1987.

G. Widengren, Hochgottglaube im alten Iran. Eine religionsphänomenologische Untersuchung, UUÅ 6, 1938, Uppsala/Leipzig 1938.

– Literary and Psychological Aspects of the Hebrew Prophets, UUÅ 10, 1948, Uppsala/Leipzig 1948.

– Oral Tradition and Written Literature among the Hebrews in the Light of Arabic Evidence, with special Regard to Prose Narratives, AcOr 23, 1959, 201-262.

W. Wieland, Platon und die Formen des Wissens, Göttingen 1982.

B. v. Wiese, Die deutsche Novelle von Goethe bis Kafka, Bd. 1-2, Düsseldorf 1959/1962.

G.J. Wightman, The Myth of Solomon, BASOR 277-278, 1990, 5-22.

C. Wilcke, Die Sumerische Königsliste und erzählte Vergangenheit, Colloquium Rauricum 1, Stuttgart 1988, 113-140.

H. Willi, Herders Beitrag zum Verstehen des Alten Testaments, BGBH 8, Tübingen 1971.

R.R. Wilson, Between „Azel" and „Azel". Interpreting the Biblical Genealogies, BA 42, 1979, 11-22.

– Genealogy and History in the Biblical World, YNER 7, New Haven/London 1977.

– The Old Testament Genealogies in Recent Research, JBL 94, 1975, 169-189.

W. Wimmel, Die Kultur holt uns ein. Die Bedeutung der Textualität für das geschichtliche Werden, Würzburg 1981.

F.V. Winnett, The Arabian Genealogies in the Book of Genesis, FS H.G. May, Nashville u.a. 1970, 171-196.

– Re-examining the Foundations, JBL 84, 1965, 1-19.

U. Winter, Frau und Göttin. Exegetische und ikonographische Studien zum weiblichen Gottesbild im Alten Israel und dessen Umwelt, OBO 53, Fribourg/Göttingen 1983.

M. Wissemann, Fabel. Zur Entwicklung der Bezeichnung für eine Literaturgattung, Fabula 33, 1992, 1-13.

H.Chr. Wolfart, Empirische Untersuchungen zur mündlichen Prosaüberlieferung,

Erzählforschung hg. v. E. Lämmert, Stuttgart 1982, 74-97.

H.W. Wolff, Anthropologie des Alten Testaments, München [3]1977.

- Das Ende des Heiligtums in Bethel, 1970, GS, TB 22, München [2]1973, 442-453.

- Das Kerygma des Jahwisten, 1964, GS, TB 22, München [2]1973, 345-373.

- Zur Thematik der elohistischen Fragmente im Pentateuch, 1969, GS, TB 22, München [2]1973, 402-417.

G.E. Wright, Modern Issues in Biblical Studies – History and the Patriarchs, ET 71, 1959/60, 292-296.

- Shechem, Encyclopedia of Archaeological Excavations, Bd. 4, Cambridge 1978, 1083-1094.

- Shechem. The Archaeology of the City, BA 20, 1957, 19-32.

- Shechem. The Biography of a Biblical City, London 1965.

G.R.H. Wright, The Architectural Recording of the Shechem Excavation, BA 23, 1960, 120-126.

- Temples at Shechem, ZAW 80, 1968, 1-35.

- Temples at Shechem. A Detail, ZAW 87, 1975, 56-64.

W. Wundt, Völkerpsychologie. Eine Untersuchung der Entwicklungsgesetze von Sprache, Mythus und Sitte, Bd. I/1, Die Sprache, Leipzig 1900, [3]1911.

- Völkerpsychologie. Eine Untersuchung der Entwicklungsgesetze von Sprache, Mythus und Sitte, Bd. III, Die Kunst, Leipzig 1908, [3]1919.

- Völkerpsychologie. Eine Untersuchung der Entwicklungsgesetze von Sprache, Mythus und Sitte, Bd. IV/1, Mythus und Religion, Leipzig 1905, [2]1910.

- Völkerpsychologie. Eine Untersuchung der Entwicklungsgesetze von Sprache, Mythus und Sitte, Bd. V/2, Mythus und Religion, Leipzig 1909, [2]1914.

E. Würthwein, Das Buch der Könige. Kapitel 1-16, ATD 11/1, Göttingen 1977, [2]1985.

- Die Bücher der Könige. 1. Kön. 17-2. Kön. 25, ATD 11/2, Göttingen 1984.

- Der Text des Alten Testaments. Eine Einführung in die Biblia Hebraica, Stuttgart [5]1988.

N. Wyatt, Where did Jacob Dream his Dream?, SJOT 2, 1990, 44-57.

- The Problem of the „Gods of the Fathers", ZAW 90, 1978, 101-104.

F. Zarncke siehe W. Müller.

M. Zender, Quellen und Träger der deutschen Volkserzählung, 1937, WdF 152, Darmstadt 1969, 108-134.

E. Zenger, Exodus. Geschichten und Geschichte der Befreiung Israels, SBS 75, Stuttgart 1975.

- Jahwe, Abraham und das Heil der Völker. Ein Paradigma zum Thema Exklusivität und Universalität des Heils, Absolutheit des Christentums, QD 79, Freiburg u.a. 1977, 39-62.

- Wo steht die Pentateuchforschung heute? Ein kritischer Bericht über zwei wichtige neuere Publikationen, BZ 24, 1980, 101-116.

- Auf der Suche nach einem Weg aus der Pentateuchkrise ThRv 78, 1982, 353-

362.

E. Zenger siehe R. Wenning.

W. Zimmerli, Sinaibund und Abrahambund. Ein Beitrag zum Verständnis der Priesterschrift, 1960, TB 19, München ²1969, 205-216.

H.-J. Zobel, עקב, ThWAT VI, 1989, 338-343.

– ישראל, ThWAT III, 1982, 986-1012.

– Stammesspruch und Geschichte. Die Angaben der Stammessprüche von Gen 49, Dtn 33 und Jdc 5 über die politischen und kultischen Zustände im damaligen „Israel", BZAW 95, Berlin 1965.

E.M. Zuesse, Ritual, EncRel (E) 12, 1987, 405-422.

Register (in Auswahl)

I. Namen und Sachen

II. Autoren

III. Stellen

II. Hebräische Wörter